教育部人文社会科学重点研究基地重大项目
“宗教与哲学互动关系研究”(07JJD730052)结项成果

“宗教、哲学与科学”书系
傅永军　总主编

宗教与哲学：西方视域中的互动关系研究

Interaction between Religion and Philosophy in the Western Perspectives

傅永军　等著

山东大学出版社

总 序

近代以降,宗教与哲学和科学的关系成为人文社会科学关注的重点。宗教、哲学和科学,作为人类社会中的主要文化形态,在历史上有着错综复杂的关系,这种关系向来是人类精神文化史中的一个很有争议的主题。无论人们如何看待宗教与哲学、宗教与科学之间的关系,都不能否认它们之间的相互作用对于人类精神文化成长的重要性。如果我们不是狭隘地理解宗教的历史、现状及其未来发展,而是试图科学地理解各种宗教的理论和实践在特定的历史与现实境域中何以发生,如何发生影响,又如何支配了特定时代的精神生活,那么,考察宗教与哲学、宗教与科学之间的互动关系就具有重要意义。因为,在一切与宗教具有互动关系的文化质素中,哲学、科学与宗教之间的互动关系最为密切和直接。哲学赋予宗教以理性工具,科学赋予宗教以真理形式,两者共同作用,消解着宗教的偏执和愚昧。而宗教则用信仰保持着哲学的神圣与玄妙、灵性与超越,用无限引导科学"精骛八极,心游万仞"。而它们之间的互动则提供了不同文化质素之间的碰撞、对话和融合的历史经验,弘扬了"和而不同"的文化精神,使人类学会更有智慧地对待异质文化之间的交流和对话,促进人类精神文化的健康成长。因此,追溯宗教的历史形态与现实影响,显然无法回避宗教与哲学、宗教与科学之间的关系。离开了对宗教与哲学、宗教与科学之间关系的透彻把握,单纯的宗教研究,或者单纯的哲学研究以及科学研究都无法应对当今世界所面临的复杂的理论与现实问题。正因为如此,最近二十年来,国内宗教学者和哲学学者投入了很大精力研究宗教与哲学、宗教与科学之间的关系,以宗教与哲学、宗教与科学的互动为主题的研究论文或著作也越来越多,形成了一个活跃的研究领域。然而,相对于问题的重要性,国内宗教学者和哲学学者的研究仍显薄弱。无论是历史性考据研究,还是理论性学理研究以及现实性实证研究都稍显粗糙,具体的研究还很不够,亟待深入和加强。

有鉴于此,2004 年,山东大学"985 工程"二期哲学社会科学创新基地建设项目启动之时,作为建设项目之一的"犹太教与跨宗教研究",自然而然地就把"宗教、哲学与科学"列为项目的分课题之一,由我作为主持人组织研究队体展开研究活动。经过数年的艰苦努力,团队的研究人员分别拿出了自己的研究成果。这些研究成果大都是以个案研究方式探索宗教与哲学、宗教与科学之间的关系的某个方面,譬如,将研究聚焦在某个哲学家(科学家或宗教思想家)身上,特别聚焦于这位哲学家(科学家或宗教思想家)有关宗教与哲学、宗教与科学关系的思考。看起来这些研究成果缺少"宏大叙事",谈不上是对宗教与哲学、宗教与科学之间关系进行解析的"妙舞清歌"。但是,在我们看来,比起那些凌空蹈虚的高谈清论,老老实实地研究点问题反而对人类知识的增长更有助益。

现在,我们以"宗教、哲学与科学"书系形式将已经完成的研究成果公开出版,接受专家、学者和读者的批判。不管怎样,这些著述都是每位作者的用心之作,它们代表了山大学人现阶段关于宗教哲学以及宗教与其他文化因素(主要是哲学和科学)之关系方面研究的最新思考,当能为汉语学术界进一步深入研究宗教、哲学与科学关系问题提供一种有价值的理论资源。

本书获得了山东大学"985 工程"二期哲学社会科学创新基地建设项目资助,特此致谢!

傅永军
2008 年 7 月于山东大学

目 录

导 言[①]

今日研究宗教与哲学之关系,不能不提及"启蒙"。按照美国哲学家阿尔文·普兰丁格(Alvin Plantinga)的说法,正是因为启蒙运动所倡导的"经典基础主义"使得基督教信念(可将其扩展为一般宗教信念)"被认为(尤其在学术界和知识精英的圈子里)是一种信仰的跳跃,往黑暗中的跳跃,越出了理性可接受的范围,充其量只有边缘的合理性,难以在理智上予以尊重"[②]。出于同样的理由,法国哲学家德里达(Jacque Derrida)有感于启蒙所导致的宗教与哲学的分离、对立以及哲学对宗教的蔑视,在《信仰和知识——纯然理性限度内的宗教的两个来源》一文中写下了这样一段话:

> 为什么如此难以思考那种被匆忙命名为"宗教回归"的现象?为什么它会让我们震惊?为什么它特别让那些天真地相信存在着一方面是宗教,一方面是理性、启蒙、科学、批判(马克思的批判、尼采的谱系学、弗洛伊德的精神分析以及他们的遗产)的非此即彼的对立,相信一方和另一方水火不容的人们震惊?[③]

所幸的是,启蒙的这种偏见基本上被从思想界根除。人们能够更为理性地看待马克思、尼采、弗洛伊德等人对宗教的批判。像康德那样完全用理性和道德解构宗教的做法亦不在哲学中占据支配性地位。尽管世俗化的当今世界不可能有机会让宗教再次走入社会的中心,让其重拾昔日之威势,但在多元化社会境况下,宗教毕竟更容易为自己在社会的精神—文化系统中寻找到恰当的位置,并为当今世界性问题的解决提供来自信仰的力量与智慧,或者为人类企盼的美好生活提供种种超越的美好理由。

在"后启蒙"时代,宗教和哲学各安其位,各司其职,应当说,彼此之间的关

① 本导言主干部分曾以《宗教与哲学互动关系刍议》为题,发表在《求是学刊》2014 年第 1 期。

② 普兰丁格:《基督教信念的知识地位》,邢滔滔、徐向东、张国栋、梁骏译,北京:北京大学出版社,2004 年,"中文版作者自序"第 3 页。

③ 雅克·德里达:《信仰和知识——纯然理性限度内的宗教的两个来源》,载雅克·德里达、基阿尼·瓦蒂莫主编:《宗教》,杜小真译,北京:商务印书馆,2006 年,第 8 页。

系处在历史上较好时期。这种局面的形成为学者研究两者之间的关系提供了便利与时机。

一

黑格尔在《小逻辑》"第2版序言"中专门谈了宗教与哲学,他指出:

> 宗教是意识的一种形态,正如真理是为了所有人,各种不同教化的人的。但对于真理的科学认识乃是这种意识的一特殊形态,寻求这种知识的工作不是所有的人,而只是少数的人所能胜任的。但两者的内容实质却是一样的,犹如荷马所说,有一些星辰具有两个名字,一个在神灵的语言中,另一个在世间人的日常语言里。所以真理的内容实质也可以说表现在两种语言里,一为感情的、表象的、理智的,基于有限范畴和片面抽象思维的流行语言,另一为具体概念的语言。[①]

又说:

> 宗教不断地愈益收缩了它广阔的教化内容,而且常将一个内容显得贫乏枯燥的情感引回到深度的虔敬和情感。但只要宗教有一个信仰、一个教义、一个信条,那么它便具有哲学所从事寻求的东西——真理——在这里面,哲学和宗教便可结合起来。[②]

总体上说,黑格尔是对的。就其以绝对知识或者真理为追求目的而言,宗教和哲学并无区别,属于人类可能拥有的最高智慧。宗教和哲学这类智慧总是与人类理性对普遍而绝对的存在的关注密切相关。也就是说,尽管宗教与哲学都有经验层面的内容,这些内容既包括日常生活中必然出现的种种实用理性问题,也包括伦理层面具体的各类道德教化行动,还包括许多对公共生活负责任的私人行为,但宗教和哲学更关心"日常生活中由神的在场所得到的宁静感,以至人神合一的神秘体验"[③],也更关心从经验层面跃升到超越层面而产生的更为一般性的问题——"以象征性语言和故事向信徒们传达对上帝或终极存在的广泛理解"[④]。用世俗语言来说,宗教和哲学更关心人类生活的一般意义,关注如

---

① 黑格尔:《小逻辑》,贺麟译,北京:商务印书馆,1980年,"第2版序言"第12页。

② 黑格尔:《小逻辑》,"第2版序言"第12～13页。

③ M. Peterson, et al., *Reason and Religious Belief: An Introduction to the Philosophy of Religion*, New York/Oxford: Oxford University Press, 2003, p. 6.

④ M. Peterson et al., *Reason and Religious Belief: An Introduction to the Philosophy of Religion*, p. 6.

何过一种正当且善的生活问题,也更关心人性、社会与宇宙的过去、现在与未来。就此而言,套用黑格尔的一句话,宗教和哲学就是关于绝对的思想和认识。哲学的历史、宗教的历史"就是发现'绝对'的思想的历史"①,绝对就是哲学和宗教研究的对象。正是因为宗教和哲学有着如此这般的智慧品性,所以,宗教和哲学"追求更广阔的图景",渴望那种使得"我们理解自己生命以及周围世界的知识",坚持价值的重要性,拒绝"完全陷于生活琐事而仅仅随波逐流",它们"规定了我们在宇宙中的位置,赋予我们的生活以意义"②。

作为关于普遍和绝对的知识,宗教和哲学获得的真理性认识的价值不在于其实效性和实用性,而在于它能够激发起人类的思想③,使得人类能够从整全的角度思考我们处身其中的世界,用一种更为宏大的存在视野透彻地审视我们的生活。所以,宗教和哲学使每一个存在者对生存更具智慧性把握,对自我更具有反思和批判精神,成为一个"活得好"的人。从这个意义上说,宗教和哲学不仅是一门学问,提供人类关于存在以及一切与存在相关的事物的合乎价值和合乎理性的回答,它们更是一种生活方式,要求人们根据超越的最高价值和理性思考出来的智慧的要求,规制我们的日常生活,让生命在有信念的生活中回归本真,绽放自身。

宗教和哲学,是认识绝对的智慧方式,是普遍真理的表现形态,但它们却是用不同的形态和方式表现着绝对普遍的真理,这是我们需要看到的两者之间的不同。一般而言,哲学思维是一种批判性和怀疑性的思维,它不仅不相信任何未经理性思维检视过的东西,而且也不会为自己预设任何前提和条件,更不会在形而上学超越的信念支配下进行思维,发现真理,为绝对和普遍的知识提供证据。因此,哲学是一种反思性的理性知识。如果说我们对哲学真理有一种类似宗教信仰般的相信,那么这种相信也是一种"反思性信仰",这种信仰的确立是一种理性批判的事业。"哲学首先是一项关于反思理性的事业,致力于透过现象看事物本质。它试图负责任地对待所有相关争论,澄清主要观念,仔细找出教义中的蕴含意义。"④

与哲学把握真理的方式不同,宗教是在特定信念系统支配下,用一种被柏拉图称作"激情"的理解方式接近绝对与普遍。借用黑格尔的说法,就是让被哲

① 黑格尔:《小逻辑》,"第 2 版序言"第 10 页。

② 罗伯特·所罗门:《大问题:简明哲学导论》,张卜天译,桂林:广西师范大学出版社,2004 年,第 5 页。

③ 罗伯特·所罗门在《大问题:简明哲学导论》中十分透彻地谈到了哲学所强调思想的重要性,他这样说:"思想决定了什么是重要的,什么是不重要的;什么是公平的,什么是不公平的;什么是不值得相信的。思想赋予了生命以意义。我们的心灵需要思想,就像身体需要食物一样。我们渴望洞察,企盼理解。我们被生活的常规攫住了,不时会被那些所谓的'消遣'或'娱乐'获得分神。我们整个国家失去的是思考的快乐、理解的挑战、灵感以及哲学的慰藉。"(罗伯特·所罗门:《大问题:简明哲学导论》,第 5 页)

④ M. Peterson et al., *Reason and Religious Belief: An Introduction to the Philosophy of Religion*, p. 11.

学所把握的真理出现在宗教的"沸腾的热情中"。这种把握真理的方式不同于哲学的理性反思方式,后者"为了更成功至少更有效地寻求理解",借助的是人类在把握真理过程中所形成的"一种相对于感觉自主地看世界的角度(更确切地说是世界观)"[①],即反思性理性角度。而宗教把握真理的方式主要是一种通过主观情感和体验式的理解,这种主要以宗教经验或宗教体悟方式对绝对真理的接近,决不能因为缺少反思性和事实确证而被错误地归入非理性行列而排斥其知识特征。弗里德里希·施莱尔马赫曾坚持信仰不是一种知识的观点,他"主张宗教经验不是理性或认知性经验,而是'一种绝对或完全依赖于有别于世界的源泉或力量的情感'。它是自我验证的、直观的;无须概念、观念、信条或实践为中介。既然它是一种先于概念区分的情感,我们无法描述。它是一种情感性而非认知性经验"[②]。威廉姆·詹姆斯批判了施莱尔马赫,在他看来,"宗教经验不能是'私密和沉默且不能陈述出来的'。也就是说,我们很难看清楚一个人如何认知性地追求存在于非认知性情感理论与宗教哲学中的真理。如果所经验对象和经验本身都无法用语言表达,如果经验是如此基本以至于先于认知产生,那么产生宗教经验之后,又能产生什么样的宗教真理呢?"[③]显然,笔者更赞同詹姆斯的观点。尽管宗教经验复杂多样,各不相同[④],但它们都能归为理性,不过是一种独特的理性,这种理性是一个源自天然和人性的一个概念,"实际上,一方面,它是受自然之力植入脑海的一个概念,而头脑的弱点却不能真正理解这种力量,只能敬畏地旁观。另一方面,我们似乎只能发现这些力量,使其等同于一个或另一个神话(上帝和他的天使同仁,以及魔鬼,或者物理学的现存规则,或者任何你可以想得出的其他名字),我们也能够想象出这些力量即使不能被超越,至少也能有所均衡。这种想象行为不是理性的行为,其充其量是种源于恐惧的直觉,或者一种信仰行为,也许是一种激情。但是,诚如巴鲁赫·斯宾

---

① Nicolas Mertens, *An Essay on Faith, Reason, and Human Nature*, "Introduction", New York: Nova Science Publishers, Inc., 2000, p. xix.

② M. Peterson et al., *Reason and Religious Belief: An Introduction to the Philosophy of Religion*, p. 19.

③ M. Peterson et al., *Reason and Religious Belief: An Introduction to the Philosophy of Religion*, p. 20.

④ 理查德·斯温伯恩列举出五种宗教经验。"1. 以常见的、公开的、可感知的对象为中介的上帝或终极实在经验。例如,人们可以声称在图腾、落日、大海中看到上帝。图腾或落日本身不是上帝,但上帝或超越存在在它们中或通过它们显现。2. 以不常见的、公开的、可感知的对象为中介的上帝或终极实在经验。例如,有人称通过卢尔德的圣母的显现经验到了超越存在,在云中或燃而不尽的荆棘那里看到了超越存在的形象。3. 以可以用正常的感官语言描述的私人感觉为中介的上帝或终极实在经验。例如,有人可能声称在梦中或幻想中经验了上帝,例如彼得恍惚中看到一块白布从天而降,里面装满了犹太教规不允许食用的食物。幻觉、梦境、话语,诸如此类的经验,虽可用感官语言表达,却只能是私人的。4. 以无法用正常的感官语言描述的私人感觉为中介的上帝或终极实在经验。在此情况下,有人感到或声称自己经验到某物,但却无法说出,是难以形容的。5. 不适用任何感官作中介的上帝或终极实在经验。有人声称他直观到或灵光一现地意识到上帝或唯一者的存在。"(M. Peterson et. al, *Reason and Religious Belief: An Introduction to the Philosophy of Religion*, pp. 17-18)

诺莎说过的那样,直觉是一种理性,一种超出我们习惯使用了的'正常'理性"①。与之相应,来自信仰行为的宗教理念,由情感行动造就的宗教热情,不仅在理性上是可以接受的,而且在理智上也是恰当的,实质上是一种引导人们实现自由和救赎的实践智慧。

由此可见,宗教和哲学绝不是对立的,将两者理解为对立关系是启蒙的"原罪"②。宗教和哲学之间也不存在理性和真理性表达方面的差异,以至于或者认为宗教高于哲学,或者认为哲学高于宗教,用一种竞争性此消彼长方式来解读两者之间的关系。③ 我们更不接受或用宗教消解哲学,认为只有宗教才是真哲学的观点,也不接受用哲学解构宗教,认为宗教只有哲学化才能成为真理形态的信仰知识系统的观点。宗教不能变成哲学,哲学也不能变成宗教,它们理一而分殊。根据这种认识,我们主张,宗教和哲学是人类把握绝对知识或者普遍真理两种不同方式,是人类最高智慧的两种表现形态,因此,宗教不能取代哲学,哲学不能取代宗教,唯有两者的合作才能完整地实现人类对绝对的追求和对最高真理的把握。"换种不同的说法。尽管理性和信仰有区别,这种区别建立在关于各自独立的理性标准之上,但理性与信仰却是我们基因构成的部分,而不仅是这个或另一个。"④这就明白无误地告诉世人:雅典和耶路撒冷是两座都有必要存在的圣都,它们之间存在的只是相互补充和相互合作的互动性伙伴关系,而不存在其他关系。人既是一种有着批判和怀疑精神的好奇存在者,对绝对进行无前提的彻底理性拷问是其本性,但人又是一种"形而上学动物",没有"神话、信仰和希望"不能生存。在此,笔者引用德国神学家艾柏林(Gerhard Ebering)的一段话来总结上述观点。艾柏林宣称:

> 自神学肇始以来,哲学就是神学史的一个一体化因素。神学和哲学的这种伙伴关系预示着许多修正。它们的图表从最内在的渗透。一直延伸到最内在外在的敌对关系:从一种冒充神学的哲学到一种从与神学对立出发来理解自身的哲学;从一种显得化解入哲学的神学一直到一种力图摆脱与哲学任何接触的神学。在这中间,以无数种组合关系和层次存在着以下述方式把两者区分开来的尝试,即它们保持在彼此的交往关系之中。⑤

---

① Nicolas Mertens, *An Essay on Faith*, *Reason*, *and Human Nature*, "Introduction", pp. xx-xxi.

② 黑格尔指出,按照近代那种分离的、坏的理智,"宗教与哲学两者是彼此互相排斥的,或者两者一般地是那样分离开的,以致只可以从外面予以联合"(黑格尔:《小逻辑》,"第 2 版序言"第 13 页)。

③ 这样一种理解宗教与哲学之间关系的观点可能是最为普遍的观点。比如黑格尔,他尽管认为宗教和哲学是绝对认识的两种方式,宗教和哲学一样以真理为目的,但是,宗教是以表象方式表现绝对,而哲学是以概念方式,因此,就绝对精神自我认识的历史和哲学的最终目的来说,哲学高于宗教。

④ Nicolas Mertens, *An Essay on Faith*, *Reason*, *and Human Nature*, p. 77.

⑤ 艾柏林:《神学研究:一种百科全书式的定位》,李秋零译,北京:中国人民大学出版社,2003 年,第 67 页。

二

宗教与哲学之间是一种互动性伙伴关系，但这种互动性伙伴关系是一种复杂关系，其中，宗教与哲学之间既有对抗与相互解构，也有合作与相互影响。一言以蔽之，合作与对抗、共存与一统基本可以概括宗教与哲学在历史中形成的复杂关系。德国宗教哲学家潘能伯格（Wolfhart Pannenberg）在其著作《神学与哲学：从它们共同的历史看它们的关系》中主要研究了宗教与哲学之间的充满张力与相互解构的关系，法国哲学家、历史学家爱迪安·吉尔松（Etienne Gilson）在其著作《神与哲学》中则主要描述了宗教与哲学之间的互相合作与相互影响的关系。

潘能伯格从西方思想史角度考察了神学（可以广义理解为宗教学说）与哲学之间的关系，他指出，在神学和哲学共同的历史变迁中，两者之间有过如下四种典型的关联："一、人们曾经把哲学与神学的关系设想成对立；二、另一方面，人们又试图把二者等同起来；三、此外，人们曾经把神学置于哲学之上；四、或者反过来，把哲学置于神学之上。"①因此，就已有的西方经验来说，存在四种基本的神学与哲学关系规定之类型：神学与哲学对立、基督教是真哲学、神学高于哲学而哲学是神学的补充、作为普遍理性的哲学高于主观性的神学（宗教）。②

潘能伯格将德尔图良、中世纪达米安枢机主教和宗教改革家马丁·路德看成第一关系类型的代表。作为这种处理宗教与哲学关系类型的始祖德尔图良有句名言："雅典与耶路撒冷有什么相干？学院与教会有什么相干？"意思明确地要将宗教与哲学区隔开来，让哲学心悦诚服地跟在信仰之后，做信仰的奴仆。然而，即便如此，对这段思想史的详细考察仍然会告诉世人："启示信仰与哲学之间、信仰与理性之间是充满张力的，但并不是说二者之间就不存在任何积极的关系。因此，关于神学与哲学之间的一种纯粹对立的论题将必须被判定为过分的，神学总是还依赖于应用理性，仅仅因此就不能完全放弃与哲学的讨论。"③

第二种关系类型首先出现在公元2世纪的护教家那里，代表人物是殉教士游斯丁（Justin Martyr）和亚历山大的克莱门（Klemens von Alexandrien）。潘能伯格指出："殉教士游斯丁已经把基督教称为'唯一可靠的和有益的哲学'，即保管着一切事物的开端和目标，也使得每一个有可能称为完善的和幸福的。"④亚历山大的克莱门则提出如下论题："希腊人的哲学是'属神预旨的一个作品'

① 潘能伯格：《神学与哲学：从它们共同的历史看它们的关系》，李秋零译，香港：道风书社，2006年，第15页。

② 参见潘能伯格：《神学与哲学：从它们共同的历史看它们的关系》，第15～32页。

③ 潘能伯格：《神学与哲学：从它们共同的历史看它们的关系》，第18页。

④ 潘能伯格：《神学与哲学：从它们共同的历史看它们的关系》，第19页。

（卷一，第 18 章，第 4 节），是‘一个属神的、授予希腊人的赠礼’（卷一，第 20 章，第 1 节），与犹太民族中的律法相应，是基督教启示的一种准备（卷一，第 28 章，第 1 节以下）。”[①]潘能伯格认为，这种关于宗教与哲学的极端描述，在古代教会哲学中就有其萌芽，其要旨在于否认哲学是独立于神学的真理，哲学只是要寻求智慧，而信仰才是智慧的真正形态。

第三种关系类型是将神学理解为超自然启示的知识，将哲学理解为自然形态的知识，因此神学高于哲学。托马斯·阿奎那为其主要代表。在托马斯·阿奎那看来，上帝的超越性超越人类理智本性，非人类理性所能认识，故哲学作为人类自然理性的最高活动，在此遇到了自己的界限，只有借助上帝的恩典，才能获得提升以超越自然理性的界限，“所以在托马斯看来，在自然和超自然之间，在哲学和神学之间，不存在任何对立或者矛盾，而是超自然的恩典成全人的本性。这也就意味着，自然的理性是以服侍的方式指向信仰的，与此相应，正如托马斯的《神学大全》(Summa Theologica)一开始就阐明的那样，哲学的各门学科也需要一种通过神学的补充和提升”[②]。

第四种关系类型是将哲学看作是理性普遍性的实现，而宗教却只是主观经验或体验的知识，哲学高于宗教。启蒙时代的英国理神论和康德是其主要代表。在英国理神论和康德那里，宗教信仰与个体的主观经验和情感相关联，因而无须接受理性的反思式检视，也无须接受经验的验证，宗教不过是一种信仰体系，“是一种有教养的心灵，一种唤醒了觉性的精神，一种经过发展教导的内容”[③]。而哲学关乎普遍的真，是真正理性的事业，哲学的理性努力可以保证建立在主观性基础上的宗教获得一种合法性的存在。这典型表现在康德“限制知识，为信仰留出空间”思想中。“而这样一来，自然理性与启示、哲学与神学的关系就颠倒过来了：理性如今被用为判断宗教启示断言的权威性的标准。”[④]

潘能伯格通过分析存在于神学（宗教）与哲学之间四种基本关系规定之类型，明确得出这样一种历史经验：神学（宗教）和哲学之间关系复杂多变，既不能简单地将宗教表象扬弃在哲学中，也不能简单地将哲学扬弃在神学中，而是要在历史进程中密切关注它们之间的相互伴生。潘能伯格说：

> 将黑格尔关于把宗教表象扬弃在哲学概念中的论题颠倒为把哲学的上帝学说扬弃在神学中，这种思想反过来接近于像基督教教父学所阐明的那样，把基督教解释为真哲学。在这里和在后世，把哲学扬弃在神学中与

---

① 潘能伯格：《神学与哲学：从它们共同的历史看它们的关系》，第 22～23 页。黑格尔：《小逻辑》，“第 2 版序言”第 12 页。

② 潘能伯格：《神学与哲学：从它们共同的历史看它们的关系》，第 22～23 页。

③ 黑格尔：《小逻辑》，“第 2 版序言”第 12 页。

④ 潘能伯格：《神学与哲学：从它们共同的历史看它们的关系》，第 25 页。

黑格尔那里相反地把宗教表象扬弃在哲学概念中一样，都很少是以其中一方化为另一方的方式进行的。毋宁说，在历史的进程中，依然停留在神学与哲学充满张力的伴生中。①

与潘能伯格的关注点略有差异，吉尔松重点研究了宗教对神的信仰与哲学思辨之间的互动合作关系。在《神与哲学》一书中，吉尔松以西方思想发展的历史为脉络，从古到今，分“神与希腊哲学”、“神与基督教哲学”、“神与近代哲学”和“神与当代思想”四个阶段，将神之信仰与哲学思想之间的互动辩证关系给予具体而细微的诠释，既解读宗教与哲学互动关系在不同时期的殊异表现，也致力发现宗教与哲学互动关系的普遍表现，为后世研究者更为深入全面地把握西方思想史中宗教与哲学互动关系提供了一个极有参考价值的研究范式。

宗教因素对希腊哲学到底有多大影响？希腊理性主义拒斥信仰因素吗？②按照吉尔松的分析，人们的确很容易从希腊理性主义那里找到世俗知识（逻辑、科学、艺术和政治等）的哲学根源，但从古希腊思想传统中找寻神的哲学概念起源，便有一种模糊不清的感觉。这其中存在种种困难，其中主要的困难是，希腊哲人们发现他们很难将对世界的哲学诠释与对世界的宗教诠释调和起来。因为，希腊神学对世界的解释与哲学解释虽有相似性，但总起来看，“神话（学）并不是一种通往真哲学的首要步骤。事实上，它完全不是哲学。神话（学）是一种通往真宗教的首要步骤：它当然是具有宗教性的。希腊哲学并无法借着任何渐进式的理论说明的程序，好从希腊神话（学）产生出来”③。然而，这并不能得出结论说，希腊的宗教与哲学没有互动性关联。实际上，希腊哲学家既需要哲学也需要神话（宗教），因为他们需要使用自己的理性将自然解释为一个具有神话所描述的那种必然性的世界。这就是柏拉图所说的最高的神性智慧。在这种智慧关照下，哲学家在自己的哲学中寻找能够承受神性这个称号的存在。在柏拉图那里，这种存在就是非物质性的、不可变的、必然的、可以理解的永恒理念，特别是最高的“善”的理念。“正如在天上的众神当中，太阳是一切享有光的本

---

① 潘能伯格：《神学与哲学：从它们共同的历史看它们的关系》，第31页。

② 关于希腊哲学中宗教因素的影响问题，张灏在《时代的探索》中有一段精彩论述，他指出：“古希腊文化与思想的研究，长期以来在观念上常常受到一种限制，那就是认为古希腊文化是西方理性主义的源头，而所谓理性，在西方近代以科学为主导的文化影响下，主要是指科学与世俗理性。因此，古希腊文化的理性主义也常常顺着现代科学理性的思路被解读，而受到过于简化的曲解。不错，古希腊文化里面是有科学理性的源头，但它的理性观念很复杂，并不限于此。自30年代以来，现代西方学界出现一系列的专著，特别是 Werner Jaegeryu Bruno Snell 的巨著，已经对于过于‘现代化’的古希腊研究作了重要的修正，把古希腊文化里面所谓‘非理性’的成分，特别是宗教与精神层面，作了重要的澄清和彰显，因此今天我们知道在古希腊的理性主义里面，超越意识有着关键性地位。”（张灏：《时代的探索》，台北：“中央研究院”，2004年，第13页，注16）

③ 爱迪安·吉尔松：《神与哲学》，陈俊辉译，台北：台湾商务印书馆，2007年，第21～22页。

质之事物的主宰,同样,'善理念'[①]则支配着睿智的世界。"[②]就此而言,在柏拉图哲学中,"善理念"就是神明。依照这种类比解释,柏拉图在对世界的哲学诠释中加入了神学诠释,开创了将宗教读进哲学之先河。但可惜的是,希腊哲学家们并没有在柏拉图开辟的道路上走下去。这些过于相信理性的思想家们,在自己的思想行动中,总是能冷静地区分开宗教行为和哲学行为,它们自信地宣称,神在天庭中,而照料世界的责任就落在了人类身上。在哲学和宗教之间,希腊人更乐意选择哲学,尽管希腊人没有失去宗教,但他们针对这个世界建立起来的却是一种包罗万象式的哲学诠释。希腊哲学家借助哲学智慧发现世界的基本原则,凭借这些原则理性地说明世界。然而,令人感到吊诡的是,这种实足的理性主义做法,最终的命运却是将自己建立起来的关于世界的形而上学诠释嫁接在宗教信仰根系之上。[③]

基督教与基督教哲学的亲缘性不言而喻。但吉尔松提醒我们,一定要区分开基督教和基督教哲学,"基督教并不是一种哲学。基督教是实质的宗教教义,即有关世人透过基督而获得救恩的宗教教义。基督教哲学,系源生自希腊哲学与犹太暨基督教的宗教启示的接合点:希腊哲学提供对世界能迳作一种理性解说的技巧,而犹太暨基督教的启示,则对无可计数的哲学意义,提供宗教信念"[④]。可见,在基督教和基督教哲学之间,存在着内在的良性互动影响关系。一方面,基督教借助希腊哲学的概念与理性论证技巧将那些对希腊世界乃至整个西方世界原本陌生的宗教观念和教义阐释得清楚明白,使得基督教思想得以迅速传播并成为主流的社会意识形式;另一方面,希腊哲学中关于世界、人类及历史的思考,特别是对绝对而普遍的存在之真理性的思考所潜存着的诸多哲学意义,借助基督教宗教观念得以更为直观生动的表达,获得了征服人心的巨大功效。基督教和基督教哲学的这种互动合作产生的后果是双赢性的,这可以看作是宗教与哲学这样两种最为重要的人类文化形态相互关系的积极表现。对于基督教与基督教哲学的这种亲和性,吉尔松如此评价:

> 任何一位基督的皈依者,即完全熟知希腊哲学的改信者,那时必将明白他的新宗教信仰的形上意义。他的哲学的首要原理,必与他的宗教的首要原理相一致;而且,既然他的神的名字是"我是(自有的)",那么,任何一位基督教的哲学家,必会把"我是(自有的)"断定为他的首要原理,以及万有至高无上的原因;即便在哲学中,亦是如此。为了适应我们自己的近代

① "善理念"(the idea of Good),原文译作"善观念"。由于内地学界通行将"idea"译为"理念",为了行文上的一致性,凡引文中将"idea"译为"观念"的地方,均改为"理念"。

② 爱迪安·吉尔松:《神与哲学》,第23～24页。

③ 参见爱迪安·吉尔松:《神与哲学》,第25～35页。

④ 爱迪安·吉尔松:《神与哲学》,第42～43页。

术语，且容我们这么说：一种基督教哲学，当然是"存在的"（哲学）。[①]

按照吉尔松的观点，近代哲学兴起于近代自然科学所建构的机械式世界空间之中，大都由非圣职思想家所创造。因此，近代哲学的一个鲜明特征是，思想朝向世人的自然世界而非朝向神的超越王国。尽管近代哲学家们依然承认神学是最高的智慧，但他们却毫不犹豫地提出，他们的任务是寻找一种不同于神学智慧的世俗智慧，以便发现"一种单靠自然理性便可得到，并且还导向实际的尘世目的之攸关首要原因的真理知识"[②]。有鉴于此，近代哲学家大都会在实际思想活动中区分开哲学智慧和神学智慧，并希望通过自己对哲学智慧的强调，将人的理性带回到希腊哲学态度中。这样，宗教与哲学的关系，恰好与它们在基督教哲学时期发生了一种关系颠到。如果说基督教哲学时期，宗教占据强势地位，哲学有一种神学化取向，那么，这个时期哲学地位更为重要，神学有一种哲学化的诉求。神学多借助哲学语言叙述神学问题，并期待用一种理性的方法解决神学议题。在这个意义上，近代哲学中宗教和哲学的关系仿佛回到了希腊时代，但却是在机械世界观支配下的复归。吉尔松如此说：

> 笛卡儿的机械世界，系依赖着对宇宙中同样运动量的维续这种假设；因此，笛卡儿的神，就必须是一个不变的神，而且靠它意志所建立的若干法则，也不准受到任何改变。除非，先是把这个世界本身加以摧毁不可。简而言之，笛卡儿学派的神的本质，主要是受它的哲学功能的决定；这个功能，就如同笛卡儿本人所相像的，是要创造和保存那机械式的科学世界。[③]

这决不能仅仅被理解为是笛卡儿一个人的观点。与笛卡儿相类似，"斯宾诺莎是一个把'自有的它'，转变成一个仅是'自有的事物'的犹太人"[④]。而伏尔泰等人的神就是一个"钟表匠"，或者是一位维护当下这个巨大机械世界的至高的工程师。就此意义而言，近代哲学所言说的神不过是一个哲学化了的神。这样，单从神的观念在近代的变化看，在宗教与哲学的互动关系中，哲学似乎全面占据了上风。

在当代思想中，康德和孔德的思想支配着对宗教与哲学关系的诠释。这种诠释的出现使得宗教和哲学关系再次发生变化。表面上看，"由于有康德的批判与孔德的实证主义，事物变得完全的不同。既然神不是一个倚藉先验的感性形式，也就是空间和时间而被理解的对象；所以，它并无法靠着因果法则的范畴

---

① 爱迪安·吉尔松：《神与哲学》，第41页。
② 爱迪安·吉尔松：《神与哲学》，第72页。
③ 爱迪安·吉尔松：《神与哲学》，第81页。
④ 爱迪安·吉尔松：《神与哲学》，第94页。

以跟任何其他的东西产生关联。因此,康德得出结论说,神很可能是一种纯理性的概念,也就是一种有关我们的种种认知之普遍的统一原理;神并不是一种认知的对象。"①哲学似乎解构了宗教。但实际上,这种划界产生了积极效果,它使得宗教摆脱了近代科学思维方式所造成的梦魇,宗教是与哲学完全不同的东西,宗教问题不是一个能够作科学简明陈述的问题。吉尔松就此指出:"神并不是一个在经验上可观察的事实。密契的经验本身,既不可述说,又不可传达;因此,它无法成为一种客观的经验。在纯自然知识的位序上来说,如果'神存在'这个命题完全有它的意义在,那么,就它的理性价值而言,它必像是某一形而上学问题的一种哲学的答案。"②这样,吉尔松在指出当代思想中出现哲学疏离宗教现象同时,实际上肯定了在宗教和哲学之间划界的必然性,从而间接批判了从中世纪到近代西方思想史上将哲学宗教化和将宗教哲学化两种错误倾向。按照吉尔松的分析,哲学与宗教必须明确划界,各司其职,各安其位,互动互补。如果不在宗教和哲学之间明确划界,让它们各自待在自己的合法性领域之中,用自己的方式处理人类终极问题,其结果必然是这样一种悲惨结局:两种智慧的争斗牺牲掉我们的心灵和希望。因为,在物欲横流的当今世界,有宗教导引的返回"心灵伊甸园"的信仰意义上的乡愁,承载着人类的希望。人渴望着重现诸神临在状态,也渴望活在有永恒意义的正义世界之中,这是人最纯洁、最质朴、最坚定的希望。而唯有宗教能给予人类以此种希望。在这种意义上说,宗教和哲学才能友好地碰面。在哲学给予人类以精确理解和正确行动智慧同时,宗教为人类提供安慰和确定的未来。

综上所述,无论潘能伯格对宗教和哲学关系的类型学分析,还是吉尔松对宗教与哲学关系的思想史分析,都证明了两者之间存在着复杂的互动关系,这种互动关系对宗教和哲学的存在与发展有着重要影响。我们可以把它们之间因互动关系而可能给彼此带来的较为积极的影响总结如下:

1. 从宗教方面说,哲学为宗教提供了理论化所需的丰富思想资源。正是在与哲学的对话与交流中,宗教受到哲学的理性化影响,不仅获得了更为丰富的宗教观念表达形式,而且获得了教义或者学说论证方面的理性技艺,更进一步说,在与哲学的互动中,宗教更为容易排除独断态度,更加开放和宽容,这大大有利于提升宗教论证自身合法性的能力,保证宗教在公共层面上的合理性诉求能够更好地实现。

2. 从哲学方面来说,宗教为哲学探索活动提供了来自信仰的强烈情感支持,也为哲学家理解世界、相信正义以及追求有价值生活提供了智慧保证。众所周知,信仰是一种以敬仰、仰慕方式表现出来的相信,而哲学家的爱智慧的活

① 爱迪安·吉尔松:《神与哲学》,第102~103页。
② 爱迪安·吉尔松:《神与哲学》,第108~109页。

动就是因为一种因仰慕智慧而发动起来的强烈的探求冲动。只有受宗教式信仰热情的支配,哲学家才会为了智慧而爱智慧,绝无丝毫功利欲求。因此,哲学家只有真心地进入宗教境界,他从事哲学活动才是为了爱智慧。

3.宗教和哲学之间的互动关系是不能得到明确而终极的规定,它们之间的互动关系的形态会随着时代和它们自身的变化而发生变化。任何一个时代的宗教和哲学之间的互动关系都仅仅在它们各自的正确的自我规定中才能实际地实现出来。但是有一点是清楚的,那就是,宗教和哲学的自我理解多是在它们彼此的对立、区分、划界和宽容式相互对待中实现出来的。正是在它们之间的相互规定中,宗教和哲学实现了双方的"视域融合",进入到一个从对方规定自身本质特征的辩证关系阶段。

三

本项研究是我们承担的教育部人文社会科学重点研究基地重大项目《宗教与哲学互动关系研究》的最终研究成果。书名确定为《宗教与哲学:西方视域中的互动关系研究》,顾名思义,主要研究西方思想中的宗教与哲学互动关系的种种表现。关于本项研究,有如下两点需要作出说明:

第一,本项研究对西方思想史中宗教与哲学互动关系的考察,基本采用了个案分析方式,即,本项研究的基本着力点是具体地研究某一特殊时段中(如希腊时期前苏格拉底阶段神学思维与哲学思维的互动关系、中世纪基督教建构基督教哲学过程中哲学与宗教之间的互动关系)宗教与哲学之间实际发生的相互影响关系及其后果,或者直接关注某位哲学家,通过对其思想的细致分析,探究宗教与哲学在其思想中的对抗与冲突,互动与融会。之所以选择这种研究方式,主要是考量到研究对象及其研究内容的复杂性,脱离具体的文本,给出一般性概括的理论说明,难以避免黑格尔所指责的"抽象思维"的片面性,而大而无当式的空疏说明难以形成对西方思想史中宗教与哲学关系研究的"效果历史",给出关于宗教与哲学互动关系的"真的诠释"。哲学与宗教作为人类社会中的两种重要文化形态,在历史上有着错综复杂的互动关系,而这种错综复杂的互动关系又是通过它们在不同时期或不同哲学家那里的独特表现而实现出来的,因此,个案研究可能有失去整体视野的冒险,但却能够深入而具体、细致又透彻地生动展示宗教与哲学在每一种特殊形态的哲学生态及哲学体系中的相互作用关系,而对宗教与哲学之互动关系的较为全面的把握就在一一给出的个案分析中。当然,本书的研究离这样一个远大的研究目标还存在相当大的距离,它只不过是这种整全研究的一个初步成果。但我们相信,千里之行,积于跬步,万里之船,成于罗盘。

第二,本项研究对研究对象及研究内容的选择,遵循这样一个原则:作为研究对象的有关思想在相关学术史上具有典型的类型学价值和示范意义,并且研究团队中有专门研究人员专事研究多年,是该研究方向上的专家。据此,本书对研究对象和研究内容的选择不求其全,而求其精,求其代表性。这样,在成熟形态的西方宗教形成之前,对宗教与哲学之间相互影响关系的研究,就主要聚焦在苏格拉底之前(包括苏格拉底)的希腊思想上,通过思想史的分析,力求对神话思维与哲学思维的发生及其在发生过程中的相互影响作为解说,用思想史上的史料证明,在人类宗教智慧和哲学智慧发生的起端处,两者在思维方式上就存在着密切的互动关系。[①] 而成熟形态的西方宗教(基督教)如何利用哲学系统化自己的神学教义,又如何运用哲学的理性方法证成神学原理,主要是通过对基督教哲学的代表人物奥古斯丁和托马斯·阿奎那相关思想的考察来完成,在这部分中,我们的精力主要放在分析希腊哲学的义理与概念以及理性论证方法如何具体地被基督教哲学家借用,用来建构基督教哲学,证成基督教教义及仪礼。近代思想诞生在一个机械的物理世界观念占统治地位的年代,有关原因与真实性真理的理性知识所代表的普通理性智慧取代神性智慧而大行其道,因此,无须信仰之光,自然理性之光足可以照亮自然的与人性的,成为普遍的时代共识。这个时代的宗教与哲学之间存在着严重疏离,其在思想中的反映就是笛卡儿和斯宾诺莎对宗教和哲学的理性主义处理。我们选择了斯宾诺莎作为这类宗教与哲学关系的典型,因为,从哲学史角度看也好,从宗教史角度看也好,斯宾诺莎思想中的宗教旨趣明显超过笛卡儿。在斯宾诺莎之后,康德关于宗教与哲学关系的相关思想自然而然地进入了我们的研究视野。在前面的论述中,我们发现,潘能伯格与吉尔松都将康德关于宗教与哲学关系的有关思想放在一个重要的位置,甚至认为康德的相关思想支配了现代思想对宗教与哲学关系的认知与探究,作为后来研究者,我们对此观点深为认同,因此在研讨康德有关思想上花了不少笔墨。[②] 对海德格尔相关思想的研究主要关注两种重要问题:一是一位哲学家(海德格尔)的哲学思想对一位神学思想家(布尔特曼)的神学学说发生了什么样的影响、如何发生影响和影响所产生的效应;二是海德格尔哲学中隐匿的神学气质和背景,或海德格尔哲学与基督教神学的关系。这种关系至少可以从三个方面解析:形而上学之解构的神学来源;形而上学之解构的神

---

① 这种研究的视域或许能部分解释为什么在此项研究中没有专章涉及柏拉图和亚里士多德。在我们看来,在柏拉图和亚里士多德那里,哲学的理性思维基本成熟,早期希腊神学思维的因素的影响已经在早期希腊哲学萌芽和成长期发生并被有效吸纳进入哲学的理性思维。而柏拉图和亚里士多德思想创造力旺盛时期,神话还没有被成熟的宗教形态所取代,也就是说,柏拉图和亚里士多德时代存在的是神话与哲学的对峙而非宗教与哲学的对峙,所以,就宗教与哲学关系,或者神话思维与哲学的理性思维关系而言,柏拉图和亚里士多德并没有更特别的典型性,尽管他们的哲学成就在希腊无人能望其项背。

② 黑格尔在其哲学思想中也大量涉及宗教和哲学关系,并且有许多精彩论述。本书之所以没有列专章研究黑格尔,主要原因在于,黑格尔谈论宗教与哲学的总体思想框架是康德架构的,尽管黑格尔对宗教与哲学关系的论述在某些方面相当独到,见解深刻,但在研究范式转换方面成就甚少。

学向度;形而上学之解构的神学意义。最后被关注的哲学家是哈贝马斯,他的思想集中表达了后习俗时代或后形而上学思维时期有关宗教与哲学之关系的最新见解。哈贝马斯明确承认宗教话语和论证方式的独特地位,认为,在后形而上学时代,宗教不仅可以与哲学并存,而且成为哲学所需要的恰当“信仰基础”。但是,哲学与宗教必须明确划界,宗教不必一定要翻译成“世俗语言”,哲学无须僭越,担承为人们提供安慰和确定未来这样一种宗教责任。哲学就是哲学,宗教就是宗教,双方既要明确划界,又要精诚合作,彼此宽容,更多地“接受对方的视角”。

当然,我们也知道,任何研究者都有自己的研究盲点和视域限制,我们对研究对象和研究内容的选择肯定有不周全之处,或许某位重要的思想家(某些重要思想)为我们的研究所忽略,但我们保证这绝不是我们有意为之或技术化地省略,只能说那是我们研究能力尚有不足的表现,我们愿意接受来自各方面的批评。所有的批评都将化作动力,激励我们努力前行。

第一章 神话思维与哲学思维:从泰勒斯到苏格拉底

公元前6世纪至前5世纪中叶,希腊地区出现了一种新的理解世界的方式——哲学或理性思维。这种新的思维方式开启并奠定了随后两千多年西方文明的基调。在当今全球化的思潮中,它从各个方面向其他文明渗透,并在与各种文明的对话中占据主导位置,成为影响当今世界的主流话语。但是,同其他地区的文明一样,希腊哲学也脱胎于它的神话宗教传统。在西方哲学的开端处审视其与神话宗教的关系,对于我们更为深入贴切地理解西方哲学及其文明的特质无疑有着重要的意义。

哲学作为一种理性思维方式,与传统的神话思维处于相对的位置,它不再以超自然的神作为解释万物的出发点,而是立足人类自身的观察和思考,以求从自然本身来理解自然。策勒尔(E. Zeller)认为,这一思维方式乃是希腊精神的创造性所在。“希腊哲学和其他的希腊精神产品一样,是一种创造性的创造品,并在西方文明的整个发展过程中具有根本性的重要意义。从来没有一个民族能以比他们更清澈的眼光去看周围的世界,去凝视宇宙的深处。正是这种公正,与一种强烈的真实感以及一种同等强烈的抽象力相结合,使他们能在很早的时期就认识到他们的宗教观念实际上是一种艺术想象的产物,并设置一个凭借独立的人类思想,即逻各斯的力量建立起来的观念世界,以代替神话的世界,可以自称按一种自然的方式去解释实在。”①格思里(W. K. C. Guthrie)在《希腊哲学史》中也明确指出,希腊哲学诞生的特点就在于对宇宙起源和本性等问题放弃传统的神话解决方案,而代之以如下作为科学思想之基础的信念:“可见世界隐含着一个理性的、可理解的秩序,自然世界的原因应该在它自身的范围内来寻求,而独立的人类理智是进行这种研究的唯一并足够的工具。”②

如人们所知,希腊哲学的理性思维方不是凭空产生的,它的出现与其神话宗教传统之间有着千丝万缕的联系。希腊哲学的研究者们都不否认这一理性思维方式的诞生受到过神话思维的影响。对于它们之间存在何种关系,学界充

① 爱德华·策勒尔:《古希腊哲学史纲》,翁绍军译,上海:上海人民出版社,2007年,第10页。

② W. K. C. Guthrie, *A History of Greek Philosophy*, Vol. 1, London: Cambridge University Press, 1969, p. 29.

满争议，主要有以下两种不同的观点：

第一种观点认为这两种思维方式之间存在内在的过渡关系，也就是说，理性思维乃是神话思维的自然发展，两者之间并无绝然的界限。耶格尔、康福德(F. M. Corford)、格思里等希腊哲学研究专家都持这种观点。耶格尔(W. W. Jaeger)认为，很难在神话思维与理性思维之间划清界限，"然而几乎不可能将荷马史诗中的'神话思维'与用来解释它的理性观念分离开来。……在伊奥尼亚的自然哲学与荷马史诗之间并不断裂"[①]。康福德也认为伊奥尼亚的自然哲学与当今的科学根本不同，它们更接近神话结构，在他看来，各种"本原"都有相应的神话原型。[②] 格思里也认为希腊理性有一个缓慢的、逐渐的过程，因此在前理性或神话的观念与纯粹理性的、科学的思想之间并无截然的界限。"并不存在这种清晰的界限，甚至今天也不存在。"[③]

而伯奈特(John Burnet)、韦尔南(J. P. Vernant)等希腊哲学研究者提出了针锋相对的观点。他们认为，虽然理性思维受过传统神话思维的影响，但是两者之间存在着本质的区别，也就是说，它们之间不是一种连续的、自然的发展过程，而是有一种断裂和跳跃。伯奈特指出："在所有这些观念中并不存在神学思辨的踪迹。我们已经看到它与早期雅典宗教之间存在一种绝然的断裂，奥林匹斯诸神从没有紧紧控制住伊奥尼亚人的心灵。因此在神话观念中寻找伊奥尼亚科学的起源是完全错误的。"[④]韦尔南承认哲学诞生之际与神话确实有这样或那样的相似性，但是两者之间并无真正的连续性，米利都的哲学家完全无视宗教世界的存在，他们的思考与传统宗教毫无共同之处。[⑤] 他还总结了希腊哲学的三个特征：第一，外在于宗教、与宗教无关；第二，提出了一种不依赖神力而具有其自身规律和法则的宇宙秩序的设想；第三，对自然界的设想具有几何学特征。[⑥]

在宗教与哲学的关系上之所以会存在上述争论，在我看来，是因为前苏格拉底的哲学本身就包含了多种不同的倾向或思想流派，它们与宗教之间存在不同的关系。在研究前苏格拉底哲学特征的时候，一般都会注意到它有两类不同的传统：一个是以米利都学派为代表的科学主义传统，另一个是以毕达哥拉斯学派为代表的神秘主义。策勒尔在《古希腊哲学史纲》中明确指出了这两条道路的区分："公元前6世纪的希腊人再也不满足于传统的宗教，在他们面前敞开着两条道路：一条是理性的思维和探究的道路，伊奥尼亚的物理学家们遵循了

---

① Werner Wilhelm Jaeger, *Paideia: The Ideals of Greek Culture*, Vol. 1, New York: Oxford University Press, 1945, p. 151.

② 参见让—皮埃尔·韦尔南：《希腊思想的起源》，秦海鹰译，北京：三联书店，1996年，第94页。

③ Guthrie, *A History of Greek Philosophy*, Vol. 1, p. 1.

④ John Burnet, *Early Greek Philosophy*, London: A & C Black, 1920, pp. 8-9.

⑤ 参见让—皮埃尔·韦尔南：《希腊思想的起源》，第95页。

⑥ 参见让—皮埃尔·韦尔南：《希腊思想的起源》，第2～3页。

这条道路;另一条是宗教神秘主义的道路,这是奥尔弗斯学说[即俄耳甫斯教]所指引的道路。"[①]伯奈特、康福德在研究希腊宗教的时候也都继承了这一区分。伯奈特在《早期希腊哲学》中根据与宗教的关系不同,将位于亚洲的伊奥尼亚地区的哲学传统与西部的希腊半岛上的哲学相互区别对待,认为希腊东部的伊奥尼亚地区完全摆脱了传统宗教的影响,而西部的爱琴海岛屿继续着对宗教的深化或改革。[②]

在古希腊哲学诞生之初确实存在上述两种不同倾向的思想传统。但是,在这种科学主义与神秘主义的区分下,我们发现很难处理赫拉克利特与巴门尼德的思想,也就是说不知道该将他们归类到哪一种传统之中。虽然亚里士多德将赫拉克利特与其他自然哲学家归为一类,认为他提供了火本原说。但是近代希腊哲学研究者们都注意到了双方思想上存在着巨大的差异。康福德明确指出了双方气质上的根本区别:"我们在赫拉克利特那里看到了一种与伊奥尼亚理性主义和科学的机械论倾向截然不同的神秘主义气质。……认为赫拉克利特继续了米利都学派工作的任何想法都是完全错误的。"[③]耶格尔也指出,将赫拉克利特与米利都哲学家并列是错误的,乃是受了柏拉图和亚里士多德的影响,在米利都哲学家那里主要以对自然的观察与纯粹的理性思考为主,而赫拉克利特的说话方式则是先知式的。[④] 赫拉克利特的火更多用于揭示自然万物的在根本处的流变,有一种比喻义在里面,它的对应物乃是逻各斯,从而与米利都学派视作世界基本组成成分的水、气有根本的区别。巴门尼德也是如此,虽然他有一些科学性的论述或发现,比如设想地球是球形的,认为世界主要有火与土两种元素组成。[⑤] 但是作为他思想核心的"存在"是一个纯粹思辨性的概念,与米利都学派设定的自然或所寻求的自然的本原完全不是一类东西。

为此,一些研究者(比如康福德)就将赫拉克利特、巴门尼德也并入神秘主义传统。但是,这种做法同样是有问题的,因为赫拉克利特与巴门尼德对待超自然的神的态度与毕达哥拉斯亦有根本的区别。在毕达哥拉斯那里,依然存在超自然的神和超自然的世界,与传统宗教中的拟人神之间存在思想的传承关系,他们的思考、禁忌以及各种秘仪就是为了证明并帮助人接近超自然的存在。与之不同,赫拉克利特与巴门尼德对超自然之物都进行了一种理性的"还原"。赫拉克利特对于当时流行的宗教提出了明确的批评,在他看来,那些通过一些神秘仪式来净化自己灵魂的人就像疯子或梦游者,完全是没有意义的行为。在

---

① 爱德华·策勒尔:《古希腊哲学史纲》,第25页。

② Burnet, *Early Greek Philosophy*, p. 61.

③ Burnet, *Early Greek Philosophy*, p. 184.

④ Werner Wilhelm Jaeger, *The Theology of the Early Greek Philosophers*, London: Oxford University Press, pp. 109-110.

⑤ 参见北京大学哲学系外国哲学史教研室编译:《古希腊罗马哲学》,北京:商务印书馆,1982年,第48页。

巴门尼德有关自然或存在的论述中,同样没有超自然的神的位置,因为它只是一个"完整、唯一、不动、无限"的实体,"自身各方面相等,与别的东西则不相等"。

为此,我们将在已有的科学主义和神秘主义传统区分基础上,提出在古希腊早期的哲学流派中还存在哲学理性传统。这三个传统在与神话宗教之间的关系上有着根本的区别。神秘主义与传统宗教联系最为紧密,它直接继承了传统宗教中的信仰和教义,只是对教义进行了一些理性化的解释,可以视为传统宗教的一部分。科学理性是一种彻底的去神化,在它视野中的自然是一种数学化了的自然对象,其中没有任何超自然之物的位置,从而与传统的宗教神话思维方式之间存在一种截然的断裂。哲学理性虽然也对超自然之神进行了理性的还原,但是它并非对自然进行外在的观察,而是对自然本身进行沉思,意图从自然本身来领会自然,既不求助于超自然的神,也不诉诸均一化的数学模型,从而在这种沉思中依然保留着自然本身的神秘性或神性。

第一节 古希腊的神话与宗教

和其他地区的文明一样,希腊社会的神话与宗教也构成了人类理性的最初萌芽,它们是人类早期对自然界以及人生现象的追问和解释。但是,与其他文明不同的地方在于,希腊哲学家们在早期的神话与宗教的背景下提出了一套独特的追问世界存在的思维方式或"思想游戏",这就是古希腊哲学。要恰当领会西方理性文明的独特之处及其与一神教(基督教)信仰之间的关系,必须回到古希腊哲学,看它如何脱胎于古希腊的神话与宗教以及又如何为一神教的信仰留下可能性。

古希腊由众多城邦组成,具有丰富的神话传统,广泛的宗教渊源。古希腊神庙林立,"希腊神庙建设发展较快,公元前7世纪大约有三十九座,到公元前6世纪已有八十八座"[①]。其中最著名的神庙有阿尔忒弥斯神庙、赫拉神庙、帕特农神庙、宙斯神庙、阿波罗神庙等等。宗教节日数目惊人,可以统计的有300多个,分布在希腊境内250多个地方,分别祭祀400个以上的神祇。[②] 其神话传统以古希腊诗人荷马创作的《荷马史诗》(含《伊利亚特》和《奥德赛》)与赫西俄德的《工作与时日》和《神谱》为其主要来源,它们是在民间长期流传的口头文学的基础上、通过诗人整理和艺术创造而成。"这四部作品全都是历史悠久而只有遗迹存留下来的口头说唱传统的产物……"[③]这些说唱产物不仅记录了古希腊

① 吴晓群:《古代希腊仪式文化研究》,上海:上海社会科学院出版社,2000年,第53页。

② 参见吴晓群:《古代希腊仪式文化研究》,第68页。

③ 泰勒主编:《从开端到柏拉图》,韩东晖、聂敏里、冯俊、程鑫译,北京:中国人民大学出版社,2003年,第15页。

社会当时生活状况、历史事件以及重要的历史人物的事迹,还包含了他们对自然现象、人生现象以及社会伦理道德的想象与思考,因此,不仅具有很高的文学艺术价值,也是研究古希腊历史、地理和文化的重要史料。

希腊神话主要包括诸神的故事和英雄传说两个部分。其中有关诸神的故事中涉及到宇宙的起源、神以及人类的诞生等内容,它们是古希腊人领会和解释世界存在的方式。诸神的世界是希腊人对自然和人生现象的理解和解释,它们构成了希腊人的精神天空。"希腊神话主要是有男女诸神的故事组成的,但我们绝不应该把它当作希腊《圣经》或希腊宗教记录来读。根据最新的观点,真正的神话与宗教无关,它是对自然现象的一种解释,例如宇宙间万事万物——包括人类、动物、某种树木或花卉、太阳、月亮、星辰、暴风雨、火山喷发、地震等各种各样的事物和现象——是如何产生的。雷声和闪电是宙斯发射霹雳而造成的;火山爆发是由于一头可怕的怪物被囚禁在山里,不时地拼命挣扎以图脱身;北斗七星(又名大熊星座)从不坠落到地平线以下,是因为一位女神曾经生它的气,判决它永远不得沉入海里。神话是早期的科学,是人类首次试图解释周围现象的结果。不过也有许多所谓的神话根本解释不了任何现象,这类故事纯属娱乐,是人们用以消磨漫长的冬日夜晚的谈资。"①在希腊人眼里,奥林匹斯山上的诸神并不单纯是人心的虚构。通过希腊人的宗教活动,诸神成为他们真实生活的一部分。"面对一个诸神充斥的宇宙,希腊人并没有把作为两个对立领域的自然与超自然分离开。二者始终内在地互相关联。尘世的某些状态,让希腊人感受到了在建立与诸神的联系的祭拜仪式的过程时,在与诸神'交往'中同样的神圣感情。"②

在公元前8至前6世纪希腊哲学诞生之初,希腊境内主要流传两大类宗教:一类是各城邦共同接受的官方宗教,供奉奥林匹斯山上诸神;另一类是民间流传的宗教,包括狄俄尼索斯教和俄耳甫斯教。这两种宗教代表了两种不同的与神交往的方式。奥林匹斯教体现的希腊人对诸神的敬畏之心,供奉的目的在于祈福和驱邪。③ 而狄俄尼索斯教和俄耳甫斯教追求的是一种与神合一的神秘体验。

一、奥林匹斯诸神及其特点

在今天看来,神话似乎仅仅是人类对于自然界的一种**虚构**的解释。站在当代科学理性的高度,我们看起来可以自由评说各个人类早期各种文明的幼稚表现。根据实证主义哲学家的看法,神学思维方式乃是人类思维发展的最低级阶

---

① 依迪丝·汉密尔顿:《神话》,刘一南译,北京:华夏出版社,2010年,第8页。

② 让—皮埃尔·韦尔南:《古希腊的神话与宗教》,杜小真译,北京:三联书店,1990年,第5页。

③ 参见简·艾伦·赫丽生:《希腊宗教研究导论》,谢世坚译,桂林:广西师范大学出版社,2006年,第9页。

段。"我们的每一种主要观点，每一个知识部门，都先后经过三个不同的理论阶段：神学阶段，又名虚构阶段；形而上学阶段，又名抽象阶段；科学阶段，又名实证阶段。"[①]这里的神学阶段，无疑针对人类早期的各种神话。将神话归之于虚构，这是站在实证科学的立场作出的解释。但是，对于还不具备实证科学知识的古代人而言，神话就不可能是虚构了。那是人类面对、遭遇未知世界时的最初反应。这种反应恰恰源自他们最直接的生活体验，而不是纯粹虚构。今天我们透过科学的棱镜看到的自然现象是不是比古人所领会的充满神性色彩的自然更为真实，这个再论。在这里只想指出，对古希腊人而言，奥林匹斯山上的诸神乃是他们生活世界的一部分。"因此，在希腊背景中，神话并不是一种特殊的思想形态，而是在随意的交往、见面或闲谈中被一种无形的、匿名的、无法捕捉的力量传递并散播开来的全部内容，这种力量被柏拉图称为'传言'(Phèmè)……这些不断重复的叙事构成了该社会团体成员共同的知识框架。"[②]

住在奥林匹斯山上的是以宙斯为首的一个神圣家族，其中有十二位地位最高，一般称为十二主神，他们一起统治着世界。由于不同时期关于十二主神有不同的说法，因此享有十二主神声誉的实际上有十四位。在这十四位中，有十位在不同的说法中都出现，他们是：天神宙斯、天后赫拉、海神波塞冬、战神阿瑞斯、神使赫耳墨斯、匠神赫淮斯托斯、爱神阿佛洛蒂忒、智慧女神雅典娜、太阳神阿波罗及狩猎女神阿尔忒弥斯。灶神赫斯提亚本来是十二主神之一，但她主要居住在人间，她的主神位置后来让给了酒神狄俄尼索斯。谷物女神德墨忒尔则因为要陪她在冥界的女儿，把她的主神位置让给了冥神哈得斯。除了上述主神之外，天庭上还有许多次要的神祇，其中较为重要的有小爱神厄洛斯，九位缪斯女神和三位美惠女神，等等。

住在奥林匹斯山上的诸神并非世界的最初统治者，也不是宇宙的最初创造者，他们自身都是由宇宙创造的。对于诸神的起源，当时有多种不同的说法。赫西俄德在《神谱》中根据当时流行的各种说法，梳理了宇宙和诸神的诞生过程。

在他的描述中，宇宙中最先产生的是卡俄斯(混沌)。卡俄斯有自身繁衍生命的能力，她生出了大地该亚、塔尔塔罗斯(深渊、地狱)以及厄洛斯(爱神)。从混沌中还生出了厄瑞玻斯(黑暗)和黑夜之神纽克斯。黑夜之神纽克斯与黑暗之神厄瑞玻斯相结合生出了埃忒耳(光明)和白天之神赫莫拉。大地该亚还生出了布满繁星的天神乌兰诺斯和波涛汹涌的大海蓬托斯。后来大地该亚与天神乌兰诺斯交合，生了十二个提坦巨神、三个独眼巨人("他们都只有一只眼睛，长在前额中间，除此而外，一切方面都像神")和三个百臂巨人("他们肩膀上长出一百只无

---

① 洪谦主编：《西方现代资产阶级哲学论著选辑》，北京：商务印书馆，1993年，第20页。
② 让—皮埃尔·韦尔南：《希腊思想的起源》，第10～11页。

法战胜的臂膀,每人的肩上和强壮的肢体上都还长有五十个脑袋”)。①

十二个提坦巨神分别是:俄刻阿诺斯(海洋)、科俄斯(智力)、克利俄斯(生长)、许配利翁(太阳)、伊阿珀托斯(灵魂)、克罗诺斯(天空)、忒亚(璨烂)、瑞亚(时光)、忒弥斯(法律)、谟涅摩叙涅(记忆)、福柏(月亮)、忒堤斯(海洋)。前六位是男性,后六位是女性,共六男六女。

乌兰诺斯生性暴躁,担心他的后代会推翻他的统治,又看到一些后代(独眼巨人和百臂巨人)长得极为丑陋,就把这些孩子都困在他们母亲大地该亚的深处。后来该亚终于忍受不了乌兰诺斯的暴行,就想出一条妙计,并把它告诉她的孩子们,鼓动他们去报复乌兰诺斯。她的孩子们听到这番话后都很恐惧,不敢说话,只有她最小的儿子克洛诺斯鼓足勇气应允了母亲的要求。地神该亚非常高兴,交给他一把巨大的镰刀,把整个计划都告诉了克洛诺斯。天神乌兰诺斯和往常一样来与地神该亚交合的时候,躲在一边的克洛诺斯用镰刀飞快地割下了他父亲的生殖器,往身后后一仍。乌兰诺斯身上溅出的血滴入大地,生出了复仇女神、巨灵神族和自然神女们,他的生殖器被抛到海上,从掀起的浪花中诞生了爱神阿佛洛蒂忒。乌兰诺斯在被阉割的那一刹那就与大地该亚分离开来,从此永远固定在世界的最高处。随后克洛诺斯从该亚(大地)体内救出了他的十一位哥哥和姐姐,独眼巨人和百臂巨人还被困在地底下,他们推选克洛诺斯为新的天神。乌兰诺斯诅咒说克洛诺斯也将被他的孩子推翻。

后来,克洛诺斯娶他的姐姐时光女神瑞亚为妻,生了赫斯提亚、德墨忒尔、赫拉、哈得斯、波塞冬和宙斯。每个孩子一出生,克洛诺斯就将他们吞到肚子里,以防止某一位有一天会推翻他的统治。这让他的妻子瑞亚悲伤不已。在宙斯出生的时候,她偷偷将宙斯藏了起来,然后用一块石头裹在襁褓中递给克洛诺斯,克洛诺斯接过襁褓,一口吞到肚子里。这样,宙斯躲过了一劫。宙斯长大成人知道自己的身世后,又设计救出了他的兄弟。他们联合起来一起反抗克洛诺斯的统治,由于克洛诺斯有许多提坦巨神相助,战争极为惨烈。后来他们救出埋在地下的独眼巨人和百臂巨人才最终战胜了克洛诺斯。战争胜利后宙斯做了天神,波塞冬做海神,哈得斯则做了分管地下的冥神。自此,开始了奥林匹斯诸神统治世界的新时代。

由此可见,希腊神话和其他地区的神话一样,也是人类按照自身的形象以及人类自身的社会关系来设想自然现象秩序。与其他地区的神话相比,希腊神话中的诸神在形态上和性格上都具有丰富的人性,具有很强的现实感和真实性。“希腊人按照他们自己的形象来塑造他们的神祇,前人从未产生过这样的念头。在此之前,诸神的外表没有真实感,与任何生物都不相像。埃及的神像要么是一座四平八稳、连想象力都无法使之活动起来的巍峨巨像,和神殿的高

① 参见赫西俄德:《工作与时日·神谱》,张竹明、蒋平译,北京:商务印书馆,2009年,第30页。

大石柱一样被固定在石头中，虽然被雕刻成人形，却被刻意塑造成不太像人的模样；要么是一座僵直的猫头女身像，喻指冷酷无情的残忍特性；要么是一座巨大而神秘的狮身人面像，没有任何生命迹象。美索不达米亚的神像则是与人们所知的任何兽类都不相像的兽性浅浮雕，如鸟头人身像、牛头狮身像、鹰翼鸟头人身像和鹰翼牛头狮身像。"①希腊诸神除了具备丰富、饱满的人类形态以外，性格上也有很强的人类特点，这使得他们看起来除了威严的一面以外，还有令人捧腹的一面。比如，宙斯喜欢偷情，常常企图向妻子隐瞒自己的风流韵事，但是每次都露出马脚，因而成为大家的笑柄，而天后则是典型的妒妇形象，她总是想方设法破坏宙斯的好事，并且报复那些与宙斯偷情的女子。"这类故事容易引起友好的情感。在埃及的狮身女怪或亚述的鸟头兽身神祇面前哈哈大笑是不可思议的，但是在奥林匹斯山上哈哈大笑确实极其自然的，这使希腊诸神显得十分友好可亲。"②他们中的大多数还具有令人销魂的美貌，大多美貌至极，这就更加增添了诸神的人情味。"除了为数极少且不重要的几个例外，所有神祇都有着令人销魂的美貌，与人类的美貌并无二致，而具有人类之美的东西是不会很吓人的。早期的系列神话作家将一个充满恐惧的世界变成了一个充满美的世界。"③希腊神话对诸神的容貌、出生地、住所甚至成长过程往往都有详细生动的描述，这就使得希腊诸神的存在更具真实性，希腊诸神就像一群不死的人类，也居住在世界的某个地方，成为希腊人生活的一部分。

希腊神话还具有很强的系统性。赫西俄德的《神谱》对诸神关系及其来源都有详细而系统的描述。根据前面的论述我们已经看到，在希腊神话中，统治世界的是以宙斯为首的一个庞大的家族，他们各司其职，分管天上、人间、海洋以及地狱等各个领域。由于诸神众多，关系复杂，叙事详细，这就为希腊人解读诸神的存在提供了丰富解释空间。以宙斯为例，他在不同的神话结构关系中扮演着不同的角色。比如，在与克洛诺斯和提坦诸神争夺王位的战争中，宙斯代表的是正义，是荣誉和职能的准确分配，代表着对诸神的尊重和对弱者的关切。而与波塞冬、哈得斯联合一起组成了统治天上地下的所有领域，其中，他们分别统治天、海、冥界，大地人间则归三神共同管辖，而这同时意味着对整个宇宙等级或秩序的划分。在与大地母亲瑞亚的组合中，宙斯则代表阳刚和发生的原则；在与赫拉的组合中，宙斯成为传统婚姻形式"文明化"的代表；等等。④

神话故事是除了对自然现象的思考以外，里面同样包含着对人类行为规范的思考和诉求，比如宙斯，他虽然有不少人性的缺点，但他却是自然界和人类社会秩序的公正与正义的主持者。"无论谁强暴行凶，克洛诺斯之子、千里眼宙斯

---

① 依迪丝·汉密尔顿：《神话》，第3页。
② 依迪丝·汉密尔顿：《神话》，第4页。
③ 依迪丝·汉密尔顿：《神话》，第7页。
④ 参见让一皮埃尔·韦尔南：《古希腊的神话与宗教》，30～31页。

都将予以惩罚。往往有甚至因一个坏人作恶和犯罪而使整个城市遭受惩罚的,克洛诺斯之子把巨大的苦恼——饥荒和瘟疫一同带给他们。”①梭伦将奥林匹斯教的正义原则作为人类社会的一个基本法则,提出一个人若做了不正义的事情,他早晚会受到惩罚,如果他本人侥幸逃脱了,这种惩罚将落到他的后代身上。“这就是宙斯的报复。他不像有死者那样对每件事都发怒;但是有罪心的人绝不能永远逃脱他的觉察。他早晚会发现。有些人直接付出代价,有些人晚一些;还有些人逃避了惩罚,他们自身逃脱了对神的欠债。但是,惩罚依然会到来:他们的孩子或后代会为他们的行为付出无辜的代价。”②

希腊神话的另一个显著特点是有极强的命运感。希腊诸神都是强有力的,尤其宙斯,据说所有其他诸神的力量加在一起也没有他强大。虽然如此,即使宙斯也不是无所不能的,包括宙斯在内的所有诸神都要服从命运的安排。如果一个人命运注定要死的话,诸神也无力救他,连宙斯也悲叹他的儿子萨耳珀冬死于普特洛克勒斯之手是命运的安排。③“因此在荷马那里,诸神都服从于一种更遥远的力量的安排,它同时是原始的(比诸神还要古老)和具有道德感的。它被称为 Moira(命运)。”④

二、两种不同人神关系的宗教传统

诸神在希腊人那里并不像后来的基督教那样以启示的方式存在,而是以一种共同信念的方式渗透在希腊人生活的方方面面。“希腊多神教并不是建立在一种启示的基础上,没有任何东西把启示——从神开始并通过神——奠定为强制的真理。信教依仗的是实际应用:人类祖辈留下来的习俗,nomoi。这无非就是语言、生活方式、饮食习惯、衣着、举止、私人和公众场合的行为风格,崇拜除了自身存在之外不需要其他的证明:从人们实行崇拜起,崇拜就经受了考验。”⑤而众多神庙的建立、宗教节日的设置与祭祀活动的举行让希腊人进一步获得了与诸神交往的生动体验。在古希腊宗教繁盛时期(公元前 800 年至前 300 年)主要流行两大类宗教,一类是由官方认可并组织祭祀活动的奥林匹斯教,一类是流于民间的、由民众自发甚至秘密参与的狄俄尼索斯教和俄耳甫斯教。这两类宗教在教义上、信仰方式、功能上有很大的差别。

1. 奥林匹斯教

供奉奥林匹斯诸神的奥林匹斯教是希腊诸城邦的官方宗教或公民宗教。通过信奉和祭祀共同的神祇,一个城邦的居民才团结在一起,成为一个城邦的

① 赫西俄德:《工作与时日·神谱》,第 8 页。

② David G. Rice and John E. Stambaugh, *Sources for the Study of Greek Religion*, corrected edition, the Society of Biblical Literature, 2009, pp. 68-69.

③ F. M. Cornford, *From Religion to Philosophy: A Study in the Origins of Western Speculation*, p. 12.

④ F. M. Cornford, *From Religion to Philosophy: A Study in the Origins of Western Speculation*, p. 12.

⑤ 让-皮埃尔·韦尔南:《古希腊的神话与宗教》,第 7 页。

公民。在希腊文中,"成为公民"的意思就是共同祭祀。[①] 可见,对共同神祇的信奉与祭祀乃是一个城邦存在的标志性活动。在古希腊,信奉城邦的神祇是公民的义务,而不信奉神祇则是一种违法的行为。我们知道,苏格拉底被起诉的一个原因就是他不信奉城邦的神祇。韦尔南也指出,希腊的宗教体系与城邦的社会生活密切相关,它们首要的功能是突显出每个群体或城邦居民的特殊性,以供奉共同神灵的方式使得他们团结成一个真正的社群。[②] 当时城邦国家的几乎每项活动都与相应的宗教信仰有关,当时的钱币图案显示,每个城邦都有一位自己信奉的神灵。希腊四个最重要的全国性节日都是献给众神的。在雅典,宗教性节日多得惊人,节庆活动几乎占据一年之中半数的时间。公元前 6 世纪至前 5 世纪,雅典人修建了规模巨大、建筑精美的神庙,这些神庙将城邦与众神紧密联系在一起。

如果说律法的规定、宗教节日的设立以及神庙的建造奠定了奥林匹斯诸神在希腊城邦中的地位,确保了诸神在城邦生活中的存在或"现身",那么,相应的祭祀活动则是其中最重要的环节。正是在祭祀活动中,希腊公民获得了与诸神进行对话的机会,获得了对诸神存在的直接体验。祭祀活动的种类和功能很多,举行公民大会之前要向诸神祈祷,司法审判要在祭坛旁举行并且要先进行祭祀活动,发生战事的时候,在出征前、凯旋后都要举行祭祀仪式。[③]

祭祀活动是希腊人向神表示敬畏与尊崇的方式,他们希望通过祭祀活动自己的行为能符合神的许可,从而获得神的庇护。在举行祭祀仪式的时候,一般由国家官员和神庙的祭祀共同主持,按照严格的祭礼规范进行,希腊公民都可以参与其中。祭祀活动开始之前,所有参与者都需要一个净化自身的过程,都需要沐浴更衣、头戴花环、身着盛装,用来献祭的牺牲也需要一个清洁、装饰的过程,以表示对神灵的敬畏和尊重。大型的祭祀活动一般伴有盛大的游行队伍和舞蹈和场面。舞蹈不仅仅是为了娱乐或审美,而是一种向神灵表示敬意、向着神灵的直接欢呼,以期获得神灵回顾的过程。它不仅使舞蹈者,还使观众真正参与到与神交遇的体验中去。"在舞蹈仪式中,不仅舞蹈者发生了转变,而且作为观众的人由于被此舞蹈所吸引,也加入到这种转变的行列之中。"[④]

在祭祀活动中两个最重要的环节是祈祷与献祭。

祈祷就是用语言向神灵说出自己的愿望。一般包含三个部分:第一,呼唤神灵,以此引起相应神灵的注意;第二,陈述理由,也就是向神灵述说自己如何敬神,以此作为向神祈福的理由;第三,发誓许愿,也就是向神灵述说愿望并向

① Numa Denis Fustel de Coulanges, *The Ancient City*: *A Study on The Religion*, Laws and Institutions of Greece and Rome, London, 1956, p. 186. 参见吴晓群:《古代希腊仪式文化研究》,第 47 页。

② 参见让—皮埃尔·韦尔南:《古希腊的神话与宗教》,第 40 页。

③ 参见吴晓群:《古代希腊仪式文化研究》,第 44～45 页。

④ 斯特伦:《人与神——宗教生活的理解》,金泽、何其敏译,上海:上海人民出版社,1991 年,第 244 页。

神许诺祭品、牺牲、神像甚至神庙等等,作为答恩。接下来就是献祭。献祭的祭品包括酒、水果、谷物、油脂、雕像、牺牲等东西,带血的牺牲是最贵重的祭品。献祭开始的时候一般用祭祀的篮子和水罐把祭祀地点所用的牺牲与献祭者围在一起,所有的参与者围绕祭坛站成一圈,以此构成一个神圣的祭祀空间。接下来把水依次洒在每个参与者的手上。如果有动物献祭,那么在宰杀牺牲之前,祭司一般会先割下牺牲额前的部分毛发,放入坛火,在牺牲被宰杀之后,心、肝等内脏会首先放到祭坛山去烤,离祭坛最近的参与者必须立即品尝那些内脏。其余不可食用的部分,包括尾巴、膀胱、腿骨等,用脂肪包裹在一起,放在祭坛上焚烧,以献给神灵。当内脏被分食完毕,欢宴便开始了。一般规定,所有的肉必须当场吃掉。通过这些仪式,便实现了人与神的某种沟通与结合。①

奥林匹斯教的这个祭祀过程实现了人与神的真正结合。"在这种献祭背后的主要思想,并不是简单地向神奉献一份礼物,而是一种神和人的相互交往活动。在这种活动中,神和他的崇拜者通过一起分享神圣祭品的血和肉实现了结合。"②

不过,韦尔南却指出,虽然这个过程实现了人神的某种沟通,但是它的目的并不是实现人与神的完整结合,相反,而是在于维护人神之间的区别和距离。"这种接触并不是一种圣餐:人并不为着与神同一、分享神的威力而去吃神,即使是以象征形式。人食用的是动物牺牲,是一头家畜,而且人吃的肉不是祭献该神的那部分。希腊祭祀建立的联系强调并肯定在同一沟通中,极限距离把要死的人与不朽者分离开来。"③韦尔南的解读看来更为合理。虽然在祭祀的过程中实现了人神的某种沟通,但是奥林匹斯教祭祀的目的是为了向诸神祈福或避害,而这个目的或姿态本身就已经暗示了神是更为高等的存在,人在神面前是低微的,从而只能以一种虔诚的献祭来祈求神的帮助,获得神的许可。阿波罗神庙上的"认识你自己"并不是让人认识到自己可以成为神,相反,而是要认识到自己是人,而不是神。"对于特尔斐神谕来说,'认识你自己'就意味着'知道你不是神,也不要犯声称要成为神的那种错误。'"④奥林匹斯教的祭祀者在与众神分析神圣祭祀物的时候,并不意味着他就与众神平起平坐了,相反,它更多的意味是成为某位神灵的子民,从而可以获得神灵庇护。

奥林匹斯教诸神作为城邦的守护神是高高在上的,拥有无上的地位、权力和力量,他们作为不朽者与有朽者的人类之间有着绝对的界限。与神有真正结合体验的是另外一个具有神秘主义色彩的宗教传统,也就是狄俄尼索斯教和俄耳甫斯教。"那些十全十美的奥林波斯神,甚至那些优雅的大地女神并不真正

① 参见吴晓群:《古代希腊仪式文化研究》,第 69～75 页。
② 布林·莫里斯:《宗教人类学》,周国黎译,今日中国出版社,1988 年,第 192 页。
③ 让—皮埃尔·韦尔南:《古希腊的神话与宗教》,第 58 页。
④ 让—皮埃尔·韦尔南:《古希腊的神话与宗教》,第 86 页。

是人类的主宰——是人类创造出了这些神祇。他们甚至不是人们既呼唤又威胁的鬼魂，而是人类的美梦，是人类欢乐童年的玩偶。当他长大成人后，他不得不面对现实。出于一种悲悯的情感，他把这些神祇遗弃在角落里。……正当阿波罗、阿尔忒弥斯、雅典娜乃至宙斯脱离生活和现实之际，正当他们由于过于完美无瑕而逐渐消亡之际，一种新的宗教思想——真正意义上的宗教——开始传入希腊。这是一种充满神秘主义色彩的宗教，代表真正宗教的是狄俄尼索斯和俄耳甫斯。”①神秘主义追求一种与公民宗教完全不同的与神交往的方式，它追求与诸神进行一种更直接、更紧密也更个人化的接触。②

2. 狄俄尼索斯教

酒神狄俄尼索斯是希腊宗教晚期才出现的神，是一个外来的神，从北方、从色雷斯传入希腊。他在传入的时候身边还伴有放荡不羁的萨梯（羊人）和疯狂的迈那得斯（疯狂崇拜并追随狄俄尼索斯的女仆）。③ 狄俄尼索斯教与正统的奥林匹斯教有完全不同的教义与祭祀原则，它遵循的是一种秘仪传统。秘仪与正统仪式的最大区别在于它的关键仪式都是秘密举行的：“秘仪作为具有公开性的城邦正统仪式的对立面，其词根（Pupcu，意为‘紧闭双唇’）中就含有缄口不言、保守秘密的意思。这种秘密仪式的细节以及其中所蕴含的秘密也只有正式参与仪式的人才知晓，对外人则是绝对保密的。”④对于秘仪的具体过程历史上很长时间都没有详细的文献记载，希罗多德曾说：“关于这些事情，我是知道它们的全部内容的，故而本来可以讲得更确切些，但是我不准备谈了。关于希腊人称之为铁司莫波里亚（Thesmophoria）的戴美特尔（Demeter）的秘仪，除去允许我讲的部分内容之外，我也不准备谈了。”⑤

狄俄尼索斯教的秘仪过程是以狄俄尼索斯的有关神话传说为基础的。一般认为，狄俄尼索斯是宙斯与大地女神塞墨勒的儿子，她因为要求见到宙斯的真面目而被雷电劈死，宙斯将她腹中六个月的胎儿缝进自己的大腿，在宙斯大腿里长大以后，狄俄尼索斯经历第二次诞生。他出生后还经历种种磨难，他还是孩子的时候，曾被泰坦诸神砍成碎块，肉体被吞噬，仅剩下心脏（亦有说法是生殖器），然后再次经历复活。长大以后，还受到赫拉的种种迫害，成为疯子，到处漫游，漫游时有一群羊人和狂女相伴。在漫游的过程中，他杀了许多人，也创造了许多奇迹，最重要的就是教会人们种植葡萄和酿葡萄酒。⑥ 狄俄尼索斯教的秘仪过程就在于以一种圣剧的形式再现狄俄尼索斯的受难、死亡和复活的过程。由此可以看到，此教与人生的磨难、生死经历有着紧密联系，并且伴有一种

---

① 参见简·艾伦·赫丽生：《希腊宗教研究导论》，第 332～333 页。
② 参见让—皮埃尔·韦尔南：《古希腊的神话与宗教》，第 66 页。
③ 简·艾伦·赫丽生：《希腊宗教研究导论》，第 348 页。
④ 吴晓群：《古代希腊仪式文化研究》，第 133 页。
⑤ 希罗多德：《历史》：II 171，第 186 页。转引自吴晓群：《古代希腊仪式文化研究》，第 133 页。
⑥ 参见吴晓群：《古代希腊仪式文化研究》，第 139～140 页。

死而复生的观念。

另一方面,由于狄俄尼索斯是酒神,因此该教往往伴有醉酒的放纵与狂欢。这是狄俄尼索斯教相比于正统的奥林匹斯教的独特之处,他与人的生存体验有着更为密切的联系。"那时候,不仅新的观念正在萌发,而且新的需要也正在产生。希腊要求一个能适应人们心灵需要的宗教,以便满足人们心灵的渴望。显然,荷马的著作不能负担这一使命,特尔斐神谕冷漠的说教也不能满足这个需求。……于是,希腊出现了一个新的神。"[①]赫丽生甚至指出,狄俄尼索斯教主要的并不在于欢呼春天或收获季节的到来,而是对一种人类命运有限性的经验。"所有这一切并不是标志着春天的到来或葡萄收获季节的到来,而是反映出人类的一种经验,反映出人类充满激情但又毫无结果地对抗那些比人更高等或低等的非人的东西。"[②]

因此,与奥林匹斯教不同,参与狄俄尼索斯教的祭祀者并不在于向诸神祈福或避祸,而是通过参与狄俄尼索斯的受难及其死而复生的过程,获得对神的经历的直接体验,从而达到与神的真正沟通与结合。"对神秘主义来说,其基本核心就在于结合。"[③]因而这是一种全新的与神打交道的方式。"与奥林帕斯教相比,狄俄尼索斯教给予信徒一种新的神人沟通方式,不靠与天神的血缘关系,也不靠英雄事迹,更不靠顶礼膜拜,只要你信奉狄俄尼索斯,按这位神的行为方式去做事,那么你自己就是狄俄尼索斯,你自己就是便是神圣的神。这样一来,奥林帕斯教建立起来的神人沟通的界限在狄俄尼索斯教中被打破。信徒们在祭仪和庆典中与神沟通,与神认同,体验到自身的神圣性。"[④]当参与庆典的信众在狂欢中达到疯迷的状态时(这种状态一般通过饮酒和纵情狂欢来达到),他们就认为狄俄尼索斯降临并依附到他们身上了,以这种方式,他们获得与狄俄尼索斯神的真正结合。"当参加他的祭典的迈那德斯(Menades)精神痴迷地进入通灵(transe)的疯迷状态时,神就占有了她们,并附着在她们身上以随心所欲地控制和左右她们。在谵妄和狂热之中,人这造物扮演了神,而神则在虔诚者身体的内部扮演了人。二者之间的界限突然变得模糊不清,或者在二者之间很接近的地方被消除,人就是在这个地方突然感到失去了日常的存在和平常的生活,脱离了身体而被带到一个遥远的彼处。这种通灵和神共同造成的这种接近,还伴随着和兽类的野性的新的亲密关系。"[⑤]

因此,在这个过程中,狄俄尼索斯的信众获得了一种全新的生命体验。与

---

① 伊迪丝·汉密尔顿:《希腊方式——通向西方文明的源流》,徐启平译,浙江人民出版社,1988年,第254页。

② 简·艾伦·赫丽生:《希腊宗教研究导论》,第338页。

③ 杰弗里·帕林德尔:《世界宗教中的神秘主义》,舒晓炜、徐钧尧译,今日中国出版社,1992年,第13页。

④ 王晓朝:《希腊宗教概论》,上海:上海人民出版社,1997年,第201页。

⑤ 让—皮埃尔·韦尔南:《古希腊的神话与宗教》,第75页。

理想的人格化的奥林匹斯神不同,狄俄尼索斯代表的是一种摆脱理性、回归自然的激情,他们能够从中同时体会到精神与肉体的陶醉。"公元前6世纪的希腊人对他们那些人格化的奥林波斯神也许有点厌倦了,对他们在神话中被夸大感到厌烦,不管他们是被歪曲还是被戴上了光环。当时希腊人的座右铭是'了解你自己',然而,没有那个人能够满足自己这方面的求知欲望。随着作为树身、植物神、人类生命之神的狄俄尼索斯而来的是一场'回归自然'的运动。人们希望挣脱束缚、限制,摆脱具体的动想,渴望富于感情的生活而不是过于理性化,似乎要重新发现一种野性的激情。"①

3. 俄耳甫斯教

俄耳甫斯教是狄俄尼索斯教的改革与发展,它剔除了狄俄尼索斯教中的粗糙的原始成分,发展了该教的教义与教规。俄耳甫斯教的名称来源于其创建者俄耳甫斯。关于俄耳甫斯的说法不一,既有哲人的记载评述,也有大量的神话传说,比较一致的看法是他是一个神秘的乐师。根据希腊神话,他大约生活于公元前7至前6世纪,是色雷斯王阿格洛斯和缪斯女神卡利俄珀的儿子,以能歌善舞而闻名。② 柏拉图说:"俄耳甫斯本是一个琴师,不肯像阿尔刻提斯为爱情而死,只设法活着走到阴间。神们所以给他应得的惩罚,让他死在女人们的手里。"(《会饮》179D)总的来说,俄耳甫斯是一位具有音乐才能的宗教改革者或新宗教的创建者,只是后来在他死后被当作英雄或冥神来崇拜。③ 他的音乐被赋予神奇的色彩,被认为能够控制大自然一切野生事物:"人们认为那是能够控制大自然一切野生事物的神奇力量:俄耳甫斯吹响他的管箫,一边唱着歌,/此时,树木和白雪盖顶的高山/也随着音乐低下了头。"④

当然,俄耳甫斯的名声主要来自于他宗教改革方面的成就。俄耳甫斯的宗教改革是在狄奥尼索斯教的基础上进行的。它以狄俄尼索斯教的野蛮的古老仪式为基础,赋予它新的精神内容,认为自己才是真正的酒神传统。⑤ 俄耳甫斯从教义和祭仪两个方面对狄俄尼索斯教进行了改革。⑥

在祭仪方面,增加了涤罪仪式。俄耳甫斯教中的狄俄尼索斯被称为狄俄尼索斯·扎哥琉斯,有关他的传说与酒神的狄俄尼索斯也有所不同。据传他是宙斯与珀耳塞福涅所生,从小就遭到泰坦巨神的嫉妒。有一天他终于被泰坦巨神所谋杀,并被剁成碎块吞食了。恰好雅典娜路过此处,夺走了孩子的心脏,将它交给宙斯,后来得以复活。泰坦诸神后来则被宙斯用雷电烧成灰烬,而人类就是从这些灰烬中诞生的。因此,人身上既有泰坦诸神的魔性,又具有狄俄尼索

① 简·艾伦·赫丽生:《希腊宗教研究导论》,第409页。
② 参见吴晓群:《古代希腊仪式文化研究》,第140~141页。
③ 参见王晓朝:《希腊宗教概论》,第205页。
④ 简·艾伦·赫丽生:《希腊宗教研究导论》,第420页。
⑤ 参见简·艾伦·赫丽生:《希腊宗教研究导论》,第435~436页。
⑥ 参见王晓朝:《希腊宗教概论》,第211页。

斯的神性。[①] 涤罪说就是以这个故事为原型,强调人身上既有罪恶的部分,也有神性的部分,只要通过"净化"的涤罪仪式去除自身带有的泰坦肉体中的罪恶,就可以使灵魂的神性得到解放。由此可以看到,虽然和狄俄尼索斯教一样都基于一种死而复生的观念,但是俄耳甫斯教的死而复生需要经过涤罪仪式才能实现。另外,俄耳甫斯教反对血祭,选择素食,主张过节制、纯洁的生活。[②] 这与狄俄尼索斯教的纵饮狂欢也有根本的区别。"俄耳甫斯迈出的具有重要意义的一步就是,他保持了人可以变成神这一古老的酒神崇拜的信仰,同时,他也改变了人们关于神的观念,而且他通过各种方式维持那个古老的神祇。他追求的不是肉体上的醉,而是精神上的迷狂。为此,他所采取的方式不是醉酒,而是节制(包括戒酒)和各种净化仪式。"[③]

在教义方面,编排了新的神谱,推崇阴间的冥神,添加了末世学思想。[④] 俄耳甫斯教的神谱有不同版本,但是取向上都基本一致,并与赫西俄德的正统神谱相对立。在赫西俄德那里,世界的创生是一个从无序到有序、从混沌到秩序分明的过程,因此,这样一个等级分明的世界相比于混沌的开端而言是更为美好的世界。而在俄耳甫斯那里则相反,它强调宇宙创生之初的混沌是世界最美好的阶段,它代表完美的统一,世俗世界的出现乃是这个完美的"一"的破裂的过程,人的追求,或者他们所认为的世界发展的下一步乃是打破现有世界的秩序、差别,重新回归原初的一,而这就是俄耳甫斯的狄俄尼索斯时代的来临。"随这分散阶段之后而来的应该是各部分重新整合于大全的统一之中。到了第六代,就是俄耳甫斯教的狄俄尼索斯的到来,他的统治代表着对'一'的回归,对失去的整体的重新获得。"[⑤]他们提出了更为具体末世学思想,详细描述了神以及人的死而复生的可能性、过程及其实现的条件,主要包括如下几个思想要点:"死亡即遗忘,记忆是善,遗忘是恶,入教涤罪方能死而复生,与神认同,成为幸福的羔羊。"[⑥]

总而言之,俄耳甫斯教作为改良了的狄俄尼索斯教,更加清晰地表现出了与奥林匹斯教完全不同的宗教旨趣。前面提到,奥林匹斯教祭祀的目的是为了祈福和避祸,他们注重现世的福祉,甘当神的子民,寻求神的庇护。而俄耳甫斯教的基本目的则是拯救人自身的灵魂,漠视现世的生活,寻求来世的永恒的幸福生活。这个思路成为后来宗教经验的一个基本模式:"控制这种灵魂使之脱离肉体,集中于自身并净化之、解放之,由此到达人们怀念的天府,这一切都沿

---

① 参见吴晓群:《古代希腊仪式文化研究》,第 143 页。
② 参见让一皮埃尔·韦尔南:《古希腊的神话与宗教》,第 82 页。
③ 简·艾伦·赫丽生:《希腊宗教研究导论》,第 437 页。
④ 参见王晓朝:《希腊宗教概论》,第 211 页。
⑤ 让一皮埃尔·韦尔南:《古希腊的神话与宗教》,第 81 页。
⑥ 王晓朝:《希腊宗教概论》,第 221 页。

着这条路线成为宗教经验的对象和目的。"[①]在他们各自的宗教教义背后隐含着两种完全不同的人神关系。在奥林匹斯教中,诸神是高高在上的,不朽的,拥有巨大的力量,是人类的最高统治者和保护神。对于这种神,人类具有的更多是敬畏之心,他们是有死者,力量微弱,在众神面前,人类得小心谨慎,如有冒犯则会带来惩罚和报复。因此,他们之间是一种主宰者与被主宰者的关系,祭祀是出自对主宰者的敬畏之心,人神之间有一种绝然的界限。"希腊正统的拟人的古老宗教把众神塑造成人的形象,但是希腊人在把神造出来后,就让他们高高在上,和人有着明显的区别,在教义中从来没有明确表示、在仪式中也没有暗示过人可以变成神。"[②]

而在俄耳甫斯教中则不同,他们的教义预设了人的灵魂是神性的,通过入教和涤罪仪式,人可以重新恢复自己的神性,达到与神的完美结合,或者说,让自己成为神。他们入教和祭祀的目的就在于如何拯救自己的灵魂,恢复自己的神性,过上一种神圣的生活。"可见,俄耳甫斯教的基本教义就是:人可能获得一种神圣的生活。……俄耳甫斯教徒最关心的是此刻就变得神圣,这一境界只有通过彻底的净化才能达到。在《酒神的伴侣》中,狂女们的合唱中充满了对净化的强烈渴望。"[③]韦尔南也指出,俄耳甫斯神谱其实是灵魂拯救为出发点的,他们的教义、教规都包含着一种追求自救密的思想,接受纯洁生活,远离任何污秽,选择素食等行为中都体现了一种要躲避共同命运、终极和死亡,从而达到完全与神结合为一体的雄心。[④] 在俄耳甫斯教这里,神人之间并没有主宰与被主宰的关系,"神"是内在于人的。因此,它和狄俄尼索斯教一起(但以不同的方式),彻底打破了存在于奥林匹斯教那里的人神界限。"在这两种情况下,关键是要、或通过个体的苦行或通过集体的迷狂,建立与神的关系类型,而官方祭祀各种手段对之加以排斥和禁止。在这两种情况中,凭借彼此相关的方法和互相对立的内容,祭献者、牺牲和神的正常距离被打乱,变得模糊继而又消失。"[⑤]

三、神话思维中的"逻各斯"

由此我们可以看到,神话与宗教乃是人类早期对自然与人生现象的理解与解释,其思维的基本特点是设想自然背后有一种超自然的神灵存在,作为世界的支配者,是自然与人生现象的终极原因而人生的意义就在于如何获得与神的交往,从而得到神的庇护。我们把这种思维方式称为神话思维,简言之,就是用超自然之神作为世界存在的最终根据。在古希腊,"神话"(muthos)一词的原本

① 让一皮埃尔·韦尔南:《古希腊的神话与宗教》,第 85 页。
② 简·艾伦·赫丽生:《希腊宗教研究导论》,第 438 页。
③ 简·艾伦·赫丽生:《希腊宗教研究导论》,第 439 页。
④ 参见让一皮埃尔·韦尔南:《古希腊的神话与宗教》,第 81~82 页。
⑤ 让一皮埃尔·韦尔南:《古希腊的神话与宗教》,第 64~65 页。

含义与今天我们理解的不同,它并不与理性或逻各斯相对立,甚至还有些接近,它们都具有"讲话"、"话语"的意思。①

诸神是神秘的,因为他们的存在本身是不可思议的,但是"神话"(关于诸神的话语)则不一样,话语本身是可以理解的,话语构成的文本有其自身的结构,其中已经隐含人类对自然和人生现象的追问与思考,里面已经有了人类理性的最初萌芽。尤其重要的是,关于诸神的故事,通过各种不同的叙述和解读,构成了一个丰富的人类精神空间。诸神本身是虚构的,但是诸神的行为方式、诸神的遭遇等等却折射出了希腊人对人类命运、人类行为准则的反思。"对于各种版本中的一种神话或围绕同一主题的各种神话组成的故事集的分析,应该能够探索的正是这被结构化和秩序化了的精神空间。"②

这种理性的萌芽在希腊神话传统中的表现主要有如下几个方面:

1. 对世界终极原因的追问以及尝试作出系统性的解释

这一点在赫西俄德的《神谱》中表现得尤为明显。它不仅仅是有关神的谱系,同时也是希腊人对自然万物最终来源的诠释。虽然它通过比拟人类的生殖现象来解释宇宙的诞生过程,但是这种追问本身,即对宇宙的最初开端设想与描述,已经是人类对自身及自然的最终根源进行的思考,它不同于生存现实的考虑,而是一种形而上的思维模式的开启,虽然它采取了神话思维的模式。下面将看到,希腊哲学也正是从这种对世界根源的追问开始的。因此,我们可以说,神话宗教的这个姿态本身中已经闪耀着人类的"理性"之光了。

2. 对世界秩序的设想

在其所描述的诸神的世界中,已经人类对自然世界各个领域的划分及其各自的不同规律和相互关系的设想。天、地、海洋、太阳、月亮、黑夜与白天等自然现象,狩猎、种植、战争等社会现象以及音乐、舞蹈、历史等人类的文明现象,等等,都被纳入诸神的系统之中,通过诸神的谱系使得这些现象的根源得到了思考和规定,使得整个世界不再混沌一片,成为一个有秩序的生存空间。除了自然秩序以外,神话故事中同样还包含着对人类社会理想秩序的设想。比如前面讲到的,天神宙斯是自然与人间的公平和正义原则的代表和象征。这些对天地、人间万物的思考,虽然是通过神话故事展开的,但是诸神关系同时也构成了人类对世界的最早的理解和解读。

---

① 韦尔南指出:"'神话'(muthos)一词是希腊人传给我们的,但对于使用这个词的古代希腊人来讲,它的含义与我们今天所说的神话不同,指的是'讲话'、'叙述'。它最初并不与'逻各斯'(logos)对立,逻各斯最早的含义也是'讲话'、'话语',后来才指称智性和理性。只有在公元前5世纪以后的哲学阐述和历史调查中,神话才与逻各斯对立起来,带上了贬义色彩,泛指一种没有严谨的论证或可信的证据支持的、虚妄的论断。从真实性角度来讲,神话失去了信誉,与逻各斯形成对照。"(让—皮埃尔·韦尔南:《希腊思想的起源》,第10页)

② 让—皮埃尔·韦尔南:《古希腊的神话与宗教》,第24页。

3. 对生死的关注与思考

在奥林匹斯教那里，对不朽的诸神的供奉与祭祀，体现了有朽的人类对自身有限性——个人生命与能力的有限性——的认识，他们希望以此可以能得到诸神的许可和庇护，可以祈福和避祸。而神秘主义传统的狄俄尼索斯教和俄耳甫斯教更为直接地包含了他们对生与死的思考，他们更为敏锐地感受到了个体生命的有限性，与此同时，他们表达了对永恒生命的渴望。这些对人类生与死的体验与思考，这里面已经有很强的哲学意味的。尤其是俄耳甫斯教中的灵魂不死、灵魂轮回、身体与灵魂二分等思想，更是直接构成了哲学的思想素材。

虽然如此，希腊思想启蒙所带来的理性思想与传统神话宗教中忽隐忽现地隐含着的"理性"有很大的不同。后者的"理性"最终受制于、归依于一种超越于人类之上的神灵，而前者则希望立足于人类理性自身对关于自然和人生的终极问题作出回答。随着这种新思维方式的出现及其发展，人们越来越意识到了传统神话思维的局限性，使逻各斯彻底从神话中分离出来，并且站到了神话反面。"只有在公元前 5 世纪以后的哲学阐述和历史调查中，神话才与逻各斯对立起来，带上了贬义色彩，泛指一种没有严谨的论证或可信的证据支持的、虚妄的论断。从真实性角度来讲，神话失去了信誉，与逻各斯形成对照。"①

第二节　米利都学派的科学理性②

最早的哲学家是米利都的自然哲学家们。他们提出了第一个哲学命题：什么是万物的本原，并对之作了回答。在哲学史上，一般将最早提出本原问题的人归之于米利都的泰勒斯。他提出水是万物本原。"本原"(arche)一词在希腊文中有两层基本含义："一是开始、发端、起源，另一是政治上的权力、统治和政府官员。"③在泰勒斯那里，本原主要是第一层含义，追问万物的本原，简单地说，就是追问万物的根源、最终的开端或来源。我们知道，宗教神话也是一种对万物最终根源的追问和解释。那么，泰勒斯追问万物本原的独特之处在哪里？世界本原问题的提出有无受到传统宗教的影响？这两种思维方式之间有无内在的连续性？

一、科学理性的基本特征

由于没有确切的文献记载，我们并不知道泰勒斯提出水是万物的本原的真正原因是什么。亚里士多德为泰勒斯设想了如下理由："他之所以得到这种看

① 让一皮埃尔·韦尔南：《希腊思想的起源》，第 10 页。

② 本章第二节至第四节的基本思想曾以《论前苏格拉底哲学与宗教的关系》为题发表于在《山东大学学报》(哲学社会科学版)2012 年第 5 期。

③ 汪子嵩等：《希腊哲学史》第 1 卷，北京：人民出版社，2004 年，第 153 页。

法,也许是由于观察到万物都以湿的东西为滋养料,而且热本身就是从湿气里产生,并靠潮湿来维持的(万物从中产生的东西,也就是万物的本原),他得到这个看法,可能是由于这个缘故,也可能是由于万物的种子都有潮湿的本性,而水则是潮湿本性的来源。”[①]辛普里丘在《物理学》中记载了亚里士多德的学生赛奥夫拉斯特给出的类似解释,认为他们得出这个结论是由于观察到热的东西需要潮湿来维持,种子都是湿的,食物也充满液体,而一样东西死亡以后一般都变得干燥,所以水就成为万物的营养,从而构成了万物的本原。[②] 伯奈特则在《早期希腊哲学》中指出,亚里士多德的解释可能受到了希波的影响,那个时期医学的发展使得生物学的论证非常普遍,但是在泰勒斯时代,主要的考虑应该不是生理学,而气象学的,也就是观察到水具有固体、液体、气体三种形态,水可以挥发成大气,大气又可以以雨的形式从天空落下,渗透进大地,等等,这些现象更容易让人想到水的本原性地位。[③]

不管泰勒斯着眼于那种理由,我们都很容易看到水本原说在解释世界方面与神话宗教的不同。它的最大特点是不再求助于超自然的神来作为说明自然的原因,而是以自然物中的一种即水来说明自然现象的根源。水是可以被观察到的,它可以提供某种事实的根据,因此水是否构成万物的根源可以被辩护。而在神话宗教中,诸神作为万物根源,其存在本身无法得到合理的辩护,是一种纯粹的设定。虽然以上对泰勒斯命题的解释多是推测,甚至泰勒斯本人的着眼点可能不在于这种可观察的事实(后面马上讲到此观念可能具有神话宗教的来源),但水本原说至少开启了一种新的解释世界方式的可能性。这种新的解释方式的特征随着阿纳克西曼德的无定本原说和阿那克西美尼的气本原说的提出而变得更为鲜明。

阿纳克西曼德提出了一种新的本原观,即认为世界的本原是阿派朗(apeiron)。阿派朗的基本含义是没有界限、没有限定的意思,中文一般译为“无定”或“无限”。他认为本原是无定,而不是水。他还对本原的含义作了进一步规定,提出本原乃是“万物由之产生的东西,万物又消灭而复归于它”:“他说‘无限’[即无定或阿派朗]是一切存在物的始基和原素,他是第一个用这个名词来描述始基的。他说始基并不是水,也不是大家所承认的任何其他原素,而是另一种不同的本体;这种本体是无限的;从这个始基中产出生一切的天,以及其中所包含的一切世界。万物由之产生的东西,万物又消灭而复归于它,这是命运规定了的。因为万物在时间的秩序中不公正,所以受到惩罚,并且彼此互相补足。这是他以颇带诗意的语言说出的话。很显然地,他是由于观察到四种原素

① 亚里士多德:《形而上学》,983b。转引自北京大学哲学系外国哲学史教研室编译:《古希腊罗马哲学》,第 4 页。

② 参见北京大学哲学系外国哲学史教研室编译:《古希腊罗马哲学》,第 5 页。

③ Burnet, *Early Greek Philosophy*, p. 35.

互相转化的途径，因而想到不以其中某一原素，而以另一种高于一切原素的东西为基质才合适。他不认为这一原素中的任何变化是'产生'，而认为永恒运动所造成的对立物的分离是'产生'。"①

根据亚里士多德，阿派朗或无定应该是一个思辨性概念，它由本原概念本身所规定。"任何一件东西，若不是始基（即本原），就是从一个始基里产生出来的；然而'无限'没有它的始基，因为说'无限'有它的始基就是说它有限。'无限'之为始基，是不生不灭的。凡是产生出来的东西都要消灭，而一切毁灭都是有限的。因此'无限'没有始基，而它本身就是其他事物的始基。它包容万物并支配万物。"②可能出于这种考虑，亚里士多德并没有简单地把阿派朗作为某种物质性的东西。他在《形而上学》（第一卷第三章）中谈到以质料因为本原的自然哲学家时，列举了泰勒斯、阿那克西美尼、赫拉克利特、恩培多克勒和阿那克萨戈拉，唯独没有提及阿纳克西曼德。在亚里士多德看来，无定或无限乃是某种比具体的元素更为根本的东西。"有些人认为无限[即无定或阿派朗]是一种单一的物体，或者是将一种在元素以外的，并且产生元素的东西叫作无限，或者将某个元素叫作无限。我们先考察前者，因为有些人认为不是气或水，而是一种在它们以外的东西才是无限；为的是如果其中一种元素是无限的，别的元素就会被消灭。这些元素彼此是相反的、对立的——气是冷的，水是湿的，火是热的，如果其中一种是无限，别的就不能存在了。因此，他们说，无限不是这些元素，而是产生这些元素的东西。"③这段话应该是亚里士多德对阿纳克西曼德观点的评论，也就是认为无定是比一般物质性的要素更为原本的东西。

但是，多数哲学史家还是认为无定乃是一种物质性的存在。相比于具体的水、火、土、气等自然物质而言，无定还没有具体的形态，是比这些具体自然物更为原初的物质状态。比如，伯奈特就认为阿纳克西曼德的思想是泰勒斯思想的"自然发展"④，无定这种更加原初的物质形态更容易用来说明万物的来源。在古希腊的世界观中，世界存在四种基本的对立要素，即冷和热，干和湿。水、火、土、气这四种元素具有一些互相对立的性质：水是冷和湿的，火是热和干的，气是热和湿的，土是冷和干的。这样以其中一种元素为万物的本原，就难以说明具有与其相对立性质的物体的产生，比如，说明如何从水中产生热的或干的东西。⑤ 阿纳克西曼德还进一步描述了万物是如何从本原中产生的。他认为万物产生的过程乃是对立物在一种永恒运动中从无定中分离出来的过程，这个思路也反过来可以确证无定是一种原初的物质形态，这种物质形态还没有任何规定

① 北京大学哲学系外国哲学史教研室编译：《古希腊罗马哲学》（辛普里丘），第7页。
② 北京大学哲学系外国哲学史教研室编译：《古希腊罗马哲学》，第8页。
③ 亚里士多德：《物理学》204b22～29。转引自汪子嵩等：《希腊哲学史》第1卷，第189页。
④ Burnet, *Early Greek Philosophy*, pp. 37-38.
⑤ 参见汪子嵩等：《希腊哲学史》第1卷，第189～190页。

性。阿纳克西曼德还指出,这个过程乃是"命运"所规定了的。他认为是"命运"按一种公正的原则支配万物,事物如果受到不公正的对待,会得到补偿,反之,则会得到惩罚。因此,命运以一种公正的补偿和惩罚原则,使万物各得其所。这种"命运"的观点可以看作一种对自然界的必然性法则的最早描述。

阿那克西美尼提出世界的本原是气,气通过稀释和凝聚形成不同的事物,稀释和凝聚的发生是由某种"永恒的运动"造成的。"[阿那克西美尼]是阿纳克西曼德的同伴,也和他一样主张自然界的基质是唯一的和无限的;不过他不同意阿纳克西曼德认为基质为不定的主张,因为他说基质是空气。基质借稀薄和浓厚而形成不同的实体。当它很稀薄的时候,便形成火;当它浓厚的时候,则形成风,然后形成云,而当它更浓厚的时候,便形成水、土和石头;别的东西都是从这些东西产生出来的。他也主张永恒的运动使这些变化产生。"①阿那克西美尼的上述气本原观显然借鉴了阿纳克西曼德的观点,气与水相比是某种更加没有规定性的物质,而且弥漫整个空间,具有"无定"的基本特征。而与无定这种抽象概念相比,用气来说明万物的根源,具有更多的可观察性特征,更容易用来说明本原与万物的关系。用气的聚散来说明万物的生成和毁灭,还能摆脱阿纳克西曼德有关描述中所具有伦理道德的意味,进一步凸显出其中这个进程的客观化特征。

由此可以看到,米利都学派的整体特点就在于它是一种理性的思维方式,与传统的神话思维方式不同,它就是放弃用超自然的神来解释自然,而是力求通过观察和推理来对自然现象作出统一的、理性的解释。在他们作出这种解释的时候,都着力于寻求一种不变的、永恒的基质,并假定自然界背后存在一种非人格的秩序,这种秩序是永恒的、必然的,并且可以为人的理性所把握。耶格尔在《早期希腊哲学家的神学》中指出,在早期米利都的自然哲学家那里占据主导地位的是一种"观察与纯粹研究的精神"②。格思里在《希腊哲学史》中也指出:"哲学在欧洲的诞生就在于对宇宙的起源和本性以及其进程等问题在意识思想层面放弃神话的解决方案。用如下曾经是并且依然是科学思想基础的信仰(伴随其所有的成功和局限性)代替宗教信仰:可见世界隐含着一个理性的、可理解的秩序,自然世界的原因应该在它自身的范围内来寻求,而独立的人类理智是进行这种研究的唯一并足够的工具。"③

而这种精神正是科学研究的基本精神,而他们的预设,即"可见世界隐含着一个理性的、可理解的秩序"以及这种秩序可以为人类理智所认识,也构成了科学研究的基本出发点。米利都哲学家所具有的科学精神为许多学者所公认。策勒尔明确指出这种转变乃是一种向着科学观念的转变,"不论这三位最古老

---

① 北京大学哲学系外国哲学史教研室编译:《古希腊罗马哲学》(辛普里丘),第11～12页。

② Jaeger, *The Theology of the Early Greek Philosophers*, p. 109.

③ Guthrie, *A History of Greek Philosophy*, Vol. 1, p. 29.

的希腊思想家的许多观点在我们看来可能多么天真和离奇，但它标志着对于世界的解释从一种神话的观念向一种自然的，也就是科学的观念的一种有力的和根本的变化。"[①]伯奈特在《早期希腊哲学》中直接用"科学"来刻画米利都思想家的思想："宇宙论考察显示出科学与常识的巨大分歧(这本身就是一个需要解决的问题)，并且将哲学家们限制在研究捍卫此困境的手段上，以对抗非科学的偏见。"[②]"必须坚持我们要考察的哲学所具有的科学特征。"[③]韦尔南也将米利都的哲学家直接称为"物理学家"："在伊奥尼亚的'物理学家'那里，实证性立即占据了全部存在。除了自然什么也没有。"[④]虽然康福德和格思里认为古希腊哲学并不是突然凭空出现的，与其宗教传统有密切联系，但是他们也都承认米利都学派思想具有一种科学精神。"自从亚里士多德学派开始编写最早的哲学史以来，一般都将具有科学特征的系统性的沉思追溯到米利都学派……"[⑤]"但是就我们看来，他们[米利都哲学家们]是第一批以一种作为科学思考根基的信念进行研究的人……"[⑥]罗素认为，泰勒斯与近代意义上的哲学家相比更接近科学家。[⑦]

因此，以科学理性来概括米利都派的思想特征是恰当的。事实上，这一思维方式为后来的自然哲学家所发挥，从恩培多克勒的四根说到阿那克萨戈拉的种子说，再到留基波和德谟克利特的原子论，我们可以清楚地看到，这一思路最终发展成为一种有关世界结构的科学假说。

二、宗教对科学理性的影响

虽然米利都的自然哲学具有科学理性特征，但它的诞生与传统宗教也有千丝万缕的联系。无论是本原问题的提出，还是对本原以及有关世界秩序的设想，里面都有传统宗教的影子。现在的问题是，这种影响到底有多深？仅仅具有一种事实性的从而是外在的启发，还是科学理性仅仅是神话思维模式的进一步发展，从而两者之间有着内在的连续性？

当泰勒斯提出水是万物的本原时，本原还不能说是一个明确的哲学范畴。它作为第一哲学范畴是随着后人(包括他的弟子以及其他哲学家)对这一问题的不断深化而逐渐成形的。后人根据辛普里丘的《〈物理学〉注释》提出最早使

---

① 爱德华·策勒尔：《古希腊哲学史纲》，第 39 页。

② Burnet, *Early Greek Philosophy*, p. 2.

③ Burnet, *Early Greek Philosophy*, p. 14.

④ 让—皮埃尔·韦尔南：《古希腊的神话与宗教》，第 291 页。

⑤ F. M. Cornford, *From Religion to Philosophy: A Study in the Origins of Western Speculation*, New York: Harper & Row, 1957, p. 1.

⑥ Guthrie, *A History of Greek Philosophy*, Vol. 1, pp. 44-45.

⑦ 参见罗素：《西方哲学史》上卷，何兆武、李约瑟译，北京：商务印书馆，1976 年，第 15 页。

用“本原”这个词的是阿纳克西曼德。[①] 黑格尔在《哲学史讲演录》也指出这一点:“比如,亚里士多德说过,泰勒斯曾提出:一切事物的原则(arche)是水。但阿纳克西曼德才是第一个使用 arche 这个词。他[泰勒斯]认为 arche 是时间上的起始,但并不是内在的根据。泰勒斯哲学里没有提出‘原理’这一思想范畴,‘第一原理’乃是更进一步的规定。有许多民族一直还没有‘第一原理’这个概念。要具有这个概念还需很大一个阶段的发展。”[②]因此,我们完全可以设想,当泰勒斯设想万物的本原是水时,很可能受到《神谱》中有关宇宙起源的神话描述的影响。我们知道,神话宗教也关注世界的起源问题,也要对世界的起源作出回答。当泰勒斯想到以水作为万物的起源或开端的时候,应该也受到了宗教中的宇宙起源论的启发,只不过他采取了一种新的回答方式。

不仅本原问题的提出受到传统创世论的影响,以水作为万物本原的思想本身也有神话的痕迹。亚里士多德在解释泰勒斯为什么会以水作为万物的本原时,除了前面提到的原因以外,还提出这个观点可能受神话故事的影响:“然而有些人认为,那些生活在很久很久以前,最初对神的事情进行思考的人,对自然也是这样看的,因为他们把俄刻阿诺(海洋之神)和忒提斯(海洋女神)当作创造万物的祖先,而神灵们对着起誓的见证也是水,就是那个被诗人们歌颂的斯提克斯(黄泉)。最受尊敬的是最老的东西,而对着起誓的东西也是最受尊敬的东西。这种对于自然的看法究竟是不是最初的和最老的,也许还说不定,不过据说泰勒斯对于最初的原因是像上面说的那样说的。”[③]近代英国学者康福德甚至将水作为世界本原的说法追溯到更早的巴比伦神话,在巴比伦的神话著作中作为世界太初的混沌乃是水气的混合物,里面有淡水、盐水和雾气,它们的混合才逐渐产了沼泽、岛屿、神灵以及天地。[④] 不仅如此,甚至水本身在泰勒斯那里也不是纯粹物质性的东西。亚里士多德还指出,泰勒斯是主张万物有灵的观点的。“人们还说,灵魂作为组成部分存在于全宇宙中的,泰勒斯也许就是因此而得到万物都充满神灵这个看法的。”[⑤]“他曾经猜测水是万物的本原,世界是有生命的,并且充满了神。”[⑥]虽然亚里士多德在这里语气不是很肯定,但是泰勒斯持有这种观点也是完全可以理解的。

由此可见,第一个哲学命题——水是万物的本原——的提出本身与当时的神话宗教传统有密切的关系。这一命题本身很可能同时含有神话思维与理性

① 参见汪子嵩等:《希腊哲学史》第 1 卷,第 153 页。

② 黑格尔:《哲学史讲演录》第 1 卷,第 47 页。

③ 亚里士多德:《形而上学》,983b。转引自北京大学哲学系外国哲学史教研室编译:《古希腊罗马哲学》,第 4~5 页。

④ 参见汪子嵩等:《希腊哲学史》第 1 卷,第 162~164 页。

⑤ 北京大学哲学系外国哲学史教研室编译:《古希腊罗马哲学》,第 5 页。

⑥ 北京大学哲学系外国哲学史教研室编译:《古希腊罗马哲学》,第 3 页。原译文中的“始基”在引用时统一改为“本原”。下同。

思维的特点。"在这一关键阶段,存在着神话模式和科学模式的一种明显交叠。"[①]一方面,正如我们前面所提到的,泰勒斯在这里不再寻求超自然的神来解释自然,而是寻求以自然物即水来解释万物的根源。这是他与神话宗教解释模式不同的地方。但是另一方面,泰勒斯这一思想来源本身却受到了当时神话宗教传统的影响和启发,而且借用了它们的观念。

阿纳克西曼德的阿派朗(或无定)本原说作为对泰勒斯水本原说的修正,同样也带有传统宗教思想的烙印。首先,作为万物本原的阿派朗(无定)与《神谱》中作为宇宙开端的卡俄斯(Chaos,"混沌")更有几分神似,都是一种无规定的状态。区别在于前者是对这种无规定的概念规定,后者则是一种拟人神的描述。亚里士多德甚至指出,无定这个概念本身就具有神的特征。"任何一件东西,若不是本原,就是从一个本原里产生出来的;然而'无限'没有它的本原,是不生不灭的。凡是产生出来的东西都要消灭,而一切毁灭都是有限的。因此'无限'没有本原,而它本身就是其他事物的本原。它包容万物,并且支配万物。那些在'无限'以外不假定别种原因如'心灵'和'爱'的人,就是持这种意见的。这就是神,因为它是不死的和不灭的。这是阿纳克西曼德和多数自然哲学家的共同主张。"[②]

其次,他对自然界必然性法则的描述带有伦理道德的思想,比如使用"命运"、"正义"、"惩罚"、"补偿"等语词。耶格尔在《潘迪亚:希腊文化的理想》中指出,阿纳克西曼德有关宇宙正义法则的思想是从希腊城邦的法律领域、道德领域中引申出来的,他将人类道德生活原则普遍化,使之成为宇宙的一般规则。因此他所设想的宇宙的普遍进程、永恒运动的规律就不同于单纯物理上的自然律,而是具有同时具有道德和宗教的意味:"但是阿纳克西曼德在这里设想的并不是现代科学家们所理解的单纯的因果系列。他设想的是一种自然的道德法则而不是物理法则。在自然现象由道德标准所统治的观念中有很深的宗教意味。"[③]因此,他将阿纳克西曼德所揭示的宇宙法则称为一种"精神发现":"因此我们有理由将他的宇宙观念描述成宇宙的精神发现。它是在人类精神深处发现的,而不是在其他任何地方。它与望远镜、观察或任何种类的经验研究无关。它源自直观的思想……"[④]他在《早期希腊哲学家的神学》中更进一步提出,阿纳克西曼德的思想是最早的神正论。"阿纳克西曼德对自然的解释并不是单纯地解释自然:它是最早的哲学的神正论……因此在所谓的自然哲学中我们发现神学、神谱和神正论是一起发生作用的。"[⑤]康福德也注意到了阿纳克西曼德的有

---

① 理查德·塔纳斯:《西方思想史》,吴象婴、晏可佳、张广勇译,上海:上海社会科学院出版社,2011年,第20页。

② 北京大学哲学系外国哲学史教研室编译:《古希腊罗马哲学》,第8页。

③ Jaeger, *Paideia: The Ideals of Greek Culture*, Vol. 1, p. 160.

④ Jaeger, *Paideia: The Ideals of Greek Culture*, Vol. 1, p. 160.

⑤ Jaeger, *The Theology of the Early Greek Philosophers*, p. 36.

关事物生灭过程的描述是采用道德的语言来描述的,因此也同样指出,阿纳克西曼德心目中的宇宙秩序具有伦理道德的意味,其根源在于宗教的命运观。“在阿纳克西曼德论述中令人印象深刻的是有关生成和毁灭的过程都是以道德的语言来描述的。事物分解成元素叫作‘补偿’、‘为不正义付出代价’……”①

许多希腊哲学的研究者都注意到了这一点,因此提出米利都的自然哲学与传统传统宗教思想有一个内在连续的发展过程,两者之间并无绝然的断裂。比如,耶格尔提出希腊哲学的诞生过程乃是原始宗教观念逐渐理性化的过程,两者之间不能截然地分离开来。“从这个角度看,我们必须将希腊哲学的诞生解释为宇宙原始宗教观念,亦即隐含在神话中的宇宙观念,逐渐理性化的过程。”②“然而几乎不可能将荷马史诗中的‘神话思维’与用来解释它的理性观念分离开来。……在伊奥尼亚的自然哲学与荷马史诗之间并不断裂。”③康福德也认为伊奥尼亚的自然哲学与当今的科学根本不同,它们更接近神话结构,在他看来,各种“本原”都有相应的神话原型。④ 格思里也认为希腊理性有一个缓慢的、逐渐的过程,因此在前理性或神话的观念与纯粹理性的、科学的思想之间并无截然的界限。“并不存在这种清晰的界限,甚至今天也不存在。”⑤如果着眼于事实角度的话,希腊的科学理性在诞生之初与传统神话宗教之间在许多层面上存在着这样或那样的交织。正如我们前面已经指出的,最早的自然哲学家们在本原问题的提出、对世界本原的思考和世界秩序的设想等层面上都有传统宗教的影子。

三、科学理性与神话思维的决裂

但是,事实的影响并不以意味着两者之间就没有本质的区别。正如伯奈特、韦尔南等研究者所主张的,虽然米利都的科学理性思维受过传统神话思维的影响,但两者之间存在着本质的区别,它们之间不是一种连续的、自然的发展过程,而是有一种断裂和跳跃。伯奈特指出:“在所有这些观念中并不存在神学思辨的踪迹。我们已经看到它与早期雅典宗教之间存在一种绝然的断裂,奥林匹亚诸神从没有紧紧控制住伊奥尼亚人的心灵。因此在神话观念中寻找伊奥尼亚科学的起源是完全错误的。”⑥韦尔南承认哲学诞生之际与神话确实有这样或那样的相似性,但是两者之间并无真正的连续性,米利都的哲学家完全无视宗教世界的存在,他们的思考与传统宗教毫无共同之处。⑦ 在韦尔南看来,米利

---

① Cornford, *From Religion to Philosophy*, pp. 10-12.

② Jaeger, *Paideia: The Ideals of Greek Culture*, Vol. 1, p. 152.

③ Jaeger, *Paideia: The Ideals of Greek Culture*, Vol. 1, p. 151.

④ 参见让—皮埃尔·韦尔南:《希腊思想的起源》,第 94 页。

⑤ Guthrie, *A History of Greek Philosophy*, Vol. 1, p. 1.

⑥ Burnet, *Early Greek Philosophy*, pp. 8-9.

⑦ 参见让—皮埃尔·韦尔南:《希腊思想的起源》,第 95 页。

都的哲学家们完全放弃了神话宗教的解释思路:"然而,尽管有这些相似性和这些不自觉的影响,神话和哲学之间并非真有连续性。哲学家不满足于用'自然'去重复神学家在'神力'中表达的内容。……这些'物理学家'坚决无视宗教世界的存在,他们的探索与崇拜仪式毫无共同之处,而神话尽管具有相对的自主性,却总是和崇拜仪式保持着或多或少的联系。"[①]他还总结了希腊哲学的三个特征:

> 首先,它形成了一个外在于宗教的、与宗教无关的思想领域。伊奥尼亚的"自然哲学家"(物理学家)对宇宙的起源和各种自然现象作出了充满实证精神的、世俗的解释。他们全然无视宗教信仰的各种神力,无视既定的宗教礼仪和那些通过赫西奥德(Hésiode)等"神学家"诗人的作品流传下来的神圣叙事。
>
> 其次,它提出了一个有关宇宙秩序的思想:宇宙秩序不像在传统的神谱中那样建立在一个主神的威力、他的个人统治或'王权'之上,而是建立在宇宙的内在规律和分配法则之上,这种规律和法则要求大自然的所有组成部分都遵循一种平等的秩序,任何部分都不能统治其他部分。
>
> 最后,这种思想具有明显的几何学性质。不论是地理学、天文学还是宇宙演化论,它们都把对自然世界的构思投射到了一个空间背景上,这个空间不再由吉、凶、天堂、地狱等宗教性质来界定,而是由相互的、对称的、可逆的关系组成。
>
> 世俗的、实证的性质,对一种建立在严格的平等关系上的自然秩序的抽象构思,以及对一个处在均质、对称的空间中的宇宙的几何学看法,这三个特征是密切联系的。它们共同确立了希腊理性思想在形式和内容上所具有的创新性(相对于过去而言)和独特性(与希腊人曾经接触过的近东文明比较而言)。[②]

韦尔南所刻画的希腊理性的特点应该是主要针对米利都派的思想而言的,因此,也基本上构成了科学理性的基本特点。第一个重要特点就是与传统宗教思想的决裂,完全无视传统宗教中的诸神的存在,而代之以经验观察与实证的解释思路。虽然都是要寻求宇宙的起源、解释自然现象,但是在回答问题的方向上采取的是一种完全不同的取向,一个求诸于神力,一个求助于对自然的观察。以神力来解释自然现象的时候,自然现象并没有得到真正的解释,毋宁说,只是得到了命名,即神就是对自然现象神秘性的命名,以神来作为自然现象的

---

① 让—皮埃尔·韦尔南:《希腊思想的起源》,第95页。
② 让—皮埃尔·韦尔南:《希腊思想的起源》,第2~3页。

终极原因,乃是对自然现象神秘性的显示,而不是解释。米利都自然哲学家以水、无定或气作为自然的本原、作为自然现象的最终载体,乃是通过对自然现象的观察,对自然现象的统一性进行理性的解释。虽然这种理性的解释还达不到纯粹理性的地步,他们对水、无定或气的理解还可能没有彻底摆脱神性思维的影响,但是这并不妨碍这一新的思维取向的独特性。它采取的是一种通过自然来解释自然的思路,从而是一种与传统神话思维模式完全不同的取向。

与之相应的另一个特点是对均质的、以几何学为模型的宇宙秩序的设想。虽然耶格尔认为希腊理性与神话思维之间有着内在的连续发展过程,但是他也指出阿纳克西曼德在绘制世界地图时,其宇宙观以几何学为模型的。[①] 这种几何学模型乃是对传统神力或神权秩序的彻底否定。正如韦尔南所指出的,这个均质的宇宙秩序有自己的规律和法则,与传统宗教所设想的神权完全无关,神在这个数学化了的宇宙中将没有任何可能的地位。因此,它们之间并不是一个连续的发展过程,而是有一个绝然的断裂,涉及到一种全新的世界观的开启。"但是,决定性的一步已经迈出。希腊思想这时力求靠观察与推理来为宇宙找到一种自然的解释,而这些解释很快就开始去除其残余的神话成分。种种最终的、普遍的问题,正在给提出,而种种答案,正从一个新的方面——从人的大脑对各种物质现象的批判性分析中——去寻找。对自然,应该按照自然本身而不是根本超自然的东西来加以说明,应该用非个人的措辞而不是个人的男女诸神来予以解释。由拟人神祇统治的原始世界开始让位于一个以原始的自然元素如水、气或火为其起源与物质的世界。最终,这些原始物质不再被认为天生具有神性或灵性,而是相反地给理解成因偶然性或盲目的必然性而作机械运动的若干纯粹的有形实体。"[②]我们知道,这一新的世界观构成了西方科学的开端。

米利都哲学家的思想的科学理性特征在后续的自然哲学家中得到进一步的发展,从阿纳克萨哥拉的种子说,经过恩培多克勒的四根说,到留基波和德谟克利特的原子论这里达到它的成熟形态,从中我们可以更清楚把握米利都哲学家的科学理性的基本特征及其与传统宗教的关系。

阿那克萨哥拉的种子说将米利都自然哲学家的本原进一步向物质的组成材料转化。当他询问"头发是怎样从非头发中产生,肉是怎样从非肉中产生的呢?"[③]时,他的着眼点无疑是头发和肉的组成成分。从质料、组成成分的角度来设想本原的思路在他那里非常明显:"这些质料由于速度的力量而旋转,并且彼此分开。产生力量的是速度。"(D9)[④]"在每一件事物中,都包含着每一件事物

① Jaeger, *Paideia: The Ideals of Greek Culture*, Vol. 1, pp. 156-157.

② 理查德·纳塔斯:《西方思想史》,第 20 页。

③ 北京大学哲学系外国哲学史教研室编译:《古希腊罗马哲学》,第 70 页。

④ 北京大学哲学系外国哲学史教研室编译:《古希腊罗马哲学》,第 70 页。凡引文后直接标注序号的《残篇》均引自该书,其序号对应于《苏格拉底以前哲学家〈残篇〉》(第尔斯)中相应哲学家《残篇》的序号。

的一部分……”(D11)虽然他提出种子是由“心灵”所支配的，但是与人类的心灵完全不同，它更多是对一种客观化力量的描述。这种力量是独立、自在的。“别的事物都具有着每一件事物的一部分，但是心灵则是无限的、自主的，不与任何事物相混，而是单独的、独立的、自为的。”(D12)在指出心灵乃是支配种子漩涡运动的“支配力”时(“因此心灵也能支配整个涡旋运动，它推动了这个运动。”)，他也指出，“产生力量的是速度”。因此，“心灵”乃是这种客观化的“支配力”的代名词，与人类的心灵无涉。正因为如此，寻求人类德性根源的苏格拉底才会对阿纳克萨哥拉的“心灵”表示失望。“我曾怀着多大的希望，我又遭遇多么痛苦的失望啊！当我看下去时，发现我的这位哲学家完全抛弃了心灵或任何其他关于秩序的原则，而是求援于空气、以太以及别的稀奇古怪的东西。”[①]苏格拉底失望的原因在于，阿那克萨哥拉对自然现象的解释采取的是一种经验实证的思路，比如，由人类的肌肉、关节、骨头来说明身体运动的原因。

恩培多克勒在米利都自然哲学思想的基础上，提出本原有四种，即水、火、气、土。他将它们称为四种元素，这就进一步突出了本原的组成成分的内涵。他以这四种元素的结合与分离来解释万物的生灭，并指出这种结合与分离受爱与恨这两种力量支配。“恩培多克勒说：世界的产生与消灭，是依照爱或恨占统治地位而定。”[②]虽然“爱”、“恨”这种语词看起来具有很强的伦理道德色彩，但它们与人类主观情感中的爱、恨完全不同。它们是对元素之间存在的引力与斥力的形象描述，这种引力和斥力具有客观化和必然性的特征。这种必然性的力量才是元素之间结合与分离的真正原因。“必然性乃是使始基和元素动作的原因。”[③]恩培多克勒下面这段话所描述的宇宙的生灭现象同样具有数学化的几何学特征：“那些元素的力量是相等的，谁也不比谁更强。其中每一种都有不同的作用，每一种都有特殊的本性，它们依次在时间的循环中占据统治地位。没有任何东西在元素以外产生，元素也不消灭。……他们互相奔赴，便时而产生这个东西，时而产生那个东西，并且像这样一直下去，永无止境。”[④]因此，在恩培多克勒的眼中，世界乃是由水、火、气、土这四种基本元素按照必然性力量(引力或斥力)处于永恒的结合与分离的运动之中。

留基波与德谟克利特的原子论思想是上述世界观的成熟形态。主张世界由原子和虚空两种要素组成，原子是不可分割的最小微粒，虚空是原子运动的场所。原子具有相同的质地(这一点不同于种子说)，只有形状、位置和排列的区别。它们总是处于永恒的运动之中。他们还具体描述了运动的轨迹，认为是一种涡旋运动。具体的复合物，比如水、火、土、气等等，都是由这些原子集合而

① 北京大学哲学系外国哲学史教研室编译：《古希腊罗马哲学》，第173～174页。
② 北京大学哲学系外国哲学史教研室编译：《古希腊罗马哲学》，第76页。
③ 北京大学哲学系外国哲学史教研室编译：《古希腊罗马哲学》，第76页。
④ 北京大学哲学系外国哲学史教研室编译：《古希腊罗马哲学》，第83页。

成的。在原子论这里,原子是一种更为抽象化的模型,它避免了水、火、土、气等元素所具有的物质形态,在用来说明万物组成成分的时候具有更大的统一性以及逻辑上的严格性。这一模型具有典型的几何学特征,因为它只有"形状、位置和排列"的区别。他们还设想了作为原子运动空间的"虚空"的存在,这种虚空无疑同样是一种几何学化了的空间。他们还设想原子虚空中处于永恒的旋涡运动之中。这些描述与设想与后来的科学发现有着惊人的巧合,已经是真正的科学假说了。柏拉图之所以对德谟克利特避而不谈[①],这是一个关键的原因,即德谟克利特的科学假说作为科学理性的成熟形态,与传统宗教、与哲学理性(其特点我们下面会谈到)有着完全不同的思想取向。

因此,科学理性的最大特点就在于它是以一种数学化的秩序来设想宇宙。在这种数学化、均质化了的宇宙秩序中,神没有任何存在的可能性。可以说,科学理性是一种彻底的去神化。正如伯奈特在《早期希腊哲学》中所指出的,米利都学派完全摒弃了传统的宗教观念,他们所使用的神没有宗教意味。[②] 这一点耶格尔也明确指出过,他也注意到米利都学派的思想特点是一种对自然采取单纯观察和推理,而毫不涉入主观情绪。[③] "在老米利都的伊奥尼亚自然主义那里,观察和纯粹研究的兴趣占据主导地位。我们可以毫不夸张地说,在阿纳克西曼德和阿那克西美尼的著作中从没有介入作者的人格,除了用第一人称单数来诚实地表述自己的观点、反对他人的观点以外……这些先人们从没有发布什么福音——甚至当他们的自然理论使得他们将基本原则描述为'神圣者'时也没有。他们理性解释的取向排斥了任何个人情绪化的解释。"[④]因此,在科学理性的视野中,自然成为一个数学化了的客观对象。

第三节 毕达哥拉斯的神秘主义与塞诺芬尼的"一神"论

在希腊思想启蒙的时候在希腊的西部出现了一种不同于东部伊奥尼亚科学传统的思潮。这个思潮一开始就与传统宗教有着密切关系。伯奈特认为,毕达哥拉斯是对传统宗教的改良和深化,而塞诺芬尼则是反对它。"这里[指希腊西部]不再能够忽视宗教问题,尤其是当它被一股席卷整个希腊世界的复兴运动所影响的时候。因此启蒙的领导者必须寻求改革并深化传统宗教,比如毕达哥拉斯,或者公开反对它,比如塞诺芬尼。"[⑤]就毕达哥拉斯与塞诺芬尼的思想与

---

① "事实上,柏拉图的作品中差不多提到了古代所有的哲学家,但却从来没有一处提到德谟克利特,甚至于在那正应该反对他的地方也没有提,这无疑是因为他感觉到他斗争的对象是哲学家中最强的一位。"(北京大学哲学系外国哲学史教研室编译:《古希腊罗马哲学》,第96页)

② Burnet, *Early Greek Philosophy*, p. 61.

③ Jaeger, *The Theology of the Early Greek Philosophers*, pp. 109-110.

④ Jaeger, *The Theology of the Early Greek Philosophers*, p. 109.

⑤ Burnet, *Early Greek Philosophy*, p. 61.

传统宗教有密切联系而言，我们同意伯奈特的观点，并且也赞同毕达哥拉斯的思想是对传统宗教的改良与深化。但与伯奈特不同的是，我们认为塞诺芬尼表面上看来反对传统宗教，但是他的思维倾向依然是宗教思想的继续与深化，只是采取了与毕达哥拉斯不同的改良方向。

一、毕达哥拉斯的神秘主义

一般说来，毕达哥拉斯及其学派的哲学特征有两个方面，即科学理性与神秘主义。毕达哥拉斯及其学派在科学尤其是数学领域作出了巨大的贡献，但他们同时也是一个秘密的宗教团体组织。

1. 毕达哥拉斯在本原观上的创新及其问题

毕达哥拉斯年轻时也曾拜访过泰勒斯，对于米利都学派的哲学思想应该是熟悉的。耶格尔提出，毕达哥拉斯的数本原说与阿纳克西曼德以几何学特征描述宇宙有相似之处。[①] 参见康福德则认为这一派的物理学与阿那克西美尼的哲学比较接近。[②] 虽然毕达哥拉斯的哲学思想受过可能受过米利都学派这样或那样的影响，但他提出的数本原说走的是一条与米利都学派完全不同的路子。如果说米利都学派整体上是从基质或亚里士多德所说的质料的角度来思考万物的本原的话，那么与之相对，毕达哥拉斯思考本原的切入点则主要是形式的一面。

毕达哥拉斯以数为万物的本原，据说是受到音乐的启发。据记载，有一次毕达哥拉斯经过一个铁匠铺，听到里面发出不同的谐音，他进去通过比较发现，不同的谐音对应于不同重量的铁锤。他回去以后用琴弦做了试验，找到了八度、五度、四度音程之间的比例关系，八度对应的是负重比率 2∶1 的两根弦之间产生的谐音，五度、四度谐音分别对应的则是 4∶3 和 3∶2。这是个巨大的发现。这个发现不仅使他成为声乐理论的奠基人[③]，而且从数学角度来描述物理现象，也使他(们)甚至成为理论物理学的开创者，“这一发现大概是物理定律的第一次数学公式的表示，完全可以认为今天所谓理论物理学的第一步”[④]。这一重大发现确实使毕达哥拉斯有理由进行大胆的猜测，认为万物的背后都隐含着一种恒定的数量关系，正如伯奈特所指出的，“有充分理由假定，毕达哥拉斯是这样推论的：要是乐音能归结为数，那么其他任何东西为什么不能归结为数呢？”[⑤]

与水、火、气等自然物相比，数的最大特点是它本身是一套具有内在推演规

---

① Jaeger, *Paideia: The Ideals of Greek Culture*, Vol. 1, p. 162.

② 参见弗朗西斯·麦克唐纳·康福德：《柏拉图与巴门尼德》，第 16 页。

③ 爱德华·策勒尔：“由于把数学应用到音乐中去，他们[毕达哥拉斯学派]就成为声学理论的奠基人。”(《苏格拉底以前的学派》第 1 卷，第 347 页。转引自汪子嵩等：《希腊哲学史》第 1 卷，274 页)

④ 汪子嵩等：《希腊哲学史》第 1 卷，第 274 页。

⑤ Burnet, *Early Greek Philosophy*, p. 107.

律的意义机制。毕达哥拉斯及其学派在数学领域的研究使他们对这一点有很深的体会,并且对这样一种具有内在和谐结构的东西充满"惊奇"。"计算家阿波罗多洛说,他[毕达哥拉斯]曾经举行了一次百牢大祭,因为他发现了直角三角形斜边的平方等于其他两边的平方和。"①由于数所具有的纯关系特性,使得它与水、火等自然物相比在解释社会现象时有更多的解释空间。比如,他们说4是正义的象征,因为它是第一个平方数,它还对应水火土气四种元素、春夏秋冬四季等等;由于5是第一个偶数和奇数的和,象征着两性的结合,是婚姻之数,等等。"由于数目是数学中很自然的基本元素,而他们又以为他们自己在数目中间发现了许多特点,与存在物以及自然过程中所产生的事物有相似之处,比在火、土或水中所能找到的更多,所以他们认为数目的某一种特性是正义,另一种是灵魂和理性,另一种是机会,其他一切也无不如此;由于他们在数目中间见到了各种和谐的特性和比例,而一切其他事物就其整体本性来说都是以数目为范型的,而数目本身则先于自然中的一切其他事物,所以他们从这一切进行推论,认为数目的基本元素就是一切存在物的基本元素……"(《形而上学》第一卷第五章)②认为万物内部存在着不变的数的关系或秩序,这是毕达哥拉斯数本原说的立足点,也是他们思想的最大创新之处。这一洞见甚至从整体上影响并塑造了西方科学乃至其文明的基本特征。正如罗素所指出的,"数学是我们信仰永恒的与严格的真理的主要根源,也是信仰有一个超感的可知世界的主要根源"③。而西方哲学史自柏拉图以后,对于这一超感的可知世界的存在的辩护构成了西方哲学的核心。

毕达哥拉斯及其学派在本原问题上的另一个独创之处在于提出对立是万物的本原。他们根据自然数存在奇偶、有限无限以及一多的对立,一共总结出了十对对立物,把它们作为万物的本原。它们分别是:有限和无限,奇和偶,一和多,右和左,阳和阴,静和动,直和曲,明和暗,善和恶,正方和立方。"至少我们可以从这两个学派归纳出一点,就是:对立是存在物的始基;并且从其中的一个学派,我们可以知道,这些对立共有多少以及这些对立究竟是什么。"④这种对立本原说是隐含在数本原说之中的,是以数的对立为范型得出的。"不过,总的来说,对立本原说是隶属于数本原说的。"⑤

数本原说在解释关系对象时具有一定的优势,但它在面对具体事物的存在时,则显得笨拙。他们是这样解释万物如何从数中产生的:"万物的本原是'一元'。从'一元'产生'二元','二元'是从属于'一元'的不定的质料,'一元'则是

---

① 北京大学哲学系外国哲学史教研室编译:《古希腊罗马哲学》,第33页。
② 北京大学哲学系外国哲学史教研室编译:《古希腊罗马哲学》,第37页。
③ 罗素:《西方哲学史》上卷,第23页。
④ 北京大学哲学系外国哲学史教研室编译:《古希腊罗马哲学》,第38页。
⑤ 张祥龙:《西方哲学笔记》,北京:北京大学出版社,2005年,第54页。

原因。从完满的'一元'与不定的'二元'中产生出各种数目；从数目产生出点；从点产生出线；从线产生出平面；从平面产生出立体；从立体产生出感觉所及的一切物体，产生出四种元素：水、火、土、空气。这四种元素以各种不同的方式互相转化，于是创造出有生命的、精神的、球形的世界，以地为中心，地也是球形，在地面上都住着人。还有'对地'，在我们是下面的，在'对地'上就是在上面。"① 亚里士多德对此的批评是，由于数本身是一种没有运动、没有形体的实在，它难以解释事物的运动及其各种自然属性："可是，我们曾经说过，他们所提出的始基和原因，是用来解释一种更高级的实在的，而且确实比较适用于用来解释这种更高级的实在，而比较不适于用来解释自然。可是，他们所设定的前提只是有限和无限、奇和偶，究竟运动是从那一种原因产生出来的，他们却没有说到，他们也没有告诉我们，在运动和变化之外，怎么可能有生、灭或天体的运行……此外，就算我们承认他们的论点，认为大小是从这些元素产生的，就算我们假定他们证明了这一点，问题也还是依然存在，就是：怎么会有些物体是重的，有些物体时轻的？因为根据他们所假定的那些始基并且从他们对这些始基所说的话看来，这些始基只能够用于感性事物，是不亚于能够用在数学所研究的对象上的。他们就是像这样地，对于火、土或这一类的物体什么话都没有说，我猜想，他们对于专门适用于感性事物的东西是根本没有话可说的。"（《形而上学》第一卷第八章）②

2.毕达哥拉斯思想的神秘主义旨趣

上文已经提到，毕达哥拉斯学派同时也是一个秘密从事宗教活动的团体。"我们都习惯于将毕达哥拉斯学派看作一个哲学学派，但是他们同样是一个宗教团体。"③其宗教的基本观点是灵魂不灭和灵魂轮回说。波菲利将这一派的宗教思想总结为如下几点："第一，灵魂不朽；第二，灵魂能转移到其他生物中去；第三，已经发生过的事物以循环的方式重新发生，没有什么纯新的事物；第四，我们应把一切生物都看作是同类的。"④这种灵魂不朽的观点不是毕达哥拉斯的发明。根据希罗多德的记载，是埃及人最早提出了这一学说。他们认为当一个人的肉体死亡时，他的灵魂就进入了另一个正在出生的动物体内。灵魂的轮回将依次经历陆地生物、海洋生物和空中生物，然后再次进入人的肉体，这样一个轮回需要 3000 年时间。⑤ 不过，最早将埃及的这种灵魂轮回说引入希腊的未必是毕达哥拉斯。在毕达哥拉斯学说开始传播的时候，俄耳甫斯教在希腊的南意大利地区已经相当盛行。我们知道，俄耳甫斯教也主张灵魂不朽，因此，灵魂不

---

① 北京大学哲学系外国哲学史教研室编译：《古希腊罗马哲学》，第 34 页。

② 北京大学哲学系外国哲学史教研室编译：《古希腊罗马哲学》，第 39 页。

③ Martin P. Nilsson, *A History of Greek Religion*, trans. by F. J. Fielden, London: Clarendon Press, 1949, p.187.

④ 苗力田主编：《古希腊哲学》，北京：中国人民大学出版社，1989 年，第 61～62 页。

⑤ 参见苗力田主编：《古希腊哲学》，第 62 页。

朽的观念应该很早就已经在希腊境内流传了。毕达哥拉斯学派在灵魂观和入教仪式上与俄耳甫斯教派相当一致。“俄耳甫斯教派和毕达哥拉斯教派在相信灵魂不朽、轮回转世,以及凭借神秘的入教仪式而使灵魂得到拯救这一系列主张上是一致的。”①毕达哥拉斯的宗教教条很多来自奥菲斯教或其他宗教,他对原有的教条赋予新的解释,格思里称之为“旧瓶装新酒”。②

我们在上文中已经指出,俄耳甫斯教是狄俄尼索斯教的改良,改良的方向是去除其中的原始的、巫术的一面,增加其理性的一面,为其祭祀和教义提供进一步的理性说明。而毕达哥拉斯教则是对俄耳甫斯教的进一步改良,改良的方向使其进一步理性化。“俄耳甫斯教是狄俄尼索斯教的改良,同样毕达哥拉斯主义可以看作是俄耳甫斯教的进一步改良,其方向是远离狄俄尼索斯,甚至远离俄耳甫斯,而朝向阿波罗。这是一种从情绪向理智、从宗教向哲学的进一步过渡。”③俄耳甫斯教信众寻求的是某种情绪、心灵状态或神秘体验,其仪式也都指向神秘的宗教意味,比如神的死亡、复活等等,而不是理解,他们所依据的学说就是神话。毕达哥拉斯主义保留了俄耳甫斯教的一些形式和精神,将秘仪中对神的死亡、再生的魔剧的观照(theoria)、体验转变成一种对理性的、永恒的真理的无情绪的沉思,变成一种寻求智慧(philosophia)的生活方式。④

毕达哥拉斯进行的理智化的改革表现在:制定了更为严格和系统的行为规范和戒律,用音乐和数学来净化人的灵魂。

他要求的戒律有:“1.去神庙时要先敬神,路途中不要说话,不要做任何与日常生活有关的事务。2.在路途中既不要进入庙宇也不要敬神,甚至经过庙堂的大门也不要对神礼拜。3.切勿穿着鞋向神献祭和礼拜。4.避开大道走小道。6.听命于神灵,最重要的是不要随便说话。8.切勿用铁器拨火。10.帮助负重之人,勿助卸重之人。……30.切勿食心脏。32.切勿在被剪下来的头发、指甲上吐唾沫。34.切勿在灶灰上留下锅的印迹。37.切勿食豆子。39.切勿食用生灵。”⑤等等。这些戒律涉及到生活的方方面面,在今天看来很多都不好理解,但在毕达哥拉斯主义者眼里,他们具有各种“意谓”或象征意义。比如,亚里士多德对于勿食豆子给出了如下原因:“这不仅是因为豆子像阳具,而且像冥王哈得斯的洞口(因为豆子是唯一的无肢节植物),或者因为豆子具有毁灭的本性,或者因为豆子类似于宇宙,或者因为它们具有寡头政治的特点(它们被用来抽签以选举统治者)。”⑥不管出于何种解释,这些戒律有一个共同目的,就是更好地听从神的安排和指示。“他们所规定了可行或避讳的一切行为戒律,都是根据

---

① 汪子嵩等:《希腊哲学史》第1卷,第257页。

② Guthrie, *A History of Greek Philosophy*, Vol. 1, p. 182.

③ Cornford, *From Religion to Philosophy: A Study in the Origins of Western Speculation*, p. 198.

④ Cornford, *From Religion to Philosophy: A Study in the Origins of Western Speculation*, p. 200.

⑤ 苗力田主编:《古希腊哲学》,第33~34页。

⑥ 苗力田主编:《古希腊哲学》,第64页。

我们和神的关系来制定的,这就是他们的原则,全部生活都是按照神的愿望来安排的,这就是这种哲学的理论。如果有人不是从神那里,而是从别的地方寻求美好的事物,其行为就是荒唐可笑的,就如在君主制度下,有人对君王和统治者不恭,反而对市民中次要的官员大献殷勤一样可笑……因为有神,他主宰一切。"①

音乐在古希腊的各种宗教节日甚至日常生活中都扮演了重要的作用。前面已经提到,音乐对于俄耳甫斯教的重要性尤其突出,音乐是俄耳甫斯秘仪的一个重要组成部分,它和舞蹈一起,让信众在歌舞中进入一种与神合一的迷狂状态。毕达哥拉斯传承的是俄耳甫斯的宗教传统,因此他们也非常看重音乐对于净化灵魂的作用。"据阿里斯托克森说,毕达哥拉斯学派用药物纯洁肉体,用音乐净化灵魂。"②"因为音乐能医治人类坏的品性,使人的心灵恢复到原来质朴的正常状态。让他的门徒们晚上入睡以前用音乐去除白天精神上的激动回响,以纯化他们受到搅动的心灵,使它们平静下来,处在做好梦的状态;早晨醒来又让他们听人唱特殊的歌曲和由竖琴演奏的旋律,以清洗晚上睡眠中的麻木状态。"③毕达哥拉斯学派看重音乐的净化作用,除了继承俄耳甫斯教的传统做法以外,他们对音乐还有进一步的哲理思考。亚里士多德指出,存在一种灵魂谐音说,"关于灵魂还流传着另外一种意见……他们说灵魂是一种和谐;因为和谐是由对立面相结合而成的,肉体就是对立面的合成物"④。由于毕达哥拉斯学派最早提出数的和谐和谐音理论,因此,许多学者都将思想归之于毕达哥拉斯学派。⑤ 毕达哥拉斯学派还流传着宇宙谐音说,据说只有毕达哥拉斯本人能听到宇宙的谐音。"据他自己说,他既不创作又不演奏任何他的同伴们演奏的那种竖琴或歌声的旋律,而只是使用一种秘密的、莫测高深的神圣方法,全神贯注于他的听觉和心灵,使他自己沉浸在流动的宇宙谐音之中。根据他的说法,只有他才能听到并理解这种谐音,以及由这些天体激发起来的和声。"⑥

另一个代表毕达哥拉斯对俄耳甫斯神秘主义进行理智化改良的重要因素的是数学。"数学和神学的结合开始于毕达哥拉斯,它代表了希腊的、中世纪的以及直迄康德为止的近代的宗教哲学的特征。毕达哥拉斯以前的俄耳甫斯教义类似于亚洲的神秘教。但是在柏拉图、圣奥古斯丁、托马斯·阿奎那、笛卡儿、斯宾诺莎和康德身上都有着一种宗教与推理的密切交织,一种道德的追求与对于不具时间性的事物之逻辑的崇拜的密切交织;这是从毕达哥拉斯而来

---

① 苗力田主编:《古希腊哲学》,第 67 页。
② 苗力田主编:《古希腊哲学》,第 63 页。
③ 汪子嵩等:《希腊哲学史》第 1 卷,第 349 页。
④ 苗力田主编:《古希腊哲学》,第 64 页。
⑤ Guthrie, *A History of Greek Philosophy*, Vol. 1, p. 307.
⑥ 汪子嵩等:《希腊哲学史》第 1 卷,第 349～350 页。

的,并使欧洲的理智化了的神学与亚洲更为直截了当的神秘主义区别开来。”[①]由于数学是一种可以脱离感官经验而进行纯粹形式推理的特征,这就是使得数学成为毕达哥拉斯主义者用来论证灵魂不灭以及帮助人进入这个永恒世界的一个极其重要的手段。“众所周知,在毕达哥拉斯那里也可以发现俄耳甫斯的灵魂轮回学说,他以一种独特的方式将此学说与他的数学研究联系在一起。”[②]他们经常从数的角度来理解神,认为数有和神一样的神圣性,比如把“一”等同于太阳神,是众神之父宙斯,认为“二”是诸神之母瑞亚,认为“四”是宇宙创造者,等等。毕达哥拉斯学派对于数和神的关系有多种看法,但有一个共同的看法,就是认为数是“宇宙的创造主,说它是神圣的,就是神。”[③]如果万物的产生及其存在的背后都有数作为其原因的话,这就很好理解毕达哥拉斯学派所持有的那种万物具有亲缘关系的观点。“意识到这一点(指万物的亲缘关系)将有助于理解其自然世界的数学化观念以及有关灵魂命运的宗教信念。”[④]“数学乃神的语言,是神的体现。”[⑤]

3. 毕达哥拉斯的思想特征

我们看到,毕达哥拉斯学派的思想中既有理性的一面,也有神秘主义的一面。一般希腊哲学研究者都会分别强调或介绍这两个方面。但是,神秘主义的方面在毕达哥拉斯学派的思想中占主导地位。

的确,毕达哥拉斯及其学派也从事科学研究,尤其在数学领域作出了重大的贡献,但他们研究的目的(包括数学研究)却不是出于科学发现,而是为了净化灵魂,为了证明一个永恒的超自然世界的存在。“我们的证据无可置疑地表明,毕达哥拉斯本人除了持轮回学说外,还从事科学研究。这些研究主要集中在数学上,它们的目的是‘净化’或摆脱肉欲。”[⑥]这个基本的研究动机决定了他们的思想倾向与米利都学派的科学理性有截然区别。正如康福德所指出的:“在我们看来,毕达哥拉斯学派代表的是与科学倾向相对立的神秘传统的主流。”[⑦]“虽然它从狄俄尼索斯转向阿波罗,但是它根子上依然是狄俄尼索斯的,并且依然保留了神秘主义者最初拥有的某些信仰。”[⑧]格思里也明确指出,毕达哥拉斯学派的哲学动机与伊奥尼亚哲学家有根本的区别。“在毕达哥拉斯学派中,哲学的动机不同于伊奥尼亚哲学家那种单纯的科学好奇。他们是一个宗教

① 罗素:《西方哲学史》上卷,第23页。
② Jaeger, *The Theology of the Early Greek Philosophers*, p. 88.
③ 汪子嵩等:《希腊哲学史》第1卷,第286页。
④ Guthrie, *A History of Greek Philosophy*, Vol. 1, p. 186.
⑤ 皮特·戈曼:《智慧之神——毕达哥拉斯传》,石定乐译,湖南文艺出版社,1993年,第252页。
⑥ 爱德华·策勒尔:《古希腊哲学史纲》,第44页。
⑦ Cornford, *From Religion to Philosophy: A Study in the Origins of Western Speculation*, p. 194.
⑧ Cornford, *From Religion to Philosophy: A Study in the Origins of Western Speculation*, p. 200.

团体,这有某些影响。他们至少有一些教义是秘密的,不允许向世俗泄露。"[1]他在《希腊哲学史》中提出毕达哥拉斯学派思想的主要方面是宗教和道德的动机。[2] 正是这个动机或倾向决定了毕达哥拉斯学派的思想主要是一种神秘主义,科学与哲学上的成就只是一种"副产品"。数学知识对他们而言只是一种帮助他们领会从而进入一个永恒世界从而获得永生的工具而已[3],"而且毕达哥拉斯学派对人类灵魂的兴趣更多是宗教的、神秘的,而不是哲学的"[4]。罗素也指出,"数学在他的思想中乃是与一种特殊形式的神秘主义密切地结合在一起的"[5]。

因此,在他们的思想体系里存在着超自然的神及神圣世界。"这些[思想]体系都倾向于另一个世界,将所有的价值都置于不可见的神的统一性中,并斥责可见世界是虚幻的,是一种浑浊的介质,其中上天的光线在迷雾和黑暗中被破坏和蒙蔽。这些特征对于所有来自毕达哥拉斯运动的体系都是共同的——毕达哥拉斯主义,以及巴门尼德、恩培多克勒和柏拉图的哲学。"[6]这个预设决定了毕达哥拉斯学派与米利都学派的科学理性是格格不入的,决定了它的思维倾向与传统的宗教思想是一致的,决定了它是传统宗教的改良。当然,这个总的思维倾向并不妨碍它在哲学与科学领域所造成的重大影响。

二、塞诺芬尼的"一神"论

塞诺芬尼是一个游吟诗人,经常在贵族们举行的宴会上吟诵荷马、赫西俄德的史诗以及他自己创作的诗。他对当时流行的荷马与赫西俄德史诗中所描述的神话世界观提出了尖锐的批评。他在哲学上的最大贡献就是反对传统的神人同形同性论,并且提出了"一神"的主张。他的这些思想影响了巴门尼德对存在的思考,所以一般把他作为爱利亚学派的先驱。不过他的思想能否归属于爱利亚学派,这在学界是一个充满争议的话题。"当代许多哲学家如格思里、基尔克和拉文、罗宾逊(J. M. Robinson)等都根据这样或那样的理由,认为塞诺芬尼不属于爱利亚学派。"[7]这些争议,在我看来,源于如何理解他的"一神",这种理解将决定他与传统宗教以及与巴门尼德的思想关系。

1."一神"思想的提出

虽然希腊理性思维的开端归之于米利都派的哲学家,他们的思想已经构成了对传统神话世界观威胁,塞诺芬尼却是第一个站在新思维的立场对传统神话

① Guthrie, *The Greek Philosophers: From Thales to Aristotle*, p. 34.
② Guthrie, *A History of Greek Philosophy*, Vol. 1, p. 181.
③ Guthrie, *A History of Greek Philosophy*, Vol. 1, p. 212.
④ Guthrie, *The Greek Philosophers: From Thales to Aristotle*, p. 23.
⑤ 罗素:《西方哲学史》上卷,第 18 页。
⑥ Cornford, *From Religion to Philosophy: A Study in the Origins of Western Speculation*, p. 197.
⑦ 汪子嵩等:《希腊哲学史》第 1 卷,第 528 页。

世界观提出明确批评的人。“当阿纳克西曼德大胆地宣称无定是神圣者的时候,他自然会意识到他自己的立场与传统神人同形同性的诸神之间冲突,因此拒绝让神圣的自然采取独特的人格神的形态;但是塞诺芬尼以如下鲜明的话语成为向旧神宣战的第一人:有一个唯一的神,是神灵和人中间最伟大的;他无论在形体上还是思想上都不像凡人。”①塞诺芬尼不仅批评传统宗教,对于改良了的毕达哥拉斯主义也同样进行了批评,尤其是他们的灵魂轮回的思想。“他是启蒙运动大胆的先驱,他无情地批评普通宗教和诗人所描述的诸神,并以同样无情的态度批评毕达哥拉斯的灵魂转世说,认为它是一种神秘主义;他发起这场战争,内心非常自信他已经获得了一种有关神的更高的哲学认知。”②

荷马和赫西俄德对诸神的描述是当时希腊社会宗教和道德知识的来源,“从最初的时候起,所有的人都向荷马学习”(D10)。塞诺芬尼正是对当时普遍流传的有关诸神的基本观念进行了深刻的批判:

> 荷马和赫西俄德把人间认为是无耻丑行的一切都加在神灵身上:偷盗、奸淫、彼此欺诈。(D11)
>
> 凡人们幻想着神是诞生出来的,穿着衣服,并且有着与他们同样的声音和形貌。(D14)
>
> 可是假如牛、[马]和狮子有手,并且能够像人一样用手作画和塑像的话,它们就会照着自己的模样,马画出和塑出马形的神像,狮子画出和塑出狮形的神像了。(D15)
>
> 埃塞俄比亚人说他们的神皮肤是黑的,鼻子是扁的;色雷斯人说他们的神是蓝眼睛、红头发的。(D16)

他对荷马和赫西俄德所描述的诸神的批评主要集中在两方面:一方面是诸神的道德品格,赫西俄德对于荷马和赫西俄德将一些丑恶的品行(如偷盗、奸淫、欺诈)加到神的身上的做法提出了批评;另一方面是诸神的形象,在塞诺芬尼看来,用人的形象来描述神同样是荒谬的。这些批判既巧妙又深刻,对于传统宗教的神人同形同性论是颠覆性的。他指出,拟人神的观念无非是人类将自身的形象投射到自然万物上去的产物。

在揭示了神人同形论的谬误及其根源之后,他提出了一个全新的神的观念,因此走了一条与米利都派哲学家的科学理性(无神论)完全不同的思想道路。他有关神的论述集中在《残篇》第23～26条:

---

① Jaeger, *The Theology of the Early Greek Philosophers*, p. 42.

② Jaeger, *The Theology of the Early Greek Philosophers*, p. 109.

有一个唯一的神，是神灵和人中间最伟大的；他无论在形体上火思想上都不像凡人。(D23)

神是全视、全知、全听的。(D24)

神毫不费力地以他的心灵的思想力左右一切。(D25)

神永远保持在同一个地方，根本不动，一会儿在这里一会儿在那里动来动去对他是不相宜的。(D27)

凡人们幻想着神是诞生出来的，穿着衣服，并且有着与他们同样的声音和形貌。(D14)

由以上论述可以看出，塞诺芬尼设想的神具有如下几个特点：神是一个单一的整体，不生不灭，不运动，没有和人一样的形体和器官，以类似人心灵的思想力支配着万物。

虽然塞诺芬尼正面论述神的地方并不多，主要只有上述几条，要确切理解它，却并不容易。如何理解他的"一神"论，他的"新神"到底"新"在何处，对于如何把握他与传统宗教以及与爱利亚学派的思想关系极其重要。具体说来，这些理解主要涉及两个方面，即"一神"与诸神的关系，以及"一神"与自然或宇宙的关系。

2."一神"与诸神的关系

先看第一个问题，即"一神"与传统宗教中诸神的关系，也就是塞诺芬尼主张的是一神论还是多神论。表面上看来这个问题并不存在，因为塞诺芬尼对于传统诸神的形象进行了颠覆性的揭露与嘲讽。但是，文中不少地方(《残篇》18、23、34)中使用"神灵"一词的时候采取了复数的形式，因此似乎没有完全否认多神存在的可能性，而《残篇》23 更是明确暗示了其他诸神的存在："有一个唯一的神，是神灵和人类中间最伟大的"，在这里他将"一神"与诸神和人类相比较，以此表明"一神"是最伟大的。"这种说话方式，亦即将人与神相互对立的做法，确实跟随了传统史诗的习惯；但是，下面这一点却是相当清晰的，也就是[在塞诺芬尼那里]除了'一神'以外一定还有别的神，正如还有别的人一样。"[①]据此，耶格尔指出，塞诺芬尼的思想依然是多神论的，并且批评将塞诺芬尼的"一神"解读为一神论主张乃是由于受到了基督教传统的影响。[②]

而策勒尔、基尔克和拉文等学者都认为塞诺芬尼主张的是一神论。策勒尔从基督教神学的背景出发解读塞诺芬尼的一神论，认为塞诺芬尼的最大贡献是通过批评神话宗教中拟人化的神以后并没有导致无神论，而是提出了一个更为深刻的神的观念，开启了一种基于虔诚信仰的宗教哲学："所有这一切，他都看

① Jaeger, *The Theology of the Early Greek Philosophers*, p. 44.

② Jaeger, *The Theology of the Early Greek Philosophers*, p. 43.

成是一个始终如一的整体；他的眼睛透过现象的多样性，窥见‘宇宙’的精神统一。他的所有诗篇都是宗教坚信和信条的表达，即使在献给轻松的宴会哀歌里，他也攻击‘史前的荒诞故事’，推崇一种纯洁、虔诚而公道的生活（《残篇》1）。”[①]并且指出，塞诺芬尼有关一神的论述与多神论在思想上是相互冲突的，“这是同自然宗教和多神论相冲突的纯粹一神论，但还不能说这是建立在论证基础上的严格哲学性质的一神论……”[②]基尔克和拉文则指出，塞诺芬尼《残篇》中出现的“诸神”字眼只是修辞手法，最多可以看作是对传统宗教术语的让步，而并非在肯定意义上使用。[③] 格思里也强调塞诺芬尼的神是一个整体，虽然在论述中也出现复数的“诸神”，但是这是在否定意义上使用的，并不意味着他承认多神的存在。“批判性的《残篇》都是否定性的。荷马和赫西俄德的错误在于将神描述成盗贼和奸夫；相信神有生有死，具有人的形体、声音以及穿着人的衣服，等等，都是错误的。”[④]但是，格思里还指出，虽然塞诺芬尼主张一神，但是他不会否认此“一神”在人类的感知这里可以有不同的表现形式。[⑤]

汪子嵩等在前人研究的基础上从整体和部分的关系出发重新审视了一神与诸神的关系。他们提出，塞诺芬尼的“一神”对应的是作为宇宙整体的“一”，因此应该理解为“整体化单一的神”，但是这个“整体化单一的神”并不排斥其他多神的存在，因为一和多的对立是从巴门尼德开始的，在塞诺芬尼那里还没有这种一和多、动和静、存在与非存在的对立。因此，塞诺芬尼的“一神”作为整体的一，与诸神作为部分的“多”之间并无矛盾，完全可以并行不悖。“在塞诺芬尼这里，‘一个神’并不排斥还可以有别的神。作为整体的‘一’和作为它的部分的‘多’并不矛盾，完全可以并存。从前引《残篇》1、18、23、34 等看，塞诺芬尼显然是承认有别的神的。基尔克、拉文和格思里认为他否认多神的解释有些牵强。”[⑥]他们还提出，“一神”与诸神的关系可以从善的理念与具体事物的理念之间的关系角度进行解读。[⑦] 因此，作为整体的“一神”与作为部分的“多神”或“诸神”之间就没有什么矛盾可言了。如果汪子嵩等的解读正确的话，那么塞诺芬尼就不仅仅成为爱利亚学派的先驱，同时也可以看作是西方形而上学的开创者。但是这种解读在我看来有些高估塞诺芬尼的思想了。正如汪先生等批评“一”、“多”的概念对立对于塞诺芬尼而言是不存在的，现象与本质的区别对他来说也同样是不存在的。将此“一神”解读为后来哲学中作为事物的最高原因是成问题的。当他谈到其他诸神的时候，应该如格思里等学者所指出的，他是

---

① 爱德华·策勒尔：《古希腊哲学史纲》，第 51～52 页。

② 汪子嵩等：《希腊哲学史》第 1 卷，第 561 页。

③ 参见汪子嵩等：《希腊哲学史》第 1 卷，第 562 页。

④ Guthrie, *A History of Greek Philosophy*, Vol. 1, p. 361.

⑤ Guthrie, *A History of Greek Philosophy*, Vol. 1, p. 376.

⑥ 汪子嵩等：《希腊哲学史》第 1 卷，第 566 页。

⑦ 参见汪子嵩等：《希腊哲学史》第 1 卷，第 567 页。

在否定意义上使用这个语词的，因为当时诸神的存在和人类的存在一样，是一种大家都接受的日常生活的一部分。因此，当塞诺芬尼说那个唯一的神是"神灵和人类中最伟大的时"，主要是为了突出这个"一神"相比于传统诸神和人类所具有的独特性。

塞诺芬尼的"一神"无疑是以传统的拟人神为靶子，并且要竭力颠覆神的拟人化形象。仔细阅读《残篇》23～26 就可以发现，塞诺芬尼的"一神"就是以传统诸神的观念为相对立的参照物提出的。传统诸神在形体和思想上都像凡人，并且种类和数目众多，而塞诺芬尼则强调他的新神是唯一的，并且在形体和思想上都不像凡人(《残篇》23)。现在很多学者(比如康福德、弗里曼和格思里等)都主张将《残篇》24 译为"神作为一个整体在看，在听，在想"，不同于原来的"神是全视、全知、全听的"的译法。[①] 新的译法避免了塞诺芬尼的"一神"与基督教哲学中全知全能的上帝之间的混淆，而且可以更清楚地显示出说这句话的针对性，它和《残篇》23 一样，《残篇》24 进一步表明，塞诺芬尼的"一神"没有人的器官分化，不像人那样用眼睛、耳朵、脑子去看、去听、去想，而是作为一个整体去听、去看、去想，这就与传统诸神所具有的像人那样进行视听言动的形象处于更加鲜明的对立地位。《残篇》25 则强调"一神"在控制世界的时候不需要像传统诸神那样需要互相较劲，争夺统治权，而是"毫不费力地以他的心灵的思想力左右一切"。《残篇》26 针对性更加明显，传统诸神总是跑来跑去，一会儿在天上，一会儿在人间，塞诺芬尼则强调他的"一神"是不动的，而且认为跑来跑去的形象与神的观念是不相符的。

虽然塞诺芬尼的"一神"论对传统诸神的形象或观念进行了如此巨大的改革，但是他并没有彻底摆脱神话思维的模式，也就是说，并没有完全抛弃拟人神的影响。虽然"一神"是作为一个整体在看、在听、在知或在想，但是这依然是以人的视听以及心灵活动为参照来设想神，并且，"以他的心灵的思想力左右一切"比拟的也是人的心灵对身体以及外物的支配力，只是神的支配力更为强大而已。因此，塞诺芬尼的"一神"虽然去掉了神所具有的凡人的形体形象，但是它暗中依然以人的形象来比拟和设想神的存在，只是更为巧妙和隐蔽罢了。因此，"一神"是对传统"诸神"观念的改进，而不是放弃。塞诺芬尼的主要贡献在于提出了一种全新的神的观念，避免了拟人神论所具有的局限性，正如策勒尔所指出的，"他的最大成就在于没有被导致无神论，却从人类弱点的最后痕迹净化了神的观念，从而不仅仅为一个更深刻的上帝的概念，而且也为一种摆脱一切迷信(比如占卜之类)的虔诚，扫清了道路，这种虔诚的实质就是道德思想和道德行为。这种以世界统一性以及神和自然不可分离性的思想为基础的宗教

① 参见汪子嵩等:《希腊哲学史》第 1 卷，第 557～558 页。

哲学,到现在仍是克塞诺芬尼的主要功绩"①。格思里也暗示塞诺芬尼提出的是一种新的"神"论,"它们[对神人同形同性论的批判]表明,如果塞诺芬尼相信神的话,这种神圣性一定是非拟人的、道德上善的、永恒存在并且完全自足和自身独立的"②。耶格尔明确指出,塞诺芬尼的神依然具有拟人神的基本特征,"另一方面,塞诺芬尼的神无疑被描述为一种有意识的、人格的存在,这一事实将他与阿纳克西曼德的神圣者区别开来"③。并且指出,塞诺芬尼本人依然会向他自己的神祈祷,就像普通人向奥林匹斯诸神祈祷一样,因此他的神所扮演的角色与诸神的角色是一致的。"人们不会在谈论阿纳克西曼德的'无定'时说它是作为一个整体在看、在想、在听。其次,阿纳克西曼德与塞诺芬尼不同,他并没有攻击其他诸神以便用他自己的神圣存在者来取代它们。但是,没有人会否认塞诺芬尼实际上向他的神祈祷;对此我们非常确信,即使我们没有他的宴会挽歌来表明他是如何严肃并直接地将他自己的宗教观念放入到实践中。"④

而这就意味着,塞诺芬尼并没有真正踏上形而上学的道路。虽然塞诺芬尼对传统的拟人神提出了尖锐的批判并且提出了一个全新的神的观念,但是他的思维方式并没有完全摆脱神话思维的影响,依然有拟人神的影子,从而没有完全进入到理性思维阶段。这一点等我们考察了第二个问题以后会看得更加清楚。

3."一神"与宇宙的关系

第二个问题,也就是神和宇宙本身的关系,神是否就是宇宙本身,从而真正进入了理神论或泛神论的哲学思想之中?

策勒尔、康福德、格思里等学者都主张对于塞诺芬尼,神和宇宙同一的,是个泛神论者。"关于神的'一'的命题,同时也意指宇宙的'一'。"⑤"它无所不见,无所不闻,无所不思;它以心灵的力量,不费力地左右'一切'。这个'造物主'全然自满自足,一无所求。众多的诸神,有尊卑之分,那是不可思议的。至于克塞诺芬尼如何去设想这个'造物主'与现象世界的关系,我们不知其详:可以肯定的是,这种关系是一种'内在固有的'关系,因此我们必须把他的这些称作泛神论。"⑥康福德也认为"这个神就是宇宙","神的属性就属于宇宙本身"。⑦ 格思里在《希腊哲学史》中也提出同样的观点:"塞诺芬尼将神与世界相等同,就此而

---

① 爱德华·策勒尔:《古希腊哲学史纲》,第53页。
② Guthrie, *A History of Greek Philosophy*, Vol. 1, p. 373.
③ Jaeger, *The Theology of the Early Greek Philosophers*, p. 44.
④ Jaeger, *The Theology of the Early Greek Philosophers*, p. 44.
⑤ 汪子嵩等:《希腊哲学史》第1卷,第568页。
⑥ 爱德华·策勒尔:《古希腊哲学史纲》,第52页。
⑦ Cornford, *Principium Sapientiae: The Origins of Greek Philosophical Thought*, Edited by W. K. C. Guthrie, New York, 1971, pp. 146~147. 转引自汪子嵩等:《希腊哲学史》第1卷,第568页。

言,可以称之为泛神论者。"①

应该说,从泛神论的角度来解读塞诺芬尼的思想确实有某种合理性,至少他的"一神"论对于将宇宙与神相等同的泛神论的提出是有其贡献的。但是,直接将塞诺芬尼的思想描述为泛神论,将"神"描述为自然的内在属性,却是成问题的,它不能准确刻画塞诺芬尼"一神"的独特性。确切说来,塞诺芬尼依然继承了传统宗教中神对自然保持的那种超越的特征,以一种超自然的方式支配自然,而没有去反思这种支配力本身,从而没有进入到泛神论的思想层面,也就是没有将神与自然相等同来处理神与自然的关系问题。耶格尔在这个问题上的感觉是正确的。"但是塞诺芬尼并没有用肯定的术语来描述他所谓的神圣的形式。他并没有说世界是神,因此神的形式就是世界的形式;因为不应该仅仅用泛神论来处理塞诺芬尼的思想。他仅仅是通过否认神具有人的形态以此为新的哲学概念开辟方向。"②

另外,格思里也指出将神与自然相等同的观点会遇到如下困难:首先,如彻尼斯所指出的,在《残篇》中没有直接的证据可以表明塞诺芬尼将神和宇宙相等同;其次,如弗兰克尔和基尔克所指出的,塞诺芬尼认为神是不动的,而这就和宇宙本身是运动的这一现象相矛盾,即如果将神与宇宙直接等同的话,怎么一个是运动的,一个是不动的?对此,格思里指出,在塞诺芬尼的年代,"运动"(kinesis)一词主要指位置移动,因此,说神不动,仅仅是说它不可能像人那样四处走动,并不否认它有自身的变化。③

另一方面,在塞诺芬尼有关自然的描述中,也根本看不到任何神迹存在的可能。塞诺芬尼对自然采取的是一种和米利都哲学家一样的科学理性的解释思路,没有将他的神用于解释自然,而仅仅借助于当时人们对自然现象的经验认知,比如:"一切都从土中生成,一切最后都归于土。"(D27)"太阳在大地上面逡巡,温暖着大地。"(D31)也难怪伯奈特指出,塞诺芬尼的"一神"表达的恰是无神的意思,他认为塞诺芬尼彻底否定了神的观念的存在,神不过是世界的代名词,"一神"只是否定存在任何意义上的神,与我们所设想的上帝差距很大。"事实是'一神'这个表述在我们心里引发了许多对于那个时代的希腊人来说根本不存在的心理联想。克塞诺芬尼真正想要拒绝的是任何意义上的神的存在,而'一神'这个语词意谓的是'没有神而只有世界'。"④因此,根本不是神学家。

汪子嵩等从现象与本质的区分出发来解读塞诺芬尼自然与神的关系同样是牵强的,是把后来的哲学思想加到了塞诺芬尼身上,因此也仅仅是一种良好的"设想"而已。"塞诺芬尼认为太阳和彩虹不过是燃烧的云、发光的云,表明他

---

① Guthrie, *A History of Greek Philosophy*, Vol. 1, p. 381.

② Jaeger, *The Theology of the Early Greek Philosophers*, p. 43.

③ Jaeger, *The Theology of the Early Greek Philosophers*, p. 382.

④ Burnet, *Early Greek Philosophy*, p. 85.

能将本质(原因)从现象中区别和抽象出来了。燃烧和发光的云当然还不是神,但塞诺芬尼既然具有从具体的宇宙整体中抽象出'一个神'的能力,可以设想,他也能从诸具体事物抽象出诸神来,比如,从具体的太阳抽象出太阳之神来。但这个太阳之神却是既不运动也不发光,甚至不是圆的也不是红色的,只是一个抽象的太阳之神。用后来哲学的语言说,这就是太阳的观念或概念的开始。"[①]事实上,亚里士多德就批评塞诺芬尼有关神的思想是非常天真朴素的,并没有着眼于原因或本质的角度来解读神:"而塞诺芬尼是第一个说出'一'的(因为,巴门尼德据说是他的学生),但他并没有作出清楚的说明,看来他没有把握住这些[质料和动力]原因的性质,只是凝视整个太空,说'一'是存在的,'一'就是神。"[②]

由此我们可以清楚地看到,塞诺芬尼有关神和自然的论述是分裂的,处于两个完全不同的领域。他有关神的描述依据的是传统神话宗教的基本观念,但对它进行了更为理性化的改良,去掉了人的形态,但保持了人格的基本特征。而描述自然的时候,则完全采取了当时的科学理性认知内容,求助于经验观察,然后进行一些理性的总结,而完全无视神的存在。这两个领域的联系是以一种超自然的力量实现的,"神毫不费力地以他的心灵的思想力左右一切"。这里的思想力,如我们已经指出的,是对人类心灵力量的比拟,而这恰恰是拟人神、从而也就是神话思维的基本特征。因此可以说,他的"一神"依然具有超自然的特征,也即神是超越于自然之外的。而他否认人类的智慧能够完全可以把握神灵的秘密,这就进一步确证了神所具有的超自然特征。"神并没有从一开始就把一切秘密指点给凡人,而是人们探索着逐渐找到更好的东西。"(D18)"真正说来,从来没有也决不会有任何人认识神灵以及我所说的一切事物。因为即使有人偶然说出了极完备的真理,他自己也不会知道的。因为决定一切的只是意见。"(D34)如耶格尔所指出的,神在塞诺芬尼那里只能以一种神秘直觉的方式来把握,"塞诺芬尼对神圣的一的神秘直觉"[③],从而也就没有真正进入对自然进行理性沉思的形而上学阶段。即使这个"一神"是他对自然整体沉思的结果,但它依然是超自然的。

也就是说,在神与自然的关系上,塞诺芬尼并没有取得关键性的突破,虽然他已经到了这一问题的门口。因此,虽然他对毕达哥拉斯的神秘主义传统进行了同样尖锐的抨击,但是他并没有真正超出传统神话宗教的基本思维模式,如耶格尔所指出的,他的"一神"有很深的宗教动机,出自一种对神圣者的敬畏,"事实上,只有作为神学家,他[塞诺芬尼]才能被真正理解"[④]。因此,我们将他

---

① 汪子嵩等:《希腊哲学史》第1卷,第567页。
② 汪子嵩等:《希腊哲学史》第1卷,第539页。
③ Jaeger, *The Theology of the Early Greek Philosophers*, p. 92.
④ Jaeger, *The Theology of the Early Greek Philosophers*, p. 49.

与毕达哥拉斯学派放在一起,都看作是对传统神话宗教思维模式的延续与改良,虽然两者采取了不同的改良方向。

第四节　赫拉克利特与巴门尼德的哲学理性

在哲学史上,赫拉克利特与巴门尼德一般也作为两个相对立的哲学家,但是他们却有一些共同的思想旨趣。他们都关注自然,都对自然本身进行沉思,但他们的沉思既不同于传统神话宗教对世界的解释,又有别于科学理性。他们对自然的沉思具有典型的形而上学或哲学理性的特征。

一、赫拉克利特:自然之为变化的一

1.与科学理性的区别

在哲学史上,一般将赫拉克利特的思想描述成火本原说。在赫拉克利特的残篇中确实也有一些类似米利都自然哲学传统的描述,即把火描述为某种构成万物的不变的基质。比如:"火的转化是:首先成为海,海的一半成为土,另一半成为旋风。……它(指土)化为海,并且遵照着以前海化为土时所遵照的'逻各斯'。"(D31)"火生于土之死,气生于火之死,水生于气之死,土生于水之死。火死则气生,气死则水生。土死生水,水死生气,气死生火;反过来也是一样。"(D76)"一切事物都换成火,火也换成一切事物,正像货物换成黄金,黄金换成货物一样。"(D90)

在柏拉图与亚里士多德那里,赫拉克利特也被看作是伊奥尼亚自然哲学传统的一部分,只不过与米利都哲学家的水本原、气本原等不同,赫拉克利特提出了火本原说。柏拉图将赫拉克利特万物流变的思想限制于可感事物领域,从而低于他心目中更为高级的永恒不变的理念世界。亚里士多德在提到早期哲学家以物质性的东西作为万物本原的时候,明确提到赫拉克利特的火也是这类物质性本原的一类。"这类学说的创始者泰勒斯说'水是万物之原'……阿那克西米尼与第欧根尼认为气先于水,气实万物原始的基体;而梅大邦丁的希巴索和爱非斯的赫拉克利特则以火为先。"[①]而第欧根尼·拉尔修的描述则使得赫拉克利特的火本原看起来更接近于米利都自然哲学家的思想,火成为万物由之构成以及分解后又回归于它的不变的基质:"火是元素,一切都由火的转化而形成,或者是由于火的稀薄化形成,或者是由火的浓厚化形成。"[②]策勒尔虽然注意到逻各斯在赫拉克利特思想中的重要性,但是他仍然认为赫拉克利特的思想奠基于某种物质基质,而这种基质无疑是火:"赫拉克利特像克塞诺芬尼一样从对自

① 亚里士多德:《形而上学》984a,吴寿彭译,北京:商务印书馆,1996年,第8页。
② 北京大学哲学系外国哲学史教研室编译:《古希腊罗马哲学》,第15页。

然的观察出发,他把自然理解成一个始终如一的整体;这样的整体既不产生也不消逝。克塞诺芬尼在'造物主'中发现世界的本质,赫拉克利特以同样的方式在一种精神本原——逻各斯中发现世界的本质。但是,他仍然更接近于早期伊奥尼亚哲学家的立场,而不是更接近爱利亚哲学家的立场,因为他把这一世界理性看作与一定的物质基质有着密切的关系。"①

应该说,赫拉克利特的确受过米利都学派思想家的某些影响,因此也希望对泰勒斯提出的世界本原问题作出某种回应,火在他思想中有时确实有作为世界组成材料的一面。但是,进一步阅读赫拉克利特的文本就会发现,这个维度在赫拉克利特的思想中并不是主要的。火除了作为物质基质的一面以外,还同时具有世界原则的意味,后者在赫拉克利特那里才是更本质的,与其整个思想旨趣息息相关。如果说赫拉克利特认为火是本原,那么此本原并非就组成材料上说的,而是说世界本身在终极处就是火,是一团"活火"。"这个世界对一切存在物都是同一的,它不是任何神所创造的,也不是任何人所创造的;它过去、现在和未来永远是一团永恒的活火,在一定的分寸上燃烧,在一定的分寸上熄灭。"(D30)在赫拉克利特那里,本原更多具有内在原则、原因的意味,不同于米利都学派的基本的物质材料。"雷霆支配着一切[就是说,雷霆驾驭着一切。他那所谓的雷霆就是那永恒的火。他还说,这个火是赋有思想的,并且是整个世界的原因]。"(D64)

赫拉克利特将这个支配世界的内在原因称为逻各斯。逻各斯是世界这团活火的内在尺度,它总是"在一定分寸上燃烧,在一定分寸上熄灭",是世界转化的原则,"遵照着以前海化为土时所遵照的'逻各斯'"(D31)。在赫拉克利特看来,真正的智慧在于如何认识并听从那支配一切的逻各斯。赫拉克利特的逻各斯与科学理性所预设的世界的秩序不一样,它的最大特点在于它与人的生存息息相关。科学理性所预设的宇宙秩序是几何化、数学化了的,与人的生存是无涉的,而那些哲学家对自然所作的观察与思考是纯粹客观化的考察。正如耶格尔所指出的,在米利都哲学家那里只有一种纯粹观察和研究的兴趣,从不介入他们个人的人格。"他们理性解释的冲动不允许有这些情绪化的东西。"②而逻各斯则不一样,赫拉克利特残篇第一段就暗示了逻各斯与人类生存的密切关系。"这个'逻各斯'(λογος),虽然永恒地存在着,但是人们在听见人说到它以前,以及在初次听见人说到它以后,都不能了解它。虽然万物都是根据这个'逻各斯'而产生,但是我在分别每一事物的本性并表明其实质时所说出的那些话语和事实,人们在加以体会时却显得毫无经验。另外一些人则不知道他们醒时所做的事,就像忘了自己睡梦中所做的事一样。"(D1)醒和睡在赫拉克利特《残

① 爱德华·策勒尔:《古希腊哲学史纲》,第 54～55 页。

② Jaeger, *The Theology of the Early Greek Philosophers*, p. 110.

篇》中代表两种不同的生存方式，醒代表知道逻各斯的少数智慧人的生存方式，梦则是代表那些无知的大众。逻各斯关涉到人们生活的方方面面，不懂得它，就无法获得一个智慧的人生。"人们怎能躲过那永远不息的东西呢？"(D16)"人们既不懂得怎样去听，也不懂得怎样说话。"(D19)追寻逻各斯才是人生最大的智慧，但是普通人往往陷于自己的狭隘的生活世界之中，无视逻各斯的存在，从而像生活在睡梦中的人那样，不知道真正有价值的东西，"驴子愿要草料不要黄金"(D9)。因此应当遵从那人人共有的东西。"可是'逻各斯'虽是人人共有的，多数人却不加理会地生活着，好像他们有一个独特的智慧似的。"(D2)他也将不能领会逻各斯的人称为喝醉酒的人，从而暗示他缺乏正常的理性。"一个人喝醉了酒，便为一个未成年的儿童所领导。他步履蹒跚，不知道自己往哪儿走；因为他的灵魂是潮湿的。"(D117)耶格尔明确指出了赫拉克利特思想的最大特点在于一种生命的关涉："赫拉克利特是第一个不仅仅渴望知道真理，并且主张这种知识能够给人的生命带来新意。"①

因此，赫拉克利特的火本原说(如果一定要这么概括他的思想的话)与米利都学派的诸种本原说之间有着本质的区别，他们具有完全不同的思想兴趣。许多近代希腊哲学研究者都越来越注意到了两者之间的区别。伯奈特指出，赫拉克利特不仅无视普遍民众，他同样瞧不起那些自然研究者，"赫拉克利特不仅仅贬低普通大众，而且同样看不起那些早期研究自然的人"②。那些早期研究自然的人无疑包括米利都学派的自然哲学家。耶格尔对柏拉图和亚里士多德的解释提出了明确批评："他们不可避免地将赫拉克利特归之于和泰勒斯、阿纳克西曼德以及阿那克西美尼一样的自然哲学家行列，并发现他只不过是选择了火作为他的基本原则。他们还将他与巴门尼德相对照——作为生成(becoming)的哲学家与存在(being)的哲学家相对立。根据柏拉图和亚里士多德，赫拉克利特的思想集中体现于万物流变的理论中……当柏拉图发现在其理念领域中的永恒存在才是那唯一的、无可置疑的真正知识的对象时，仅仅将此原则的范围[指赫拉克利特的流变说]限制于可感世界。"③他认为，与米利都单纯观察旁观式研究态度不同，赫拉克利特的思考中介入了个人体验④，从而是两种截然不同的思维方式。康福德也明确指出，赫拉克利特思维中有一种神秘主义的倾向，把他归之于米利都传统的做法是完全错误的："在赫拉克利特那里，我们看到了一种神秘的倾向，它与伊奥尼亚的理性主义与机械的科学倾向处于截然的对立之中。……前面已经指出，赫拉克利特在宇宙论和天文学方面从科学角度看是落后于米利都学派；无疑，他们所理解的自然科学是被赫拉克利特所拒绝和鄙视

① Jaeger, *The Theology of the Early Greek Philosophers*, p. 113.
② Burnet, *Early Greek Philosophy*, p. 106.
③ Jaeger, *The Theology of the Early Greek Philosophers*, p. 110.
④ Jaeger, *The Theology of the Early Greek Philosophers*, pp. 109-110.

的东西,被认为是完全处于错误的方向上。任何将赫拉克利特描述为继续了米利都学派工作的企图都是完全错误的。他明显是某种相反的也即神秘倾向的支持者。"①

2. 与神秘主义的区别

有时赫拉克利特也将逻各斯称为或暗示为神,比如:"凡是[在地上]爬行的东西,都被[神的]鞭子赶到牧场上去。"(D11)"人的心没有智慧,神的心则有智慧。"(D78)"在神看来人是幼稚的,就像在成年人看来儿童是幼稚的一样。"(D79)"最智慧的人和神比起来,无论在智慧、美丽和其他方面,都像一只猴子。"(D83)"女巫用狂言谵语的嘴说出一些严肃的、朴质无华的话语[用她的声音响彻千年],因为神附了她的体。"(D92)"对于神,一切都是美的、善的和公正的;人们则认为一些东西公正,另一些东西不公正。"(D102)但是,这些地方的"神"与毕达哥拉斯、塞诺芬尼的超自然神不同,它只是对一种更高层次的认知的比喻,上述神与人的比较,就和醒与睡、醒与醉、人类与猴子、大人与小孩的比较一样,是对两种不同的认知方式、生存境界的比喻,一种是认识到逻各斯并以逻各斯为生活指导原则的人,一种人则根据自己的意见生活,生活在自己想象的世界中,因此,这些地方的"神"绝非是那种超越于自然之外的、以一种超自然的力量左右着自然的神,而只是逻各斯的别名。在《残篇》30 中,赫拉克利特明确指出,这个世界不是被任何神所创造的,这就从根本上否定了超自然神的存在。"这个世界对一切存在物都是同一的,它不是任何神所创造的,也不是任何人所创造的;它过去、现在和未来永远是一团永恒的活火,在一定的分寸上燃烧,在一定分寸上熄灭。"(D30)因此,"这里强调的是世界不是神或人创造的,并不是赫拉克利特承认有'神'"②。只要认识到逻各斯、只要成为真正有智慧的人,他就可以称为神。"只有一个人是唯一智慧的人,他既不愿意而又愿意接受宙斯的称号。"(D32)神在赫拉克利特那里只是一个可有可无的称呼而已,和火一样,它只不过是那个暗中支配世界的逻各斯的比喻或者另一个名称而已。"神是日又是夜,是冬又是夏,是战又是和,是不多又是多余。他变换着形相,和火一样,当火混合着香料时,便按照各人的口味而得到各种名称。"(D67)而另一些地方提到神的时候,指的多是古代战争中被神化了的英雄人物,比如:"战争是万物之父,也是万物之王。它使一些人成为神,使一些人成为人,使一些人成为奴隶,使一些人成为自由人。"(D53)"神和人都崇敬战争中阵亡的人。"(D24)

因此,赫拉克利特的思想除了不同于米利都学派的科学理性之外,同样也不能与毕达哥拉斯、塞诺芬尼归为一类,因为他对传统宗教中的神话传统的荒谬性进行了无情揭露和嘲讽。"人们用祭神而宰杀的牺牲的血涂在身上来使自

---

① Cornford, *From Religion to Philosophy: A Study in the Origins of Western Speculation*, p. 184.
② 汪子嵩等:《希腊哲学史》第 1 卷,第 562 页。

己纯洁是徒然的,这正像一个人掉进污泥坑却想用污泥来洗净自己一样。任何人见到别人这样做,都会把他当作疯子看待。他们像神像祷告,这正和向房子说话一样。他们并不知道什么是神灵和英雄。"(D5)"该当把荷马从赛会中逐出,并且加以鞭笞,阿尔其罗科也是一样。"(D42)不仅如此,他也对毕达哥拉斯与塞诺芬尼所进行的传统宗教的理智主义改革表达了不满,在反对荷马和赫西俄德的神学传统的时候,也嘲笑了毕达哥拉斯和塞诺芬尼的"博学"。"博学并不能使人智慧。否则它就已经使赫西俄德、毕达哥拉斯以及塞诺芬尼和赫卡特智慧了。"(D40)康福德认为赫拉克利特追随的是狄奥尼索斯传统,毕达哥拉斯继承的是俄耳甫斯传统[①],以此来区分赫拉克利特与毕达哥拉斯的思想特点也不能成立,因为赫拉克利特同样也嘲讽了酒神及其信众的祭祀活动,"因为如果不是为了酒神,他们举行赛会和歌唱阳具颂歌,就是最无耻的行为。所以地狱之神和酒神是一样的,为了酒神,人们如醉如狂,举行祭赛"(D14)。当然,他的思想与神秘主义的区别还需要通过进一步探讨逻各斯的含义才能真正显示出来。

3. 逻各斯的思想含义

那么,赫拉克利特的逻各斯到底是一种什么知识或真理呢?

简单说来,逻各斯是一种对自然的统一性的洞察,尤其表现为看似相反的东西、相对立的东西实则为一个整体。赫拉克利特在残篇中多次指出他的智慧或者说领会逻各斯就是领会"一切是一"。"结合物既是整个的,又不是整个的,既是协调的,又不是协调的,既是和谐的,又不是和谐的,从一切产生一,从一产生一切。"(D10)"如果你不听从我本人而听从我的'逻各斯',承认一切是一,那就是智慧的。"(D50)

与塞诺芬尼不同,他对于一切是一作了进一步的理性解释,他的解释原则是对立物在变化中合而为一。"互相排斥的东西结合在一起,不同的音调造成最美的和谐;一切都是斗争所产生的。"(D7)"在我们身上,生与死,醒与梦,少与老,都始终是同一的东西。后者变化了,就成为前者,前者再变化,又变成后者。"(D90)赫拉克利特的"一"是宇宙作为变化整体的一,这个"一"中有变化、有斗争,是自然万物在转化中形成的"一"。生与死、醒与梦、少与老在时间进程中共为一体,日与夜、冬与夏、战争与和平也在时间的轮转中成为一个整体。这种转化或变化中共为一体的思想在赫拉克利特的思想中特别明显,他的火本原说描述的就是火、土、气、水如何互相转化而成为一个整体。作为变化的"一",它的时间性很强,是一种时间变化中的"一"。"时间是一个玩骰子的儿童,儿童掌握着王权!"(D52)"太阳是时间的管理者和监守者,它建立、管理、规定并且揭示出变迁和带来一切的节季。"(D100)

---

① Cornford, *From Religion to Philosophy: A Study in the Origins of Western Speculation*, p. 109.

这种时间进程中的"一"与米利都派所预设的宇宙空间化的"一"有本质区别,前者是动态的、生成的,后者则是静态的、几何学化了的。康福德指出,前者作为时间进程中的"一"体现的生命本身的运动,而科学理性所预设的空间化的"一"则具有机械性的特征。"他的宇宙论构架是时间化的——存在的循环,其'起点与终点是重合的'的圆周(《残篇》70)。事实上,他将**时间**等同于原初实体。此圆周运动并非物体的机械运动,而是**生命**自身的运动——是那唯一的、活生生的并且神圣的精神实体的运动,它体现为火,总是处在熄灭后转变为其他形态而又不断再生的永恒运动之中。很快就会表明,这个根本的观念如何使他与所有隐含在阿纳克西曼德的机械的、物质的解释原则相矛盾。"①

由此我们也可以清楚看到赫拉克利特与神秘主义传统(包括狄俄尼索斯教、俄耳甫斯教甚至毕达哥拉斯主义)之间的根本区别。神秘主义无视个体生命的价值,希望以狂醉、苦行、修行等方式进入到永恒轮回的生命体验中,而这种生命的永恒轮回是以一种灵魂不灭的信仰为前提的,狄俄尼索斯教的放纵、俄耳甫斯教的苦行以及毕达哥拉斯主义的修行等等,都是出自一种对生命灵魂不灭的信仰。在这种信仰中,存在个体生命的有限性与一种永恒不灭的灵魂相对立,而后者无疑是与神灵的存在本身。他们之所以敢于放弃个体生命,正是出自对这种永恒生命的信仰。因此,个体的生死对于他们没有实质意义,而对于永恒灵魂而言,则依然没有变化可言。在赫拉克利特这里则不同,他的"一"就是个体的生死本身构成的轮回,在他的"变化"背后并没有一个超越的、永恒不变的东西作为变化中的不变者来支撑变化,对于他,这个变化整体就是"一",就是最终极的存在。

因此,赫拉克利特的"一"也比塞诺芬尼的"一"有更为丰富的内容。塞诺芬尼"一神"中的"一"虽然也着眼于自然整体,但是,此"一"乃是超越于自然之外的一种对自然的神话式的玄想,他并没有将这种自然为"一"的原则贯彻到他对自然现象的解读中去。他的"一"严格说来与"自然"是无涉的,就像阿波罗这个人格形象与太阳本身那样,只有一种拟人化了的联想关系。赫拉克利特则不同,他对"一切是一"又作了理性的诠释,并以此作为解读自然以及人生现象的根本原则。正如策勒尔所指出的,"至于克塞诺芬尼如何去设想这个'造物主'与现象世界的关系,我们不知其详:可以肯定的是,这种关系是一种'内在固有的'关系,因此我们必须把他的这些称作泛神论"②。神与自然的关系是问题的关键。正因为他在这里没有进一步发展,因此他的"一神"只不过是荷马与赫西俄德诸神的改良,避免了其中一些明显的矛盾,但没有改变其思维方式的实质,也就是依然以超自然之物作为解释自然的根源,只不过神的形象发生了改变,

① Cornford, *From Religion to Philosophy: A Study in the Origins of Western Speculation*, p. 185.
② 爱德华·策勒尔,《古希腊哲学史纲》,第52页。

从拟人的诸神转变成非人形的一神。所以我们说他的思维方式仍然是传统神话思维的继续,并没有自然现象作出进一步的解释。赫拉克利特则不同。他所强调的这种变化中的"一"正是他对自然以及人生现象作出的变革性的解释。

也许考虑到逻各斯的非机械性、非物理性,策勒尔、康福德等学者将逻各斯解读为精神实体。策勒尔将它称为"内在精神":"赫拉克利特是前苏格拉底哲学家中最渊博也是最有影响的哲学家。他的泛神论与克塞诺芬尼的泛神论相比,更加鲜明,更加清晰,更加精确。在克塞诺芬尼那里,上帝对于宇宙的关系,在细节上含糊其词,而在赫拉克利特那里,上帝采取了一种内在精神的形式,它从自身中创造了自然、历史、宗教、法律和道德。这种泛神论的三个基本观念是统一,永恒变化,以及世界秩序诸规律的不可违反。"[①]而康福德认为逻各斯是一种精神实体。"那么,那唯一的真理、那贯穿所有不同形态的唯一实在是什么呢?和前面一样,它就是神圣的精神实体,自然本性(physis),只不过它的重点不在作为填充空间的物质本性,而在于它的生命。"[②]这种解读在我看来同样是成问题的。逻各斯既是灵魂的内在原则,又是自然万物的原则,"'逻各斯'是灵魂所固有的,它自行增长"(D115)。"雷霆支配着一切"(D64)这种暗中支配精神又支配物质的原则是比精神实体也比物质规律更为原本的原则。在赫拉克利特的时代,精神与物质的区别还不是那么明显,我们不可能指望他对此有清晰的表述,但是他的文本暗示出,逻各斯是某种先于精神与物质对立的原则,乃是万物包括人类精神所产生的"本源"。"灵魂的边界你是找不出来的,就是你走尽了每一条大路也找不出;灵魂的根源是那么深。"(D45)

正是作为更为原本的、先于精神与物质对立的"本源",使得逻各斯显示出某种神性,赫拉克利特说它是神圣的。"我们对于神圣的东西大都不认识,因为我们没有信心。"(D86)前面也提到,赫拉克利特也多次用神来比喻它。作为精神和物质所从出的本源既不能以物质形式同样也不能以精神形式来表现,它总是在表现出自身的时候又隐藏起来,"自然喜欢躲藏起来"(D123)。赫拉克利特称之为"不可见的和谐","看不见的和谐比看得见的和谐更好"(D54)。并且说,逻各斯以"暗示"的形式来表达自身,"那位在特尔斐发神谶的大神不说话,也不掩饰,只是暗示"(D93)。这是源自本源的神性。

因此,赫拉克利特的思想代表了一种新的理性观,我们可以称之为哲学理性,它既不同于米利都学派的科学理性,也不同于毕达哥拉斯和塞诺芬尼理智化了的神话思维。它的基本特征是放弃以超自然之物来解释自然和人生现象,而是追思其现象本身,因此是一种理性化的思维方式,从而与传统神话宗教中的神话思维保持着距离。其追问之物又与人的生存本身密切相关,最大程度显

① 爱德华·策勒尔:《古希腊哲学史纲》,第57~58页。

② Cornford, *From Religion to Philosophy: A Study in the Origins of Western Speculation*, p. 187.

露出自然之存在与人类生存的奥秘,而不是消除之,这就使得它与科学理性有着根本的区别。

哲学理性之所以不是消除而是呈现出自然与人生的秘密,乃在于此类哲学家采取了一种非旁观式的思维方式。他们有意或无意地意识到自然之存在与人类之生存有"内在"联系,此种联系逐渐成为哲学的主题,为后来的哲学家所不断深入而发展。

二、巴门尼德:存在之为不变的一

巴门尼德是爱利亚学派的创始人。据说他曾做过塞诺芬尼的学生,德奥弗罗斯特曾提到他还是阿纳克西曼德的学生,还有说他曾经与毕达哥拉斯派的迪奥开塔交朋友。[①] 上述说法不一定都属实,但它们反映了巴门尼德的思想渊源极为复杂和丰富。他吸收了诸多哲学家的思想并作了重大的改进,将它们凝练在"存在"这个概念中,而后者开启了西方形而上学的大门。

巴门尼德的哲学思想很多是以赫拉克利特为靶子的,在哲学史上一般把他们作为对立方来讨论,"正是赫拉克利特的著述促使了他将自己的理论公之于众,在《残篇》第 6 和第 8 中的严厉抨击也是专门针对赫拉克利特的"[②]。但是我们认为,他们的思维特征上是一致的,他们的思考都直接关乎人的生存智慧,在反对传统的宗教神话,反对神秘主义传统的同时也都无视科学发现的价值,反对经验观察作为认识存在的根基,因此具有我们称为哲学理性的基本特征。

1. 从神到存在

哲学史上一般把塞诺芬尼看作爱利亚学派的先驱,不过当代不少学者对此提出了质疑,比如格思里、基尔克、拉文和罗宾逊等都认为塞诺芬尼不属于爱利亚学派。[③] 但是,巴门尼德有关存在的论述与塞诺芬尼的神有某种思想上的联系,却是不争的事实。[④] 巴门尼德对塞诺芬尼思想上最大的继承是将整个自然思考为"不动的一",并宣称这才是唯一的存在。比如,巴门尼德有关存在的论述"因为它不是产生出来的,所以也不会消灭,作为完整、唯一、不动、无限"(《残篇》8)与塞诺芬尼有关神的论述"神永远保持在同一个地方,根本不动,一会儿在这里一会儿在那里动来动去对他是不相宜的"(《残篇》26,《古希腊罗马哲学》47)有明显相似的地方。而塞诺芬尼提到神与运动是"不相宜的",这里面已经隐含了概念思辨的意味,巴门尼德则进一步将此隐含的思辨明确表达出来。关于他们之间思想上的继承关系,耶格尔、康福德都有明确的论述。比如,康福德

---

① 参见北京大学哲学系外国哲学史教研室编译:《古希腊罗马哲学》,第 48 页。

② 爱德华·策勒尔:《古希腊哲学史纲》,第 58 页。

③ 参见汪子嵩等:《希腊哲学史》第 1 卷,第 528~529 页。

④ 不过耶格尔指出,现代学界已经证明,Xenophane Melisso De Gorgia 的作者,为了更清楚地显示出两者的思想联系,将巴门尼德的某些思想赋予了塞诺芬尼。Jaeger, *The Theology of the Early Greek Philosophers*, note 3.

就明确指出:“古代人把塞诺芬尼看作爱利亚思想的先驱,他‘仰望天空并宣称一存在,它即是神’;此观点所表述的真理构成了巴门尼德的终极预设:只有神存在,他是一。”①

当然,巴门尼德并没有将塞诺芬尼的思想照单全收,而是吸收了塞诺芬尼有关神的论述,但是他将“神”论改造成了“存在”论,这是巴门尼德对于塞诺芬尼的最大突破。正如耶格尔所指出的,“因为几乎不可能看不到在他的存在理论中有意去除神学的外壳,并且竭力将他老师关于‘一’的理论的存在论内涵挖掘出来”②。汪子嵩等也指出,用存在取代神是一个巨大的进步。“有人可能以为,从塞诺芬尼到巴门尼德的转变容易得很,只要将‘神’换个存在就可以了。其实并不那么容易,这个转变意味着用哲学范畴取代神的观念。塞诺芬尼说神是无生灭的,不动的,单一的。比较起来说还容易被一般人所接受,因为它还有以往的神的观念作为认识的思想基础,尽管塞诺芬尼所说的神同传统的神已经根本不同了。要转变成为一个无声灭的、不动的、单一的概念或范畴,这就必须具有一定的抽象思想能力。所以要跨出从‘神’到‘存在’的这一步是不简单的。”③

虽然注意到了他们两者思想的区别以及巴门尼德对于塞诺芬尼思想的突破,但是,耶格尔、康福德等学者依然在巴门尼德的《残篇》中看到了传统神话宗教的影子。耶格尔首先指出,巴门尼德的写作风格是接近荷马与赫西俄德的诗歌,而不是伊奥尼亚哲学家的散文,尤其是巴门尼德诗篇的第二部分,其中好多内容直接取自《神谱》。“巴门尼德与赫西俄德《神谱》之间的平行关系在巴门尼德诗篇的第二部分变得格外明显。”④《残篇》中出现的“爱神”以及战争、欲望的描述等等,都与《神谱》有很深的渊源关系,并且整篇内容都以来自神的启示的方式在说话,而女神就对应于向赫西俄德揭示真理的缪斯。“一定是《神谱》对诸神的永恒存在的强调触动了巴门尼德,使他跟随赫西俄德的脚步并以自己的方式来超越他。因为他在其宏大的序言中通过对通往天堂道路的描述来展开其诗篇,这就再次表明[他思想所具有的]直接并且唯一的神性启示特征。”⑤耶格尔还进一步指出,在巴门尼德诗篇的序言中隐含着一种来自神秘主义传统的宗教体验。“在研究这篇包含超自然内容序言的人中没有人会认为这个哲学家在这里的目的仅仅是做一些准备性工作。在描述光中具有的神秘视域是一种真正的宗教体验:当脆弱的人类的眼睛转向隐藏着的真理时,生命自身被改变了。”⑥因此,巴门尼德开篇中的“道路”具有拯救之路的意谓,作为一种来自神圣

① Cornford, *From Religion to Philosophy: A Study in the Origins of Western Speculation*, p. 216.

② Jaeger, *The Theology of the Early Greek Philosophers*, p. 92.

③ 汪子嵩等:《希腊哲学史》第1卷,第617页。

④ Jaeger, *The Theology of the Early Greek Philosophers*, p. 93.

⑤ Jaeger, *The Theology of the Early Greek Philosophers*, p. 93.

⑥ Jaeger, *The Theology of the Early Greek Philosophers*, p. 96.

力量的恩赐。在耶格尔看来,巴门尼德诗篇的序言表达的是来自他自己独特宗教体验,这种体验构成了他思考存在的基础。"因此,巴门尼德有关两条道路的意象,和序言中的其他材料一样,是基于将宗教的象征转化为一种哲学的理智进程的考虑。"①康福德也指出,巴门尼德的语言是一种启示的方式来写的。"但是,这也是他的特征,即将他的理论表述成启示,在他看来,这种启示来自那统治万物的女神。"②他还指出,巴门尼德的生命观来自俄耳甫斯教,认为生命是一种从光明坠落到黑暗的过程,这是他与赫拉克利特的区别,后者传承的是狄俄尼索斯那种永恒轮回的生命观。这样一来,他们(巴门尼德和赫拉克利特)就都属于神秘主义传统。③

在巴门尼德的《残篇》中确实有不少传统宗教的影子,如上述耶格尔和康福德所指出的,无论在写作方式、措辞上,还是在写作意图上都有传统宗教的某些印迹。他将自己的知识归之于女神的启示:"她握着我的右手,用下边的话语向我说:年轻人啊,你有不朽的向导伴随,乘着高车驷马来到我们的门庭,十分欢饮!领你上这条道路的不是恶煞(因为这条道路离开人们的道路确实很远),而是公平正直之神。所以你应当经验一切:圆满真理的不可动摇的核心,以及不含任何可靠真理的凡人们的意见。"(《残篇》1)这从表面看来和赫西俄德将《神谱》的写作归诸缪斯思路确实差不多:"让我们从赫利孔的缪斯开始歌唱吧,她们是这圣山上的主人。……曾经有一天,当赫西俄德正在赫利孔山下放牧羊群时,缪斯教给他一支光荣的歌。也正是这些神女——神盾持有者宙斯之女,奥利波斯的缪斯,曾对我说出如下的话,我是听到这话的第一人:'荒野里的牧人,只知吃和不知羞耻的家伙!我们知道如何把许多虚构的故事说得像真的,但是如果我们愿意,我们也知道如何述说真事。'"④这里甚至同样有两种不同"道路"的暗示。

虽然在风格和措辞上有诸多相似之处,甚至认为巴门尼德的写作的开篇借鉴了赫西俄德的《神谱》也不为过,但是,这丝毫不能隐藏两者之间存在着的巨大差别。在赫西俄德这里,整个有关诸神谱系的真理的揭示会反过来确证缪斯的存在,从而可以确保这种来自缪斯的启示完全是可能的,也就是说,来自缪斯的启迪与《神谱》的思想内容本身是自洽的,它们可以起到互相佐证的作用,因此是其整个内容的有机组成部分。而在巴门尼德这里则不同,女神完全是一个虚设,没有任何实质的内涵,无非只是在模仿一种写作风格,或者说,只是借女神之口来显示其真理的无可置疑性。下面很快就会看到,当他开始揭示真理的时候,女神完全退隐到了一边。在巴门尼德的真理中,根本没有女神存在的地位,他要揭示的

---

① Jaeger, *The Theology of the Early Greek Philosophers*, p. 100.

② Cornford, *From Religion to Philosophy: A Study in the Origins of Western Speculation*, p. 214.

③ Cornford, *From Religion to Philosophy: A Study in the Origins of Western Speculation*, p. 220.

④ 赫西俄德:《工作与时日·神谱》,第27页。

真理之路无非就是理智之路。“要使你的思想远离这种研究途径，不要遵循这条大家所习惯的道路，以你茫然的眼睛、轰鸣的耳朵以及舌头为准绳，而要用你的理智来解决纷争的辩论。”(《残篇》1、51)而在后面有关存在与非存在的讨论中，更是没有任何神灵的影子，有的只是概念的思辨和推演，比如：“思想是与思想的目标同一的；因为你决不能遇到一个思想是没有它所表达的存在物的。”(《残篇》8)女神的存在与其所宣称的真理(即“存在存在”)之间没有任何内在联系。和赫拉克利特一样，神只是虚指，只是其心目中的真理的隐喻。

当然，我们也注意到，巴门尼德描述宇宙诞生过程的时候还专门提到了女神和爱神，并且是以“造物主”的方式来提及的：“那些较窄的环则充满着纯粹的火，跟随着这些环带后面的环充满着黑暗，两者之间则流出火的一部分。在这些环的中央是支配一切的女神。因为她处处鼓动着痛苦的诞生和交配，把阴性的送给阳性的去匹配，把阳性的送给阴性的去匹配。”(《残篇》12)“在一切神灵中，她(首先)创造了爱神。”(《残篇》13)但是，这两处的女神和爱神同样没有实质的含义，不同于赫西所描述的诸神，她们并不是位于自然界之外、以超自然的力量支配自然的神灵，而只不过是巴门尼德对自然界的创生力量的形象化描述。爱神代表的是阴性、阳性相互结合的力量，而女神则是对这种力量的最终来源的形象比喻，因为巴门尼德明确提到这个创生过程服从的一种必然性的规律：“你也会经验到那西面八方包围着的天是从哪里产生出来的，以及必然性如何支配它们，迫使它们处在星辰的界限之内。”(《残篇》10)如果宇宙万物的产生是按照这种“必然性”的力量或进程展开的，那么女神的存在就没有实质的意义，这与神谱中宙斯按照他的意志支配世界有根本的不同。另外，在《残篇》14、15中，他对太阳、月亮进行了非常客观化的描述：“夜间照耀的、借来的、绕着大地乱转的光。”(《残篇》14)“月亮始终瞧着太阳的光线。”(《残篇》15)在这些对自然物进行的客观化描述中同样没有阿波罗等诸神存在的空间。

因此，耶格尔、康福德对巴门尼德的解读过于注重其宗教根源了。这种解读没有注意到巴门尼德思维方式与传统神话宗教之间有本质的区别，他不仅仅是对传统的神话宗教进行了理智化的改革，如毕达哥拉斯和塞诺芬尼那样，而是提出了一种与传统神话思维完全不同的新的理性思维形式。虽然他在写作风格、甚至内容上与传统宗教神话宗教之间有某种重叠，这丝毫不妨碍其思维方式的独特性。

2. 存在之思

有一些学者也许注意到巴门尼德对自然物所进行的客观化描述，将其思想与米利都学派的科学理性归为一类。比如，伯奈特在《早期希腊哲学》中指出，巴门尼德乃是唯物论之父，而不是唯心论之父，并且其存在思想与后来的元素论、原子论是一个路子的。[①] 这同样是对其存在之思的误解,不足以刻画其思想特征。

耶格尔、康福德都注意到了巴门尼德的思想与米利都的科学传统之间有本质的区别。耶格尔指出,巴门尼德的思考具有一个与早期伊奥尼亚哲学家所持的物理学立场完全不同的出发点。“在爱利亚的巴门尼德这里,我们回到了一种更为严格意义上的哲学。迄今为止所有的哲学思考都具有物理学的特征,以考察万物生成和毁灭背后的永恒的根基为出发点……而在巴门尼德的存在理论(ο υ)中,我们发现了一种新的、原初的起点。”[②]康福德则明确把巴门尼德归入神秘主义传统,而与物理学对立起来。“以毫不动摇的勇气提出这个两难困境并作出选择——‘非物理学家’的而是神秘主义者的选择——这是巴门尼德的荣光。”[③]当然,正如刚才所指出的,巴门尼德的思想独特性并不在于他具有什么神秘的宗教体验,在他的思想系统中并没有传统的超自然神的位置,他对神进行了理性的还原。如果这种新的理性思维方式既不同于神话宗教传统,也不同于伊奥尼亚的科学理性,那么,这种“新的、原初的起点”到底是什么呢?这是理解巴门尼德存在的关键点。

为了更好地把握巴门尼德存在之思的独特性,我们还需要深入考察它与科学理性的区别。和赫拉克利特一样,巴门尼德也反对感官经验,而注重理智认知。他的两条道路(真理之路与意见之路)的区分就是以理智和感官这两种不同的认知方式的区别为前提的。他认为只有理智才能把握真理,而人的感官(“茫然的眼睛、轰鸣的耳朵以及舌头”)则让人陷于意见之中。正如耶格尔所指出的,巴门尼德这里的理智是一种完全不同于科学理性的全新的理智,并认为这种理智才是哲学主要特征。“事实上,将重大希腊哲学家的成就与所谓的专门科学区别开来的唯一东西就是这种不仅仅收集事实或为他们的理论作出辩护,而是建立一种完全的理智世界。”[④]因此,巴门尼德的思想特征和赫拉克利特是一样的,都属于哲学理性。

巴门尼德所沉思的存在是一个难以理解的概念,如我们前面所提到的,在这个概念里沉淀了很多前人的思想,同时又作了创造性的整合。首先看他与米利都自然哲学家的关系。他的存在思想应该受过米利都本原思想的影响,尤其是阿纳克西曼德有关无定的观念。米利都自然哲学家关注的自然存在是一种存在物,而本原则是构成存在物的基本组成成分,这种成分本身永恒不变、无生无灭,成为世界的实体。巴门尼德对于米利都科学理性的这种解释世界的思路不感兴趣,在他眼里,自然现象的生成与毁灭都是假象,这种观点只是大众的意

---

① Burnet, *Early Greek Philosophy*, p. 134.

② Jaeger, *The Theology of the Early Greek Philosophers*, p. 90.

③ Cornford, *From Religion to Philosophy: A Study in the Origins of Western Speculation*, p. 224.

④ Jaeger, *The Theology of the Early Greek Philosophers*, p. 97.

见。"按照意见看来，事物就是像这样产生的，现在像这样存在着，从现在起到将来也会像这样生长，然后消灭。"(《残篇》19、55)因此，以寻求基本成分来说明自然物终极存在的做法显然不是巴门尼德的目标。但是，本原所具有的特征，如不生不灭、永恒存在，则为巴门尼德所吸收和利用，构成了其存在的基本特征之一。康福德指出："它[指巴门尼德的存在]也是阿纳克西曼德的'无定'；但是命运(Moira)'现在将它紧紧地束缚成一个整体'，而不是将它划分成不同的领域。这就不存在对立物或元素的区分或'分离'。"[①]与米利都自然哲学家在自然物的组成成分中寻求万物存在的根基不同，巴门尼德直接就万物整体的存在本身来领会存在的根基。这种整体的存在本身是不可分解的，因为这在概念上是不可理喻的。"所以只剩下一条途径可说，就是：存在物存在。在这条途径上有许多标志标明：因为它不是产生出来的，所以也不会消灭，完整、唯一、不动、无限。它没有过去和未来，因为它整个在现在，作为完成、统一、联系的(连续的)东西。因为你想给它找出哪种来源呢？它是怎样生长，又是从哪里生长出来的呢？[它既不能从存在物中产生，这样便会有另一个存在物预先存在了]我也不能让你这样说或想：它从非存在中产生。因为，存在物可以不存在，这件事是无法言说和不可思议的。"(《残篇》8、52)从这段话中可以清晰地看到巴门尼德对米利都本原说的不满，在他看来，水、无定或气都是某种存在物，用它来说明万物存在的时候，它们本身的存在却已经被预设而没有得到说明，因此不足以真正揭开存在之谜，而这正是科学理性的致命缺陷。

存在作为"不动的一"这个思想中也有毕达哥拉斯学派的影子。我们知道，毕达哥拉斯学派认为数是万物的本原，而"一"则是所有数的本原，这样一来，"一"就成了最终的本原。巴门尼德将"一"本原说更加严格化、绝对化，成为绝对的"一"。"巴门尼德视域中的'一——存在'是毕达哥拉斯学派的单子，但是它不再是'永恒流动的自然的根基'。所有认为数字发生自一的观念都被放弃了，因为一在自身中不再包含多的原则；既然它是绝对和严格的一，对立和多不会隐含在它的本性中，因此被清理出去了。"[②]这种绝对的"一"中不再包含多，也不再会产生其他数字，从而淡化了其数量特征，而成为存在之不可分割性的、整体性的描述和象征。另外，康福德还指出，巴门尼德思想中的真理之路、意见之路的说法应该最早源自毕达哥拉斯学派。[③] 虽然有这种关系，但是我们还应注意到他们的区别。在毕达哥拉斯学派那里，两条道路或者两者生活方式的区别是一种宗教诉求，以灵魂的永恒轮回作为思想出发点，真理之路在他们那里是一种通向天堂、通向永恒的灵魂净化术。而巴门尼德则彻底摆脱了传统宗教的影

---

① Cornford, *From Religion to Philosophy: A Study in the Origins of Western Speculation*, p. 217.

② Cornford, *From Religion to Philosophy: A Study in the Origins of Western Speculation*, p. 217.

③ Cornford, *From Religion to Philosophy: A Study in the Origins of Western Speculation*, pp. 216-217.

响,开启了一种全新的理智世界。

如此来理解的存在应该全然不同于存在物,因为存在物的可分离性、多样性、运动性都是显而易见的。但是,巴门尼德在设想存在的时候依然有某种不彻底性,在描述存在的时候带上了存在物的特征。比如他将存在设想为球体,这完全是一种对存在物形状的描述,带有明显的空间性和物质性特征。也许正因为如此,康福德才会巴门尼德的存在设想为"物质连续体","在存在之物(Thing which is)那里,如巴门尼德所说的,我们很容易看到哲学的原初内容(自然)被设想为物质连续体,并且首先是神圣的"①。耶格尔在指出巴门尼德的存在不同于物理学家关注的存在之后,又指出巴门尼德在解释自然现象的时候又回到了物理系统的立场。② 因为,巴门尼德在《残篇》中的确尝试描述存在物具体的产生过程,而这就使得他在某种程度上又回到了米利都科学理性的立场:"我要开始讲,大地、太阳、月亮、包罗万象的天上的以太、天上的银河、最外面的奥利普斯以及星辰的炙热力量是怎样产生出来的。"(《残篇》11、54)这些问题预示了,巴门尼德的存在论思想中还隐含着宇宙生成论,他在描述万物生成过程的时候甚至还回到了传统宗教的某些立场上去。(《残篇》12)这是巴门尼德思想的不彻底处,因为,根据存在无生无灭的思想,谈论万物的生灭就是没有意义的,只是"意见",充其量只是更高级的"意见"而已。

但是,除了刻画存在特征的两个方面(即"不动"和"一")以外,我们对于巴门尼德存在之思的独特性还没有恰当把握。巴门尼德为什么会把存在理解为"不动的一"?他到底是从哪个角度来切入存在问题的?巴门尼德存在之思的独特性在于他结合思想与存在的关系来领会存在。"思想与思想的目标是同一的;因为你决不能遇到一个思想是没有它所表达的存在物的。"(《残篇》8、53)因此,当巴门尼德说明存在不可分割的时候,他说的是"因为理智不会把存在物从存在物的联系中割裂开来,既不会使存在物的结构分崩瓦解,也不会使它聚集会合"(《残篇》2)。注意,这里不是存在物自身能否分离,而是"理智"不会去割裂它、分离它。在论证其基本命题存在者存在、非存在者不存在的时候,最后的根据是"这件事是无法言说和不可思议的"(《残篇》8)。因此,存在与思想之间有某种契合。巴门尼德所关注的存在是被思想、被理智所领会、所把握的存在,而不是一般意义上的客观存在或物理存在。这样来理解的存在就与思想、与理智本身有某种内在关系,而不可能像科学理性所预设的那样成为数学化了的、完全摆在眼前的客观对象。

那么,理智为什么会把存在物的存在理解为不动的一呢?我们不能指望在巴门尼德的文本中直接找到这个问题的答案,因此可以提出不同的设想。我的

① Cornford, *From Religion to Philosophy: A Study in the Origins of Western Speculation*, p. 217.

② Jaeger, *The Theology of the Early Greek Philosophers*, p. 213.

理解是,它表达的是事物可以被理智所把握的最少的、最基本的东西。"因为思维与存在是同一的。"(《残篇》5)或者,根据策勒尔和伯奈特的考订,这句话的意思是:"能够设想的东西与能够存在的东西是同一的。"[①]对一个事物来说,它的众多属性都可以经历这样或那样的变更而不影响它的存在,比如一张桌子,可以用木头来制作,也可以用铁、石头等其他材料,还可以做成不同的形状等等,但都不妨碍它作为桌子而存在。但是,桌子的存在本身却不可以被变更,因为存在一变更就成了非存在,它就不再存在了。不同事物的属性有各种区别,但是它们在存在上是同一的,你无法对它们的存在作出不同种类的切割或区分。因此,它们构成一个连续、完整的"一"。"它没有过去和未来,因为它整个在现在,作为完整、统一、联系的(连续的)东西。"(《残篇》8)

康福德将巴门尼德的存在解读为"神"[②],自然无法显示出巴门尼德的思想与塞诺芬尼、与传统宗教的真正关系。耶格尔虽然提出这是一种新的理智类型[③],但是依然倾向于从宗教角度来解读其独特性,同样也不能真正把握巴门尼德思想的独特性。"在那些帮助人们改造关于神的传统神话概念的人类经验中,对实在的理性考察是最重要的方式之一;正如宗教考察自身激发人类求知欲望一样,希腊人恒常地寻求把握存在总体的哲学沉思扮演了一种真正的宗教功能,并导致了一种独特的理智宗教,它的结构反映了理智与情感之间关系的转变,后者正是这种新的理智类型——哲学——所面对的问题。"[④]

如果我们把巴门尼德的思想特征解读为哲学理性,那么就很容易看清巴门尼德在哲学史中的位置。他和赫拉克利特一样,开启了一种全新的思想游戏。表面上看来,他的"不动的一"与赫拉克利特的"变化的一"针锋相对,但是在思想意趣上却暗中相通。它们都是对自然存在本身的沉思,在这种沉思中,既没有超自然神的位置,也不会将自然降低为一种客观对象,而是在这种沉思中透露出思想与存在的内在交织。它们彻底消除了自然解释的神话色彩,但并没有消除自然的"神(秘)性",因为考虑思想与存在的交织,思想在把握存在的时候,总免不了在关键处产生一些思想的"涟漪"。

第五节　理性的自觉:普罗泰戈拉与苏格拉底

前面已经指出,哲学理性的特点在于它在思考自然的时候并没有将自然作为一个完全客观化的对象,而是暗中洞察到存在与思想有一种内在的联系。这种洞察使得哲学理性在放弃以神话思维来解释自然本性的同时也与自然哲学

---

① 北京大学哲学系外国哲学史教研室编译:《古希腊罗马哲学》,51 页。

② Cornford, *From Religion to Philosophy: A Study in the Origins of Western Speculation*, p. 220.

③ Jaeger, *The Theology of the Early Greek Philosophers*, p. 97.

④ Jaeger, *The Theology of the Early Greek Philosophers*, p. 91.

家们的科学理性保持了距离。思想与存在的关系在智者派这里变得明朗起来。他们一方面觉察到了存在与人自身有密切联系,另一方面则觉察到了人类理性的有限性。由于意识到对自然(及人事)的认知与人的存在——具有理性的认知能力——有内在关系,智者派导向了相对主义、怀疑主义甚至不可知论的世界"观"。在这种世界观中,神的存在也一同被质疑了。苏格拉底深化了这种理性的自觉,给理性的反思调整了方向,将关注的焦点从神、从自然转向人本身,并于其中看到人类最终的生存智慧所在,避免了相对主义和不可知论的结论。

一、普罗泰戈拉思想的两个来源

在希腊民主制度鼎盛时期,希腊社会的许多重大决策包括法律判决都需要一个经过公开演说然后由议员或陪审团来投票决定的民主过程。在这种情况下,一个人的口才对于他赢得、保护自己的利益极为重要,这样就出现了一种教人论辩或演说技术的职业,传授这种技术的人就被称为智者。"希腊民主城邦的宪政决定了普通公民具有在公共场合发言的能力,这种能力对于任何一个有政治抱负的人都是必不可少的。当一个人被他的敌人拖上法庭,而他又不知道该说些什么时,那就无异于一个赤手空拳的人被一群士兵所攻击。清晰地表达观点的能力,以及运用这种能力去说服听众是一种艺术,需要学习和经过传授才能获得。但仅仅掌握词汇还是不够,还要学会如何辩论,并在政治和伦理问题的讨论中锻炼自己。这就要求有一种较高层次的教育。"[①]这就是智者运动,可以说它是应当时社会的现实需要而出现的一种社会思潮。

智者运动出现时希腊社会盛行的哲学思潮是元素论和原子论。前面已经指出,元素论和原子论都具有科学理性特征,和米利都学派同属一种思想传统,都希望在变化的自然现象背后找到某种不变的基质,并以基质作为解释世界万物的根基。他们甚至以此来解释人类的认知现象。恩培多克勒提出了同类相知的感觉说。在他看来,人和万物都是由几种共同的基本元素(水、火、土、气四种元素加爱、恨两种力量),并且万物不断地发出流射物,当这些流射物通过人的相应感觉通道与人接触时,就产生了相应的感觉。"他认为,当某物适合于那些感觉的孔道时,感觉就产生了。所以,一种感觉不能判别另一些对象。因为对于被感知的对象来说,一些孔道碰巧太宽,另一些又恰好太狭。因此,有些对象就会毫无接触地直穿而过,另一些则根本不能进入通道。"(KRS 391)[②]阿那克萨哥拉则认为感觉不是由同类的东西引起,而是由相反的东西引发出来,因为相同的东西不能相互影响。但是,双方的思路都是一样的,都要将感觉还原为一种物质接触,只是一个由相同的东西引起,另一个由相反的东西引起。德

---

① 柯费尔德:《智者运动》,刘开会、徐名驹译,兰州:兰州大学出版社,1996年,第18～19页。

② 苗力田主编:《古希腊哲学》,第133页。

谟克利特对这种通过物质接触产生感觉的说法提出了批评。他提出了影像说，以取代流射说，也就是认为人的感觉和思想来自于外部世界的影像。德谟克利特还注意到感觉对象具有不确定性。原因在于，感觉是人为约定的，只是意见的对象，而不是真理。[①] 真理是人类理智对事物的分析，在理智看来，事物只是原子和虚空的构成物，其他属性都来自感觉的虚假印象。

上述元素论者们有关感觉的思想，是智者派的一个重要思想来源，对智者派思想的发展起了重要的作用。虽然智者派与元素论者、原子论者有某种交叉，但智者与这些属于科学理性传统的哲学家有着迥然不同的兴趣。"人们不止一次地谈到，智者们对思索物理问题根本不感兴趣。"[②]虽然他们也偶然直接谈论过当时的物理问题，但是他们的思想旨趣并不在自然，而在人的理性的认知能力。他们借助当时流行的有关感觉的知识，对人的理性认知能力进行重新审视，提出了一套全新的哲学思想。

这就涉及到智者派另一个重要的思想来源，即爱利亚学派的思辨传统。巴门尼德在论证存在特性的时候已经采用了思辨的手法，芝诺将这一思路作了进一步发展，形成了对世界的"辩证"看法，比如同样的东西既可以说它是静止的，也可以说它是运动的，可以说它是一，也可以说成是多，等等。亚里士多德曾经说过，辩证法的创始人是芝诺。[③] 柏拉图在《费德罗篇》中也将这种对一个事物可以同时下两个不同结论的做法归之为芝诺。[④] 智者将这种理智的思辨作了进一步的发挥。"智者继承和发展了巴门尼德和芝诺的论证方法，将修辞学归结为运用 logos 的技艺，这就大大促进了逻辑思维的研究，从而开辟了一个新的哲学领域——思维领域，为思维科学的形成创造了条件。"[⑤]这种通过思辨可以对一个事物作出完全不同的结论的做法给智者们提供充分的思想游戏的空间，普罗泰戈拉就以此而闻名于世。"普罗泰戈拉是第一个宣称对每一样东西可以有两种完全相反的说法，并使用这种方法论证。"[⑥]他们将这些手法用于日常事物的各种辩论之中，并且根据当时的社会需要，主动开课教导这种辩论的技术。除了教人日常的辩论技术以外，智者们也运用这种思辨的方法对哲学的基本问题提出了他们的见解。

智者们将上述感觉相对性以及爱利亚的思辨的思路进一步放大，彻底否定了人类对于世界秩序的理智认知的可能性，导致了相对主义和不可知论的哲学思想。

---

① 参见苗力田主编：《古希腊哲学》，第 167～168 页。
② 柯费尔德：《智者运动》，第 43 页。
③ 参见柯费尔德：《智者运动》，第 67 页。
④ 参见柯费尔德：《智者运动》，第 69 页。
⑤ 汪子嵩等：《希腊哲学史》第 2 卷，第 163 页。
⑥ 苗力田主编：《古希腊哲学》，第 176 页。

二、感觉相对主义还是理智相对主义

普罗泰戈拉提出了“人是万物的尺度”这一著名的哲学命题:“人是万物的尺度,是存在者存在的尺度,也是不存在者不存在的尺度。”[①]在普罗泰戈拉这里,人与存在的关系第一次以命题的形式被明确提出来。

在哲学史上,这个命题一般都解读为一种感觉相对主义。柏拉图在《泰阿泰德篇》(151E~152D)中转引了普罗泰戈拉的这个命题,然后从感觉主义的角度对它进行了进一步的阐释。他认为普罗泰戈拉这句话的意思是同一种事物对不同的人呈现出不同的样子,对你是这种样子,对他则是另一种样子。比如同样的风在刮着,有些人会觉得冷,有些人会觉得不冷,还有人会觉得稍微有点冷或很冷,等等。这样一来,事物对一个人显现为什么样子,也就是他对该事物的感觉如何。“显现与感觉在热和冷这个事例里是一回事,在类似的事例里也是一回事;因为事物对每一个人的显现(也可以说存在)就是他感觉到事物的那个样子。”[②]柏拉图进一步将一个事物的显现等同于事物的存在,这样一来,一个人对事物的感觉也就构成了事物存在尺度或标准,由此完成了对“人是万物的尺度”的诠释。“那么,感觉永远是对于存在的感觉,既然它是知识,它也就是无误的了。”[③]“我的知觉对我而言是真实的,此时此刻与我相遇引起我的知觉的对象就是相关于我的存在,如普罗泰戈拉所说,我就是对我而言的存在者的判断者,也就是对我而言非存在者的不存在的判断者。”[④]亚里士多德在《形而上学》中也作了类似的解读。“除非我们正感觉到,否则冷、热、甜及任何感觉性质都不存在;这样他们就肯定了普罗泰戈拉的理论。如果没有感觉既不是感觉正在发生作用,就不能有感觉所感知的东西。”(1046b27~1047a7)[⑤]塞克斯都·恩批里柯在《驳数理学家》中也从感觉相对主义的角度评述普罗泰戈拉的观点:“在否定标准的这些哲学家中还有阿布德拉的普罗泰戈拉,因为他断言所有的感觉印象和意见都是真的,真理只是相对的,原因是人们所感知的或人们所认为的一切仅仅是对于他而言才是真的。在他的著作《Kataballonton(论角力)》中,他的确说过:人是万物的尺度,是存在者如何存在的尺度,也是非存在者如何不存在的尺度。”[⑥]在《毕达哥拉斯主义概略》中也从感觉相对性的角度来解读普罗泰戈拉这句话:“他存在时,万物存在;他不存在时,万物不存在。结果他只肯定呈

---

① 北京大学哲学系外国哲学史教研室编:《西方哲学原著选读》上册,北京:商务印书馆,1981年,第54页。

② 北京大学哲学系外国哲学史教研室编:《西方哲学原著选读》上册,第56页。

③ 北京大学哲学系外国哲学史教研室编:《西方哲学原著选读》上册,第56页。

④ 汪子嵩等:《希腊哲学史》第2卷,第255页。

⑤ 汪子嵩等:《希腊哲学史》第2卷,第256页。

⑥ 汪子嵩等:《希腊哲学史》第2卷,第247页。

现于每个个体的现象并因而引入了相对性。"[①]

根据上述解读，我们可以看到，普罗泰戈拉将自然哲学家有关感觉的思考上升到形而上学的高度，成为一种相对主义的哲学观。德谟克利特已经提出了感觉的相对性问题，但是对他而言，原子与虚空构成了世界的实在结构，因此世界本身依然是一个具有确定性结构的秩序。普罗泰戈拉从感觉相对性原则出发，进一步悬置了原子和虚空的实在性。"德谟克利特也说所有的感觉是主观的，热和冷、甜和苦在本性上都没有自身的实在，但这是由于它们可以被解释为身体与被感知对象的原子结构之间的相互作用。因此其中存在着恒定的自然(physis)或实在，即原子和虚空。而对于普罗泰戈拉则不存在这样的实在……"[②]因此，普罗泰戈拉对德谟克利特感觉观的突破已经预演了后来贝克莱对洛克感觉观的深化，即区分两种不同的质(第一性的质和第二性的质)是一种不彻底的经验主义。同样，根据普罗泰戈拉的观点，如果事物的存在与其显现可以相等同，就没有必要也没有理由设定不可感的原子的存在。

普罗泰戈拉深化感觉的相对性不仅仅只是针对自然哲学家不够彻底的哲学观，而主要是针对巴门尼德有关存在的论述。巴门尼德通过区分感觉对象与理智对象，提出只有理智所把握的存在是确定无疑的，是真理，而感觉对象由于其可变性、相对性而不具有真实性，因而仅仅是人们的虚幻意见。"……当然其直接的对立方是巴门尼德，他提出所有的感觉和意见都应该作为假的被抛弃掉。"[③]

以上是从感觉主义的角度出发对"人是万物的尺度"这一命题进行的解读。但是，这一解读，正如汪子嵩等在介绍柏拉图对普罗泰戈拉的评论时所指出的，将存在与显现相等同的解读思路中包含了柏拉图自己的推断。"显然这里包含着柏拉图自己的推论，但从上下文看这个推论的前提是普罗泰戈拉《论真理》中关于感觉的学说，应该说是符合普罗泰戈拉的原意的。"[④]包含柏拉图的推断是没有问题的，但是，这一推断是否完全符合普罗泰戈拉的原意呢?

由于普罗泰戈拉相关文献的缺失，直接断言普罗泰戈拉仅仅立足于感觉主义来论证上述命题可能是不恰当的。事实上，如果普罗泰戈拉仅仅立足于这一点，那么他对巴门尼德的观点批评就只是一种外部批评，因为巴门尼德已经明确指出了感觉的相对性，并且认为这是应该放弃的意见之路，而他主张的真理之路完全立足于理智，所把握的"存在"也就不能等同于这种相对于个人感官的"显现"。因此，这种论证也就不能从根本上构成对巴门尼德存在之思的质疑。

在我看来，普罗泰戈拉的上述哲学命题除了从感觉主义来解读以外，同样

---

① 转引自苗力田主编，《古希腊哲学》，第 186 页。

② Guthrie, *A History of Greek Philosophy*, Vol. 3, p. 186.

③ Guthrie, *A History of Greek Philosophy*, Vol. 3, p. 187.

④ 汪子嵩等：《希腊哲学史》第 2 卷，第 255 页。

还有从理智主义进行解读的可能性。第欧根尼转述普罗泰戈拉上述命题的前一句话是:“普罗泰戈拉第一个宣称对每一样东西都可以有两种完全相反的说法,并使用这种方法论证。”①这种可以颠倒是非黑白的论辩术才是智者们的专长。“在对论辩术的研究方面智者起了奠基人的作用,其中尤以普罗泰戈拉为首。他的基本思想是:任何命题都有两个相反的论断,论辩的目的和主要技艺就是如何使弱的论证变为强有力的论证。”②柏拉图、亚里士多德对于智者的这种辩论术都有专门的论述。在柏拉图的对话中,智者的这种论辩被看作诡辩或雄辩而受到批评。在柏拉图看来,智者们的论辩只是为了取胜,并不关心真理,因此不是真正的论辩技艺。“按照柏拉图的用法,雄辩意味着‘在争论中取胜’,以及为取胜而进行训练和提供适用的方法和手段的艺术。关心真理并不是这种艺术不可缺少的部分,不关心真理也可以在争论中取胜,有时还更容易些。由此可见,严格说来雄辩并不是论证的技艺。”③不过,对于智者们以反证法的方式建立相反的逻辑来诘难对方命题的做法,柏拉图倒没有完全拒斥,毕竟,苏格拉底的对话经常也以这种方式展开。“对柏拉图来说,诘难通常是辩证法的一个必要组成部分(参见《斐多篇》85c～d,《理想国》534b～c)。在上面这段话中,柏拉图指责的是对反证法的滥用,用于哗众取宠的目的,这就意味着,当它被用于辩证法的目的时,柏拉图是赞成的。事实上,在柏拉图对话集中,诘难采取了多种形式,最普通的一种是主张一个给定的陈述会导致自相矛盾,换言之,就是导致两个相互矛盾的陈述。而两个相互矛盾的陈述正是反证法的基本特征。”④因此,在柏拉图看来,智者们所采取的这种反证法如果不是用来仅仅驳斥对方来取乐或为了利益而取胜,而是用于探求事物的理念,探求真理,那么这种方法就是可取的。

亚里士多德在《形而上学》中提到,如果一个人赞同“对于同一主题,在同一时间内所有相反说明都是对的”以及“对任何事物可以任意肯定或否定”(1007b19),那么他必定是普罗泰戈拉的追随者。随后还提出,普罗泰戈拉的教义源自如下看法,即“要是正确就两皆正确,要是谬误就两皆谬误。一方面,假如承认一切意见与现象均属实,所有言论将同时又正确而又虚假。因为许多人的信念乃是相互冲突的,人们常认为与他不同的意见是错的;所以同一事物必须既是又不是”(1009a7)。他在《修辞学》中批评智者论辩术的时候指出它的特点在于用一种抽象的可能性来反对另一种可能性,甚至反对实际存在的事实。“因此人们反对普罗泰戈拉发明的这种论证是有道理的。”(1402a24～25)⑤

---

① 北京大学哲学系外国哲学史教研室编:《西方哲学原著选读》,第 54 页。
② 汪子嵩等:《希腊哲学史》第 2 卷,第 146 页。
③ 柯费尔德:《智者运动》,第 71 页。
④ 柯费尔德:《智者运动》,第 73～74 页。
⑤ 汪子嵩等:《希腊哲学史》第 2 卷,第 146 页。

由此可见，对同一个事物或主题可以有两种相反的意见，这是普罗泰戈拉思想的一个基本立足点。而这个立足点，的确有感觉主义的来源，即由于对同一个事物人们完全可能有相反的感觉，从而可以对它作出两种不同的判断。因此，感觉主义的解读的确构成了“人是万物的尺度”的一个方面或者说一个依据。但是，正如柏拉图和亚里士多德前面已经指出的，对同一个事物作出相反的结论也完全可以出自理智的推理，也就是出自逻各斯。也就是说，即使诉诸理智，对同一个事物也可以有两种完全不同的逻辑，从而得出两种完全不同的结论。智者之为智者，最擅长的就是用一个逻辑去反对另一个逻辑，他们这么做的时候，诉诸的恰是理智。因此，“人是万物的尺度”这一命题中所包含的相对主义也就不仅仅立足于感觉主义，而同时也立足于理智主义。格思里也明确提及普罗泰戈拉主观主义与他的修辞学思想有密切联系。[①]

如果将普罗泰戈拉的命题不仅解读为感觉相对主义，同时也解读为理智相对主义，那么，普罗泰戈拉就将对巴门尼德的存在论的思想提出根本的挑战，即，即使完全诉诸理智而排斥人的感性认识，我们对于“存在”也同样可以得出完全不同的结论。因此，“人是万物的尺度，是存在者存在的尺度，也是不存在者不存在的尺度”就可以解读为一种与巴门尼德的存在论争锋相对的观点，即断言存在与否就不仅仅是针对人的感觉，而同时针对不同的逻各斯或逻辑。从巴门尼德的论证逻辑来看，只能存在者存在，而不存在者不存在。但是从另一逻辑来看，说不存在者存在也是可能的。刚才已经提到，智者们论辩（或称为诡辩）的关键就是用可能性来取代现实性，使得命题的真假就存在于论证的逻各斯之中，而不是基于现实的情况如何。

由于普罗泰戈拉对上述命题的论证缺失，我们无从知道普罗泰戈拉到底是从感觉主义还是从理智论辩（即类似于巴门尼德以及芝诺的理智推理）的角度展开“人是万物的尺度”的论证的。但是，结合高尔吉亚的命题，我们可以清楚地看到，完全基于理智也可以得出“无物存在”这种与巴门尼德截然相反的结论。这种出自理智的相对主义与感觉主义相比将会导致一种更为深刻的怀疑主义。如果说感觉的相对性可以通过理智来克服（如巴门尼德的做法），那么，理智本身导致的相对主义、怀疑主义该通过什么来避免呢？这是苏格拉底需要面对和解决的问题。

现在我们回过头再看一下普罗泰戈拉上述命题的翻译问题。自柏拉图以来，虽然都注意到智者所具有的利用概念进行“诡辩”的特点，但是对于普罗泰戈拉“人是万物的尺度”这个命题，学界一般都倾向于从感觉主义的角度进行解读，把尺度解读为显现的标准。因此“人是万物的尺度”很自然地被解读为“如何存在的尺度”。在希腊文中，“尺度”后面的从句引导词（“hos”）可以同时有

---

① Guthrie, *A History of Greek Philosophy*, Vol. 3, p.181.

that和how的含义,因此从字面上来看两种解读或翻译(存在的尺度还是如何存在的尺度)也都行得通[①],即,作 that 来理解时一般翻译为:人是万物的尺度,是存在者(或存在物)存在的尺度,也是不存在者(或不存在物)不存在的尺度。而作 how 理解时,则译为:人是万物的尺度,是存在者如何存在的尺度,也是非存在者如何不存在的尺度。当代学者,比如第尔斯—克兰茨、柯费尔德等,都赞成这一种解读。[②] 国内学者,比如叶秀山[③]、汪子嵩等[④]现在也主要倾向于这一解读。这一译法或解读看起来更能传达出普罗泰戈拉的感觉主义哲学立场。

但是,这种解读首先面对一个理解上的困难,即对于后半句,既然已经不存在了,也就没有如何不存在的问题。因为根据感觉主义的解读思路,如何存在也就是如何显现,因此可以有多种不同的方式,对每个人也都可能不同。但是,不存在只有一种方式,即不存在,它对每个人都一样的,没有如何不存在的问题。冈伯茨(Theodor Gomperz)就明确指出,如果解读为"如何",后半句的意思就讲不通了,因为对于不存在,我们无法去研究不存在的方式或如何不存在了。[⑤]

其次,如果普罗泰戈拉的命题的确针对巴门尼德的思想而发,那么解读为"存在的尺度"就比解读为"如何存在的尺度"显得更有针对性。巴门尼德以理智为准绳,在存在与非存在之间作了截然的划分,并宣称只有存在领域才是唯一真理。"如何存在"的译法是基于感觉主义的视角,但是前面已经指出,感觉的不确定性正是巴门尼德认为需要批判并放弃的认知方式。如果同时解读为理智相对主义,那么"人是万物的尺度"就可以理解为:即使立足理智,也不能绝对地肯定存在与非存在的区别,因为理智可以依据不同的逻各斯,从而对于存在与不存在有不同的理解,如何理解,就基于人是选择哪种逻各斯,存在与非存在都出自这种逻各斯,而逻各斯在希腊文中本来也就具有"尺度"的意味。在《希英大辞典》中"逻各斯"(logos)这个词的第一个含义就是:计算、尺度。[⑥] 而智者也的确将他们论辩性的话语称为"logos"。"我们从智者的《残篇》以及柏拉图、亚里士多德等的有关转述和解释中可以看到:所有的智者都用 logos 表述一句话、一个论题,用复数 logoi 表述一席话、两个或几个论题[希腊语有双数和复数的区别]。"[⑦]事实上,汪子嵩等也指出,运用 logos 的力量来说服别人乃是智

---

① 参见汪子嵩等:《希腊哲学史》第 2 卷,第 249 页。

② 参见汪子嵩等:《希腊哲学史》第 2 卷,第 251～252 页。

③ 参见叶秀山:《前苏格拉底哲学研究》,北京:三联书店,1982 年,第 318 页。

④ 参见汪子嵩等:《希腊哲学史》第 2 卷,第 254 页。

⑤ Theodor Gomperz, *Greek Thinkers*: *A History of Ancient Philosophy*, Vol. 1, translated by Laurie Magnus, M. A., London: Vagdalen College, 1920, p. 452. 相关问题的具体探讨,可参见汪子嵩等:《希腊哲学史》第 2 卷,第 249 页。

⑥ 《希英大辞典》,第 1057 页。转引自汪子嵩等:《希腊哲学史》第 1 卷,第 456 页。

⑦ 汪子嵩等:《希腊哲学史》第 2 卷,第 161 页。

者的一大进步:“运用logos说服别人或驳倒对方,比起以前用神话、诗歌去感动听众,无疑是一大进步。最能说明这个问题的是柏拉图在《普罗泰戈拉篇》中的一段话。在对话中的普罗泰戈拉讲了一大段神话说明美德是可以传授的,接着回答像伯利克利这样的人为什么不能将自己的政治才能传授给儿子,普罗泰戈拉说:‘这里,苏格拉底,我要搁下神话而诉诸逻各斯了。’(324D)”[①]

既然如此,当普罗泰戈拉宣称“人是万物的尺度”时,就不应该仅仅理解为人的感觉构成万物如何存在的尺度,而同时应该解读为人的逻各斯也是区分存在与否的尺度。

另外,如果人是万物的尺度仅仅解读为感觉相对主义的话,那么在解读普罗泰戈拉论神的那段《残篇》时就会遇到一个难以克服的困难。下面我们马上会看到,普罗泰戈拉明确将神的存在与形态问题区分开来。

三、普罗泰戈拉对待神的态度

1.神论的两个基本问题:神的存在与形态

普罗泰戈拉有一段论神的名言:“至于神,我不知道它们存在还是不存在,也不知道它们是什么样子的;因为妨碍我认识这一点的因素很多,比如问题的晦涩,人生的短促。”(弗里曼英译本)据说这是普罗泰戈拉《论神》这篇论文开头的一句话。由于《论神》原文没有保留下来,和“人是万物的尺度”一样,普罗泰戈拉到底会如何展开上述对神的论述,同样留下了很多争议的空间,而这些争议与如何解读“人是万物的尺度”是紧密关联着的问题。

根据通行的翻译和理解,普罗泰戈拉在这段话中从两个方面否定我们对神的认知。一方面是神的存在问题,另一方面则是神的形态问题。正如耶格尔所指出的,“然而明显的是,这段陈述针对的是前苏格拉底哲学家们在有关神方面的两个首要问题——有关神的存在和形态的问题。根据我们已经看到的,对后一个问题影射在这里是必不可少的。只有这样我们才能够看清普罗泰戈拉在反对什么”[②]。这里,对神的形态的质疑应该也包括塞诺芬尼对神甚至巴门尼德对存在形态的思考。[③]

但是,这一解读与感觉主义的原则有出入。根据感觉主义原则,普罗泰戈拉那里并没有是否存在的问题(这是个理智判断的问题),而只有形态或如何存在的问题。为了消解这一矛盾,意大利学者温特斯泰纳通过语词考据,对普罗泰戈拉的《残篇》进行了重新翻译:“关于神,我不能体验(感受)到他们是这个样子存在,抑或不是那个样子存在,我也不能体验到他们的外貌究竟代表什么意思。妨碍我们体验的困难很多:不仅是不可能有关于神的亲自感受,而且人生

① 汪子嵩等:《希腊哲学史》第2卷,第162～163页。
② Jaeger, *The Theology of the Early Greek Philosophers*, p. 190.
③ Jaeger, *The Theology of the Early Greek Philosophers*, p. 252.

是短暂的。”[①]汪子嵩等赞同翁特斯特纳的解读,并作了进一步诠释:“放到当时这一背景来理解,普罗泰戈拉这条《残篇》的前一句话的意思是:第一,关于神,我没有能力体察到他们是像荷马说的那样,还是像塞诺芬尼说的那样。用伽色达诺的译文说就是:‘他们是什么样子或者不是什么样子。’第二,如果他们是某个样子存在,我也无法知道这个型相表示什么意思,是像荷马一样所说的神是和人一样盗窃、奸淫、欺诈的呢,还是像塞诺芬尼所说的神的 idea 是单一的、不动的、以理性左右万物的。”[②]这一重新解读的意图非常明显,就是要将存在问题还原到形态或如何存在的问题上。

但是,它存在的困难也是明显的。首先是语词上的。eidenai(知道)在《残篇》中出现了两次,但是翁特斯泰纳根据上下文的意思将它分别译为体验和感受。在同一句话中将一个语词译为两种意思,这就暗示这一解读本身可能是有问题的。其次是思想上的勉强之处,这是更关键的。为了对应存在与形态两层含义的区分,翁特斯泰纳区分了形态和型相。这里的“型相”即形态所代表的东西或者说形态的本质,在这里,汪子嵩等的诠释思路与翁特斯泰纳是一致的。这一诠释思路应该是借用了柏拉图理念论的思想,但是,理念论的提出是为了解决苏格拉底寻求事物终极本质的要求,而苏格拉底对事物终极本质的追问是对智者怀疑论的深化与克服,因此,认为在智者那里就已经存在个别事物(形态)与型相的区分显然是不妥当的,普罗泰戈拉具备这种“超前”问题意识的可能性极小。

事实上,存在问题(是否存在)在智者时代已经是一个普遍问题。前面已经提到,普罗泰戈拉“人是万物的尺度”的思想是针对巴门尼德的存在问题而发的,高尔吉亚更是直接提出了与巴门尼德截然相反的“无物存在”的存在论思想。因此,完全有理由设想普罗泰戈拉同样对神的存在(是否存在)问题提出质疑,当然,与此一起被质疑的还有它们如何存在的问题。因而从存在与形态的区分出发解读普罗泰戈拉的《残篇》在意思理解上以及与问题背景的关系上都是更为紧凑的思路。

另外,在神的存在与形态问题上的区分反过来也可以佐证我们前面对“人是万物的尺度”的解读。既然普罗泰戈拉神将如何存在的问题表达为“什么样子”并与存在问题相区别,那么当他说“人是万物存在的尺度,是存在者存在的尺度,也是不存在者不存在的尺度”时,将其中的“存在”解读为“如何存在”或显现的样子,也就是没有理由的。

因此,上述《残篇》的基本思路是,普罗泰戈拉提出,无论对于神的存在还是其形态,我们都不能具有确定的知识。这种对神的知识的拒斥中也就不仅仅指

---

① 汪子嵩等:《希腊哲学史》第 2 卷,第 191 页。

② 汪子嵩等:《希腊哲学史》第 2 卷,第 193 页。

那种对神的感性认知,比如拟人神,还必定同时包括对神的形态的理智设想,如塞诺芬尼的一神论,甚至对于神存在与否的理智思辨,即类似于巴门尼德论证存在问题的理智思辨。因此,与汪子嵩等不同——他们认为普罗泰戈拉这里仅仅"从感性认识的角度而不是从理性认识的角度"①来否认我们对神的认知——我们认为,普罗泰戈拉在这里也同时悬置了爱利亚学派对神(神性)的存在与形态的理性思辨。

2. 与无神论的关系

普罗泰戈拉这段名言一开始也被解读为无神论的一种。"恩诺安达(Oenoanda)的伊壁鸠鲁主义者第欧根尼(Diogenes)直截了当地说,当普罗泰戈拉说他不知道神是否存在时,就等于说,他知道他们并不存在。"②恩批里柯在引证克里底亚的无神论观点时也提及了普罗泰戈拉:"同这些哲学家一样思想的还有塞奥多洛的无神论,此外还有一些人如阿布德拉人普罗泰戈拉,他在一本书中写道:'关于神,我不能肯定他们是否存在,也不能肯定他们的本性是什么,因为妨碍我们探讨的困难太多了。'据说雅典人就是根据这条理由判处他死刑。"(DK80A12)③

这种解读与当时的思想背景有很大关系。随着理性"启蒙"运动的发展,到智者运动的年代,对传统拟人神的批判已经成为当时思想界的一种风气。这种批判主要从两方面展开。在自然哲学方面,自然哲学家对自然现象采取一种朴素实证主义原则,立足于对自然界的经验观察来解释自然现象,否定其背后存在超自然的诸神。在道德哲学方面,诸神的许多行为,比如偷盗、欺骗、奸淫等,不足以成为人们道德的楷模,也就不足以享有神的称号,因此同样遭到尖锐的批评。"希腊诸神在这两方面都容易受到抨击,并且只要传统的虔敬开始屈服于一种更有思想的态度——当 nomos(习俗)在所有方面都不再被当作想当然的,而是与自然的、普遍的东西进行对比——怀疑论与否定的态度就疯狂地滋长起来。"④

智者们对传统宗教的批判是伴随着 physis(自然)与 nomos(习俗)的争论展开的。physis 在古希腊有如下三层含义:"1.'自然而然的',和'人工制造的'相对应;2.'本性使然的',和'人为约定的'相对应;3.'自然界的',和'社会共同体的'相对应。"⑤与此相应,nomos 的含义是:"第一,nomos 是人们自己约定的,不是自然本性形成的,因而它仅对协议各方有效,而不是像 physis 那样普遍适用。第二,它是由外在的主体——人制定的,不是自然本身派生的内在的规

① 汪子嵩等:《希腊哲学史》第 2 卷,第 195 页。
② 柯费尔德:《智者运动》,第 185～186 页。
③ 汪子嵩等:《希腊哲学史》第 2 卷,第 195 页。
④ Guthrie, *A History of Greek Philosophy*, Vol. 3, p. 227.
⑤ 汪子嵩等:《希腊哲学史》第 2 卷,第 203 页。

定。第三,它本身不会生长变化,需要通过人作出变更,例如修改法律制定新法规等。"①简而言之,physis 就是有其内在规定性的存在,它有自身的规律和内在的本质,而 nomos 则是一种人为制作和规定的产物,没有自身内在的本质。智者们对传统宗教的批评就是将神看作一种 nomos,一种为了某种目的而人为约定出来的东西。这种对神采取的朴素的自然主义还原使他们就得了无神论的称号。苏格拉底被控诉的一个主要理由是被看成智者中的一种,从而犯有不敬神的罪。"他们说,有个聪明人名叫苏格拉底,他既懂天文,又对地上的一切事物加以钻研,还能使较弱的论证变得能够击败较强的论证。先生们,这些人是这些谎言的传播者,是我凶恶的原告,因为那些听到这些谎言的人会假定研究这些事物的人一定是个无神论者。"(《申辩篇》18B~C)可见在那个时代,智者们给人的基本印象就是无神论。

格思里在《希腊哲学史》中收集了当时智者们有关神的言论,其中普罗狄科和克里底亚的观点具有代表性,他们分别从人类的生活需求和社会的政治统治角度追溯了神的起源。普罗狄科认为神起源于对自然恩惠的感激,而不是像德谟克利特主张的那样出自对自然的恐惧。比如,普罗狄科认为最早被人们视为神来崇拜的是那些对我们有用的、有营养的东西,然后是食物、住房等技艺的发明者,也就是那些对人类生活福利作出特殊贡献的人。日、月、江、河对生活有利,就有了相应的日神、月神、水神等等。克里底亚则认为神的发明是一种政治手段,是聪明的人发明出来吓唬恶人的手段。②

现在的问题是,普罗泰戈拉是一个普通的无神论者吗?

汪子嵩等在《希腊哲学史》中虽然将普罗泰戈拉作为疑神论单独列出,但是这里的"疑神"乃是质疑神的存在。根据他们的解读,普罗泰戈拉对神的态度总体上是否定性的,可以说是一种委婉的无神论。"普罗泰戈拉在《残篇》第四的论述中可以说是用怀疑论否定神的最高概括……"③

但是,现代学者越来越认识到普罗泰戈拉不能简单地等同于无神论。从《残篇》的字面上看,他并不像无神论者那样直接否定神的存在,而是对神的存在与否采取了悬置判断的态度,并且给出了理由。这种悬置的态度确实不应该直接等同于否定的态度。格思里在《希腊哲学史》中将普罗泰戈拉的神论确定为一种不可知论,而与其他智者们的无神论相区别,是一种谨慎的做法。悬置态度确实包含了对神的存在的某种否定。它不仅否定了传统宗教中的拟人神论——这是当时流行的哲学思潮,其他智者的无神论可以说是这种理性启蒙的一部分——同时还否定了塞诺芬尼(甚至巴门尼德)等从理性的角度对神的可能存在方式的设想。从上述《残篇》中我们可以得知,在普罗泰戈拉看来,从当

---

① 汪子嵩等:《希腊哲学史》第 2 卷,第 205 页。

② Guthrie, *A History of Greek Philosophy*, Vol. 3, p. 238.

③ 汪子嵩等:《希腊哲学史》第 2 卷,第 197 页。

时流行的感性认知(感觉主义)和理性认知(概念思辨)的角度出发都不足以说明神是否存在以及如何存在。但是,这些拒斥或谨慎的做法总体上还是否定性的,还无法与无神论划清界限。

普罗泰戈拉之所以不能简单等同于无神论,是因为在这段《残篇》中隐含着对神的某种积极、肯定的思考,是因为他洞察到了人的理性与神性之间有某种内在的交织。

3.源自理性深处的神性

普罗泰戈拉上述对神的论断初看起来与其本人的“人是万物的尺度”的哲学思想有些不一致,因为根据“人是尺度”的思想,普罗泰戈拉更恰当的说法应该是:神对一些人存在,对另一些人不存在,或者,神对一些人是这个样子,对另一些人则是另一种样子。但是普罗泰戈拉却没有这样说,而是断言人无能力得知神是否存在以及如何存在。冈伯茨就指出过这一点,他提出,如果普罗泰戈拉确实如柏拉图所理解的那样主张每个人的真理就是那种向他个人显现的真理,那么,他就不会对于神说出不可知的论断。[①] 而耶格尔、格思里都主张这两者之间并没有矛盾。他们注意到普罗泰戈拉在断言神不可知的时候,并不是一般性的断言,而是说“我不知道……”,也就是说他表达了他个人对于神的意见。[②] “他用这些话限制住了关于神的不可认知性的范围,并使它成为一种个人意见的表达。”[③]

那么,为什么普罗泰戈拉个人对于神的问题采取了悬置判断的态度呢?

对于这个问题,耶格尔认为这是一种出于社会实践的考虑,出于现实而采取的一种保守主义姿态。由于思想界对传统宗教采取的理性反思的态度使诸神逐渐失去了神的尊严,并且这种观点逐渐从思想界进入公众的视野,使得公众对于这种去神化的理性思想变得格外敏感和警惕。因此,普罗泰戈拉在思想上采取了一种保守的态度,既不像公众那样完全接受传统宗教中有关神的描述,也不像无神论那样直接否定神的存在。“这种方法必定与当时的时代风气是极其适宜的;因为,虽然存在各种理性批判以及质疑,但是同时也有一种日益增长的感情,认为宗教是不可缺少的,而公众对于那些针对城邦诸神进行的各种攻击变得比以往都要敏感。但是这种保守主义必须完全来自实践的政治与道德的考量。”[④]当然,耶格尔也认识到这种做法并没有真正解决神的观念在理性反思面前出现的危机,但它标识了一种诠释宗教问题的新方向,一种出于解决人类生活实际需要的实用主义路子。“当然我们不能将它称为问题的完全解决。神的哲学观念的危机已经出现了。任何尝试解决它的企图将必须立足于

---

① Gomperz, *Greek Thinkers: A History of Ancient Philosophy*, Vol. 1, p. 457.

② Guthrie, *A History of Greek Philosophy*, Vol. 3, p. 234.

③ Jaeger, *The Theology of the Early Greek Philosophers*, p. 189.

④ Jaeger, *The Theology of the Early Greek Philosophers*, p. 189.

相当自明的并具有重大后果的方面,而这就是苏格拉底和他的追随者将要尝试探讨的人类生活和行为目标的问题,善的问题。在思辨神学中整体上与在哲学中一样,这个时刻标识了一种新的时代的开端。"[①]这种从社会实践以及实用主义的角度重新思考神的本质的做法依然是一种理性主义的还原,是无神论的一种,神是为了某种需要而被设定的东西,它就没有自身存在的根源。

格思里也基本赞同耶格尔的观点,但是他提出,宗教生活存在的必要性,除了社会实践的考虑以外,同样还有人类本能的根源。"但是'没有理由反对如下的设想'(采用最近的一位评注者的话),即它支持按照祖先的习俗进行的宗教崇拜和祭仪。这不仅仅是城邦生活的组成部分,他非常确信文明的社会与政治社群的价值甚至必要性;还有,在他看来,崇拜的本能也可能是人类本性的原初的、不能根除的特性。"[②]崇拜本能的说法并没有真正进入神的观念的思想内核之中,还是一种自然主义的还原。因为根据这种说法,人有崇拜的本能,所以人需要崇拜一些神灵。在这里,神依然是为了某种外在目的而被设定的东西,因此,"神"本身的存在并没有被真正触及到,或者说,这里只是触及到了,但并没有被展开。

与此相比,在我看来,米勒(Müller)的如下观点比耶格尔、格思里更接近普罗泰戈拉本人对神的独特存在方式的洞察。他认为这段《残篇》是"人是万物的尺度"的神秘的颠倒,暗示了人神之间有某种亲密关系,在剥去神的神秘外衣的时候,诸神乃是一种人性的投射或反思。[③] 当普罗泰戈拉说对于神,他既不能知道其存在与否,也不能知道它如何存在的时候,他采取的态度就不是那种直接否定神的存在的无神论的激进观点,也不是出于现实考虑而采取的一种保守或温和的疑神论观点,而是表达了他对神的存在方式的独特洞察。他采取的个人化的表达("我不能知道……")不只是在表达一种单纯的意见,而是暗示了神的存在与人性有某种紧密联系,正是这种联系使得人的尺度——感性尺度和理性尺度——不足以用来衡量神的存在,因为他洞察到神性是某种比人性(感性和理性)更为根本的东西。"问题的晦涩"表明神的存在是个极其深奥的问题,它超出人的感性想象与理性思辨的能力之外,而"人生的短促"则表明神的存在与人的有限性有某种密切的联系。普罗泰戈拉在神面前采取的这一看似保守的姿态中反过来暗示了神的存在本身的深刻性,这种深刻性是一般的无神论者所没有领会到的。

柏拉图在《普罗泰戈拉篇》中借普罗泰戈拉之口以神话的方式谈到了神造人的过程,其中明确指出了人神之间具有亲缘关系。"自从人分享到了神圣的

---

① Jaeger, *The Theology of the Early Greek Philosophers*, p. 190.

② Guthrie, *A History of Greek Philosophy*, Vol. 3, p. 235.

③ C. W. Müller, "Protagoras über die Götter", *Hermes*, 1967, p. 143. Cited from: Guthrie, *A History of Greek Philosophy*, Vol. 3, p. 235.

莫依拉(Moira)以后,靠着他同神的亲缘关系,首先他在一切生物中开始知道敬神,并主动建造起庙宇和神像。"(322a3~5)[①]这句话到底是普罗泰戈拉的(有可能出自他的一部题为《论冥间事物》的著作),还是柏拉图本人的,这恐怕难有定论。[②] 现在我们可以考察的就是这种人神亲缘关系的思路与普罗泰戈拉上述有关神的观点是否一致。有些学者主张,这种人神亲缘关系与普罗泰戈拉在神方面的不可知论是不一致的。但是,正如柯费尔德所指出的,普罗泰戈拉在这里是以神话的方式在说,因此与不可知论的哲学观点并不冲突。不仅如此,在我看来,普罗泰戈拉的不可知论恰恰暗示了人神之间亲缘关系的存在。前面我们讲到,为什么普罗泰戈拉没有使用人的尺度去衡量神,是因为他洞察到神并非万物的一种,并且神比人更为根本。因此,人可以成为万物的尺度,可以用人的感性和理性去衡量万物,但是不足以用来衡量神的存在及其存在方式。这里人神亲缘关系的论述与前面的不可知论在思路上完全是一致的。人性在根本处有一个通乎神性的维度,人之为人就在于他分享了部分神性,这才是人敬神的真正根源所在。这个根源,或者说这种解释思路,比耶格尔、格思里前面所设想的出于社会实践的某种实用主义考量更为根本。

只有把握到其不可知论中隐含着的人神亲缘,我们才能够在普罗泰戈拉与无神论、疑神论之间划清界限,后两者是直接或间接地否认了神的存在,而普罗泰戈拉的不可知论中则显示了一个更加深刻意义上的神的维度。

那么人到底分享了神的什么东西才使人与一般的动物区别开来?柯费尔德将这个东西解读为智慧是恰当的。"这种神圣的分配,或者说人开始分享的莫依拉与其说是作为礼物的火,尽管其中也包括火,不如说是总与神圣相联系的智慧,与神有亲缘关系可能是因为人类分享了神圣的智慧的缘故。"[③]

当然,如何理解这里的"智慧"不仅是神学同时也是哲学的关键问题。这个问题我们在普罗泰戈拉那里还难以从正面展开论述,但是可以知道它有别于人的感性认知,也有别于一般的理智思辨,正因为如此,普罗泰戈拉对神采取了悬置的态度。在普罗泰戈拉的视野中,理智或逻各斯只是概念思辨,人的感觉也只是泛泛接受外部世界。它们都不可避免让人陷入相对主义、怀疑主义的泥潭之中,不仅不能让人接近神,反而如一般智者所做的那样,对神采取了某种理性主义的还原,并且从根本上否认了神的存在。与一般智者不同,普罗泰戈拉在面对神的时候采取了一种保守的姿态。这个姿态正是普罗泰戈拉思想的深刻性所在,也是他超出一般智者的地方。

---

① 柯费尔德:《智者运动》,第188页。
② 参见柯费尔德:《智者运动》,第188~189页。
③ 柯费尔德:《智者运动》,第189页。

四、苏格拉底对智慧的寻求

苏格拉底是西方哲学史上一位里程碑式的人物。从苏格拉底开始,希腊哲学研究方向发生了一个从天上到人间的转变。亚里士多德明确提及这个转向,他认为苏格拉底和之前的自然哲学家不同,“在苏格拉底时代在方法上有个重大突破,但是放弃了对自然的研究,哲学家转而关注实践的善与政治科学。”[①]他在《形而上学》中明确将这个转向归之于苏格拉底。“但是当苏格拉底忙于伦理问题以至于完全忽视了整个自然,并且在它们之中寻求普遍的东西,将人类的心灵第一次引向定义,柏拉图在接受这种教导的同时得出了这样的结论,即它只能适用于非可感的世界:他提出的理由是,普通的定义不能够用于任何可感的东西,因为它们总是处于流动变化之中。”(987b1)[②]罗马时期的西塞罗对此也作了一个经典的概括,“从天上拉回人间”的说法就是由他提出的:“苏格拉底曾授业于阿那克萨哥拉的弟子阿基劳斯,在他之前的古代哲学研究数和运动,以及研究万物产生于它又复归于它的源头,这些早期的思想家专注于考察天体的大小、间距和轨道。但是,苏格拉底第一个将哲学从天上拉回到人间,将它引入城邦甚至家庭之中,让它去考察生活和道德、善与恶的问题。”[③]

因此希腊哲学到苏格拉底这里发生了两种重要的变革:一个是研究领域的转变,从自然转向人间(伦理);另一个是方法上革新,第一次提出了普遍定义的问题。这两方面当然不是分开的,合而言之,苏格拉底就是要追问人伦之本到底是什么。这个追问与早期自然哲学家——尤其是与科学理性传统——对宇宙本原的追问不只是追问对象的不同,并不仅仅是从天上转向人间。因为这个“转向”转向了追问者本身,这就使得这个追问的性质发生根本的转变。这不是一种泛泛的外在考量或界定,而是直接关涉人的生存本身。这是苏格拉底与早期自然哲学家的不同。

1. 对自然哲学的批评

对于这个转向的原因,色诺芬与柏拉图都有记载。根据他们的记载可以看出,苏格拉底曾经关注过自然哲学,并且有可能还受教于自然哲学家。但是他很快就对自然哲学表示了失望。在他看来,自然哲学关注的问题有些好高骛远,不能直接改善人的生活,因此是无用的;其次,自然哲学家在设想宇宙本原的时候往往陷于相互无止境的争论之中,不能达成一致意见,因此也是毫无结

---

① Guthrie, *A History of Greek Philosophy*, Vol. 3, p. 417.

② Guthrie, *A History of Greek Philosophy*, Vol. 3, p418.

③ Guthrie, *A History of Greek Philosophy*, Vol. 3, pp. 418-419.

果的。[①] 他就在工场里和集市中从哲学上讨论伦理问题，因为他确信对自然的研究对于我们毫无意义。[②] 柏拉图在《申辩篇》中也明确记载，苏格拉底本人对于自然哲学的知识没有兴趣。"如果有人真的精通这样的知识，那么我并不轻视它，我不想再受到美勒托对我提出的法律起诉，但是先生们，事实上我对这些知识毫无兴趣。"(《申辩篇》19B)[③]根据柏拉图的记载，我们可以进一步看出，苏格拉底所关注的"本原"与自然哲学家所理解的本原不一样，这是两种不同的"原因"。在苏格拉底看来，自然哲学家所设想的世界的"本原"仅仅是构成世界的最终材质，并不是他心目中的"真正的原因"，他这样批评阿那克萨哥拉的自然哲学的本原观："我的朋友，我这个美妙的期望很快就落空了。读着读着我发现他并不用努斯，不用任何真正的原因来安排事物，只是提出气、以太、水以及其他一些莫名其妙的东西当作原因。"(《斐多篇》98B～C)[④]

在与自然哲学家的关系上，赫拉克利特是个例外。在《名哲言行录》中，第欧根尼·拉尔修记载了一段他对赫拉克利特的评论。与对待其他自然哲学家不同，他给予了赫拉克利特很高的评价。"有人说，欧里庇得斯曾把赫拉克利特的文稿送给他看，问他：'有什么看法?'他回答说：'我理解了的部分是优良的，而且我敢说，我没有理解的部分也是优良的。但它需要一个得洛斯岛上的潜水者潜入到它的深部。'"[⑤]苏格拉底对赫拉克利特的评价回过头来印证了我们前面对赫拉克利特的解读，即他的思想代表了一种与一般自然哲学家的科学理性完全不同的哲学理性。

2.关注人的 arete

苏格拉底所关注的真正的原因是什么呢?

---

① 色诺芬说："但从来没有人看见过苏格拉底做对神明不敬虔的事，或者说什么亵渎神明的话；因为他并不像其他大多数哲学家那样，辩论事物的本性，推想智者们所称的宇宙是怎样产生的，天上所有的物体是通过什么必然规律而形成的。相反，他总是力图证明那些宁愿思考这类题目的人是愚妄的。首先，他常问他们，是不是因为他们以为自己对于人类事务已经知道得足够了，因而就进一步研究天上的事情，他们还以为尽管他们完全忽略了人类事物而研究天上的事情，他们还以为自己做得很合适。更令他感到惊讶的是，他们竟不能看出，对于人类来说，不可能是自己满足于这一类事情，因为即使那些以研究这些事为夸耀的人，他们彼此的意见也互不一致，而是彼此如疯如狂地互相争执着。……因此，在那些考虑宇宙的本性的人中，有的人就以为一切的存在就是一，而另一些人则以为有无数的世界；有的人以为万物在永远运动着，另一些则以为没有一样东西是动的；有的以为万物实在发生着并腐朽着，另一些则以为没有什么东西是在发生或腐朽。关于这一类的哲学家，他还会问，是不是像那些学会了人们所运用的技艺的人们那样，他们希望为了他们自己，或是为了他们所愿意的人们而把他们所学会的技艺付诸实践，同样，那些研究天上事物的人，当他们发现万物是凭着什么规律实现的以后，也希望能够制造出风、雨、不同的节令以及他们自己可能期望的东西来，还是他们并没有这类希望，而是仅以知道这一类事物是怎样发生的为满足呢?"(色诺芬：《回忆苏格拉底》，吴永泉译，北京：商务印书馆，1986 年，第 4～5 页)

② 参见第欧根尼·拉尔修：《名哲言行录》，徐开来、溥林译，桂林：广西师范大学出版社，2010 年，第 77 页。

③ 《柏拉图全集》第 1 卷，王晓朝译，北京：人民出版社，2007 年，第 4 页。以下凡出自该书的引文只注标准索引号，另行标注者除外。

④ 汪子嵩等：《希腊哲学史》第 2 卷，第 373 页。

⑤ 第欧根尼·拉尔修：《名哲言行录》，第 78 页。

用格思里的话说,他关注的是人之为人、人之在世究竟意味着什么或为了什么。“他们对此给出的理由是他[苏格拉底]将人们从前苏格拉底哲学对物质世界本性的关注转移开去,而将注意力集中于人类生活问题。一般地说,他的教导是,研究宇宙的起源和终极物质、天体的组成和运动、地球的形状以及自然生灭的原因没有理解成为一个人意味着什么、人生在世为了什么目的等问题重要。”①汪子嵩等也指出,这是一种不同于自然界物质因果关系的“善德目的论”。“在对自然哲学的物质因果说表示怀疑,主张用善德目的论解释万物的生成问题上,柏拉图和苏格拉底是完全一致的。”②

苏格拉底的这个思想转向也并非凭空而来的。在智者时代,智者们广泛讨论的一个问题是,人的 arete 能不能传授。在希腊文中,arete 指的是任何事物的特长、用处和功能。每种事物,包括人、动物以及普通的自然物,都有其自身所独有的特性、品性、用处和功能,比如,马善于奔跑,鸟善于飞翔,房子用于住人,船用于在水上行驶,等等,这些独特的特性或功能就是这些事物的 arete。③因此,希腊人用arete所指涉的事物的特性或品性不仅是该事物所特有的,而且也是其所擅长的,是其特长、优点。“arete 指的是善于某事,希腊人在听到该词时很自然会询问:‘什么东西或谁的 arete?’”④因此,很自然的就有人的 arete 是什么的问题。在荷马史诗中就谈到人的 arete 的问题,在那里,arete 指的是人之为人的真正的、高贵的特性,这种东西甚至是普通人所不具备的,当宙斯夺取一个人的一般 arete 的时候,他就不再是他原来所是的人了。⑤ 因此,arete 是人之为人的高贵品性。

那么,人之为人的这种独特的、高贵的品性是什么呢?在不同的年代,古希腊人对于人特有的高贵品性有不同理解。在荷马的英雄时代,人们以勇敢作战为荣,谁最勇敢,谁就拥有最高的 arete。在梭伦时代,社会的公平、正义被认为是最高的品性,谁能做到公平、正义,谁就拥有 arete。在希腊哲学产生之后,人的理性灵魂被认为是人的高贵品性。到智者时代,希腊的城邦制度日渐成熟,政治才能和道德品性被认为是人的 arete。⑥ 刚才已经提到,在这个时代广泛争辩的一个问题就是人的这种政治才能与道德品性能否被传授。因此,到苏格拉底的年代,希腊人对于人的 arete 有哪些已经有多种不同的说法。从苏格拉底的对话中我们可以看到,被苏格拉底归之为人的 arete 的有正义、自制、智慧、勇

---

① Guthrie, *A History of Greek Philosophy*, Vol. 3, p. 417.
② 汪子嵩等:《希腊哲学史》第 2 卷,第 370 页。
③ 参见汪子嵩等:《希腊哲学史》第 2 卷,167~168 页。
④ Guthrie, *The Greek Philosophers: From Thales to Aristotle*, p. 8.
⑤ Jaeger, *Paideia: The Ideals of Greek Culture*, Vol. 1, p. 5.
⑥ 汪子嵩等:《希腊哲学史》第 2 卷,第 169 页。

敢、友爱、虔敬等等，因此，arete这个词在苏格拉底对话中一般译为德性或美德(virtue)。[①] 苏格拉底的哲学思考就是围绕人的德性展开的。他认为探讨人的德性是什么、如何实现人的德性是一个人活着的首要事情。这是个人和城邦最大的善。但是，智者们同样关心人的德性问题并言传身教。那么，苏格拉底在德性问题上有何独特的理解，他与智者的区别是什么呢？

3.与智者的区别

事实上，苏格拉底的所作所为一开始也被误认为与智者同属一类，在审判的时候人们也将智者的罪行加到了苏格拉底身上。这种做法不能说完全没有理由，在行为和思想方式上，苏格拉底与智者确有不少相似之处，他与智者一样，都对传统基于权威的习俗和法律的正当性提出质疑。比如，智者安提丰公开宣称社会的法律、制度是违背人性的自然法则的，是人类约定的结果，背后并没有什么神授的权利。[②] 而苏格拉底同样对传统习俗和制度进行了理性的反思。“事实上，苏格拉底是在破坏社会强制的道德，这种道德要求服从权威、尊奉习惯，它使得各种规模的人群(小至家庭，大至国家)凝聚在一起，这种情况贯穿了整个人类历史。”[③]因此，苏格拉底与智者的区别不仅是一个重大的学理问题，同时也直接关乎苏格拉底的“生死”。

如何理解他们的区别，对于把握苏格拉底的思想特色极为重要。在《申辩篇》中，苏格拉底首先就将自己与智者的所作所为作了划分，认为将智者的行为加诸他身上是一种“虚假指控”。“我指的是这样一些人，你们中间许多人自幼就受他们的影响，心中充塞对我的虚假指控。他们说，有个聪明人名叫苏格拉底，他既懂天文，又对地上的一切事物加以专研，还能使较弱的论证变得能够击败较强的论证。”(《申辩篇》17B)在拉尔修的记载中，苏格拉底对智者采取一种嘲讽的态度，也就是说，他对于智者那种诡辩是不屑一顾的。“当他看到欧几里德斯对人们争论不休的理论兴趣浓厚时，便对他说：‘欧几里德斯啊，你有能力跟智者相处，却根本不能与人相处。’”[④]

学界对于他们之间存在重大区别一般都没有异议，但如何解读这种区别才是问题的关键。汪子嵩等在《希腊哲学史》中总结指出，苏格拉底与智者之间存在如下几个方面的区别：

一是两种不同的人。虽然他们都关注人，但是智者所研究的人是一种只基于个人的感知经验和欲望的“只有自由意志的‘自我’个体”，而苏格拉底所关注的人是理性的人，“以智慧和知识为其本性”，并且希望凭借理性认知来确立和

---

① 由于“arete”一词同时指品德与本性，笔者以为在中文中译为“德性”更恰当，“美德”一词容易单纯指涉道德品德。

② 参见弗朗西斯·麦克唐纳·康福德：《苏格拉底前后》，孙艳萍、石冬梅译，上海：格致出版社，2009年，第25页。

③ 弗朗西斯·麦克唐纳·康福德：《苏格拉底前后》，第28页。

④ 第欧根尼·拉尔修：《名哲言行录》，第82页。

谐有序的社会秩序。

二是两种不同的认识论。智者是一种相对主义的感觉论,在知识观上缺乏建设性,不成系统。苏格拉底则将希腊的理性思维发展到反思理性思维本身的解读,并且“深刻地指出理性知识必当探求事物的本性、本质和原因”。

三是两种不同的道德观。智者的道德观以满足个人的欲望和利益为目标,没有更高的人生价值追求,不认可有稳固的社会道德原则。苏格拉底则在理性主义的基础上探求人的道德本性,“企图建立和谐有序的社会整体的人的道德价值体系”。

四是两种不同的政治理想。智者并没有形成系统的政治理论,他们提供的只是一些用于驾驭和迎合公众情绪的修辞术,因而成为政客的玩弄权术的工具。苏格拉底则主张政治统治的目标应该是“弘扬知识和道德,是灵魂向善”,而不只是玩弄权术。

五是两种不同的论辩术。智者的修辞学和论辩术是一种诡辩。苏格拉底则将其改造成一种“坚持理性原则、在思维矛盾运动中求得确定知识的辩证法”。[①]

以上区别是比较流行的观点,其关键点是在智者与苏格拉底的思想之间作出感性主义和理性主义的划分。但是在我看来,这些观点只是对于苏格拉底与智者之间思想差别的笼统印象,关键的地方还有待进一步探讨。前面已经指出,感觉相对主义仅仅是智者思想的一个方面,它忽略了那种基于逻各斯或言辞的诡辩带来的理智相对主义,后者对于智者来说可能是更为本质的。因此,简单地用理性来反对感性并不足以刻画出苏格拉底和智者中间的细微区别。毕竟,从表面来看,苏格拉底和智者确实很像,他也不断地和人辩论。辩论很大程度上都是概念的思辨,都是运用语词——逻各斯——的力量来试图说服别人。因此,要作出他们之间的区别,很关键的一点就是要对这两种论辩作出区别,为什么苏格拉底的论辩不同于智者们的论辩?这个问题显然是感性和理性的区别难以解决的。而且,在作出上述区别的时候,很多地方都将柏拉图与苏格拉底的思想相混淆,着眼于柏拉图的思想来对比智者的思想。比如认为苏格拉底提出了应该“探求事物的本性、本质和原因”的知识论思想,但是一般事物的“本性、本质和原因”并不是苏格拉底关注的对象,苏格拉底本人只是追问人的德性的本质,是柏拉图将这一思路推广到一般事物。

在道德哲学方面苏格拉底的确批评了智者的道德观,并且通过追问德性的本质来克服其相对主义和怀疑主义的后果,但是同样明白的是,苏格拉底在追问各种德性本质的时候最终并没有给出确定的答案或“定义”。那么,苏格拉底如何在道德哲学方面与智者的相对主义道德观划清界限,如何理解苏格拉底在

① 参见汪子嵩等:《希腊哲学史》第2卷,第396—399页。

对话中所揭示出来的新的道德根基才是问题的关键。而这个问题,在我看来,仅仅用理性主义是难以概括的。下面我们将看到,在苏格拉底的思想和行为中有许多非一理性的东西,他对梦、神谕以及对其"精灵"的态度是理性主义难以涵盖的,宣称无知也同样与纯粹的理性主义难以调和,而这些并非是其思想的次要方面。

在思想方法上也是如此,上一节已经提到,在智者与苏格拉底的论辩方法之间作了诡辩与辩证法的区别,即苏格拉底的是辩证法,而智者们采用的是诡辩或雄辩。但是,辩证法(dialectics)一词的原本含义就是"用问答的方法进行讨论"[①],而这恰恰是智者们常用的方法,因此,两种方法在形式上并无实质的区别。柏拉图也认识到诡辩中采用的诘难的方法也可以是辩证法的组成部分(参见《斐多篇》85C~D,《理想国》534B~C),这就意味着诡辩与辩证法有相互交织的地方。亚里士多德在《修辞学》中提出诡辩的特点在于他们的论辩基于"抽象的可能性"(1402A24~25),这同样不足以与辩证法作出实质区别,因为论辩本来就要穷尽各种可能性,就可能性而言,抽象的可能性与实际的可能性并无太大的区别。如格思里所指出的逻各斯的力量是中性的,"逻各斯具有至上的力量,并且它是中性的"[②]。既然如此,就不能简单地说智者利用语词的逻各斯进行的辩论是诡辩,而苏格拉底的是一种"求得确定知识的辩证法"。

苏格拉底与智者的区别,既不在于其方法,也不在于其内容,而在于其思想的目标不同。苏格拉底的思考是求真理,而智者,正如柏拉图所指出的,智者的论辩或诡辩的目的仅仅是在辩论中获胜,他们可以对同一主题采取两种不同的态度。(参见《泰阿泰德篇》167E)至于是肯定它还是否定它,完全依赖于他们个人的选择,而不是对真理本身的关切。[③] 因此,智者之沦为相对主义的关键在于他们根本不关心真理,而仅仅为了在论辩中取胜或取乐而故意提出一些与他人相反的论题。苏格拉底的论辩则不同,它们都指向"真理"。

要理解苏格拉底与智者的差别,就需要准确把握什么是苏格拉底心目中的真理。

4. 什么是苏格拉底所关心的真理?

在《申辩篇》中,苏格拉底对普通人只追求名利的做法提出了批评,认为人生中更重要的应该是思考真理、关注理智和灵魂的完善。对智慧的寻求是苏格拉底哲学活动的终极目标。"你只注意尽力获取金钱,以及名声和荣誉,而不注意或思考真理、理智和灵魂的完善,难道你不感到可耻吗?"(《申辩篇》29E)这些东西可以给人的灵魂带来最高的幸福,而这正是苏格拉底毕生所追求的东西,也是其哲学活动的最终目标。"因为我把自己所有的时间都花在试探和劝导你

① 柯费尔德:《智者运动》,第68页。

② Guthrie, *A History of Greek Philosophy*, Vol. 3, p.180.

③ 参见柯费尔德:《智者运动》,第71页。

们上,不论老少,使你们首要的、第一位的关注不是你们的身体或职业,而是你们灵魂的最高幸福。”(《申辩篇》30A～B)因此,在苏格拉底眼里,只有这种关于人的灵魂的善的认知和实现才是真正的真理。苏格拉底把这种知识称为智慧,“先生们,我得到这种名声无非就是因为有某种智慧。我指的是哪一种智慧?我想是人的智慧”(《申辩篇》20D)。这种与人的生存、生活本身密切相关的智慧与早期自然哲学家关于世界“本原”或原因的设想有本质的区别。

苏格拉底所关注的真理或其所追求的人生智慧充分体现在“德性即知识”这一命题所包含的思想之中。这一命题的基本思路是,知道善的人会自愿行善,没有人会自愿作恶,人之所以会作恶,是出于对善的无知。苏格拉底有关各种德性(比如正义、勇敢、自制、智慧、虔敬等等)的对话最终都归结到这个命题上,即任何德性,只有真正知道它是什么的人才能真正拥有它。色诺芬在他的回忆录中对苏格拉底的这一思路有比较清晰的记载:“正义和一切其他德行都是智慧。因为正义的事和一切道德的行为都是美而好的;凡认识这些事的人决不会愿意选择别的事情;凡不认识这些事的人也决不可能把它们付诸实践;即使他们试着去做,也是要失败的。所以智慧的人总是做美而好的事情,愚昧的人则不可能做美而好的事,即使他们试着去做,也是要失败的。既然正义的事和其他美而好的事都是道德的行为,很显然,正义的事和其他一切道德的行为,就都是智慧。”[①]

策勒尔在《古希腊哲学史纲》中提及,苏格拉底的这一思想还有其文字上的渊源,即在希腊语中,“ε ὖ”这个词同时具有“行善”和“走运”的意思,而“Κακω ς πρ ἀ ττειυ”这个词则同时具有“作恶”和“倒霉”的意思。“我们必须记住这两个有双关含义的希腊词——一种道德上的意义,一种物质上的意义——ε ὖ和Κακω ς πρ ἀ ττειυ恰好同样表达两个意思,前者指‘行善’与‘走运’,后者指‘作恶’与‘倒霉’,苏格拉底确信,只有一种真正的不幸——那就是作恶,也只有一种真正的幸福——那就是行善。由于没有人想要使自己不幸,或坑害自己,因此也就没有人自愿作恶。认识到善是什么的人就会行善,这里所说的‘认识’,他当然不是指一种纯粹理论的认识,这种纯粹理论的认识只要求人们学会,而是指建立在对生活中真正有价值的东西的极其深刻的洞察和实现之上的一种不可动摇的信念,像他本人所具有的那种信念。因此,这种对‘善’的认识的反面不是谬误而是自我欺骗。唯有在这个意义上,苏格拉底的基本伦理学原则才可以称为一种理智决定论。”[②]因此,在苏格拉底看来,善可以直接导致幸福,而恶则意味着不幸。“我把那些高尚、善良的男男女女称作幸福的,把那些邪恶、卑贱的人称作不幸的。”(《高尔吉亚篇》470E)这样一来,就很好理解为什么无人

① 色诺芬:《回忆苏格拉底》,第117页。

② 爱德华·策勒尔:《古希腊哲学史纲》,第109页。

会自愿作恶了,因为谁会自愿让自己陷于不幸的生活之中呢?

因此,苏格拉底"德性即知识"中的"知识"主要是指对人自己本性的认知,而不是一般泛泛的理论知识。"苏格拉底说的'美德即知识'中的'知识'主要是指能认识人自己的本性。"[①]因此,"认识你自己"就构成了苏格拉底有关德性思想的出发点。"那么,岂不是很显然,人们由于认识了自己,就会获得很多的好处,而由于自我欺骗,就要遭受很多的祸患吗?"[②]

因此,在道德哲学方面苏格拉底不同于智者,他在质疑传统权威的同时,通过审视人的本性,为道德法则寻找到了新的根基。这一新的根基既不在神,也不在权威或习俗,也不来源于智者所宣称的"约定",而是植根于人心之中。"或者更准确地说,苏格拉底已经超越了这种重视限制和禁止的道德而悟到另一种不同类型的道德,这就像'山上宝训'对西奈律法的超越一样。这种新道德源于心灵自身,我们可以称之为期望精神完善的道德。如果精神完善被当作生活的目的和幸福的秘诀,如果每个人的心灵都能悟到自身的善,那么行为就不能由任何外部强加的统治准则所控制。"[③]因此,要成为一个有德性的人的关键就是要去重新认识自己。这是苏格拉底思想的主要贡献所在,即他为道德发现了一个新的根基。他的所作所为就是向人宣传这一新的道德原则。"苏格拉底发现了一种新的道德原则,并且毫无畏惧或妥协地宣扬它,这就招致了社会的不满,因为社会是依靠传统道德生存的,苏格拉底的理论有可能打破其社会限制。"[④]

对于这一新的道德哲学,后人也有不少批评。最典型的就是亚里士多德对他的批评与改进。亚里士多德从两方面批评了苏格拉底的上述思想。一方面,他认为苏格拉底没有注意到理论科学与实践科学之间的区别,简单将知善等同于行善。他在《欧德谟伦理学》中写道:

> 高年的苏格拉底以关于美德的知识为目标,常常探讨什么是正义、勇敢以及各种美德。他这样做是有道理的,因为他认为所有的美德不过是各种知识而已,所以知道了正义同时就是正义的人;因为当我们学会几何学和建筑学时我们也就是建筑师和几何学家了。所以他只探究美德是什么,而不探究美德是如何或从哪里产生的。就理论性知识说,他的看法是对的,因为天文学、物理学或几何学,除了知道和深思作为这些科学的主题的事物的本性外,没有其他部分……但是生产性科学的目的不同于理论性科学,例如健康不同于医学,法律、秩序等类似的东西不同于政治学。知道某种高尚的东西本身诚然是高尚的,但是涉及美德,至少不只是要知道美德

① 汪子嵩等:《希腊哲学史》第2卷,第436页。

② 色诺芬:《回忆苏格拉底》,第149～150页。

③ 弗朗西斯·麦克唐纳·康福德:《苏格拉底前后》,第28～29页。

④ 弗朗西斯·麦克唐纳·康福德:《苏格拉底前后》,第29页。

> 是什么，而且要知道美德从哪里产生才是最高尚的。因为我们不只是要知道勇敢是什么，而是要成为勇敢的人，不只是要知道正义是什么，而是要成为正义的人。(1216b1～23)[①]

他在《大伦理学》(1182a1～7)中也明确指出知道美德与拥有美德的区别，知道什么是正义、什么是勇敢，并不意味着一个人马上就能成为正义的人、勇敢的人。

柏拉图在《小希庇亚篇》(370E～376B)中根据“德性即知识”的观点得出一个令人难以接受的结论，即有意为恶的人比无意为恶的人更善，理由是，有意为恶的人知道行为本身是恶的，而无意为恶的人则没有这种知识，正如有能力跑得快的人故意跑得慢比没能力跑得快而只能跑得慢的人更好一样，前者自然比后者更好。这个推论显示了苏格拉底哲学中隐含着一个道德悖论或思想困境。

对于此困境，汪子嵩等的看法是，苏格拉底在这里将事实判断的好坏与道德判断的善恶相互混淆。“苏格拉底提出的自觉为恶优于不自觉为恶的论点实际上是将事实判断的好或坏和道德判断的善与恶混淆起来了。”[②]因为，跑得快慢中的好坏只是一个事实判断，它不等同于道德行为中的善恶，后者必须联系相关行为者的动机和目的来考察。但是，在柏拉图的上述推论中，跑得快慢仅仅是一个类比，不意味着苏格拉底将跑得快的好混同于行为道德上的善。上述推论的关键在于知善比不知善好，因此，同样是为恶，但是知善的人为恶就比不知善的人为恶要好，毕竟，原则上知善的人有为善的可能，并且，他还知道自己的行为是恶的，这就比不知善的人为恶要好，后者根本没有向善的可能性。

亚里士多德对苏格拉底上述思想的另一方面的批评也是基于理论知识与实践经验的区别。他指责苏格拉底没有注意到灵魂中理性部分与非理性部分的区别。“苏格拉底对美德这个题目讲得比较好，有进展，但他也是不成功的。他惯于使美德成为知识，而这是不可能的。因为所有的知识都涉及理性，而理性只是灵魂中的理智部分。在他看来所有美德都在于灵魂的理性部分，他遗弃了灵魂的非理性部分，因而也就遗弃了情感和性格。他研究美德在这方面并不成功。后来柏拉图将灵魂分为理性部分和非理性部分，并赋予各自相应合适的美德，他这样做是对的。”(《大伦理学》1182a15～26)[③]由此我们可以进一步确证，苏格拉底的“知识”在亚里士多德眼里是一种纯粹的理智知识，与灵魂中的理性部分相对应。

因此，从表面看来，这个苏格拉底道德困境确实是存在的，这和亚里士多德的指责道理是一样的，苏格拉底将知善与行善直接等同，而事实上知善与行善则是两件不同的事。但问题在于，苏格拉底思想最大的创新处就在于提出一种

---

① 转引自汪子嵩等:《希腊哲学史》第2卷，第437～438页。

② 汪子嵩等:《希腊哲学史》第2卷，第440页。

③ 汪子嵩等:《希腊哲学史》第2卷，第441页。

知行同一的道德观，理解苏格拉底哲学思想的关键一点就在于如何领会一种知行合一的道德观，因此以知行有别的观点来批评苏格拉底是不恰当的。

叶秀山在《苏格拉底及其哲学思想》中从知行合一的角度出发为苏格拉底的思想作了辩护。“从这里，我们还可以回到亚里士多德对苏格拉底的批评。亚里士多德把一切都经验化了，他所谓的‘知识’是指经验的知识，因而有理论性知识和实践性技术之分，而在苏格拉底那里，‘知识’即真理，是对理念的把握，本不含有感觉印象在内，因而只能是定义性的逻辑知识，从这样的角度说，‘知善必行’，‘知’、‘行’是完全同一的。只有涉及感觉经验对象的知行，才有真假，而这在苏格拉底（柏拉图）那里，只是‘意见’。所以，在绝对的意义上，‘知识’与‘从知识出发的行为’是统一的。理性不能脱离理性自身的功能，只是不能脱离知识的功能，‘善’的功能在于实现理性的目的，因而‘善’的知识与‘善’的行为在原则上是一致的。”[①]但是，他将苏格拉底的“知识”解读为定义性的逻辑知识，从而使得德性问题就像几何学一样，知道几何学知识就等于成为几何学家。这一辩护已经以亚里士多德的批评——理论性科学与实践性科学之间的区别——为着眼点了，而这个区别，在我们看来，已经完全误解了苏格拉底对“知识”的理解，并且将德性问题完全还原为定义性的逻辑知识，不符合苏格拉底的意图，毕竟，德性问题怎么能够成为一种与行为无涉的理论性“思考”呢？苏格拉底思考德性问题或其哲学活动的目标并不只是建立一门有关德性的理论科学，而是让人、让自己去关心自己的灵魂，从而成为一个有德性的人，在他看来，这样的人生才是值得过的、才是最幸福的。叶先生的这个误解也不是偶然的。由于亚里士多德的影响，理论知识与实践知识的区别已经构成了大家解读苏格拉底哲学思想的一个出发点，而忽视了苏格拉底本人思想中所含有的独特的“知识”观。

希腊哲学研究者康福德、格思里等也都注意到了苏格拉底心目中“知识”观的独特性，他们都将这种知识称为“自觉”（self-knowledge），一种对人类自身本性的领会。康福德在《苏格拉底前后》中指出，苏格拉底哲学活动的目标在于完善人的心灵或精神，因此，传统自然哲学家有关世界起源与构成的思考在他看来是“无用的”，因为这些知识即使获得也无助于理解精神完善的本质以及获得通向它的方法。而“德性即知识”中的知识针对的就是这种有关人类精神完善的知识。“苏格拉底有一句著名的悖论，通常译作‘美德即知识’（virtue is knowledge），上面所说的知识就等同于这句话中的‘知识’。从另一个角度看，这种知识可以称作‘自觉’（self-knowledge）——即对每个人的自我或心灵的认识，心灵的完善才是生命的真正目的。”[②]格思里在《希腊哲学史》中也提出，苏格

① 叶秀山：《苏格拉底及其哲学思想》，北京：人民出版社，1986 年，第 148 页。

② 弗朗西斯·麦克唐纳·康福德：《苏格拉底前后》，第 23 页。

拉底“德性即知识”这一命题至少包含如下两个方面的含义:一方面,它针对的是有关人生目标(即人为什么活着这个终极目的)的知识,另一方面,这一知识关系到对人的自身本性的认识。“如果苏格拉底主张德性是知识,不管他是否相信他自己或任何人曾拥有它,他对该种知识的对象必然有所领会。虽然只是一个对象,但它有两个方面。一方面,它是那种关于人生目标和目的的知识……其次,这种知识是一种自觉(self-knowledge)。我们已经看到,苏格拉底有关定义的概念是目的论的:知道事物的本性就是知道它的功能。如果我们能够理解我们自己的本性,因此,我们就应该知道什么是我们生活的正确自然的目标,而这就是那种能够给予我们所寻求的德性(arete)的东西。”①

在苏格拉底看来,人类的独特性不在于他的身体,而在于其心灵。“德性”(arete)这个词在苏格拉底这里标识的是人的心灵的内在本性,而不是我们后来意义上的各种具体的道德品德。德性比一般的道德品德更源始,它是后者的根基。康福德认为这是一种能够区分善恶的洞察力,“苏格拉底的发现就是,真正的自我不是肉体而是心灵。他说心灵是指那种洞察力之所在,它能够区分善恶并且一贯正确地选择善。‘自觉’(self-knowledge)指的是对这个真正自我的认识”②。因此,他建议我们最好不要把“arete”这个词译为“virtue”(美德)。“在谈到精神的完善时,希腊人使用了一个普通的词‘德性’(arete),这个词最好不要译成‘美德’(virtue)。”③

因此,为善乃是符合并出自人类本性的事情。一个人如果能够洞察到这一点,他自然就不会作恶,因为这不合其本性。做顺其本性的事情,一个人才能感到真正的快乐和幸福。“苏格拉底主张幸福能够在他所谓的‘心灵的完善’(the perfection of soul)中找到。这种‘心灵的完善’就是使一个人的心灵尽可能地‘善’(good),他还认为,从严格意义上说,人们渴望的所有其他目的,就其本身而言,都是没有价值的。如果这些目的值得追求的话,他们也只是达到心灵完善的方法。”④这才是“德性即知识”这一命题所要表达的思想。

但是,以上只是表达了苏格拉底哲学思考的基本倾向。问题依然在于,苏格拉底有关人类本性的思考为什么从根本上就不可能是亚里士多德所指责的那种纯粹理性知识,或一种概念化了的精确知识?毕竟,苏格拉底与他人对话的一个基本模式就是追问某某德性是什么,比如正义是什么、勇敢是什么等等。难道苏格拉底不是在追寻人性的准确定义因此在追寻一种有关伦理道德的概念化的理性知识?

因此,要恰如其分地领会苏格拉底所追寻的智慧,我们还需重新审视他的

---

① Guthrie, *A History of Greek Philosophy*, Vol. 3, p. 459.
② 弗朗西斯·麦克唐纳·康福德:《苏格拉底前后》,第30页。
③ 弗朗西斯·麦克唐纳·康福德:《苏格拉底前后》,第30～31页。
④ 弗朗西斯·麦克唐纳·康福德:《苏格拉底前后》,第24页。

"知识"观。

五、知识的本性:知与无知

在寻求智慧的过程中,苏格拉底发明了一套自己独特的方法。与智者号称任何事物可以有正反两个截然不同的说法不同,苏格拉底采取了一种对事物本性追根究底的做法。他希望以"是什么"方式弄清事物的本性,尤其是人之为人的基本德性。这一独特的追问方式,进一步将苏格拉底的方法与智者的相对主义划清了界限。

1. 亚里士多德的解读及其问题

对于苏格拉底的思想方法特征,亚里士多德有过一个经典的评价。这个评价构成了后来学者解读苏格拉底思想的基本切入点,并且很大程度上也因为这个原因使得苏格拉底成了希腊理性主义的始祖。我们先看一下亚里士多德的评论:

> 苏格拉底忙于研究伦理问题而忽视了作为整体的自然世界,只在伦理方面寻求普遍的东西,开始专心致志寻求定义。柏拉图接受他的教导,但是认为不能将它应用在感性事物上,只能应用于另一类东西;理由是可感觉的事物总是永远在变动中的,所以共同普遍的定义不能是有关感性事物的定义;这另一类东西他就叫作"相"。(987b1~8)
>
> 有两件事可以公正地归于苏格拉底,即归纳的论证和普遍的定义,这二者都是知识的出发点;但是苏格拉底并没有将这个普遍的东西或定义看作是分离存在的东西,而他们[那些肯定"相"的人]却将它们看作是分离存在的,这就是他们称为"相"的那种东西。(1078b27~32)[①]

根据亚里士多德的解读,苏格拉底哲学活动的两个主要特征在于:一是放弃研究对整体进行玄思,而只关注伦理问题;二是以定义的方法来寻求伦理上普遍的东西。多数哲学史家也都从这两个方面来看待苏格拉底的哲学。"亚里士多德的这样两条论述,多数哲学史家认为是对苏格拉底哲学思想的最扼要的概括,同时也将苏格拉底和柏拉图的哲学思想区分开来了。"[②]格思里也基本上从这个角度来概括苏格拉底思想方法的特征。他认为,苏格拉底受过科学影响,虽然放弃了科学研究,但是吸取了科学思维方式,正因为如此,亚里士多德才认为科学思维方式的形成和发展受到苏格拉底很深的影响。另外,也正是这个方法标志了苏格拉底与智者的本质区别,避免了相对主义和不可知论的结

① 汪子嵩等:《希腊哲学史》第2卷,第347~348页。
② 汪子嵩等:《希腊哲学史》第2卷,第348页。

论。“苏格拉底放弃科学研究而只关注伦理问题,放弃研究自然而只寻求实践原则。但是,可能由于他早期的科学研究,他主张伦理自身是一个需要应用严格科学方法的精确知识的领域。对于这种方法,亚里士多德相信科学应该归功于他,同时又抱怨苏格拉底将它用于一个不合适的领域。……这个方法是什么,我们下面再考察,现在只需首先指出正是在这里我们可以在苏格拉底和智者之间作出本质区别。”①

近代研究者一般也跟随亚里士多德的思路,认为苏格拉底发动了一场思想的革命。比如策勒尔在他的《希腊哲学史》中指出:“概而言之,知识观念的形成是苏格拉底哲学的一个中心。”②格思里进一步提出,苏格拉底与巴门尼德一样,都开启了一种新的思维方式,一个在存在论领域提出普遍性问题,一个是在伦理领域提出普遍性问题。③ 国内希腊哲学专家汪子嵩等也从亚里士多德的视角出发对苏格拉底的“知识”观进行了评述,认为苏格拉底倡导了一种“科学理性精神”,是西方理性主义的开创者。“苏格拉底要驳斥智者强调感觉、倡导相对主义的理论,便倡导理性,认为人通过理性认识的真理带有绝对性。他是西方理性主义的开创人。”④

关于亚里士多德对苏格拉底的两点概括,第一点没有问题,即苏格拉底哲学活动的焦点不在自然哲学,而在伦理学。从表面形式看来,第二点也是正确的。不错,在苏格拉底看来,要知道人们行为的对错,首先需要知道正义、善、虔敬、勇气等其他德性是什么。如果将这种追问“是什么”的方式称为定义的话,那么苏格拉底确实在用定义的方式来探讨人的德性问题。他的方法一般包括两个步骤,首先列举一般在人们看来具有相关德性的行为,然后考察这些行为,看它们所共有的品质是什么,以此作为该德性的定义。这是一种与动物学、植物学类似的科学分类法,一种从个别中归纳出普遍之物的归纳方法。当然,苏格拉底在这里寻求的是人类的行为的分类。⑤ 因此,苏格拉底与人探讨德性问题的过程中的确暗示了一般与个别或普遍与具体的区别,而正是这个区别,我们知道,真正开启并引发了西方理性主义思潮。此后,西方哲学一个核心问题就是要尝试解决普遍的东西如何存在及其与具体事物的关系问题。

但是,深究苏格拉底的哲学活动,就会发现上述解读存在如下问题:既然苏格拉底要寻求伦理问题上的普遍定义,但是为什么苏格拉底没有给出过一个有关德性的准确定义呢?

众所周知,在柏拉图的早期对话中,苏格拉底对话往往都以追问某某德性

---

① Guthrie, *A History of Greek Philosophy*, Vol. 3, pp. 424-425.
② 转引自汪子嵩等:《希腊哲学史》第 2 卷,第 414～415 页。
③ Guthrie, *A History of Greek Philosophy*, Vol. 3, p. 458.
④ 汪子嵩等:《希腊哲学史》第 2 卷,第 410 页。
⑤ Guthrie, *A History of Greek Philosophy*, Vol. 3, p. 433.

“是什么”为出发点，但是，对话的结果却都没有给出任何肯定的答案。柏拉图在《理想国》中指出，苏格拉底的一个常用策略是佯装无知，“他自己从不给出正面答案，而只让人家提供答案然后他来驳斥它”(《理想国》337A)。色诺芬在《回忆苏格拉底》中也记载，苏格拉底的谈话经常给人一种故意嘲讽的感觉，即他明明自己知道答案，却故意去诘问别人[①]，并且说他“你总是在嘲笑别人，质问、驳斥着每一个人，这已经够了，而你自己却不肯把理由告诉任何人，无论关于什么事都不看把自己的意见说出来”[②]。尤其是在《申辩篇》中，当苏格拉底得知特尔菲的神谕说他是最聪明的时候，他一再宣称自己是无知的。“我非常明白我是没有智慧的，无论大小都没有。”(《申辩篇》21B～C)而且认为如果一定要说他比别人聪明的话，那么他的聪明就在于他知道自己的无知。“我们两人都无任何知识值得自吹自擂，但他却认为他知道些他不知道的事情，而我对自己的无知相当清楚。在这一点上，我似乎比他稍微聪明一点，因为我不认为自己知道那些我不知道的事情。”(《申辩篇》21D～E)

因此，如果苏格拉底哲学活动的目标是追寻伦理方面的普遍定义的话，就像亚里士多德所指出的那样，那么很难理解为什么苏格拉底没有给出过一个有关德性的最终定义。

当然，一般说来，这可能有以下两种原因：一是德性在根本上是难以被定义的；二是德性可以被定义，但是苏格拉底因为个人能力问题不足以完成它的定义。如果是前者，苏格拉底用了一种错误的方式来探求德性问题，从而他的整个哲学活动可能是徒劳的。亚里士多德看来就持这种看法。虽然他很欣赏苏格拉底提出了普遍定义的方法，但是他抱怨说苏格拉底把这种普遍定义的精确方法用于伦理领域，是不恰当的。如格思里所指出的，“很容易就可以看出亚里士多德的评价中有一丝失望，第一位把握对于科学思维不可或缺的方式的人竟然是一位放弃理论科学，关注伦理学的人。亚里士多德在伦理学著作中不知疲倦地提醒我们，在伦理学领域内既不能够也不应该要求科学的精确性”[③]。

如果是后者，那苏格拉底的哲学思想只能说还在半道上，只是开启了一种新的思维方式，但他自己却无力完成它，换句话说，他的思想还是未完成的。这是学界比较流行的解读。苏格拉底在对话中出现了一般与个别的对立，这一对立在以后的哲学家中(包括柏拉图、亚里士多德等)被不断深化，并以此构成了西方哲学的一个主导问题，就如格思里在《希腊哲学史》中指出的，苏格拉底提出了普遍性问题，但他没有解决它。[④] 汪子嵩等也指出，苏格拉底的普遍定义说

---

① 参见色诺芬：《回忆苏格拉底》，第14页。

② 色诺芬：《回忆苏格拉底》，第163页。

③ Guthrie, *A History of Greek Philosophy*, Vol. 3, p. 426.

④ Guthrie, *A History of Greek Philosophy*, Vol. 3, p. 458.

乃是柏拉图相论的雏形。[①]

但是,苏格拉底在对话中从未表现出因为没有给出一个确定的答案而不满,恰恰相反,他非常满足于在讨论的最后不给出答案,并认为这种考察方式乃是"一个人能做的最好的事情"。(《申辩篇》38A～B)考虑苏格拉底的这种自信,即对自己哲学活动的方法与内容的正确性的确信,很难认为他的哲学思考在关键的地方是悬而未决的。而亚里士多德批评苏格拉底将科学思维用于伦理领域是不恰当的,这更多是亚里士多德从个人思想角度出发对苏格拉底哲学活动的解读。在我们看来,这种解读很可能已经误解了苏格拉底的"知识"观。尤其是,作为一个追求伦理方面普遍知识的人,就像亚里士多德所解读的那样,那么苏格拉底如何还宣称自己在这方面是无知的,并且还要劝说别人认为自己在这方面也是无知的?

苏格拉底对待无知的态度更是亚里士多德这种经典解读难以克服的障碍。对于苏格拉底"知识"观或者理性观的考察如果不能恰如其分地将无知纳入其中,那么它就很难说是对苏格拉底思想特征的准确把握,因为无知在苏格拉底的"知识"观或理性观中扮演了一个极为重要的角色。正是它,将苏格拉底的理性与柏拉图和亚里士多德的理性主义划清了界限。

2.苏格拉底的无知

前面已经提到,苏格拉底对话的出发点是寻求某种德性的"定义",但是在具有苏格拉底典型特征的对话中,苏格拉底从没有给出过一个有关任何一种德性的定义或"是什么"的回答。"但是苏格拉底到底是正面给出了这些至关重要的德性的定义呢,还是他的一生都处于对这种知识的永不满足的追求之中呢?众所周知,那些可以明确称之为苏格拉底式的柏拉图对话一般都导向否定的回答,至少表面如此。在对话中给出一个又一个相关主题——如勇敢、自制、友爱、知识、德性——的可能定义,但是它们在考察后都作为错误的定义而被放弃,为此苏格拉底甚至自责自己在这方面无能为力。"[②]

事实上,对于这种"无能为力",苏格拉底并没有真正不满,相反,他对此还是挺满意的。表面上看来,苏格拉底对话的出发点是寻求德性的"定义",但是细读他与人的对话就不难发现,他的真正意图并不是让对方获得相关德性的"知识",而是通过对话或辩驳,让对方认识到自己在这方面是无知的,如格思里所指出的,"苏格拉底方法(即辩驳)的本质在于说服对话者在他认为他自己知道某些东西的地方事实上一无所知。美诺抱怨说它的最初效果类似于电击:人的心灵变麻了"[③]。苏格拉底在相关知识不能得到的时候并无不满表示。因此,对于最终不能给出德性的"定义"这个结局,苏格拉底是意料之中的。不仅让对

① 参见汪子嵩等:《希腊哲学史》第2卷,第402页。

② Guthrie, *A History of Greek Philosophy*, Vol. 3, p. 442.

③ Guthrie, *A History of Greek Philosophy*, Vol. 3, p. 447.

方知道自己在德性本性问题上是无知的,他甚至多次明确宣称自己是无知的。这一点在《申辩篇》中表现得尤为明显。在苏格拉底从凯勒丰口中得知特尔斐的神谕宣称他是最有智慧的人之后,他对此充满了困惑,因为他明确意识到自己是无知的。"我非常明白我是没有智慧的,无论大小都没有。"(21B～C)在苏格拉底通过与他人对话试图来发现神谕的真意之后,他依然明确宣称自己是无知的,"而我对自己的无知相当清楚"(21D～E)。

如果不恰如其分地考察"无知"在苏格拉底"知识"观中的地位,那么对其思想的把握很难说是恰当的。亚里士多德只注意到了苏格拉底对话所具有的外在形式的一面,即要寻求德性的普遍定义,但没有充分注意到贯穿苏格拉底对话始终的"无知"的底蕴:其对话的出发点乃是他被冠之以最聪明者的名号而他又深知自己是无知的,而其对话的结论乃是无论他自己还是对话者对于德性问题并无真正知识可言,换句话说,在德性问题上大家都是无知的。也许正因为如此,使得亚里士多德没有认真对待苏格拉底的"无知",认为这仅仅是一种谦虚的做法,虽然与夸夸其谈相比是一种更好的品德,但依然说不上真诚。"那些谦虚的人贬低自身的优点,他们的性格看来是极其可爱的,他们所以这样做,不是想占什么便宜,而是不愿夸耀。而正是这些人却得到了他们所摈弃的最大的荣誉,如苏格拉底就是这样做的。"(《尼各马可伦理学》1127b23～26)在亚里士多德看来,这依然是一种非真诚的形式,因此是需要指责的。① 对此,格思里提出了明确的批评,他认为我们没有理由怀疑苏格拉底的无知是真诚的。② "我们不应该将苏格拉底的无知作为一种不真诚的东西打发掉。"③

如果苏格拉底的无知是真诚的,我们又该如何解读它呢?

虽然格思里认为苏格拉底的无知是真诚的,但是也认为这是一种谦卑的态度。"它首先意味着一种心灵姿态,一种容易被误认为傲慢的理智的谦卑,既然真实的苏格拉底不仅确信自己无知,还确信整个人类都是无知的。"④但是,他比亚里士多德更进一步,提出苏格拉底这一谦卑的态度中有某种肯定性的东西。它暗示出,苏格拉底对话的任务并不是给人传输确定的德性知识,而是邀请他人一起加入对真理的寻求之中去。由于在对话中,很多可能的答案都是苏格拉底自己给出的,因此这就表明苏格拉底对于德性问题并无系统肯定的答案,但是这并不意味着苏格拉底的对话只有否定性的结果。首先,每个定义中都有某种程度的真理;其次,显示了某种理智的诚实;第三,显示了各种美德需要作整体考量。⑤ 格思里认为,这正是苏格拉底与一般智者不同的地方,虽然他们都认

---

① Guthrie, *A History of Greek Philosophy*, Vol. 3, p.446.
② Guthrie, *A History of Greek Philosophy*, Vol. 3, p.444.
③ Guthrie, *A History of Greek Philosophy*, Vol. 3, p.447.
④ Guthrie, *A History of Greek Philosophy*, Vol. 3, p.449.
⑤ Guthrie, *A History of Greek Philosophy*, Vol. 3, p.440.

为没有无争议的知识,但这只是他们的表面相似性,因为苏格拉底有一个根本的信念,即“知识在原则上是可能的”[①]。虽然苏格拉底在对话中驳斥了各种有关德性的通常见解,但是正是苏格拉底追求知识的准备性阶段,即放弃成见的过程,而这正是通向真理之路的第一步。因此,苏格拉底在对话中采取的无知的姿态本身就是在接近真理。

因此,根据格思里的解读,苏格拉底的无知是通向知识、通向真理的准备性解读,一个消除成见、虚心开放的心态,在这种解读中,无知依然只有否定性的价值,或阶段性的。

理查德·佰特(Richard Bett)对苏格拉底的无知作了更为详尽的分析。他根据柏拉图对话,将知识分为两类:一类是技能性知识,比如木匠、驯马师等人员所具有的本行业的知识,这是人们可以掌握和具有的,但是这些东西在苏格拉底看来是无价值的;另一类是伦理或德性知识,这是真正有价值的知识,这部分知识被认为是难以掌握的,苏格拉底的无知针对的是这部分知识。[②] 这种主张在《申辩篇》中随处可见,比如:“你只注意尽力获取金钱,以及名声和荣誉,而不注意或思考真理、理智和灵魂的完善,难道你不感到可耻吗?”(《申辩篇》29D)“因为我把时间都花在试探和劝导你们上,不论老少,使你们首要的、第一位的关注不是你们的身体或职业,而是你们灵魂的最高幸福。”(《申辩篇》30A~C)“不可一日不谈论善和其他各种主题,你们听到我和其他人谈论和考察这些事情,这确实是一个人能做的最好的事情,不经受这种考察的生活是没有价值的。”(《申辩篇》38A~B)“我试图逐个劝说你们不要把实际利益看得高于精神和道德的良好状态,或者更广义地说,把国家或其他任何事物的实际利益看得高于保持它们的良好状态。”(《申辩篇》36C~D)

但是,即使在《申辩篇》中,苏格拉底也宣称自己懂一些伦理知识,比如:“我不拥有有关死亡之后的真正的知识,我也意识到我不拥有这种知识。但是我确实觉得做错事和违背上级的命令是邪恶的、可耻的,无论这个上级是神还是人。”(29B~C)那么,他所认为他缺乏的是哪种知识呢?在《高尔吉亚篇》中,苏格拉底说船长知道如何将乘客安全地渡过海洋,但是这并不意味着对他们好,因为他不知道他们的身体乃至灵魂是否有不可治愈的疾病,对于这些人来说沉溺而死比安全过海更好。(《高尔吉亚篇》521A~B)在《高尔吉亚篇》中,苏格拉底一方面提到,他确信作恶比受恶更恶,这意味着他具有伦理知识,但是他又说:“我说的话始终一致,我不知道这些事情的真理,但我知道自己从前和现在遇到的所有人提出来的观点都失败了,而且显得非常可笑。”(《高尔吉亚篇》509A~B)

---

① Guthrie, *A History of Greek Philosophy*, Vol. 3, p. 449.

② Richard Bett, “Socratic Ignorance,” *The Cambridge Companion to Socrates*, edited by Donald R. Morrison, London: Cambridge University Press, 2011, p. 219.

据此，理查德·佰特指出，苏格拉底的无知并不是对伦理或德性知识一无所知，苏格拉底认为他缺乏的或不能掌握的是有关德性的"普遍领会"。"如果这是正确的，我们就可以设想我们可以拥有很多知识，甚至还可以拥有伦理知识，但是依然缺乏对这类知识的普遍领会。"[①]"如果苏格拉底所缺乏的知识，正如我所指出的，是一种系统综合的伦理知识……"[②]这种解释与苏格拉底经常追问的"……是什么"有关联，希望能够给出某种德性的定义或本性是什么，涉及勇敢、自制、虔敬、德性、友爱等等。因为在苏格拉底对话中，我们很容易注意到，对于一个具体行为是否勇敢、是否正义，这个并不难判断，难以给出结论的是普遍的勇敢是什么、正义是什么。在《欧绪弗洛篇》中苏格拉底给出了暗示，有关虔敬本性的知识可以给人一个系统的、可靠的指引，以此可以判断什么行为是虔敬的、什么行为不是虔敬的。因此，有关德性的知识就是指那种可以指导人如何生活的系统可靠的知识。[③] 在《吕西斯篇》和《大希庇亚篇》中，苏格拉底将知道 F 是什么与能否判断某个行为是否是 F 相等同。无论如何，对伦理或德性知识的把握，将有助于一个人把握伦理领域的问题。对德性的系统性知识，这是苏格拉底认为他自己所缺乏的。[④]

虽然格思里、佰特都批评了亚里士多德的解读，即将苏格拉底的无知作为一种谦虚从而是一种不真诚的态度，并赋予了苏格拉底的无知以某种肯定的因素。但他们还是没有完全走出亚里士多德为苏格拉底思想设定的基本框架，也就是说他们都认为苏格拉底对话的目的是寻求伦理方面普遍性的真理，而无知则是通向此普遍性知识（或"定义"）的一个必要环节，消除成见，保持一个谦虚的态度。理查德·佰特还在亚里士多德"普遍定义"的基础上加上了"系统的"，也就是认为，苏格拉底的无知指的是系统、普遍的伦理知识难以获得。因此，他们对苏格拉底知识观的理解和亚里士多德的思路是一致的，苏格拉底哲学活动所追求的、在他眼里有价值的是有关伦理德性的普遍知识。虽然他本人最终并没有解决这个问题，但如格思里所指出的，并不妨碍他相信这类知识原则上是可能的。因此，苏格拉底的"无知"在其思想框架中总的来说只具有否定性的价值，标志的是有关德性的普遍知识的缺失。

虽然佰特指出，知与无知之间的张力在多数近代学者那里并没有引起足够的重视[⑤]，并且和格思里一样，对苏格拉底的无知进行了专门的剖析，意欲将它与知识观建立内在的联系。但是，这些剖析，正如这里所指出的，依然是在亚里士多德对苏格拉底知识观的界定框架下进行的修订，而这个框架——认为苏格

① Richard Bett, "Socratic Ignorance," p. 221.
② Richard Bett, "Socratic Ignorance," p. 231.
③ Richard Bett, "Socratic Ignorance," p. 222.
④ Richard Bett, "Socratic Ignorance," p. 224.
⑤ Richard Bett, "Socratic Ignorance," p. 232.

拉底在寻求德性的普遍定义——在我们看来恰是对苏格拉底思想的最大误解。因为,根据这一界定,苏格拉底将不可避免地面临如下的两难选择:或者在德性领域中采用了一种错误的方法,如亚里士多德所指出的那样;或者苏格拉底还只是处在寻求真理的半道上,他对于真理本身依然是匮乏的、无知的,如格思里等学者所主张的那样。

但是,苏格拉底真的是在寻找德性的普遍定义吗?他会认为他仅仅处在寻求真理的半道上吗?换句话说,他会认为自己的思考乃是未完成的吗?

如果苏格拉底确实在寻找德性的普遍定义,那么他对于每次与人对话的结尾处不能找到答案应该是不满的,毕竟,这没有达到他哲学活动的目标,但是众所周知,苏格拉底并无这种不满。苏格拉底在相关知识不能得到的时候并无不满表示。这就意味着,即使苏格拉底是在寻求德性的普遍定义,那么他也事先已经知道这种关于德性的普遍知识是不可能的,而这就意味着,亚里士多德对苏格拉底的批评(认为苏格拉底在德性领域内使用了错误的方法)是不恰当的,因为他本人已经知道这种普遍知识是不可能的。但是,这样一来,苏格拉底与人进行的哲学对话多少有些故弄玄虚了。明明知道在德性领域内普遍定义不可能,还要诱导别人去界定各种德性!

苏格拉底不仅未表示不满,相反,他对这种没有结果的对话活动相当满意。佰特也明确指出了这一点。“大多数时间,苏格拉底看起来对于他追问(德性)的方式相当满意,尽管他与对话者一起不断地在追问中经历失败。事实上,他经常看起来将这种追问自身看作是有价值的、值得进行的练习,而不管是否有实际发现他所寻求的定义的希望。”①不仅如此,苏格拉底认为他的做法本身已经是最善的事情了。在《申辩篇》中,苏格拉底明确表示对德性的探讨以及对自身与他人的考察是最善的事情(38A～B),但是“在这里并没有暗示说知道相关问题的**答案**将赋予这项事业更大的价值。毋宁说,这种追问的生活本身就显然是尽可能善的生活了,不管它是否带来确定的结果;苏格拉底经常宣称的无知显然不会妨碍我们获得这种卓越的善的生活。”②

由此可见,苏格拉底的对话并不是未完成的,他对德性问题的探讨也并非停留在半道上,相反,在他看来,探讨德性问题的根本是认识到自己在这方面的无知。而这就是苏格拉底哲学活动的目标。无知在苏格拉底思想中具有终极性的意味。苏格拉底的无知并不是通过求知可以改进的,相反,他的对话是为了让人认识到自己的无知。苏格拉底并不认为他缺乏德性“知识”。苏格拉底的智慧就在于认识到自己的无知。这是他比别人聪明的地方,普通人在德性问题上无知却自以为知,这才是真正的无知。“我们两人都无任何知识值得自吹

① Richard Bett, “Socratic Ignorance,” p. 230.
② Richard Bett, “Socratic Ignorance,” p. 231.

自擂,但他却认为他知道某些他不知道的事情,而我对自己的无知相当清楚。在这一点上,我似乎比他稍微聪明一点,因为我不认为自己知道那些我不知道的事情。"(《申辩篇》21D～E)"真正的智慧是神的财产,而我们人的智慧是很少的或是没有价值的,那个神谕无非是他用来告诉我们这个真理的一种方式。在我看来,神并不是真的在说苏格拉底,而只是以我的名字为例,他就好像在对我们说,你们人中间最聪明的是像苏格拉底一样明白自己的智慧实际上毫无价值的人。"(《申辩篇》23A～C)

但是,如果这样的话,那么如何理解苏格拉底对话中有关"……是什么"的追问?为什么认识到自己的无知是善的?

这就涉及到苏格拉底对德性的领会。前面已经讲到,"德性"(arete)这个词在希腊文中的原义是"某物所擅长的东西",因此构成某物之为某物的根本,具体到人也是如此,苏格拉底有关德性的探讨指向的都是他对人之为人的思考。在他追问德性是什么的时候,同时也就在追问人之为人到底在于什么。这样一个终极性的问题,难以用"是什么"的方式给出。苏格拉底以"是什么"的方式对德性或某个具体德性所进行的追根究底的诘问,就是要不断地暴露出这个问题的根本性,它远远超出了人们一般所持有的看法或意见。"是什么"的追问方式乃是苏格拉底揭示德性问题根本性的方便法门,表明人们在这个根本的问题上并无确定的知识可言。苏格拉底的追问确有可能导致一般与个别的区分。但这只是其追问的过程中显示出来的"副产品",并非其思想的旨趣所在。首先明显的是,苏格拉底在这类追问中并不预期有人能够给出一个满意的答复。无法给出,并非能力不够,而是其中的确涉及了一个根本的哲学问题,一般与个别的关系问题。

因此,我们就必须重新审视苏格拉底的知识观、真理观以及其哲学活动的目标。苏格拉底的"无知"是假借神的名义而言的。要恰当理解知与无知的关系,还需要考察苏格拉底是如何理解神的。

六、敬神与智慧

神对于苏格拉底而言是一个"生死攸关"的问题,不仅关系到他的人生遭遇——以不敬神被起诉并被判了死刑,同时也密切关系到对他哲学活动的理解,他的这些活动是以神的名义进行的,因此要恰当理解苏格拉底的"知识"观,就必须考察他对神的态度。

在《申辩篇》中明确记载苏格拉底被起诉的原因主要有以下两处:

> 苏格拉底爱管闲事之罪,他对地上天上的事物进行考察,还能使较弱的论证击败较强的论证,并唆使其他人学他的样。(19B～C)
>
> 苏格拉底有罪,他腐蚀青年人的心灵,相信他自己发明的神灵,而不相

信国家认可的诸神。(24B～C)

色诺芬在《回忆苏格拉底》中也有类似记载：

> 苏格拉底的违犯律法在于他不尊敬城邦所尊敬的诸神而且还引进了新的神；他的违法还在于他败坏了青年。[①]

对于将智者的罪名加到了苏格拉底身上的指控，苏格拉底认为这是对他的“虚假指控”，他明确表示他本人对这类知识不感兴趣。“如果有人真的精通这样的知识，那么我并不轻视它，我不想再受到美勒托对我提出的法律起诉，但是先生们，事实上我对这种知识毫无兴趣。”(《申辩篇》19C～D)通过批评阿那克萨戈拉的观点，苏格拉底与自然哲学家的无神论划清了界限。“你真使我感到惊奇，美勒托。你这样说的目的是什么？你是指我不像人类的一般信仰那样相信太阳和月亮是神吗？……你没想到你正在控告阿那克萨戈拉吧？”(《申辩篇》26D～E)苏格拉底之所以明确与智者划清界限，是因为而这条起诉的背后有一种无神论的预设。“因为那些听到这些谎言的人会假定研究这些事情的人一定是一个无神论者。”(《申辩篇》18C～D)这就从反面暗示出，苏格拉底本人是一个有神论者。如何理解苏格拉底的“神”，将直接影响到如何解读苏格拉底的“知识”观或他的所谓“理性主义”。

指控苏格拉底不敬神，并不是因为他是无神论者，而是他引进新神，不信希腊城邦已有的诸神。这个起诉与无神论的起诉其实是不一致的，苏格拉底明确指出了这一点，并借用它驳斥了不信神的指控。“如果说我教唆别人相信某些神，这就蕴含着我本人相信某些神，那么我就不是一个彻底的无神论者，也不会因此而有罪。你对我的控告所依据的事实是我相信的神与国家承认的神不一样吗？或者说你断定我不相信任何神，并且教唆其他人也这样做？”(《申辩篇》26C～D)

因此，苏格拉底的辩护主要围绕不敬神和引进新神的指控展开的。下面我们就从这两个方面来探讨苏格拉底的宗教观。

1. 苏格拉底的不敬神

根据色诺芬与柏拉图的记载，苏格拉底在行为上并无出格的举动，至少从表面行为看来，他和其他雅典居民一样，也敬奉雅典城邦的诸神：

> 他常常在家中献祭，也常常在城邦的公共祭坛上献祭，这是人们有目

① 色诺芬：《回忆苏格拉底》，第1页。

共睹的;他从事占卜,这也不是人们不知道的。①

因为其他凡是碰巧在场的人——连米利托斯本人,如果他愿意的话——都曾看见了我在公共节日在民众祭坛上献过祭。②

我有自己的祭坛、宗教、家族祷告,以及其他诸如此类的东西,像其他任何雅典人一样多。……我们的家族神是阿波罗。我们不把宙斯称作家族神,而是称作庭院神或氏族神,雅典娜是我们的氏族神。(《欧绪德谟篇》302C~D)

但是苏格拉底并没有完全接受传统宗教的观点,否则他就不可能给人留下不敬神的印象了。因此,虽然苏格拉底依然相信诸神的存在,或超自然物的存在,但是他接过了希腊理性"启蒙"思想对传统拟人神的批判。柏拉图在《欧绪弗洛篇》、《法律篇》等中都有记载了苏格拉底对传统拟人神进行过尖锐的批判。和塞诺芬尼一样,苏格拉底也认为将撒谎、偷盗等人类的不良恶习归于诸神是不恰当的,并放弃了那种认为在祭祀过程中人神之间有利益交易的传统虔敬观。"但是他放弃了那些认为神会撒谎、偷盗或通过与人类希望获得外部好处的祈愿进行交换以获得牺牲祭品的流行观念。"③

你实际上相信诸神之间会发生战争、仇杀、殴斗,还有其他各种可怕的事情,对吗?这些事情就像诗人讲述的、优秀的画家绘在神庙里的那样,对,就像在泛雅典娜节送往卫城供奉的绣袍上的图画一样,是吗?我们的看法是什么,欧绪弗洛?我们说的这些事情都是真实的吗?(《欧绪弗洛篇》6C)

但是请告诉我,诸神从我们奉献的礼物中能得到什么好处?每个人都能看到他们把什么东西赐给我们?依靠从我们这里得到的东西,他们又能获得什么益处?我们是否在这种交易中比他们能干,我们从他们那里得到所有好东西,而他们从我们这里一无所获,是这样吗?(《法篇》14E~15B)

凡是服从法律而相信诸神的人,决不会故意做出亵渎神的行为或发表不法的言论。凡是有这种行为发生,必定出于下列原因之一:要么他们不相信神存在;要么他们相信神存在,但认为神不关心人类的事务;要么他们认为即使这些神关心人事,人们也容易用牺牲和祈祷来哄骗他们。(《法篇》885B~C)

---

① 色诺芬:《回忆苏格拉底》,第2页。

② 色诺芬:《回忆苏格拉底》,第191页。

③ John Bussanich, "Socrates and Religious Experience," *A Companion to Socrates*, edited by Sara Ahbel-Rappe, Rachana Kamtekar, London, Blackwell Publishing, 2000, p. 201.

以上这些批判当然有可能也是柏拉图本人的,但它们与苏格拉底的思维动机和思想方式是一致的。我们完全有理由相信,苏格拉底不会“盲目”接受传统宗教中的所有论述。事实上,他在《申辩篇》中就批评了诗人对其所描述的东西没有进行理性反思的做法。“我确定使他们能够写诗的不是智慧,而是某种天才或灵感,就好像你在占卜家和先知身上看到的情况,他们发布各种精妙的启示,但却不知道它们到底是什么意思。”(《申辩篇》22C～D)苏格拉底对诗人的批评中应该也包含着对荷马、赫西俄德所记录的神话故事的不满,以及同时暗含着对诸神形象的进行反思的诉求。因此,如迈克费伦(M. L. McPherran)所指出的,苏格拉底完全可以归属于色诺芬、普罗泰格拉等哲学家开启出来的理智反思的传统。[①]事实上,从他为自己进行有神论辩护的方式中也能清楚地看到这一点。他并没有直接说他如何完全相信传统诸神的形象和行为,相反,以一种理性思辨的方式来反推出他相信诸神的存在。“你肯定我相信并唆使其他人相信超自然的活动吗？它们是新的还是旧的没有关系。按照你的状词我是相信它们的,对此你确实庄严地作过宣誓。但若我相信超自然的活动,那么我不可避免地也相信超自然的存在。我们不是把超自然的存在当作诸神或诸神的子女吗?”(《申辩篇》27C～D)苏格拉底在这里仅仅承认神乃是一种超自然的存在,其中没有任何传统拟人神的影子。从这里我们可以清楚地看到他确实对传统宗教进行了理性的反思。

这个意义上讲,苏格拉底对于传统宗教中的拟人神形象是不够尊敬的。起诉苏格拉底不敬神也就并非是完全的“污蔑”。

由于批判诸神,并且对诸神进行了理性的反思,使得学界许多学者都主张苏格拉底是理神论者。比如,汪子嵩等就指出:“苏格拉底对这种偶像崇拜很不满意。在苏格拉底以前,塞诺芬尼和恩培多克勒已经孕育了理性神的思想,但前者只留下简单的论断,后者则是在渲染奥菲斯教义中显露出理性神的思想闪光。苏格拉底可能受到他们的影响,但主要根据他自己的理性主义的目的论哲学,明确地展开论述神即理性,理智是神的本性这种非人格化的理性神思想,以理性的一神代替人格化的多神。”[②]这里的神不再是传统宗教中的神,而是理性自身,是努斯,因此可以称之为理性神。“苏格拉底所说的神既不是传统意义上的神,也不是任何宗教意义的神,而是理性的神。后来许多西方哲学家也讲种种理性神,将它当作最高的精神本体。”[③]这一解读的主要文本根据是色诺芬的相关描述:

---

① M. L. McPherran, “Platonic Religion,” *A Companion to Plato*, edited by Hugh H. Benson, London: Blackwell Publishing, 2006, p. 245.

② 汪子嵩等:《希腊哲学史》第2卷,第489页。

③ 汪子嵩等:《希腊哲学史》第2卷,第423页。

《回忆录》第1卷第4章和第4卷第3章都集中论述了理性神。苏格拉底认为全智全能的神是宇宙万物中普遍体现的最高理智，这种神就像人身体中的努斯能随意指挥身体一样，"充满宇宙的理性也可以随意指挥宇宙间的一切"(第1卷第4章第17节)。在他看来这最高的神是普遍的无所不在的理性，他使宇宙万物合理地安排得有序，自身并不可见的形象，人只能通过理性思维，从宇宙万物的合目的设计中去体察这种理性神。他说："唯有那位安排和维系整个宇宙(一切美好善良的东西都在这个宇宙里面)的神，他使宇宙保持完整无损、纯洁无痴、永不衰老，适于为人类服务；宇宙服从神比思想还快，而且毫无失误。这位神是由于他的伟大作为而显示出来，他管理宇宙的形象却是我们看不到的。"他就像光耀夺目的太阳不容人精确窥视，否则就会使人丧失视力；也像支配人身体活动的灵魂一样是看不见的。(第4卷第3章第13～14节)苏格拉底认为人格化的诸神并不能以明显可见的东西降惠人类，倒是不可见的理性神合理安排宇宙万物造福于人。他主张人应通过理性去体察充满宇宙的理性，认识和敬畏理性神，反对盲目崇拜其实无补于人世的拟人诸神。……苏格拉底认为理性神为了人类，合目的地设计和创造了宇宙万物，万物都是"由一位愿意万物都生存下去的神特意设计的结果，是神凭借智力造出来的"(第1卷第4章第7节)。[①]

将苏格拉底心目中的神解读为理神论在我看来过于"理性"化。色诺芬有关神的论述能否完全归之于苏格拉底，这是成问题的。在具有苏格拉底典型特征的对话中，尤其是在学界公认最体现苏格拉底本人思想的《申辩篇》中，我们没有看到他对神的特征和本性进行如此正面的描述。[②] 当然，有可能因为苏格拉底在辩护的时候由于时间问题没有展开这方面的论述，但是更关键的困难是，这一解读思路与苏格拉底在《申辩篇》中有关神的思想是不一致的。考虑到色诺芬与柏拉图哲学见地的差别，有理由相信柏拉图对苏格拉底思想的把握是更为准确、深刻的。"我们必须给予[色诺芬的著作以]某种平庸乏味的趋向，一种通俗的外表，有时显得过于呆板，毫无深刻哲学思想的迹象。"[③]

前面已经提到，苏格拉底辩护自己信神的时候，采取了一种间接推断的方式，而不是直接断言其如何存在。"但若我相信超自然的活动，那么我不可避免地也相信超自然的存在。我们不是把超自然的存在当作诸神或诸神的子女吗？"(《申辩篇》27C～D)在这里，苏格拉底以一种巧妙的方式回避了去正面描述神如何存在的问题，在表明并非不信神的同时又避免使自己所信的神打上拟人神的烙印。如果苏格拉底对神的存在方式具有如此肯定的知识，他大可不必

① 汪子嵩等：《希腊哲学史》第2卷，第489～490页。

② Guthrie, *A History of Greek Philosophy*, Vol. 3, p. 477.

③ Guthrie, *A History of Greek Philosophy*, Vol. 3, p. 335.

采取如此隐晦的述说方式。色诺芬在《回忆录》中为苏格拉底的不敬神采取的辩护与柏拉图的《申辩篇》差别甚大。色诺芬能感受到苏格拉底在辩护中确实宣称自己是信神的，但对于苏格拉底如何信神或信的是何种神，恐怕难有精微领会。我们从他对苏格拉底信神的辩护中依然能够看到传统人格神的影子，所谓安排一切的“新神”无非是放大了的人类自身的形象，一个创造一切、安排一切并特别优待人类的“超人”。这一思路的思想来源是塞诺芬尼的“一神论”：“神是全视、全知、全听的。”(D24)“神毫不费力地以他的心灵的思想力左右一切。”(D25)可以看到，色诺芬的“理神”无非是更为具体化了的塞诺芬尼的“一神”，而塞诺芬尼的“一神论”在当时已经为学者们所熟知，因此，色诺芬接过其思想来为苏格拉底进行辩护是可能的。苏格拉底的传统宗教的批判确实吸收了塞诺芬尼的成果，但是他的兴趣主要集中在伦理领域，在于对传统诸神进行了“道德净化”，并未将它扩展到一般宇宙论的范围，后者是柏拉图试图完成的工作。因此，如迈克费伦所指出的，色诺芬将自然神学与神学宇宙论的思想归给苏格拉底是不恰当的。“正如我们已经看到的，苏格拉底宗教的根基是‘苏格拉底的改革’：对荷马神灵进行的道德净化使诸神消除了令人讨厌的品性，这些不良品性使得他们难以成为有朽人类的完美模范。由此，苏格拉底的神是纯粹善的，他们对人类充满爱意和眷顾。这些证据也表明苏格拉底认可诸神的最高的智慧、知识和权力。但是这些‘改革’、道德化的神学都没有直接表明苏格拉底主张色诺芬在《回忆苏格拉底》中归给他的某种新的神学宇宙论和自然神学。”[①]

如果《申辩篇》是对苏格拉底思想更为忠实的记录，那么我们也很难相信，一位如此明确宣称自己无知的哲学家，怎么会可能对神的所作所为作出如此精细的描述，怎么会宣称自己拥有如此丰富的知识，而且是关于神的知识？如果苏格拉底认为世界上万事万物都是神创造并安排的，这就意味着他还是关心“地上天上的事物”，希望对万物的存在作出说明的，那么他怎么会宣称自己“对这种知识毫无兴趣”？而且，根据理性神的解读，就会导致“认识你自己”被等同于“认识你自己是神”，因为神不过是人的理智的“外化”：“苏格拉底将人的理智外化为抽象的理性神，肯定神赋予人追求知识、实现理智本性的主动性。他用‘认识你自己’的原则代替神谕，突出了人在生活中的自主权，大大缩小了传统宗教的诸神支配和干预人世生活的地盘和作用。”[②]但是《申辩篇》中的苏格拉底所宣称的“认识你自己”的要义恰恰在于：认识到你自己不是神，认识到人的智慧相比于神是毫无价值的。“真正的智慧是神的财产，而我们人的智慧是很少的或是没有价值的。”(《申辩篇》23A～B)将苏格拉底的神解读为理性神混淆了苏格拉底与柏拉图的神论。这一点我们后面再探讨。

---

① M. L. McPherran, *The Religion of Socrates*, University Park, Pa.: Pennsylvania State University Press, 1996, p. 272.

② 汪子嵩等：《希腊哲学史》第2卷，第491页。

2.苏格拉底的“新神”

对苏格拉底引进新神的指控主要针对苏格拉底自身独特的宗教体验。苏格拉底从童年时候就可以在其内心中听到神灵(“精灵”)的声音,正是这种“特异功能”使他背负了引进新神的罪名:

> 有人可能会感到奇怪,为什么我要到处提供这样的建议,忙于民众私事,而从来不在公共场合公开地就国家大事向你们提出建议。其原因就是你们以前曾经多次听我说过的,我服从神或超自然的灵性,亦即美勒托在他的讼词中讥笑过的那位神灵。我与之相遇于童年,我听到有某种声音,它总是在禁止我去做我本来要去做的事情,但从来不命令我去做什么事情。(《申辩篇》31C~E)
>
> 我已经习惯了灵异的声音,它在过去一直是我的伴侣,如果我将要做什么错事,无论事情多么微小,它都会加以阻止。而现在,你们可以看到,我碰上的这些事一般人都会认为是最凶险的,然而无论是今晨我离家的时候,还是我站在这个法庭上的时候,或是在我发言的任何时刻,都没有出现神圣的警告。(40A~B)

对此,色诺芬在《回忆苏格拉底》中也有类似记载:

> 因为,“苏格拉底经常说神明指教了他”,这句话已经成为人们常说的口头禅了;其实,他们指控他引进新神,主要正是由于这种情况推想出来的。然而他并没有比那些从事占卜,求教于征候、声音、异兆和祭祀的人们引进过什么更新的神;这些人并不认为异鸟或那些遇到它们的人们,会知道哪些事对于追求预兆的人有利,而是认为,神明借它们为媒介,把那些预示吉凶的事显示出来;苏格拉底怀抱的见解也就是这样。大多数人表面上都说,他们之所以避开或趋向某一件事,是由于受到了异鸟或遇到它们的人们的启示,但苏格拉底则照着心中的思想说话,因为他说,神明是他的劝告者。①
>
> 至于说到新神,我只是说神明的声音向我显明,指示我应该做的事罢了,这怎么能说是引进新神呢?而且,那些根据飞鸟的鸣声和人们的语言来求得神的启示的人,毫无疑问,也都是凭声音来判断的呀。难道还有人会争论打雷是否发出响声或者它是否最大的预兆吗?难道守候在三足鼎旁的卜筮女祭司本人不也是通过声音来传达神明旨意吗?此外,神明预知未来的事,并把它指示给他所愿意指示的人,肯定也是如此;我所说的和众

① 色诺芬:《回忆苏格拉底》,第2页。

人所说、所想,完全一样。只是他们把那预示未来的事物叫作灵鸟、神谕、兆头、先知,而我则是把它叫作守护神罢了。[①]

从以上记载中可以看到,听到"精灵"的声音是苏格拉底特有的、与神进行交流的方式。这种能力他从童年时候就具有了,也为大家所共知。此种来自神灵的声音具有如下特点:它是否定性的,它不是告诉苏格拉底该如何去做,而是在苏格拉底准备去做某事时警醒他这是错的;在苏格拉底眼里,它是全善的,它是苏格拉底行为对错的裁定者。因此,苏格拉底将听从神灵的声音视作自己的义不容辞的任务。"我说过,为了服从神的命令,我接受了这种义务,神的命令以神谕、托梦以及其他各种神圣天命的形式出现。"(《申辩篇》33C)这一来自神灵的声音以及他对神灵的敬重,与理性主义思想显然是相互冲突的。"在这里人们可以发现苏格拉底宗教实践中存在几个关键要素——尤其是他依赖精灵的神圣指导——与理神论是相互冲突的,事实上以一种迷信的、具有宗教奇想的苏格拉底的理智传奇形象威胁我们[对苏格拉底的通常理解]。"[②]

为此,不少研究者都倾向于对此神灵的声音进行理性化的还原。比如,瑞夫(C. D. C. Reeve)就提出,苏格拉底对神灵的善的接受是经历过理性考验的,并且这个声音本身常常需要根据理性作出修改和解释。[③] 在《欧绪德谟篇》(272E1～273A3)中有这样一个例子,当苏格拉底准备离开的时候,他的神灵的声音又出现了,所以他又坐下。这个声音和通常出现的情况一样,阻止苏格拉底现在要去做的事情,在这里则是阻止他离开,但是这个声音在这里出现到底是什么意图,或者说,阻止他离开的理由是什么,苏格拉底一开始并不清楚,直到后来欧绪德谟和迪奥尼索多洛出现并和苏格拉底进行了一番有意义的对话之后,苏格拉底才能明了精灵声音的意义。"苏格拉底看起来**毫不怀疑**它的警告是完全可靠的。然而,呆在原地不动的明智性只有**随后**才能被理解。因为只有苏格拉底服从精灵的声音以后才有可能提供一个合理的理由来解释精灵意见的睿智,即苏格拉底通过服从精灵的声音得到机会来教育后来的对话者,并受到他们的欢迎。"[④]这样的例子很多。精灵的声音出现的时候苏格拉底并不知道它的意谓何在,但是他对它的可靠性却坚信不疑。以此,迈克费伦认为苏格拉底对精灵的信赖并非是一件非理性的行为,因为它的意义或价值可以随后以理性的方式被确证。它的可靠性既有经验的保证——因为它在苏格拉底长时间的人生经历中从没有表现为不可靠的,也与他所领会的神的观念是内在一致的,因为诸神不会撒谎,只会行善,并且是最智慧的。因此,相信有理性保证的

① 色诺芬:《回忆苏格拉底》,第191页。
② M. L. McPherran, *The Religion of Socrates*, p. 11.
③ C. D. C. Reeve, *Socrates in the Apology*, Indiannapolis: Hackett Publishing, 1989, p. 70.
④ M. L. McPherran, *The Religion of Socrates*, p. 188.

精灵的指点具有的预测能力，这对苏格拉底来说是完全理性的，忽视或轻视它甚至是非理性的。[①]

弗拉斯托(G. Vlastos)更为极端，他要将苏格拉底的精灵现象完全理性化。他对于迈克费伦希望赋予精灵的声音这种超理性的东西以认识论的含义提出了批评。他认为这种做法会导致苏格拉底同时接受两种截然不同的信念体系，一个是理性，另一个是非理性的精灵，并认为使精灵成为"外在于理性又超越于理性的道德知识来源"，而这是不符合文本的，因为道德知识只源于理性反思。[②]他认为，精灵只是起到一个警示的作用，仅仅提醒苏格拉底需要对某些现象进行反思，而这个现象本身毫无理性的价值。他的理由是：首先，由于苏格拉底坚持古希腊人神相隔的信念，即神的智慧超越于人的智慧之上，以此为道德知识的来源，会导致其所带来的知识超出人的理性推理之外，但是苏格拉底从未宣称他明确获得过这种神圣的忠告，他获得的都是试探性的告诫，本身需要苏格拉底进一步的诠释。因此，所谓来自神灵的所有超理性警示最后都受制于批判的理性。其次，苏格拉底本人在《申辩篇》中对于诗人以灵感的方式获得知识的做法表示了不满，虽然他们表达出来的东西有价值，但是他们对其所说的东西并无理性认知。苏格拉底对待预言家的态度也一样。精灵声音的意义完全取决于理性的思考。[③]

在这种理性化解读中，理性相比于精灵的声音或神灵乃是更高一层次或更基本的东西。对精灵的声音采取这种理性化的解读之后，使得苏格拉底成为一个更加纯粹的理性主义者，因为哪怕是如此独特的精灵的声音也只不过是引发苏格拉底进行理性反思的一个偶然的、外在的事件，本身毫无认识价值可言。"这些过程的最后结果就是导致认为超理性的征兆对苏格拉底来说并不构成一个独立的信息来源，它们毋宁说需要经过理智的完全解释，使得这些征兆的意义最终**完全**由'自由的批判理性'所决定。这样，苏格拉底仅仅是将这种超理性的冲击波作为一种主观鼓励，即鼓励他去做即使在没有超自然刺激的情况下也会按照日常理智会去做的事。"[④]而这样一来，存在于"声音"、神谕、梦背后的神灵就成为一个可有可无的托词了，用迈克费伦的话说，就会导致所谓"超自然的东西在苏格拉底那里只有名义的价值"[⑤]，从而导致苏格拉底成为一个彻底的理性主义者，成为一个无神论者。但是，这并不符合《申辩篇》中苏格拉底对自己宗教信念所采取的辩护，而《申辩篇》乃是柏拉图对话中最具有苏格拉底特征的。[⑥] 我们知道，苏格拉底一开始就将自己与无神论者划清了界限。虽然他没

① M. L. McPherran, *The Religion of Socrates*, pp. 188-189.
② M. L. McPherran, *The Religion of Socrates*, p. 190.
③ M. L. McPherran, *The Religion of Socrates*, pp. 191-193.
④ M. L. McPherran, *The Religion of Socrates*, pp. 193-194.
⑤ M. L. McPherran, *The Religion of Socrates*, p. 194.
⑥ Guthrie, *A History of Greek Philosophy*, Vol. 3, p. 477.

有明确宣称他信奉奥林匹斯诸神,但是他明确宣称自己相信超自然活动的存在。"你肯定我相信并唆使其他人相信超自然的活动吗?它们是新的还是旧的没有关系。按照你的状词我是相信它们的,对此你确实庄严地作过宣誓。但若我相信超自然的活动,那么我不可避免地也相信超自然的存在。我们不是把超自然的存在当作诸神或诸神的子女吗?"(《申辩篇》27C~D)精灵的声音,作为超自然活动的一种,怎么可能仅仅是一个托词或只有名义的价值呢?

其次,精灵的声音出现的时候内容虽然并不完全确定,但也并非完全不确定,它带有鲜明的"方向性",即阻止苏格拉底去做当下想要去做的事,或者因为这事不对,或者因为有更好的事需要苏格拉底去做。即使在预言性的梦中,苏格拉底也没有认为它需要完全受制于理性的解释,而是大致规定了方向或几种可供选择的内容。①

第三,在不少出现精灵声音的地方,精灵的声音本身在苏格拉底看来乃是行为正误最终判决者。如卜莎尼(John Bussanich)所指出的,在《申辩篇》中确实对精灵声音的有效性或可靠性提出了理性的辩护,但是这些辩护是对法官作出的,而不是针对他自己(《申辩篇》32A~E,33D~E)。当他宣称死亡是他当前最好选择的时候,他提供的最后的理由是精灵并来阻碍他这么做,因为根据他一贯的经历,只要他要去做坏事或不妥当的事情时,精灵的声音就会出现,来阻碍他这么做。"我非常明白我最好去死,我摆脱麻烦的时候已经到来了。这就是为什么我的神圣的征兆没有来阻止我的原因。"(《申辩篇》41D~E)据此,卜莎尼批评了迈克费伦对精灵的声音提出理性辩护的企图,他认为苏格拉底无论在这里还是在对待神谕的态度上,都没有希望以理性的方式来辩护从神灵那里得到的指点,相反,在苏格拉底本人看来,这些经验本身就是真实的,但是当向他人作出解释的时候,他才提供这些辩护。对精灵的信赖无需理性的根据,对错是由精灵作出的,人只有诠释的份儿。②

因此,希望将苏格拉底对待神灵的态度完全理性化的做法是不符合苏格拉底的思想的,如果我们认为苏格拉底在《申辩篇》中的态度是真诚的话。

3. 神谕的深意:哲学活动与敬神

苏格拉底的一生极为戏剧化。他以不敬神被起诉并被判了死刑,但是他却宣称一生的哲学活动是在神的感召下进行的,并把它视作对神的义务。对此,苏格拉底在《申辩篇》中大书特书,希望以此来为自己的敬神作出辩护:

> 有人可能会感到奇怪,为什么我要到处提供这样的建议,忙于民众私事,而从来不在公共场合公开地就国家大事向你们提出建议。其原因就是

① M. L. McPherran, *The Religion of Socrates*, p. 194.

② John Bussanich, "Socrates and Religious Experience," pp. 207-208.

你们以前曾经多次听我说过的，我服从神或超自然的灵性，亦即美勒托在他的讼词中讥笑过的那位神灵。我与之相遇于童年，我听到有某种声音，它总是在禁止我去做我本来要去做的事情，但从来不命令我去做什么事情。(《申辩篇》31C～E)

我说过，为了服从神的命令，我接受了这种义务，神的命令以神谕、托梦以及其他各种神圣天命的形式出现。(《申辩篇》33C)

先生们，你们一定不能指望我以这样的方式对待你们，我认为这样做既不名誉，又不道德，与我的宗教义务也不相符，尤其是当美勒托在这里控告我不敬神的时候，你们一定不能指望我这样做。如果我试图说服你们，并用我的恳求来违抗你们庄严的誓言，那么我显然是在教你们轻慢宗教，而我则应在申辩中指责自己根本没有宗教信仰。但是事实根本不是这么一回事。先生们，我比我的原告们拥有更加虔诚的信仰，我把它留给你们和神来判断，这样做对我和对你们自己都是最好的。(《申辩篇》35D)

如果我说这样做违背神的旨意，那么要使你们中的某些人明白这一点是最困难的事，这就是为什么我不能"不管闲事"，你们不会相信我是认真的。另一方面，不可一日不谈论善和其他各种主题，你们听到我和其他人谈论和考察这些事情，这确实是一个人能做的最好的事，不经受这种考察的生活是没有价值的，如果我把这些话告诉你们，那么你们更加不会相信我。(《申辩篇》37E～38B)

后来神指派我过一种哲学的生活，这是我假定和相信的，对自己和其他人进行考察……(《申辩篇》29A～C)

但是我宁可服从神而不服从你们，只要我还有生命和能力，我将永不停止实践哲学，对你们进行规劝，向我遇到的每一个人阐明真理。我将以我通常的方式继续说，我的好朋友，你是一名雅典人，属于这个因其智慧和力量而著称于世的最伟大的城市。你只注意尽力获取金钱，以及名声和荣誉，而不注意或思考真理、理智和灵魂的完善，难道你不感到可耻吗？(《申辩篇》29D～E)

我向你们保证，这是我的神的命令，我相信在这座城市里没有比我对神的侍奉更大的善行了。(《申辩篇》30A～C)

从以上引文可以清楚地看到，苏格拉底的哲学活动是以服务于神的名义展开的。但对于何为敬神或服务于神，苏格拉底并无正面阐述。正如许多学者都已经指出过的，《欧绪弗洛篇》中有关虔敬的探讨与《申辩篇》中敬神思想是一致的。"苏格拉底在《申辩篇》中有关他对神的服务的论述与《欧绪弗洛篇》中有关虔敬的阐述是一致的，也即将虔敬看作是对神的服务，我们是神灵用来实现崇高目标的奴仆。"[①]因此,《欧绪弗洛篇》可以看作是《申辩篇》的补充,它以论证的方式进一步对苏格拉底的虔敬与通常虔敬的不同进行辩护。[②] 这篇对话的出发点是欧绪弗洛的父亲杀了人,欧绪弗洛要去起诉他并认为这是虔敬的事。苏格拉底因此向欧绪弗洛追问到底什么是虔敬。随后,欧绪弗洛先后给出了各种有关虔敬的定义,但最后逐一都被苏格拉底反驳掉了。这些反驳同时也构成了苏格拉底对传统虔敬观的批判。

欧绪弗洛给出的第一个虔敬定义是:起诉任何有罪的人,哪怕是父母,就像他现在所做的那样。(定义 1)他给出的理由是,他这么做是效法宙斯,宙斯因为他父亲做了不公正的事(吞食儿子、阉割父亲)而将他的父亲用铁链捆绑起来。苏格拉底借此对传统诸神的形象提出了批评:"你实际上相信诸神之间会战争、仇杀、殴斗,还有其他各种可怕的事情,对吗? 这些事情就像诗人讲述的、优秀的画家绘在神庙里的那样,对,就像在泛雅典娜节送往卫城供奉的绣袍上的图画一样,是吗?"(《欧绪弗洛篇》6B～C)这也就暗示,如果以效法诸神为虔敬,而诸神之间又充满战争,该效法哪种神的行为呢? 这会导致两种可能的结果,或者传统有关诸神的传说是错误的,或者我们本来就不应该效法诸神,简单地以神的行为为楷模。这种质疑苏格拉底后面会进一步展开,在这里苏格拉底姑且认为可以效法诸神,但是欧绪弗洛这么做只是列举了某些可以效法的虔敬行为,而没有回答虔敬本身是什么,即存在一切虔敬行为中并使它成为虔敬行为的东西是什么。

于是苏格拉底又将问题引到虔敬定义的问题上来,诱导欧绪弗洛给出第二个虔敬的定义:"凡是令诸神喜悦的就是虔敬的,凡不能令诸神喜悦的就是不虔敬的。"(《欧绪弗洛篇》7A)(定义 2)但是,正如前面已经指出的,根据传统诸神的说法,诸神之间经常发生战争和殴斗,这就意味着诸神之间有不同的观点,对同一件事物,诸神有的可能喜欢,有的可能不喜欢。因此,以诸神的喜悦为虔敬,就可能导致同一个行为既是虔敬的又是不虔敬的。"所以按照这种论证,同样的事物既是虔敬的又是不虔敬的。……这样的话你并没有回答我的问题。我不是要你告诉我什么事情既是虔敬的又是不虔敬的,但似乎使诸神喜悦的事物也是诸神痛恨的事物。"(《欧绪弗洛篇》7E～8B)

于是苏格拉底建议,可以尝试将前面的定义内涵进一步缩小,改为:凡诸神全都喜爱的才是虔敬。(《欧绪弗洛篇》9D～E)(定义 3)定义 3 可以避免定义 2 的问题。但是,诸神喜爱的东西可以很多,因此,诸神喜爱的说法只是对虔敬行为的属性的一个说明,并不构成其本质。也就是说,虔敬的东西是神所喜爱的,

---

① John Bussanich, "Socrates and Religious Experience," p. 205. References: T. C. Brickhouse, and N. D. Smith, *Socrates on Trial*, Princeton: Princeton University Press, 1989, pp. 65-67; M. L. McPherran, *The Religion of Socrates*, p. 54.

② M. L. McPherran, *The Religion of Socrates*, p. 34.

但神所喜爱的东西并不一定都是虔敬的。"所以使诸神喜爱的东西与虔敬的东西不是一回事,欧绪弗洛,按照你的说法,虔敬的东西与诸神喜爱的东西也不一样。它们是两种不同的事物。……因为我们同意使虔敬的事物得到喜爱是因为它是虔敬的,而不是因为它得到喜爱才是虔敬的。难道不是这样吗?"(《欧绪弗洛篇》10D~E)被诸神喜爱仅仅意味着虔敬的某种属性,但不构成其本质。(《欧绪弗洛篇》11A~C)

于是,在苏格拉底的诱导下得出虔敬的行为必然是公正的,由于公正还涉及人际关系,由此给出了第四个虔敬的定义,即虔敬是一种涉及人神关系的公正行为。(定义4)(《欧绪弗洛篇》12E)[①]但是,它涉及何种人神关系呢?在这里还不明确,于是又给出了第五个虔敬的定义:虔敬是我们照料(tendance)诸神的那部分正义,或虔敬是我们服侍(正如奴隶服侍主人、助手服侍师傅)诸神的那部分正义。(定义5)[②]

但是,这种侍奉并非毫无目的,而是为了使诸神变得更好。于是又给出了第六个定义:虔敬是我们服侍诸神的那部分正义,帮助神的工作以产生好的结果。(定义6)[③]由于传统敬神行为一般包含向神献祭和祈祷两个部分,于是又增加了一条新的关于虔敬的说明:虔敬是一门向诸神乞讨和给予的知识。(《欧绪弗洛篇》14D)

这个说明和定义6一起构成了传统虔敬观的主要内容,敬神就是向神献祭、侍奉神使神得到好处,从而让神来满足人的要求,得到神的恩惠。这样就使虔敬成为"一门诸神与凡人之间相互交易的技艺"(《欧绪弗洛篇》14E)。但是,这种虔敬观是经不起反思的,因为在献祭的过程中我们确实看不到神具体得到了什么好处,而我们生活的许多方面都得到神的庇护,因此这是一个不公平的交易,并且神在交易中一无所获,这就使得神看起来还没有人聪明,当然是不可能的。(《欧绪弗洛篇》15A)于是欧绪弗洛进一步提出,神可以从人们的献祭中得到崇拜、荣耀、善意。但是,这些东西并不是有用的东西,仅仅是使神感到喜悦的东西,而这样又回到了前面的讨论,即将虔敬与令诸神喜悦相等同,而苏格拉底前面已经指出后者只是虔敬的属性,而非其本质。因此,兜了一圈儿,也没有给虔敬作出一个明确的定义。

这样一来,《欧绪弗洛篇》完成了对传统虔敬观的深刻批判,后者认为虔敬就是一种以献祭和祈祷的方式进行的一种神人之间的利益交易。

如果是真正的虔敬,或者说在苏格拉底眼里,虔敬就不在于神人之间的交易,那么虔敬行为的本质究竟在于什么?

有学者注意到,苏格拉底在驳斥传统虔敬观的时候多少也显露了一些自己

---

① M. L. McPherran, *The Religion of Socrates*, p. 48.
② M. L. McPherran, *The Religion of Socrates*, pp. 52-53.
③ M. L. McPherran, *The Religion of Socrates*, p. 51.

有关虔敬的看法。比如迈克费伦就认为定义 6 中有关虔敬的思路苏格拉底本人不会完全反对,他与苏格拉底本人以及那个时代的观点是一致的。[①] 因此,他认为苏格拉底会接受或持有如下信念:虔敬是一种侍奉神的正义行为,这种侍奉活动帮助神带来善的结果。[②] 但是,什么是善? 苏格拉底虔敬观的独特处恰在于对善的理解。

在《申辩篇》中,苏格拉底一再指出他所关注的善不是身体的、职业的,也不是外在的财富与荣誉,而是灵魂的完善与幸福。"因为我把自己所有的时间都花在试探和劝导你们上,不论老少,使你们首要的、第一位的关注不是你们的身体或职业,而是你们灵魂的最高幸福。"(《申辩篇》30A～C)"我试图逐个劝说你们不要把实际利益看得高于精神和道德的良好状态……"(《申辩篇》36C～D)在另一个地方,苏格拉底明确将金钱、名声、荣誉与真理、理智、灵魂的完善相对照。"你只注意尽力获取金钱,以及名声和荣誉,而不注意或思考真理、理智和灵魂的完善,难道你不感到可耻吗?"(《申辩篇》29D～E)由于他一开始就表示对宇宙万物的客观知识不感兴趣("事实上我对这类知识毫无兴趣"),这里的真理应该是有关人的德性或灵魂的知识。而苏格拉底心目中的理智也不同于智者利用话语进行的泛泛思辨,而是朝向真理、朝向德性,如我们前面已经指出的,正是这个朝向,使得理智免于陷入相对主义和怀疑主义。苏格拉底的"理智主义"和一般智者"理智主义"不同就在于苏格拉底的理智、思辨都是有"朝向"的,不像智者,可以为了外在目的随时颠倒论证的强弱,或提出相反的说法。苏格拉底的"理智"或"理性"所朝向的"真理"就是人的德性——人之为人的独特品性(arete),因此其心目中的善就在于对这一独特品性的领会和完善。在苏格拉底看来,只有时常关注并注意培育人之为人的这一独特品性,一个人的生活才是值得过的,过的才是真正的"人"的生活。"另一方面,不可一日不谈论善和其他各种主题,你们听到我和其他人谈论和考察这些事情,这确实是一个人能做的最好的事,不经受这种考察的生活是没有价值的。"(《申辩篇》38A)康福德在《苏格拉底前后》中也谈到,苏格拉底思考的主题是"人为什么活着"。[③]

而苏格拉底哲学活动的目的就是劝人为善,并把这看作是他对神的义务,是他对神的侍奉。因此,对于苏格拉底而言,虔敬的本性就在于去恰如其分地领会人自身的本性,或者说虔敬植根于对人的本性的领会之中。学界一般用"认识你自己"来标示苏格拉底思想特征,这是恰当的。如色诺芬所所记载的,苏格拉底确实借用特尔菲神庙上的名言"认识你自己"来向他人传达自己的哲学思想,人"必须先察看了自己对于作为人的用处如何,能力如何,才能算是认

① M. L. McPherran, *The Religion of Socrates*, p. 31, p. 54.
② M. L. McPherran, *The Religion of Socrates*, p. 54.
③ 参见弗朗西斯·麦克唐纳·康福德:《苏格拉底前后》,第 20 页。

识自己"[1]。但是,学界通常将苏格拉底心目中将人之为人的这一独特本性归之为理性,这是有问题的。比如汪子嵩等在《希腊哲学史》中就指出,在苏格拉底这里灵魂的本质就是"理性"。"认识自己并不是认识你的外表和身体,而是要认识你的灵魂;认识自己的灵魂也不是认识灵魂的其他方面,应该认识灵魂的理性部分,这才是灵魂作为灵魂的 arete,是完全神圣的。"[2]我们的探讨已经指出,对于苏格拉底的"理性"的领会需要回到他心目中的人的本性上来,苏格拉底的"理性"必须通过后者才能得到恰如其分的领会,而不是简单地用理性来界定人的本性。

西方希腊哲学研究者卜莎尼注意到了苏格拉底哲学活动伴随有独特的宗教体验,认为苏格拉底不仅仅是个温和的理性主义者,同时还扮演着"传统神学的代言人"的角色。[3] 在他看来,苏格拉底与他人的对话在于帮助人认识真正的自我。"苏格拉底的理性治疗是一种对自我的攻击,一种根本的去人格化,它与精神练习一起,导致真正自我的发现。"[4]因此,在他看来,苏格拉底敬神或其哲学活动的终极目标是帮助人们实现"真正的自我"。他注意到苏格拉底将自己服从神灵的命令进行哲学活动比作士兵为城邦所尽的义务(《申辩篇》28E～29A),并且指责雅典人没有足够去关注自己的灵魂与真理(《申辩篇》29E),并将这看作是神给予他的使命(《申辩篇》30A),以及在《斐多篇》中还有"我们人类都处于被监禁的状态"(《斐多篇》62B)、"诸神照顾我们,人类是他们的财产和卫兵,是诸神的同盟者"等说法(《斐多篇》906A)。他认为,这些说法和比喻与俄耳甫斯教的传统是一致的,因此认为苏格拉底继承了俄耳甫斯—毕达哥拉斯教的传统。"战争、保卫的指责、服从上级的命令等意象的宗教意味基于俄耳甫斯—毕达哥拉斯传统。"[5]

然而,卜莎尼的这一解读并没有注意到苏格拉底与柏拉图在对待神的问题上的根本区别。正如我们已经指出的,古希腊的宗教传统中存在两种不同的人神关系。一种是流行的奥林匹斯教传统,它强调人神之间不可跨越的界限;另一种是狄俄尼索斯—俄耳甫斯教传统,它注重灵魂的拯救,希望通过摆脱肉体的束缚获得神人合一。[6] 卜莎尼也明确指出了这一点:"特尔斐神学强调神人之间的鸿沟,而俄耳甫斯—毕达哥拉斯的阿波罗则是一种净化、内在转化和神圣化的神灵。"[7]但是,他没有注意到,苏格拉底需要唤醒的"真正的自我"并非俄耳

---

① 色诺芬:《回忆苏格拉底》,第 149 页。
② 汪子嵩等:《希腊哲学史》第 2 卷,第 414 页。
③ John Bussanich, "Socrates and Religious Experience," pp. 201-202.
④ John Bussanich, "Socrates and Religious Experience," p. 203.
⑤ John Bussanich, "Socrates and Religious Experience," p. 204.
⑥ P. Kingsley, *Ancient Philosophy*, *Mystery and Magic*, Oxford: Oxford University Press, 1995. pp. 84-86.
⑦ John Bussanich, "Socrates and Religious Experience," p. 203.

甫斯—毕达哥拉斯宗教传统中那种与神合一的、永恒不灭的灵魂,而是充分认识到自己不是神,认识到人的智慧与神的智慧相比是微不足道的。正如迈克费伦注意到的,苏格拉底的虔敬观与他所宣称的无知有着某种内在的联系,即人的认识能力是有些的,不可能获得关于神的全部知识,对人类认识能力的局限性的承认恰是虔敬的一个重要组成部分。[①] 而苏格拉底的不可知论正是基于人神智慧的区别,这是苏格拉底所最终领会的神谕的深意。"真正的智慧是神的财产,而我们人的智慧是很少的或是没有价值的,那个神谕无非是他用来告诉我们这个真理的一种方式。"(《申辩篇》23A)因此,正如迈克费伦所主张的,苏格拉底接受了奥林匹斯教中宣扬的人神之间的界限,而不是俄耳甫斯—毕达哥拉斯传统中人神合一的信仰。"因此,苏格拉底应该被理解为承接了传统阿波罗宗教的原则,即强调人与神在智慧和能力方面存在着截然的界限,而这个原则与苏格拉底注重自身省察的哲学活动是相互结合在一起的。……这样一来,'认识你自己'就和苏格拉底时代的希腊人所理解的一样,就是要认识到人在神面前的无知以及与神相隔的距离。"[②]

结合苏格拉底的灵魂观,可以帮助我们进一步领会两种不同的人神关系,从而领会两种不同的"人性"。先看一下苏格拉底在《申辩篇》中有关死后生活的相关论述:

> 先生们,让我来告诉你们,怕死是不聪明而以为自己聪明、不知道而自以为自己知道的另一种形式。没有人知道死亡对人来说是否真的是一种最大的幸福,但是人们害怕死亡,就好像他们可以肯定死亡是最大的邪恶一样,这种无知,亦即不知道而自以为知道,肯定是最应受到惩罚的无知。先生们,我以此为标准,这就是我胜过世上所有其他人的地方,如果我声称自己在任何方面比我的邻居聪明,那么我也就和他们一样了。我不拥有关于死亡之后的真正的知识,我也意识到我不拥有这种知识。(《申辩篇》29A～C)
>
> 我们应该想到,根据其他理由,我的结果很可能是好的。死亡无非是两种情况之一。它或者是一种湮灭,毫无知觉,或者如有人所说,死亡是一种真正的转变,灵魂从一处移居到另一处。如果死时毫无知觉,而只是进入无梦的睡眠,那么死亡真是一种奇妙的收获。……另一方面,如果死亡就是灵魂从一处迁往另一处,如果我们听到的这种说法是真实的,如果所有死去的人都在那里,那么我们到哪里还能找到比死亡更大的幸福呢,先生们?(《申辩篇》40C～41B)

---

① M. L. McPherran, *The Religion of Socrates*, p. 71.
② M. L. McPherran, "Platonic Religion," p. 246.

> 我们离开这里的时刻到了，我去死，你们去活，但是无人知道谁的前程更幸福，只有神才知道。(《申辩篇》42A)

对于苏格拉底上述有关死亡的论述，一般也有两种不同的解读：一种是不可知论的，另一种是灵魂不朽的宗教观。[①] 比如，卜莎尼在《申辩篇》中看到的是苏格拉底对灵魂不朽的暗示。[②] 格思里本人也倾向于第二种解读。[③] 他给出的理由是："对苏格拉底而言，灵魂与身体的区分是截然的，一个是高贵的，一个只是工具，因此让人关注灵魂。"[④]如果把《斐多篇》作为《申辩篇》的继续，上述观点就更加明白了。因为"苏格拉底确实主张灵魂不仅仅不同于并高于身体，并且这种区别是永恒与暂时的区别"。虽然格思里也明确注意到这两篇对话风格之间的显著区别——其中一篇是谦卑的理智，另一篇则将灵魂与永恒的相联系在一起——他依然深信柏拉图在《斐多篇》中有关灵魂不灭的思想直接源自苏格拉底。"对此我已经表达了这样的观点，苏格拉底如果没有灵魂不朽的信念，柏拉图就不可能写这篇最后的关于死亡的对话，不管它的细节有多少想象的成分，整篇的目的都在于教导这种思想。"[⑤]"《申辩篇》虽然没有复活的理论，但是谈及死亡时把它作为'灵魂从一个居住地到另一个居住地的迁移'以及'好像去另一个国家'，而这种语言恰恰与《斐多篇》是一致的。"[⑥]

迈克费伦认为这种解读是没有道理的，他认为一种"有条件的不可知论"才更符合苏格拉底的哲学思想。[⑦] 虽然苏格拉底明确提到了灵魂可能存在不朽的可能性，但他提到这种说法时采取的是一种假设的语气："假如我们听到的这种说法是真实的。"而对于死后不可知的观点则是苏格拉底明确给予肯定的，"我不拥有关于死亡之后的真正的知识，我也意识到我不拥有这种知识。"虽然在《斐多篇》等其他柏拉图对话中苏格拉底持有灵魂不朽的观点，但是这些对话都是柏拉图的中期对话，基本观点具有典型的柏拉图特征，而不是苏格拉底的。"最大的担心是《斐多篇》与《理想国篇》中有和《高尔吉亚篇》相似的有关末世学的论述，也都假定灵魂是不朽的，但是这两篇都是中期对话，代表的是柏拉图的

---

① Guthrie, *A History of Greek Philosophy*, Vol. 3, p. 478.

② John Bussanich, "Socrates and Religious Experience," p. 205.

③ 格思里说："我个人对《申辩篇》的解读倾向于第二章解释，但是要根据这些论述回答这些问题，两方面都需要作进一步的探讨。对于任何持有苏格拉底观点即把人作为上帝最关心和眷顾的对象并且为他创造了其他的一切以及把人类灵魂的本性和重要性看作是最重要对象的人，会同时认为身体的死亡是最终的结果，灵魂与之一同消失，这是不太寻常的。"(Guthrie, *A History of Greek Philosophy*, Vol. 3, p. 480)

④ Guthrie, *A History of Greek Philosophy*, Vol. 3, p. 481.

⑤ Guthrie, *A History of Greek Philosophy*, Vol. 3, p. 481.

⑥ Guthrie, *A History of Greek Philosophy*, Vol. 3, p. 482.

⑦ M. L. McPherran, *The Religion of Socrates*, pp. 247-248.

而不是苏格拉底的思想。"①

以《斐多篇》为例。我们很容易注意到,在《斐多篇》中苏格拉底对待死亡的态度与《申辩篇》中完全不同,他对于灵魂死后的状态不再持不可知或悬而未决的态度,而是非常确信死后灵魂的存在,"复活是一个事实,生出于死是一个事实,死者灵魂的存在是一个事实"(《斐多篇》72E)。回忆说与灵魂不朽的思想密切相关,苏格拉底在论证学习是一种回忆的时候是以理念(或理相)的永恒存在为出发点的,"但当灵魂自我反省的时候,它穿越多样性而进入纯粹、永久、不朽、不变的领域,这些事物与灵魂的本性是相近的,灵魂一旦获得了独立,摆脱了障碍,它就不再迷路,而是通过接触那些具有相同性质的事物,在绝对、永久、单一的王国里停留。灵魂的这种状态我们称之为智慧"(《斐多篇》79D)。这种可感世界与可知世界的分离、绝对实体的提出是典型的柏拉图哲学思想,而将对绝对实体的观摩称为智慧与苏格拉底的智慧观——认识到自己的无知才是智慧——相去甚远。关于柏拉图思想的得失,我们后面讨论柏拉图哲学与宗教关系的时候再探讨。在这里仅仅是想指出,柏拉图与苏格拉底的宗教观存在根本的差别,不是像格思里所认为的那样,基本观点一致,柏拉图仅仅是比苏格拉底提出了进一步的论证而已。"他与柏拉图的区别在于,他像谦卑并且缺少神学理论的基督徒那样仅仅满足于相信灵魂不朽,而柏拉图则觉得有必要用证据来支持它。"②

因此,泰勒的主张"只有一个迟钝、无趣的读者才看不到他对灵魂不朽说抱有同情"③。在我们看来可以反过来说,即"只有一个迟钝、无趣的读者才看不到他对不可知论抱有同情"。苏格拉底的哲学活动之所以是虔敬的,或在他看来是虔敬的,恰恰在于他的哲学活动能够帮助人认识并克服理智的自负。苏格拉底哲学活动的"去自负"功能包含两层含义:

一是消除传统宗教中的"迷信",它们宣称知道神的容貌举止。这个我们一开始就已指出,苏格拉底的确继承了希腊理性的启蒙思想,对基于拟人神的传统宗教进行了批判。如迈克费伦所指出的,苏格拉底的哲学活动一个主要方面就是要通过对话消除人们在神灵知识上的"自负",而正是这个功能,使得哲学活动本身就具有一种虔敬的性质。"苏格拉底式的哲学因此是一种首要的虔敬行为,它用于揭示出人神关系问题上真实的认识论状态。这种去自负的活动让我们回归到一种人类智慧的状态,并恰当领会这种活动的认识论价值。"④这种虔敬与苏格拉底的方法上的存疑态度有内在的联系,也就是说,苏格拉底哲学对话的目标就在于揭示或面对"人类认识能力局限性的'事实'(至少,在苏格拉

---

① M. L. McPherran, *The Religion of Socrates*, p. 268.
② Guthrie, *A History of Greek Philosophy*, Vol. 3, p. 483.
③ Guthrie, *A History of Greek Philosophy*, Vol. 3, p. 480.
④ M. L. McPherran, *The Religion of Socrates*, p. 81.

底看来如此)",而不是那种单纯预设或接受传统宗教中有关诸神的各种知识。①

二是要消除希腊"启蒙"以来的理性过度"自信",即自然哲学家的过度玄思与智者的空洞思辨,在苏格拉底看来都是理性的"过度"。现代希腊哲学研究者越来越意识到苏格拉底不仅是一个理性主义者,同时也是一个理性批判主义者,即对理性本身的"过度自信"采取批判的态度。虽然迈克费伦与卜莎尼对于苏格拉底的思想传承有不同理解,但都明确指出,苏格拉底对理性主义本身采取了批判与质疑的态度。"因此苏格拉底在《欧绪弗洛篇》中不仅表现为一个批判理性的英雄,同时也表现为一种宗教信仰。"②"因此,苏格拉底可以说希望为那个时代的混乱的宗教传统与智者和自然哲学家的过度自信的理智主义之间提供策划一种平衡的策略。"③"为了改造饱受有缺陷的理性主义者以及智者的傲慢与怀疑主义影响的心灵,柏拉图的苏格拉底教导一种明智的无知,它可以有效传达梦、先见、启示[的思想]。"④

哲学活动的"去自负"功能可以看作是对特尔斐神庙另一句格言"勿过度"的解读,它与"认识你自己"刚好构成了一个问题的两面,而这两面是通过"无知"结合在一起的。因此,"无知"在苏格拉底的哲学思想和宗教观中扮演了极为重要的角色。无知的态度并非一无所知,而是洞察到人的知识的有限性,认识到人在神面前的有限性。正是以"无知"为中介,使得苏格拉底的哲学活动带上了深刻的宗教色彩,"因此对苏格拉底来说,在哲学活动与真正的宗教生活之间并无根本的界限。两者都召唤德性的行为以及关注人的灵魂,而这只有严格的理性反省才可能提供"⑤。需要注意的是,这里的"严格的理性反省"应该解读为对人类理性的界限的领会,这种理性的严格性朝向的是对自身严格性的否定,因此它在根本处有一种悖论的张力。

以此,我们需要重新解读苏格拉底的"知识观"。如果苏格拉底心目中的德性知识是一种严格意义上的理性主义知识观——能够以定义的方式把握德性的本质——那么它就难以与苏格拉底的宗教精神相一致,因为后者需要我们认识到人的智慧相比于神是无足轻重的,认识到人在神面前的无知。而根据苏格拉底人神区别的思想,人不可能真正知道神的行为或本性,认为自己确知神的本性,这是一种理智的自负。⑥ 苏格拉底之所以是最聪明的,苏格拉底本人智慧的根本就在于对自身知识有限性的领会,在于领会自身在根本性问题上的无知。

因此,充分领会苏格拉底对话的出发点以及对话的结果,充分考虑他所宣

---

① M. L. McPherran, *The Religion of Socrates*, pp. 81-82.
② M. L. McPherran, *The Religion of Socrates*, p. 82.
③ M. L. McPherran, *The Religion of Socrates*, p. 75.
④ John Bussanich, "Socrates and Religious Experience," p. 200.
⑤ M. L. McPherran, *The Religion of Socrates*, p. 73.
⑥ M. L. McPherran, *The Religion of Socrates*, pp. 79-80.

称的无知以及对待神灵的态度,苏格拉底的哲学对话的本性与其解读为:去寻求德性的普遍定义,不如解读为:向人们彰显出德性的本质(即人之为人的独特本性)不能以普遍定义的方式给出,也即不能为理性完全把握。"一个问题是:什么是美德?苏格拉底多次想要给它下个定义都没有结果,唯一成功的一次是把美德等同于知识。这就引向了第二个问题:什么是知识?……但是,苏格拉底在谈'什么是知识'的问题时,却朝相反的方向支了开去。苏格拉底说,真正的知识只有通过绝对定义才能得到。如果你对某一事物不能下一绝对定义,你就并不知道它是什么。接着,苏格拉底证明,这种知识是得不到的。即使这么一点真理也只有——如果有的话——极少数的人才能掌握。"①

这样一来,苏格拉底就不仅仅是一个理性主义者,同时也是甚至更是一个非—理性主义者。事实上,对于苏格拉底对"德性是什么"的永无止境的追问中,苏格拉底的弟子中就已经存在两种截然不同的发展方向。一个是柏拉图的,他创立了一个永恒的、不变的"理念"世界,作为对苏格拉底追问的最终回答。另一个是安提西尼斯的,他导向了完全的怀疑主义,彻底否认知识是可能的。② 这两种解读与苏格拉底本人的思想相比,前者稍过,后者不及,都没有恰如其分地把握苏格拉底思想中存在着的知与无知之间的内在张力。色诺芬在《回忆苏格拉底》中有不少对苏格拉底的"误解",但是对于他的下面这句话,苏格拉底应该是不会反对的:

> 人生中最聪明的时期就是他们最敬畏神的时候……③

正如本章开篇就已经指出的,古希腊这一时期的"思想启蒙"运动开辟并奠定了西方文明的基本特征,而这个特征的最大特点就是理性。因此,研究理性思维与传统神话宗教思维的关系自然是古希腊哲学与宗教的一个重要课题。我们在传统研究的基础上,提出古希腊哲学中存在三种不同的思想倾向,不同的思想倾向与传统宗教之间存在截然不同的关系。本项研究的主要内容就在于从理性与神的关系出发分别考察这三个哲学传统的思想特点。正如本项研究所展开讨论的,科学理性代表了与传统神话思维的彻底决裂,它所预设的是一种均一化、数学化了"世界观",神在这种世界观中没有任何位置。神秘主义则是传统神话宗教思维模式的延续,虽然神秘主义者对神话教条采取了理性主义的解释,但是在他们的信念中依然存在着超自然的神,因此神依然是他们解释世界的最终依据。哲学理性则不同,它一方面对传统神话宗教中的超自然的拟人神进行了批判和悬置,从自然出发对自然本身进行沉思,另一方面这种沉

① 斯东:《苏格拉底的审判》,董乐山译,北京:三联书店,1998年,第45～46页。
② 参见斯东:《苏格拉底的审判》,第82页。
③ 色诺芬:《回忆苏格拉底》,第31页。

思又不同于科学理性——后者将世界作为一个数学化了的自然对象，而是在这种沉思中又透露出某种自然本身的“神性”。因此，在哲学理性这里，理性与神之间存在着一种极为微妙的关系。它既不是简单接受神的存在，也不是彻底抹去神的存在，而是洞察到两者之间存有内在的联系。

哲学理性的提出将可能为学界解读早期希腊自然哲学提供一个有益的视角。由于早期自然哲学家很多同时是自然科学家，使得学界对于自然哲学家的解读与定位常常出现许多分歧而陷于两难的局面。通过区分科学理性与哲学理性，可以很好显示出分属两个不同传统的自然哲学家所具有的不同思想兴趣，可以避免不必要的混淆，从而给予不同的自然哲学家以不同的思想地位。

以哲学理性为视角对普罗泰戈拉与苏格拉底思想特征的重新解读同样有可能促使我们重新思考希腊时期的理性启蒙。它的思想丰富性可能是后来具有典型西方哲学特征的“理性主义”所难以全部概括的。在赫拉克利特、普罗泰戈拉和苏格拉底思想深处隐含着一种非怀疑主义的“不可知论”，它极具东方哲理特征，与中国古代思想存在着进行深层对话的可能性。

虽然本项研究探讨科学理性的部分内容不多，但是这并不意味着否认它的重要性。相反，科学理性才是西方文明的最大特色，它充满着无与伦比的力量。在全球化的今天，它正超出西方文明的传统畛域而渗透到其他各个文明之中，并且取得主导性地位，也就是说，它从根本上支配着人类与自然（包括人类自身在内）打交道基本模式。科学理性这种扩张与支配性地位的取得不是偶然的，不是外部强加的，而是其自身力量所决定的，因为它让人类获得了支配自然的能力。地球上已有的其他任何文明，在支配自然方面，在改造人类“福利”方面，与西方的科学理性相比都黯然失色，在它面前都自动“让位”。不同文明之间的冲突固然是当今社会文明危机的一个重要因素，但长远来看，文明危机的根源只有一个，那就是科学理性的霸权性地位。科学思维方式本身正成为文明的代言人，不科学的文明就意味着它不够甚至不是“文明”。

人类文明不就是为了更大程度地造福于人类自身吗？如果科学理性具有如此大的造福人类的力量，为什么不欣然接受呢？但是，这正如许多有远见的哲学家早已经预感到并指出的那样，科学思维方式是一把锋利的双刃剑，它在帮助人类支配、切割自然的时候，人类自身也一同被摆上了刀俎。在数学化了的“世界观”中，不仅没有神的位置，人类自身也失去了安居之所，一切都变成了数量化了的模型。当希腊思想家从神转向人，并发现人类灵魂的最大本质就在于理性并将它尊之为神或神性时候，他们不会料到有一天人类自身也会被这种理性所抛弃。

抗拒或无视科学理性的力量是不现实的，也是没有必要的，毕竟，它给人类带来了无与伦比的改造生活的力量。但是，如何在科学—文明一统天下的今天为其他形态的文明留下生存的空间，却是值得我们深思的，因为它将为我们提供或保存其他生存的可能性。数字化生活固然有其魅力,但生命本身的丰富性、生存本身的厚重却是科学所无法提供的。虽然世界上依然存在各种宗教,人类也还有各种信仰,但是不可能再希望上帝或佛陀来拯救人类,因为神话的思维方式处于科学理性的对立面,在科学强盛并且越来越强大的今天,人类已经不可能再相信存在超自然的神。虽然西方依然有学者希望在科学与神学之间建立联系,证明科学并不能否证神的存在,但是这些论证并没有也很难超出中世纪哲学家所作的那些辩护。在当时,这些辩护都难以足够让人信服,更遑论在科学文明的今天!

发掘并保存人类其他生存的可能性只能是哲学的任务。哲学可以用更为健全的理性来对抗日益工具化的理性,从而避开科学理性的锋芒,在与科学理性的"周旋"中为自身的存在赢得合理的地盘。而要做到这一点,我们必须回到哲学思维方式的根子处,回到哲学的开端处,在那里,在理性的诞生地,科学理性的光芒将消隐于其中,然后,我们才可以重新捕获哲学理性也许是原本的理性自身的微光。在这种微光中,神灵将再次回归,但不再作为超自然神,而是源自理性自身的神性或神秘性。在这里,才有生命的尊严与安宁。

不同文明的人类信仰不同的神灵,这是偶然的,里面都有迷信的因素;但是人类会信仰神灵,会迷信,这却不是偶然的。神灵来自神性的投射,而神性则是理性自身的光芒。如何让理性本身闪耀出神性的光辉,在我们看来,是哲学不二的使命。

第二章　基督教建构哲学的尝试：中古时代的基督教与哲学[①]

犹太教认为基督教最早是它的一个派别，因为耶稣和他的十二门徒都是犹太人，耶稣按摩西律法受了割礼。犹太教相信独一的真神耶和华、遵守《旧约圣经》里的摩西律法，并期待着救世主弥赛亚的到来。基督教认为耶稣就是犹太人所盼望的弥赛亚[②]。耶稣不仅能拯救犹太人，而且可以拯救所有的人，因为无论犹太人、非犹太人都是亚当的后裔；亚当的罪使人生来有罪，不仅会有身体的死亡，而且还有死后的审判。人身体的死亡不可避免，但人有灵魂，如何灵魂不死？犹太教相信遵守律法上的规条，就可以在神[③]面前得称为义[④]，而义人是不会受神的审判的。律法的核心是十诫命，耶稣把它总结为"爱神爱人"。基督教相信耶稣在十字架的受难，完成了《旧约》的律法[⑤]，即"爱神爱人"。因耶稣是道成肉身的神的独生子，他没有原罪，也没有犯过罪。耶稣用他无罪的身体在十字架上为世人的罪向圣洁、公义的神偿还了罪债，他死后三天复活，应验了《旧约》先知的预言。耶稣从死里复活，胜过了人的最大的敌人——死亡，证明了他是永生神的儿子。

作为耶和华神的选民，犹太人的历史比希腊人更悠久，他们对智慧的理解也与希腊人不同。希腊人的智慧是理性的，哲学是爱智慧。犹太人的智慧是以耶和华的启示为中心的："敬畏耶和华，是智慧的开端；认识至圣者，便是聪明。"[⑥]《旧约圣经》的内容可以分成律法书、历史书、先知书和诗篇。对于犹太人，由《圣经》前五卷组成的摩西律法最为重要。耶和华是全能、全知的神，犹太人的生活是以守律法为中心，如男子受割礼、守安息日、食物和洁净的规条等，

---

① 本章内容的写作建立在本章执笔人的著作《阿奎那变质说研究》(北京：人民出版社，2011 年)基础之上，对原书相关内容既有引述，又有进一步拓展。具体参见原书第 1 章第 1 节、第 2 节，第 2 章第 1～3 节，第 3 章第 1～3 节，第 4 章第 2～4 节。

② 弥赛亚(Messiah)就是救主(Savior)的意思。

③ 此处的"神"和"上帝"同义，"上帝"更多为哲学上的术语，按习惯，我们在汉语中说"神学"、"神权"、"神圣"、"神父"，而不是"上帝学"、"上帝权"、"上帝圣"、"上帝父"等。基督教广义上指基督宗教，包括天主教、东正教和新教，中世纪主要是指罗马天主教(简称"天主教")。

④ 《申命记》6:25。

⑤ 律法的核心是十诫，参见《出埃及记》20:1～17。

⑥ 《箴言》9:10。

而不是追求理性的知识。后面我们会谈到,因理性的智慧和哲学是希腊人所崇尚的,希腊哲学已经形成了成熟的体系,如含本体论、认识论、逻辑学、伦理学等,当基督教走出巴勒斯坦和犹太人的圈子,大多数不再是犹太人血统而是希腊文化下的人后,面临的一个难题是:基督教如何面对希腊哲学?事实上,许多基督教异端思想都是因为希腊哲学的干扰。也就是说,持有异端思想的人往往没有处理好希腊哲学和基督教信仰的关系,或理性和信仰的关系。

哲学从感性到理性,而信仰不仅有感性、理性,还有灵性。历史的主流是希腊哲学和基督教信仰能够并存,而且希腊哲学的部分概念促进了基督教神学的研究,因为神学需要用理性研究神的启示。部分学者甚至不区分哲学和信仰,如奥古斯丁(Augustine,354～430)[①],而后是阿奎那(Thomas Aquinas,1225～1274)[②]刻意地用哲学为信仰服务,为信仰建立了理性的基础。哲学要研究世界的本原,但本原并非是上帝,如希腊自然主义哲学家就认为水、气、火、原子等是世界的本原。基督教和犹太教信起初的世界为上帝所创造,首先有上帝存在,然后才有世界的存在。因上帝的话,世界从无到有地被创造。神学的起点正是上帝存在,哲学要服务神学,首先要论证上帝的存在,我们会看到安瑟伦(Anselm,1033～1109)、阿奎那、司各脱(Johnannes Duns Scotus,1265～1308)等人都有各自的论证。在上帝存在之外,基督教还有一系列信条,它们多大程度上能被哲学所支持。相比奥古斯丁、安瑟伦和司各脱,阿奎那走得最远,但这并不意味着阿奎那最成功。因只有阿奎那为基督教信仰配上了理性的基础,协调了启示圣经的上帝和亚里士多德的上帝,他在解释教义上哲学成分最多,同时也最明确,所以阿奎那是介绍的重点。中世纪的信徒绝大多数是不看《圣经》的,因天主教在西欧的垄断,教堂相当于教会,而教会对上帝的敬拜是以圣事为中心的。[③] 这样,哲学不仅要论证上帝的存在,而且要尽可能地解释教会的圣事。教会的七圣事的核心在当时是圣餐(圣体圣事),阿奎那的变质说(transubstantiation)就是精致地使用了哲学,并发展了哲学。同时在其他教义的解释上,阿奎那也有哲学的应用。这无疑是区分了哲学和神学,提高了哲学的地位,但我们可以看到,因过于用理性解释信条,阿奎那又变相地用理性引导或改变信仰,导致了与《圣经》教导的不一致,在后来导致改教运动的同时,也在无形中为哲学的重新独立做了准备。

---

① 《圣经》上记载了人的始祖亚当和夏娃夫妇违背耶和华的诫命而犯罪,但并没有"原罪"(original sin)的词汇,如果我们假设或认为奥古斯丁首先使用"原罪"的概念,实际上奥古斯丁也是具体地用理性解释信仰,"原罪"显然是有《圣经》的根据的,参见《罗马书》5:12～21,《哥林多前书》15:22,《诗篇》51:5。

② 其主要著作《反异教大全》(*Summa Contra Gentiles*)和《神学大全》(*Summa Theologica*)以下在注释中分别缩写为 *SCG* 和 *ST*。

③ 《圣经》上说教会是基督的身体,是指属灵的身体,参见《以弗所书》1:23。《圣经》上只明确记载了耶稣设立圣餐、命令门徒受洗(《马太福音》28:18～20),所以新教只认为天主教七圣事(圣礼)中只有圣餐和洗礼有《圣经》依据,予以遵守。阿奎那关于圣餐的变质说是理性服务信仰的重点研究内容之一。

第一节 教父哲学的思想倾向:基督教是真哲学

一、存在和上帝观

古希腊爱利亚学派的巴门尼德(Parmenides)最早用“存在”(being)[①]解释事物的本原。他认为存在是绝对的,是没有时间性的,存在是不可分的,所有的存在都一样,存在是“不变的一”。[②] 巴门尼德对本原的解释,比之前的古希腊自然主义者的本原观,无疑是抽象、理性、进步了。[③] 面对人们关于事物的变化(becoming/change)的解释,巴门尼德认为事物不可能存在而又不存在,而变化就涉及到非存在(nonbeing)。巴门尼德把“存在”(what-is/being)作为真理的对象。[④]

“存在”这个概念来自希腊文的“是”(einai,对应的英文是 to be)动词。巴门尼德利用“是”动词的普遍用法,说明“存在”的普遍性。巴门尼德认为思想的内容需要由“是”来表述,思想的对象是“存在”,思想的内容和思想的对象是同一个东西,即思想和存在是同一的,于是“存在”上升到了本体论的高度。在巴门尼德之后,德谟克利特(Democritus)把“存在”具体化,他认为有原初物质,世界的本原是原子和虚空,原子表示充实的最小微粒,原子不可分。如果原子表示存在,虚空就是非存在。与德谟克利特不同,柏拉图认为原初物质(prime matter)是非存在。

柏拉图(Plato)的形而上学与认识论紧密联系。类似巴门尼德,柏拉图也不太信任感官。他同意巴门尼德的意见,任何能被认识的对象必须是“存在”(being/what-is),非存在(non-being)是无法被认识的。在巴门尼德关于“存在”的不变性的基本观念和赫拉克利特(Heraclitus)关于一切“存在”的事物都在变化和感官的现实是不可靠的结论上[⑤],柏拉图发展了他对可感知的世界和不可见世界的区分,并导出了客观和永恒的理念。相比之下,柏拉图的理念论比德谟克利特的原子论明显接近巴门尼德的“存在”,像是被破碎了的巴门尼德的“不变的一”。知识寻求什么是真理,这与“存在”相关。凡是能被感官所感觉的事

---

① 在英语中“being”的意思还不够清楚,在语法上,它可以是名词、分词或动名词,如:a human being;a being that subsists;a being without being felt。

② 参见罗素:《西方哲学史》上卷,何兆武、李约瑟译,北京:商务印书馆,1976 年,第 78 页。

③ 如米利都学派的泰勒斯(Thales)认为世界的本原是水,阿那克西美尼(Anaximenes)认为世界的本原是气。

④ 参见巴门尼德“存在不是非存在”(Being is not non-being)的判断直接反映了不矛盾律,也反映了同一律和排中律。这三个律后来成为亚里士多德形式逻辑的基础,代表了基本的理性规则。

⑤ 参见柏拉图:《柏拉图著作集》(2),乔伊特译评,桂林:广西师范大学出版社,2008 年,第 318 页。原文参见《泰阿泰德篇》152E。

物都是变化的,柏拉图认为真正的“存在”(being)是完美的和不变的理念世界,“存在”是可变的现实世界表象的原型,理念(idea/form)是真正的实在。① 理念不是事物,也不是逻辑的或数学的符号。② 理念的客观存在使得事物作为理念的模仿在感官世界存在。个别事物有生有灭,可能存在,也可能不存在,而理念则永存不息,我们所看见的个别事物只是这些永恒形式的不完善的复制品或反映。如个别的人有生有死,而人的原型或人类却永远常在。按柏拉图,人是使用身体的灵魂,灵魂是先存的。灵魂使用身体作为感知的工具,身体的死亡是灵魂的解放,灵魂不会灭亡。③ 所以,柏拉图的理念比巴门尼德的存在具体。

理念是一类事物的存在。理念包含存在,理念能够独立存在。但柏拉图深入研究的不是“存在”,而是他的理念论。理念与事物能有三种关系:是事物本质的原因;被事物分有;被事物模仿。理念不创造和构建事物,理念没有意志(will)。在理念的世界里,认知者和所认知的对象相统一。柏拉图的理念世界中,“善”(the Good)是最高的理念,在存在之上,是统摄一切的原则,是理念的理念。“善”不囿于某一个存在和本质,但却统摄着所有的存在和本质,存在和虚无(nothingness)在“善”之下。“善”没有人格,不是信心的对象,但是若对比,“善”是最接近基督教所信的上帝的理念。如《圣经》上说:“因为耶和华本为善,他的慈爱存到永远,他的信实直到万代。”④以色列王大卫曾向耶和华上帝祷告说:“主啊,你本为良善,乐意饶恕人,有丰盛的慈爱赐给凡求告你的人。”⑤静态的“善”理念虽不创造,但似乎接近上帝的创造的美好,因圣经上说:“神看着一切所造的都甚好。”⑥

新柏拉图主义⑦始于普罗提诺,他的著作被其学生波菲利(Porphyry)编成《九章集》(The Enneads)而流传。这一哲学里不仅有柏拉图主义,还有亚里士多德哲学、斯多葛哲学和新毕达哥拉斯哲学的成分,巴门尼德的关于存在的“不变的一”不仅等同上帝,而且相当于柏拉图的最高理念“善”。普罗提诺认为柏拉图的理念是与理智对应的,不是最高的本体,而且理念还有多个,最高的本体

---

① John Marenbon, *Early Medieval Philosophy* (*480—1150*), London and New York: Routledge, 1988, p. 4. 后来中世纪的“共相”(universal)非常接近柏拉图的“理念”。

② 其中数字最为基本,如自然数1、2、3等,它们更像是理念,因为自然界没有1、2、3等,只有3个人、3张床、3棵树等。

③ 参见柏拉图:《理想国》,郭斌和、张竹明译,北京:商务印书馆,2002年,第513页。

④ 《诗篇》100:5。“善”应该是神意志的本性。奥古斯丁在《忏悔录》中也曾把上帝看成“善”本身,这无疑是理念论的影响。Saint Augustine, *Confessions*, Book Seven, Chapter III, translated by F. J. Sheed, Beijing: China Social Sciences Publishing House, 1999, p. 110.

⑤ 《诗篇》86:5。

⑥ 《创世记》1:31。这里的“好”是“善”的一种状态。

⑦ 当时的普罗提诺认为自己是柏拉图主义者,新柏拉图主义是后人使用的概念。尽管读普罗提诺的著作,奥古斯丁也只有柏拉图主义的概念。Saint Augustine, *Confessions*, Book Eight, Chapter II, 1999, p. 130.

应该是绝对简单的和单一的。①

在新柏拉图主义里,有三个本体。首先是"太一"(the One),然后是"理智"(nous),然后是"世界灵魂"(World Soul)。② "太一"无意志、无德性、无质料、无变化。"太一"不创造,否则就有活动和变化,"太一"与物质世界的联系是流溢。从"太一"首先流溢出"理智"。普罗提诺的"理智"并不是认知者和所认知对象的统一,这不同于柏拉图的理念世界。然后,从"理智"流溢出"世界灵魂"。③"世界灵魂"介于"理智"和物质实体之间,是世界运动的动力,也在个体的灵魂里实现自己。④ 人的灵魂来自"世界灵魂"的流溢,而个体的灵魂产生属物质的身体。普罗提诺和柏拉图一样,相信灵魂的先存性。向上,灵魂分享了"理智",向下,灵魂和身体联合,但不与身体等同。⑤ 因此,"世界灵魂" 在新柏拉图主义里不是最高的存在或本体,但是最接近基督教所信的上帝的概念。⑥ 问题是,因"理智"和"世界灵魂"是从"太一"流出,它们应该与"太一"同本质。实体的概念源于亚里士多德。普罗提诺关于本体的三个等级的实体区分,影响了后来基督教会关于上帝的三位一体教义的形成。⑦ 基督教信仰是要拯救罪人的灵魂。与一般的哲学家不同,普罗提诺也关注灵魂如何得救。

从"太一"流溢出"理智","理智"流出"灵魂"。流溢被归复补偿。因为每一事物都渴望善,这就是归复。流溢和归复达到一动态的平衡。事物渴望回到"太一",回到自己从中流溢出的完美的存在。这归复的过程是与流溢相反:肉身内的灵魂先成为脱离肉身的灵魂,灵魂到"理智"或奴斯,最后到"太一"。⑧ 如此,普罗提诺提出了灵魂得救的方法,灵魂的回归是渴望的活动。他认为物质是杂多的根本、罪恶的原因,灵魂回归上帝或"太一"是一个摆脱肉体禁锢的上升过程,需要德性的修养和对上帝的沉思,达到的最高境界是观照上帝或入神。

奥古斯丁是最杰出的教父。⑨ 在《忏悔录》中,奥古斯丁认为真正的幸福是

---

① John Marenbon, *Early Medieval Philosophy* (*480—1150*), pp. 8-9.

② 普罗提诺:《九章集》(下),石敏敏译,北京:中国社会科学出版社,2009 年,第 558 页。

③ Plotinus, The Enneads, translated by Stephen MacKenna, London: Peguin Books, 1991, pp. 361-362.

④ Everett Ferguson, *Backgrounds of Early Christianity*, Grand Rapids, Michigan: William B. Eerdmans Publishing Company, 2003, p. 392.

⑤ Samuel Enoch Stumpf, *Socrates to Sartre*, New York: McGraw-Hill, Inc., 1993, p. 127.

⑥ Everett Ferguson, *Backgrounds of Early Christianity*, p. 333.

⑦ 父、子、圣灵三位一体的上帝在《圣经》里的最明显的暗示是《马太福音》28:19,这里的"名"在希腊原文中是单数,表明父、子、圣灵共有一个名。《旧约》里的三位一体的暗示如《创世记》1:1～3,这被奥古斯丁用来解释父、子、圣灵共同参与了创世。Saint Augustine, *Confessions*, Book Thirteen, Chapter V, pp. 261-262.

⑧ 参见安德鲁·洛思:《神学的灵泉》,游冠辉译,北京:中国致公出版社,2001 年,第 51～53 页。

⑨ 在耶稣升天后,他所设立的门徒或呼召的人等被称为使徒,成为传福音的权威,许多成为《新约》书卷的作者,如马太、约翰、彼得、保罗等人。在使徒们殉道或去世后,进入了教父时代,最早的教父一般都是使徒的学生。

在上帝里[1],上帝高居人灵魂的顶端。[2] 他曾描写了他母亲去世前一天,母子两人的神秘经历,是关于灵魂的回归和上升,可以看到普罗提诺对他的影响:

> 无论肉体的感受有多么快乐,就尘世之光看来有多么耀眼,都不足与那永恒之光带来的快乐相比,甚至不值一提。被热烈的爱推动着,我们向着那自有永有者上升,神游于各层次的事物之上,直达日月星辰所在的照耀着地球的诸天,越往上升腾,我们便越是思之于心、涌之于口地赞美你的造工。这样,我们来到自己的灵魂,又越过它们而最终来到那无限的丰盛之地……[3]

灵魂渴望上帝、爱上帝。类似柏拉图,奥古斯丁认为人有先天观念。通过记忆,灵魂寻找上帝。[4] 灵魂如何爱上帝,奥古斯丁有具体的解释:

> 我爱你的时候,究竟爱你什么?不是爱任何有形物的秀美,不是爱四季的和谐,不是爱那能娱人眼目的光的灿烂,不是爱各种歌曲的美妙旋律,不是爱花卉、膏油和香料的芬芳,亦非吗哪或乳蜜,亦非欲爱所拥抱的躯体。我爱上帝,并非爱以上这些东西。然而我爱上帝,在另一种意义上又确是爱光明、旋律、芬芳、食物和拥抱,那在灵魂中的光明、旋律、芬芳、食物和拥抱,这种光明照耀我的灵魂而不受空间的局限,这种音乐亦不随时间而从我里面消逝,我呼吸的是风不能吹散的芬芳,我饮食的是不因吞咽而减少的食粮,而我所倚靠的原则是永不会松弛的拥抱。当我爱我的上帝的时候,就是爱这些。[5]

奥古斯丁根据《旧约》中耶和华上帝对摩西的启示:"我是自有永有的"(I AM WHO I AM)[6],按字面的意思,把上帝设想成"存在"本身。[7] 作为最高的存在,上帝是完美的存在,意味上帝是自存的、不变的、永恒的存在。按奥古斯丁的说法,上帝的两个主要属性就是永恒和不改变,所以"存在"本身就是永恒的不改变。[8] 上帝的认识永不改变,上帝的意志永不改变,上帝的本质永不改变

---

① Saint Augustine, *Confessions*, Book Ten, Chapter XXII, p. 190.

② Saint Augustine, *Confessions*, Book Ten, Chapter VII, p. 178.

③ Saint Augustine, *Confessions*, Book Nine, Chapter X, p. 164.

④ Saint Augustine, *Confessions*, Book Ten, Chapter VIII, p. 178.

⑤ Saint Augustine, *Confessions*, Book Ten, Chapter VI, pp. 176-177.

⑥ 《出埃及记》3:14。

⑦ Etienne Gilson, *History of Christian Philosophy in the Middle Ages* (I), New York: Random House, 1954, p. 70.

⑧ Etienne Gilson, *History of Christian Philosophy in the Middle Ages* (I), p. 368.

地认识和意志。[①] 他主要是从实体的观念来理解上帝。奥古斯丁同时受柏拉图和新柏拉图主义的影响[②],认为物质世界后面有一个非物质的精神世界,人有属灵的能力认识上帝和非物质的世界,理念正是上帝的智慧。在认识论上与柏拉图的区别是,奥古斯丁认为“理念”就是在上帝心中的思想。这样,共相(普遍概念)就实实在在地存在于上帝的心中,而且一切知识,甚至感性知识都包含着上帝的某种意识。[③] 根据奥古斯丁的观点,柏拉图的理念成为上帝创世时的观念[④],斯多葛主义的世界法则成为上帝创造时安置于事物内的自然法则。

奥古斯丁认为,柏拉图主义就是基督教教义,而新柏拉图主义是基督教教义的哲学表达。奥古斯丁在《上帝之城》中写道:

> 对于哲学家,这一名称的意思是他们声称自己是“爱智慧的人”;如果智慧与上帝相似,万物被上帝所造,如我们因神圣的权威和神圣的真理所确信的,那么真正的哲学家就是爱上帝的人。[⑤]

希腊哲学的怀疑派因什么是真理或什么是真理之路不能确定而悬置判断。基督教相信因上帝的儿子耶稣道成肉身,真理得以从上帝启示给人,人只需接受。[⑥] 后来的西欧因天主教的垄断,真理的标准演化成天主教会的官方说教。在奥古斯丁的时代,罗马帝国已经衰弱,但罗马教会尚未达到后来教皇制的影响。

> 如果任何人享受他所爱的并爱那真实的、至高的善,只有最可悲的人会否定他的幸福。而这至高的善,根据柏拉图,就是上帝。这也是为什么柏拉图认为真正的哲学家是爱上帝的人,因为哲学的目的是为了幸福,把

---

① Saint Augustine, *Confessions*, Book Thirteen, Chapter XVI, 1999, p. 268.

② Saint Augustine, *Confessions*, Book Seven, Chapter IX, 1999, pp. 116-117.

③ 参见海姆伦:《西方认识论简史》,夏甄陶等译,北京:中国人民大学出版社,1987 年,第 22 页。

④ Saint Augustine, *Confessions*, Book Twelve, Chapter XXVIII, p. 253. 英文 form 的意思是“形式”、“理念”,另可参见 *Confessions*, Book Twelve, Chapter XVIII, p. 247.

⑤ Saint Augustine, *The City of God* (Volume One), Book VIII, Chapter 1, A new translation by Henry Bettenson, Beijing: China Social Sciences Publishing House, 1999, p. 298. 实际上,奥古斯丁对理性和信仰仍然是有区分的,但不如后来的阿奎那刻意。如奥古斯丁在《忏悔录》中就有关于信心是理性不能说明的观点。参见 Saint Augustine, *Confessions*, Book Six, Chapter V, pp. 91-92.

⑥ 《约翰福音》1:14,8:32,14:6。尽管耶稣所说的真理是直接关于罪人的灵魂如何得救,但也是与知识和行为有关系,参见《约翰一书》1:6,8,2:4。关于基督教信仰的启示真理观对希腊哲学的影响,可参见谢文郁《约翰福音的序言(1:1~18):翻译和注释》,载《基督教思想评论》2006 年第 2 期;《基督教真理观及西方思想史上的真理观》,载《基督教思想评论》2006 年第 1 期。使徒约翰在希腊文中用 aleetheia 表示“真理”,该词汇也被使徒保罗和彼得所使用,如《罗马书》1:18、《彼得前书》1:22 等。

心放在上帝上的人将因享受上帝而幸福。①

用新柏拉图主义的术语,奥古斯丁把上帝当成"世界灵魂"。② 对于人来说,上帝是光和祝福。在认识论上,奥古斯丁提出了"光照说",如他用普罗提诺的思路解释《新约圣经》的话:

> 太初有道,道与神同在,道就是神。这道太初与神同在。万物是借着他造的;凡被造的,没有一样不是借着他造的。生命在他里头,这生命就是人的光。光照在黑暗里,黑暗却不接受光。③ 那光是真光,照亮一切生在世上的人。④ 神就是光,在他毫无黑暗。⑤

在《理想国》洞穴的比喻中,虽然没有上帝,柏拉图论到了光和真理。奥古斯丁曾见证是上帝的光使他认识了真理:

> 这光在我思想上,也不似油浮于水,天之高于地;这光在我之上,因为它创造了我,我在其下,因为我是它创造的。谁认识真理,即认识这光;谁认识这光,也就认识永恒。⑥

柏拉图在其对话录《美诺篇》等中认为人的知识是先天的,学习是回忆,这也影响了奥古斯丁。如在第一次学习知识时,他不相信别人的教导,而是从自己的心灵里所认识,因此这些知识在他学习之前就在他的心灵中。⑦

公元9世纪的神学家爱留根纳(Erigena)也有与奥古斯丁类似的光照说。爱留根纳根据《圣经》上的话"各样美德的恩赐和各样全备的赏赐都是从上头来的,从众光之父那里降下来的"⑧,"因为一切能显明的,就是光"⑨,认为上帝是"众光之父"、显明一切的光,上帝在存在之上。⑩

---

① Saint Augustine, *The City of God* (Volume One), Book VIII, Chapter 8, p. 311. 在柏拉图的理念中,善是最高的,也是最接近《圣经》中的上帝的理念。哲学家追求认识善。《罗马书》曾论及人如何认识终极的善,参见《罗马书》7:7～8:11。因《约翰福音》和《罗马书》对哲学家所困惑的问题给出了终极性的解释,使西方哲学转向基督教哲学成为可能。

② *ST* I, Q. 3, A. 8

③ 《约翰福音》1:1～5。

④ 《约翰福音》1:9。

⑤ 《约翰一书》1:5。

⑥ Saint Augustine, *Confessions*, Book Seven, Chapter X, p. 118.

⑦ Saint Augustine, *Confessions*, Book Ten, Chapter X, p. 181. 人即使有先天的概念和知识,也要用理性来发掘或表达。

⑧ 《雅各书》1:17。

⑨ 《以弗所书》5:13。

⑩ Etienne Gilson, *History of Chrisitian Philosophy in the Middle Ages* (I), p. 119.

奥古斯丁说上帝是存在本身。上帝的存在,没有过去或将来,世界每天的事件反映了上帝的存在和活动,奥古斯丁超越了柏拉图和新柏拉图主义的思想。上帝是永恒不变的、单纯绝对的存在。因为如果上帝改变,就说明上帝不完美。上帝是事物存在的原因,上帝不会从不存在(non-being)到存在,也不会从存在到不存在,而事物的存在都是有条件的。在论到上帝的创造时,奥古斯丁认为上帝的意志属于上帝的本质,因为若上帝不意愿创造,就没有受造物①,这与后来的阿奎那不同。

关于世界的来源,新柏拉图主义用流溢说来解释。阿奎那反对流溢说,坚持圣经的教导,世界是上帝按他的意志,即借着他的话从无到有地被创造的。②巴门尼德认为存在是“一”,普罗提诺的本体是“太一”,阿奎那也论证上帝是绝对的一,这不仅指上帝只有一个,而且表示上帝里面没有部分,上帝不是潜能和活动的组合,而是简单的,是纯粹的实现。③

对“存在”进行严格的哲学定义几乎不可能,因为没有更宽的概念能作为“存在”的属相。④ 类似亚里士多德,阿奎那认为作为存在的存在(being as being)是形而上学研究的主题。作为一个神学家,阿奎那用亚里士多德的哲学为神学服务,独创地把他的哲学体系建立在“存在”之上,“存在”是最大和绝对的完善,而奥古斯丁没有自己的哲学体系。早在《神学大全》的写作之前,阿奎那在1256年就写了《论存在者与本质》(*On Being and Essence*,),后被《反异教大全》和《神学大全》引用和发展。

亚里士多德相信物质世界是永恒的,他的上帝不是世界的创造者,只是一个推动事物运动的上帝,是一个无人格的也不向人启示的上帝;而阿奎那论述了上帝的本质与上帝的三个位格⑤,上帝是人信心的对象。亚里士多德所代表的希腊哲学中有神学,研究上帝。上帝的存在是基督教神学的起点。虽然亚里士多德的上帝不是启示《圣经》的上帝,启示《圣经》的上帝是无所不知的,即使基督徒按《圣经》的启示来认识上帝,也无法完全认识上帝。这样,基督徒所理解的上帝应该比亚里士多德的上帝更接近真正的上帝。换实在论的说法或类比柏拉图的理念论,基督徒的上帝观念比亚里士多德的上帝观念更符合真正的上帝,但都是真正的上帝观念的不完全反映。这样,协调基督徒的上帝观和亚里士多德的上帝观是否能够更完全地表示真正的上帝?阿奎那很可能持赞同的观点。那么,如何协调这两个在能力上不同的上帝?后面我们可以看到,阿

---

① Saint Augustine, *Confessions*, Book Eleven, Chapter X, p. 217.

② *SCG* II, Chapter 19.

③ *SCG* I, Chapter 18. 三位一体的上帝不是指上帝是由父、子、圣灵三部分组成,但父、子、圣灵的关系仍存在,如子受生,圣灵受父和子的差遣。

④ Celestine N. Bittle, O. F. M. Cap, *The Domain of Being*, Milwaukee: The Bruce Publishing Company, 1950, p. 21.

⑤ *ST* I, Q. 39, AA. 1-2.

奎那用理性的方法,从感觉经验出发,证明了神学的起点:上帝存在;之后,阿奎那用《圣经》启示的耶和华上帝的名字协调了基督徒的上帝和亚里士多德的上帝,从而为神学和信仰建立了理性的基础。

二、早期教父的圣事观和实在论

《新约》四福音中有三部记载了在犹太逾越节晚上,耶稣如何设立圣餐。现对比如下:

> 他们吃的时候,耶稣拿起饼来,祝福,就掰开,递给门徒,说:"你们拿着吃,这是我的身体。"又拿起杯来,祝谢了,递给他们,说:"你们都喝这个,因为这是我立约的血,为多人流出来,使罪得赦。但我告诉你们,从今以后,我不再喝这葡萄汁,直到我在我父的国里同你们喝新的那日子。"①
>
> 他们吃的时候,耶稣拿起饼来,祝了福,就掰开,递给他们说:"你们拿着吃,这是我的身体。"又拿起杯来,祝谢了,递给他们,他们都喝了。耶稣说:"这是我立约的血,为多人流出来。我实在告诉你们,我不再喝这葡萄汁,直到我在神的国里喝新的那日子。"②
>
> 又拿起饼来,祝谢了,就掰开,递给他们,说:"这是我的身体,为你们舍的,你们也应当如此行,为的是记念我。"饭后也照样拿起杯来,说:"这杯是用我血所立的新约,是我为你们流出来的。看哪!那卖我之人的手与我一同在桌子上。人子固然要照所预定的去世,但卖人子的人有祸了!"③

圣餐被天主教、东正教和新教所持守。它总体上有四种不同的解释,阿奎那的变质说、路德的同体说、加尔文(John Calvin)的灵意说和茨温利(Huldreich Zwingli)的纪念说。至今,阿奎那的变质说是天主教的教义,基督教除路德派和加尔文派外,大多都用纪念说解释圣餐。

耶稣生前在地上的活动范围只是在地中海东岸的巴勒斯坦地区④,这里的犹太人最为集中。耶稣的门徒和信徒大多数原是犹太教的背景。按家谱,耶稣是属于以色列人的犹大支派,大卫王的后裔。⑤

在向外邦人传耶稣的福音上,使徒保罗最为突出。他曾三次旅行布道,把福音⑥传到了巴勒斯坦以外的地区,如小亚细亚、希腊、意大利等。这些地方有犹太人,但大多数是希腊文化下的非犹太人,最后保罗在帝国的首都罗马殉道。

---

① 《马太福音》26:26~29。
② 《马可福音》14:22~25。
③ 《路加福音》22:19~22。
④ 耶稣出生不久曾被约瑟和玛利亚带到埃及,参见《马太福音》2:13~15。
⑤ 参见《马太福音》1:1~16。
⑥ 福音的基本内容参见《哥林多前书》15:1~5。

使徒时代之后，早期教会脱离了犹太人的范围，但却处在希腊文化和哲学的大背景下，希腊人的哲学对希腊人的地位相当于旧约圣经里的律法对于犹太人的地位。尽管使徒保罗反对用希腊哲学来论断救恩[①]，但教会需要在希腊化的世界里生存。

罗马帝国有国教，万神殿里有诸神，它们与更早的希腊诸神类似，如主神朱庇特、女神朱诺、雅典的保护神密涅瓦和战神马尔斯等。后来，死去的皇帝也被神化，成为人们敬拜的对象。罗马帝国的宗教对罗马人影响很深，如生活在比耶稣时代稍早的政治家和学者西赛罗(Cicero)都认为，罗马帝国之所以能征服其他民族，是因为众神的指导和恩惠。[②] 总体上说，普通人是信罗马宗教，不懂哲学。受过教育的人懂哲学，一般不信罗马宗教，而是把哲学或哲学中的一学派当成宗教。与启示给犹太人旧约的耶和华神相比，希腊和罗马的诸神不是全知的，道德上也不完美，这无形促进了哲学家的怀疑精神、对知识的思考和追求。

基督徒与普通的罗马人不同，他们不拜罗马帝国的皇帝。虽然基督教和犹太教都不拜偶像，但基督徒与犹太教徒又不同。犹太教作为一少数民族的宗教被帝国承认，而基督教却没有。普通的罗马人会认为，犹太教所信的神耶和华并不强，耶和华保护不了自己的子民犹太人，使犹太人失去了在巴勒斯坦的国家。因重血统，犹太人自我封闭，而基督徒不重血统，重传福音。但在被帝国接纳之前，基督徒的聚会往往是秘密的，他们也很容易被外人所误解，如乱伦、在圣餐中吃人肉等[③]，甚至被认为是无神论，因为基督徒不拜偶像化的神。在基督教会增长的同时，还有异端的干扰，如否认耶稣神性的伊便尼派(Ebionitism)、幻影派(Docetism)。[④] 异端往往受希腊哲学思想的影响，如何表示基督教与犹太和希腊思想的不同？使徒彼得曾告诫在患难中的基督徒："你们就是为义受苦，也是有福的。不要怕人的威吓，也不要惊慌。只要心里尊主基督为圣。有人问你们心中盼望的缘由，就要常作准备，以温柔敬畏的心回答各人。"[⑤]诸多的不利因素都需要基督徒为基督教信仰辩护，这无形地促使了基督教神学的发展。神学是研究上帝启示的学问。按基督教信仰，上帝在圣经里启示的中心就是罪人只可以借着信耶稣而灵魂得救。[⑥]

---

① 参见《哥林多前书》1:20～25，《歌罗西书》2:8。

② William J. Duiker and Jackson J. Spielvogel, *World History*, St. Paul: West Publishing Company, 1994, pp. 178-179.

③ 当时的罗马帝国有贵族、公民和奴隶，奴隶没有权利，但基督教认为在基督里人人平等(《加拉太书》3:28)、众人为兄弟姐妹(《雅各书》2:15)，无疑使掌权的贵族和自由公民难以理解和接受。

④ St. Clement and St. Ignatius, *The Epistles of St. Clement of Rome and St. Ignatius of Antioch*, translated by James A. Kleist, New York: Paulist Press, 1946, p. 57.

⑤ 《彼得前书》3:14～15。

⑥ 参见《约翰福音》3:16。

对于早期教会,最重要的圣礼是洗礼,而不是圣餐。按耶稣的话,受洗是作他门徒的人必须遵守的命令①,信和受洗与灵魂得救在字面上有必然的关系。②圣餐和洗礼是最早成为被基督徒遵守的圣礼,因它们由耶稣亲口设立或命令。叙利亚的安提阿主教伊格那丢(Ignatius of Antioch)在给非拉铁非教会的信(To the Philadelphians)的第四段中,论述了对圣餐的分享:

> 我们作仆人的,要小心地分享圣餐,因为其中有一样是我们救主耶稣的身体,一样是与他的血联合的杯,还有一圣坛,就像有一被长老和执事所协助的主教。③

这也是"圣餐"的词汇第一次被使用,之前人们按《新约》称之为"擘饼"或"主的晚餐"。④

耶稣指着圣餐饼和酒祝圣,所说的核心的话是"这是我的身体"和"这是我立约的血"等,但仍有不同的细节。对措辞研究后,可分成献祭型:所用的词汇是"身体"和"血",记载在《马可福音》和《马太福音》中;末世型:提到主的再来,所用的词汇是"身体"和"杯",记载在《路加福音》和保罗所写的《哥林多前书》中。⑤

当时的许多基督徒因犹太血统,生活上还很像犹太人。摩西律法中有为罪向耶和华神献祭的规条。"身体"和"血"是与祭祀相联系的。加上"约"的观念,马太和马可所对应的《旧约》经文是摩西用祭牲的血的场景:"摩西将血洒在百姓身上,说:'你看!这是立约的血,是耶和华按这一切话与你们立约的凭据。'"⑥路加和保罗的"约"指向末世,旧约里预言耶和华神将与他的子民立新约:"我与以色列家所立的新约,乃是这样:我要将我的律法放在他们里面,写在他们心上。我要作他们的神,他们要作我的子民。"⑦

伊格那丢论述了圣餐中的献祭。除了感恩和赞美之外,伊格那丢更倾向于饼和酒在本质上的改变,如他在给罗马教会的信(To the Romans)的第七段里说:

> 我不爱能朽坏的食物和今生。上帝的饼是我所渴望的,那就是基督耶

---

① 参见《马太福音》28:19。

② 参见《马可福音》16:16。

③ St. Clement and St. Ignatius, *The Epistles of St. Clement of Rome and St. Ignatius of Antioch*, p. 85(*To the Philadelphians*).

④ Liam G. Walsh, *The Sacrament of Initiation*, London: Geoffrey Chapman, 1988, p. 212.

⑤ Raymond Moloney, *The Eucharist*, Collegeville, MN: The Liturgical Press, 1995, p. 21.

⑥ 《出埃及记》24:8。

⑦ 《耶利米书》31:33。

稣的身体,他是大卫的后裔,我渴望他的血为我所喝,因它是不朽坏的爱。[①]

可以看到,伊格那丢把基督的身体称为"上帝的饼"。基督从人性上是大卫王的后代。伊格那丢还把基督的血称为不朽坏的爱,因此耶稣在圣餐中的身体和耶稣在历史上的身体是一样的,本质上是不可分的。[②] 伊格那丢因受教会的迫害,后在罗马殉道。

最早的基督徒为传扬耶稣的福音,曾反对理性的骄傲和哲学家的智慧。如使徒保罗写道:"犹太人是要神迹,希利尼人是求智慧,我们却是传钉十字架的基督,在犹太人为绊脚石,在外邦人为愚拙。"[③]殉教士游斯丁是第一位尝试调和信仰和理性的人,在其《第一护教书》(The First Apology)中就记载了圣餐礼。查斯丁是外邦人,曾学习过哲学,他是首批归信基督教的外邦知识分子之一,并为信仰辩护。按查斯丁的说法,有两种形式的圣餐:一是受洗后的圣餐,二是常规的、在周日举行的圣餐。[④] 查斯丁也是把献祭的观点当成神学问题来定义的第一个基督教作家,并用之来反对犹太人和异教徒的献祭。在公元1世纪,基督徒很多有犹太人的血统,他们仍然保留犹太人的风俗,使用犹太会堂,过逾越节和五旬节日[⑤]、守安息日[⑥]等,犹太基督徒和非犹太血统的基督徒相处是融洽的,如保罗和路加,甚至有人认为外邦人信耶稣首先要受割礼成为犹太人。[⑦] 在公元2世纪,基督徒更多的是没有犹太血统,而基督教会却被罗马帝国当成犹太教的一个非正统的派别来迫害。为了区分与犹太人的不同,基督徒不再保留犹太人的风俗,如在七日的第一日聚会,而不是安息日。实际上,基督徒不再守安息日,在使徒时代的教会也就开始了。[⑧]

对于查斯丁,犹太人和异教徒的献祭同样要反对,因为它们有残酷的和血腥的仪式,如宰杀祭牲。欧洲基督教会反犹太人的历史,可能也由此开始。耶稣曾对不信他的犹太人说:

倘若神是你们的父,你们就必爱我;因为我本是出于神,也是从神而来,并不是由着自己来,乃是他差我来。你们为什么不明白我的话呢?无

---

① St. Clement and St. Ignatius, *The Epistles of St. Clement of Rome and St. Ignatius of Antioch*, p. 83(*To the Romans*).

② Willy Rordorf, *The Eucharist of the Early Christians*, translated by Mathew J. O'Connell, New York: Pueblo Publishing Company, 1978, p. 57.

③ 《哥林多前书》1:22～23。希利尼人是外邦人或非犹太人,主要是希腊文化下的人。

④ St. Justin Martyr, *The First and Second Apologies*, translated by Leslie William Barnard, New York: Paulist Press, 1997, pp. 70-72(The First Apology, Chapters 65 and 67).

⑤ 参见《使徒行传》2:1。

⑥ 参见《使徒行传》13:14,17:2,18:4。

⑦ 参见《加拉太书》2:3。

⑧ 参见《使徒行传》20:7,《哥林多前书》16:2。

> 非是因你们不能听我的道。你们是出于你们的父魔鬼，你们父的私欲，你们偏要行。他从起初是杀人的，不守真理，因他心里没有真理。他说谎是出于自己，因他本来是说谎的，也是说谎之人的父。[①]

反犹太人的基督徒可能断章取义地认为看重血统的犹太人是属于魔鬼的，犹太教的会堂就是魔鬼的家。基督教的献祭完全不同，不是用火和血，而是用祷告和赞美的话语[②]，这与《新约》的教导一致："我们应当靠着耶稣，常常以颂赞为祭献给神，这就是那承认主名之人嘴唇的果子。"[③]在《旧约》中也有类似的话："恶人献祭，为耶和华所憎恶；正直人祈祷，为他所喜悦。"[④]查士丁在圣餐问题上是实在论[⑤]，他在《第一护教书》第66章写道：

> 我们不像领受普通的食物和饮料一样领受它们。就像我们的救主基督耶稣通过神的道而成了肉身，用身体和血来拯救我们，通过他所教导的对这些食物的感恩祷告，它们就成为与道成肉身的耶稣的身体和血，从而滋补和改变我们的身体和血。[⑥]

早期教会对圣餐的表述有灵意的、象征的、实在的三种，而这三种观点是交织的并互相补充。灵意是根据《新约》，把《旧约》的吗哪解释成属灵的食物[⑦]，如安布罗斯（Ambrose），他同时也持实在论的解释。在《神学大全》里，阿奎那曾多次引用安布罗斯的圣餐观。[⑧] 实在论研究什么是实在，它基于柏拉图的理念论，可见事物之上的关于该事物的理念更真实。提到圣餐象征性解释的有德尔图良（Tertullian）、该撒利亚的尤西比乌（Eusebius of Caesarea）等。实在论的解释被安提阿的伊格那丢和伊里奈乌（Irenaeus）持有，主要是为了反对当时的幻影派和诺斯替派。

幻影派认为物质是邪恶的。他们认为，基督的身体不会是真实的，只是幻影，所以基督并没有真正受苦、死亡和复活。[⑨] 幻影派的基督论影响了诺斯替派。诺斯替派源于克伦瑟（Cerinthus，盛年约在公元100年前后），认为基督没

① 《约翰福音》8:42～44。

② Raymond Moloney, *The Eucharist*, p. 81.

③ 《希伯来书》13:15。

④ 《箴言》15:8。

⑤ William R. Crockett, *Eucharist: Symbol of Transformation*, New York: Pueblo Publishing Company, 1989, pp. 85-86.

⑥ St. Justin Martyr, *The First and Second Apologies*, p. 70.

⑦ 参见《哥林多前书》10:1～4。在《旧约》时代，耶和华神拯救以色列人出埃及后，在旷野用吗哪作为食物给以色列人共四十年，参见《出埃及记》16:4～36。

⑧ *ST* III, Q. 74, A. 8, Q. 78, A. 4.

⑨ *The NIV Study Bible*, notes to 1 Jh 4:2, 2 Jh 7, pp. 1911, 1915.

有全然的人性。诺斯替派受柏拉图哲学的影响，相信有一至高的存在，灵魂是不朽的，但被身体所束缚。他们认为知识能拯救人，把人从无知而不是罪中拯救出来，这知识是关于人真正自我和如何回到那神秘世界的。[①] 诺斯替派的基本信条是二元论，他们相信世界最终分成善与恶两种力量。与希腊哲学一致，他们将恶等同于物质，所以任何创造之神都是邪恶的。诺斯替派有神派遣基督的思想，但基督与物质没有真正的联系。耶稣在受洗时，基督降临进入耶稣里面。约在耶稣被捕时，基督又退了出来。这样，基督没有在十字架上受难。诺斯替派内部还有不同的观点，但他们一致认为"基督"不可能是人。[②]

基督教在逐渐被罗马人接纳的时候，面对着罗马宗教和希腊哲学的挑战，但这两者都有弱点，罗马宗教面向普通大众，哲学是面向知识分子。基督教信仰面向大众，但许多地方又可以用哲学辩护，无形改变了罗马帝国知识分子对基督教的看法。[③]

基督教的传播以及被罗马帝国的接纳，成为希腊哲学在进入中世纪后逐渐衰弱的重要原因之一。基督教会为了培养自己的神职人员，非常重视兴办学校。约公元 150 年，殉道者查斯丁在罗马创办了一所基督徒学校。教父克莱门特(Clement)和奥利金(Origen)曾在埃及的亚历山大教理学校任教。到公元四五世纪，因北方蛮族的威胁和入侵，罗马帝国危机重重，而基督教会的学校却已遍布罗马帝国各地。

过去，不同学派的哲学竞争追随者，如斯多葛派和伊壁鸠鲁派，但它们对人的吸引力逐渐被基督教信仰所取代。怀疑学派关于真理之路的问题无形地被基督教启示真理观所解决。到奥古斯丁的时代，也就是 4 世纪中后期，斯多葛派和伊壁鸠鲁派的哲学已经暗淡了。[④] 虽然由柏拉图在公元前 387 年所创办的雅典学园(Academy)，直到 529 年才被西征的东罗马皇帝查士丁尼(Justinian)关闭，信基督教的查士丁尼认为柏拉图学园是异教的场所。但在之前，因基督教信仰被罗马帝国的接纳，雅典学园早已经走向衰弱，尽管各种形式的柏拉图主义是有影响的哲学，如新柏拉图主义影响了奥古斯丁的基督教思想，柏拉图主义还影响了更早的斐洛(Philo of Alexandria)的犹太教思想。新柏拉图主义的开创者普罗提诺(Plotinus)是在埃及的亚历山大学习哲学，后在罗马教授哲学，当时的亚历山大是整个帝国的学术中心。古代教会最重要的教父奥古斯丁是在北非的迦太基，然后是在米兰和罗马学习。476 年，西罗马帝国灭亡。因入侵的蛮族后接纳了基督教信仰，教会并没有因政权的混乱而暗淡。

在基督教逐渐被人接纳的同时，基督徒知识分子对待古典文化和希腊哲学

---

① Everett Ferguson, *Backgrounds of Early Christianity*, pp. 307-310.

② 参见布鲁斯·雪莱：《基督教会史》，刘平译，北京：北京大学出版社，2004 年，第 55～56 页。

③ Everett Ferguson, *Backgrounds of Early Christianity*, p. 611.

④ Howard Jones, *The Epicurean Tradition*, London and New York: Routledge, 1992, p. 94.

有两种不同的态度。一是有选择地利用,这是主流,如奥古斯丁对新柏拉图主义的利用以及后来的阿奎那对亚里士多德主义的利用,而斯多葛学派和伊壁鸠鲁学派却被基督教所批判。二是否定,如修道士,他们提倡出世,远离犯罪的世界。之前就有拉丁教父德尔图良把信仰和理性相对立,信仰反对理性,因异端是受哲学推动的。德尔图良曾说:"只有荒谬,我才信仰。"当时的基督徒知识分子大多是教会的神职人员。

同样在 529 年,本尼狄克(Benedict)在意大利中部创立了本尼狄克修会的第一个修道院。不久,许多地方也建立了修道院。修道院的学校不仅培养修士和教士,也有世俗子弟,成为学术研究的中心。与东罗马帝国的隐修院着重禁欲苦修和沉思默想不同,本尼狄克修会的修道院比较务实,它们创立了一种精致的图书馆系统,收集各种书籍,复制手抄本,把书出租给别的修道院。本尼狄克修会要求修士每日读书,其图书馆藏书包括圣经、教父的著作、圣经注释以及希腊罗马作者写的非宗教书籍,为西方中世纪早期的文明作出了卓越的贡献。①

尽管对圣餐的实在论表述出现的最早,但奥古斯丁对圣餐的解释总体是象征性和属灵的。奥古斯丁和安布罗斯对圣餐的解释通过塞维利亚的伊西多尔(Isidore of Seville)传到了中世纪的早期,神学在圣餐的解释上出现了转向。

在奥古斯丁之前,北非迦太基的主教居普良(Cyprian of Carthage)就为圣餐作了见证。在居普良的书信中,他的第 63 封信题为《论主杯的圣礼》,被称为"教会在前三世纪里关于圣餐的最重要文献"②。在现存的文献中,居普良是第一个称主持圣餐的神父是代表基督献祭:

> 因为如果基督耶稣,我们的救主和神,自己是父神的大祭司,如果他把他自己当成祭物向父神献上并指示这应该被纪念,那么毫无疑问,模仿基督所做的神父真实地代替基督事奉。神父在教会里向父神献上真实和完全的祭物,当神父进行献祭时,就像他看到基督本人献祭一样。③

居普良反对在圣餐的杯中只有水,而坚持用掺有水的葡萄酒。主的杯给人福分,如以色列王大卫的《诗篇》中所写:"在我敌人面前,你为我摆设筵席;你用油膏我的头,使我的福杯满溢。"④

耶稣在地上所行的第一个神迹,是在迦拿的婚宴上。当时没有酒了,耶稣变水为酒,让众人享用。⑤ 居普良认为水是象征洗礼,葡萄酒代表耶稣的血。水

---

① 参见施密特:《基督教对文明的影响》,汪晓丹、赵巍译,北京:北京大学出版社,2004 年。

② Willy Rordorf, *The Eucharist of the Early Christians*, p. 157.

③ G. W. Clarke, *The Letters of St. Cyprian* (Vol. III), Chicago: Newman Press, 1986, p. 106.

④ 《诗篇》23:5。

⑤ 参见《约翰福音》2:1~11。

不能代表耶稣的血，而是代表人。如《圣经》中所记："你所看见那淫妇坐的众水，就是多民、多人、多国、多方。"[①]

水和葡萄酒有不同的象征意义。水和酒在杯中融合，象征着基督徒和基督的联合。居普良认为圣餐是真实的献祭，它包含了耶稣的牺牲。从这个牺牲中圣餐才能有效果，因此教会和圣餐有紧密的关系。如果人不喝耶稣的血，我们就惧怕为耶稣流血。于是，人能从圣餐中得到殉道的力量。[②] 这也反映了在早期教会基督教所面临的迫害，要有为耶稣殉道的准备。

居普良对水的解释有一定的片面性，神的灵曾运行在水面上："起初神创造天地。地是空虚混沌，渊面黑暗；神的灵运行在水面上。"[③]

第二节　奥古斯丁：新柏拉图主义与基督教互动的典型例证

一、实在论

实在论基于柏拉图的理念论，现实事物之上的关于该事物的理念更为真实。按现在的解释，实在论有三个基本要义：有一个真实存在的世界，它不是人创造或建造的；这一真实的存在是可以被人的心灵所认识；对这一真实存在的世界的知识是人行为唯一的可靠指南，不论是个人，还是社会。[④]

奥古斯丁是教父哲学的集大成者。西方教会关于圣餐的神学的根都在奥古斯丁的神学里，尽管是德尔图良首先为描述洗礼和圣餐礼提出了"圣事"的词汇，并区分两种属灵的食物：神的话和耶稣的身体。[⑤] 奥古斯丁的神学是他关于柏拉图记号理论的具体应用，signum 是表示标记或象征的通常术语。对于奥古斯丁，sacramentum 和 signum 在意义上是几乎相同的，sacrametum 成为描述调和耶稣的实体和对基督徒群体的拯救之间特别的记号和象征的术语。[⑥] 奥古斯丁对圣餐的早期理解是象征性的。作为一个柏拉图主义者，奥古斯丁区分了一个记号（signum）和它表征的实在（res）之间的不同，他把《圣经》经文的属灵含义放在字面意思之上。后来的阿奎那在《神学大全》里提到了奥古斯丁关于圣餐的记号观，圣餐是献祭的记号。[⑦]

---

① 《启示录》17:15。

② Willy Rordorf, *The Eucharist of the Early Christians*, pp. 164-165.

③ 《创世记》1:1～2。

④ John Wild, *Introduction to Realistic Philosophy*, Lanham, MD: University Press of America, 1984, p. 6.

⑤ Willy Rordorf, *The Eucharist of the Early Christians*, p. 141.

⑥ William R. Crockett, *Eucharist: Symbol of Transformation*, New York: Pueblo Publishing Company, 1989, pp. 88-90.

⑦ *ST* III, Q. 82, A. 5, ad 2, Q. 83, A. 1. 注解中 ad. 代表 reply Obj。下同。

奥古斯丁把人定义成“使用身体的理性灵魂”,因强调灵魂的超越性,《圣经》经文的属灵意义高于字面意思。[①] 这样,《圣经》经文本身也只是记号的集合、事物的记号。它们的用处在于字句引导我们到它所参照的实在的能力,其益处也是有条件的,因为人对神默想的完善度不同。[②]

在《论基督教教义》(On Christian Doctrine)第2卷中,奥古斯丁认为有两种记号:自然记号和常规记号。在常规记号里,文字是最多和最重要的,也是解释圣经的人所关心的。经文的困难主要是因为未知和模糊的记号。按奥古斯丁的说法,乐器的声音也是有意义的记号。声音能传入人的耳朵里,但它们与话语背后的文字所代表的记号相比是太少了。话语是表达人思想的主要方式。奥古斯丁又举例说,伯大尼的马利亚用香膏抹耶稣的脚[③],这香膏的味道就是一记号。而在圣餐中,耶稣通过人的味觉表征他的意志。[④]

《圣经》的原文主要是用希腊文和希伯来文写的。无论当时或现在,绝大多数基督徒并不同时懂这两种文字。奥古斯丁使用的是拉丁文。一般来说,文字是概念的书写符号,比语言抽象。早期的人只有一种语言。后在建造巴别塔时,神赐下各种方言,混乱了人的语言。[⑤] 神允许世界上这样多的语言和文字存在。神是全知的,而神在《圣经》里的启示也是超越语言和文字障碍的。人有神的形象,所以人能够信用自己母语所传的福音,能读懂翻译成自己母语的圣经。但按照古代对记号的认识,一个记号不仅代表它所指代的,而且分有它所指代的实在并促成所指代的实在给参与记号的人,也就是说记号不简单地是一符号。[⑥] 所以,象征性的解释并不反对实在论的解释,而是预设了实在论的解释。在晚期反驳佩拉纠派[⑦]时,奥古斯丁对圣餐的解释才有了更多的实在论成分。

在自己的晚期著作《上帝之城》(The City of God)里,奥古斯丁关于献祭的观点间接地反映了他的圣餐观。如:“可见的献祭是圣事,即不可见的献祭的神圣象征。”[⑧]在论到可见的祭物只能献给那独一的和不可见的神时,奥古斯丁认为:

---

① Beryl Smalley, *The Study of the Bible in the Middle Ages*, Notre Dame: University of Notre Dame Press, 1978, p. 23.

② Ephraim Radner, *The End of the Church*, Grand Rapids, Michigan: William B. Eerdmans Publishing Company, 1998, p. 214.

③ 参见《约翰福音》12:3～7,《马可福音》14:6～9。

④ Robert Maynard Hutchins, *Great Books of the Western World* (18. Augustine), Chicago: Encyclopedia Britannica, Inc., 1990, pp. 636-637.

⑤ 参见《创世记》11:1～9。

⑥ 20世纪的存在主义神学家蒂利希(Paul Tillitch)也有类似的观点。

⑦ 该派源于4～5世纪的神学家佩拉纠(Pelagius),认为罪人的灵魂得救不是靠神的主权的恩典,而人的自由意志在个人的灵魂得救上有功。佩拉纠派在431年被以弗所大公会议定为异端。

⑧ Saint Augustine, *The City of God*, Volume One, Book X, Chapter 5, p. 377.

> 有人觉得那独一的真神是看不见的，不需要可见的献祭。这样的人明显没有意识到可见的献祭是不可见的献祭的象征，正如说出来的话是事物的象征一样。①

相对于在哲学上记号和实在的关系，早在圣经旧约里，耶和华上帝就用记号表示他的应许，如与挪亚以彩虹为记号作为应许②、与犹太人的先祖亚伯拉罕以割礼为记号作为应许。③ 圣餐中的记号和应许自然成为神学思考的新课题。按奥古斯丁的观点，在圣餐中，外在的和可见的记号是饼和酒，而内在的和不可见的实在是耶稣基督。饼和酒的外在记号被感官感受，被人所吃喝，而看不见的实在，只能被人的头脑所理解并按信心所接纳。所以，在圣餐里中有双重的领受。饼和酒的外在记号被物质性吃喝，而圣餐的实在或内部的实体，即耶稣自己，不是被人按物质性地吃喝，而是按属灵的方式，如按信心被领受。

奥古斯丁不仅强调圣餐和信心的关系，而且强调圣餐和上帝话语的关系。奥古斯丁的神学既是信心的神学，又是恩典的神学。圣餐是信心的记号，是合一的记号④，同时也是恩典的方式。奥古斯丁认为，圣事给人恩典并可以认为圣事是耶稣拯救工作的延伸。⑤ 但记号和恩典有什么关系，奥古斯丁仍有未解决的问题。那些不凭信心领受圣餐的人也能领受耶稣的身体和血，还是仅仅是饼和酒的外在记号？

到了中世纪，圣餐的本质和恩典逐渐被分开。有信心和无信心的人都能领受到圣餐的本质，但结果不同。有信心的得到恩典，即有益于灵魂的拯救，而无信心的得到的是咒诅。⑥

从早期教会一直到11甚至12世纪，洗礼一直被看成是恩典的工具和最基本的圣礼，因相信受洗使人灵魂得救。后来圣餐逐渐变得重要，圣秩是第三。人只受洗一次，让人受洗的水有能力赦免人的罪，但只持续一会，而圣餐可以每天守，所以圣餐比洗礼更重要，它是洗礼的基础和完成。⑦

二、教会观

在早期教会，伊格那丢认为，凡没有主教、长老和职事这三种圣职人员的，都不能称为教会。主教的权力最高，洗礼和圣餐都由他或他授权的人主持。这

---

① Saint Augustine, *The City of God*, Volume One, Book X, Chapter 19, p. 399.

② 参见《创世记》9:13。

③ 参见《创世记》17:11～13。

④ *ST* III, Q. 79, A. 1.

⑤ Brain Davies, *Aquinas*, London and New York: Continuum, 2002, p. 177.

⑥ William R. Crockett, *Eucharist: Symbol of Transformation*, pp. 92-93.

⑦ Jaroslav Pelican, *The Growth of Medieval Theology*, Chicago: The University of Chicago Press, 1978, pp. 204-206.

种主教的体制很快被普遍采用，但各地的教会没有联合成一个共同的组织，靠书信交流教义和往来，因此基督徒处处觉得是一个大团体的成员。伊格那丢称之为大公(Catholic)教会，以表示与个别城市教会的区别。[①]

奥古斯丁对圣餐理解的核心与他的教会观相联系。他继承保罗的传统，把对耶稣身体的分享用基督论和教会观的观点来解释，圣餐的最终目的是把信徒的群体建立成与他们的元首基督相联合的平安和爱的统一体。

奥古斯丁时代，基督教在罗马帝国不再受迫害。狄奥多西大帝(Theodosius the Great)于380年受洗。从391年开始，他颁布法令禁止异教，逐渐确定了基督教的国教地位。基督徒可以建教堂专门敬拜神，但罗马主教的地位还没有上升到后来成为传统的教皇(也翻译成"教宗"，即"教会之父")的地位。异教和罗马文化对基督教信仰仍有干扰。过去，基督徒通过团契来表示圣洁。有了教堂，情况却有了改变，作为崇拜的专门场所，教堂是圣洁的地方，设计和装饰都尽量反映出天堂的感觉。教堂不仅是神的家，而且像是天堂之门。[②]

《上帝之城》应用了柏拉图的理念论关于两个世界的概念。地上的城是短暂的，属于世俗的人；上帝之城是永恒的，属于爱上帝的人。上帝之城就是上帝的教会。[③] 按奥古斯丁的说法，基督教会是上帝之城在地上的代表。基督是教会的元首，教会是基督的身体，如：

> 因此耶稣既是祭司，又是祭品，他自己献祭。这就是实在，耶稣要把教会的每日献祭成为这件事的圣礼的象征，为了使教会学习通过耶稣献上自己。耶稣是教会的头，教会是耶稣的身体。[④]

人如何灵魂得救？奥古斯丁的观点是受洗让人重生得救。如他在《忏悔录》中哀悼母亲莫尼卡时，就认为莫尼卡从受洗时重生，之后没有说过违背上帝诫命的话。[⑤]

奥古斯丁虽然认为洗礼使人灵魂得救，但他并没有强调神职人员的权柄。同样根据《忏悔录》，奥古斯丁在幼年时因病快死了，他那时候还不信耶稣。其

---

① 参见穆尔：《基督教简史》，郭舜平等译，北京：商务印书馆，2000年，第50～51页。"大公教会"不是《圣经》里的词汇，但被用来指称与各地方聚会并列的统一的教会存在。"大公"后因基督教被罗马帝国的接纳而指"帝国的教会"，再后逐渐被解释成"普世教会"(ecumenical)，"大公"的意思成为universal。Catholic(大公)与Roman Catholic(罗马天主教)不可混淆。另可参见麦格拉思：《基督教概况》，马树林、孙毅译，北京：北京大学出版社，2003年，第221～223页。

② Vivian Green, *A New History of Christianity*, New York: Continuum, 2003, p. 29.

③ Saint Augustine, *The City of God*, Volume Two, Book XIII, Chapter 16, p. 524.

④ Saint Augustine, *The City of God*, Volume One, Book X, Chapter 20, p. 401.

⑤ Saint Augustine, *Confessions*, Book Nine, Chapter XIII, translated by F. J. Sheed, Beijing: China Social Sciences Publishing House, 1999, p. 169. 受洗使罪人灵魂得救后被天主教所接纳，如阿奎那。新教主流并不赞同，他们认为受洗是一公开的见证，受洗和灵魂得救不一定同时发生。

母亲急切地想让奥古斯丁受洗礼，使他的罪得赦免，这也说明莫尼卡生前也信受洗可以让罪人重生。[①]

教会观与圣餐是关联的。圣餐记号所表示的实在，不是简单地用信心获得的与耶稣的个人关系，而是在耶稣里和他身体里所有成员之间的爱的团体。基督在十字架上的牺牲是一次性的，而在圣餐中没有耶稣新的牺牲。在圣餐中所进行的是对耶稣牺牲的礼仪性纪念。奥古斯丁认为，这纪念既不是对过去的一个事件的回忆，也不是耶稣为拯救罪人一次性献祭的重复，它只是礼仪性地纪念耶稣过去为众人所做的，而现在的信徒群体可以分享他拯救的实在。在圣餐中所献上的祭物是教会自己，即由基督徒组成的在基督里的身体，与他的元首耶稣相联合。[②]

公元 1 世纪末 2 世纪初，基督教迅速而广泛地传播开来。早期的传教中心，在叙利亚和西利西亚是安提阿，在小亚细亚是以弗所，在意大利是罗马，在埃及和昔兰尼加多半是亚历山大。不久北非的迦太基和高卢的里昂也建立了教会，福音从这两地传到了非洲和高卢南部。教会也在与异端的斗争中发展，它真正地成了早期教父伊格那丢所预言的普世教会，这样的教会足以维护使徒传统权威的主教制组织。教会有一部《圣经》正典，还有明确规定的信条。在这一切发展中，罗马城的教会居于领导地位。[③]

325 年的尼西亚会议规定，主教按省组织，以省府所在地的主教为首。其中有五个最有影响的主教城，在东方有四个：安提阿、耶路撒冷、亚历山大和君士坦丁堡，在西方是罗马。人们相信主教城的地位要么是因为其政治、文化的影响力，要么是来此传福音的第一人是使徒。安提阿曾是小亚细亚和叙利亚的主要城市，使徒彼得在此居住过[④]；耶路撒冷是基督教的诞生地；埃及的亚历山大是《马可福音》的作者马可传道的地方[⑤]，它还有希腊哲学的传统；君士坦丁堡相对是个新城市，没有使徒的足迹，但是帝国的新首都；罗马曾是帝国的首都，也是使徒彼得和保罗曾传道、殉道的地方。[⑥] 到了 381 年的君士坦丁堡会议，君士坦丁堡主教的地位仅次于罗马主教，在罗马帝国东部的教会中居首位。到 4～5 世纪，西方的基督徒已经把罗马主教看成是教会的元首。利奥一世（Leo I）任罗马主教时，传统上被认为是古代主教已达到了后来的教皇制高度。他在神学上强调因为使徒彼得和保罗，罗马成为世界的元首，彼得在耶稣的门徒中为首，而

---

① Saint Augustine, *Confessions*, Book One, Chapter XI, Translated by F. J. Sheed, Beijing: China Social Sciences Publishing House, 1999, p. 11.

② Saint Augustine, *The City of God*, Volume One, Book X, Chapter 6, p. 380.

③ 参见穆尔：《基督教简史》，第 61 页。

④ 参见《加拉太书》2:11。

⑤ M. Deanesly, *A History of the Medieval Church 590-1500*, London: Methuen & Co. Ltd., 1951, p. 3.

⑥ 参见《使徒行传》28:16～30，《腓立比书》1:12，《提摩太后书》4:16。

其他使徒是通过彼得获得能力。[①]

到了6世纪末,格里高利一世(Gregory I)确定了教皇制和天主教会后来在西方享有的地位。格里高利一世与之前的安布罗斯、奥古斯丁和耶罗米同称为西方教会的四博士,他的教会观深受奥古斯丁《上帝之城》的影响,认为神圣的教会就是上帝之城,其根基是基督,在神圣的普世教会之外,灵魂不能得救。[②]随着新生的伊斯兰教势力对北非和小亚细亚的入侵,东方和北非基督教主教的影响大大地被削弱,罗马主教显得更加突出。罗马主教的地位上升到至高无上始于800年,加洛林王朝的查里曼大帝(Charlemagne)在圣诞日于罗马接受了利奥三世(Leo III)的加冕成为罗马皇帝,这后来被解释成天上权力高于地上权力的象征。[③] 当时加罗林王朝的首都在亚琛(Aachen,位于现在的德国北部)。在此之前,主教波尼法修(Bonifice)膏矮子丕平(Pepin the Short)为法兰克国王,丕平是查理曼大帝的父亲。751年在苏瓦松,丕平被膏为国王,加洛林王朝正式开始。丕平后率领部队进入意大利,击败了伦巴第人。[④]

关于共相[⑤]的实在论对解释其他教义都有影响,如上帝的三位一体、原罪和人性、罗马大公教会和具体的教会、基督徒对基督神性的分享、基督内驻于基督徒和基督徒在基督里等。相反,若按唯名论,这些教义的成立就有问题,因唯名论认为只有个别事物的存在是真实的,父、子、圣灵三位一体的神就是三个不同神:父神、子神和圣灵神,三者没有共同的神性;原罪只是亚当个体的罪,亚当的后裔是与亚当不同的个体,没有犯过原罪,所以不会有原罪,从人性上就不会生来有罪;具体的教会是真实的教会,之上没有普遍的教会,这样罗马大公教会对神权的垄断就不存在。更简单地说,我们汉语中说上帝,在希伯来语中是Elohim,希腊语中是Theos,英语中是God,按实在论,那这些词汇表达同一个上帝,若按唯名论,则是不同的上帝。

德国宗教改革先驱马丁·路德(Martin Luther)虽然反对教皇,但他也是实在论者,他的理由很生动。按路德在《教会被掳于巴比伦》(The Babylonian Captivity of the Church)的逻辑,使徒保罗写了13封书信,都是写给具体教会的。如果没有一个普遍的教会,那么《新约》里的书信就没有普遍的意义,好比《以弗所书》是写给以弗所教会的,对歌罗西教会就不适合,而《歌罗西书》是写

---

① Robert B. Eno, *The Rise of the Papacy*, Welmington, Delaware: Michael Glazier, Inc., 1990, pp. 102-105. 天主教信耶稣的十二门徒中彼得为首领,这是有《圣经》根据的,但认为彼得是第一任教皇,教皇是地上教会的代表,不被后来的新教所相信。天主教的依据是《马太福音》16:17~19,这话是耶稣对彼得说的。"彼得"在希伯来文中有"磐石"的意思,但耶稣在世期间没有去过罗马,教会基础的"磐石"是指的巴勒斯坦的磐石,这样罗马的突出地位没有圣经的支持。

② M. Deanesly, *A History of the Medieval Church 590-1500*, p. 27.

③ 参见穆尔:《基督教简史》,第165页。查理曼曾征服了西欧的大部分地区,是西欧中世纪初期最强大的统治者。

④ Eleanor L. Turk, *The History of Germany*, Westport, Conneticut: Greenwood Press, 1999, p. 29.

⑤ 共相(universal),类似于抽象概念,源于柏拉图的理念论。

给歌罗西教会的，对以弗所教会就不适合。① 同理，耶稣给门徒所颁布的传福音的大使命②，若不按实在论的解释，那只是对耶稣十一门徒的命令，而不是对今后所有的基督徒的命令。所以，若按唯名论对大使命的理解，基督教会在这十一门徒过世后就不会有什么延续或生命力了。

第三节　阿奎那：哲学服务神学

阿奎那哲学的核心就是基于“存在”的本体论。阿奎那的本体论不仅有基督宗教神学的内容，同时也继承和发展了自古希腊以来对“存在”的研究。

一、哲学、神学、自然神学

哲学比神学古老。“神学”(theology)一词源于两个希腊词：theos 和 logos，theos 意指神，logos 意指话语或理性思想。③ 在《形而上学》中，亚里士多德把哲学分成数学、物理学和神学三类，神学最高级，是形而上学或第一哲学，研究分离的和不动的事物。④ 哲学是爱智慧。这“智慧”对当时的古希腊人来说是如何回答一些基本和永久的问题，诸如：事物是不变的还是变化的？人能够认识实在吗？人与自然沟通的最好方法是什么？伦理是相对的还是绝对？人是平等的吗？什么是最好的政体？

亚里士多德从自然出发，后到形而上，形而上学的智慧是其他智慧的基础。亚里士多德对知识的这种分类总体上被中世纪所采用，但哲学所爱的智慧还是理性的智慧。显然，亚里士多德的神学还不是基督教概念下的神学。按照基督教信仰，人有感性、理性、灵性⑤，上帝启示了人《圣经》，其核心是关于罪人的灵魂如何得救的智慧。神学研究上帝的启示，信仰有理性的内容。在阿奎那之前的中世纪，神学主要是属灵的、用于修道院。奥古斯丁不区分哲学和神学，认为理性就是对信心的理解。9 世纪的神学家爱留根纳(Erigena)比奥古斯丁更甚，他认为哲学就是对信心本质的默想。⑥ 哲学以人为中心，从感性到理性，对上帝存在的信心不是起点。从奥古斯丁和爱留根纳的思想，可见中世纪的哲学似乎被基督教神学所湮没了。

---

① Martin Luther, *Basic Theological Writings*, edited by Timothy F. Lull, Beijing: China Social Sciences Publishing House, 1999, p. 281.

② 参见《马太福音》28:18～20。当时出卖耶稣的加略人犹大已自尽。

③ 参见布鲁斯·雪莱：《基督教会史》，刘平译，北京：北京大学出版社，2004 年，第 51 页。

④ 参见亚里士多德：《形而上学》，吴寿彭译，北京：商务印书馆，1981 年，1026a15～20。

⑤ 人有身体和灵魂，没有灵魂的身体是死的，参见《雅各书》2:26。灵和魂不同，参见《希伯来书》4:12。上帝是个灵。魂受制于身体，灵能完全脱离身体，更纯粹。显然，人的感性、理性、灵性是有关系的。人用灵与属灵的上帝沟通，人的灵性也需要感性和理性来表达。这样，神学显然比哲学高级。

⑥ Etienne Gilson, *History of Chrisitian Philosophy in the Middle Ages*(I), p. 115.

阿奎那的神学是基督教神学,与亚里士多德不同。阿奎那认为神学和哲学是两个不同的学科,分别从属于上帝的启示和理性。哲学是人用理性所建立,理性是人灵魂的功能;但人要灵魂得救,在哲学以外,上帝必须有向人启示的知识。[①] 这与奥古斯丁不区分哲学和神学,或者把哲学当成神学的理性部分,有了很大的不同。早于阿奎那的达米安(Petrus Damiani)曾认为哲学应该服务神学,后成为"哲学是神学的婢女"流行于中世纪。这种"婢女"(handmaid)思想最早源于犹太哲学家斐洛用希腊哲学解释旧约圣经,后被早期教父克莱门特沿用于基督教神学,也被阿奎那所赞同。[②] 阿奎那借《圣经》上的话,说明智慧需要使女。[③]

对于不少问题,耶稣并没有给出直接的答案,如:

> 耶稣心中知道他们心里这样议论,就说:"你们心里为什么这样议论呢?或对瘫子说:'你的罪赦了。'或说:'起来!拿你的褥子行走。'哪一样容易呢?但要叫你们知道,人子在地上有赦罪的权柄。"[④]

人的理性可能会在这类问题的解释上有价值。难点是如何确定信仰或信仰解释中的理性成分。关于罪人的灵魂如何得救,整本《圣经》是神完备的启示[⑤],《圣经》可以自己解释自己。同样,圣餐可以用《圣经》上的话来解释,通过整本《圣经》或上下文,并不需要哲学的帮助。《圣经》不是一本哲学书,使用哲学解释圣餐会忽略了上下文和整本《圣经》的正意,不论是柏拉图的哲学,还是亚里士多德的哲学。又如:

> 有一个文士来,听见他们辩论,晓得耶稣回答得好,就问他说:"诫命中哪一条是第一要紧的呢?"耶稣回答说:"第一要紧的,就是说:'以色列啊,你要听,主我们神,是独一的主。你要尽心、尽性、尽意、尽力爱主你的神。'其次就是说:'要爱人如己。'再没有比这两条诫命更大的了。"那文士对耶稣说:"夫子说,神是一位,实在不错;除了他以外,再没有别的神;并且尽心、尽智、尽力爱他,又爱人如己,就比一切燔祭和各样祭祀好得多。"耶稣见他回答得有智慧,就对他说:"你离神的国不远了。"[⑥]

这里,"尽智"中的"智"对应的希腊原文是 sunesis,意思是理智。这样,耶稣

① *ST* I, Q. 1, A. 1.
② *ST* I, Q. 1, A. 5, ad. 2.
③ 参见《箴言》9:1～3。
④ 《马可福音》2:8～10。
⑤ 参见《启示录》22:18～19。
⑥ 《马可福音》12:28～34。

也肯定了对神的爱也有理智。什么是爱神?耶稣曾对门徒说:"你们若爱我,就必遵守我的命令。"[1]"不爱我的人,就不遵守我的道;你们所听见的道,不是我的,乃是差我来之父的道。"[2]

耶和华神给以色列人颁布了律法,律法的核心是十诫。十诫是神的命令,出自神的意志。它不是形式逻辑或三段论等理性规则。耶稣又把十诫总结成"爱神爱人",这需要人用理性来理解,因为十诫命中关于人伦关系,耶和华没有说"爱",最接近的是"孝敬父母"中的"孝敬"[3],更多的是不可的行为,如杀人、奸淫、偷盗、做假见证、贪恋。[4]

在阿奎那的时代,大学成为研究哲学的中心,特别在大学的艺学院和神学院。当时的巴黎大学以神学著称。亚里士多德的著作成为大学教育的基础,如他的逻辑学、自然哲学和形而上学。[5] 逻辑是哲学的工具。逻辑是否是哲学或哲学的一部分,不同的哲学家可能观点不一致。耶稣在教导门徒如何向上帝祷告时说:"你们的话,是,就说是;不是,就说不是;若再多说,就是出于那恶者。"[6]显然,耶稣的话是符合亚里士多德关于逻辑的定律的。

在大学里,逻辑是学生学习的基本科目,逻辑也是最明显理性的符号。过去的神学长期受柏拉图主义和奥古斯丁所表述的新柏拉图主义思想的影响,学者们对在神学中引入亚里士多德的哲学态度并不一致,如同时代的波那文都(Bonaventure)所代表的法兰西斯修会的神学家就抵制亚里士多德主义的传播。波那文都 1257 年与阿奎那一起获得神学硕士学位,该学位是对神学教师资格的确认。

阿奎那坚持神学高于哲学的中世纪传统立场,反对用哲学批判神学。他认为神学和哲学有部分共同的研究对象,如上帝、创世等。哲学以理性认识它们,神学靠天启认识它们。阿奎那把神学分成自然神学和理性神学,哲学和神学相互重合的部分是自然神学[7],所以哲学和神学的区分并不是绝对的。

自然神学以自然理性认识神学道理;而理性神学只能靠天启和权威来相信

---

① 《约翰福音》14:15。

② 《约翰福音》14:24。

③ 参见《出埃及记》20:12。

④ 参见《出埃及记》20:13～17。

⑤ Edward Grant, *God and Reason in the Middle Ages*, Cambridge: Cambridge University Press, 2001, p. 97.

⑥ 《马太福音》5:37。

⑦ 自然神学信上帝除了把《圣经》启示给人之外,还透过自然界、自然物等向人启示,其《圣经》依据有《罗马书》1:20,8:28,《诗篇》19:1 等。最典型的是,耶和华神与《旧约》里的以色列人立约,在他的选民以色列人的历史中彰显他的作为,这也是与自然神学有关系的。同样还有基督徒的信心和悔改的见证等。

神学道理[①],如上帝的三位一体[②]、耶稣的道成肉身和从死里复活、最后的审判等。具体的例子可以举耶稣的神人二性,正统的教义信耶稣有完全的神性和人性,这是超理性的。因为逻辑上讲,人和神是不同的、对立的概念,如果既是人又是神,则自相矛盾。这样按阿奎那的划分,至少在自然神学里,理性有了独立性。所以与之前的奥古斯丁相比,阿奎那把理性的地位大大提高了,具体的例子如:用理性可以证明上帝的存在、上帝的属性和运作、世界对上帝的依赖以实现其存在和潜能等。理性能为信仰服务,理性论证上帝的存在应该是理性的顶点,因为上帝存在是信仰的起点。

关于上帝存在,人可以说:上帝存在,因为《圣经》这样说。若再问人如何知道《圣经》的话是真的,人可以说:《圣经》的话是真的,因为上帝启示了《圣经》。这不是一个关于上帝存在的好的论证,而是循环论证,尽管上帝存在并启示了《圣经》。[③] 我们所熟悉的阿奎那关于上帝存在的"五路"证明显然是与此不同的。

当代神学家潘能伯格认为"理性"并非铁板一块,他列举了三种:先验理性、接受理性和历史理性。按潘能伯格的观点,阿奎那对理性的理解的特征是对理性和理智的协调作了区分,知识来自感觉印象,形成知识的推理过程必须有一个确定的起点。这起点被潘能伯格称为"对原则的直观",即理智中有经验的原则,是先验的理性观念。[④]

阿奎那认为,神学和哲学在人类对真理的追求中有互补的关系。他要明确神学和哲学分别能做什么,不能做什么。当时的13世纪是一个信仰的时代,关于上帝的正确知识是至关重要的,因为任何基本的错误都可以影响人生的方向,朝向或背离上帝,而上帝是人类的最终目的。[⑤]

就我们要重点研究的圣餐,变质说是属于自然神学,还是理性神学?阿奎那强调变质说要用信心接纳,这使之应该属于理性神学。但阿奎那在《神学大全》里为变质说建立了哲学的基础,变质说里的饼和酒属于自然物,变质说又应该属于自然神学。于是,自然神学和哲学可以确立或巩固教义。这样,阿奎那自己模糊了他所定义的自然神学和理性神学的界限,尽管他也认为这界限不是绝对的。自然神学和人的理性对信仰有价值,但不适当的使用,无疑在人和属

---

① *SCG* I, Chapter 3. 阿奎那忠于当时的天主教会,采用的是权威真理观,但他并不是简单盲从天主教的教义,而是用理性积极地为信仰服务。

② 三位一体是指三位格同一实体,如作者我这一实体:对于我父亲是儿子、对于我夫人是丈夫、对于我儿子是父亲。因人有上帝的形象,奥古斯丁用人的存在、认识和意志类比上帝的三位一体。参见 Saint Augustine, *Confessions*, Book Thirteen, Chapter XI, pp. 264-265.

③ Jacques P. Thiroux, *Philosophy* (*Theory and Practice*), New York: Macmillan Publishing Company, 1985, p. 48.

④ 迈尔威利·斯图沃德:《当代西方宗教哲学》,周伟驰、胡自信、吴增定译,北京:北京大学出版社,1996年,第32～33页。

⑤ Samuel Enoch Stump, *Socrates to Sartre*, New York: McGraw-Hill, Inc., 1993, p. 180.

灵的上帝的沟通上设置了物质的障碍。信心要借助自然物,这与圣经的正意矛盾,因为信心不需要可见之物:"信就是所望之事的实底,是未见之事的确据。[①]因我们行事为人,是凭着信心,不是凭着眼见。"[②]

阿奎那首先是个虔诚的天主教徒和神学家,他原本考虑的是在不损害神学的条件下,把哲学服务于神学,用理性服务于信仰。按阿奎那的说法,每个人的理性水平不相同,理性也会犯错,但上帝的启示不会有错。上帝给人理性,理性可以帮助人认识上帝的启示,所以哲学可以服务于神学。[③]

神学需要预设上帝的存在和其他前提,而哲学并不需要。哲学可否为神学建立一基础?哲学是从感性到理性。而按阿奎那,上帝并不能被人直接用感官所经验到,但可以借着上帝的创造物来间接地经验上帝。在《神学大全》的开头,阿奎那关于上帝存在的"五路"证明[④]没有任何宗教信仰的前提,是从后天经验出发的,而让人看到用哲学建立了神学所预设的前提,即上帝存在。亚里士多德认为人没有先天观念,这一白板说被阿奎那所接受。阿奎那相信人没有关于上帝的先天观念,但人的理智有能力从潜在到现实地进行理解。[⑤] 如果结合前面的潘能伯格的分析,阿奎那的白板说还不是纯粹的"白板"。

根据《圣经》,人显然有先天观念。关于人类的始祖亚当,联系到先天观念的地方很多,如:"园中各样树上的果子,你可以随意吃;只是分别善恶树上的果子,你不可吃,因为你吃的日子必定要死!"[⑥]"他说:'我在园中听见你的声音,我就害怕;因为我赤身露体,我便藏了。'"[⑦]亚当之前没有人,更没有人死过。亚当没有见过人死,但亚当却明白什么是死。死是先天观念,包括身体和灵魂的灭亡。善恶也与先天观念有关系,耶和华神不会把亚当不理解的约定强加给亚当;亚当犯罪后,虽然没有死,因可能要死而害怕。亚当刚见到被造的夏娃时,说:"这是我骨中的骨,肉中的肉,可以称她为'女人',因为她是从男人身上取出来的。"[⑧]作为女性,夏娃的身体与亚当是不同的,亚当第一次见到夏娃的反应,不仅是感官上的,更有对夏娃也是按神形象所造的认识。在没有夏娃之前,亚当给各样的动物命名,说明亚当具有一内在的概念体系并能够用语言表达这些概念。[⑨] 现代科学的基因和遗传理论也有力地支持了人有先天观念。

"五路"的第一路是按照因果关系,从事物的运动出发,认为事物运动的原

---

① 参见《希伯来书》11:1。
② 《哥林多后书》5:7。
③ *ST* I, Q. 1, A. 5.
④ *ST* I, Q. 2, A. 3.
⑤ *ST* I, Q. 79, A. 2.
⑥ 《创世记》2:17。
⑦ 《创世记》3:10。这里的"他"是亚当。
⑧ 《创世记》2:23。
⑨ 参见《创世记》2:19～20

因在于另一事物的推动,而每一推动者又被其他事物所推动,由此构成了运动的系列。运动是事物从潜能到实现,而这是因为有已经有了现实性的事物作为原因。这个系列不可能无限,必定有一个开始,这个开始者启动了整个运动的系列,自己却不受任何事物推动。这样的第一推动者就是上帝。

第二路与第一路类似。按照经验,每一事物都有一个在先的事物为动力因,由此回溯,必然有一个终极的动力因。这个终极的动力因就是上帝。

第三路根据可能性与必然性的关系。第一步从可能存在推导必然存在,第二步从事物的必然存在推导自因的必然存在。自然事物的存在是偶然的,即暂时的或依赖其他事物。它们可能存在,也可能不存在,必须有一事物必然存在,否则在某些时刻没有事物能存在,这样后来的事物的存在是无中生有。而必然存在的事物之所以存在,不是因为从其他事物获得必然性,而是因为它的自身就具有必然性。这个必然存在的原因或自因就是上帝。

第四路论证根据事物从低到高的完善性的等级。第一步论证有一个最完善的事物存在,第二步论证这一最完善的事物是其他事物完善性的原因。这一最完善的事物就是上帝。

第五路根据世界秩序。无理性的事物的运动或活动都是有目的的、有秩序的,而它们自身不可能朝向一个目的,必定有一个有智慧的存在者安排世界的秩序,这就是上帝。

"五路"的前三路比较类似,是从宇宙论的角度,分别从经验到的运动、事件和可能存在出发,推出第一推动者、第一原因和必然存在是上帝。阿奎那认为事物运动的原因不能无限追溯,否则就是没有目的的。[①] 第一推动者为什么只能有一个?阿奎那在之前的《反异教大全》曾论证:如果多个上帝一起推动,说明这些上帝都不完美;如果多个上帝每次其中的一位来推动,则运动就不是连续的和有规则的。[②] 第四路是伦理学的角度,第五路是目的论的角度。圣经里也肯定了上帝透过自然界的启示出他的存在、能力和神性:"自从造天地以来,神的永能和神性是明明可知的,虽是眼不能见,但借着所造之物,就可以晓得,叫人无可推诿。"[③]这样,"五路"是自然神学的成果。

神的神性虽是眼不能见,却是可知的,但阿奎那却认为,在人的感官中视觉是最属灵的,其次是听觉和嗅觉。[④]在收集经验材料中,人的触觉是其他感觉的基础。[⑤] 触觉最接近质料,而视觉的看需要光。手是感官中的感官。[⑥] 人的自

---

① *SCG* I, Chapter 38,[4].方括号内的数字表示自然段号。下同。

② *SCG* I, Chapter 42,[5].

③ 《罗马书》1:20。

④ *ST* I, Q. 78, A.3.

⑤ *ST* I, Q. 76, A.5.

⑥ *ST* I, Q. 76, A.5, ad.4.

然知识从感官而来。[①] 阿奎那认为视觉最属灵，显然最符合自然神学的观点。《圣经》里记载了许多异象，被有属灵眼光的先知和使徒等看见。[②] 耶稣所说的“财主和拉撒路”的故事中，死后下到阴间的财主仍然能够看见死后在亚伯拉罕怀中的拉撒路，这“看见”显然不是用肉体的眼睛。

> 后来那讨饭的死了，被天使带去放在亚伯拉罕的怀里。财主也死了，并且埋葬了。他在阴间受痛苦，举目远远望见亚伯拉罕，又望见拉撒路在他怀里。[③]

耶稣在说此事时，并没有用比喻的口气，这样财主和拉撒路是真人真事。阿奎那认为视觉最属灵也有《圣经》的依据。

如果要认识三位一体的神，人必须要听过耶稣基督拯救罪人的福音。信心不是眼见，因此听觉也有属灵的地位。因为文字比语言更抽象，所以听福音比阅读《圣经》里所记载的福音事实要简单。人一般都是听过了福音才会信耶稣。看不见的信心是圣灵借助人的感官做工，改变人的属灵生命。耶稣复活的事，不是先被人看见，而是由天使向人传讲的。[④] 复活后的耶稣曾对疑心的门徒多马说：“你因看见了我才信；那没有看见就信的有福了。”[⑤]使徒保罗见证到：“原来我们不是顾念所见的，乃是顾念所不见的；因为所见的是暂时的，所不见的是永远的。”[⑥]

耶稣在世三十三年，三年传道时只活动在巴勒斯坦。没有看见耶稣的人如何能信，无非是听了人所传讲的福音。耶稣的能力与福音同在。所以就福音来说，听觉是最属灵的。阿奎那的结论是因为轻视了传福音，尽管在《神学大全》之前，他就为异教的人写了《反异教大全》。

后面我们还会看到，在解释变质说时，阿奎那强调以信心接纳祝圣后饼和酒的本质改变，因它是神迹。正常的神迹是人能看见或觉察到的。这时，视觉作为最属灵的感官有了问题。因为看上去饼还是饼，酒还是酒。在福音书中，耶稣行神迹使信靠他的瞎子能看见[⑦]，但犹太文士和法利赛人看见了耶稣却不信他，所以有身体的瞎眼(bodily blindness)和属灵的瞎眼(spiritual blindness)。

---

① *ST* I, Q. 12, A.12.

② 参见《以赛亚书》6:1,《以西结书》1:1,《使徒行传》9:1～19,《启示录》1:2。

③ 《路加福音》16:22～23。亚伯拉罕是希伯来人的先祖，被耶和华上帝所拣选。亚伯拉罕从耶和华上帝领受了割礼的约定，被后来基督徒称为信靠上帝的伟人、信心之父。参见《创世记》12:1～22:19,《罗马书》4:1～25,《希伯来书》11:8～19。

④ 参见《马太福音》28:5～7。

⑤ 参见《约翰福音》20:29。

⑥ 《哥林多后书》4:18。

⑦ 参见《约翰福音》9:35～41,《马可福音》10:46～52。

耶稣曾指责文士和法利赛人属灵的瞎眼。[①] 变质说是神父代表耶稣所行的神迹,阿奎那并没有用属灵的瞎眼来形容不信的人,主要是因为他对属灵的理解与耶稣所教导的已经有了不同。阿奎那对信心的定义本质上还是理性的,所以他与自己所设定的理性和信仰的界限出现了不一致。

"五路"证明并不能使人的罪得赦免[②],但它不仅对哲学和不信上帝存在的人有意义,对神学和基督徒同样有意义。"五路"证明无疑是哲学为神学建立了基础的例证,但阿奎那没有满足于这一例证。虽然理性不能优先与上帝的启示,但"五路"让人看到对上帝的信心可以用理性来支持。这导致的一可能的结论是基督教信仰在本质上是理性的,或者可以用理性探索。如此下去,不是理性服务信仰,而可能是理性和信仰相综合,甚至信仰被理性所改变甚至代替。

为了使神学有一健全的哲学基础,阿奎那建立了以存在为中心的本体论。基于《圣经》中耶和华神的话:"我是自有永有的"[③],阿奎那认为上帝是存在本身。从上帝不仅存在到上帝是存在本身,是否有问题?

阿奎那在"五路"论证中,第一路和第二路类似,认为每一事物的活动都有一原因推动,结果与原因一一对应。事实上并非如此,如一个人的出生,就有父母两个原因,而且作为此人存在的原因不存在了,如父母去世了,此人仍然可能存在。按阿奎那的因果律,原因比结果更完善,这样世界上的事物似乎在退化过程中。按阿奎那,既然凡事都有因,那么上帝也是由某个原因引起的;除非是上帝之外的事物才需要原因,上帝是自因,而这又相当于预设了上帝的存在。宇宙为什么不可以是一个连续的圆,一直是存在的,因为圆是没有起点的。即使宇宙有一个终极的原因[④],为什么不可以是物质、能量、空间等?第三路用到了对存在的分类,如偶然存在和必然存在。第四路在存在的完善度上,又用到了相对存在和绝对存在。必然存在和绝对存在指向上帝。因阿奎那曾从三点论证了上帝不属于任何属相(genus)[⑤],这就有不一致。对照阿奎那后来按上帝是存在本身所建立起来的本体论,"五路"中的第三路有最严格的本体意义,是自然神学的核心表现。必然存在与存在本身虽不同义,但意义接近。[⑥]

第四路涉及观念的完善度,这与安瑟伦对上帝存在的先天论证有类似之

---

① 参见《马太福音》23:16～22。

② *ST* I-II, Q. 113, A. 5, ad. 2.

③ 《出埃及记》3:14。

④ 这无形预设了只有一个上帝。为什么只能有一个上帝?如摩尼教认为有两个上帝,一个善、一个恶。阿奎那在第四路中论证了上帝是最完善者,这最完善者只能是唯一的。在之前的《反异教大全》中,阿奎那论证了只有一个上帝。对照"五路",作为第一推动者也只能是一个,否则就不完善。类似地,如果第一原因是多个,它们必须有分别,之间有差别,这样它们就是复合体,就不完善。*Summa Contra Gentiles*, Book One, Chapter 42.

⑤ *ST* I, Q. 3, A. 4.

⑥ *ST* I, Q. 2, A. 3. 反对的人也会持有反对前两路证明的同样理由,即使有一个必然存在,为什么不可以是宇宙本身、能量等。

处。安瑟伦认为,人有关于上帝的先天观念。他把上帝的概念定义成一个最完善的存在,上帝是"不能设想比之更伟大的事物"。最完善必定包含存在,所以上帝必定在现实中存在,否则上帝就不最完善。[1] 上帝的概念是先天的,而不是后天想象的,但安瑟伦在定义上帝的概念时也用到了想象。这样,对于关于上帝的先天观念[2],人只是发现,而不是构建。问题是事物的"完善"或"伟大"的比较需要经验。把上帝作为最完善的存在,在中世纪早期的波埃修(Boethius)就有了这样的观点,安瑟伦受到了他的影响。[3] 安瑟伦从上帝的观念到上帝在现实中存在,是典型的实在论思路。

安瑟伦、阿奎那都认为理性服务于信仰,但两者的范围不同。对于安瑟伦,上帝的启示和人的理性同样深奥,信仰中最深的奥秘也可以用理性虔诚地进入。如上帝是先天的、内在的、属灵的观念,安瑟伦也用理性来发现、论证。虽然安瑟伦并没有研究上帝的本质,但他在实在论上按分类是更接近极端的实在论。安瑟伦的问题是,如果人不信上帝存在,就不能接受上帝是最完善的观念。因世俗知识的影响,对于阿奎那,理性变得更自然。阿奎那从人的经验事实出发,从不完善的事物推导出一个完善的原因,在人的头脑里建立了一个上帝的观念,胜过了安瑟伦。问题是阿奎那沿用了亚里士多德的观点[4],认为一属相中的最大者是此属相中其他存在的原因,如火是热的最大者,火是所有热的事物的原因。[5] 根据阿奎那的观点:上帝是独一的,是存在本身。因是存在本身,上帝的概念外延最大,上帝不能属于任何属相。从事物的完善度推出一最完善的存在,无疑把上帝归于某一属相。

"五路"证明出来的上帝并不是一个创造世界的、有位格的上帝,只是一个与世界有关系的上帝。阿奎那本人也认为,物质世界有一个开始或时间有一个开始是不能证明的。[6]阿奎那是实在论者,但"五路"采用的不是实在论的方法,而是从对外部世界的经验推出最后的原因。"五路"证明出上帝的存在,虽然并没有告诉上帝的本质,但每一路证明都增加了我们对上帝观念的认识。可能对于先前不信上帝的人,上帝只是被想象出来的造物主。"五路"使上帝具体了很多:作为第一推动者,上帝被看成是不变的,因此是永恒的;作为第一因,上帝被

---

① 参见安瑟伦:《信仰寻求理解》,溥林译,北京:中国人民大学出版社,2005 年,第 205～208 页。中世纪后,笛卡儿更新了安瑟伦关于上帝存在的先天论证,他类似安瑟伦把上帝定义成"最完美的存在",因自我是不完美的存在,不完美的自我为什么会有一个"最完美的存在"的观念?按因果律,原因大于结果。不完美的自我关于上帝的"最完美的存在"的观念来自上帝的启示,所以人有关于上帝的天赋观念。笛卡儿认为上帝是人的第一个和最重要的天赋观念。

② 后来,笛卡儿发展了安瑟伦的论证。因为每个人都是不完善的存在,如何能有一个关于"最完善的存在"的观念,按因果律,只能是这"最完善的存在"赋予不完善的人的。这样,上帝是人的先天观念。

③ Etienne Gilson, *History of Christian Philosophy in the Middle Ages* (I), p. 101.

④ 参见亚里士多德:《形而上学》,993b25。

⑤ *ST* I, Q. 2, A. 3.

⑥ *ST* I, Q. 46, A. 2.

看成是全能的,因此是创造者;上帝是必然存在即上帝是纯粹的现实性;作为最终的真理和良善,上帝本身是完善;作为宇宙的设计者或定规者,上帝是引导事物的最高智慧。基督教的上帝是父、子、圣灵三位一体。"五路"证明出来的上帝像是五位一体,而且没有位格,不是明确的永远存在,这也说明了理性证明出的上帝与基督教所信仰的上帝不同。阿奎那在讨论人是否能明白上帝的本质的时候,认为人最高的能力是他的理性[①],这无疑淡化了人的灵性,尽管灵性需要感性和理性的表达。[②]

神学是研究上帝启示的学问。因阿奎那相信上帝也在自然界启示自己,所以他的神学并不等同圣经研究。在解释圣餐上,阿奎那用亚里士多德的质形说为出发点。圣餐是一事物,耶稣祝圣的话是圣餐的形式,饼和酒是质料。圣经是神的启示,可以自己解释自己,圣经所启示的不是哲学,而是人灵魂如何得救的奥秘。所以研究阿奎那的哲学,必须注意他所认可的哲学与神学的关系。

在《神学大全》的一开始,阿奎那就论述了神学是一门科学。[③] 阿奎那对科学的概念类似亚里士多德,它不是专门指研究自然界的学问。神学比其他科学都崇高,因为其他科学是从人类的理性推导论证,如算术和几何。人类的理性会犯错。神学从神圣的启示出发,神的启示不会出错。神的启示超越人的理性,无论从思辨还是实际的角度,神学比其他科学都高尚。[④]

我们不难发现,阿奎那的《反异教大全》比《神学大全》的论证更多。在中世纪,因引入亚里士多德的哲学,《圣经》的解释也有了改变。按照亚里士多德的哲学,上帝是第一推动者,把内在的原因从潜能推动到活动。因为上帝是宇宙的第一推动者,所以上帝也是《圣经》的"第一作者"。《圣经》的作者们是被上帝选来作为启示的工具,在上帝的推动下行动,但是可以选择自己的字句和材料。这样,《圣经》就有点不像是普遍的真理,而是作者们教导特殊真理的汇编。对《圣经》的注解就变成了对这些作者的研究,特别是对经文中的字句使用的研究。[⑤] 亚里士多德把科学看成是以陈述普遍本质的一般命题为前提的演绎系统。我们熟悉的几何学就是由自明的公理出发的演绎系统。神学本是研究上帝的启示,基础是对上帝的信心,其方法不是演绎或归纳。因亚里士多德对科学定义的影响,神学家们把神学看成是"思辨的科学",以上帝的启示为前提,神学的方法是论证,而不是对《圣经》的诠释。因此,神学从《圣经》诠释学中解放

---

① *ST* I, Q. 12, A. 1.

② 《圣经》上说上帝是个灵,参见《约翰福音》4:24。人有上帝的形象,人有身体和灵魂,不能说上帝是个灵魂,因为上帝没有身体,魂与身体相关。人的感觉来自身体的感官,认识一方面从感性到理性,另一方面人的先天观念需要理性的表达,这样人的理性成熟后,才能表达先天和经验的观念。

③ *ST* I, Q. 1, A. 2.

④ *ST* I, Q. 1, A. 5.

⑤ Beryl Smalley, *The Study of the Bible in the Middle Ages*, p. 293.

出来,《圣经》诠释学也从神学中解放出来。[①]

阿奎那深受亚里士多德因果论和"四因说"的影响,为了使"四因说"服务于神学,阿奎那对其进行了修正,增加了"工具因"。如《圣经》的书卷是借着人手写下的。这样,记载《圣经》书卷的人或更具体地说他们当时使用的书写工具,是完成上帝启示的工具因。这些书写工具,若不是用来记载上帝的启示,并没有什么特殊的意义。按阿奎那的观点,耶稣的人性是他神性的工具。按照正统的基督论,耶稣有完全的神性和完全的人性。阿奎那所定义的工具因,无疑降低了耶稣的人性,接近了干扰早期教会的异端"幻影说"。圣餐作为一事物,主持圣餐的神父为工具因,饼和酒为质料因,耶稣的话是形式因,上帝是动力因,通过工具因来行动。主持圣餐的神父虽然不是恩典的原因,但基督通过神父的工作,传递圣灵的恩典。

变质说要用信心领受。在解释信心和称义上,阿奎那用形式的概念区分了无形式的信心和有形式的信心。在解释原罪上,阿奎那认为原罪损坏了灵魂的理性,使灵魂的低等部分不再服从理性,这也充满了哲学成分。

翻译成中文的《圣经》中没有出现"理智"和"理性"。《圣经》的希腊原文有涉及"理智"(intellect)、"理性"(reason)、"心"(mind)、"信心"(faith)、"良心"(conscience)、"自我"(self)等词汇,但大多并没有直接的解释。又如神的"三位一体"(trinity)[②]、"原罪"等术语并没有在《圣经》里出现。哲学确实有应用的空间。在《神学大全》中,阿奎那广义上把 human soul(人的灵魂)和 mind 以及 intellect 等同[③],而后来的宗教改革家加尔文把"心"(heart)和"意志"(will)互换使用。[④]

在中世纪,能够研读《圣经》的人一般是神职人员和学者。大多数人的信仰是靠听讲道、看艺术作品和参加节庆活动等建立的,所以教会的权威显得十分突出。阿奎那的《神学大全》把《圣经》改变成教义手册大全,也不是为了普通民众,而是为了学习神学的学生。这样的可能结果是个人研读圣经和传耶稣拯救罪人的福音更不重要了。对不信的人,神学变成了不需要内心体验的学问。因注重论证,信仰也成为不需要从内心里悔改的知识。而在具体的细节上,哲学和神学又变得难以区分。基督徒与神交通的灵性以及圣灵对基督徒的引导被人的理性所淡化甚至代替。

---

① Beryl Smalley, *The Study of the Bible in the Middle Ages*, p. 294.

② 父、子、圣灵的三位一体在《圣经》里有多处隐含或暗示,参见《马太福音》28:19,《约翰福音》1:1～12,10:30,《哥林多后书》13:14,《希伯来书》1:1～4 以及《创世记》1:26,3:22 等。最明显的是《马太福音》28:19,父、子、圣灵的"名"在希腊文中是单数,而不是复数。

③ *ST* I, Q. 75, A. 2.

④ Arvin Vos, *Aquinas, Calvin and Contemporary Protestant Thought*, Washington, D. C.: Christian University Press, 1986, p. 18.

二、存在与实体

对于阿奎那,实体(substance)是自然世界的基本组件。[①] 在阿奎那之前,亚里士多德就提出了实体论。实体的概念在早期教会解释父、子、圣灵三位一体的父子关系中被使用,如 381 年的《尼西亚信经》宣告父、子同一实体。实体是有本质的个体,能够自身存在的。这样,实体是具体的,而实体的本质、属性是抽象的,其中本质比属性更抽象。亚里士多德按两种方式对待事物,即实体和运动。亚里士多德的实体论中把实体分成两种:第一实体是个别事物;第二实体是实体所对应的种相和属相,种相和属相是用来定义事物的抽象概念,它们是抽象的实体。这样,亚里士多德的第二实体给纯粹的本质以一定的实体性,它们接近柏拉图的理念。[②] 亚里士多德的实体论仍然有柏拉图的影响。柏拉图认为只有理念是实在的、真实的,现实世界中的事物并不是实在的,而是变化的,这样它们不能成为亚里士多德所定义的实体,更像是一属性的堆积。类似亚里士多德,阿奎那认为事物的本质在事物之内,可以被人的理智所理解。因理智的对象是抽象概念,事物的本质可以在人的理智中。也就是说,理念论中的理念作为具体事物的本质不能单独地存在,本质是在具体的事物之中。[③] 人也有认识外部世界的能力。阿奎那不认为理念能够活动,而只是事物的形式因,他用动力因来解释事物的活动。亚里士多德把形而上学的对象归结为"存在"(being)[④],"存在"是一个事物在"是"(ising)的过程中之所以是自身而具备的本质。亚里士多德用"存在"概括了前人所使用的诸如"本原"、"存在"、"本质"、"一与多"、"不变与变"、"善"、"真理"等研究对象,"存在"的哲学意义是"实体"。[⑤] 按亚里士多德的观点,存在可以是现实的,如一块金属、一个植物、一个动物、一个人;也可以只在思想中,如一种颜色、一个尺寸、一种关系,需要依附在物质上,所以事物与存在没有真正的区别。可以看见的事物是现实。将来才有的存在,现在只是潜在(潜能),要由有效的原因才能使它存在。如果事物变化,那它是暂时的,由从一种形式到另一种形式的质料组成。纯粹的存在没有质料,因此没有变化的潜能。

亚里士多德在《形而上学》中提出了三类实体构成的世界等级,并用形式和质料来研究实体。第一类是可朽的运动实体,第二类是永恒的运动实体,第三

---

① Brain Daves, *Aquinas*, London and New York: Continuum, 2002, p. 17. "substance" 也被翻成"自立体",主要在台湾学术界使用。

② *SCG* I, Ch. 24, [2]. 阿奎那认为,柏拉图主义者不承认有关于属相的理念,而只承认有关于种相的理念。

③ *SCG* I, Ch. 65, [2]. 另参见亚里士多德:《形而上学》,1038b15。

④ "存在"是名词,"是"是动词。

⑤ 参见亚里士多德:《形而上学》,1028a10--33。

类是永恒的不动实体。[①] 第一类实体是地界的个体，第二类实体是天体，这两类实体都是可感的、具体的物理实体，由形式和质料组成。第三类实体也是个别的，但却不是感觉对象，也没有质料，是全部的实现，它不属于经验世界，不在时间之内[②]，这一实体就是亚里士多德称之为的神（上帝）。严格地说，亚里士多德把上帝作为实体是有一定问题的，因为通常实体要有属性来支持，而上帝是全部的现实性，没有潜在，所以也没有属性。

亚里士多德认为有一种研究“作为存在的存在”（being qua being）的科学[③]，形而上学的难题是研究“存在”以及它的“原则”和“原因”，“存在”是最普遍的概念。为了研究“存在”，亚里士多德制定了十范畴，它们是：实体、数量、性质、关系、地点、时间、所有、状态、活动、受动。亚里士多德是用逻辑学定义实体的：“实体，就其最真正的、第一性的、最确切的意义而言，乃是那既不可以用来述说一个主体又不存在于一个主体里面的东西。”[④]主词所属的范畴是实体，谓词所属的范畴是属性。从实在论哲学看，这十范畴可以分成三类。第一类是实体、数量、性质、地点，它们决定具体变化的模式。第二类是时间、活动、受动，它们涉及到变化。最后一类是关系等，它们取决于变化。[⑤] 作为一个本体的观念，亚里士多德对“存在”的本身关注也不够。

柏拉图不动的理念不能帮助人认识充满变化的世界。亚里士多德用形式因、质料因、动力因和目的因“四因”说明事物的运动[⑥]，其中形式因和质料因最根本，动力因把形式赋予质料，目的因是实体呈现的最终目的。运动对亚里士多德是永恒的，这样时间也是永恒的，不需要一个创世的上帝。与现代科学不同，亚里士多德研究的是事物为什么运动，而不是如何运动。对比亚里士多德的“四因”，我们会发现现代科学只承认事物的质料因和动力因，而事物的质料是事物本身，而不能严格地算成事物的原因。[⑦] 按牛顿第一定律，物体如果不受外力作用，会保持静止或匀速直线运动。这样，亚里士多德的动力因就有问题了。现代科学不直接涉及到形而上的层面，其内容不涉及到证明上帝的存在或不存在。

在本体论上，亚里士多德的上帝是一个不动的推动者。[⑧] 上帝是纯形式，是纯形式的存在，是最高等级的存在，而世界是这一上帝的质料。上帝是不改变

---

① 参见亚里士多德：《形而上学》，1069a16～1069b8。

② 参见亚里士多德：《形而上学》，1071b3～1071b23。

③ 参见亚里士多德：《形而上学》，1003a19～1003a32。

④ 参见亚里士多德：《范畴篇 解释篇》，方书春译，北京：商务印书馆，2003年，第12页。

⑤ John Wild, *Introduction to Realistic Philosophy*, Lanham, MD: University Press of America, 1984, p. 323.

⑥ 参见亚里士多德：《形而上学》，983a24～983b7。

⑦ Everett Ferguson, *Backgrounds of Early Christianity*, p. 340.

⑧ 参见亚里士多德：《形而上学》，1073a3～1073a23。

的,因为没有质料,上帝是个不依赖外物来思考的心灵,上帝只思考它自己完美的存在。[①] 这个上帝似乎不配受人的敬畏,不是人信心的对象,但有些神秘:上帝自己不动却推动其他。万物按其拥有的形式的多少而定高低。就人来说,身体是质料,灵魂是形式,人的身体是灵魂的居所。灵魂是一种特殊的形式,但人的灵魂从何处而来,亚里士多德没有具体解释。按柏拉图,人的灵魂和身体是两个相互独立的实体。而按亚里士多德,灵魂和身体是形式和质料的关系,灵魂和身体共同构成人的实体。《圣经》说:"你们当晓得耶和华是神;我们是他造的。"[②]按亚里士多德的观点,人的灵魂和身体的区分是在思想中,而不是在事实中。灵魂对亚里士多德只是生物学的术语,没有形而上的意思,灵魂与身体不可分离[③],人身体死亡,灵魂也灭亡,这与犹太教和后来的基督宗教的灵魂观完全不同。

亚里士多德的上帝不是创造的上帝,所以不是世界存在的原因,因此这个上帝也不在世界之外[④],它仍然是希腊哲学家的上帝,它是指统摄世界万物的、非人格的原则、原因或实体,是人的理智所能认识的最高对象。亚里士多德的上帝是个有能力的上帝,但不是那个为犹太—基督宗教所相信的全知的、全能的、全在的属灵的上帝,更不是一个能道成肉身的、有人格的上帝。亚里士多德虽然建立了一个形而上学的体系,但他的形而上学,既不完整,也没有结束。他的上帝并不是使事物存在的原因,世界只是亚里士多德研究的对象。而阿奎那结合基督宗教的信仰,进一步发展了亚里士多德的"四因说"和实体论。作为创造者,上帝不仅是事物的动力因和目的因,而且是形式因。

阿奎那的形而上学是以"存在"意义为中心的实体论。阿奎那把实体分成上帝、精神实体和物质实体三类。之前的亚里士多德用逻辑学定义实体,奥古斯丁认为,亚里士多德的范畴论中用实体言说上帝,有损上帝神圣的简单性和上帝的永不改变。[⑤] 阿奎那是用存在和本质来分类实体。上帝是最高实体,是存在与存在者的统一,存在与本质的统一。上帝的本质就是他的存在,其他实体都是存在和本质的混合体。对于物质实体,构成本质的两个因素,是形式与质料。阿奎那用亚里士多德的质料形式说解释,精神实体如天使,有存在与本质的区分、无形式与质料的区分;物质实体包含着存在与本质以及形式与质料的双重区分。[⑥] 阿奎那和亚里士多德都把实体分成三类,上帝是最高的实体。

---

① 参见亚里士多德:《形而上学》,1074b15~1074b35。

② 《诗篇》100:3。

③ 参见亚里士多德:《灵魂论及其他》,吴寿彭译,北京:商务印书馆,1999年,第85页。

④ Everett Ferguson, *Backgrounds of Early Christianity*, p. 341.

⑤ Saint Augustine, *Confessions*, Book Four, Chapter XVI, pp. 64-65.

⑥ St. Thomas Aquinas, *On Being and Essence*, translated by Armand Maurer, Toronto: Pontifical Institute of Mediaeval Studies, 1968, pp. 60-65. 中文参见《论存在者与本质》,段德智译,《世界哲学》2007年第1期。

阿奎那的上帝是造物主,人是受造物。人无法认识上帝的本质。因为实体通常要有属性支持,上帝是简单的,没有属性,把上帝当成实体并不很合适。[①] 因为上帝有神圣的简单性,所以上帝的本质也是他的意志、理智。阿奎那是就活动来言说上帝的简单性。当代宗教哲学家普兰丁格不赞成阿奎那关于上帝的简单性,原因是上帝的属性成了上帝本身。[②] 如果把上帝当成实体,他与其他实体最大的不同是:上帝可以自己独立存在,因此是绝对的,其他实体因上帝的创造而存在。上帝、精神实体是有生命的,人有身体和灵魂,灵魂是精神实体中最低等的,但灵魂也是有生命的,人不是精神实体,因人有身体,但人作为物质实体也不太合适,因人有灵魂。

虽然在上帝面前人是有限的,但阿奎那认为可以用类比的方法研究上帝。因为实体是可以自己存在的,这样,用实体来定义上帝成为可能。加上对存在和本质的概念的使用,阿奎那进一步完善了亚里士多德的实体论,使得亚里士多德的上帝靠近了基督宗教所信的上帝,同时也把基督宗教所信的上帝更加理性化。[③] 古希腊哲学家塞诺芬尼(Xenophanes)把上帝定义成世界最高原则的代名词。上帝用理智推动和主宰一切,是人们理智所认识的最高对象。关于这种无人格的上帝的理论是理神论,亚里士多德的上帝也属于理神论的上帝。理神论的上帝不是从无到有创造的上帝,而是用原初质料改建世界。至于原初质料是如何来的,古希腊的哲学家并不明确。[④]

阿奎那认为,上帝是纯形式和纯活动,上帝是全部的现实性,在他里面没有潜能,而上帝的个体化是通过他的纯粹的美善而实现的。[⑤] 天使没有质料,但有潜能,所以天使有等级。最高级的天使最接近上帝,最低级的天使最接近人。人的灵魂和天使一样,是纯形式,没有质料,但也不是纯活动,因为有潜能。在属灵的存在中,人的灵魂所处的等级最底,因它最接近质料。灵魂是人的形式,身体是人的质料。[⑥] 按阿奎那的观点,质料和形式区分自然实体,而潜能和活动区分普通的存在。[⑦]

---

① *SCG* I, Ch. 25,[9].

② Katherin A. Rogers, *Perfect Being Theology*, Edinburgh, Britain: Edinburgh University Press,2000,p. 26.

③ 到了20世纪,实体学说又有了新发展。英国的宗教哲学家斯温伯恩(Richard Swinburne)认为上帝是非物质的实体,他不占有空间,事件(event)也是实体,事件是在某个时间具有某种属性或关系的某个实体。参见理查德·斯温伯恩:《上帝是否存在?》,胡自信译,北京:北京大学出版社,2005年,第69～71页。

④ 古希腊自然主义者曾把水、火、气等当成世界的本原,这近似原初质料,后来恩培多克勒(Empedocles)认为火、土、气、水是组成万物的四根,这四根更像是原初元素。柏拉图比自然主义者进了一步,其《蒂迈欧篇》中有“创世”的论述,但与《圣经》中耶和华神从无到有的创造不同。

⑤ St. Thomas Aquinas, *On Being and Essence*, p. 61.

⑥ St. Thomas Aquinas, *On Being and Essence*, pp. 55-59.

⑦ *SCG* II, Ch. 54,[10].

三、存在与本质

阿奎那把亚里士多德关于现实和潜在关系的学说运用于存在与本质的关系:任何事物、形式或本质在未获存在之前都只是一种潜在,一种可能性;存在的特征在于它的现实性,它是使潜在转变为现实的活动。本质是一普遍概念,但不是最普遍的概念,因为存在是最普遍的概念。

与阿奎那相比,我们可以认为亚里士多德把形式当成事物的本质,而阿奎那把形式进一步地区分为实质形式(简称"实形")和偶然形式(简称"偶形")。实形相当于亚里士多德的形式因,但可以自己存在。人的灵魂是实形,表面上这样就解释了人死后灵魂仍可以存在。偶形是碰巧作为本质的形式。[①] 对应实形和偶形又有实质改变和偶形改变。如人的皮肤过去白,因日晒而变黑,这只是偶性改变,但人的本质并未改变。那什么是实质改变?阿奎那认为,一个形式只可能被三种情况所朽坏:该形式相反的行动、该形式主体的朽坏、该形式原因的失败。[②] 人的灵魂不可能因这三种情况而朽坏,首先是人的灵魂没有与它相反的行动,而作为人灵魂的原因的上帝是永恒的,不会失败,比较难解释的是第二点。阿奎那认为灵魂作为形式,可以不需要任何身体的器官,人通过这理智的灵魂来理解,所以它能超越具体的质料条件。[③] 阿奎那不同意亚里士多德认为人的灵魂位于心脏的观点。因灵魂既然是人整体的实形,也应该是人任何身体部分的实形,所以阿奎那认为灵魂按本质在身体的每一个部分[④],这与他在变质说所持的立场一致。

亚里士多德的上帝没有明确的意志。阿奎那认为,上帝不仅是万物的目的因和统治者[⑤],也可以是直接的动力因[⑥],这样就可以解释与基督宗教信仰有关的信心和意志等问题。

阿奎那承认三位一体的上帝是不能用哲学证明的,而是要用信心领受。[⑦] 在哲学上,阿奎那把上帝看成是存在本身。这样问题来了,上帝的先存性与上帝是存在本身还是不同的。存在有时间和空间,而上帝创造了时间和空间。[⑧] 上帝不受时间和空间的限制,如:"耶稣基督昨日今日,一直到永远,是一样的。"[⑨]上帝应该在存在之上,阿奎那用存在本身解释上帝,并不适合。在用哲学

---

① Brain Davies, *Aquinas*, p. 18.
② *SCG* II, Ch. 79, [10].
③ *SCG* II, Ch. 68,[12].
④ *SCG* II, Ch. 72,[3]-[6].
⑤ *SCG* III, Ch. 1,[10].
⑥ *ST* I-II, Q. 110, A. 1, ad. 2.
⑦ *ST* I, Q. 32, A. 1.
⑧ 参见《创世记》1:1,14~16。
⑨ 《希伯来书》13:8。

服务信仰时,阿奎那应该会考虑可能的代价。如果对比柏拉图的"善"理念,"存在本身"还是更接近启示《圣经》的上帝。

按阿奎那,知识开始于感觉。[①] 但感觉不是知识的唯一来源,人灵魂的理智活动也是知识的一个来源。阿奎那认为,人没有先天观念,如"上帝"这样的抽象概念。上帝也不能被人的感官所直接经验到,但阿奎那从后天经验出发,透过结果找原因,用"五路"的哲学方法证明了上帝的存在。[②] 这是为了显示哲学对神学的价值,另表示上帝不仅在圣经里向人启示,也在自然界启示自己,所以自然神学有价值。因上帝也在自然界启示自己,崇拜上帝所用的自然物就可能被上帝用来作启示,承受上帝的恩典,如圣餐中的饼和酒。变质说因此有了自然神学的理论依据。

阿奎那继承了奥古斯丁的传统,认为上帝是存在本身。什么是存在?奥古斯丁的"存在"是"永恒的不改变",而阿奎那对"存在"有了新的解释。阿奎那认为,"存在"最深的含义来自动词"是"(to be)[③],对应的拉丁文动词是 esse。"是"的纯粹意义是"在活动"(act),与"成为"(to become)不同。"是"固定和停留在存在(状态)上,所以"存在"不是从现在到将来的投射(projection),"存在"已经接受了它最完全的存在意义。"存在"自身不等于一个事物的存在。阿奎那把"存在"解释为"纯活动"(pure act)或"现实性"(actuality)。因上帝是全部的现实性,阿奎那把上帝等同于存在自身。[④] 在由质料和形式所组成的事物中,形式是存在的原则,可以被称为"按它事物才是"(that by which it is),而整个实体本身是"那个是者"(that which is)。[⑤]

阿奎那按拉丁文理解,ens 意思是一个"存在"(a being),其复数形式是 entia。esse 意思是"存在的活动"(act of being)或"具体的存在"(particular existence),所以用拉丁文可以说任何 ens 有 esse。英语 existence 表示存在的事实,已经有了存在的活动。拉丁语比英语更清楚,ens 是名词,esse 是动词。按语法分有两类词:自身没有意义的和自身有意义的。如介词、连词自身并没有意义,而名词和动词自身有意义。名词可以表征一个自身稳定的实体,动词表征活动和属性。ens 就是有存在活动的事物。如果事物仅是可能存在但还没有现实地存在,那就不是 ens,因为它没有存在的活动,它只是一本质或可能的存在。[⑥] 对于阿奎那,esse 是一个比 ens 更基本的观念。[⑦]

在阿奎那的哲学里,"存在者"与"存在"的区别在于,"存在"是活动,"存在

---

① *ST* I, Q. 12, A. 12.
② *ST* I, Q. 2, A. 3.
③ *ST* I, Q. 3, A. 4, ad. 2.
④ Etienne Gilson, *History of Christian Philosophy in the Middle Ages* (I), p. 368.
⑤ *SCG* II, Ch. 54, [6].
⑥ Joseph M. de Torre, *Christian Philosophy*, Vera-Reyes, Inc. (Philippines), 1981, pp. 77-78.
⑦ Brain Davies, *Aquinas*, p. 25.

者”是活动的承受者,在存在活动中获得现实性的东西。“存在者”是“存在”的具体实现,“存在”是整体,“存在者”是部分。“存在者”、“事物”、“实体”有这样的关系:“存在者”表示实体的存在状态,“事物”表示事物的本质属性,“实体”的完整意义是“存在着的事物”[①],esse 是存在和非存在两者之间的区分[②],这比亚里士多德的实体论更加深入。

阿奎那关于形式的最重要论点是把形式与存在相联系,认为存在就是继续拥有某种确定的形式。[③] “存在”自身的活动者是“自由的存在者”,“自有”是“自己是自身原因和来源”的意思,即“自因”,所以“自有的存在者”是“存在”与“存在者”无区别的唯一例外。阿奎那认为,只有上帝才能是“自有的存在者”,上帝既是赋予一切事物存在的纯粹活动,又是这一活动的自因,即通过自身活动而自满自足的存在者。上帝说:“我是自有永有的”,被阿奎那理解成“我是自有的存在者”或“我是存在本身”。

四、本体论和上帝的名字

事物的名字指代事物,肯定是有意义的,也应该能传递信息。事物的名字是抽象概念。因名字与个体有关系,上帝的名字就与本体论相关。[④] 那么事物的名字是怎么来的呢?更具体地说就是,我们如何知道上帝的名字。从上帝到耶和华,再到“我是自有永有的”,《圣经》里能提供线索。摩西在公元前 15 世纪写《创世记》等前五卷《旧约》书卷。之前,美索不达米亚和埃及已经有了拜神的宗教,人们敬拜不同的神,不同的神有不同的名字。《创世记》让人看到有独一的真神,名叫耶和华。其他的神都是假的,或是人想象出来的,或是人造的偶像。为了彰显耶和华神的真实和信实,耶和华拣选以色列人作为他立约的选民。从神的守约上,以色列人能认识这一有位格的神。

一般情况下,上帝是造物主的名字或上帝就是那创造万物的人的名字[⑤],不需要再深入讨论。对于阿奎那,上帝作为名词只是指代了神性,表示在所有事物之上的存在[⑥],还不能反映上帝的本质。

在中国古代,上帝是殷人对于至上神的称呼。后来的周人称至上神为“天”,有时也称为帝或上帝。人与上帝的交流经过巫。巫用占卜向上帝请示,并传达上帝的旨意。在殷周之时,风雨的变化、年成的好坏、官吏的任免、都城的迁徙、人间的祸福等,都要占卜。巫相当于犹太教的祭司。

---

① 赵敦华:《基督教哲学 1500 年》,北京:人民出版社,1995 年,第 376 页。

② Brain Davies, *Aquinas*, p. 27.

③ 参见安东尼·肯尼:《阿奎那》,黄勇译,北京:中国社会科学出版社,1987 年,第 85 页。

④ 参见《希伯来书》1:3。翻译成汉语的“上帝本体”(God's being)中的“本体”(being)对应的希腊文是 hupostasis,意思是“在基底之下的实体”。

⑤ Brain Davies, *Aquinas*, 2002, p. 73. 造物主是否是有位格的,从其字面上还不够清楚。

⑥ *ST* I, Q. 13, A. 8, ad. 2.

上帝对摩西说:"我是自有永有的。"上帝的名字首先从摩西的经验而来,因摩西被上帝呼召。[①]"我是自有永有的"被阿奎那认为最能说明上帝与存在的关系,因为上帝作为存在者向摩西启示。上帝的名字最能反映上帝的本质,上帝是存在本身。阿奎那认为,上帝的本质是存在[②],上帝是那个在他里面存在和本质是不区分的。亚里士多德的上帝是纯形式,没有潜在,是全部的实现。换用阿奎那的术语,上帝的本质是全部实现的。阿奎那借着对"存在"的使用,解决了如何使亚里士多德的上帝和基督教所信的上帝并存的这一难题,这样就使理性的真理和信仰的真理有了共同的基础,阿奎那从而超越了柏拉图和亚里士多德。

柏拉图的理念论对阿奎那也有影响,如他在《神学大全》中也说到上帝是普遍的善,其他事物是分享上帝的善。[③] 阿奎那也把柏拉图的理念视为种相(species)。[④] 柏拉图的理念论是一种本体论,同时又是极端的实在论,理念的世界是在可见的世界之上和之先。可见事物的本质是由对应在理念世界的该事物的形式所决定的,但事物的本质在它之上或之外。阿奎那在本体论上是温和的实在论,上帝的本质在上帝之中,而不在上帝之外或之上。阿奎那信上帝的儿子耶稣道成肉身。按基督教信仰,耶稣在本质上有完全的神性和完全的人性,是上帝本体的真像。[⑤]

耶稣的神性在耶稣身上符合温和的实在论的原则。如果按极端的实在论,耶稣的神性不在耶稣本人,而在耶稣之上,那么耶稣就不可能有神性,更不能拯救罪人。从哲学上,阿奎那认为作为实体,上帝有本质,上帝的存在与本质是同一的,因为上帝的本质不可能在上帝之上,否则上帝就成了受造之物。

耶和华是《旧约》里以色列人称呼神的名字,很具体,大多用在神与以色列人立约时,强调他是有位格的,是守约的,是以色列人的拯救者。耶和华在希伯来文中由四个字母组成,YHWH,其字面意思是"他是",这与耶和华和摩西说话时称呼自己所用的名称"我是"相似。耶和华的名字最早出现在《创世记》2:4中,神(上帝)在希伯来原文是 Elohim,这是泛称。[⑥] Elohim 在《创世记》的第一句就出现了。希伯来文与英文不同,没有时态。"ehyeh asher ehyeh"(我是自有永有的),可以翻译成"I AM WHO I AM",也可以翻译成"I WILL BE WHO I

---

① 摩西是耶和华面对面所认识的,之后以色列人中没有人能超过摩西。参见《申命记》34:10。

② *ST* I, Q. 13, A. 11.

③ *ST* I-II, Q. 9, A. 6.

④ *ST* I, Q. 84, A. 1. 柏拉图的理念论里没有明确的上帝观,阿奎那的实在论研究上帝的本质,这也发展了柏拉图的理念论。

⑤ 参见《希伯来书》1:3。

⑥ *The NIV Study Bible*, notes to Genesis 2:4, p. 8.

WILL BE”。[①] 这表示神的恩典永不改变,他是信实守约的神。[②] 又在《旧约》最后一卷里,耶和华说:“因我耶和华是不改变的,所以你们雅各之子没有灭亡。”[③]按整本《圣经》的正意,耶和华神没有直接回答摩西的问题,因为神神圣的名字包含太多的信息。耶和华要摩西带领他的选民以色列人出埃及,进入应许之地,让以色列人在将来体验神的同在。如之前有:“我是你父亲的神,是亚伯拉罕的神,以撒的神,雅各的神。”[④]

我们不知道耶和华的名字在摩西之前是否使用过,但以色列人的先祖并不知道神的名是耶和华:“我从前向亚伯拉罕、以撒、雅各显现为全能的神;至于我名耶和华,他们未曾知道。”[⑤]

先祖们对耶和华的全能的认识是渐进的。耶和华曾两次应许当时无儿女的亚伯拉罕自己将生儿子[⑥],但亚伯拉罕并不完全信神的全能,在耶和华第一次应许的十年后,曾按妻子撒莱的建议纳埃及女子夏甲为妾生了儿子以实玛利。[⑦]最后耶和华的应许实现,亚伯兰罕100岁时,90岁的妻子撒拉生下儿子以撒。[⑧]相信了神的全能后,亚伯拉罕就对神的话语更加顺服,如经受了献以撒的试验。[⑨] 与重血统的犹太人不同,基督徒视自己为亚伯拉罕的属灵后裔,称亚伯拉罕是“信心之父”。[⑩]

雅各对耶和华全能的认识与其祖父亚伯拉罕也有些类似,在母亲利百加的帮助下[⑪],雅各骗取了父亲以撒对他的祝福。[⑫] 雅各早年对神的全能认识不足,如他在旅途的困难中曾向神许愿:“神若与我同在,在我所行的路上保佑我,又给我食物吃、衣服穿,使我平平安安地回到我父亲的家,我就必以耶和华为我的神,我所立为柱子的石头也必作神的殿,凡你所赐给我的,我必将十分之一献给你。”[⑬]在经历了神的信实和同在后,临终前的雅各向他的爱子约瑟见证到那“全

---

① Rev. John F. O'Grady, *Catholic Belief and Traditions*, New York: Paulist Press, 2001, p. 81. 如果用单一的英文词汇表达,always(永远)的意思最接近 I AM WHO I AM.

② Herman Bavinck, *The Doctrine of God*, translated by William Hendriksen, Edinburg: The Banner of Truth Trust, 1977, p. 102.

③ 《玛拉基书》3:6。

④ 《出埃及记》3:6。

⑤ 《出埃及记》6:3。

⑥ 参见《创世记》15:4,17:15～16。根据《创世记》12:4,亚伯兰出哈兰已经75岁,妻子撒莱当时66岁。按《创世记》17:17,耶和华第二次应许时,撒拉(撒莱)已经90岁,亚伯兰不信他们夫妇还能生育。

⑦ 参见《创世记》16:1～4。

⑧ 参见《创世记》21:1～2。

⑨ 参见《创世记》22:1～18。当时以撒约16岁。

⑩ 参见《加拉太书》3:7,29,《罗马书》4:18～22。

⑪ 参见《创世记》25:21～26。雅各是双子中的幼者,而耶和华在双子没有出生前就告诉利百加“将来大的要服侍小的”。

⑫ 参见《创世记》27:1～29。之前雅各用诱惑使哥哥以扫出卖了长子的名分,参见《创世记》25:29～34。

⑬ 《创世记》28:20～22。

能的神”。[①]

摩西对耶和华的全能认识得比先祖们更清楚，如耶和华为拯救以色列人出埃及，在埃及先后行了十次神迹，最后在以色列人过红海后，用红海水淹灭法老的追兵和车马。[②]

耶稣在说到他的先存性时，也用到“我是”(I am)：“我实实在在地告诉你们，还没有亚伯拉罕，就有了我。”[③]这里的中文翻译“就有了我”看不出时态，而对应的原文的时态是现在时，这是“我是自有永有的”的称呼对与亚伯拉罕立约的神的深化。[④]

阿奎那忽略的问题很多，“存在本身”并不能启示上帝的全能。在字面上，全能的上帝应该无所不能，但上帝不会做违背他本性的事情或逻辑上矛盾的事情，如：上帝不会说谎或食言，上帝不能改变过去，上帝不会决愿不再是上帝，上帝不会做一个方的圆或圆的方，上帝不会下到为受审判者所预备的地狱里等。上帝是在万有之上的[⑤]，万有都是本于他，倚靠他[⑥]。又如《新约》最后有：“主神说：‘我是阿拉法，我是俄梅戛，是昔在、今在，以后永在的全能者。’”[⑦]阿拉法和俄梅戛分别是希腊字母的第一个和最后一个。类似的话在《旧约》里也有：“万军之耶和华如此说：我是首先的，我是末后的，除我以外再没有真神！”[⑧]“我是耶和华，我是首先的，也是末后的。”[⑨]“存在本身”更不能表示上帝的活性和灵性，如：“唯有耶和华是真神，是活神，是永远的王。”[⑩]“神是个灵”。[⑪]

在《旧约》里，神在希伯来文中还有多个复合名称，如亚伯拉罕给一地方起名“耶和华以勒”[⑫]，意思是“耶和华必预备”，表示耶和华对他所拣选的亚伯拉罕的看顾。后来的摩西还经历了“耶和华拉法”[⑬]，意思为“耶和华是你的医治者”；在击败亚玛力人后，摩西筑坛，起名“耶和华尼西”[⑭]，意思是“耶和华是我的锦

---

① 参见《创世记》48:3。雅各下埃及时130岁，17年后去世。

② 参见《出埃及记》7:8～14:31。埃及地后来是以色列人为奴的地方。

③ 《约翰福音》8:58。

④ *The NIV Study Bible*, notes to Exodus 3:14, p. 91, notes to John 8:58, p. 1614. 这里“是”对应的希腊文是eimi，在《新约》里出现了2491次。如《约翰福音》14:6是另一处可以供研究本体的认识论的话：耶稣说：“我就是道路、真理、生命；若不藉着我，没有人能到父那里去。”这里“就是”在希腊原文中也是eimi，相当于英语中的be动词，表示am，is，are。

⑤ 参见《罗马书》9:5。

⑥ 参见《罗马书》11:36。

⑦ 《启示录》1:8。

⑧ 《以赛亚书》44:6。

⑨ 《以赛亚书》48:12。

⑩ 《耶利米书》10:10。

⑪ 《约翰福音》4:24。

⑫ 《创世纪》22:14。

⑬ 《出埃及记》15:26。

⑭ 《出埃及记》17:15

旗”。在摩西之后,还有“耶和华沙龙”[①],意思是“耶和华赐平安”;“耶和华锐阿”[②],意思是“耶和华是我的牧者”。更明确的是“耶和华齐根努”[③],意思是“耶和华我们的义”,耶和华对在苦难中的犹太人预言弥赛亚,即要道成肉身的耶稣:

> 日子将到,我要给大卫兴起一个公义的苗裔,他必掌王权,行事有智慧,在地上施行公平和公义。在他的日子,犹大必得救,以色列也安然居住。他的名必成为耶和华我们的义。[④]

耶和华上帝第一次向摩西显现时,摩西80岁。[⑤] 后摩西带领以色列人出埃及为奴之地,经历了耶和华神的大能。40年后,在即将进入耶和华所应许的迦南地时,摩西去世。[⑥] 摩西曾向以色列人作歌颂赞耶和华:

> 我要宣告耶和华的名,你们要将大德归于我们的神。他是磐石,他的作为完全,他所行的无不公平,是诚实无伪的神;又公义,又正直。[⑦]

摩西曾生活在埃及四十年。埃及人信多神,每一个神都有自己的名字,如协助妇女生产的女神(Heqt)[⑧],还有公牛神(Apis and Mnevis)、母牛神(Hathor)、羊神(Khnum)。[⑨] 在耶和华神在荆棘中向他显现时,摩西对耶和华几乎没有多少认识,但知道亚伯拉罕、以撒、雅各是自己的祖宗,所以要问耶和华的名字。在过红海后,摩西和以色列人向耶和华歌唱:“耶和华啊,众神之中谁能像你?谁能像你至圣至荣,可颂可畏,施行奇事?”[⑩]

关于上帝的名字,在摩西之前的雅各就有涉及:

> 只剩下雅各一个人。有一个人来和他摔跤,直到黎明。那人见自己胜不了他,就将他的大腿窝摸了一把,雅各的大腿窝正在摔跤的时候就扭了。

① 《士师记》6:24。
② 《诗篇》23:1。
③ 《耶利米书》23:6。
④ 《耶利米书》23:5~6。
⑤ 参见《出埃及记》7:7。
⑥ 参见《申命记》34:7。
⑦ 《申命记》32:3~5。
⑧ *The NIV Study Bible*, notes to Exodus 8:2, p. 96.
⑨ *The NIV Study Bible*, notes to Exodus 9:3, p. 98. 在经历了耶和华的拯救大能后,出埃及后的以色列人仍然没有忘记埃及的假神。如在摩西上西奈山从耶和华领受律法时,以色列人做了金牛犊,把耶和华神偶像化。参见《出埃及记》32:1~6。
⑩ 《出埃及记》15:11。

那人说:"天黎明了,容我去吧!"雅各说:"你不给我祝福,我就不容你去。"那人说:"你名叫什么?"他说:"我名叫雅各。"那人说:"你的名不要再叫雅各,要叫以色列,因为你与神与人较力,都得了胜。"雅各问他说:"请将你的名告诉我。"那人说:"何必问我的名?"于是在那里给雅各祝福。雅各便给那地方起名叫毗努伊勒,意思说:"我面对面见了神,我的性命仍得保全。"①

在以色列人出埃及之后,曾有过士师时期,也有关于上帝的名字的问询:"玛挪亚对耶和华的使者说:'请将你的名告诉我,到你话应验的时候,我们好尊敬你。'耶和华的使者对他说:'你何必问我的名?我的名是奇妙的。'"②

在这两处,耶和华对雅各和玛挪亚都没有直接回答他的名字。《新约》里对神的名字更为直接,如耶稣在被捕前向天父的祷告:"你从世上赐给我的人,我已将你的名显明与他们。"③"公义的父啊,世人未曾认识你,我却认识你,这些人也知道你差了我来。我已将你的名指示他们,还要指示他们,使你所爱我的爱在他们里面,我也在他们里面。"④

这样,神的名字是通过道成肉身的耶稣向世人显明的。希腊文的基督和希伯来文的弥赛亚的意思都是"受膏者"。⑤ 在《旧约》里,通常只有君王和祭司才能受膏。耶稣在字面上的意思是"耶和华拯救",表示"神与我们同在"。⑥ 在《新约》里,道成肉身的耶稣称神为父,不仅表示他是永生神的儿子,也表示父可以作为神的名称。因为神是人的父,人向神祷告时候可以称神为父。⑦

耶稣是神的儿子,是男性,耶稣称神为父,神有父性和父爱。亚当作为男人,比夏娃先被造,而亚当预表耶稣:"亚当仍是那以后要来之人的预象。"⑧这不是说神是有性别的或神是男性,因为《圣经》上说:"神就照着自己的形象造人,乃是照着他的形象造男造女。"⑨我们可以相信,在神的形象里有人性里的所有美德,包括男性和女性,所以神造男造女。在《新约》里,曾有对神形象的具体解释,它指"真理的仁义和圣洁"。这很接近说人生来就向往真、善、美。⑩ 耶稣在比喻中也涉及到神的母性和母爱:"耶路撒冷啊!耶路撒冷啊!你常杀害先知,又用石头打死那奉差遣到你这里来的人,我多次愿意聚集你的儿女,好像母鸡

---

① 《创世记》32:24~30。
② 《士师记》13:17~18。
③ 《约翰福音》17:6。
④ 《约翰福音》17:25~26。
⑤ *The NIV Study Bible*, notes to Jh 1:25, p. 1594.
⑥ 参见《马太福音》1:22~25。
⑦ 参见《马太福音》6:8~9。
⑧ 《罗马书》5:14。
⑨ 《创世记》1:28。
⑩ 参见《以弗所书》4:24。

把小鸡聚集在翅膀底下,只是你们不愿意。"[①]基督徒在基督里男女平等:"你们受洗归入基督的都是披戴基督了。并不分犹太人、希利尼人,自主的、为奴的,或男或女,因为你们在基督耶稣里都成为一了。"[②]

《圣经》里人的名字,不仅有指代作用,还有言外之意,如夏娃的意思是众生之母[③],摩西的名字是埃及法老的女儿所起,意思是"因我把他从水里拉出来"[④]。如果人的能力改变,通常他的名字会改变或增加,如亚伯兰改名亚伯拉罕[⑤],雅各改名以色列[⑥],耶稣的门徒西门后来又叫彼得。[⑦] 耶稣在升天后,他的名字超乎万名。[⑧] 在末日的新耶路撒冷,每一个基督徒会有一个新名字。[⑨]

《新约》是用通俗希腊文写的,而耶稣生前与门徒是说亚兰语和希伯来语。这样,使徒们用希腊文写福音书、书信时,就使用了理性,对希腊的某些概念重新赋意。[⑩] 这与《旧约》不同。借助哲学概念表示信仰,在《圣经》里就有多个例子,如斯多葛主义的灵魂、良心、美德等[⑪],最突出的是《约翰福音》用"道"或"逻各斯"[⑫]来表示耶稣的先存性:"太初有道,道与神同在,道就是神。这道太初与神同在。"[⑬]阿奎那所做的大大超过了使徒约翰,他不是借用"存在本身"来表示上帝,而是等同上帝的本质。"存在本身"很抽象,它不是一个具体的存在,也不是所有存在的总和。然而,上帝不仅存在,上帝应该是神圣的存在。先有上帝存在,然后才有被造物的存在。而按阿奎那的观点,因上帝没有按他的本质创造世界,静态的"存在本身"又像是否定上帝存在的无神论观点[⑭],或上帝与他的创造不分的泛神论观点。也许,阿奎那自己清楚他这样做的代价,因信仰不完全是理性,要为信仰建立本体论的基础,必然会有代价。

比阿奎那稍晚,苏格兰神学家司各脱也接纳阿奎那关于用理性论证上帝存在的自然神学,但他认为这些论证只是根据受造世界的偶然事实而进行的,因

---

① 《马太福音》23:37。

② 《加拉太书》3:28。

③ 参见《创世记》3:20。

④ 参见《出埃及记》2:10。

⑤ 参见《创世记》17:5。

⑥ 参见《创世记》32:28。

⑦ 参见《马可福音》3:16,《马太福音》16:18,《约翰福音》1:42。"彼得"的意思是磐石。

⑧ 参见《腓立比书》2:9。

⑨ 参见《启示录》2:17。

⑩ 如"教会"的概念,希腊文是 ekkleesia,原义是希腊有公民权的人的聚会,没有"宗教"的意思。参见《马太福音》16:18。

⑪ Everett Ferguson, *Backgrounds of Early Christianity*, p. 368.

⑫ *The NIV Study Bible*, notes to John 1:1, p. 1593.

⑬ 《约翰福音》1:1～2。

⑭ 参见麦奎利:《基督教神学原理》,何光沪译,香港:汉语基督教文化研究所,1998 年,第 155～158 页。

此是上帝存在的相对的和有条件的必然性。[①] 在关于上帝的概念上，司各脱与之前的安瑟伦和阿奎那都不同。司各脱把上帝定义成“无限存在”。“无限存在”是一个简单的、肯定的概念。《圣经》上说上帝无所不在[②]，但“无限存在”和“无所不在”不同。“无限存在”可以解释“无所不在”，而“无所不在”却不能解释“无限存在”。司各脱认为，对上帝的自然知识的起点是“无限存在”，“无限存在”比“最高的善”、“最高的存在”、“最伟大的存在”或关于上帝的类似的概念更清楚，因为“最”所表达的仍是有限，而不是无限。[③] 针对阿奎那，司各脱反对关于存在与本质的区分，因为这一区分把纯粹活动的存在与潜在的本质对立起来了。司各脱认为可以区分存在和本质，只是这一区分不是实际的区分，而是概念的区分。[④]

第四节　哲学和神学互动的具体成就：圣餐的变质说

从“五路”和关于上帝是存在本身，可以看到阿奎那发展了亚里士多德的哲学。在具体的教义解释上，阿奎那也常用亚里士多德的四因说，特别是其中的质料因和形式因，而且补充定义了工具因以解释圣餐的变质说。阿奎那的变质说是用实在论解释圣餐。关于圣餐的变质说的一个核心概念是“本质”，一事物是由其本质决定的，如饼和酒有其本质，耶稣有他的本质。亚里士多德的质形说（质料形式学说）和范畴学说也反映在变质说上。理解了阿奎那的本体论，对变质说里的“本质”和其改变就相对容易理解。

一、形式、质料和工具因

《神学大全》中有九个问题直接研究圣餐。在专门讨论圣餐的第一个问题中，阿奎那指出了洗礼使人在属灵上重生，坚振礼使人在灵命上成长，而圣餐礼是人属灵的粮食[⑤]，圣事之所以是圣事，是因为它包含神圣的事物。事物被称为神圣，可能是绝对的，也可能是相对的。圣餐与其他圣事不同的是其中包含了耶稣的身体。[⑥]

在回答圣餐与灵魂得救的关系时，阿奎那认为教会以外没有拯救[⑦]，《旧约》

① *Cambridge Companion on Duns Scotus*, Cambridge Companions Online@Cambridge University Press, 2006, pp. 238-239.

② 参见《诗篇》139:7～8。上帝的无所不在是基于上帝的无所不能。上帝的无所不能并不表示上帝会做违背他本性的事情、违背逻辑的事情，如上帝不再是上帝、上帝下到地狱等。

③ *Cambridge Companion on Duns Scotus*, pp. 250-251.

④ 参见赵敦华：《基督教哲学1500年》，第462页。

⑤ *ST* III, Q. 73, A. 1.

⑥ *ST* III, Q. 73, A. 1, ad. 3.

⑦ 《圣经》里说罪人的灵魂得救只有通过耶稣，在他以外，别无拯救，参见《使徒行传》4:12。阿奎那的观点无疑是支持天主教对神权的垄断

的挪亚方舟预表教会。洗礼是灵命的开始,使人得救,而圣餐是灵命的终结。通过洗礼,人被指向圣餐,圣餐不是灵魂得救所必需的。[①] 阿奎那无形淡化了神借着耶稣的福音拯救罪人,而突出了教会的圣事拯救罪人,他所说的教会是指天主教会。这种救恩观一直持续到20世纪的梵蒂冈第二次大公会议才有改变。阿奎那把信和爱分别与洗礼和圣餐关联。洗礼是信的圣事,是灵命的基础,圣餐是爱的圣事,这符合圣经的正意。[②] 圣餐有三重意义:对于过去,它纪念主的受难,实为一真实的献祭,从这一方面圣餐是献祭;对于现在,它的意思是教会的合一;对于将来,它预示着神圣的果实,被称为圣餐,即好的恩典,因为神的恩典是永生,或者是因它包含了耶稣,耶稣充满了恩典。[③]

第二问论圣餐的质料,有八个子论题。它解释为什么圣餐中要选择麦饼和葡萄酒,基本是常识性的内容。巴勒斯坦干旱少雨,小麦和葡萄被广泛种植。比较有特点的论述是饼应该是无酵的[④],这也与犹太人逾越节的习惯相同,因"酵"在圣经里常代表罪,如耶稣曾告诫门徒要防备法利赛人和撒都该人的酵。[⑤] 法利赛人是犹太人,他们严格遵守摩西律法,并管理犹太人的会堂。[⑥] 撒都该人也是犹太人,因摩西律法上没有直接提到死人的复活,他们不相信人死后还有复活。[⑦] 撒都该人担任祭司并管理耶路撒冷的圣殿。[⑧] 阿奎那把圣餐中的有酵和无酵的饼与洗礼用冷水还是热水类比。东正教会的圣餐是用发酵的饼,冷水或热水不涉及变质,而发酵经过了腐烂。[⑨] 还有能不能在酒里加水,加多少水合适?阿奎那反对使用烈性酒[⑩],但相信耶稣设立圣餐时就在葡萄酒里加水,并以《圣经》里的话为根据:"喝我调和的酒。"[⑪]饼是在面粉里加水做的,所以酒里应该加水调和。[⑫] 如果信自然神学,葡萄酒里不应该加水。而按教父时代的居普良,水在属灵上代表洗礼,而葡萄酒代表耶稣的血,所以酒里不应该加水。

第三问即第七十五论题进入了变质说,论及饼和酒变成耶稣的身体和血,共八个子论题。第一个子论题解释耶稣的身体和血是否真的在圣餐中出现,还只是作为象征或记号。阿奎那认为,耶稣的身体和血在圣餐中出现是不能用感官察觉,而只能用信心接受。具体的原因有三个:一是《旧约》的献祭预表耶稣

---

① *ST* III, Q. 73, A. 3.
② *ST* III, Q. 73, A. 3. ad. 3.
③ *ST* III, Q. 73, A. 4.
④ *ST* III, Q. 74, A. 4.
⑤ 参见《马太福音》16:6。当时,法利赛人、撒都该人在犹太教中是上层阶层。
⑥ *The NIV Study Bible*, p. 1433.
⑦ 参见《马可福音》12:18。
⑧ *The NIV Study Bible*, notes to Mt 2:4, p. 1442.
⑨ *ST* III, Q. 74, A. 4, ad. 4.
⑩ *ST* III, Q. 74, A. 5, ad. 1.
⑪ 《箴言》9:5。
⑫ *ST* III, Q. 74, A. 6.

的受难和牺牲，所以耶稣在《新约》里设立的献祭应该有更多的内容，即包含耶稣自己；二是因为耶稣对人的爱，让人与他联合，因耶稣曾向信他的人应许："吃我肉的人要因我活着"①；三是因为信心的完善，耶稣以看不见的方式向人显现他的神性，同样他在圣餐里以看不见的方式显示他的身体。阿奎那还批判了贝伦加尔(Berengar of Tour)的异端邪说。

有一个难题是耶稣的身体能否在许多地方同时出现。阿奎那指出，耶稣的身体在圣餐中出现与他在某个地方的出现是不一样的，耶稣的身体可以在许多圣坛上同时出现，不像在不同的地方出现一样，因他是按圣餐的方式出现。② 这里，阿奎那提到了要以信心接纳变质说，后来他又明确说饼和酒的本质改变是神迹。③

《圣经》中的神迹是指超自然的行为，可以被人看见或察觉，如耶稣和使徒等所行的神迹，而祝圣后的饼和酒的外形和味道均无改变。

第二个子论题是关于祝圣后饼和酒的本质是否存在。阿奎那的回答是否定的，因为若祝圣后饼和酒的本质仍存在，那么圣餐就不能成为圣礼，但耶稣的身体决不是通过位置的移动(local motion)来出现在圣餐中，只有通过饼和酒的本质改变。圣餐的质料是饼和酒，而形式是耶稣指着饼所说的话："这是我的身体。"按亚里士多德的哲学，形式决定质料，饼和酒的本质不再存在，否则耶稣应该说："这里是我的身体。"④

第三个子论题回答在祝圣后的饼和酒的本质被取代了，还是分解成原初质料。亚里士多德相信有原初质料的存在。⑤ 亚里士多德大多用原初质料或第一质料来表示相对的意义，原初质料并不是一种不同的质料，而是就质料的主要的和严格的意义来说的。如在讨论动物的生产时，亚里士多德把经血称为原初质料，因他认为它是生产的种子的质料，所以原初质料除了被抽象地谈论质料时，只是承受实质改变的基本质料，同时有被物理学发现的属性。⑥

阿奎那信有原初质料的存在⑦，对原初质料有更深的论述，如：上帝是原初质料存在的原因⑧，原初质料被上帝所创造，但没有形式。⑨ 这样，上帝从无到有的创造包括了对原初质料的创造。按阿奎那的观点，正如上帝是纯粹的活动，在现实性上是无限的，原初质料是纯粹的潜能，它在潜能上是无限的，其他

---

① 《约翰福音》6:57。

② *ST* III, Q. 75, A. 1, ad. 3.

③ *ST* III, Q. 78, A. 1.

④ *ST* III, Q. 75, A. 2.

⑤ 参见苗力田主编：《亚里士多德全集》第7卷，北京：中国人民大学出版社，1989年，第211页。

⑥ Abraham Edel, *Aristotle and His Philosophy*, Chapel Hill: The University of North Carolina Press, 1982, p. 49.

⑦ *ST* I, Q. 3, A. 8, ad. 3.

⑧ *SCG* II, Ch. 16, [12].

⑨ *ST* I, Q. 44, A. 2, ad. 3.

的事物有活动,有潜能。[①] 比阿奎那稍早的经院哲学家大阿尔伯特(Albertus Magnus)在解释上帝创世时,不仅肯定原初质料的存在,而且有具体的规定,原初质料最初获得的形式是元素形式,元素是最初的有形实体。[②] 阿奎那沿用了亚里士多德的理论,所有的物体都可以看成是由原初质料和唯一的实质形式所组成。阿奎那对原初质料的理解同阿尔伯特,原初质料是纯粹的潜在,自身不是实质的。[③] 不仅如此,阿奎那又前进了一步,在形式和质料的复合中,实体有了存在,是必然存在的存在解释了为什么有偶然的存在。

阿奎那认为质料没有形式不能存在。在祝圣后,饼和酒的本质立即改变,没有时间的间隙,于是在饼和酒的变质时原初质料的存在不可能。正如火从空气中产生,有了火就没有空气。如果按现代科学的知识,阿奎那所举的例子并不恰当,因为火需要空气中的氧气才能燃烧,但阿奎那是把水、气、土、火当成四种最基本的元素来设想的。祝圣后,饼和酒的本质不是被取代了,而是改变成耶稣的本质。[④] 对于阿奎那否认原初质料作为中间过渡而带来的问题,会在后面的"耶稣受难后的灵魂"进一步讨论。

第四个子论题回答饼是否可以转变成耶稣的身体,这与第二个子论题类似。阿奎那的态度是肯定的,并强调本质的改变完全是超自然的,靠上帝的大能。阿奎那在此使用了变质说的术语。上帝不仅可以改变事物的形式,不同的形式在同一主体内继续,而且可以改变所有的存在,即把一事物的整个本质改变成另一事物的整个本质。圣餐中不是形式的改变,而是本质的改变,即形式和质料都改变。虽然阿奎那没有直接用神迹的术语来说明饼和酒的本质改变,但他借安布罗斯使用耶稣由童女所生的神迹来类比。[⑤] 而早在研究信心时,阿奎那就提到了圣餐中包含耶稣是神迹。[⑥] 阿奎那认为,饼和酒的整全的本质成为耶稣的本质。这样就出现了一个难题,既然饼和酒的形式和质料都改变了,但为何它们外表的属性不变,看上去还是饼和酒?阿奎那为此使用了"真正的属性"的哲学概念,它比《圣经》中没有出现过的"三位一体"、"原罪"等概念更加哲学化。

二、真正的属性

变质说在哲学上涉及实体、属性、形式、质料等概念。阿奎那沿用了亚里士多德的概念,但在变质说中却带来了不一致,如阿奎那把属性说成是它们所属

---

① *SCG* I, Ch. 43,[6].
② 参见赵敦华:《基督教哲学 1500 年》,第 359 页。
③ David Luscombe, *Medieval Thought*, Oxford: Oxford University Press,1997, p. 105.
④ *ST* III, Q. 75, A. 3, ad. 2.
⑤ *ST* III, Q. 75, A. 4.
⑥ *ST* II-II, Q. 1, A. 8, ad. 6.

的实体的部分或构成要素。[①] 在亚里士多德的哲学里，属性是不能脱离实体而单独存在的，如没有猫却有猫的笑声是荒唐的。亚里士多德用逻辑定义实体，主词所属的范畴是实体，谓词所属的范畴是属性。实体与属性的逻辑关系是，实体在先，属性在后。如亚里士多德说：只是由于实体这个范畴，其他任何范畴才能存在。因而，实体必定是首要的，即非限定意义上的、无条件的存在。[②] 在变质说中，却出现了"真正的属性"，即可以没有实体而单独存在的属性（偶性或依附体）。

在我们的日常生活中，先前存在而后来不存在的实体的属性是可能存在的，如洋葱在被吃掉后，其气味仍不散去，气味是洋葱的属性。又如冬天的野外烤火，皮靴不慎被火烧掉，但皮靴的形状却仍可以留在雪地里，皮靴的形状是皮靴的属性。[③] 现代社会因为有了录音设备，人的声音可以被录下了，即使人不在世了，作为他属性的声音却能借助设备播放出来，被人听见。这些日常生活的例子中，先有实体，才有属性，但属性可以脱离实体存在。在《论存在者和本质》中，阿奎那论述了属性自身没有存在，属性依赖于它们的主体。[④] 令人遗憾的是，在变质说之前，作为经验论者的阿奎那没有研究没有实体的属性是否可以单独存在。在变质说中，他强调"真正的属性"的存在是依靠神的大能。全能的神不会做违背他本性的事，如神不会改变过去、神不会决志不再作神、神不会造方的圆等等，但神托住"真正的属性"应该不难，问题是"真正的属性"在信仰和理性上自身的困难。

第七十五论题的第五个子论题问变质后饼和酒的属性是否存在。阿奎那认为，饼和酒能被人吃喝的属性仍在，这是靠上帝的旨意，否则吃喝饼和酒就成了吃喝人的肉和血，这是可怕的。饼和酒在祝圣后本质上改变了，但外表未变，能被人吃喝的属性可以被人的感官感知，而理智认识其本质。[⑤] 这里就出现了"真正的属性"或"真正的依附体"的概念，即没有主体的属性或依附体，这一概念被后来的唯理论哲学家莱布尼茨(Leibniz)所反对。

第六个子论题问饼的实质形式在祝圣圣餐后是否存在，这是针对饼的属性在祝圣后仍存在而来的。按变质说，饼的实质形式在祝圣是不存在了。阿奎那认为在祝圣后，饼的形式变成了耶稣身体的形式，这里饼的形式是指实质形式。[⑥] 因灵魂是身体的形式，耶稣曾道成肉身，这里出现了变质说的一个难题：

---

① 参见安东尼·肯尼：《阿奎那》，第 60 页。

② Aristotle, translated with Commentaries and Glossary by Hippocrates G. Apostle, *Aristotle's Metaphysics*, Bloomington and London: Indiana University Press, 1996, pp. 108-109. See *Metaphysics* 1028a-b1.

③ 参见安东尼·肯尼：《阿奎那》，第 64 页。

④ Thomas Aquinas, *On Being and Essence*, p. 66(see Chapter Six).

⑤ *ST* III, Q. 75, A. 5, ad. 2.

⑥ *ST* III, Q. 75, A. 6, ad. 2.

饼的形式在祝圣后改变为有耶稣灵魂和其灵魂的本质。耶稣在天上的身体应该是属灵的,但有本质,也有属性,如同他曾道成肉身时一样。按阿奎那的观点,神父祝圣圣餐后,耶稣身体的属性仍然在天上,但耶稣的身体和血相伴地出现在圣餐中,不是按其固有的方式,而是按其本质。所以,人领受圣餐中的饼和酒不是简单地吃喝耶稣的身体。

第七个子论题问本质改变是否是立即的。阿奎那的回答是肯定的,他认为在神父代表耶稣说完祝圣的话后,饼的本质立即改变。在立即改变中,事物的改变和存在是同时的。①

最后一个子论题问耶稣的身体是否用饼生成,这一问题看上去很荒唐,但实际上是类比上帝从无到有地创造世界。阿奎那认为,这样说是不合适的,他从句法上分析,并把饼变质成耶稣的身体与上帝的创造比较。上帝的创造是事物从不存在到存在,不是改变。圣餐中饼的本质是整全的改变,饼的外表属性仍在,但没有了饼的本质。不能说存在是由非存在生成的,耶稣的身体是用饼生成的,否则就是同体说。② 阿奎那认为,上帝不是按他的本质创造世界,耶稣的本质早已存在,这无形为变质说提供了大前提。

这里关于主体有三种情况:上帝的创造是从无到有,之前没有的主体因上帝的创造获得了主体的存在;事物的自然改变,可能是主体的属性的改变,也可能是形式的改变;圣餐的变质是属性没有改变,而是本质改变。阿奎那认为,变质改变的时候没有主体,即不是主体改变,与上帝的创造相似,这有一定的问题。③但若有主体,变质后的饼和酒就是耶稣,造成的问题更多。

后面我们会看到,阿奎那把饼和酒的容积(dimensive quantity)当成支撑其他属性的主体。④

第三问是关于耶稣在圣餐中的方式,有八个子论题。第一子论题论在圣餐中出现的是整全的耶稣。阿奎那从天主教信仰出发肯定了这一点,耶稣的神性和他的身体因饼酒的变质都出现在圣餐中,但饼和酒的形状并没有改变成耶稣身体的形状,因为耶稣是按本质而不是按数量出现在圣餐中。⑤

第二个子论题论及圣餐中的饼和酒中的每一个都包含了整全的耶稣。阿奎那认为因圣餐的能力,耶稣的身体在饼中,而与灵魂和神性相关的耶稣的血也真实相伴在饼中。同样,耶稣的血在酒里,他的身体也真实地相伴在酒中,就像他的灵魂和神性:因为除了耶稣在受难和死亡之时,他的血和身体是不分离的。阿奎那提到圣餐的作用,饼被吃,酒被喝,身体为了拯救身体,血为了拯救

---

① *ST* III, Q. 75, A. 7, ad. 2.
② *ST* III, Q. 75, A. 8. 16 世纪的改教发起者路德对圣餐的解释与此类似。
③ *ST* III, Q. 75, A. 8.
④ *ST* III, Q. 77, A. 2.
⑤ *ST* III, Q. 76, A. 1, ad. 3.

灵魂。[①] 根据《圣经》:"身体没有灵魂是死的。"[②]阿奎那把拯救分成两重是不合适的,因为罪人的拯救是灵魂的重生,而不是身体的重生,因为罪人即使灵魂得救,但身体是必死的。按《圣经》的教导,在末日复活时,重生得救的基督徒会有荣耀的、属灵的身体。[③]

第三个子论题问是否饼和酒的每一部分都有整全的耶稣。因为饼可以被掰开,杯中的酒可以再分杯,是否整全的耶稣会分开?按变质说,饼和酒的本质改变成耶稣身体和血的本质,不管怎么分,耶稣的本质不会再分开,每一块饼和每一滴酒都有耶稣整全的本质。[④]

第四个子论题问耶稣身体的全部是否在圣餐中。因为耶稣的身体在尺寸上比祝圣后的饼大,饼装不下耶稣的身体,这如何解释饼在本质上的改变?阿奎那认为耶稣身体的本质有他身体的大小和其他属性,按真实相伴的方式,耶稣身体的全部属性都在圣餐的饼中。[⑤] 这一解释有问题:一是因变质说,出现了"真正的属性",即饼过去的属性在饼的本质改变后仍然存在,而耶稣身体的本质又有其属性;二是与复活后的耶稣应许他还要再来不一致,耶稣在末世再来是要审判世界,而且他再来的日子没有人知道。[⑥] 阿奎那的变质说使得耶稣的再来非常明确,可以频繁地被请到圣餐的饼和酒中来,尽管是按本质来的。

第五个子论题问圣餐中的耶稣身体是否像在一个地方。这是针对不同地方的人可能会同时举行圣餐,如果圣餐中的耶稣身体像在一个地方,就类似分身术。阿奎那的回答是否定的,因耶稣是按本质在圣餐中,他的身体复活在天上,圣坛上是他的圣餐身体。

第六个子论题问耶稣在圣餐中的身体能否动。阿奎那认为,耶稣自身的存在和在圣餐中的存在不是同一回事。说耶稣在圣餐中,是表示耶稣与圣餐的一种关系。按这种存在,耶稣自己不会动,因为耶稣不是在一个地方。耶稣是永存的,他停止存在圣餐中,不是因为耶稣停止了存在,也不是自己的移动,而是他的身体与圣餐的关系结束了。[⑦] 对这两个子论题,阿奎那的回答非常精彩。

第七个子论题问圣餐中耶稣的身体能否被眼睛看见,或至少被一个荣耀的眼睛看见。阿奎那把眼睛分成肉眼和理智的眼睛,或属灵的眼睛。阿奎那是把灵性与理性等同。因耶稣是按本质在圣餐中,所以肉眼看不见,只有属灵的眼睛能看见,这包括天使或得荣耀的圣徒,通过对神圣理智所分享的荣耀,在神圣本质的异象中看见超自然的事物,人凭信心能看见。阿奎那说耶稣的眼睛看见

---

① *ST* III, Q. 76, A. 2, ad. 1.
② 《雅各书》2:26。
③ 参见《哥林多前书》15:35～54。
④ *ST* III, Q. 76, A. 3.
⑤ *ST* III, Q. 76, A. 4.
⑥ 参见《马太福音》24:36。
⑦ *ST* III, Q. 76, A. 3, ad. 3.

他自己在圣餐中存在,但它不能看见以何种方式存在,因这属于理智的事。① 阿奎那无形地把耶稣的眼睛机械地局限于感官的作用,从而忽略了耶稣属灵的能力。阿奎那在这里的解释有一定问题,或至少没有协调好。耶稣是上帝,他无所不知,耶稣在天的身体是荣耀的身体。根据圣经,复活的耶稣的身体是荣耀的身体,能显神迹,但仍能为门徒所看见和辨认。②

最后一个子论题问当肉或一小孩奇迹般在圣餐中出现时,耶稣的身体是否还在。这涉及伴随圣餐的神迹,阿奎那认为对圣餐没有影响,只能更说明变质说的真实。

接下来的论题讨论圣餐中留下的属性,有八个子论题。第一个子论题问圣餐中饼的属性能否没有饼的主体而继续存在,阿奎那的回答是肯定的,原因是耶稣身体的本质不会受饼的属性的影响,耶稣荣耀的身体也不可能改变以接受饼的属性。这样饼的属性下没有饼的本质,阿奎那解释是上帝的大能让它存在,因上帝是事物本质和属性的第一因③,即真正的属性是可以靠上帝的大能存在。

第二个子论题问圣餐中饼和酒的体积(或容积)是否是其他属性的主体。这是指饼和酒有许多属性,如大小、形状、颜色、味道等。祝圣后,这些饼和酒的属性不因本质改变而成为耶稣身体的属性。如果属性不能单独存在,从感官上,饼没有改变,饼和酒体积大小以外的属性都受制于它。亚里士多德研究存在的十范畴中,数量是次于实体的第二范畴,这里数量对应着饼和酒的体积(或容积),其他属性都通过数量与主体相关。这样在饼和酒变质后,按阿奎那的说法,可以把饼酒的体积说成是其他属性的主体,属性使实体个体化,而体积是个体化的特殊原则。④

如何理解阿奎那的论证?体积并不是广延的。我们可以对比两个命题:"苏格拉底是白色的"和"天空是蓝色的"。苏格拉底是实体,而白色是实体的一个属性。对于物质世界,阿奎那按完满度的不同,从低到高分成五个等级:基本元素(类似原子论者的原子)、由基本元素组成的复合物、植物、动物、人。这样,基本元素之上的事物都是实体。除此之外,还有人造物和动物所造的东西,但它们按阿奎那的定义,不是实体。⑤ 如果把圣餐中的饼和酒算成人造物而不是复合物,那就不是实体,变质说就无法成立。

那么,天空是实体吗?显然不是,我们必须解释天空,如是"太空深处的表面",蓝色是一种现象的属性,而这现象需要用数量的术语来描述。数量不是实体,数量决定广延,数量可定义成超越物质实体的力量。祝圣后,饼的本质不再

① *ST* III, Q. 76, A. 7, ad. 2.
② 参见《约翰福音》20:19～21:23,《路加福音》24:36～50。
③ *ST* III, Q. 77, A. 1.
④ *ST* III, Q. 77, A. 2.
⑤ Stefan Swiezawski, *St. Thomas Revisited*, translated by Theresa Sandok, New York: Peter Lang Publishing, Inc., 1995, pp. 84–86.

存在了，数量自然取代了它，这是由神的大能所支持的。①

第三个子论题问圣餐中留下的饼和酒能否改变外部的身体。阿奎那的回答是肯定的，因为饼和酒的本质改变成了耶稣体和血的本质。②

第四个子论题问圣餐中的饼和酒能否朽坏，这是指属性上的朽坏，如颜色和味道等。阿奎那认为，饼和酒的属性在祝圣前后都可能朽坏。若只是饼酒和属性的部分朽坏，耶稣仍在饼和酒中，若饼和酒的属性是本质上朽坏了，则耶稣不在饼和酒中。③ 类似的是圣灵即耶稣的灵内驻基督徒的身体，虽然人的身体是必朽坏的，而该基督徒到死之前，圣灵都是在其身体里的，没有灵魂的身体是死的。

这里又出现了难解的问题，不仅饼和酒作为实体有本质，而饼和酒的属性也有本质。阿奎那的说明是，如饼的属性，颜色或味道的改变能改变饼的本质，这才是属性的本质改变。按共相理论，事物之中有本质，该本质能被我们认识。真正的属性是不是事物？如果它们是事物，就有本质，如洋葱被人吃了，但空间里还有洋葱的气味，作为真正的属性的洋葱的气味像是事物，尽管没有洋葱的形状，但祝圣后的饼和被人吃掉后的洋葱的气味还不同。经历了变质的饼和酒的属性是能独立存在的真正的属性，但这些真正的属性还会变质(朽坏)，如祝圣后，饼和酒长时间未被人领受，因此影响耶稣与圣餐的关系，即看上去像饼和酒的事物不再有耶稣的身体和血的本质。

阿奎那的解释是真正的属性虽然没有过去的主体，但仍有在过去的主体中的存在。那么，因属性的朽坏，耶稣的本质离开变质后的饼和酒，看上去像饼和酒的事物是否又重新成为有饼和酒的本质？真正的属性的朽坏是否能使饼和酒的本质朽坏？如果这样，真正的属性的改变又能影响依附于某个主体的类似属性。在关于实体的理论里，阿奎那认为，属性没有质料和形式，有些属性主要是质料的结果，有些属性主要是形式的结果，属性没有一个完全的本质形态。④ 那么脱离主体的"真正的属性"，如饼和酒可供人吃喝的属性在本质上又能朽坏，以至于失去耶稣身体和血的本质，阿奎那并没有提供哲学上的解释。

第五个子论题问圣餐中的饼和酒是否能产生出东西。根据前一子论题，阿奎那回答只要有朽坏的，就有别的产生，但很难看到怎样产生，而耶稣的身体和血是不朽坏的。⑤

第六个子论题问圣餐的饼和酒能否给人养料。阿奎那回答是食物滋补吃食物的人的本质。按变质说，饼和酒有耶稣体血的本质，被人吃喝，不是改变人

---

① Anthony Kenny, *Wyclif in His Times*, Oxford: Clarendon Press, 1996, pp. 7-8.
② *ST* III, Q. 77, A. 3.
③ *ST* III, Q. 77, A. 4.
④ Thomas Aquinas, *On Being and Essence*, pp. 67-68(see Chapter Six).
⑤ *ST* III, Q. 77, A, 5,

的身体，而是滋养他的灵魂。①

第七个子论题问圣餐的饼和酒是否被分开，这主要是针对耶稣的身体可能被分开的难题。阿奎那认为，圣餐中吃喝的不是耶稣本身的身体，而是圣餐中的身体，所以可以被分开，而耶稣真实的身体是不会被分开的。② 这一回答很精彩。

第八个子论题问祝圣后的酒能否掺其他液体。阿奎那认为可以加，这主要是针对参加圣餐的人多，酒不够用的情况，分几种可能：在葡萄酒中加水，水和酒是性质不同的液体，加的水不是很多，混合水的葡萄酒中仍有耶稣血的本质，如果水过多，耶稣的本质就不再有了；在葡萄酒中加同类的葡萄酒；加不同类的酒，如红酒中加白酒。阿奎那对这三种情况的解释类似。③

在变质说仍成立的情况下，说明耶稣的本质能抵抗新加的水和酒的本质，或能与之共存，这类似同体说。在变质说不再成立的情况下，说明耶稣的本质不能与加入的水或酒的本质共存，如在祝圣后的酒中加的水或酒过多。另一方面，祝圣后没有酒这一主体的真正属性，也会遇到两种情况，因其他液体的加入而继续独立存在，或是因新的主体的加入而成为它们的属性。阿奎那如果反对在祝圣后的酒中掺其他液体，应该更能维护变质说，因为这样可以避免在哲学和信仰上的困难。用一个例子说明反对在祝圣后的酒中加液体可能更合适：一个已重生得救的女基督徒，她的身上有圣灵的同在。如果她怀孕了，不管将出生的是一个婴儿还是多个等，婴儿都不会有圣灵，而母亲不会因将要出生的婴儿而失去圣灵，也就是说婴儿和母亲是不同的个体。

三、祝圣词的语言分析

《神学大全》第三部分第七十八论题涉及圣餐的形式，而第六十和八十三论题等也有提及。阿奎那用亚里士多德形式质料学说来论证圣餐的形式，这与改教后的茨温利对耶稣祝圣的话的分析明显不同。任何圣事都有形式和质料，对于圣餐，耶稣的话是形式，饼和酒是质料。按亚里士多德的学说，形式决定质料。④ 阿奎那在解释圣餐时，背后设立了亚里士多德质形论这一哲学框架，也就是说变质说有它的哲学基础。按对记载圣餐设立的三福音和《哥林多前书》，阿奎那主要针对的是"献祭"型的圣餐，而不是"末世"型的圣餐。

关于圣餐形式的问题，实为对祝圣的话的语言分析，分成六个子论题。第一个子论题问圣餐的形式是否为"这是我的身体"和"这杯是我的血"。阿奎那认为，圣餐与其他圣事有两点不同：一是要对所用的质料圣化；二是对质料的圣化是本

---

① *ST* III, Q. 77, A. 6, ad. 1. 如何亲近神？如何增长灵命？最简单的是遵守神的诫命，如读经、祷告、聚会等，悔改过去以自我为中心的行为，把信心落实到行为上。阿奎那所突出的是教会的圣事。

② *ST* III, Q. 77, A. 7, ad. 3.

③ *ST* III, Q. 77, A. 8.

④ *ST* III, Q. 60, A. 8.

质的奇妙改变,这是上帝的作为。神父的工作只是代表耶稣说祝圣的话。

上帝是圣洁的,属于上帝的就要分别为圣,这就是“圣化”的意思。阿奎那认为,神父祝圣时要带着圣化此圣事的意念,这样圣餐才有效,因为他的意念将使所说的话被理解成代表耶稣说的。按《圣经》的说法,神鉴察人的动机,人有犯罪的动机也是犯罪,如耶稣在教导不可奸淫时说:“只是我告诉你们,凡是看见妇女就动淫念的,这人心里已经与她犯奸淫了。”[①]阿奎那对人的意念的解释是符合《圣经》的。但如果神父不遵守教会的礼仪,阿奎那认为他将是严重犯罪[②],也就是教会的礼仪被阿奎那上升到律法的高度,这就有问题了。在《圣经》中,耶稣曾指责假冒伪善的法利赛人,因他们把人的遗传上升到摩西律法的高度。[③]

摩西律法中有洁净的规条,但没有具体到饭前洗手。饭前洗手是拉比(犹太律法教师)在犹太人从新巴比伦王国被虏归回巴勒斯坦后制定的。[④]《新约》里也谈到了不可论断律法:“设立律法和判断人的,只有一位,就是那能救人也能灭人的。”[⑤]

天主教相信真理和规则不仅被记载在《圣经》里,还存在在不成文的传统中,即由耶稣本人所说的话或使徒在圣灵的感动下所说的话,所以神不仅是《圣经》的作者,也是这些不成文传统的作者,因此这些传统也要受到尊重。[⑥] 这似乎有《圣经》的依据,天主教就认为自己继承了使徒的权柄:

> 耶稣在门徒面前,另外行了许多神迹,没有记在这书上;但记这些事,要叫你们信耶稣是基督,是神的儿子,并且叫你们信了他,就可以因他的名得生命。[⑦]

第二个子论题进一步问对饼圣化的合适形式是说:这是我的身体。针对祝圣的话能否是“这变成我的身体”、“让这是我的身体”、“这饼是我的身体”、“这是耶稣的身体”等,阿奎那认为最合适的祝圣为“这是我的身体”。

之前,阿奎那曾论述了“这是我的身体”比“这是我的肉”更合适,因为身体身体里有肉、骨头、神经等。[⑧] 作为圣餐祝圣的话,阿奎那的观点是对的,更何况耶稣所说的是“这是我的身体”,但阿奎那的这种思路是有问题的,还有耶稣所

---

① 《马太福音》5:28。

② *ST* III, Q. 78, A. 1, ad. 4, Q. 83, A. 3. ad. 8.

③ 参见《马太福音》15:1~11。

④ *The NIV Study Bible*, notes to Matthew 15:2, p. 1464.

⑤ 《雅各书》4:12。

⑥ Richard J. Blackwall, *Galileo, Bellarmine, and the Bible*, p. 9.

⑦ 《约翰福音》20:21。这里涉及自然神学的范围和价值。在《圣经》书卷尚未启示完的时候,经由使徒口传的应该是有权威的,但在《圣经》启示完成并被确定后,口传的价值应该不能与《圣经》相提并论。

⑧ *ST* III, Q. 76, A. 1, ad. 2.

说的别的话与教义有关，如："我要把我的教会建造在这磐石上；阴间的权柄，不能胜过他。"[①]"这磐石"是一实体，按阿奎那的观点，磐石有本质，但"这磐石"与教会的关系显然是象征的，因耶稣说话时在巴勒斯坦，而不是在罗马。威克里夫(John Wycliffe)后来在反对变质说时曾引之为例。[②]

"这"指代的稳定性，无疑说明了亚里士多德的实体论能比柏拉图的理念论更好地服务信仰。按理念论，只有理念世界中的理念才是实在的、真实的，现实世界的事物都在变化中，"这"指代的事物不是实体，而是可感知的属性的堆积，那么无法表示祝圣前后饼和酒的本质。

为了说明变质，阿奎那认为要考虑三件事：转变、术语"从那里"和术语"到那里"。"从那里"用指示代词"这"，本质的改变是立即的，所以不能用"成为"而是"是"。"到那里"用名词表示变质后事物的本质，即耶稣的整全的身体。上帝的话曾在创世时运作，祝圣的话也是如此，但方式不同：创世是从无到有；在圣餐中，上帝的话是按它所指代的有效地和礼仪地运作，祝圣的最后果效必须用"是"动词的陈述句和现在时态来表示。在创世时，上帝的话只是根据他的智慧有效地运作，所以上帝的话用祈使句，如："神说'要有光'，就有了光。"[③]祝圣时饼的本质立即改变，动词要用现在时和陈述语气。[④] 因神不是按其本质创造世界，世界是借神的话所创造，世界的存在有时间的开始，所以动词要用祈使语气，表示有将要存在的意思。祝圣是饼改变成了耶稣的本质，而耶稣是三位一体神的第二位格，神是"存在本身"。在神里面，没有过去和将来，因神不受时间限制，所以祝圣必须用动词的现在时态。

阿奎那在此缺乏说服力，立即改变或瞬间改变仍然有时间的间隔，至少有先后的次序，按理应该用动词的将来时态，尽管阿奎那的存在理论完全可以使他能更好地解释。因说完一句话需要时间，耶稣因道成肉身，进入了时间，他的人性受时间限制，而之后祝圣圣餐的神父更是受时间限制的。

祝圣话中的物主代词"我的"在"这是我的身体"中指向说话的人，充分地指代了耶稣。[⑤] 阿奎那认为，这比说"这是耶稣的身体"更合适，因为神父代表耶稣对饼祝圣，耶稣祝圣时没有说"这是耶稣的身体"，"我的"则更好地反映了主权。

第三个子论题问对酒圣化的合适形式是否是"这杯是我的血"，因这不是《圣经》中的原有的话。福音书的记载谈到酒时，耶稣的话有所不同，如"这是我立约的血"[⑥]和"这杯是用我血所立的新约"[⑦]，阿奎那那认为，它们都是圣餐的

---

① 《马太福音》16:18。

② Anthony Kenny, *Wyclif in His Times*, p. 12.

③ 《创世记》1:3。

④ *ST* III, Q. 78, A. 2, ad. 2.

⑤ *ST* III, Q. 78, A. 2, ad. 4.

⑥ 《马太福音》26:28。

⑦ 《路加福音》22:20。

合适形式，但指代酒变质的话是"这杯是我的血"，这字句在《路加福音》和《哥林多前书》中能看到。汉语的词序和希腊语、英语不同，《马太福音》中"这是我立约的血"的前部分就是"这是我的血"，这也是根据福音书所总结出来的[①]，阿奎那在此的论述很有说服力。

第四个子论题问前面形式里的话是否有引起圣化的创造力量。对此，阿奎那是肯定的，这按变质说也不难理解，因它对应着创造能力。阿奎那认为耶稣祝圣的话中有工具因的能力，如铁匠打造刀所使用的锤子。[②]

第五个子论题问前面的表达是否是真的，这是针对"这是我的身体"的祝圣词，因为说这句话需要时间，如果饼在一说完"这是我的身体"后变质，那说完"这"时，"这"还是饼。阿奎那经过句法分析，解释代词"这"指代没有确定形式的共同本质，"这"不指向属性，而是属性之下的本质。[③] 关于"这"的指代，有人认为在"这是我的身体"整句话说完的瞬间才指代感官上还是饼但实有耶稣本质的实体，如举例"现在我安静了"(Now I am silent)，因为有 now，所以动词用 is，now 的意思是带有 now 的整句话说完，而不是 now 的单词说完。阿奎那反对这一观点，他认为这样祝圣的话应是"我的身体是我的身体"，如果提到变质前的实体，祝圣的话应该是"这饼是我的身体"。[④]

阿奎那没有提到"这"指的是当时的饼。"这"饼的质料是特指质料，即使"这"对应的是饼，并不意味着任何饼。所以耶稣设立圣餐后，其他人若考虑到特指质料，变质说的解释就成问题，因为耶稣所说的"这"是他受难前在逾越节晚餐用的具体的饼。希腊文的"这"是有词性的，与"身体"一致，路德在这一点上比阿奎那更深入。

第六个子论题问饼的祝圣是否在酒的祝圣前就已完成。这是针对有人认为对饼和酒都祝圣后，饼和酒才变质。对此，阿奎那是肯定的，因为耶稣说"这是我的身体"，而不是"这将是我的身体"以等到对酒的祝圣。祝圣后饼和酒都有耶稣的体和血相伴，在前面阿奎那已经专门解释了。[⑤] 总之，阿奎那把"这是我的身体"当成耶稣的应许，必能成就。

关于上帝说的立约的话，《圣经》里还有其他例子，与"这"、"这是"相关。如耶和华与挪亚立约时说："我与你们并你们这里的各样活物所立的永约，是有记号的：我把虹放在云彩中，这就可作我与地立约的记号了……这就是我与地上一切有血有肉之物立约的记号了。"[⑥]耶和华和亚伯拉罕定割礼的约时，说："你

---

① *ST* III, Q. 78, A. 3, ad. 9.
② *ST* III, Q. 78, A. 4, ad. 1.
③ *ST* III, Q. 78, A. 5, ad. 1 and 2.
④ *ST* III, Q. 78, A. 5.
⑤ *ST* III, Q. 76, A. 2.
⑥ 《创世记》9:12－17。

们都要受割礼,这是我与你们立约的证据。"[①]这两处的"这"说的是记号、证据。

割礼与男子的身体有关,耶稣出生后第八天曾受割礼[②],他是上帝的道成肉身,若认为耶稣的本质因割礼而改变,显然讲不通。"这"如果指割礼,是泛指,但谈到具体的人所受的割礼,"这"又是特指。割礼的"这"、"这是"虽然与圣餐的"这"、"这是"表示的对象不一样,但指代记号、证据更明显。

第五节　哲学和具体教义的解释

"五路"是阿奎那用理性论证了信仰的起点,而"上帝是存在本身"是为信仰建立了理性的基础。变质说是理性解释具体信条的核心代表,因为圣餐在当时已经是天主教七圣事中的最重要的。在其他信条上的解释上,阿奎那也应用了哲学,尤其是亚里士多德的哲学,如四因说、潜能、活动等。

一、原罪

按阿奎那的观点,洗礼洗去人的原罪。根据《圣经》,耶和华神在造了人的始祖亚当后,与他立约:

> 耶和华神将那人安置在伊甸园,使他修理,看守。耶和华神吩咐他说:"园中各样树上的果子,你可以随意吃,只是分别善恶树上的果子,你不可吃,因为你吃的日子必定死!"[③]

原罪是亚当和夏娃在伊甸园吃禁果所犯的罪。而亚当夫妇犯罪后,罪进入了世界。亚当夫妇因罪要面临死亡,但耶和华上帝并没有废弃让他们生养后代的诫命[④],所以亚当的后裔生来有罪。人的灵魂来自上帝的创造,身体来自母腹。因亚当的罪,人的身体的罪性使人生来有罪。正如以色列王大卫所见证的:"我是在罪孽里生的,在我母亲怀胎的时候就有了罪。"[⑤]"罪的工价乃是死。"[⑥]

那么亚当的原罪是如何遗传的呢?或亚当的后人如何生来有罪的呢?现代的科学可以用基因理论解释原罪的遗传。阿奎那给出了他的解释:从亚当所生的所有的人可以看成一个人,因为他们有一个共同的本性,这本性是从始祖亚当而来的。[⑦] 把人和人性在亚当里看成一个整体,是阿奎那关于共相的实在

---

① 《创世记》17:11。
② 参见《路加福音》2:21。
③ 《创世记》2:16～17。
④ 参见《创世记》1:28,3:16。
⑤ 《诗篇》51:5。
⑥ 《罗马书》6:23。
⑦ *ST* I-II, Q. 81, A. 1.

论的典型例子,无形地接近了柏拉图的理念说,但阿奎那又把基督看成是全人类的头。[①] 基督是无罪的,与亚当不同。根据《圣经》,亚当预表耶稣[②],即亚当的形象预表即将道成肉身的耶稣的人性的样式。耶稣在人性上与亚当不同,他不受造而是受生。耶稣无原罪,也没有犯过罪。[③] 从温和的实在论的立场,阿奎那会认为人性这样的抽象概念是不能单独存在的,而是在具体的个体的人之中。这样,阿奎那为了实在论,对信仰作出了让步,抬高了理性。因为按阿奎那的观点,从亚当而出的众人,像同一个身体里的许多肢体。身体里某个肢体的行动,如手,不是因手的意志,而是因肢体的第一推动者灵魂的意志。因此,用手杀人的罪不能归因于手的罪,这样就把手本身看成是身体以外的了,手犯的罪应归因于拥有手的人并被人的第一推动原则所推动。于是,从亚当而生的这人的错乱,是自愿的,但不是因他的意志,而是因他始祖的意志,其始祖亚当通过一代代的运动推动所有从他而来的人,就像灵魂的意志推动所有的肢体行动。所以,阿奎那认为人的原罪不是他本人的罪,除非因为他从他的始祖那里接受了本性,原罪可以说成是本性上的罪。

阿奎那的方法是把亚当的后代在亚当里当成一个整体,亚当是首领,能推动他的后代。阿奎那的圣经根据是:正好像罪借着一个人入了世界,死又是从罪来的,所以死就临到全人类,因为人人都犯了罪。[④] 实际上,这一个人是夏娃,而不是亚当。虽然耶和华先造了亚当,但首先吃禁果而犯罪的是夏娃:

> 蛇对女人说:"你们不一定死;因为神知道,你们吃的日子眼睛就明亮了,你们便如神能知道善恶。"于是女人见那棵树的果子好作食物,也悦人的眼目,且是可喜爱的,能使人有智慧,就摘下果子来吃了,又给她丈夫,她丈夫也吃了。[⑤]

众人是亚当夫妇的后裔。原罪如何遗传?阿奎那认为,夏娃提供了人身体的质料,亚当提供了人性形式的动力,是生养后代的动力。这样,如果夏娃犯罪后,亚当如果不吃禁果,原罪还能遗传吗?或者亚当犯罪了,夏娃却不吃禁果,原罪还能遗传吗?按阿奎那的观点,这两种情况不同,如果亚当不犯罪,即使夏娃有了原罪,原罪并不能遗传。[⑥]

---

① *ST* III, Q. 8, A. 3.

② 参见《罗马书》5:14。

③ 参见《约翰一书》3:5。

④ 参见《罗马书》5:12。

⑤ 《创世记》3:4~6。亚当在信仰上应该领导夏娃,因夏娃是作为亚当的帮手而被耶和华所造的,参见《创世记》2:18。《圣经》记载的是,夏娃先吃了禁果,但眼睛并没有明亮,而是亚当吃了后,两人的眼睛才明亮,有了过去没有的羞耻感,参见《创世记》3:7。

⑥ *ST* I-II, Q. 81, A. 5.

亚当夫妇在伊甸园里犯罪后，并没有向耶和华神认罪悔改，因此他们被神咒诅。[①] 虽然夏娃先犯罪，但在亚当吃了禁果后，两人的眼睛才明亮。作为属灵的领袖，亚当并没有承担犯罪的责任，而是躲避耶和华。所以，能说罪是从亚当进入了世界。亚当不可能得永生，亚当意志的能力很有限。阿奎那在使用共相的实在论的同时，无形地把亚当的意志高举，把亚当当成人生养后代的动力因，这显然是与圣经的记载和教导都是有出入的。

按耶和华神与犹太人的先祖亚伯拉罕所立的约，犹太男子要受割礼作为身体上的记号。[②] 耶稣出生在犹太家庭，在他出生的第八天按犹太律法受了割礼。[③] 在使徒时代，非犹太人信了耶稣，是否要受割礼，先变成犹太人才行，曾在犹太基督徒中间引起争论。按基督宗教信仰，割礼是亚伯拉罕"因信称义"的记号：

> 因我们所说，亚伯拉罕的信，就算为他的义，是怎么算的呢？是在他受割礼的时候呢？是在他未受割礼的时候呢？不是在受割礼的时候，乃是在未受割礼的时候。并且他受了割礼的记号，作他未受割礼的时候因信称义的印记，叫他作一切未受割礼而信之人的父，使他们也算为义；又作受割礼之人的父，就是那些不但受割礼，并且按我们的祖宗亚伯拉罕未受割礼而信之踪迹去行的人。[④]

阿奎那对割礼的理解有些不同，他认为割礼是为了医治人的原罪。耶稣没有原罪，他受割礼是为了使信他的人脱离律法的辖制，得到属灵的割礼。[⑤] 耶稣道成肉身，有人性的限制。他属灵的能力是在受洗后得到的。耶稣受割礼时刚出生八天，是马利亚和约瑟夫妇遵守律法让他受了割礼，阿奎那在此的论述并不妥当。

阿奎那认为，原罪是对原始正义的缺乏，也是灵魂部分的不适当的性情。原罪不是纯粹的缺乏，而是一个朽坏的习惯。[⑥] 因为阿奎那认为习惯是可以朽坏的[⑦]，而人的部分习惯来自神[⑧]，所以，原罪是朽坏的习惯是说得通的。原罪作为原始正义的缺乏，使人的心志不再服从上帝。[⑨] 在个人与原罪的关系上，因

---

① 参见《创世记》3：8～13。

② 参见《创世记》17：9～14。

③ 参见《路加福音》2：21。

④ 《罗马书》4：9～12。

⑤ *ST* III, Q. 37, A. 1, ad. 3.

⑥ *ST* I-II, Q. 82, A. 1, ad. 1.

⑦ *ST* I-II, Q. 53, A. 1.

⑧ 这无形中又说明了人有先天观念和倾向，与阿奎那的"五路"证明上帝存在的前提不相一致，因为"五路"是从后天经验出发的。

⑨ *ST* I-II, Q. 82, A. 2.

为人有身体和灵魂,阿奎那认为灵魂是原罪的主体。[①] 灵魂的能力有意志、理智和理性,而原罪首先与人的意志相关[②],这用到夏娃和亚当身上是合适的。原罪用两种方式传播:从肉体到灵魂和从灵魂的本质到其能力,前者是指从亚当的身体到他的后代的灵魂。[③]

基督教与二元论的摩尼教在解释恶的来源时有所不同,摩尼教把恶上升到形而上的层面。亚当的后裔在时间上离亚当越来越远,但原罪并不因此增减。那么原罪对人的本性有何影响?阿奎那认为,人的本性善有三方面:第一是组成本性的原则和从此流出的属性,如灵魂的能力;第二是倾向美德的本性;第三是给予人的始祖的原始正义。在亚当犯罪后,第一方面的本性既没有被摧毁,也没有被减少。第二方面的本性因罪减少了。第三方面的本性是彻底被亚当的罪毁了。[④] 因灵魂第一方面的能力没有因原罪而减少,人仍然是理性的,原罪不可能完全摧毁人善的本性。[⑤] 虽然亚当的后裔生来有罪,但理性的能力没有受到影响,只是倾向善的本性被削弱了。

阿奎那认为,灵魂有两种接受能力:一是从自然的理性的光照,二是从神圣的光照。可以比喻地说罪在人的灵魂上造成污点,因为当人犯罪时,就违反了理性之光和神圣的律法。[⑥] 从灵魂的能力上来看阿奎那的观点,原罪是亚当的意志犯罪,而理智没有犯罪。[⑦]

因原始正义的失丧,整个人有了混乱,灵魂应该趋向美德的能力受到了伤害。阿奎那列出了四种伤:对应于理性的伤是无知,对应意志的是怨恨,对应愤怒的是软弱,对应情欲的是纵欲。[⑧]

按原罪的实在论解释,在所有的罪中,原罪是最轻的。因为原罪是人最不自愿的,不是由本人的意志所决定,而是人的始祖的意志所决定的,是继承性的。别的罪都与人自己的意志直接相关。阿奎那之前认为,人只有一个实质形式,即理性灵魂,而亚当的后裔在亚当里又像是一个人,但他又反对柏拉图理念说中的人的理念,这无疑带来了不一致。

阿奎那认为,因意志缺乏理性规则和神圣律法的指导,定睛在可改变的善上,是人犯罪的直接原因。[⑨] 除了意志外,人的理性也会犯罪。[⑩] 而按阿奎那对原罪的分析,原罪与亚当的理性无关。

---

① *ST* I-II, Q. 83, A. 1.
② *ST* I-II, Q. 83, A. 3.
③ *ST* I-II, Q. 83, A. 3, ad. 2.
④ *ST* I-II, Q. 85, A. 1.
⑤ *ST* I-II, Q. 85, A. 2.
⑥ *ST* I-II, Q. 86, A. 1.
⑦ Arvin Vos, *Aquinas, Calvin and Contemporary Protestant Thought*, p. 126.
⑧ *ST* I-II, Q. 85, A. 3.
⑨ *ST* I-II, Q. 75, A. 1.
⑩ *ST* I-II, Q. 74, A. 5.

阿奎那把罪分成小罪(可原谅的罪)和死罪。领圣餐可以赦免小罪。小罪是指既未做律法所禁止的,也没有不做律法所要求做的,而是行动在律法以外,没有遵守理性的模式。[①] 这样,律法的基础成了理性,而不是十条诫命,不是"爱神爱人"。小罪在灵魂中不形成污点[②],但阿奎那之前说罪是灵魂上的疾病,小罪也是罪,前后不相一致。阿奎那对小罪的定义和处理有问题。现实中有许多细节甚至大局,律法书没有涉及,如果不知道该怎么做,或者内心里没有平安,按《圣经》的说法,应向上帝祷告[③],然后按圣灵的感动行事。

与小罪对应的是死罪,表示行动的目的是离开了上帝。按阿奎那的观点,死罪是人的理性所犯。[④] 亚当的原罪导致了死,死亡进入了世界,包括身体的死和灵魂可能要受的永远的审判。原罪显然是死罪,首先是亚当自己要死,虽然不是立刻死。阿奎那又认为原罪与理性无关,他在解释罪和理性的关系上出现了抵触。《圣经》中有亚拿尼亚和撒非喇夫妇因欺哄圣灵而被神治死的例子。[⑤] 使徒约翰提到了不至于死的罪和至于死的罪。[⑥] 在程度上,以至于死的罪肯定比不至于死的罪严重。阿奎那对死罪的理解是指人意志的指向与爱上帝相反,如亵渎和伪证等,或是与爱邻舍相反,如杀人和淫乱等。[⑦] 死罪需要告解圣事来赦免。

二、基督受难后的灵魂

耶稣有人神二性。耶稣在十字架上受难,就人性来说,他因此流血而死。阿奎那用一个论题讨论耶稣的死。从耶稣在十字架上被钉死到复活,前后有三天。耶稣的门徒可能根本没有想到耶稣还会复活,或者忘记了耶稣生前关于他死后复活的预言。那么这三天里,耶稣的门徒守圣餐,变质说能成立吗?因阿奎那把灵魂作为人的形式,这在哲学和神学上都有问题涉及。人有上帝的形象,主要反映在灵魂上。耶和华造人的始祖亚当,是先造身体。耶和华的"气"使亚当成为有灵的活人,这"气"并不是亚当身体的形式。

与变质说相关的是,受难前基督活的身体与受难后在坟墓里的身体[⑧]是不是同一个身体。而阿奎那否认原初质料的存在作为中间过渡[⑨],于是,这两个身体没有共同的地方。这时如果基督的门徒守圣餐,解释就很成问题。

---

① *ST* I-II, Q. 88, A. 1, ad. 1.
② *ST* I-II, Q. 89, A. 1.
③ 参见《雅各书》1:5。
④ *ST* I-II, Q. 74, A. 4.
⑤ 参见《使徒行传》5:1~11。
⑥ 参见《约翰一书》5:16。
⑦ *ST* I-II, Q. 88, A. 2.
⑧ 参见《马太福音》27:57~60。
⑨ *ST* III, Q. 75, A. 3.

阿奎那有一个具体的子论题“在死亡的三天里,耶稣还是个人吗?”他认为耶稣在这三天是个死人,因为人的死亡是灵魂离开身体,而灵魂不是人。[①] 但之前,阿奎那认为基督的灵魂使身体存在。[②] 如果基督的灵魂离开了身体,又会怎样?死人还能算人吗?阿奎那的解释并不彻底,因为死人的身体没有灵魂。人有灵魂和身体。阿奎那说耶稣没有罪,所以他的死不同,耶稣活的时候有神性,这神性是神的恩典,“因为神的恩赐和选召是没有后悔的”[③]。

除了人的过犯,神的恩典是不会失去的。耶稣是由圣灵感应而生,没有原罪,在世上更没有犯罪,所以神的恩典是不会撤销的。这样在耶稣死时,神性并没有从他身体中分离。[④] 问题于是就明显了,没有了灵魂的耶稣身体还有神性,或者是没有了人性的耶稣的身体还有神性。阿奎那认为,尽管耶稣的身体没有了灵魂,但仍与上帝的道联合。这道是有位格的上帝,在耶稣道成肉身时,提供了人神二性的联合,所以耶稣受难前后身体的一致性是因为道的作用。[⑤]

阿奎那的问题很明显。因为身体的身份的确定需要其形式的身体,死亡被解释成身体失去一种实质形式并得到另一种,所以活的身体与人的尸体完全不同。13 世纪晚期和 14 世纪早期的多数学者采取了与阿奎那不同的解释。司各脱认为,对有生命的复合体,至少要假设两种实质形式:一是身体的形式,用来解释身体的身份和其基本的身体结构;二是活力的灵魂,用来解释身体是活的。[⑥]

另一个问题是,在这三天里,耶稣的灵魂在哪里?《圣经》里记载并不明确。阿奎那却给出了答案,耶稣的灵魂下到了地狱。早在《旧约》的族长时代,犹太人就认为死人的灵魂会下到阴间里,如雅各以为他的爱子约瑟被野兽吃了后:“雅各便撕裂衣服,腰间围了麻布,为他儿子哀悼多日。他的儿女都起来安慰他,他却不肯受安慰,说:‘我必悲哀下阴间,到我儿子那里。’”[⑦]阴间是人的灵魂等候神审判的地方,因为:“按着定命,人人都有一死,死后且有审判。”[⑧]又如:“因为在你所必去的阴间,没有工作,没有谋算,没有知识,也没有智慧。”[⑨]使徒约翰描述了在末日审判时的阴间:

> 我又看见死了的人,无论大小,都站在宝座前。案卷展开了,并且另有一卷展开,就是生命册。死了的人都凭着这些案卷所记载的,照他们所行

---

① *ST* III, Q. 50, A. 4.
② *ST* III, Q. 17, A. 2, ad. 4.
③ 《罗马书》11:29。
④ *ST* III, Q. 50, A. 2.
⑤ *ST* III, Q. 50, A. 5.
⑥ *Cambridge Companion on Duns Scotus*, pp. 272-273.
⑦ 《创世记》37:34～35。
⑧ 《希伯来书》9:27,《启示录》20:13。
⑨ 《传道书》9:10。

> 的受审判。于是海交出其中的死人;死亡和阴间也交出其中的死人;他们都照个人所行的受审判。死亡和阴间也被扔在火湖里;这火湖就是第二次的死。若有人名字没记在生命册上,他就被扔在火湖里。[①]

阴间在《新约》中最常用的希腊文是 hadees。在阴间里,灵魂会有痛苦,还有理性,但灵魂不可能得救。相信神被称为义的人是不会下到阴间,如《旧约》人物亚伯拉罕。耶稣在财主和拉撒路的故事中更明确地描述了阴间,在阴间里的财主的灵魂有感觉、理智:

> 后来那讨饭的死了,被天使带去放在亚伯拉罕的怀里。财主也死了,并且埋葬了。他在阴间受痛苦,举目远远望见亚伯拉罕,又望见拉撒路在他怀里,就喊着说:"我祖亚伯拉罕哪!可怜我吧!打发拉撒路来,用指头尖蘸点水,凉凉我的舌头,因为我在这火焰里,极痛苦。"[②]

从人性上,耶稣是义人。从神性上,他是永生,耶稣的灵魂不可能下到阴间,否则就违背了他的神性。耶稣曾对十二门徒的首领彼得说过:"我要把我的教会建造在这磐石上;阴间的权柄,不能胜过他。"[③]

《神学大全》第三部分有关于耶稣下到地狱的论题。地狱在《圣经》里的希腊原文是 geenna。阿奎那认为,受难后的耶稣下到了地狱,其中一个原因是去拯救在地狱中被魔鬼所扣留的人。[④]

地狱与阴间有根本的不同,地狱里是永远的死亡,耶稣曾亲口说到地狱的存在:"凡骂弟兄是魔利的,难免地狱的火。"[⑤]"倘若你一只眼叫你跌倒,就把它剜出来丢掉,你只有一只眼进入永生,强如有两只眼被丢在地狱的火里。"[⑥]"那杀身体不能杀灵魂的,不要怕他们;唯有能把身体和灵魂都灭在地狱里的,正要怕他。"[⑦]

如何解释人死后还可能得救?阿奎那认为,理智和意志作为灵魂的主体,在身体朽坏后,仍然作为灵魂的能力存在。[⑧] 这样,脱离身体的灵魂有决志的能力。但得救要借耶稣的福音而重生,没有了身体,如何能听见福音,借圣灵重生?

---

① 《启示录》20:12～15。

② 《路加福音》16:22～24。死去的人灵魂在阴间,他的感觉、理智是与身体没有关系的。

③ 《马太福音》16:18。

④ *ST* III, Q. 52, A. 1. 犯罪的天使曾被神丢在地狱里,等候审判,参见《彼得后书》2:4。

⑤ 《马太福音》5:22。

⑥ 《马太福音》18:9。

⑦ 《马太福音》10:28。这里,耶稣明确说到在地狱里不仅有灵魂,而且有身体。在末日,死人要复活,不得救的人要带着身体要地狱,参见《约翰福音》5:29,《启示录》20:11～15。

⑧ *ST* I, Q. 77, A. 7.

耶稣的受难是为了除去世人的罪，合适的观点是，耶稣在十字架上的受难忍受了相当于下到阴间的痛苦。因耶稣预言，他受难后要去乐园，而不是地狱或阴间。这乐园的希腊原文是 paradeisos，乐园是个属灵的地方：

> 那同钉的两个犯人，有一个讥诮他，说："你不是基督吗？可以救自己和我们吧！"那一个就应声责备他，说："你既是一样受刑的，还不怕神吗？我们是应该的，因我们所受的与我们所作的相称，但这个人没有做过一件不好的事。"就说："耶稣啊，你的国降临的时候，求你记念我！"耶稣对他说："我实在告诉你；今日你要同我在乐园里了。"[①]

耶稣去乐园，只能是他的灵魂，因为去乐园是在十字架上受难后。阿奎那却明确地指出，为了担当我们要受的罚，耶稣定意让自己的身体在坟墓里，而灵魂下到地狱。[②]

阿奎那认为，人的小罪能阻止此人死后灵魂直接上天堂或下地狱，这就与炼狱的设立需要相符合。[③] 耶稣没有任何罪，所以他的灵魂不可能先下炼狱。而与耶稣同钉十字架的两个强盗中的一个信了耶稣[④]，这个强盗是因犯罪而被判死刑，但耶稣却应许他进乐园。[⑤] 这样人即使有罪，死后也因信了耶稣直接进乐园，而不是先下炼狱。耶稣曾说："唯独说话干犯圣灵的，今世来世总不得赦免。"[⑥]教皇格里高利认为，有些罪在来世可以被赦免，就是在炼狱里。[⑦]

《圣经》中没有"炼狱"这个词，但似乎有炼狱的依据，最突出的就是使徒保罗谈到神用火检验人在基督里所建造的工程："人在那根基上所建造的工程若存得住，他就要得赏赐。人的工程若被烧了，他就要受亏损，自己却要得救；虽然得救，乃像从火里经过的一样。"[⑧]

摩西从耶和华上帝那里领受了律法，是被基督徒所称颂的信心的伟人[⑨]，但仍然有罪，后耶和华上帝让摩西远远地看到、并没有让摩西进入应许之地。[⑩] 摩西肯定是灵魂得救的人，而《旧约》里耶和华上帝对以色列人的应许之地迦南预表耶稣基督的救恩。这样，摩西死后，灵魂也是先在炼狱里洁净，因为摩西没有在生前进入迦南地。

---

① 《路加福音》23:39～43。
② *ST* III, Q. 52, A. 4.
③ *ST* Suppl., Q. 69, A. 2.
④ 参见《马太福音》27:38。
⑤ 参见《路加福音》23:43。
⑥ 《马太福音》12:31。
⑦ 参见麦格拉思：《基督教概论》，第 241 页。
⑧ 《哥林多前书》3:13～14。
⑨ 参见《希伯来书》11:24～28。
⑩ 参见《申命记》32:48～52。

按天主教教义,这被火洁净的过程就是炼狱。[1] 1095 年第一次十字军东征开始前,当时的教皇乌尔班二世(Urban II)号召将士们从土耳其人手中夺回耶路撒冷,应许凡出征的人将来在炼狱的时间会减少,而战死的人直接进入天堂。人死后,灵魂可能先去炼狱。地上活着的人可以通过奉献、祷告等让在炼狱中的灵魂少受苦,这后来促进了天主教对赎罪券的发行。使徒彼得的话似乎也说明耶稣死后没有去乐园:

> 因基督也曾一次为罪受苦,就是义的代替不义的,为要引我们到神面前。按着肉体说,他被治死,按着灵命说,他复活了。他借这灵曾去传道给那些在监狱里的灵听,就是那从前在挪亚预备方舟,神容忍等待的时候,不信从的人,当时进入方舟,借着水得救的不多,只有八个人。[2]

问题是在监狱的灵如何解释?监狱的希腊原文是 phulakee,是名词,意思是“看守所”。支持炼狱说的人认为,耶稣在受难后复活前到过死人的去处。反对炼狱说的人认为,因亚当的罪,挪亚时代的人生来有罪,人的灵魂如同在肉体的监狱里。与天主教不同,东正教不信有炼狱的存在[3],后来的新教同样不信炼狱,因为不仅《圣经》的依据不足,还违背了“因信称义”。我们要注意区分,复活后升天的耶稣去的是天堂,而不是乐园:

> 因为基督并不是进入了人手所造的圣所(这不过是真圣所的影像),乃是进了天堂,如今为我们显在神面前。[4] 耶稣已经进入天堂,在神的右边;众天使和有权柄的,并有能力的,都服从了他。[5]

“天堂”的希腊文是 ouranos,意思是“天上”,与乐园是不一样的。如果复活前的耶稣下过地狱,那就说明他胜不了撒旦,也不可能复活。地狱里将是永远的死亡,受难的耶稣只是在人性上死了,他是永生的神,在神性上是不死的。《使徒信经》说:“我信上帝,全能的父,创造天地的主;我信我主耶稣基督,上帝的独生子;因着圣灵感孕,从童女马利亚所生;在本丢彼拉多手下受难,被钉在十字架上,受死,埋葬,降在阴间……”而 325 年的《尼西亚信经》并没有论及耶稣死后下到阴间:“他为拯救我们世人而降临,成了肉身的人,受难,第三日复活,升天……”《使徒信经》早于《尼西亚信经》,但不是使徒所写,而是根据使徒

---

① Geogre D. Smith, *The Teaching of the Catholic Church*, Vol. II, New York: The Macmillian Company, 1949, p. 1167.

② 《彼得前书》3:18～20。

③ 参见麦格拉思:《基督教概况》,第 240 页。

④ 参见《希伯来书》9:24。

⑤ 《彼得前书》3:22。

的教训而写。《尼西亚信经》在信条上总的来说比《使徒信经》更具体。

三、恩典

恩典是指上帝给的,不需要人事先做工或用好行为换来的。[①] 翻译成中文的恩典对应的希腊原文有两个:eulogia 和 charis,都是名词。前者意思是福气、祝福,只出现一次[②],恩典大多用 charis。因原罪使人与圣洁的上帝隔绝,人要完成走向上帝的旅程,必须要有上帝的恩典。按《圣经》的记载,每个人都生活在上帝的恩典中[③],免费享受阳光雨露,这种恩典可称为普遍恩典。人的灵魂得救也是靠上帝的恩典,不是靠自己的行为。灵魂得救的恩典是特殊恩典:

> 你们得救是本乎恩。也因著信;这并不出于自己,乃是神所赐的;也不是出于行为,免得有人自夸。我们原是他的工作,在基督耶稣里造成的,为要叫我们行善,就是神所预备叫我们行的。[④]

根据阿奎那的观点,人的今生有两个可能:因亚当的原罪,人是处于罪的状态;若他信了耶稣,就处于恩典状态。显然,阿奎那所指的恩典更像是特殊恩典,因按他对预定的理解,神从永恒中预定人灵魂得救是恩典[⑤],被预定的人得到了信、望、爱的神学美德的注入,但恩典是在美德之先。神预定人得救,是因为神爱人,所以恩典有时候表示爱。《圣经》上说:"神就是爱。"[⑥]阿奎那认为,神的爱发自他神圣意志的活动[⑦],这是与《圣经》的中心启示相符合的:"神爱世人,甚至将他的独生子赐给他们,叫一切信他的,不至灭亡,反得永生。"[⑧]

被神预定得救的人也就是被神所拣选的人。神的预定、拣选都是按神的意志。[⑨] 神预定罪人灵魂得救只有靠信耶稣为救主,而不是靠好行为。根据《圣经》,得救需要用信心决志,接纳福音,决志不是行为。[⑩] 阿奎那对预定的解释根

---

① 在希腊哲学里,怀疑学派因真理的标准或真理之路不能确定而悬置判断,认识论的发展受到限制,而基督教信上帝的儿子道成肉身,向罪人启示了真理和恩典,参见《约翰福音》1:14,14:6 等。没有道成肉身的启示的恩典,人无法认识真理,所以基督教的真理观是恩典真理观,其核心是罪人的灵魂如何得救。具体可参见谢文郁:《基督教真理观与西方思想史上的真理观》,载《基督教思想评论》2006 年第 1 期。阿奎那对恩典的研究相对具体并哲学化。

② 参见《罗马书》15:29。

③ 参见《马太福音》5:45。

④ 《以弗所书》2:8～10。还可参见《约翰福音》1:1～18,14:6。耶稣不仅给罪人以灵魂得救的恩典,而且启示了真理。

⑤ *ST* I-II, Q. 110, A. 1.

⑥ 《约翰一书》4:8。

⑦ *ST* I-II, Q. 113, A. 2, ad. 2.

⑧ 《约翰福音》3:16。

⑨ *ST* I, Q. 23, A. 5.

⑩ 参见《以弗所书》2:8～10。

本不谈福音和罪人的关系,而且在预定效果的讨论上没有完全符合《圣经》的教导。阿奎那认为,对个别的人,神的拣选是根据对人善行的预知。这样,好行为成为罪人灵魂得救的条件了。人灵魂得救后,还要过成圣和得圣的生活①,这仍然需要神的恩典。阿奎那认为,圣事不仅是恩典的记号,而且是恩典的原因,所以圣餐的果效和恩典说有必然的关系。

阿奎那在提出变质说之前,就建立了他的恩典理论。人可以按神的启示和记号认识神的恩典。② 阿奎那对恩典的研究是很哲学化的,因为阿奎那不仅引用《圣经》,还受奥古斯丁的影响。圣事是获得神恩典的方法,神通过圣灵在圣事中产生恩典。③ 恩典的目的是让人与神联合。

阿奎那认为,有两种基本的恩典:使人成圣的恩典和无条件的恩典,它们还可以再分成操作的恩典和合作的恩典。使人成圣的恩典比无条件的恩典高贵,因为它允许个人分享神圣的本性并命令他把神作为超自然的目的,也就是使人灵魂重生得救的恩典;无条件的恩典是让接受者帮助别人转向神。④

那么,无条件的恩典如何让接受者帮助别人转向神?使徒保罗曾列出了神给基督徒不同的属灵的恩赐:

> 这人蒙圣灵赐给他智慧的言语;那人也蒙这位圣灵赐他知识的言语;又有一人蒙这位圣灵赐他信心;还有一人蒙这位圣灵赐他医病的恩赐;又叫一人能行异能;又叫一人能作先知;又叫一人能辨别诸灵;又叫一人能说方言;又叫一人能翻方言。⑤

阿奎那按此对无条件的恩典进行了分析,这里的信心是作为无条件的恩典的信心,不是作为神学美德的信心,而是关于看不见的事物的信心的特殊确据,用来教导别人什么属于信心。⑥

操作的恩典和合作的恩典的区分只是效果上的,阿奎那主要是从人的心灵和意志出发进行区分的。当人的心被上帝推动时,人决志,这一运行归因于上帝,这就是操作的恩典。当人的心被上帝推动,而自己也在活动时,就是合作的恩典。例如,人本意志为恶,如在上帝的灵感动下,却开始意志为善。⑦

按阿奎那的观点,恩典有本质,所以恩典是作为一种存在。那么恩典是什么样的存在?恩典影响人的灵魂,而恩典没有质料。恩典是表示人与神关系上

---

① 参见《罗马书》6:1～8:11。
② *ST* I-II, Q. 112, A. 5.
③ *ST* I-II, Q. 112, A. 1, ad. 2.
④ *ST* I-II, Q. 111, A. 1.
⑤ 《哥林多前书》12:8～9。
⑥ *ST* I-II, Q. 111, A. 4, ad. 2.
⑦ *ST* I-II, Q. 111, A. 2.

的存在，应该属于相对的存在。恩典之所以是一种存在，阿奎那认为恩典使人分享了上帝神圣的本性。[①] 恩典注入人的灵魂，并不毁坏人性。恩典与美德不同，但恩典和神学美德一起帮助人性面向神。恩典在人身上有五种果效：医治灵魂、渴望善、行善、守善和得荣耀，应该是有助于基督徒过成圣的生活。[②]

阿奎那认为，上帝是人灵魂的动力因。来自上帝的恩典在人的灵魂中作为品质，不是动力因，而是形式因，如白性使事物变白，正义使人公正。[③]

阿奎那认为，美德是好习惯。[④] 这沿用了亚里士多德定义种相的方法，属相加种差，美德的属相是习惯，种差是好。[⑤] 美德可以是理智的好习惯，也可以是意志的好习惯。

阿奎那把美德分为理智美德、道德美德和神学美德。理智的美德又分成思辨的和实践的两种[⑥]，思辨的理智美德有智慧、科学、理解。[⑦] 实践的理智美德是艺术和明智，艺术是制作的正理，明智是行为的正理。[⑧] 道德美德均是以理性为标准的但属于意志的好习惯，谨慎、公义、节制和坚韧。[⑨] 神学美德有信心、盼望和爱。

那么恩典具体是什么样的形式因？阿奎那认为恩典来自神，它在人性之上，在人的灵魂中是作为偶形，而不是实形，原因是：

> 在神里面作为实质的成为人灵魂中偶然的，用来分享神圣的善，就如知识表明的那样。因为灵魂不完善地分享神圣的善，恩典是对神圣的善的分享，它在灵魂中的存在不能比能够自存的灵魂更完善。[⑩]

按阿奎那的实在论，因为恩典在人性之上，不在人性之中，所以不可能成为灵魂的本质或实形，只可能是偶形。

根据亚里士多德的观点，人灵魂的实形是理性。按阿奎那对恩典的分类，让人得救的是成圣的恩典[⑪]，这是人在受洗礼时获得的。[⑫] 根据《圣经》，重生得救的基督徒的身体成为圣灵的殿："岂不知你们是圣灵的殿，神的灵住在你们里

---

① *ST* I-II, Q. 110, A. 2, ad. 2.
② *ST* I-II, Q. 111, A. 3.
③ *ST* I-II, Q. 110, A. 2, ad. 1.
④ *ST* I-II, Q. 55, A. 3
⑤ 参见潘小慧：《德行与伦理——多玛斯的德行伦理学》，台北：《哲学与文化》月刊杂志社，2003年，第78页。
⑥ *ST* I-II, Q. 58, A. 3.
⑦ *ST* I-II, Q. 57, A. 2 & A. 3.
⑧ *ST* I-II, Q. 57, A. 4.
⑨ *ST* I-II, Q. 61, A. 2.
⑩ *ST* I-II, Q. 110, A. 2, ad. 2.
⑪ *ST* I-II, Q. 111, A. 1.
⑫ *ST* III, Q. 69, A. 4.

头吗？”[①]虽然他们有在基督里的新我和新生命，还有在亚当里的老我和旧生命，两者处在争战之中。老我和新我哪一个更实在？如果顺服内驻的圣灵，基督徒可以活出悔改的新生命，如保罗见证到：

> 因为按著我里面的意思，我是喜欢神的律；但我觉得肢体中另有个律和我心中的律交战，把我掳去，叫我附从那肢体中犯罪的律。我真是苦啊！谁能救我脱离这取死的身体呢？感谢神，靠著我们的主耶稣基督就能脱离了。这样看来，我以内心顺服神的律；我肉体却顺服罪的律了。[②]
>
> 你们学了基督，却不是这样。如果你们听过他的道，领了他的教，学了他的真理，就要脱去你们从前行为上的旧人，这旧人是因私欲的迷惑渐渐变坏的；又要将你们的心志改换一新，并且穿上新人；这新人是照着神的形象造的，有真理的仁义和圣洁。[③]

按阿奎那对恩典的解释，导致圣灵的内驻是基督徒灵魂的偶形，不是实形。这样，属肉体的老我比属基督的新我更实在，所以基督徒的生命的本质没有改变，属灵的新生命不会胜过旧的生命，这样就违背了《圣经》的教导和基督徒悔改的见证。阿奎那认为，成圣的恩典会因死罪失去，而通过告解圣事又可以重新得到，这又违背基督教关于灵魂一次得救就永远得救的正统教义。[④]

四、信心

神学的基础是对上帝的信心。阿奎那不信人有关于上帝的先天观念，他认为人的认识是从感官出发的，上帝不是人认识的第一个概念，但上帝是信心的终极对象。所以，信心是有理性内容的。即使人有上帝的先天概念，也需要理性的表达，如之前的安瑟伦所定义的。阿奎那的立场是用理性服务信仰。因信仰有理性的内容，如何确定并研究信仰中的理性内容？信心与理性或理智的关系无疑可以检验阿奎那的立场。

在《神学大全》的开始，阿奎那认为神学是门科学。[⑤] 阿奎那的“科学”类似亚里士多德，是从某些理性原则出发的演绎系统，如算术和几何。神学是用理性的方法研究神的启示，所以神学从更高的原则出发。神学的起点是相信上帝存在，信心是神学的基础。现在研究信心了，阿奎那却认为信心不是科学，因为科学是从自明和可见的原则出发，科学的对象是可见的，而信心的对象是不可见的。[⑥] 信

① 《哥林多前书》3:16。
② 《罗马书》7:22～25。
③ 《以弗所书》4:20～24。
④ 参见《约翰福音》10:27～29。
⑤ *ST* I, Q.1, A. 2.
⑥ *ST* II-II, Q.1, A.5, ad.4.

心是针对看不见的事物，这样就与科学和直觉不同。关于事物的知识，人们是用命题来表示的。信心的活动不是以命题结束，而是以实在结束，对实在的知识，人仍然要形成命题。[①] 因为信心不是科学，信心给人的是不完美的知识。

天主教学者把信心从浅到深分成四种：情感上的信心、理智的信心、意志的信心和内心的信心。情感上的信心是对人的感觉。意志的信心是指意志的活动，即服从神的意志。内心的信心，根据《圣经》上用"心"来表示人灵魂的中心，就像人的心脏位于人体的中心。圣灵通过心脏在人的身体里运行，"心"是表示自我和主体[②]，如："你要保守你心，胜过保守一切，因为一生的果效，是由心发出。"[③]如果对照上述分类，阿奎那所研究的是理智的和意志的信心，但他认为理智高于意志。

信条不须证明，信者用信心领受，放弃自己的判断权。阿奎那对信心的解释非常具体，但有不少问题。在用理性解释圣餐变质说的同时，阿奎那强调变质说要用信心领受。在《神学大全》中，阿奎那用七个论题研究信心。信心是第一种神学美德，是人因信耶稣称义时被神注入的，而不是靠人的行为获得的。信心是盼望和爱的行动的基础，《圣经》中说："如今常存的有信、有望、有爱这三样，其中最大的是爱。"[④]

信心与盼望和爱有什么关系？阿奎那认为，信心包含了盼望的对象，这对象是不可见的神。[⑤] 因人可以爱可见的和不可见的，所以信心不包含爱的对象。[⑥] 因爱发自人的意志，而爱的目的是圣善，所以爱又是信心的形式。[⑦]

信心表示理智对所相信的表示的同意。为什么要同意？同意表示所认信的很可能是对的，并不是人全身心的交托。这样，阿奎那解释信心主要是知识和同意。[⑧] 理智用两种方式表示同意：一是被其对象所推动而表示同意，这对象或是被理智自身所认识，或是通过某些已知的东西所认识；二是通过选择的行动，如果该选择伴随着对相反一边的疑惑和恐惧，那就是意见，如果是肯定而没有其他方面的恐惧，那就是信心。[⑨]

那么什么是相信？相信是信心的活动，在意志推动下同意。[⑩] 如果把思想严格地当成理智的考虑，这伴随着某些方式的问询，并在理智因眼见为实的完

---

① *ST* II-II, Q. 1, A. 2.

② Peter Kreeft and Ronald K. Tacelli, *Handbook of Christian Apologetics*, Downers Grove, Illinois: Inter Varsity Press, 1994, pp. 30-31.

③ 《箴言》4:23。

④ 《哥林多前书》13:13。

⑤ *ST* II-II, Q. 4, A. 1, ad. 1.

⑥ *ST* II-II, Q. 4, A. 1, ad. 2.

⑦ *ST* II-II, Q. 4, A. 3.

⑧ 1517年，路德提出"因信称义"反对天主教对信心的理解，与阿奎那不同。

⑨ *ST* II-II, Q. 1, A. 4.

⑩ *ST* II-II, Q. 2, A. 3.

全之前,相信就是用同意表示思想,理智的活动在意志的推动下表示同意。[①] 理智被意志所推动,阿奎那认为认知的对象有两种:物质对象和对象的形式。信心对象的形式是第一真理,而这真理是上帝所启示的,所以信心的对象是上帝。[②]

人是信心的主体。那么,信心在哪里?阿奎那认为:信心作为相信的原则,驻在理智中。[③] 更具体地说,信心是驻在思辨的理智中,信心因爱做工,可以延伸到实践理智中。[④]

在阿奎那对信心的定义中,我们看到了理智和意志。而阿奎那把意志定义成理性的欲望,这是与感性的欲望相对的。意志是欲望的能力,但不是认知的能力。[⑤] 感性欲望只能倾向个别的善,而理性欲望以普遍的善为目标[⑥],每一欲望都有善的成分。[⑦] 阿奎那认为在上帝和人性中,意志都从属于理智,理智指导、决定意志,意志在理智中。[⑧] 这样,上帝的意志似乎是有限的,有更高的规范在上帝的意志之上,后来的经院哲学学者司各脱不赞成阿奎那的观点。司各脱认为,如果上帝是自由的,他的意志必定是主导的。[⑨]

这容易让人产生误解:信心依靠理智和意志,或理智在信心之前。因神学的基础是信心,阿奎那对信心的解释是否违背了他用理性服务信仰的出发点,或者是阿奎那所做的是综合理性和信仰?后面我们可以明确,阿奎那最终对信心的定义还是采用了《希伯来书》中的话:"信就是所望之事的实底,是未见之事的确据。"所以,阿奎那认为信心在理性之前。但就信心的活动,阿奎那使信心和理智的区分又变得模糊。

阿奎那把信心分成明确的信心和不明确的信心,这与信心的定义本身就有出入。但阿奎那这样分类信心的用意还是清楚的,即维护天主教会对神权的垄断和教会内部的次序。因为地位高的人,要教导别人,信心是从地位高的人向地位低的人展开,所以地位高的人对信心要更明确。[⑩]

不明确的信心和明确的信心的关系可以这样来说明,如人相信教会的信条是对的(尽管他对许多信条的细节可能并不清楚),他就有了对教会所有信条不

---

① *ST* II-II, Q. 2, A. 1, A. 2.

② *ST* II-II, Q. 1, A. 1.

③ *ST* II-II, Q. 4, A. 2. 阿奎那的认识论是从感性到理性,理智是理性的抽象表达,而信心的内容如耶稣的神人二性、上帝的三位一体、罪人的重生得救等超越了人的理智。阿奎那无疑是扩大了信心的理性内容。

④ *ST* II-II, Q. 4, A. 2, ad. 3.

⑤ *ST* I, Q. 83, A. 3.

⑥ *ST* I, Q. 80, A. 2, ad. 2.

⑦ *ST* I-II, Q. 8, A. 1.

⑧ *SCG* I, Ch. 72, [3].

⑨ Samuel Enoch Stumpf, *Socrates to Sartre*, New York: McGraw-Hill, Inc., 1994, p196.

⑩ *ST* II II, Q. 2, A. 6.

明确的信心：就像一个懂得四则运算规则的人，对所有的算术问题的结果都有不明确的信心，如 61×73，但只有进行了实际的运算后，他才有了 61×73＝4453 的知识，这知识如同明确的信心。① 也就是说，对教会有明确的信心就有了对教会所有信条的不明确的信心。阿奎那认为，所有的信条都不明确地包含在"人非有信，就不能得神的喜乐；因为到神面前来的人必须信有神，且信他赏赐那寻求他的人"②这段经文中。

这与《圣经》的中心启示是有出入的，阿奎那还是对耶稣的福音和传福音不够重视。因为罪人只有通过信耶稣才能与神和好③，而信道来自于听道。④ 那么，如何解释盲信？教会的信条仍可能会发展，也可能有错。阿奎那忽略了基督徒信心的长进主要靠个人与圣灵的关系，信心的长进是属灵生命的长进，如通过读《圣经》、祷告、传福音、行为悔改等。

阿奎那认为，基督是信心的第一个和主要的教师，原因是基督身上有无条件的恩典。⑤ 福音书里有许多基督教导门徒信心的例子，信耶稣就是信天父，如："信我的，不是信我，乃是信那差我来的。人看见我，就是看见那差我来的。"⑥

在《旧约》时代，有许多先知被耶和华神呼召出来，向以色列人传讲神的信息，要以色列人离弃偶像，信靠真神耶和华，如以赛亚、耶利米、以西结和但以理等。《圣经》在回顾以色列人的历史时，有些先知后被列为信心的伟人⑦，是人们学习信靠神的榜样。如此，基督不是信心的第一个教师，阿奎那的观点有不准确之处。犹太教信上帝，但不信耶稣，所以不信上帝的三位一体，如果具体到三位一体的上帝，说基督是信心的第一个教师更合适。

阿奎那不认为有信心的人对上帝有一种特权式的理解。在他的观点里，有信心的人把不理解的当成了真的，而基督教的信条并不能描绘出上帝，只是提供了思想和行动的指南。如一个没有医学知识的人被告知得了癌症，如果他相信告诉他的医生，他就获得了真理。按照这一真理，他不可避免地会反应和行动。阿奎那认为，有信心的人与此有点像。⑧ 阿奎那的问题还是忽略了人的信心是因耶稣基督拯救罪人的福音。人虽然没有见过耶稣，但在圣灵的感动下，以信心接纳耶稣为个人的救主。保罗见证到："圣灵和我们的心同证我们是神

① Arvin Vos, *Aquinas*, *Calvin and Contemporary Protestant Thought*, p. 23.
② 《希伯来书》11:6。
③ 参见《约翰福音》3:16。
④ 参见《罗马书》10:14～17。
⑤ *ST* III, Q. 7, A. 7.
⑥ 《约翰福音》12:44～45。
⑦ 参见《希伯来书》11:32～38。
⑧ Brian Davies, *Aquinas*, pp. 164.

的儿女。”[①]因圣灵内驻于基督徒,基督徒因圣灵的引导而有信心,不是盲信。信耶稣得永生,因罪得赦免,基督徒内心里有平安和喜乐。耶稣应许将赐下圣灵与信的人同在:

> 你们若爱我,就必遵守我的命令。我要求父,父就另外赐给你们一位保惠师,叫他永远与你们同在,就是真理的圣灵,乃是世人不能接受的;因为不见他,也不认识他;你们却认识他,因他常与你们同在,也要在你们里面。[②]

关于灵魂拯救是否要信耶稣或三位一体的上帝,阿奎那认为在耶稣来临之前,对三位一体上帝的信心只隐藏在少数有学识的人身上,后来通过耶稣本人和使徒,三位一体的上帝才向世界显明。[③]

人类的历史被阿奎那分为三个时期:一是从神创世到亚当犯罪之前,二是亚当犯罪后到耶稣到来之前,三是耶稣到来至末世即恩典时期。在第一时期,不要求人有对救世主的明确信心。在第二时期,属灵的领袖,即少数有学识的人,必须有对救世主的明确信心,普通人只需要不明确的信心。而在恩典时期,普通人必须对作为救世主的耶稣有明确的信心。[④] 在这里,突出的是第二时期,阿奎那对明确和不明确的信心的解释显然是与他对亚当原罪对人性影响的理解一致的。

阿奎那认为,信心的定义是“信就是所望之事的实底,是未见之事的确据”[⑤],别的定义都是对它的解释,这符合《圣经》的正意。信心不可眼见,但是我们希望见到。[⑥] 阿奎那认为,习惯是由行动认识的,行动是由对象所认识的,信心是习惯。信心的行动是相信,相信是理智按意志的命令决定向一个对象的行动;意志的对象和目的是善,理智的对象是真,而信心的行动与意志和理智的对象有关。阿奎那认为,信心一方面像知识,另一方面像意见,因信心的客体是不明显的和不可见的,信心的本质如知识一样不完善。[⑦]

关于信心是否在理智中的问题,阿奎那认为信心是一种美德,它的行动必须是完善的,而相信是理智的直接的行动,其行动的对象是真理。因信心是此行动的合适的原则,所以信心需要在理智中。[⑧]

---

① 《罗马书》8:16。
② 《约翰福音》14:15~17。
③ *ST* II-II, Q. 2, A. 8, ad. 2.
④ *ST* II-II, Q. 2, A. 7.
⑤ 《希伯来书》11:1。
⑥ *ST* II-II, Q. 1, A. 6.
⑦ *ST* I-II, Q. 67, A. 3.
⑧ *ST* II-II, Q. 4, A. 2.

理智有思辨的和具体的之分。因为有其对象,所以信心是在思辨的理智中。[①] 这与阿奎那之前对习惯的讨论相一致,他认为在人的理智和意志中都有习惯。[②] 之前,奥古斯丁对信心的定义与阿奎那类似,但奥古斯丁认为信心在人的意志中。[③]《圣经》中上帝对人说:"天怎样高过地,照样我的道路,高过你们的道路;我的意念,高过你们的意念。"[④]阿奎那认为,奥古斯丁把信心的活动当成了信心,信心的活动不是信心本身。就信心的对象而言,如果没有理智先理解,意志不会有作为,所以信心是在理智中。[⑤] 这样,我们就容易看到,阿奎那本来要用理性为信仰服务,但他对信心的解释却是理智,阿奎那最后所做的是更像是理性等同信仰,或者综合理性和信仰,信仰被理性所模糊。

《圣经》上说:"身体没有灵魂是死的,信心没有行为也是死的。"[⑥]类似的话还有《雅各书》2:20,这主要是教导基督徒信了耶稣,行为上要有改变,有好行为与灵魂得救的生命相称。阿奎那却按字面理解并延伸,得出了活信心和死信心的概念,即是有形式的信心和无形式的信心。阿奎那为什么要这样做?在中世纪,有形式是表示完全和完善,无形式是表示不完全和不完善。[⑦] 有人认为,有形式和无形式的区分是受《创世记》2:7"耶和华神用地上的尘土造人"这句话的影响,拉丁文《圣经》"造"对应的是 formed。阿奎那不仅要解释信心和行为的关系,更重要的是,还要解释信心如何依赖理智和意志。[⑧] 之前,安瑟伦也解释了什么是活信心、死信心。安瑟伦侧重意志,从爱、行为与"信"的关系来解释,比较符合《圣经》的正意。[⑨]

在论及死信心能否成活信心、活信心能否成死信心时,阿奎那认为活信心和死信心是同一种习惯,习惯有好坏。信心是理智的完善,信心死活的区分是按意志来说的,不是按理智来说的。[⑩] 理智判断真假,意志用来爱,而爱是美德。如果理智专注真理,意志向着善,爱的效果就是信心的形式,那么信心就是美德。[⑪]

所以,活信心是美德,而死信心不是美德也就不难理解了。因就理智而言,死信心的行动是完善的,但就意志而言,死信心的行动是不完善的。这样,阿奎那区

---

① *ST* II-II, Q. 4, A. 2, ad. 3.

② *ST* I-II, Q. 50, AA. 4-5.

③ *ST* II-II, Q. 4, A. 2, ad. 1. 如果信心解释成个人放弃判断权,意志上委身上帝,或个人的意志顺服上帝的意志(如圣灵的感动),应更符合《圣经》的正意。如此,奥古斯丁对信心的解释比阿奎那更有说服力。阿奎那之后的司各脱强调意志高于理智,类似奥古斯丁,而与阿奎那不同。

④ 《以赛亚书》55:9。这里的"意念"是"意志"的意思。

⑤ *ST* II-II, Q. 4, A. 7.

⑥ 《雅各书》2:26。

⑦ 奥古斯丁也有类似的观点。Saint Augustine, *Confessions*, Book Twelve, Chapter XXVI, p. 255.

⑧ Arvin Vos, *Aquinas, Calvin and Contemporary Protestant Thought*, p. 27.

⑨ 参见安瑟伦:《信仰寻求理解》,第 189 页。

⑩ *ST* II-II, Q. 4, A. 4.

⑪ *ST* II-II, Q. 4, A. 5.

分了无形式的信心和有形式的信心,前者缺乏爱,而后者是由爱而形成的。无形式的信心不能使人称义。在研究恩典时,阿奎那认为信心的活动,如果同时没有爱的活动,就不完全。所以在人被称义时,爱的活动和信心的活动一同注入。[①]

根据《圣经》,魔鬼撒旦也信上帝:"你信神只有一位,你信的不错;鬼魔也信,却是战惊。"[②]撒旦是因骄傲而堕落的天使[③],而耶稣的救恩只是为人而预备的:

> 儿女既同有血肉之体,他也照样亲自成了血肉之体,特要借着死败坏那掌死权的,就是魔鬼,并要释放那些一生因怕死而为奴仆的人。他并不救拔天使,乃是救拔亚伯拉罕的后裔。[④]

耶稣受洗礼后,在旷野曾受魔鬼的试探。魔鬼知道耶稣是神的儿子,耶稣用《圣经》上的话抵挡了魔鬼的试探。[⑤]

阿奎那认为,天使是神按他的恩典所造。[⑥] 大部分的天使以神为目的,而有的天使因骄傲滥用意志,不以神为目的,同亚当原罪的原因一样。[⑦] 魔鬼是堕落的天使的头领。[⑧] 魔鬼及其使者的结局是受永火的审判。[⑨]

阿奎那从信心与意志和理智的关系上,解释了魔鬼信上帝不是因为爱,也不是上帝的恩典。魔鬼是有理智的,他是因上帝的客观存在而被迫相信的,这样的信心当然不是美德。[⑩]

在信心的原因上,阿奎那反对佩拉纠派认为信心来自人自己的观点。阿奎那认为,信心是上帝按恩典内在地推动人,人的意志是由上帝准备的。[⑪] 死信心也是上帝的恩赐,信心被说成是死的是缺乏一个内部的形式,死信心的原因就是信心的原因。[⑫] 后来的改教家加尔文拒绝阿奎那关于死信心的概念。[⑬]

阿奎那认为,理解也是上帝的恩赐。理解是理智光照的恩典,信心仅表示

---

① *ST* I-II, Q. 113, A. 4, ad. 1.

② 《雅各书》2:19。

③ 参见《路加福音》10:18。

④ 《希伯来书》2:14～16。犹太人是亚伯拉罕血统上的后裔,这里显然是指亚伯拉罕属灵的后裔,即可能成为基督徒的人,不管他们是否有犹太血统。《罗马书》9:6 更明确地指出什么是以色列人不能只看血统。

⑤ 参见《马太福音》4:1～11。

⑥ *ST* I, Q. 62, A. 3.

⑦ *ST* II-II, Q. 163, A. 1.

⑧ *ST* I, Q. 63, A. 8.

⑨ 参见《马太福音》25:41。

⑩ *ST* II-II, Q. 5, A. 2, ad. 2.

⑪ *ST* II-II, Q. 6, A. 1.

⑫ *ST* II-II, Q. 7, A. 2.

⑬ Arvin Vos, *Aquinas, Calvin and Contemporary Protestant Thought*, p. 37.

同意。与信心不同，理解表示了对真理的某些认识。[①] 在实际情况下，一个人听到了耶稣拯救罪人的福音，首先有了关于福音的知识，但他不一定能灵魂得救。甚至不仅有知识，还有好行为，但也不一定灵魂得救。这使人得救的信心与人得救后的信心是不一样的，它们应该如何解释？阿奎那并没有涉及。

被翻译成汉语的“信心”是名词，对应《新约》的希腊文的有名词和动词。《希伯来书》11：1 中的“信”对应的是 pistis，是名词，意思是“信心”、“相信”、“信从”。因阿奎那反对佩拉纠主义的救恩观，他所支持的应该是：“你们得救是本乎恩，也因着信；这并不是出于自己，乃是神所赐的。”[②]这里的“信”也是 pistis，而“义人必因信得生”[③]中用的也是 pistis。“信”和“信心”的动词是 pisteuo，意思是“相信”、“信托”、“信靠”。信心是人与神的正常关系状态，它有开始，有大小、可增减。按信心的定义，信心所涉及的有已实现的和尚未实现的，信心的对象是神，更具体地说是《圣经》里神的话和应许、耶稣的救恩等。

《圣经》中没有出现“理智”和“理性”等词，而翻译成汉语的“心”在希腊原文中是 dianoia，却有类似“心智”、“理性”、“思想”的意思。[④] 阿奎那对信心的分析显然是有价值的，但他所注重的只是信心的理性成分。把信心作为习惯，最容易忽略的就是：罪人能借着福音开启属灵的眼睛，成为基督徒。理性和灵性如何互动？虽然阿奎那承认习惯部分来自神，为了人的能力不能达到的幸福(happiness)，而罪人信福音是为得永生。永生是从今生开始的，其完全的形态是离开身体的灵魂与上帝的同在。幸福更注重今生，与永生的意义是不同的。

五、称义

“称义”是基督宗教信仰里重要的概念。因亚当的原罪和原罪的遗传，人生来有罪。在神面前人都有罪，神是公义的。有罪的人必要受神公义的审判，而被神看成称义的人灵魂得救，死后不会受审判。[⑤] 人在神面前如何称义？是靠信心，还是光靠信心还不够，事先和事后都要有行为？

犹太教认为遵守摩西律法上的规条就可以在神面前称义，即人是靠行为称义。保罗提到亚伯拉罕的时代还没有摩西律法，亚伯拉罕是靠信心而不是行为称义，因为他对耶和华有信心。人的行为不可能是完美的：“因为凡遵守全律法

---

① *ST* II-II, Q. 8, A. 5.

② 《以弗所书》2：8。

③ 《罗马书》1：17。保罗在这里对“信心”的解释有“持续相信”的意思，因他之前论道“本于信，以致于信”。

④ 如《以弗所书》1：18 译成的汉语中有“照明你们心中的眼睛”，这“心”显然表示是属灵的能力，而不是属肉体的眼睛。

⑤ 这并不意味着称义的人在今生就不会因犯错而被神管教。

的,只在一条上跌倒,他就是犯了众条。"[①]"因为律法本是叫人知罪。"[②]

耶稣用对神对人的爱成就了律法,用他无罪的身体为世人的罪献祭,他在十字架上的流血牺牲偿还了人的罪债。耶稣三日后从死里复活,为罪人胜过死亡带来了福音。因此保罗见证到:

> 我不以福音为耻,这福音本是神的大能,要救一切相信的,先是犹太人,后是希利尼人。因为神的义正在这福音上显明;这义是本于信,以至于信。如经上所记:"义人必因信得生。"[③]

阿奎那在论及"称义"时强调恩典,不强调行为,其观点总的来说更接近两个世纪之后路德改教时所提出的"因信称义"。但阿奎那的问题不少,他对悔改说得少,因注重理性的优先和意志的自由,在称义和得救的关系上模糊。虽然阿奎那反对佩拉纠派的得救观,人们却可以认为阿奎那接近于或相当于半佩拉纠派的观点。[④] 因阿奎那的圣事观,"称义"更像是靠行为得到的,即因行为称义。如圣餐是纪念耶稣的献祭,人因耶稣的受难而称义。[⑤] 在"因信称义"问题上,阿奎那"信"的对象是神,而不是更明确的耶稣基督和他拯救罪人的福音,这样基督徒的"称义"与犹太人的"称义"是难以区分的。

路德 1519 年在《两种义》(Two Kinds of Righteousness)中也认为,犯罪前的亚当是处于原始正义的状态。[⑥] 因亚当犯罪,原始正义不复存在。路德定义的第一种义是外加的义,它不是靠人的行为,而是靠神的恩典而来的,这是指悔改信耶稣为罪人的救主。第二种义是我们固有的义。因我们有了第一种义,要用行为行出义来,即要有好行为与得救的生命相称。[⑦] 路德认为在这两种义中,外加的义是主要的。

在《神学大全》里,阿奎那把罪人称义的讨论放在恩典的果效问题中。他认为罪人的称义是罪的赦免。[⑧] 罪人的称义有四个"必须":恩典的注入、自由意志因信心朝上帝的运动、自由意志朝罪的运动和罪的赦免[⑨],而称义的源是因为上帝恩典的注入。因为恩典,人的自由意志被感动,罪得赦免。[⑩] 这里比较难懂的

---

① 《雅各书》2:10。

② 《罗马书》3:20。

③ 《罗马书》1:16~17。

④ John D. Woodbridge, *Great Leaders of the Christian Church*, Chicago: Moody Press, 1988, p. 171.

⑤ *ST* III, Q. 78, A. 3, ad. 3.

⑥ Martin Luther, *Basic Theological Writings*, edited by Timothy F. Lull, Beijing: China Social Sciences Publishing House, 1999, pp. 156-157.

⑦ Martin Luther, *Basic Theological Writings*, pp. 157-158.

⑧ *ST* I-II, Q. 113, A. 1.

⑨ *ST* I-II, Q. 113, A. 6.

⑩ *ST* I-II, Q. 113, A. 7.

是自由意志朝罪的运动,阿奎那的解释是:在罪人被称为义前,他的心志是在罪的状态中。称义必须要人的自由意志离开罪,转向公义。[①]

使人称义的四件事虽然以自然的次序列出,但阿奎那认为它们是同时发生的。[②] 关于罪人的称义,阿奎那并没有直接提到出于内心的悔改,并因圣灵的内驻而开始了属灵的新生命。

既然称义是罪人的罪被赦免,称义与受洗礼必然有联系。而称义涉及人的自由意志,那么婴儿受洗如何解释?阿奎那认为,上帝根据人本性的条件来推动人至公义。如果没有人自由意志的同意,上帝不会推动人至公义。婴儿没有运动自由意志的能力,他们只有原罪,是上帝把恩典注入他们的灵魂以使他们公义。这就需要圣事。疯人和白痴的情况与婴儿类似。[③] 因为上帝推动人的意志的力度不同,阿奎那认为有的人改变一次就完全了,如使徒保罗,而有的人改变先是不完全,然后才完全。[④]

在称义的讨论中,阿奎那也提过通过耶稣[⑤],但没有强调耶稣是罪人灵魂得救的唯一救主。罪人称义,不仅有信心的运动,还有爱的运动,信心的运动因有爱的运动的加快而完全。[⑥] 因为按阿奎那的理论,信心是理智的同意,意志的对象是爱。称义需要信心和意志,信心和爱的运动与称义相关。

六、祷告

祷告是基督徒的特权,基督徒可以借着祷告与神交流。耶稣在地上时,曾教导门徒祷告的大原则:

> 所以,你们祷告要这样说:我们在天上的父:愿人都尊你的名为圣。愿你的国降临;愿你的旨意行在地上,如同行在天上。我们日用的饮食,今日赐给我们。免我们的债,如同我们免了人的债。不叫我们遇见试探;救我们脱离凶恶。因为国度、权柄、荣耀,全是你的,直到永远。阿门![⑦]

祷告不可以自我为中心,而是要成全神的旨意。灵命软弱时,更要祷告,圣灵帮助基督徒祷告:"况且我们的软弱有圣灵帮助;我们本不晓得当怎样祷告,

---

① *ST* I-II, Q. 113, A. 5. 神造亚当给了他自由意志,亚当可以在判断中作正确的选择。耶和华并不强迫人敬拜他,结果亚当选择了自由意志的滥用,罪进入了世界,亚当和他的后裔因此与圣洁、公义的神隔离。罪人称义,实际上是因使神所赐的自由意志重新回到了以神为中心,交出了以自我为中心的判断权。因耶稣在十字架上成就的救恩,罪人可以借信耶稣为救主与神和好,被神算成义人。

② *ST* I-II, Q. 113, A. 8.

③ *ST* I-II, Q. 113, A. 3.

④ *ST* I-II, Q. 113, A. 10.

⑤ *ST* I-II, Q. 113, A. 4, ad. 3.

⑥ *ST* I-II, Q. 113, A. 4, ad. 1.

⑦ 《马太福音》6:9~13。

只是圣灵亲自用说不出来的叹息替我们祷告。"[①]

耶稣说到了神的"旨意",对应的希腊文是名词 theleema,意思是"意志"。耶稣因人性的限制,也向天上的父神祷告,内容最丰富的是他在设立圣餐后,即将被兵丁捉拿前的祷告。[②] 阿奎那用祷告和意志的论题进一步维护变质说,圣餐中饼和酒变质的条件是主持圣餐的神父对饼和酒的祝圣祷告。按天主教和阿奎那的观点,神父不仅是信徒,而且是有神权的信徒。

阿奎那认为,除了对神的信、望、爱之外,祷告和圣事是神住在基督徒里面的方式,也是基督徒今生住在神里面的方式。[③] 有人认为不需要向神祷告,并举出《圣经》的话:"你们需用的这一切东西,你们的天父是知道的。"[④]有人认为神的心意是不改变的,所以祷告无用;还有人认为神主动给人显得更慷慨,而不是因人要才给。阿奎那说:

> 人的行为是某些效果的原因,所以人得有行为,但不是因此能改变神的性情,而是因这些行为按神的性情的次序取得某些效果,这对自然原因也是同样的道理。如此是祷告的理由。我们祷告,不是去改变神的性情,而是恳求神要给我们的按我们的祷告成全。换句话说,通过祈求,人配得到神从永恒中要给人的。[⑤]

如果人所祷告的与神的意志符合,人就可以得到神的恩典。阿奎那的上述解释是符合《圣经》正意的。神的本性不会因人的祷告而改变,但神的具体做法,可能会改变。如出埃及后,亚伦和以色列人造金牛犊得罪了耶和华神,摩西为以色列人祷告代求,耶和华神因此改变做法:"于是耶和华后悔,不把所说的祸降于他的百姓。"[⑥]耶和华神会因人的祷告而行事,如医治犹大王希西家(Hezekiah)的疾病。[⑦]

祷告是要使人的意志服从神的意志。起初神造亚当时,并没有把亚当造成一个服从的机器,而是与亚当立约,给亚当自由意志来抉择[⑧],要亚当夫妇甘心情愿地荣耀神。亚当和夏娃因体贴肉体,滥用了意志而犯罪,而犯罪后亚当夫妇并没有向耶和华神认罪,所以被神咒诅。[⑨] 所以,意志是人作选择的能力,意

---

① 《罗马书》8:26。
② 参见《约翰福音》17:1～26。
③ Brain Davies, *Aquinas*, London and New York: Continuum, 2002, p. 171.
④ 《马太福音》6:32。
⑤ *ST* II-II, Q. 83, A. 2.
⑥ 《出埃及记》32:14。
⑦ 参见《列王纪下》20:1～6。
⑧ 参见《创世记》2:16～17。
⑨ 参见《创世记》3:6～19。

志与信仰上的决志和行事前的选择直接相关。就耶稣拯救罪人的福音来说，有人听了许多遍或知道了很长时间，都不决志相信。而对于在世的基督徒，很多具体的行为在《圣经》上没有直接的是非标准，应该怎么做，在祷告后如何决志选择，都涉及意志。与“理智”和“理性”这样的词在《圣经》中几乎不直接出现不同，“意志”在“圣经”中多次出现，包括耶稣直接所说到的他自己的意志，如：“因为我不求自己的意思，只求那差我来者的意思。”[①]这里的汉语“意思”对应的希腊原文是 theleema，即“意志”。

阿奎那认为，意志是理性的欲望，意志的对象是善。当意志朝向事物时，事物本身不一定是善，而是被理解成善。[②] 阿奎那最初的意思是使理性为信仰服务，神学的基础是信心，信心使人属灵地归向神。这样我们可以看到，阿奎那的信心定义用到了理智和意志，而意志是理性的欲望，所以信心本质上还是理性的，而忽略了属灵的成分。不仅如此，在灵魂的功能中，除了意志是理性的欲望外，阿奎那认为理智和理性属于理智的理解[③]，而最终阿奎那所做的是理性和信仰的等同或综合。

亚里士多德在研究运动的世界时，使用了“推动”的概念，如上帝被定义成“不动的推动者”。阿奎那用亚里士多德的潜在和现实对“推动”进行了定义：推动是现实的事物使有潜能的事物转化为活动。[④] 意志被理智推动，更具体地是被实践理智推动[⑤]、被感官欲望推动[⑥]、被意志自身推动、被上帝推动到善这一意志的普遍对象。[⑦]

意志被自己推动？这个问题有些难以理解。阿奎那类比理智对自身的推动，理智按对原则的知识，把自身从潜在化为活动，以达到结论的知识。同样，意志通过对目的的决志，推动自身到决志的手段。[⑧]

上帝的意志是纯活动。[⑨] 如果人的意志被上帝推动，那么人的意志自由又何在呢？阿奎那认为人的意志是主动的。上帝的推动并不是决定人的意志，他的推动是偶然的，不是必不可少的。[⑩]

阿奎那认为，就理智和意志本身而言，理智是比意志更高级的能力，因为理智的对象比意志的对象更简单和独立。理智的对象是合意的善的概念，而在理

---

① 《约翰福音》6:38。
② *ST* I-II, Q. 8, A. 1.
③ *ST* I, Q. 83, A. 4.
④ *ST* I-II, Q. 9, A. 1.
⑤ *ST* I-II, Q. 9, A. 1, ad. 2.
⑥ *ST* I-II, Q. 9, A. 2.
⑦ *ST* I-II, Q. 9, A. 6, ad. 3.
⑧ *ST* I-II, Q. 9, A. 3.
⑨ *ST* I-II, Q. 10, A. 1, ad. 2.
⑩ *ST* I-II, Q. 10, A. 4.

智里的合意的善的概念就是意志的对象。事物越简单和抽象,它本身就越高级。[①] 事物用两种方式推动:一是作为目的,如目的推动施动者,这样理智推动意志,因为被认识的善是意志的对象,它作为目的推动意志;二是作为施动者,如能改变的事物推动被改变的事物,这样意志推动理智和灵魂中的其他能力,因为关于普遍目的的动力推动关于具体目的的动力,所以理智能推动意志,意志也能推动理智。[②] 意志和理智在活动中的互相包含,理智理解意志所意愿的,而意志意愿理智去理解。[③]

自由意志使人能自由选择。[④] 阿奎那认为,自由意志和意志是同一种能力,虽然意志是关于目的,而选择是关于达到目的的手段。[⑤] 尽管一般情况下,自由意志和自由选择意思相同,但它们对阿奎那来说还是有区分的,因他认为意志和理解是相融合的[⑥],而选择表示行动。理解意志的概念对理解信心和称义等教义很有帮助,主要是关系到人的灵魂得救是靠自己还是靠神。

人的意志既是推动者,又是被推动者。虽然阿奎那也承认人对自己的意志拥有主权,但受亚里士多德上帝观的影响,常使用推动。上帝不仅是动力因,而且是目的因,而上帝的全知全能被淡化。《圣经》只明确地说上帝托住万有[⑦]、上帝让万事效力[⑧],上帝借圣灵感动人、引导人,这与上帝推动万有、上帝推动人的意志还是有不同的意义。[⑨] 如世界上发生的事都在上帝的允许之下,包括人所犯的罪,但上帝是圣洁的,人犯罪是因为自己,显然不是上帝的旨意,因为:

> 主所应许的尚未成就,有人以为他是耽延,其实不是耽延,乃是宽容你们,不愿有一人沉沦,乃愿人人都悔改。[⑩]

基督徒视《圣经》为属灵的食粮,因为耶稣在抵挡魔鬼试探时说:"人活着,不是单靠食物,乃是靠神口离所出的一切话。"[⑪]祷告如同呼吸,奉耶稣的名向神祷告是基督徒的属灵的权柄。祷告是信靠神的表现,借祷告可以寻求神的旨意,祷告也是亲近神的方法之一:"你们亲近神,神就必亲近你们。"[⑫]

---

① *ST* I, Q. 82, A. 3.
② *ST* I, Q. 82, A. 4.
③ *ST* I, Q. 82, A. 4, ad. 1.
④ 耶和华造亚当后,与他立约,说明亚当有意志的自由,有能力选择遵守与否。参见《创世记》2:16~17。
⑤ *ST* I, Q. 83, A. 4.
⑥ Brian Davies, *Aquinas*, p. 106.
⑦ 参见《希伯来书》1:3。
⑧ 参见《罗马书》8:28。
⑨ 如上帝的圣灵能内驻于灵魂得救的基督徒的身上,让他们有圣灵同在的感动(参见《罗马书》8:16,《哥林多前书》3:16 等),而上帝推动表明上帝是外在于人的。
⑩ 《彼得后书》3:9。
⑪ 《马太福音》4:4。
⑫ 《雅各书》4:8。

祷告是属灵的功课,而阿奎那对祷告的解释却充满了哲学意味,他认为祷告是理性的活动。因为祷告要说话,而说话属于人的理智。如果把理智分成思辨理智和实践理智,思辨理智只理解它的对象,实践理智不仅理解而且造成事物。因祷告是向神要求造成事物,所以它是理性的活动。[①]

阿奎那的分析看上去很有道理。若对照《圣经》上关于祷告的教导,就会发现阿奎那所忽略的。耶稣应许与齐心祷告的基督徒同在:

> 若是你们中间有两个人在地上同心合意地求什么事,我在天上的父必为他们成全。因为无论在哪里,有两三个人奉我的名聚会,那里就有我在他们中间。[②]

耶稣的同在是圣灵里的同在,而不是理性里的同在。阿奎那认为,不仅可以向神祷告,还可以向圣徒祷告,人的祷告可以通过圣徒的祷告和功德有效。[③]教会称因特殊信心和德行的人为圣徒。圣徒源于拉丁文 sanctus,意思是"圣洁"。在《旧约》里,圣徒指对神忠心的人[④]和敬虔的人[⑤],如那些信心的伟人。[⑥]在《新约》里,基督徒有时也被称为圣徒。[⑦] 天上的圣徒祷告也有《圣经》中的根据[⑧],但向圣徒祷告并没有《圣经》的根据,更何况阿奎那所指的圣徒是狭义上的,是死后被天主教会所册封的。

早期教会敬拜圣徒。被人所敬拜的圣徒,除了童女玛利亚[⑨]、施洗约翰和众使徒,都是殉道者。在罗马帝国接纳基督后,情况逐渐改变。教皇正式封圣始于 993 年,当时的约翰十五世(John XV)在罗马宣布二十年前去世的奥格斯堡主教乌尔里奇为圣徒。[⑩]

---

① *ST* II-II, Q. 83, A. 1.

② 《马太福音》18:19～20。

③ *ST* II-II, Q. 83, A. 4.

④ 参见《撒母耳记上》2:9。*The NIV Study Bible*, notes to 1 Sa 2:9, p. 377.

⑤ 参见《诗篇》4:3。*The NIV Study Bible*, notes to Ps 4:3, p. 789. 希伯来文 hasid 是表示属于神的人的词汇之一,可翻译成 godly(敬虔的)或 saint(圣徒)。

⑥ 参见《希伯来书》11:1～40。这些信心的伟人很多有缺点,他们犯的错同时被记载在《圣经》里,如大卫的淫乱,参见《撒母耳记下》11:1～26。但总的来说,他们知错后向神悔改,如大卫,参见《撒母耳记下》12:1～15。

⑦ 参见《歌罗西书》1:4,《提摩太前书》5:10。

⑧ 参见《启示录》5:8。

⑨ 后来玛利亚上升到圣母的地位,高于其他的圣徒。《圣经》记载耶稣诞生后,东方三博士来敬拜刚出生的耶稣,但却没有敬拜玛利亚,参见《马太福音》2:1～12。

⑩ Andre Vauchez, *Sainthood in the Later Middle Ages*, translated by Jean Birrell, Cambridge: Cambridge University Press, 1997, p. 22.

第三章　斯宾诺莎:哲学与神学的分立

第一节　斯宾诺莎考察《圣经》的背景与方法[①]

一、斯宾诺莎考察《圣经》的历史背景

斯宾诺莎对于哲学与神学关系的论述在很大程度上是西方近代早期思想文化潮流演变的结果。以人文主义为核心精神的文艺复兴一方面激烈地嘲讽和批判神在地上的代言人天主教会,另一方面高扬被基督教所否定和压抑的人性,让中世纪匍匐在上帝脚下的人站立起来。在人文主义者的不断质疑和批判下,基督教神学的地位逐渐削弱。宗教改革实际上是人文主义精神进一步在基督教内部的贯彻和实现,它把宗教信仰建基于个人的心灵之中,不再以天主教会为必要条件。文艺复兴对神学的批判以及新旧神学之间的斗争使得人们重新审视神学本身以及神学与哲学的关系。到了 17 世纪,哲学开始争取从神学的统治下解放出来,与神学相分离。这个时期的哲学要求自己的独立地位,但还没有公开地完全否定神学。斯宾诺莎对于哲学与神学关系的论述典型地体现了这个时期这个领域的思想进度。他的《神学政治论》的目的就是要划分开哲学与神学,阐明它们相互独立,从而论证和捍卫哲学思想的自由。

斯宾诺莎是近代《圣经》学和《圣经》批判的创始人之一。约维尔(Yirmiyahu Yovel)认为,斯宾诺莎在《圣经》批判学的历史上占有绝对的核心地位,他的《神学政治论》足以保证这个地位。[②]《神学政治论》对西方解经学和解释学的发展具有深远而又独特的影响。斯宾诺莎在这部著作中公开地提出哲学绝不从属于神学,否认《圣经》的真理性,这在 17 世纪的欧洲是一种非同寻常的激进思想。利奥·施特劳斯(Leo Strauss)甚至认为"该书成了'理性主义者'或'世俗主义者'攻击启示信仰的唯一经典文献"[③]。对比斯宾诺莎同时代的其

---

① 本节部分内容曾以《论斯宾诺莎的释经方法》发表于《中国诠释学》第 6 卷。

② Yirmiyahu Yovel, *Spinoza and Other Heretics*, Vol. 2, Princeton: Princeton University Press, 1989, p. 3.

③ Leo Strauss, *Persecution and the Art of Writing*, The University of Chicago Press, 1988, p. 142.

他哲学家的著作,我们可以清楚地看到这一点。就连当时另一位非常大胆的《圣经》批判者和哲学家霍布斯在读了《神学政治论》之后都承认他不敢如此大胆地写作。[①]

斯宾诺莎之所以如此大胆地提出并系统论证哲学与神学相分离的观点,并且公开出版《神学政治论》,这是与他所在的荷兰的政治环境与社会环境分不开的。罗素曾说:"斯宾诺莎假若在任何旁的国家,恐怕早就不许他从事著述了。"[②]在宗教宽容和思想自由方面,荷兰在当时的欧洲是独一无二的。一些思想家和哲学家像笛卡儿、洛克以及贝尔(《辞典》的作者)等在因思想、宗教或政治原因面临遭受迫害的危险时都到荷兰避难,还有一些哲学家像霍布斯把自己的书拿到荷兰刊印。达马西奥(Antonio R. Damasio)说:"荷兰的自由可以让他[斯宾诺莎]读到那个时代的新资料,可以让他与不同宗教和社会背景的人讨论他的新思想,可以让他(尽管也只是)作为一个独立的人投入于单纯的思考人性的活动。这在葡萄牙以及 17 世纪的其他任何地方都是不可能的。"[③]施特劳斯认为:"基督教的权威在基督教欧洲的削弱,一些新教国家中各种基督教派的出现,日益增长的对宗教迫害的反感,尤其是阿姆斯特丹实行的信仰自由,使得斯宾诺莎能够不仅为了哲学或哲学家的利益,而且也为了整个社会的利益而公开地提出'哲学与神学的分离'。"[④]斯宾诺莎在《神学政治论》中对荷兰共和国不吝赞美之词:"我们碰巧拥有这少见的运气——我们生活在这样一个共和国里,每个人都充分享有思想自由,都被允许根据自己的理解来崇拜神,人们把自由看得比什么都珍贵和美好。"[⑤]

但是,正如达马西奥所说:"我们在把荷兰联省共和国描述为思想宽容的港湾时,不要忘了这种情况。它无疑是宽容的,但是这个宽容是有限度的。"[⑥]"荷兰的自由还没有大到可以容忍,更不用说欢迎斯宾诺莎完成和出版著作的地步。"[⑦]情况确实如此。《神学政治论》是匿名出版的,而且书中的出版地和出版商都是虚构的。我们在斯宾诺莎 1671 年 2 月 17 日的信中看到,他在得知有人已将拉丁文版的《神学政治论》翻译成荷兰文并且要出版的时候,请求他们不要出版荷兰文译本,以免这本书被禁止,"因为如果这本书用荷兰文出版的话,这无疑是会发生的"[⑧]。当提倡思想自由和宗教宽容的荷兰州州长、荷兰联省共和

---

① Brief Lives, *Chiefly of Contemporaries*, *Set down by John Aubrey between the Years 1669 and 1696*, ed. from the author's mss. by Andrew Clark, Oxford: Clarendon Press, 1898, Vol. I, p. 357.

② 罗素:《西方哲学史》下卷,第 81 页。

③ Antonio R. Damasio, *Looking for Spinoza*, London: William Heinemann, 2003, p. 250.

④ Leo Strauss, *Persecution and the Art of Writing*, p. 192.

⑤ *Spinoza Complete Works*, translated by Samuel Shirley et al., ed. Michael L. Morgan, Indianapolis/Cambridge: Hackett Publishing Company, Inc., 2002, p. 390.

⑥ Antonio R. Damasio, *Looking for Spinoza*, p. 20.

⑦ Antonio R. Damasio, *Looking for Spinoza*, p. 250.

⑧ 《斯宾诺莎书信集》,洪汉鼎译,北京:商务印书馆,1996 年,第 193 页。

国的实际领导人德·维特与其兄弟在 1672 年被暴徒杀害之后,荷兰"这个曾经的思想的安全港湾已经不复存在了"①。1674 年,荷兰总督奥伦治三世以"侮辱宗教和宣扬无神论"的罪名禁止发售和传播《神学政治论》,随后欧洲的其他国家开始效仿。当然,它也被天主教和加尔文教列入危险书目。教会认为这本书是对当时的宗教组织和政治权力结构的全盘攻击。此后,斯宾诺莎被禁止出版任何著作。

《神学政治论》不仅是当时荷兰思想自由和宗教宽容的产物,也是意在维护思想自由和宗教宽容的武器。当时以德·维特兄弟为代表的共和派推行地方自治、政教分离、思想自由、宗教宽容等主张,受到主张君主制的奥伦治家族和主张政治服从宗教的加尔文教派的反对。荷兰的思想自由和信仰自由受到严重威胁,正如斯宾诺莎所说:"许多人在最无耻的名义下,急于取消人们的这种自由的大部分,以宗教为借口,使大众(他们仍然易于相信异教的迷信)不服从国家政权,使一切都退回到奴役状态。"②正是在这种形势下,斯宾诺莎挺身而出,"阐明把这种自由赋予每个人不仅无害于虔诚和共和国的和平,而且只要虔诚和共和国的和平不被废除,这种自由也不能被废除"③。为此,他中断正在写作的《伦理学》,从 1665 年夏天开始用四年多的时间完成了《神学政治论》。

可以看出,《神学政治论》的写作与出版在原因与目的两个方面都与当时的社会环境有着密切关系,在这个意义上,我们可以说它是那个历史环境的产物。但是,对比一下同一时代的其他思想家的著作可以知道,我们能看到这部思想深刻而又锐利的著作,最主要的还是因为斯宾诺莎巨大的理论勇气和对思想自由的执着追求,这本书本身就是对思想自由的一个最好诠释。

倡导和捍卫思想自由和哲学自由的途径和方式有多种,斯宾诺莎为什么要通过批判《圣经》来实现这一目的? 1665 年 9 月或 10 月间,斯宾诺莎在一封写给奥尔登堡的信中说:"我现在正撰写一本解释《圣经》的书。我这样做有下列几个原因:(1)神学家的偏见,因为我认为这些偏见是阻碍人们思想通往哲学的主要障碍,因此我全力揭露他们,在比较谨慎的人们的思想中肃清他们的影响。(2)普通群众对于我的偏见,他们不断错误地谴责我在搞无神论。只要有可能的话,我也不得不反驳这种责难。(3)哲学思想的自由,以及我们表达思想的自由。我要全力为这种自由辩护,因为在我们这里由于传教士的淫威和自大自私,这种自由常常是被禁止的。"④

斯宾诺莎在《神学政治论》中谈到他写作的原因时说,各种宗教教徒尤其是基督徒在信仰与行动上的巨大反差促使他重新考察《圣经》。基督徒一方面自

---

① Antonio R. Damasio, *Looking for Spinoza*, p. 21.

② *Spinoza Complete Works*, p. 390.

③ *Spinoza Complete Works*, p. 390.

④ *Spinoza Complete Works*, p. 844.

称信仰基督教即爱、快乐、和平、自制、对所有人都诚实,另一方面却又极其不公正地相互争斗,每日沉溺于对彼此的最激烈的仇恨中,以至于让人感到宗教不是慈爱,而是在神圣的激情和狂热的面罩下向人们散布争执、传播充满敌意的仇恨。斯宾诺莎认为,基督徒之所以没有实践出基督精神有两个原因。其一是教会和神职人员的野心和恶欲。基督教由教导神的真正教导蜕变为满足私欲的工具,教会变成了为争权夺利而相互倾轧的名利场。神职人员为了获取名利,必然要掌控信徒。而为了掌控信徒,他们一方面打击与其观点不同的人,另一方面兜售新奇的学说。这必定会引起巨大的争执、妒忌和仇恨。斯宾诺莎说,古代的宗教除了其外在的仪式,几乎什么也没留下来。信仰变成了对偏见的传播和轻信。神职人员不让任何人自由地运用他们的判断,把人从理性的存在者变成了兽类。其二则是由于神职人员和基督徒没有认识到《圣经》的真正教导是什么。我们从两个方面可以看出,他们对神的教导一无所知。一方面,他们为了抓住信徒的心,向他们兜售他们感到新奇的学说,比如亚里士多德或柏拉图的思辨哲学,而没有教别的东西。为了显示自己不是异教徒,他们说《圣经》中先知所讲的就是这些思辨哲学,实际上是让《圣经》服从这些思辨哲学。另一方面,大多数神职人员认为《圣经》的每一段经文都是真实而神圣的,他们把这当成理解《圣经》和发现其真正含义的前提原则。斯宾诺莎认为《圣经》的哪些部分是神圣的,要考察《圣经》后才能得出结论,那些不加选择地把《圣经》中的每一句话都当成神的普遍的绝对的教导而加以接受的人,不可能不把大众的意见与神的教导混淆起来,不可能不把人为的虚构和意见兜售为神的教导,不可能不滥用《圣经》的权威。简言之,教会和神职人员利令智昏,专横无知,滥用宗教权力,使得人们丧失了思想自由和信仰自由,而且对宗教和国家都会有极其严重的危害。斯宾诺莎说:"当我在心中考虑这一切的时候——当我考虑到自然之光不仅受到蔑视,而且被许多人谴责为不敬神的根源,而人为的捏造却被看成神的教导,轻信被认为是信仰,教会和国家狂热地就哲学家的争论进行辩论,结果最野蛮的仇恨和争执就发生了,人们由此很容易走向叛乱——当我考虑到这些和许多其他问题(这些问题在这里举不胜举)时,我决心毫无偏见地以自由的精神认真地重新考察《圣经》。"①

斯宾诺莎认为,神学家在哲学与神学关系问题上的这两种错误观点表明他们对哲学与神学的认识是错误的,或者说他们不知道如何区分哲学与神学。《神学政治论》的重点就是通过对《圣经》的考察,澄清神学是什么,明确神学与哲学各自的目的、基础和手段各不相同,从而划分开神学与哲学,由此论证哲学与神学彼此独立,互不从属,捍卫思想自由和信仰自由。

---

① *Spinoza Complete Works*, p. 391.

二、斯宾诺莎的解经方法

斯宾诺莎认为,要清除神学家的偏见,使人们从神学的混乱中解脱出来,必须清楚《圣经》的真正教导是什么。为此,必须找到正确解释《圣经》的方法,“只要我们不知道这一点,我们就不能确定地知道《圣经》或圣灵要教导什么”①。斯宾诺莎提出的解释《圣经》的原则是:只根据《圣经》来解释《圣经》,或者“《圣经》的知识只从《圣经》来寻求”②。我们简单地称之为以经解经。以经解经的基本含义是:只要不是《圣经》非常清楚地教导的,我们都不予以肯定,都不承认为《圣经》的教导。斯宾诺莎说,这个解释《圣经》的方法与解释自然的方法是完全一致的。“解释自然的方法是,首先要搜集整理自然的历史,作为确实可靠的材料,由此推出自然事物的定义。解释《圣经》也需要准备一部明晰的《圣经》历史,作为确实可靠的材料和原理,由此通过正确的推理推出《圣经》作者的思想。”③所以,以经解经也就是不要把没有从它的历史中清楚地理解的东西当作它的教导。这个方法要求我们准备一部明晰的《圣经》历史,作为确实可靠的材料和原理,由此通过合法的推理推出《圣经》作者的思想。如果用以解释《圣经》和讨论《圣经》内容的原理和材料都来自《圣经》自身及其历史,那么我们对《圣经》的解释就不会陷于错误。

斯宾诺莎认为《圣经》的历史包括三部分:首先是《圣经》的作者写作《圣经》的语言以及他们习惯上说话的语言的本质和性质。我们借此能够发现每一句话在日常会话中所具有的全部含义。因为所有的作者,无论是《旧约》还是《新约》的作者,都是希伯来人,所以毫无疑问我们首先需要的是希伯来语的历史,它不仅是理解用这种语言所写的《旧约》各卷所必需的,而且也是理解《新约》各卷所必需的,因为虽然《新约》各卷已在其他语言中为人所知,但是它们是以希伯来语的方式来表达自身的。其次,要获得《圣经》某一方面的知识,不仅需要联系语境来理解,还要把各卷中与同一主题相关的内容都收集起来,按论题清楚地组织好。最后,《圣经》的历史必须完全,要包括:所有的先知书,历史记载被保存的详情,每卷书的作者是谁,他的生活和性格如何,他关注何事,他因何而写,在何时写的,为谁写的,用什么语言写的。再者,还必须包括每卷书的命运:它最初是如何被接受的,落到了谁的手里,关于它有多少不同的解读,是谁承认它为圣书的,现在被人们公认为圣书的这些卷书是如何统一成一体的。斯宾诺莎认为《圣经》的历史必须包括所有这些方面。“了解所有这些东西是非常重要的,唯其如此,我们才不会因盲目的冲动而失去自制、接受强加给我们的任

---

① *Spinoza Complete Works*, p. 457.

② *Spinoza Complete Works*, p. 463.

③ *Spinoza Complete Works*, p. 457.

何东西,而只接受确定和无可怀疑的东西。"①一旦我们有了《圣经》的这样一个历史,并且坚信绝不把那些非由这历史而出或者不能由它极其清楚地推出的任何东西作为先知的教导,我们就可以来考察《圣经》的教导了。

但是这个方法并不是一个坦途,它包含着困难,甚至包含着难以解决的困难。首先,我们不可能拥有一部完整的希伯来语的历史资料。古代的希伯来语的教育者没有给后人留下任何有关希伯来语的基础资料,至少没有辞典,没有语法,没有修辞学,只留下了很少一点语言残片和一些书的《残篇》。随着时间的流逝,几乎所有的水果、鸟、鱼以及很多其他事物的名字都因年长日久而湮没了。而且《圣经》中的许多名词和动词或者已完全不为人所知,或者众说纷纭。不仅如此,我们还特别缺乏这种语言的使用方法,难以了解它专有的习惯用语和说话方式,因此我们并不能总是如我们所愿的那样,根据语言的用法找到每一句话所包含的所有含义。除了不可能拥有一部完整的希伯来语历史之外,这种语言的本质和组成也有许多问题:某些表示器官的字母是混淆的;连词和动词有多重含义,有时甚至是相反的含义;陈述句中的动词缺乏现在时、一般过去时、过去完成时、将来完成时以及在其他语言中常用的其他时态;在祈使句和不定式中,除了现在式,缺少所有其他的时态;而在虚拟语气中,则缺少所有的时态。虽然这些时态和语气的缺失能够很容易弥补,即通过运用某些规则从语言的原理中推出来,但是古代的作者完全忽视了它们,不加区别地用将来时表示现在时和过去时,另一方面又用过去时表示将来时,用陈述式表示祈使句和虚拟语气。这都会在表述中引起很大的混淆。除了这些引起混淆的因素之外,还有两个非常重要的因素值得注意:第一,希伯来语没有元音;第二,他们不习惯运用标点符号来断句,使句子更加清楚或者突出需要强调的部分。我们从希伯来语的构成和本质很容易知道,《圣经》中必定有许多模糊不明的地方无法弄清楚。

其次,这个解经方法所需要的《圣经》各卷书的历史详情,绝大部分是我们所不知道的。因为我们或者完全不知道许多卷书的作者或者对他们表示怀疑。而如果我们不知道这些书的作者,我们就更不知道它们是在什么场合或什么时间写的。我们不知道这些书落到了谁的手里,也不知道在哪些人那里发现了这么多不同的解释。再者,我们也不知道在其他人中是否还有许多别的解释。最后,根据这个方法来解释《圣经》中的某些卷的经文的时候,还有另一个困难,即现存的某些《圣经》经文的语言与其最初写成的语言并不是同一种语言。比如,《马太福音》和《希伯来书》最初都是用希伯来语写的,但是这些原件都不存在了。《约伯书》是用何种语言写的,也存疑问。这就是这种解经方法所包含的全部困难。斯宾诺莎说:"这些困难是如此巨大,我毫不犹豫地断言,在许多地方,

① *Spinoza Complete Works*, p.460.

我们或者不知道《圣经》的真正含义,或者只是毫无准星的猜测。"①

斯宾诺莎认为这个建立在以经解经原则之上的方法"是唯一正确的方法。因此在《圣经》的知识方面,它不能为我们提供的,我们必须认为是绝对不可能的。"②我们由此可以得出结论,我们几乎不可能准确地发现《圣经》中所有经文的真正含义。实际上,根据上面所说的困难,我们必须要说《圣经》的大部分经文即使学者也无法准确地弄清其含义。

但是,斯宾诺莎说:"所有这些困难都只能在不可认识的和只能想象的事情上阻碍我们把握先知的意图,而不能在我们可用理智把握的事物或者我们能够容易对之形成清楚概念的事物上阻碍我们,因为这些事物本质上就是很容易认识的,绝不能说是模糊不清以致不能容易理解的。"③这就触及了斯宾诺莎解释《圣经》的另一个关键点。他实际上将《圣经》的内容分为两方面:一方面是不可理解而只能想象的事物,即占《圣经》绝大部分的历史记述和启示。历史叙述赋予奇迹即自然中的异常事物以很高的地位,这是因为《圣经》作者的意见和判断的局限所造成的。启示也迁就先知的意见。由于它们都是无知和偏见的产物,是模糊不清或者理智不能理解的内容,我们无法通过理性证明来认识它们。如果我们想解释它们,就只能通过字意的历史的方法弄清其字面含义,上述解经方法的困难也只能阻碍我们对这方面内容的认识。另一方面是理智能够把握并且能容易对之形成清晰概念的事物。本质上就可认识的指的就是这一类内容。本质上就可认识的也就是自身就是清楚明白的,它不受时间、地点和表述语言的限制,就像欧氏几何一样,对它的认识不依赖环境因素,不需借助别的东西,通过其自身就可达到。《圣经》中神的道或者普遍的道德原则就是可用理智把握的内容。它是《圣经》的神圣性之所在。它是十分简单而又最可理解的,任何人在任何语言中都很容易解释。在这方面,要把握作者的意图和确定他的思想不需对他的写作语言有一个完全的认识,而只需相当平常和简单的知识;也不需要了解他的生活,他所关心的事情,他的习惯;也不需了解他用什么语言写成的,写给谁的,什么时候写的;也不需要了解他的书的命运,对它的各种解读,它是如何为人们所接受的,以及由于谁的考虑而被接受的。因此,斯宾诺莎说:"在道德教导方面,我们能够很容易地从所掌握的《圣经》的历史来把握它的意图,并确定它的真正含义。真正虔诚的教导是以最熟悉的文字表达的,因为它们很平常而且十分简单易懂。……至于其余的部分,我们没有理由为之担心。因为我们根本不能通过理性和理智来把握它们,"④

斯宾诺莎在叙述和论证其解经方法时实际上为我们显示了两个《圣经》(或

① *Spinoza Complete Works*, p. 466.

② *Spinoza Complete Works*, p. 463.

③ *Spinoza Complete Works*, p. 466.

④ *Spinoza Complete Works*, pp. 466-467.

者它的两个含义)，一个是作为历史文本的《圣经》，另一个是作为神的教导的《圣经》。他称后者为神的道、神的教导、真正的启示或普遍的宗教，他认为《圣经》的目的就在于教导它。其余的只是因材施教传授神的教导的一种辅助。所以，神的教导不等于《圣经》文本。这个划分是斯宾诺莎解释《圣经》的基本构架，也是他所说的神学与传统神学的一个重要区别。

第二节 《圣经》绝非真理的权威[①]

一、启示的含义

斯宾诺莎认为，并非《圣经》中的每一句话都是神的道。神的道究竟是什么？神的道是通过启示显现给先知、并由他们传达给大众的。要认识神的道，首先要弄清楚启示是什么，先知是如何获得启示的。斯宾诺莎为启示下的定义是：

> 预言或启示是神向人启示的关于事物的确定知识。先知是神的启示的解释者，他向那些不能确定地认识神的启示、因而只能通过纯粹的信仰来信奉启示的人们进行解释。[②]

这个定义看似清楚，但是就像费尔贝克(Theo Verbeek)所说的，进一步仔细的解读却可能产生相当的混乱。[③]

首先，斯宾诺莎把预言等同于启示就受人质疑。费尔贝克说，根据斯宾诺莎所下的定义，启示即预言，预言即启示，预言和启示都是确定的知识。但是，通常"启示"或者指神显示他自己或他的意志的过程，或者指这过程的结果即关于神或其意志的启示知识。严格说来，启示与预言的含义并不相同。[④]霍布斯曾对启示和预言进行区分，他把启示理解为从神那里直接接受讯息的过程，而把预言理解为接受者(先知)向他人传递自认为从神那里接受的启示的过程。但是，如果启示和预言都用作名词(斯宾诺莎的定义中就是这样使用的)，被理解为神的知识，那么霍布斯对启示与预言的区分就没有多少意义了，因为一个是从神那里接受的知识，另一个是向别人传达的这种知识，接受的和传达的是同样的东西，而且斯宾诺莎也不是唯一的一个不加区别地使用这两个词的哲学

---

① 本节部分内容曾以《对〈神学政治论〉中"预言"定义的一个理解》为题发表于《中国诠释学》第7卷，以《斯宾诺莎的先知观》为题发表于《犹太研究》第9辑。

② *Spinoza Complete Works*, p. 394.

③ Theo Verbeek, *Spinoza's Theologico-political Treatise: Exploring "The Will of God"*, Hampshire: Ashgate Publishing Limited, 2003, p. 1.

④ Theo Verbeek, *Spinoza's Theologico-political Treatise: Exploring "The Will of God,"* p. 1.

家,此前此后都有人这样做,例如中世纪的迈蒙尼德(Moses Maimonides)①、当代的海舍尔②等。此外,基督教内部把这两个词等同使用的人也很多。

但是,费尔贝克说:"即使大多数基督徒会承认预言是启示,启示带来知识,然而只要他们相信神不仅在《旧约》(《先知书》)而且在《新约》(《使徒书》)中显示自己,他们就不会说启示都是预言,因为使徒不是先知——斯宾诺莎本人也承认这一点。"③斯宾诺莎的确认为《新约》中的使徒都不是先知,但是他明确地说耶稣是先知,他从神那里获得了启示,也进行预言。但是,在《新约》中耶稣不只是先知,就像霍布斯所说的,耶稣"一方面是说话的上帝,另一方面又是听话的先知"④。斯宾诺莎实际上也作了类似的表述,他认为《新约》中神通过耶稣传达给使徒就像《旧约》中神通过天使将启示传达给先知。这等于说使徒的角色类似于旧约中先知的角色。在这个意义上,即便就《新约》而言,预言也可以说是启示。

其次,预言或启示是不是确定的知识?费尔贝克注意到斯宾诺莎使用的不是"scientia"(science,科学)或"sapientia"(wisdom,智慧),而是"cognitio"(cognition,认识、知识),它指从一般的认识到非常熟悉的知识中的任何一种。另一方面,"certa"(certain)也有两个含义:一个是"被认识为真"或"确定的",另一个是"某种"。斯宾诺莎用"certa cognition"要表达的是哪个含义?"某种认识"还是"确定的知识"?费尔贝克说,由斯宾诺莎的《伦理学》可知真理和确定性只属于充分观念,因此一般的认识不能是"确定的"或"被认识为真的"。如果预言是"被认识为真"的知识,我们就必须承认它不仅是哲学,而且是由充分观念构成的。费尔贝克认为,这正是斯宾诺莎的意思。⑤ 费尔贝克还认为"预言"、"启示"和"确定知识"的同一性依赖于"确定的知识"一词的模棱两可,它有时指主观的确定认识(或信仰),有时指客观的确定知识(科学)。因此,他说斯宾诺莎的"预言"定义不是要解释"预言"一词的含义,而是要制定一个辩证的原则,以便他能够在他自己的哲学与传统的宗教之间建立"某种"同一性。⑥

费尔贝克注意到了斯宾诺莎在预言或启示的定义中使用的是"cognitio",但是他不太明白斯宾诺莎为什么使用它。斯宾诺莎对这个词的使用是有用意的,这也与他在下文中所要表达的思想是一致的。"cognitio"指从一般的认识到非常熟悉的知识中的任何一种,这意味着斯宾诺莎的预言定义涵盖的不止一种知识。从斯宾诺莎后面的论述中我们知道,他认为有两种知识都可称为预

① 参见迈蒙尼德:《迷途指津》,傅有德、郭鹏、张志平译,济南:山东大学出版社,1998年,第341~346页。

② 参见亚伯拉罕·海舍尔:《觅人的上帝》,郭鹏、吴正选译,济南:山东大学出版社,2003年,第157~158页。

③ Theo Verbeek, *Spinoza's Theologico-political Treatise: Exploring "The Will of God"*, p. 1.

④ 霍布斯:《利维坦》,黎思复、黎廷弼译,北京:商务印书馆,1985年,第341页。

⑤ Theo Verbeek, *Spinoza's Theologico-political Treatise: Exploring "The Will of God"*, p. 2.

⑥ Theo Verbeek, *Spinoza's Theologico-political Treatise: Exploring "The Will of God"*, pp. 2-3.

言，一种是自然知识，另一种是《圣经》所启示的知识。它们的确定性是不同的，自然知识具有数学式的确定性，而《圣经》启示的知识只具有道德的确定性。如果把预言定义中的确定性理解为一种确定性即《伦理学》中所说的哲学知识的确定性或数学式的确定性，那么我们就难以理解为什么斯宾诺莎一方面说哲学与《圣经》的预言都是确定知识，另一方面又否认哲学与预言的同一性。费尔贝克看到了“预言”、“启示”和“确定知识”的同一性与“确定的知识”一词的不同含义有关，但是他对确定性的区分却是错误的。根据斯宾诺莎，两种确定性分别指数学式的确定性和道德的确定性，而不是主观的确定性和客观的确定性。《圣经》中的预言不是纯主观地确定的，它的道德的确定性不仅需要先知生动的想象，还必须有外在的证据和先知通过实践正义与慈爱所体现出来的向善的心灵。另外，斯宾诺莎的确要在哲学与“宗教”之间建立某种同一性，但不是像费尔贝克所说的要在“他的哲学”与“传统的宗教”之间建立同一性，因为斯宾诺莎所说的哲学是普遍的真理性知识，非专属于某一个人，而他所说的宗教也绝非传统的宗教，而是普遍宗教。

由于“确定的知识”有两个含义，斯宾诺莎才能把自然知识和《圣经》中神的启示都称为确定的知识，并且把它们都称为预言或启示。他甚至认为，自然知识比《圣经》中的预言更有资格被称为启示，“与其他任何知识相比，自然知识都有权被称为神的知识，因为它是神的本性——就我们分有它而言——和他的律令指示给我们的”①。“就自然知识所具有的确定性以及它所从出的来源即神而言，它决不低于预言知识”②，而且它还高于《圣经》中的预言知识，因为“自然知识不要求任何神迹，本质上就具有确定性，在这方面预言低于自然知识”③。

自然知识是预言，自然知识的获得者和传播者也应该是先知，但是根据斯宾诺莎为先知所下的定义：“先知是神的启示的解释者，他向那些不能确定地认识神的启示因而只能通过信仰来信奉启示的人们进行解释。”④根据先知的定义，自然知识的传播者似乎并不能算作先知，因为先知作为神的启示的解释者，只是向那些不能确定地认识神的启示、因而只能通过纯粹的信仰来信奉启示的人进行解释。而自然知识的接受者显然不是通过纯粹的信仰来接受而是以理性来理解知识的，所以自然知识的传播者也就算不上先知。我们看到，斯宾诺莎为预言所下的定义涵盖域更广，根据预言的定义，自然知识和《圣经》中神的教导都是预言，我们可以由此推知《圣经》中的先知和自然知识的传播者都是先知；而根据先知的定义，自然知识的传播者不能被归入先知，相应地，我们也可以由此推知自然知识不是预言。正因为如此，费尔贝克说，斯宾诺莎的“先知”

① *Spinoza Complete Works*, p. 395.
② *Spinoza Complete Works*, p. 395.
③ *Spinoza Complete Works*, p. 405.
④ *Spinoza Complete Works*, p. 394.

定义明显地与“预言”定义相矛盾,“预言”的定义似乎暗示哲学与预言的同一,而“先知”的定义却暗示知识与信仰之间存在着真正的差别,哲学与预言之间也存在着相应的差别。①

斯宾诺莎扩展了“预言”一词的传统内涵,相应地也扩大了先知概念的含义,由此而认为自然知识是启示,自然知识的传播者是先知。但是,他同时也指出:“尽管自然知识是神圣的,但是人们并不把它看成神的预言,而传播自然知识的人也不被称作先知。因为他们所教导的东西,别人不通过信仰,就能够以同样的确定性来认识和拥有。”②而人们通常所说的先知即神的解释者,是向那些未被启示的人解释神的律令,他们要信奉神的律令,只能依靠先知的权威。但是如果聆听先知的人们变成了先知,就像那些聆听哲学家的教诲的人变成了哲学家,那么先知将不是神圣律令的解释者,因为他的听众将不再依赖先知的见证和权威,而是依靠启示自身和内在的见证了。

概而言之,在斯宾诺莎那里预言和先知都有两层含义。广义的预言包括自然知识和《圣经》中的预言,而《圣经》中的预言也有两个含义:一个是预言借以传达的语言和形象,另一个是通过它们所启示的神的道。狭义的预言则专指《圣经》中神的教导,他又称之为神的道,或神的律法。相应地,广义的先知包括自然知识的传播者和《圣经》中的真先知,而狭义的先知特指后者。斯宾诺莎在《神学政治论》中把预言和先知的定义摆放在一起,很容易让人认为:启示都是神通过《圣经》中的先知传达于人的,启示与宗教信仰是不可分的。通过上面的分析,我们知道这并非斯宾诺莎的真正思想。引起人们容易误读的原因在于,斯宾诺莎对于预言的定义与对于先知的定义是不对称的。他为预言下的是一个广义的定义,而对先知的定义却是狭义的。虽然斯宾诺莎从广义上定义预言,但是他在《神学政治论》中讨论预言时也指出,他遵从习惯用法,一般用它指狭义上的即《圣经》中的预言。但是,对于《圣经》中的预言的两个含义,他在使用时常常并不加以区分,这需要读者自己辨别。而当他说《圣经》成书以后就再没有先知时,指的也是狭义上的先知。相应于预言或启示的两层含义,神向人启示的途径也有两个:一个是自然之光即理性,另一个是《圣经》中的先知。

斯宾诺莎写作《神学政治论》的主要意图是考察《圣经》,他着重讨论的是《圣经》中的预言。他说:“在这些事情方面,我们所说的一切都必须只从《圣经》中来寻找。因为对于超出我们理智的东西,除了先知通过语言和文字传给我们的东西,我们还能说些什么呢?就我所知,今天我们已经没有先知了,我们要了解这些东西,只能通过解释先知留给我们的《圣经》了。”③但是在这之前,他提出预防措施:有关这些方面的任何东西,只要不是先知清楚地说出的,都不应坚

---

① Theo Verbeek, *Spinoza's Theologico-political Treatise: Exploring "The Will of God"*, p. 3.

② *Spinoza Complete Works*, p. 395.

③ *Spinoza Complete Works*, p. 395.

持，也不应把先知没有清楚地说出的东西归之于先知。

斯宾诺莎首先通过犹太人的说话习惯来提醒读者，并非《圣经》中所说的神告诉人的每一句话都要视为神的启示。因为《圣经》是犹太人的故事和历史记述，而"犹太人从不提及或在乎中介或具体原因，出于宗教或虔诚，或者(就像通常所说的)出于宗教热情，他们总是诉诸神"①。如果他们做生意发财了，他们会说那是神给他们的；如果他们欲让某件事发生，他们说是神让他们这样做的；即使他们想到某个东西，他们也会说那是神告诉他们的。鉴于犹太人的这种表达方式，斯宾诺莎说我们不能把《圣经》所写的神的每一句话都视为预言或启示，只有《圣经》清楚地说出的才是预言或启示，或者其作为预言的地位取决于叙述语境。为了确定先知传达的启示是什么，斯宾诺莎首先考察了先知是通过什么方式和能力获得启示的。

二、先知获得启示的途径是想象

斯宾诺莎把《旧约》中的先知分为两类：一是摩西，二是为数众多的普通先知，他们接受启示的途径有所不同。这与犹太教和基督教的传统看法似乎是一致的，或者说在这一点上斯宾诺莎是适应传统神学的观点来解释启示和先知的，但是与传统神学不同的是，斯宾诺莎认为，摩西与其他先知接受启示的途径并没有根本的区别，他们都通过想象即通过语言和形象的中介认识神的启示。在《新约》中，启示主要是通过基督传达的，尽管基督与其他先知所传达的都是神的启示，但是基督与他们领受启示的方式是根本不同的。

首先，普通先知都是通过声音或者可见的形象获得启示的，这些声音或形象或者是真实的或者是假想的，它们或者在先知醒时显现或者在其梦中显现。只通过形象产生的启示，比如《历代志上》21:16，神通过一个手持剑的天使向大卫显示他的愤怒；只通过语言产生的启示，比如亚比米勒接受的启示。他听到的声音是假想的，因为《创世记》20:6 说："神在他的梦中对他说话"等。他不是在醒着的时候而是在梦中才能够想象神的意志，想象力在那个时候自然最易于想象不存在的东西。通过形象和语言产生的启示，比如《约书亚书》5:14，神向约书亚显示的天使是一个手持利剑的军队指挥官，启示约书亚他将为以色列战斗。斯宾诺莎说，没有哪个先知见到过神的形象，只有摩西听到过神的真实声音，这是他与普通先知的唯一不同，因为神说："我要在那里与你会面，我将从法柜施恩座上二基路伯中间与你说话。"②斯宾诺莎说，这宣告律法的声音是神的唯一真实的声音。《圣经》中其他一些地方也说到神向其他先知说话，但是斯宾诺莎认为这些都不能理解为神的真实声音。

---

① *Spinoza Complete Works*, p. 395.

② 《出埃及记》25:22。

虽然斯宾诺莎通过承认摩西听到了神的一次真实声音,将摩西与其他先知区别开来,但是他对此又表示怀疑,他说承认这一点只是为了不冒犯《圣经》。因为有些犹太人就对十诫持有不同观点,他们认为十诫的原话不是神说的,以色列人只是听到了声音,但这声音中并没有任何词语。在这声音发出时,他们以纯粹的心灵认识到了十诫的律法,而且《出埃及记》中十诫的话不同于《申命记》中十诫的话。既然神只说了一次,从这两个不同的说法可知,十诫并非要教导神的这些言词,而只是要教导它们的含义。再者,斯宾诺莎说摩西是与别人一样依赖于神的被造物,他能够在事实上或口头上以自己的身份表述或解释神的本质或存在,以第一人称说"我是你们的神,耶和华",这似乎太不合理了,因为摩西与神的关系并不比其他任何人与神的关系更密切,他也不具有神的本质。而且,既然神不允许偶像崇拜,那么就说明没有任何人见到过神的形象,因此从这方面说,摩西见到神的背影并与他说话这件事也是令人怀疑的。斯宾诺莎虽然没有明确地说出但是我们可以由此得出结论,摩西实际上也没有真正听过神的声音,更没有见过神。所以,所有先知都既没有听到过神的声音也没有见过神,他们所说的神的形象都是他们想象或幻想出来的。

斯宾诺莎说,先知都是通过想象的方式接受启示的,只有基督才不用形象或语言而只通过心灵获得启示,除了基督之外,没有什么人具有这样的心灵。他说,神不用任何语言和可见的形象直接向基督启示人类得救的条件,神通过基督的心灵向使徒显示自己,与从前他通过天上的声音向摩西显示自己是一样的。如果说摩西面对面地与神说话就像一个人与伙伴说话一样,是通过他们的身体,那么基督就是与神心对心地直接沟通。可是,斯宾诺莎又坦承他也不知道基督是通过何种方式得到启示的。他只是根据这样一个事实即《圣经》上没有说耶稣是以想象的方式接受启示,推出耶稣是直接通过心灵接受了启示。

斯宾诺莎肯定基督是得救之路,称赞基督与众不同,如鹤立鸡群般凌驾于其他先知之上。但是,他又认为,基督的高超之处在于他以理性得到启示。这表明基督具有的卓越能力只是理性,而哲学家运用理性同样能获得这样的知识。因此,耶稣并无高出哲学家之处。斯宾诺莎从一开始就设定基督只有两种认识能力即想象和理性,而没有超理性的能力,所以他才会作出这样的推论:《圣经》中没说他通过想象获得启示,他必定是通过理性获得的,尽管我们不知道他是如何通过理性获得的。但是,这个推论并不必然成立,因为既然《圣经》上也没有说基督是通过心灵直接获得启示的,所以,我们同样有权推测说基督可能是以想象的方式接受启示的。斯宾诺莎大概是为了避免把基督说成像其他先知一样理智平庸,才说基督是通过心灵直接获得启示的,因为他认为基督也是一个先知。有人认为,斯宾诺莎对《旧约》中的先知与《新约》中的基督的不同态度,说明他是在迎合基督徒,有人甚至倾向于把他看成一个基督教哲学家。而利奥·施特劳斯认为,这是斯宾诺莎的写作艺术使然,"他有意识地精心地使自己思想的公开表达(而非自己的思想)迁就自己时代的要求和许可"[①],因为在基督教的政治力量和社会力量都很强大的环境中,"攻击犹太教的危险与攻击基督教相比微乎其微,而攻击《旧约》的危险肯定要比攻击《新约》小得多"[②]。

总之,斯宾诺莎认为:"先知只是借助想象能力即通过语言和形象的中介认识神的启示的,语言和形象或者是真实的或者是想象的。除了这些途径,我们在《圣经》中没有发现别的途径,因此我们不能虚构任何别的途径。"[③]"除了基督以外,任何人不借助想象即不借助语言和可见的现象都不能得到神的启示,因此要进行预言,不需有一个非常完满的心灵,而只需非常生动的想象。"[④]根据斯宾诺莎的说法,心灵的本质是理性,所以要成为先知,不需要完善的理智。当然,斯宾诺莎并没有说只要有了生动的想象就一定能成为先知,他只是说明成为一名先知需要什么样的能力,不需要什么样能力。

斯蒂文·史密斯(Steven B. Smith)在评论斯宾诺莎的先知学说时说,斯宾诺莎实际上认为,"预言的来源不是神而是先知的心理想象。将先知的见解归于神只能说明对于控制人的心灵的心理机制的无知"。斯宾诺莎"把预言等同于想象能力就把它变成了一种纯粹自然的或心理学的现象"[⑤],这样,就消解了预言的神秘性和神圣性。但是斯宾诺莎的先知学说的后果不止如此,它还进一步否定了先知启示的真理性。斯宾诺莎认为,想象是最低层次的认识能力,是错误的来源。[⑥] 先知通过想象获得启示,意味着先知的启示是错误的。另一方面,先知大都是在梦中或在白日梦中接受启示的,这意味着什么?首先,即使神真的启示他们,他们也可能误解和曲解它们。其次,他们获得的启示都是虚幻不实的,因而是不可靠也不足信的。再次,斯宾诺莎认为,严格说来,没有一个先知真正见过神,先知所说的他们所见到或听到的关于神的信息都是假想的,既然他们并没有通过这种方式真正认识神,他们怎么可能知道他们获得的是神的启示?这就是说,先知根本不是从神那里得到启示,它们所谓的启示只是自己的想象。他们以想象的方式所接受的神的启示不可能是真理。

三、先知没有完善的理智

即便我们承认先知获得神的启示都是借助想象,而不是通过完善的理智,这似乎也不能说明他们就一定没有完善的理智,因为他们获得预言是否运用理

---

① Leo Strauss, *Persecution and the Art of Writing*, p. 192.

② Leo Strauss, *Persecution and the Art of Writing*, p. 190.

③ *Spinoza Complete Works*, p. 403.

④ *Spinoza Complete Works*, p. 399.

⑤ Steven B. Smith, *Spinoza, Liberalism, and the Question of Jewish Identity*, New Haven: Yale University Press, 1997, p. 91.

⑥ *The Collected Works of Spinoza*, Vol. 1, ed. and trans. Edwin Curley, Princeton: Princeton University Press, 1985, p. 478.

智是一回事,而先知是否具有理智是另一回事。斯宾诺莎在论证了先知只是通过想象获得启示之后,又进一步证明"先知不具有较完善的心灵"①。

许多神学家认为,先知具有充分的理性知识。对此,斯宾诺莎批评说:"人们往往轻率地使自己相信,先知们知道人类理智所能认识的每一事物。即使《圣经》的某些段落非常清楚地告诉我们先知不知道某些事情,这些人也宁愿说他们不理解这些段落,而不承认先知们不知道这些事情。或者他们尽力歪曲《圣经》的这些话,使其背离它所清楚表达的本义。"②

首先,斯宾诺莎说,《圣经》中到处都在告诉人们,先知只具有异常生动的想象力而不具有完善的心灵,因为《圣经》承认所罗门在智慧方面超过所有其他人,但在预言方面却并非如此。同样,那些精明审慎之人,像希幔、大拉和甲各也不是先知。另一方面,没受过任何教育的农民,甚至头脑简单的妇女,像夏甲、亚伯拉罕的女仆,都具有预言能力。斯宾诺莎说,这也与经验和理性相符合,因为那些具有最强想象力的人用纯粹理智把握事物的能力比较弱;相反,那些理智能力较强、理智得到最大培养的人,只具有普通的想象力,并将它置于他们的控制之下,以免它迷乱了理智。③ 斯宾诺莎似乎告诉读者,一个人具有的想象能力与理智能力成反比,先知既具有非同寻常的想象,必定没有完善的理智。此外,如果他们具有完善的理智,就可以通过理智认识神的本质和生活指南而无须借助想象来接受神的启示了。斯宾诺莎的这个论证使人可以得出这样一个结论,即正因为先知并不具有完善的理智,所以他们才以想象的方式获得启示。

其次,斯宾诺莎说,预言没有使先知博学或者理智完善,因为"预言能力不仅随每个先知的想象力和自然性情而变化,而且随他们所接受的意见而变化,因此预言能力绝不会使先知更博学"④。在不同的先知那里,预言的证据是不同的。证据是用来说服先知接受启示的,因此,证据必定根据不同先知的不同认识能力和理解能力而不同。如果向他们显示他们不能认识或理解的证据,那么他们就不能通过这样的证据被说服并服从神的启示。因此,先知由证据所得到的确定性不是数学式的(即由对被认识或被看见的事物的把握所必然产生的确定性),而只是道德性的。证据只是用来使先知相信的,因此证据是根据先知的意见和能力而出现的,这就使得让一个先知确信其预言的证据可能不会让别的先知确信其预言,因为他们具有不同的看法。斯宾诺莎通过《圣经》例证,启示随每个先知的性情、想象以及他先前所持的见解而变化。启示随先知的性情不同而变化的情况,如:如果先知心情愉快,成功、和平和使人高兴的事就启示给

① *Spinoza Complete Works*, p. 404.
② *Spinoza Complete Works*, p. 409.
③ *Spinoza Complete Works*, p. 394.
④ *Spinoza Complete Works*, p. 405.

他，因为这类人通常更多地想象这种事情；如果先知心情悲伤，战争、惩罚以及一切灾祸就启示给他。因此，随着先知处于同情、平静、易怒、严厉等不同状态之中，他也随之易于获得一种启示而不易于获得另一种启示。启示随先知的想象倾向而变化的情况，如：一个有修养的先知以优雅的方式认识到神的心灵；而一个糊涂的先知则以糊涂的方式认识到神的心灵。那些通过形象来表象的启示也是如此。如果先知是一个乡下人，公牛和母牛就会表象给他；如果他是一个士兵，将军和军队就会表象给他；如果他是一个朝臣，御座以及类似的东西就会表象给他。预言的文体也随每个先知的表达而不同，而且即使预言中表示同一个东西的预言代表物和象征物也因先知的不同而不同。此外，预言的代表物不仅出现的方式不同，而且清晰程度也不同。

因此，斯宾诺莎说："十分清楚，根据《圣经》，神赋予某些先知比另一些先知更大的预言能力。预言或启示也随着先知已有的成见而不同，先知具有各种不同的甚至相反的成见，而在纯粹思辨方面，他们有各种各样的偏见。"所以，"预言绝未使得先知更有学问，它容许他们保持自己的成见，因此，在纯粹思辨的问题上，我们一定不要相信他们"①。

再次，斯宾诺莎说，《圣经》中伟大的先知像亚当、亚伯拉罕、挪亚、摩西等都没有超出常人的知识。神向他们显示启示的方式，也是与他们的偏见或知识水平相适应的，并且容许他们保留其偏见。亚当是第一个受到神启示的人，他并不知道神是全在和全知的。因为他隐藏起来不让神看见他，并在神面前设法为自己的罪找借口，好像出现在他面前的是一个人。因此，神也根据亚当的理解力启示于他，使自己像一个不是全在的也不知道亚当的位置和罪的人。约书亚和以赛亚不知道地球围绕太阳运转。神对挪亚的启示即神要毁灭人类，也是根据他的理解力进行的，因为他认为世界的范围并不超出巴勒斯坦。亚伯拉罕也不知道神无所不在和预知一切。因为当他听到对所多玛人的判决时，他祈祷神在确定他们是否都应受到惩罚之前，不要执行判决。摩西知道神是往在、今在与永在的存在，因此，称他为"耶和华"。② 但是，摩西并不清楚地知道神是无所不知的，所有人的行为都受制于他的律令。因为尽管神告诉他以色列人将听从他，他仍然怀疑③，并回答说："如果他们不信我，不听我的怎么办？"④因此，启示给他的是一个漠然的不知道人类将来行为的神，等等。斯宾诺莎说，摩西认为神是可见的，只是人的能力不足以看见他，因此他请求神允许他看到神，但是摩西没有在自己的头脑中形成神的形象，因此神没有显现给摩西任何形象。神还

---

① *Spinoza Complete Works*, p. 409.

② 根据斯宾诺莎的解释，耶和华在希伯来语中就表示"存在"的这三种时间。*Spinoza Complete Works*, p. 411.

③ 参见《出埃及记》3:18。

④ 《出埃及记》4:1。

给摩西一个与他的意见一致的理由,即没有人能看到他并且还能活。再者,因为摩西相信神有同情、仁慈等品质,所以神也根据他这些看法显示给他,并显示这些品质。最后,由于摩西相信神住在天上,神就以自天上降到山顶的形式显示自己。摩西也走到山上与神说话,如果他能想到神是无所不在的,他就不必到山上去了。"如果我们现在留意摩西的启示,我们将发现它们都是适应他的这些看法的。"[①]从字面上,斯宾诺莎在说神根据摩西的看法启示他,但是我们分明看到这实际上在说摩西根据自己的想象塑造了神的特征。后来,弗洛伊德也表达了近似的观点,他说摩西将自己的性格糅合进了他的上帝的性格当中。[②]既然这些伟大的先知都不具有超出常人的知识,其他的先知就更不用说了。

先知的启示中只有想象而没有推理和论证吗?斯宾诺莎认为,《圣经》中虽然有推理和论证,但它们并不是被用来推出普遍的知识,而只是为了说服个别能够进行推理的先知,因此这些推理和论证不是普遍地用以说服每一个人的理由,而只是与个别先知的理解力相适应。这也说明神尽量根据每个人的理解能力,以适合他的方式告诉他神的存在,以便不使其感到难以理解而困惑和矛盾,并不意味着教给他们任何普遍性的哲学知识,因为不同先知的意见往往不一样,甚至大相径庭。斯宾诺莎指出,启示适应先知的意见和理解力,实际上可以理解为先知所说的关于神的话并非神的启示,而是他们想象的结果。

此外,先知传播启示也是通过想象而不是理智的方式。他们既没有足够的理性能力接受启示,也不能以理性的方式解释和传授启示。另一方面,斯宾诺莎认为当时的以色列人理智低弱,因为他们长期处于被奴役状态,习惯于埃及的迷信,懵懂无知,对神根本不可能有什么认识。他们尽管得到神的启示,却对神几乎一无所知。因此不可能以理性的方式对他们进行教育,摩西除了教他们一种生活方式之外,不可能教他们别的东西。由于他们理智低弱,摩西布道时就不是作为一个哲学家而是作为一个立法者来教导他们,以便他们能够服从律法的命令而生活得好。摩西教导以色列人的方式与父母通常教导完全缺乏理性孩子的方式一样,他不是以理性的方式进行教导的,他们也并不知道德性和真正幸福的价值。

先知没有完善的理性能力,他们是否像许多神学家所说的那样拥有更高的超理性能力,从而他们获得的是超理性启示呢?斯宾诺莎认为理性是人的最高能力,由理性获得的自然知识是最高的知识。如果有人认为先知通过想象获得的启示高于理性知识,除非他们梦想着:"先知虽然有人的身体但他们的心灵与人不一样,因此他们的感觉和意识与我们的完全不同。"[③]

---

① *Spinoza Complete Works*, p. 412.

② 参见弗洛伊德:《摩西与一神教》,李展开译,北京:三联书店,1989年,第99页。

③ Spinoza, *Theological Political Treatise*, trans. Samuel Shirley, Indianapolis: Hackett Publishing Company, Inc., 1998, p. 9.

由于先知不具有完善的理智，我们也就可以理解，为什么先知在认识和教导每一事物时总是采取隐喻和寓言的方式，为什么所有精神性的东西都以物质的方式来表达，因为所有这一切都更符合想象的本质。因此我们就不奇怪，为什么《圣经》或先知关于圣灵的说法如此地奇异不当和晦暗不明，说什么神坐在王座上，说神像一个穿着白袍的老人，说他像火，等等。所有这些都是与对神和圣灵的流俗想象一致的。

这里有一个问题：既然斯宾诺莎已经充分证明了先知只是凭想象接受启示的，那么他为什么还要一定说明先知没有完善的心灵和理智呢？第一，他要进一步表明先知不可能通过想象以外的方式获得启示，同时也说明先知所拥有的自然知识不多，也不一定正确，从而进一步确证他们关于神所说的话以及他们的启示大多是虚假不实的，因为根据他在《理智改进论》中的观点："心灵所知越少……它虚构的可能性必定越大。""人对自然所知越少，越容易虚构很多东西。"[①]第二，这说明先知平庸，而这又可以进一步得出他们宣讲的神的话也是平庸的。就像南希·列文(Nancy K. Levene)所说的："如果先知即接受神的道的人被认为是平庸的、有缺陷的人，只根据他们有限的知识和智力就能领会和传达神的启示，由此而来的结论似乎是，先知的叙事以及他们的不朽作品即《圣经》，与某些时代某些地方的某些人的观念与信念的历史记载相比便毫无非凡之处。"[②]无论对于犹太教还是对于基督教来说，《圣经》都是获得神的知识的基本来源，斯宾诺莎关于先知平庸的观点，对它们提出了一个棘手的问题，"将相当深入地打击任何传统的先知观，因为如果先知只是平庸的人，那么神的话——我们只能通过这唯一的中介来认识它——必定也是平庸的"[③]。第三，《圣经》中包含许多关于自然事物和自然现象的叙述和说明，而且它们往往与自然知识相对立。如果断定先知没有完善的理智，就可以确定他们在自然知识方面比较无知，我们就不必在这方面相信它们。先知们所说的神的本质是完全不可靠的，他们关于神的各种说法明显是相互矛盾的，这足以说明《圣经》中神的形象和属性都是先知的想象而已，没有一个是对神的真正认识。斯宾诺莎所谓"神将其启示适应于先知的理解力和意见"，实际上是说启示必定是与先知的意见和偏见相适应的。"先知可能不知道纯粹思辨的知识(与仁爱和如何生活无关的知识)，事实上他们的确也不知道，而且在这类事情上他们彼此持有相反的意见。因此，如果我们向他们学习自然知识和精神知识，那是最不合适的。"[④]

埃德温·柯利(Edwin Curley)认为，斯宾诺莎"有关预言的主要思想是倾

---

① *The Collected Works of Spinoza*, Vol. 1, pp. 26-27.

② Nancy K. Levene, *Spinoza's Revelation* : *Religion, Democracy, and Reason*, Cambridge: Cambridge University Press, 2004, p. 94.

③ Nancy K. Levene, *Spinoza's Revelation* : *Religion, Democracy, and Reason*, p. 95.

④ *Spinoza Complete Works*, p. 414.

向于去颠覆先知们的工作，甚至是真先知们的工作”①。此言很有道理。但确切地说，与其说“颠覆”，不如说通过“去蔽”，使之显出真相，或者说他颠覆的是传统神学对先知的理解。另一方面，从斯宾诺莎的著作看，他并没有摒弃他所说的真先知的工作的价值。

四、启示的确定性

先知不具有发达的理智，难以通过理性的方式认识神的本质，他们传达的启示也不是真理。既然如此，先知也就不可能是神的喉舌和解释者，《圣经》也就是一本没有多少价值的书了。但是，斯宾诺莎的目的不是要否定《圣经》和宗教，他的目的是要划分开哲学与神学，以捍卫思想自由。所以，他说《圣经》仍然是一本圣书，真正的先知也仍然是神的代言人，他们传达的也是确定的知识。

先知的预言是通过想象获得的。斯宾诺莎认为，想象与清楚分明的观念不同，想象本质上不具有确定性。② 这是他一贯持有的观点。他在《神学政治论》以及《理智改进论》和《伦理学》中都认为，想象不能给我们提供真理性知识，只能提供混淆的片断的知识，它是错误的来源。由于预言完全依赖想象，预言自身也不可能包含确定性。既然如此，斯宾诺莎为什么还要说预言是具有确定性的知识？斯宾诺莎承认我们对先知的启示没有真正的知识，也不能通过第一因来解释它，因此，他说我们对这类事情不能拥有哲学或科学知识的确定性。但是，他认为它们还是有确定性的。由于这类事情只是《圣经》中记载的，我们也只能从《圣经》来寻找它的确定性。他说，如果要想确定我们想象的事物，必须在想象之上加上某个东西即证据，“因此，先知不是通过预言自身而是通过某个证据来确定神的启示的”③，比如《创世记》15:8。亚伯拉罕在听到神的许诺后，恳求一个证据。当然，他相信神，他恳求证据不是为了信仰神，而是为了知道是神对他作出的这个许诺。

有了生动的想象和证据是否就足以确定先知的预言了？仍然不能，因为《圣经》记载，坏先知也能预言，也能有证据。霍布斯曾根据《列王记》的记述认为“假先知比真先知多得多”④。究竟什么样的预言才是真的？无论霍布斯还是斯宾诺莎都认为，只有真先知的预言才是真的。如何区分真假先知呢？霍布斯认为，《圣经》自身提出了三个标准，其中《旧约》中有两条：一是与摩西所教导的话相符合，二是预言神行奇迹的神奇力量。《新约》中只有一个标准，就是传布“耶稣是基督”这一教义。任何人只要否认这一条，不论他表面上能行什么奇

---

① 埃德温·柯利：《我可不敢如此肆意著述》，王承教译，载刘小枫、陈少明主编：《阅读的德性》，北京：华夏出版社，2006年，第117页。

② *Spinoza Complete Works*, p.405.

③ *Spinoza Complete Works*, p.405.

④ Thomas Hobbes, *Leviathan*, p.341.

迹,都是一个假先知,传布这一教义的人则是真先知。[1] 霍布斯的第三条标准对于基督教是适用的,对犹太教则不适用。根据犹太教的教义,宣扬耶稣是基督就是传布新神,这样的先知恰恰是假先知。与霍布斯不同,斯宾诺莎认为德性是区别真假先知的标准,真先知都具有真正的德性,假先知则没有。但是,斯宾诺莎又提到在《申命记》13 中,摩西说神有时会用证据和奇迹考验人们对他的忠诚,而且《以西结书》14:9 也清楚地表明,神有时也以假启示来骗人。如果神自身以神迹用于假的预言,给人以假的启示,人们如何判别预言的真假?这就不得不让人以为神的预言和启示似乎都是非常可疑的,《圣经》中并不存在确定的知识或神的教导。这个揭示的确是对《圣经》的沉重一击,它显示《圣经》中不仅没有严格的科学知识,也可能没有确定的道德知识。这样,就根本否定了《圣经》的价值。但是,斯宾诺莎没有就此得出这样的结论。他没有完全否认宗教的作用,他想做的是限定宗教的领地而不是取消宗教,因此,他并不从根本上否认《圣经》的确定性。所以,他笔锋一转,这样写道:"它们[预言]还是具有相当程度的确定性的。因为神绝不欺骗好人和他的选民……神把好人当作善的工具,把恶人当作他发怒的执行者和工具。…… 神虽然决定通过先知欺骗亚哈,但他只用假先知作为欺骗的工具。对虔诚的先知,他则启示真相,而不阻止他宣讲真相。……尽管如此…… 先知的确定性仍然只是道德的,因为无人能在神面前宣告自己无罪,也不能自夸是神的虔诚的工具。"[2]至于为什么神不会欺骗好人,斯宾诺莎并没有给出理由。

简言之,斯宾诺莎认为,先知的确定性完全建立在三个条件之上:第一,被启示的事物非常鲜明地出现在他们的想象中,就像我们醒时通常受到物体的作用一样。第二,有证据出现。第三,最后也是最重要的,先知一心一意只为正义与善良。

建立在这三个条件之上的预言才具有确定性,换言之,只有具备这三个条件的先知才是真先知。但是预言的这种确定性并不是真理的确定性,因为"预言的确定性不是数学的确定性而只是道德的确定性"[3]。所谓道德的确定性,从前面的讨论可以看出就是以善来决定的确定性。只有好的先知教导的启示才是真的启示,神只向好的先知显示真的启示,不向坏先知显示真的启示。我们根据先知是否具有向善之心来确定他的预言的真假,而先知的善要体现在实践中。因此,预言或启示的确定性是一种实践的确定性,一种道德的确定性。

《圣经》所真正要启示于人的"神的精神"或圣灵指的只是德性。斯宾诺莎把"神的灵在先知之中"、"神将他的灵注入于人"、"人充满了神的灵和圣灵"这些句子的含义归结为:"它们只是指先知具有一种常人所没有的非凡德性,他们

① Thomas Hobbes, *Leviathan*, p. 341.
② *Spinoza Complete Works*, p. 406.
③ *Spinoza Complete Works*, p. 405.

以特别忠实的心培养虔诚,他们知道神的心灵或判断。"[①]由于在希伯来语中,灵既指心灵也指它的判断,所以斯宾诺莎说律法本身由于解释了神的心灵,也被称为圣灵或神的灵。所以,神的律令是通过先知的想象启示出来的,它也同样有权被称为圣灵,先知也因而可被称为拥有圣灵。预言或启示也就是关于圣灵或德性的知识。先知获得神的道也就是先知具有虔诚的心和高尚的德性。

由此,斯宾诺莎认为,先知并非绝对无知。他说先知无知,是指他们在自然知识方面无知。斯宾诺莎说,先知们不仅可以不知道一般的自然知识,而且也可以不知道其他更重要的事情,而这似乎无损于他们的虔诚。实际上,他们确实对这些一无所知。因为在神的属性方面,他们只具有很普通的看法,没有教导任何非凡的东西。他们的启示也与这些看法相适应。另一方面,斯宾诺莎认为真正的先知确实知道并实践圣灵和德性,这才是他们要传布的知识。"先知受到赞扬和称颂不是因为他们优秀卓越的理解能力,而是因为他们的虔诚和忠诚。"[②]

总之,斯宾诺莎认为:"先知只具有想象事物的特别能力,而不具有理解事物的特别能力,神并没有启示给他们任何哲学秘密,而只启示给他们最简单的东西,他使自己适应于他们的成见。"[③]"那些从先知的书中寻找智慧、自然知识和精神知识的人,是完全走入歧途了。"[④]因此,在理智知识方面,他们不是权威,我们不必相信和听从他们。既然先知只在教导虔诚和服从方面具有权威,在理智知识方面并不可信,因此,《圣经》的目的就不是教导真理,而只是教人德性和虔诚。

第三节 《圣经》不等于神的启示[⑤]

传统神学认为,《圣经》的每一段都是真实而神圣的,并把这作为理解《圣经》和发现其真正含义的基础,作为解释《圣经》的定则。即使在今天,我们看到仍然有许多基督徒固持这种观点。斯宾诺莎认为,《圣经》中的哪些内容是神圣的,我们应该通过考察《圣经》来确定。《圣经》中的大部分是适应大众领会能力的内容和大众的意见,《圣经》中存在着诸多相互矛盾以及荒谬怪诞的文字,如果把《圣经》的每一句话都当成神的教导,必然会在人们之间引起争执、冲突和仇恨,这正是教会中各种罪恶的根源之一。纵览斯宾诺莎的著作,我们看到他实际上是通过对《圣经》的考察,把《圣经》中不属于神的教导的内容都剥离开,从而让真正的启示显现出来。

---

① *Spinoza Complete Works*, pp. 402-403.

② *Spinoza Complete Works*, p. 410.

③ *Spinoza Complete Works*, p. 510.

④ *Spinoza Complete Works*, p. 404.

⑤ 本节部分内容曾以《斯宾诺莎对选民观念的批判》为题发表于《犹太研究》第10辑,以《斯宾诺莎的神迹观》为题发表于《云南大学学报》2012年第5期。

一、启示非犹太人所独有

《圣经》中有许多地方说神选择犹太人而没有选择其他民族（《申命记》10：15），他与他们而不是别的民族亲近（《申命记》4：4～7），他只为他们制定了公正的律法（《申命记》4：8），神只为他们所知，使他们优于其他民族（《申命记》4：32），等等。这便是犹太人的选民观念的来源。犹太人是神的选民，这一直是犹太教的一个基本教义。当代犹太学者艾菲·贝克（Avi Beker）说：“选民观念是犹太教信仰的核心”，“是犹太教的支柱”，“在犹太传统和礼拜仪式中居于中心地位”。“在《旧约》中没有哪个主旨比神与以色列人——他们是被拣选的人，并在漫长的时代以各种方式回应神的召唤——之间的立约更为基本了。如果不把选民概念作为中心，犹太教、它的历史和它的宗教都不可能得到理解。如果不是犹太人声称是选民，我们很难在其各种形式和各个时代中设想犹太人的特性。”[①]

启示是否为犹太人所独有？犹太人的选民身份是不是神的启示？从上面所引的经文来看，《圣经》是这样说的。但是在斯宾诺莎看来，犹太人通过《圣经》证明自己是神的特选子民的所有理由都不能成立，《圣经》中所说的犹太人是选民的话，不过是适应希伯来人的理解能力而因材施教的表现。斯宾诺莎并不想否认神只为犹太人制定了摩西五经中的律法，也不想否认神只对他们说的那些话，也不否认他们看到了别的民族所没有看到的神迹。但是他认为这并不意味着神只为犹太人制定律法，只对他们说话，只为他们显示奇迹。

斯宾诺莎认为，神也为其他民族颁布了律法和显示了神迹。《旧约》的律法只启示给犹太人，只是为他们制定的，这是因为神拣选他们只是要建立一个社会秩序和国家，他们必须要有自己的律法。但是，其他民族也有自己的国家和律法，如果把国家的律法视为神的启示，这就足以证明神也给了其他民族以启示。以色列建国之前，神就在耶路撒冷为那里的人们确立了国王和牧师，制定了仪式和律法。我们只是不能确定他们是否通过预言的方式得到他们的律法，如果他们不是通过预言的方式而是运用自己的理智制定了律法，这说明他们比犹太人更有智慧。所以在这方面，犹太民族并不比别的民族优越。斯宾诺莎还通过《圣经》（《玛拉基书》1：10～11）证明，那个时代的犹太人受到神的爱并不多于别的民族。他甚至认为别的民族通过神迹比犹太人更为了解神。所以，当《圣经》说，神对别的民族没有像对犹太人那样亲近时，这必须理解为只是指他们的国家在那个时期碰巧遇到了许多奇迹。

至于其他的奇迹，在斯宾诺莎看来那不过是犹太人的捏造，以使人们相信他们是神的选民。他说：

---

① Avi Beker, *The Chosen*, New York: Palgrave Macmillan, 2008, p. 17, p. xii, pp. 8-9, p. 20.

> 这种观念似乎起源于早期的犹太人。那个时代的非犹太人崇拜可见的神,像太阳、月亮、大地、水、气等。为了向他们证明这些神是虚弱的、不定的、无常的、是由不可见的神统治的,犹太人讲述他们的神迹,以此进一步表明整个自然都是按照他们所崇拜的神的命令、只为他们的利益而安排的。这种做法很使他们喜欢,直到今天他们仍在捏造神迹,以便使人相信神最爱他们,他们是神创造和支配万物的最终原因。①

斯宾诺莎指出,预言的天赋也不为犹太人所独有,而是所有民族都有的。②既然先知的职责是教人以真正的道德,劝人为善,而不是教导他们自己国家的法律,毫无疑问,各个民族都有先知。世俗的历史与《圣经》都证明了这一点。但是,我们看到《旧约》中并没有说,其他民族的先知与犹太人的一样多或者神明确地派遣非犹太人先知到那些国家去。斯宾诺莎解释说这无关紧要,因为《旧约》是希伯来人写的,他们所关注的只是记述他们自己的而不是其他民族的事件。而且《旧约》中确有关于非犹太人先知的记载,像挪亚、以诺、阿比米来和巴兰等都不是犹太人,不行割礼,但都能预言。神不仅把犹太人先知派遣到他们自己的国家,也派遣到很多别的国家,例如,以西结就给那时所有的国家预言,别的民族也有先知既向自己的民族预言也向犹太人预言。③

斯宾诺莎还借用基督教的观点说,从罪的方面看,既然人皆有罪,而没有律法就没有罪,这也说明神的律法颁布给了所有人。斯宾诺莎这里所说的"律法"即普遍的道德法则,所有人都生活在法则之下,即都生活在真正的道德法则之下,这法则不是根据某一国家的本质或构成而确立的,不是为了适应一个民族的气质。斯宾诺莎认为,当保罗说神的话托付给了犹太人时,我们必须将这理解为神将书写的律法给了他们,而对其他民族,神只通过启示和概念将这律法教给了他们,或者他是根据犹太人的理解力和他们的意见来作出这种回答的。④就是说,虽然其他民族没有《圣经》,但是他们可能根本不需要《圣经》,通过自己的理性就能认识到《圣经》中包含的普遍道德法则。

《圣经》中许多地方说神对犹太人的拣选是永恒的,即使他们失去了自己的国家,他们仍是神的选民。犹太人以此使自己相信,神对他们的拣选不只是暂时的,不仅是只及于他们的国家。《圣经》中最清楚地讲述永恒拣选的段落主要在《耶利米书》和《以西结书》中。在《耶利米书》31:36 中,先知证明以色列的子孙将永远是神的国家,将他们与上天的和自然的确定不移的次序相提并论;《以

---

① *Spinoza Complete Works*, p. 445.
② *Spinoza Complete Works*, p. 422.
③ *Spinoza Complete Works*, pp. 420-421.
④ *Spinoza Complete Works*, p. 423.

西结书》20:32～44 似乎在说，尽管犹太人有意地背弃了对神的敬拜，但是神仍会将他们从分散的地区聚集在一起，带领他们到外邦人的旷野，就像他带领他们的祖先到埃及的旷野，最后，在他从他们中间铲除了叛逆和背叛者之后，他将把他们从那里带到他的圣山，在那里整个以色列将敬拜他。在斯宾诺莎看来，如果说神拣选了犹太人，也只是意味着给了犹太人一部国家法律，而一种法律所成就的国家稳定与繁荣毕竟只是暂时的，而不是永恒的。因此，神不是永远地与他们立了约。"《圣经》表明，神并非永恒地选择了希伯来人，而只是根据他原来拣选迦南人的同样的条件选择了希伯来人，迦南人也曾有教士为他们谨慎地崇拜神，但由于他们后来放纵、懒散以及邪恶的崇拜，神抛弃了他们。…… 神并非绝对地拣选了希伯来人的国家，也不是永恒地拣选了它。"[①]实际上，犹太人的选民观念不过是把自己的律法制度神圣化，进而把自己神圣化的结果。即使我们承认神给犹太人启示了律法，但是由于它只是国家律法，别国的人并没有义务服从它，而且犹太人也只有在其国家存在的时候才有义务遵守它。[②] 如果他们的国家不存在了，他们也不必遵守它。即便在其国家存在的时候，他们也只有生活在这个国家时，才需要遵守律法；如果他们离开了这个国家，也不必遵守它。从这个意义上说，即使在其国家存在的时候，他们的选民身份也不是一直保持着的。

总之，犹太人用以证明自己是选民的理由没有一个是有说服力的。即使我们承认犹太人拥有的律法、启示和神迹是其特有的，但是其他民族也都有自己的律法、启示和神迹，从根本上说，犹太人并没有被神所特别拣选。斯宾诺莎虽然具体批评的是犹太教的选民观念，但是他的结论，包括其中的一些论证同样适用于基督教的选民观念，而且也适用于任何制度化宗教的选民观念。

二、神迹不是真正启示

《圣经》中有大量篇幅是关于神迹的。《神学政治论》第六章一开始，斯宾诺莎就写道：

> 正像有些人惯于把超出人的理解力的知识称为神的知识一样，他们也惯于把原因不明的事物称为神的或者神造成的。因为常人认为当他们看到自然中发生了不寻常的、与他们对于自然的惯常看法相反的事情时，神的力量和旨意显示得最为清楚，特别是当这样的事情带给他们一些好处和利益时，就更是如此。他们认为当自然在他们看来不再保持正常次序时，神的存在就得到了最清楚的证明。[③]

① *Spinoza Complete Works*, p. 424.
② *Spinoza Complete Works*, p. 392.
③ *Spinoza Complete Works*, p. 444.

斯宾诺莎认为,出于神的意志和决定的任何东西都包含着永恒的必然性和真理,因为神的理智就是他的意志,因此我们说神意愿某个事物与说他理解它,是一回事。神由于其本质和完满性必然理解某物本身,由于同样的必然性,他也意愿这物本身。由于只有出于神的律令本身的东西才必然为真,因此很清楚,自然的普遍法则就是神的律令,它们出于神的本性的必然性和完满性。因此,如果自然中有什么事情违反自然的普遍法则,它也必然违反神的律令、理智和本质;或者如果有人说神做的事情违反了自然法则,他就不得不说神的行为违反了他自己的本质。但没有比这更荒唐的事了。[①]

斯宾诺莎说:

> 我们还可以从这样一个事实来证明,即自然的力量就是神的力量和德性本身。而且神的力量就是神的本质。
>
> 自然中没有任何事物违反它的普遍法则,没有任何事物不符合那些法则或者不遵循那些法则。因为任何事物都是由于神的意志和永恒律令而发生的……任何事物都是根据包含着永恒必然和真理的法则与规则而发生的。
>
> 自然永远遵守包含着永恒必然与真理的法则与规则,尽管它们并不完全为人所知。因此,它也遵守确定不移的次序。任何健全的理性都不会让我们相信自然的力量和德性是有限的,或者使我们认为它的法则只适合某些事物而不是每一事物。因为自然的德性和力量就是神的德性和力量,它的法则和规则就是神的律令本身,我们必须毫无保留地相信,自然的力量是无限的,它的法则遍及神的理智自身所能认识的每一事物。否则,肯定就会这样说,神创造的自然很柔弱无力,为它制定的法则或规则产生不出什么效果,他要使它得以保存,要使事物合乎他的愿望,不得不常常帮助它。这太不合理性了。[②]

斯宾诺莎认为,那些信奉神迹的人没有正确的神与自然的观念,他们把神和自然当成不同的东西,他们想象在数目上不同的两种力量:神的力量和自然事物的力量,后者以一定的方式为神所决定,或者为神所创造。他们认为当自然循其常轨而运行的时候,神是无所作为的,相反,当神发挥作用时,自然的力量和自然原因就停止了。就是说,神迹论者之所以认为一个事件是神迹是因为他们把神看成一种超自然力量,认为自然以一定的方式为神所决定,受制于神。

① *Spinoza Complete Works*, p. 445-446.

② *Spinoza Complete Works*, p. 446.

斯宾诺莎认为，那些声称有神迹的人虽然想象超自然力量，但实际上他们并不知道超自然力量是什么。他们对这种超自然存在的设定不是建立在正确认识而是建立在无知的基础之上的，他们之所以这样想象是因为他们并不认识神，甚至也不认识自然："究竟这两种力量即神和自然是什么意思，他们当然不知道，他们只是把神的力量想象成一个君主的王权统治，而把自然的力量想象成某种强力和能力。"①

《神学政治论》第三章有一段话似乎在肯定犹太人遇到了神迹，"当《圣经》（《申命记》4:7）说，神对于别的民族没有像对犹太人那样亲近时，这必须理解为只是指国家，只是指那个时期他们碰巧遇到了许多神迹"②。这该如何理解呢？斯宾诺莎在这里所说的神迹是指犹太人曾在一段时期拥有一个安定团结和繁荣昌盛的国家。历史上，曾经安定团结与繁荣昌盛的国家有很多，为什么斯宾诺莎说犹太人的这一段经历是神迹？斯宾诺莎称其为神迹并非赞美之词，相反，他是在表明犹太人的无知。斯宾诺莎认为，犹太人智慧不足，不能设计一套好的律法和制度，据此而建立一个稳定繁荣的国家，而是碰巧有了一套律法，并由此有了一段安定繁荣的生活。他们不知道其中的原因，而归因于神，认为神对他们特别厚待，对他们最好，为他们行神迹。

斯宾诺莎并不否认而且明确肯定存在着不为人所知的事物，他认为神迹观念正是源于无知，但是他绝没有说人们对之无知的东西就是神迹，而是说拒绝用理性来认识和理解的人把它们想象为神迹，它们实际上是自然事物。"神迹就是其原因不能根据自然之光所认识的自然事物的原理来加以解释的东西。神迹是由大众的理解力造成的，他们完全不知道自然事物的原理。"③古人当成神迹的东西，是他们不能以大众惯以解释自然事物的方式来加以解释的东西，也就是不能回溯到他们熟悉的习惯上不对之感到惊异的事物。因为大众认为，当他们不再对一个事物惊异时，他们就完全理解了它。"因此，古人甚至当今的每一个人并没有衡量神迹的其他标准。毫无疑问，《圣经》中所叙述的许多神迹，根据我们所知的自然事物的原理是很容易解释的。"④

斯宾诺莎还认为，《圣经》中的神迹观念似乎是早期的犹太人为了自己的利益而想象的结果。那个时代的犹太人讲述他们的神迹，以此表明整个自然都是按照他们所崇拜的神的命令，只为他们的利益而安排的。但是，斯宾诺莎认为这不过是庸人的愚蠢想法，"因为他们没有正确的神的观念和自然的观念，混淆神的命令和人的命令，把自然想象得如此狭隘以至于认为人是自然的主要部

① *Spinoza Complete Works*, p. 444.
② *Spinoza Complete Works*, p. 420.
③ *Spinoza Complete Works*, p. 446.
④ *Spinoza Complete Works*, p. 446.

分！”[①]由此看来，《圣经》中记载的神迹不是超自然的神力所为，而是犹太人自己想象出来的，它们似乎不是神的存在和神佑的清楚证据，而是犹太人愚昧的证明。我们看到，休谟在这方面与斯宾诺莎的观点是一致的。

根据斯宾诺莎的观点，神迹产生和流传的另一个原因是神迹能够激起常人的宗教情感，从而使人对之产生信任。“一般人把异乎寻常的自然现象称为神迹或者神的作用，部分是因为他们的虔诚，部分是因为他们想反对学习科学的人，他们不想知道事物的自然原因，只愿听他们最不能领会的因而最能使他们仰慕的事物。只有取消自然原因和想象超自然的事物，他们才能崇拜神，才能将万物都看成出于神的支配和神的意志。当他们想象自然力量服从神的时候，他们才最仰慕神。”[②]他们认为，那些通过自然原因来解释事物和神迹的人或者致力于理解它们的人是取消了神或者至少取消了神佑。

简言之，斯宾诺莎认为：“无论神迹违反自然还是高于自然，都是十分荒谬的。所以，《圣经》中的神迹只能理解为人所不能理解或者被认为不能理解的自然事件。”[③]神迹论者所说的神迹并不违反自然规律，而只是他们所不理解的自然事物。

三、宗教仪式不是真正启示

斯宾诺莎认为，神的真正启示即给人以真正幸福和教导纯正生活的神的律法适用于所有人，我们可以从人的本性推出它，因此我们必须认为它是天赋的，好像铭刻在人心中，不需要宗教仪式。例如，以赛亚最清楚的教导是，神的律法本身指普遍的法则即纯正的生活方式，而不是仪式。因为在《以赛亚书》1：10中，先知召唤他的民族聆听他所宣告的神的律法，他首先排出了各种祭祀，然后排除了所有的宗教节日，只有这时他教导的才是律法自身。斯宾诺莎通过《圣经》的例子证明他的观点，即神的律法是为了让人获得幸福或救赎，而仪式丝毫无助于幸福，只与国家的现世的繁荣有关，因为“《圣经》允诺，奉行仪式所得的报偿只是团体的便利和快乐，而只有服从普遍的神圣律法才能得到幸福。我们通常所说的摩西五经所允诺的也只是现世的繁荣，即荣誉和名声、胜利、财富、快乐和健康”[④]。所以，斯宾诺莎说宗教的外在仪式，与其说人们用它来敬拜神不如说用它来取悦他。

但是，《圣经》中确实说宗教仪式是神的律法。对此，斯宾诺莎说：“如果在《旧约》中那些仪式被说成是神的律法，只是因为它们是依据启示而制定的或者

---

① *Spinoza Complete Works*, p. 445.

② *Spinoza Complete Works*, p. 444.

③ *Spinoza Complete Works*, p. 448.

④ *Spinoza Complete Works*, p. 436.

是根据被启示的原则制定的。"[①]斯宾诺莎认为,宗教仪式(至少《旧约》中的仪式)只是为希伯来人制定的,是为适应他们的国家而制定的,大部分能够为国家而不是为个人所奉行。因此毫无疑问,它们不属于神的律法,而只事关希伯来人的选择,即只事关暂时的团体的幸福和国家的和平。因此,只有他们的国家存在,这些仪式才有用。

摩西五经中除了包含仪式,还包含许多道德规则。斯宾诺莎说,即使这些道德规则也不是普遍适用的道德教导而是命令,是专门适应希伯来民族的理解力和气质的,它们作为命令只与犹太国家的利益有关。例如,摩西并不是以教师和先知的身份来教导希伯来人不要杀人和偷盗,而是以立法者和君主的身份下达这些命令。因为他并没有运用理性证明这些教导,而是将这些命令与惩罚联系在一起,而经验告诉我们,惩罚可以也必定随每个民族的气质而变化。摩西五经中不许通奸的命令也是只与犹太团体和国家的利益有关。"因为如果他把这作为道德规则——不只关注团体的利益也关注每个人的心灵和平与真正幸福——来教导,他将不仅谴责外在的行为而且也谴责心灵自身对这一行为的允许。"[②]

斯宾诺莎还通过《新约》来证明这一点,因为它只教导道德,遵守它们,得到的回报是天堂。犹太人的仪式不是普遍的律法,离开其国家,就不必遵守。当使徒到别的民族(他们为别的国家的律法所约束)中间传教的时候,他们就把仪式放到了一边。至于法利赛人(至少他们中的许多人)在失去他们的国家之后仍然保持着这些仪式,斯宾诺莎说他们这样做更多地是从精神上反抗基督徒而不是取悦于神。因为在圣殿第一次被毁之后,以色列人被作为囚徒掠往巴比伦,由于他们不再分为不同的教派,马上就忽略了仪式。事实上,他们将整个摩西律法弃之不顾,而把他们祖国的律法视为多余的东西而将其遗忘了,开始吸收别的民族的律法。这从《以斯拉记》和《尼希米记》可以十分清楚地看出来。因此毫无疑问,犹太人在其国家消失以后,就像他们建立社会秩序和国家以前那样不受摩西律法的约束。他们在离开埃及之前生活在其他民族中间时,并没有专属于他们自己的律法,除了自然法和他们所在国的律法之外,不受任何法的约束。

至于犹太教的长老们一直坚持向神献祭的仪式这一事实,斯宾诺莎认为这是因为他们想以此激起心中的虔诚,他们的心从儿童时代就习惯了这种做法。犹太人从古代就十分习惯于祭祀,以至于只有祭祀才最能激起他们的虔诚。所以,长老们向神献祭不是因为某个神圣法规的命令或者因为神圣律法的普遍原则的教导,而只是因为那个时代的习惯;如果他们这样做是因为某个人的命令,

---

① *Spinoza Complete Works*, p. 435.

② *Spinoza Complete Works*, p. 436.

这命令就是他们所在国家的命令,他们受到国家的约束。

在斯宾诺莎看来,遵从仪式的目的是:人们绝不能根据自己的意志行事,每一事情都须依照别人的命令,他们应在行动中和在思想深处时时承认他们不是自己的主人,而要完全服从别人。显而易见,仪式丝毫无助于幸福,《旧约》中的那些仪式,甚至全部摩西律法只关乎希伯来人的国家,因而只关乎团体的便利。至于基督教的仪式,像洗礼、圣餐、节日、公众祈祷以及基督教一直共同遵守的其他仪式,斯宾诺莎也不认为它们是神的启示或律法。他说,如果这些仪式是基督和使徒设立的(我们不能充分地确定这一点),这些仪式的设立也只是作为普遍宗教的外在标记,它们自身并不有助于幸福或者有什么神圣性。因此,这些仪式虽然不是为保持一个国家而设立的,但它们仍然只是为整个社会而设立的。所以,孑然独处的人不受它们的约束。事实上,如果一个人生活的国家禁止基督教,他必定要放弃这些仪式。但是他仍然可以幸福地生活。斯宾诺莎举了一个例子,基督教在当时的日本是受到禁止的,生活在那里的荷兰人根据东印度公司的命令放弃了所有的外在宗教仪式。

四、《圣经》中的历史记述不是真正启示

斯宾诺莎认为,《圣经》的真正启示即神的律法是普遍的,是为一切人所共有的,它完全可以通过对人性的思考而得到理解,既不需要宗教仪式,也不要求我们信仰任何历史记述。而且《圣经》所教导的并不是高深的思辨或哲学知识,而是每一个人都最容易认识的或无论多么迟钝的人都能认识的最简单的东西。它不是运用公理和定义,采取一系列的演绎推理出神的律法,而只是简单地说出来。为了让人相信它,它只通过经验即神迹和历史记述来证明它,并以最易于感动人心的文体和表达方式来叙述神迹和历史记述。《圣经》中的历史记述只是适应大多数犹太人的理解能力而因材施教的结果。所以,要获得真正的信仰知识,至关重要的是,要知道《圣经》不仅适应于先知的领会能力,而且也适应于大多数犹太人波动无常的领会能力。如果不加选择地把《圣经》中的每一句话都当成关于神的普遍的绝对的教导加以接受,如果不能准确地分清哪些内容是适应于大众的领会能力的,必然会把大众的意见与神的教导混淆起来。

为什么《圣经》只是简单地说出神的教导,而且只通过经验的方式即神迹和历史记述来证明它,而不运用公理和定义,通过一系列的演绎推理出它?斯宾诺莎认为,这是因为先知和大众具有想象事物的能力,而不具有比较完善的理解事物的能力。斯宾诺莎说,如果一个人想说服别人相信或不相信某个不自明的事物,使他们接受他的观点,他必须从已被承认的事物推出他的观点,用经验或推理使人信服,也就是诉诸他们通过感官经验到的自然中发生的事情,或者诉诸自明的理性公理。由于完全从理智概念推出一个东西往往需要把握很长的论证,而且心灵要非常细心、敏锐和平静(所有这些素质都是人中稀有的),所

以人们宁愿通过经验来接受教育而不愿运用公理以逻辑推理的方式推出结论。如果有人要教给一个民族(更不要说全人类了)某个教义,要想使每个人理解它的每一方面,他必定只能通过经验来证实它,尽可能地将他的论证和对事物的定义适应于最大多数普通人的理解力。他不应根据如何更好地组织他的证明来进行论证或下定义,否则他将只是为有学问的人写作,即只有很少一部分人(相比于其他人)理解他的学说。由于整部《圣经》首先启示给一个民族,最终是启示给全人类的,所以它所包含的内容必然要尽可能地适应普通人的理解力,只用经验来证明。①

斯宾诺莎认为,《圣经》的教导中只与哲学有关的内容可概括为:有一个神或者创造万物的存在,他以至高的智慧支配和保存万物,他最关心虔诚正义的人,而惩罚做坏事的人,并将他们与好人分开。他说,对于这些学说,《圣经》是完全通过经验即通过它所叙述的故事加以证明的。它并没有为这些学说下定义,而是将它所有的表述和论证都适合于普通人的理解力。尽管经验不能给我们以关于它们的清楚知识,或者教我们知道神是什么,他如何维护和支配万物,他如何关心人,但它足以教育和启发人,使人心怀服从和忠诚。

我们由此可以知道,相信《圣经》中的历史记述对于谁和为什么是必要的。了解和相信它们对于大众是最为必要的,他们的理解力不能清楚分明地认识事物。斯宾诺莎由此还认为,如果有人因为不相信神的存在或者他看顾着万物和人而拒斥这些历史记述,那么他是不敬的。但是,如果有人虽然不熟悉这些历史记述,却通过自然之光认识到神存在以及我们前面所说的其他知识,并且过一种真正的生活,这人是十分幸福的,实际上比大众更幸福,因为他除了正确的意见,还有清楚分明的神的概念。最后,还可以推出,如果有人不熟悉《圣经》中的这些历史记述,也没有通过自然之光认识任何事物,即使他不是不敬的或固执的,但他缺乏人的感情,几乎与兽类无异。他不具有神所赋予的任何才质。②

当斯宾诺莎说了解历史记述对于大众非常必要时,他并不是说要绝对地了解《圣经》的所有记述,而只是说了解那些主要部分,即不依赖别的段落、其自身就能非常清楚地说明神的教导的部分,也是最能感动人心的部分。因为如果证明《圣经》的教导,需要《圣经》的所有记述,如果没有全面地斟酌《圣经》中的所有故事,就不能得出任何结论,那么对于它的教导的证明和推导必定不仅超出了普通人的理解和能力,也超出了绝大多数人的理解和能力。谁能一下子注意如此多的故事、如此多的环境以及必须要从如此多而又如此不同的故事得出的如此多的各部分教导?"大众只须认识那些最能使其心趋于服从和忠诚的历史记述。但是大众自身不能对这些内容作出判断,因为他们喜欢故事、故事的细

① *Spinoza Complete Works*, p. 441.
② *Spinoza Complete Works*, pp. 441-442.

节和意外结局,远胜于记述所要教导的东西。因此之故,大众除了阅读故事,还需要教会的牧师根据他们理解上的缺陷情况来讲授《圣经》的教导。"①

简言之,斯宾诺莎认为,《圣经》中无论什么样的历史记述都不是神的律法,对它们的信仰都不能给人以更多的幸福,它只与传授方式有关,别无用处。只是在这个方面,某些故事比其他故事好。同样是在这方面,《旧约》与《新约》中的故事比别的非宗教的故事好,根据它们所导致的意见的有益程度,其中一些故事又比另一些好。因此,如果有人读了《圣经》的故事,相信它的每一个方面,但是却不注意《圣经》借助这些故事所传达的道德教导,也不提升自己的生活,那么这就如同读诗人的戏剧甚至平常的编年史,只注意大众通常所注意的那些事情。另一方面,那些完全不熟悉这些故事的人,如果拥有有益的观点和纯正的生活方式,他们也绝对受神的保佑,并真正具有基督精神。

斯宾诺莎通过批判和破除传统神学的偏见,将它们所奉为神圣的《圣经》中的这些东西都排除于神的教导之外,由此让神的真正启示显现出来。

第四节 《圣经》的目的是教人服从

一、《圣经》的真正启示及目的

斯宾诺莎把《圣经》中神的启示称为自然的神法或神圣的自然法。为什么神的启示被称为法?斯宾诺莎通过法的来源和本质来阐明这个问题。他认为,从来源上说,法可分为出于自然的必然性的法和出于人的决定的法。我们可以把前者称为自然法,把后者称为人为法。斯宾诺莎一方面承认每一事物都为自然的普遍法则所决定,另一方面又认为人为法取决于人的决定。对于这看似自相矛盾的表述,斯宾诺莎解释说,一方面,人是自然的一部分,那些出于人的本性的必然性的东西即出于自然自身的东西,就我们通过人的确定本性来认识它而言,仍是出于人的力量,尽管是基于必然性。因此我们可以适当地说这些法则的制定取决于人的决定,因为在这种方式下,它主要取决于人的心灵的力量。另一方面,我们应当通过事物的最近因来解释事物。由于"法"这个词只是以类比的方式应用于自然事物,通常只用来指人们执行或违背的命令,因此,斯宾诺莎说:"在较狭的意义上定义法似乎更合适,即将法定义为人为了某个目的而为自己或别人所制定的生活规则。"②

人为法是为了某个目的而为自己或他人制定的生活规则。它是为了保障人们的物质利益,让人们过一种安全便利的生活。由于大多数人的理性除了按

① *Spinoza Complete Works*, p. 442.
② *Spinoza Complete Works*, p. 427.

照法去生活之外,不足以认识人为法的真正目的,立法者为了使所有人都能同样地遵从法,便设立了另外一个目的。这一目的大不同于从法的本质必然而出的目的,它应诺给守法者以大众所最喜爱的东西,而以最恐惧的东西来威胁那些违法者。他们通过这种方式尽力约束大众,就像用缰绳约束马一样。也就是说,它通过奖赏和惩罚来使人们服从。服从则奖,否则惩罚。所以,法看起来就像是根据别人的命令而判定的生活方式,而不是出于自己的本性,即不是出于认识到法的目的而自觉地制定和遵守的法。所以,那些服从法的人就像奴隶。

斯宾诺莎又根据人为法的不同目的指向把人为法分为人的法和神的法。他说:"法既然只是人为某个目的而为自己或他人所制定的生活方式,它似乎应区分为人的法和神的法。人的法只用于保护生命和国家的生活方式;而神的法的目的只为最高的善即神的真正知识和神的爱。"①既然法只是人为某个目的而为自己或他人所制定的生活方式,为什么称其中的一种为神的法?斯宾诺莎从普遍的人性出发,论证了"我们最大的善因而我们的幸福,在于这一点:对神的认识和爱"②。"人的所有行为的这个目的(即神,就其观念在我们心中而言)所要求的手段可称为神的命令,因为就神存在于我们心灵之中而言,它们可以说是神自身为我们制定的。所以,朝向这个目的的生活方式(规则)正可以称为神的律法。"③"由于对神的爱是人的最高幸福,是人的所有行为的终极目的和目标,因此,只有那不是由于害怕惩罚,也不是由于爱别的东西像快乐和名声,而只是由于认识神或者认识到神的知识和爱是最高的善而爱神的人,才是遵循神的律法的人。"④所以,神的律法的要旨以及它的最高指令是,爱神这最高的善,不是出于害怕惩罚或处罚,也不是出于爱别的东西——我们想从中获得快乐的东西。斯宾诺莎把这称为神圣的自然法或自然的神法。

斯宾诺莎认为,这就是《圣经》的真正启示和神的教导。但是,《圣经》的目的不是教人科学,不是教人通过证明来认识这个真理,所以,《圣经》没有以理性的方式系统地证明这个神圣的自然法,它不是运用公理和定义,采取一系列的演绎论证这个教导,而只是简单地说了出来。《圣经》不要求人以数学式的证明来认识这个真理,它所要求的是让人们服从它,服从它也就是服从神。所以,斯宾诺莎说:"《圣经》只要求人服从,除此之外,别无要求,它只谴责顽固而不是无知。"⑤

斯宾诺莎说:"服从神只在于爱你的邻人(就像保罗在《罗马书》13:8了所说的,那爱其邻人以服从神的人是履行律法的人),因此,《圣经》唯一称赞的知识

---

① *Spinoza Complete Works*, p. 427.
② *Spinoza Complete Works*, p. 428.
③ *Spinoza Complete Works*, p. 428.
④ *Spinoza Complete Works*, p. 428.
⑤ *Spinoza Complete Works*, p. 510.

是为所有人所必需的知识,他们能够根据这个指示服从神,没有它,人必然顽固,至少缺少服从方面的调教。而且,我们也可得出,《圣经》并不涉及与这个目的无直接关系的别的思辨知识,无论它们是关于神的知识还是关于自然的知识;因此这些思辨知识是与启示宗教无关的。"①斯宾诺莎认为,认识神的属性不是约束人们的命令,而是只给予某些信徒即理智比较完善的人的馈赠。因为谁都知道并不是所有的信徒都有同样的关于神的知识,谁都知道我们不可能命令一个人有智慧,他就有智慧,但是命令一个人按照某种方式生活,他就能够这样生活。下命令,男人、女人、孩子、所有人都能同样地服从,但是下命令不可能使每一个人都同样有智慧。

斯宾诺莎通过《圣经》证明,神通过先知毫无例外地要求每一个人的、每一个人都必定知道的知识,只是关于他的正义与慈爱的知识,即人能够以一定的生活方式来效仿的神的属性。他说耶利米、摩西和约翰把每个人都一定要具有的神的知识概括为:神无上地正义和无上地仁慈,或者他是真正生活的唯一的模范。此外,《圣经》并没有明确地给出神的任何定义,也没有规定要信奉神的正义和慈爱之外的任何其他属性,也没有像称赞它们那样称赞任何别的属性。斯宾诺莎由此认为:"关于神的理智知识即对神的本质自身(这个本质是人不能以任何具体的生活方式来效仿的,也不能被视为建立纯正生活方式的模范)的思考,与信仰和启示宗教毫无关系。因此,人们即使在这方面完全错误,也毫无罪恶。"②

这就可以解释为什么《圣经》中,神将自己适应于先知的想象与成见,而信徒们对神有各种不同的看法。此外,我们也就不会奇怪,《圣经》各处以很不正确的方式谈论神,说神有手、脚、眼睛、耳朵、心灵,从一个地方运动到另一个地方,还有情感,像嫉妒、同情等,或者把它描写成法官,坐在天上的王座上,基督在他的右边。这些是根据大众的理解力来说的,《圣经》想让他们服从而不是让他们博学。所以,斯宾诺莎说,我们绝不能认为各种意见即《圣经》中关于神的各种表述的文字,不涉及其效果而单就其自身而言,就包含着虔敬或不敬;相反,我们应当说一个人的意见如果促使他服从或者使他犯罪或叛逆,那么他对某个东西的相信便是虔敬的或不敬的。如果某人因信奉真理而变得顽固,他的信仰实际上是不敬的;而如果他因信奉谬误而变得服从,这种信仰也是虔敬的。因为神的真正的知识不是命令,而只是神给予的馈赠,神要求于人的知识只是他的神圣的正义与慈爱的知识。这知识不是科学所必需的,而只是服从所必需的。

关于神的理性知识或者准确知识不像服从那样是所有信徒共有的禀赋。

---

① *Spinoza Complete Works*, p. 511.

② *Spinoza Complete Works*, p. 513.

这是不是说认识神的属性是不必要的呢？不，斯宾诺莎同时认为认识神的属性是绝对必要的。“如果有人说，我们实际上不必理解神的属性，只需简单地相信它们，用不着证明它们，那他当然是在开玩笑。因为不可见的事物是心灵的对象，除了通过理性证明，不能以任何别的途径来认识。因此，不会证明的人根本认识不到任何这类知识。如果他们只是重复他们所听到的这类知识，那就像鹦鹉或傀儡的话一样毫无意义，不能感动和引导他们的心灵。”①理解神的属性的必要性实际上就是哲学的必要性。斯宾诺莎一方面强调《圣经》不要求人们理解神的属性，另一方面又强调理解神的属性的绝对必要性。这内在的张力使人感到这段话隐含着对神学的否定，但是斯宾诺莎并未明确表达这样一个结论。

二、《圣经》并不限制思想自由

《圣经》的目的是教人服从，不是教人科学，《圣经》没有告诉人们神的真正本质或属性，也不要求人们清楚地认识神的真正本质或属性。这似乎告诉我们，人们怎么理解《圣经》都没有关系，无论这种理解是正确的还是错误的，只要它能使人服从，信奉这种意见就是虔敬的，否则就是不虔敬的。斯宾诺莎的解释赋予人在理解《圣经》方面以极大的自由。可是，这会不会导致他所批评的那种对《圣经》的任意解释和歪曲？《圣经》不是一个人写成的，也不是为一个时代的人而写的，而是在长达两千年甚至更长的时间里由智力不同的许多人所写的，也是为不同时代的人而写的。《圣经》不仅适应于先知的领会能力，而且也适应于大多数犹太人波动无常的领会能力。也就是说，它是不同的人为适应不同时代的大众的意见和观点而写的。如果每个人都可以自由地解释《圣经》，每个人（尤其是当神的属性还不清楚的时候）都会以服从所必需的手段为借口随心所欲地引入他想引进的任何东西。如果各个教派的信徒把众多矛盾的意见作为信仰的教义来传授，并以《圣经》中的许多例子来加以证明，固执不同意见的人必然相互争执，甚至进而相互敌视。这正是他所批评的传统神学对待《圣经》的状况，也就是说，就此而言，斯宾诺莎对于神学的理解似乎并没有让宗教或信仰能够发生根本的改观。

斯宾诺莎认为，传统神学和教会对《圣经》的歪曲源于两方面的原因：一是因为追名逐利和控制他人的野心，二是不懂得《圣经》的真正教导或启示。但是，斯宾诺莎在阐明了《圣经》的真正启示之后，仍然允许每个人自由地理解《圣经》。这里的问题就是，这种自由理解如何不同于他所批评的传统神学对《圣经》的任意歪曲？或者他在这个问题上有什么推进？综合斯宾诺莎的表述，我们看到它们之间有三个重要区别。其一，斯宾诺莎允许每个人根据自己的领会能力和意见来理解《圣经》，而神学家只允许自己根据自己的意见来理解《圣

① *Spinoza Complete Works*, p. 512.

经》,却不容许别人根据自己的意见理解《圣经》,所以,它以一种唯我独尊,独断专横的方式来解释《圣经》。其二,斯宾诺莎反对把自己对《圣经》的理解强加于他人,而神学家则把自己对《圣经》的理解强加于他人,让别人服从自己,党同伐异,迫害与自己观点不同的人。其三,斯宾诺莎强调这种自由理解以服从神即爱邻如己为目的和归宿,而传统神学的理解则是以满足个人的私欲为目的。

为了真正消除传统神学或教会中的那些争执,必须确定在信仰方面每个人的思想自由究竟有多大,我们应把谁(即使他们有不同的观点)看成信徒;必须确定信仰是什么,它的基本原则是什么。

斯宾诺莎揭示了《圣经》的目的,也就指出了决定信仰的真正标准。他认为,《圣经》的目的只是教导服从。新约和旧约的目的都只是让人发自真心地服从。这样的经文在《新约》和《旧约》中都很多。《旧约》中的摩西并不想用理性说服以色列人,他所关心的只是用契约、誓言和利益来约束他们,使他们服从。因此,如果他们不服从律法,他就通过惩罚和奖赏促使他们服从,契约、誓言、利益、奖赏和惩罚,所有这些都不是知识的工具而是服从的工具。《新约》中的福音书所教导的也只是简单的信仰,即相信神,敬畏他或者服从他。其次,《圣经》本身还在许多地方十分清楚地告诉人们,一个人服从神,他必须做什么:整个律法只在于爱你的邻人。“因此没有人能否认,那根据神的命令爱邻如己的人是真正服从的人,从而,根据这律法是幸福的人;而那憎恨或不尊重其邻人者是顽固的叛逆。”①最后,每个人都同意《圣经》不是只为有学问的人而是为各时代的各种人即所有人而书写和出版的,我们由此可以十分清楚地知道决定信仰的真正标准是什么:“根据《圣经》的命令,我们一定要相信的只是为履行这个命令所绝对必需的。因此,这个命令自身就是整个普遍信仰的独一标准。只有通过它,我们才能确定这个信仰的所有信条,每一个人都一定要接受的信条。”②

斯宾诺莎从信仰的定义开始,阐明其他每一个信条都可以通过理性从这个基础上推出来。他从信仰的基本原则即《圣经》的目的推出信仰的定义。他说信仰就是“拥有关于神的这样一些观念,如果一个人不熟悉它们,就不可能服从神,如果有了对神的服从,必然有这些观念。概而言之,信仰就是拥有服从所必需的关于神的观念。信仰是服从的必要条件”③。斯宾诺莎由此说明信仰的基本特征。

1. 信仰就其自身而言还不是得救,只有与服从相结合才是得救。也就是说,信仰只是服从即得救的必要条件。对一个东西的信仰必须与服从相联系,才能确定它是不是得救。如果这个信仰导致服从,它就是真正的和得救的信仰,否则就不是。所以信仰导向得救有两个条件:一是对某种东西的信仰,二是

---

① *Spinoza Complete Works*, p. 515.
② *Spinoza Complete Works*, p. 515.
③ *Spinoza Complete Works*, p. 516.

这个信仰导致服从即爱邻如己。我们也可以说得救就是导致服从的信仰。这一点与对神的理智的爱是不一样的,对神的理智的爱本身就是得救。

2.真正服从的人必然拥有真正得救的信仰。因为有了服从也就必然有了信仰。这一点可从第一点推出来,因为信仰是得救的必要条件,所以得救就是信仰的充分条件,有了服从也就必然有了信仰,而服从就是爱邻如己。斯宾诺莎通过《约翰一书》(4:7～8)证明自己的观点:**"凡是爱(其邻人)的都是由神而生,并且认识神的;凡是不爱的都不认识神,因为神就是爱。"**他由此又推出:

3.我们只能从人们的作为来判断他们是不是信徒。如果他们的作为是善的,即他们的信仰导致了服从,他们就是信徒,无论他们对信条的看法与其他信徒多么不同;相反,如果他们的作为是恶的,即他们的信仰没有导致服从,他们就不是信徒,无论他们的观点与其他信徒多么一致。因为只要有了服从,就必然有信仰,没有作为的信仰是死的。这就是说,只有信仰还算不上信徒,只有一个人的信仰导致了服从即得救,他才称得上是信徒。所以,人并不是因信称义,而是因善称义或因爱称义。因为《圣经》中没有人曾经见过神,同时又说神是爱,就我们所能分有的神的属性而言,除了这种爱,没有人能认识到神的任何其他属性。因此可以推出谁拥有爱谁就真正拥有圣灵。除了通过服从即爱其邻人,没有人能够意识到神或认识神。由以上这些可知:

4.如果有人因为那些热爱正义的诚实之人与自己持有不同的意见,不与自己维护同样的信条,就迫害他们,那么这样的人就真正是不信基督的人;因为我们根据他们热爱正义与慈爱这个事实就知道他们是信徒;而凡是迫害信徒的人都是不信基督的人。最后可知:

5.信仰所要求的与其说是真的信条,不如说是虔诚的信条即能促使人心服从的信条,即便其中有许多内容连真理的影子也见不到,只要接受它们的人并不知道它们是错误的;否则他必定是一个叛逆。因为一个热爱正义和服从神的人如何会把与神的本性相异的东西当成神圣的来加以崇拜呢?人确实会因心地单纯而犯错误,但是《圣经》并不谴责无知,而只谴责顽固。斯宾诺莎说:"单从信仰的定义就必然得出这个结论,它的每一个部分都必定得自我们已经阐明的普遍的基本原则,得自整个《圣经》的唯一目的……这个定义并没有明确要求信条是真的,而只是要求信条是为服从所必需的,能增强我们心中对邻人的爱。正是由于这种爱,像约翰所说的那样,每一个人才在神之中,神才在每一个人之中。"①

斯宾诺莎说,既然判断一个人的信仰是虔诚还是不虔诚,只能根据它导致服从还是顽固,而不是根据它是真理还是错误,毫无疑问,由于人们的智力状况千差万别,并非所有人都能同样地在所有的信念中获得同样的安慰,而是以不

① *Spinoza Complete Works*, p.517.

同的方式受到他们的意见的影响,促使这个人虔诚的意见会促使另一个人发笑和不恭敬,因此,凡是在诚实的人们之间会引起争议的信条没有一个适合于全人类的或普遍的信仰。这些信条在一个人那里是可能是虔敬的,而在另一个人那里则可能是不敬的,因为我们只能根据它们引起的作为来判断。适合于普遍宗教的信条只能是这样的,它是服从神所绝对需要的,如果不知道它们,服从是绝对不可能的。至于其余的,由于每个人都比别人更了解自己,每个人都应拥有他感到最能使他热爱正义的信条。这样,教会中就不会再有争论的余地了。

斯宾诺莎根据《圣经》的目的和信仰的定义推出了普遍信仰的信条:

> I. 神存在即有一个至高的存在,他无上地正义与仁慈或者是真正生活的模范。
>
> II. 他是独一的。
>
> III. 他无所不在,或者万物都对他开放。
>
> IV. 他有统辖万物的至上权利,他所做的一切都不是为法则所迫,而只出于他自己的绝对善良的愿望和特别的恩典;因为每个人必定都绝对服从他,而他必定不服从任何人。
>
> V. 对神的崇拜和服从只在于正义和慈爱或者对邻人的爱。
>
> VI. 所有通过这种生活而服从神的人都能得救,而且只有通过这种生活而服从神的人才能得救,其余的受制于快乐的人都要沉沦。
>
> VII. 最后,神赦免悔改者的罪。①

斯宾诺莎认为,要使人们毫无例外地根据普遍律法的命令来服从神,知道所有这些知识是非常必要的,因为如果废除了其中的任何一条,服从也就被废除了。除了上述七个最基本的信条,在其余的事情上,一个人持什么观点都没关系,只要它能使他服从。所以,宗教信仰自由在斯宾诺莎看来并不是任意的自由,它有最基本的信条。信仰自由包括三个方面:第一,人们如何理解这七个最基本信条,各随其便;第二,除了这七个信条,一个人是否相信其他信条都没有关系;第三,如何理解这些信条都可以,只要它不会使他减少对神的服从。所以,关于神或者纯正生活的典范是什么,他是火、精神、光还是思想,等等,都与信仰无关;关于神为什么是纯正生活的模范,无论是因为他有一颗正义与仁慈的心,还是因为所有事物都通过他而存在和行动,从而我们也通过他理解、通过他来了解什么是真的、正确的和善的,也与信仰无关。人们在这些问题上持什么观点都没关系。此外,就信仰而言,一个人无论是根据神的本质还是根据他的力量来相信神无所不在,无论是认为神出于自由还是出于本性的必然性而支

---

① *Spinoza Complete Works*, pp. 517-518.

配万物，无论是认为他像帝王一样制定律法还是他把它们教导为永恒的真理，无论是认为人出于自由意志还是出于神的律令的必然性而服从神，最后，无论是相信善的奖赏与恶的惩罚是自然的还是超自然的，都无关紧要。斯宾诺莎认为，一个人如何理解这些问题以及类似的其他问题，都与信仰无关，只要这不使他认为他更有资格犯罪或者减少对神的服从。每个人都必定会使这些宗教信条适应于他自己的理解力，都必定以他感到最易于接受——毫不犹豫、心悦诚服地接受——它们的方式为自己解释，以便他能心悦诚服地服从神。在古代，信仰是根据那个时代的先知与大众的领会能力和意见而启示和书写的，所以现在每个人也必定会使它适应于他自己的意见，以便内心能够毫无抵触，毫不犹豫地接受它。我们已经知道，信仰所要求的是虔诚而不是真理，虔诚的和得救的信仰只来自人的服从；除非服从，谁也不是信徒。因此，最好的信仰不一定由最善于论证的人体现出来，而是由施行最好的正义与慈爱之善行的人体现出来。

因此，斯宾诺莎说：

> 信仰或神学与哲学之间毫无联系或关系。凡是知道这两门学科的目标与基础的人，都不可能看不到这一点。因为哲学的目标只是真理，而信仰的目标，我们已充分证明，只是服从和虔诚。其次，哲学的基础是共同概念，必须只从自然来寻找，而信仰的基础是历史和语言，它们必须从《圣经》和启示来寻找。①
>
> 因此，信仰容许每一个人以最大的哲学思考的自由，一个人对于任何事物都可以随其所愿地进行思想，而毫无罪恶；信仰所谴责的异端和宗教分裂者只是那些传布鼓动顽固、仇恨、争端和愤怒等思想的人，而它所视为信徒的只是竭尽智能促进正义与慈爱的人。②

第五节　哲学与神学相互独立，互不从属③

一、《圣经》不必迁就理性，理性也不必迁就《圣经》

斯宾诺莎把哲学与神学关系问题上的错误观点概括为两种，即怀疑论和独断论。"那些不知道如何区分哲学与神学的人在这个问题上争执不下，即《圣

---

① *Spinoza Complete Works*, p. 519.

② *Spinoza Complete Works*, p. 519.

③ 本节部分内容曾以《斯宾诺莎的解经方法》为题发表于《中国诠释学》第 6 卷，以《宗教能否使人得救》为题发表于《哲学门》第 10 卷第 2 册。

经》应该成为理性的奴婢还是理性应该成为《圣经》的奴婢，也就是《圣经》的意义必须适应理性还是理性必须适应《圣经》。后一种观点为怀疑论者所支持，他们否认理性的确定性；前一种观点是独断论者支持的观点。”[①]斯宾诺莎认为，这两种观点都是完全错误的，“因为我们无论站在哪一方，都必定会败坏理性或《圣经》”[②]。根据斯宾诺莎的说法，《圣经》并不教导哲学知识，而只教导宗教义务，它的所有内容都是适应大众的领会能力和成见的。“所以，那些想使《圣经》适应哲学的人，势必会把先知在梦中都未想过的许多东西归之于他们，并曲解它们的含义。另一方面，那些想使理性和哲学成为神学奴婢的人必定会把古代大众的偏见当成神的教导，并用它们塞满他们的心灵，使心灵盲目无知。每一方的观点都很荒唐，前者站在理性一边，后者则抛弃理性。”[③]斯宾诺莎以迈蒙尼德和阿尔帕哈(R. Jehuda Alpakhar)的观点为例分别对独断论和怀疑论进行了批判。

迈蒙尼德属于斯宾诺莎所批评的独断论者。他认为《圣经》中的每一段都有不同的甚至相反的含义。这就是说，《圣经》中并不存在自身就十分清楚明白的经文，因此《圣经》的含义不能通过《圣经》自身来确定，以经解经是不可能的，必须以理性来解经。一段经文，只有当我们知道它与理性知识相符合或者不与理性知识相违背时，才能确定其含义。如果它的字面意思与理性知识相悖，就要对它另作解释。他在《迷途指津》中说：

> 我们否定世界是永恒的不是因为《圣经》中有些段落肯定世界的创造。因为《圣经》中谈及世界是在时间中产生的段落，远不及讲神有形体的地方为多。要为世界是创造的理论找到适当的解释并非不可能，也不很困难。我们可以像解释神有形体的观点那样解释它们。也许我们化解“世界是产生的”观点比化解“神有形体”的观点更容易。
>
> 但是我之所以不这样做，不相信世界是永恒的，有两个原因：一是因为神的非物质性是业已清楚地证明了的，因此凡是字面意思与此证明相左的段落都必定而且能够作别的解释。但是世界的永恒性并没有被证明。如果相反的观点也有同样好的理由支持的话，仅仅一种理由赞成某个观点并不足以否定经文的字面含义，而对之作隐喻性的解释。二是因为相信神无形体不与我们信仰的任何基本原则相矛盾，不与《律法书》的基本原则等相矛盾。如果我们相信世界的永恒性，像亚里士多德所说的那样，则破坏了

① *Spinoza Complete Works*, p. 520.
② *Spinoza Complete Works*, p. 520.
③ *Spinoza Complete Works*, p. 520.

我们信仰的基础。[①]

对此，斯宾诺莎批评说："如果他根据理性确定世界是永恒的，他将毫不犹豫地歪曲《圣经》，并且以这种方式来解释它，似乎它最终教导的就是个内容。实际上，他立即肯定，即使《圣经》中到处都清楚地反对这一点，它也要认为世界是永恒的。因此，无论《圣经》的含义多么清晰，只要他能怀疑事情的真理或者只要在他看来事情的真理还没有确定，他就不能肯定《圣经》的含义。只要《圣经》的真理没有确定，我们就不知道事情是与理性一致还是与其相反，因此也不知道字面意思是真是假。"[②]

清楚地区分经文的含义与真理是斯宾诺莎解释《圣经》的一个关键。斯宾诺莎认为，我们应根据经文的字面含义来解释经文，而真理则是以自然原理为基础而证明的自然知识或哲学知识。迈蒙尼德的解经方法是首先看经文是否与理性一致，即先确定其真理性，再由此确定其字面含义是什么。在斯宾诺莎看来，这是混淆了《圣经》的含义与真理。斯宾诺莎认为，《圣经》的目的不是教导真理，《圣经》的知识也不是建立在理性知识的原则之上的，《圣经》只教导宗教义务。"理性是真理和智慧的领域，而神学是虔诚和服从的领域。"[③]《圣经》中的启示知识"无论在目的、基础还是手段方面都与自然知识完全不同。启示知识与自然知识毫无共同之处"[④]，因此"自然之光的力量不可能在它们的真理方面为我们确定任何东西"[⑤]。因此，根据经文的真理来确定其含义就几乎是不可能的。再者，《圣经》中大部分是历史记述而不是以教授哲学知识的理性推理方式写成的，正像霍布斯所说的，只能由其历史来证明，不能由理性推理来证明，"因为推理只能使人相信推论的真理，而不能使人相信事实的真相。"[⑥]如果将推理建立在哲学知识的原理之上，肯定推不出《圣经》的含义，因此不能通过揭示其真理性来解释《圣经》。在解释《圣经》时，就不能让《圣经》服从理性知识，而要根据《圣经》解释《圣经》。

由于迈蒙尼德认为先知都认识经文的真理，都是根据经文的真理得出其含义的，所以他认为先知们在每一事情上都意见一致，他们不但是最杰出的神学

---

① Moses Maimonides, *The Guide for the Perplexed*, translated by M. Friedländer, New York: E. P. Dutton & Co., 1904, Part II, Ch. xxv. 在理性与《圣经》的关系上，中世纪的另一位犹太神学家和哲学家革桑尼德(Gersonides, 1288～1344)比迈蒙尼德走得更远："他直率地承认在'理性'和'天启'两者之间存在着一种事实上的冲突的可能性，他公开宣称'凡是我们的理性使我们信以为真的东西'，《圣经》'不能妨碍我们去坚持它们'。"参见斯宾诺莎：《神、人及其幸福简论》，洪汉鼎、孙祖培译，商务印书馆，1987年，"沃尔夫英译本导言"第30页。

② *Spinoza Complete Works*, p. 468.

③ *Spinoza Complete Works*, p. 523.

④ *Spinoza Complete Works*, p. 392.

⑤ *Spinoza Complete Works*, p. 469.

⑥ T. Hobbes, *Leviathan*, London, 1651, p. 275.

家，而且是最杰出的哲学家。对此，斯宾诺莎批评说："大众——他们中的大部分没有证明知识或者没有时间用于证明知识——除了依赖独立的权威和能进行哲学思考的人的证明之外，对《圣经》一无所知。因此他们将必须认为哲学家对《圣经》的解释一定不会错。这显然将一个新权威、一种新教士或牧师引进了教会，大众不会尊敬而只会嘲笑这一点。"[①]

最后，由于迈蒙尼德让《圣经》服从理性知识，实际上是以外部的权威来解释经文，将《圣经》中没有的东西强加于它，这就必然会曲解经文的含义，同时也会遮蔽或消释它的本来含义。"他认为我们为了使经文与我们的偏见一致而消解或扭曲经文是合法的，即使极其清晰和绝对清楚的经文也可以否定其字面含义而将其另作他解。"[②]这样会有什么好处呢？当然没有任何好处。因为我们将不能以这种方式研究那些无法证明的内容，而这样的内容构成了《圣经》的绝大部分，因此这个方法是完全无用的。而且，它完全取消了大众通过直接阅读《圣经》而在《圣经》的含义方面所能拥有的所有确定性。斯宾诺莎拒绝迈蒙尼德的看法，认为它是有害的、无用的和荒谬的。[③]

阿尔帕哈属于斯宾诺莎所批评的怀疑论者。他急于避免迈蒙尼德的错误，却陷入了与之相反的另一方向的错误。阿尔帕哈主张根据《圣经》解释《圣经》，而不是根据理性知识来解释《圣经》。但是，他认为《圣经》的某些部分应该作隐喻性地解释不是因为它的字面意思与理性相反，而是因为它与《圣经》本身即《圣经》的清楚信条相反。斯宾诺莎主要从两个方面批评了阿尔帕哈的观点：第一，阿尔帕哈主张凡是《圣经》所肯定的，我们一定要信以为真，凡是《圣经》所否定的，我们一定要拒以为假；第二，阿尔帕哈说《圣经》从未以明确的语言肯定或否定它在另一段落中所肯定或否定的任何东西。

阿尔帕哈解释《圣经》的普遍规则是《圣经》以教条的方式教导的任何东西和以明确的词语肯定的任何东西，单由《圣经》的权威，我们就必须无条件地承认为真。[④] 但是，如果《圣经》以明确的词语肯定的东西明显地与理性相矛盾，我们该如何处理？我们是否仍然一定要把《圣经》所肯定的信以为真，把它所否定的拒以为假？也许阿尔帕哈会说《圣经》中的任何经文都不与理性相矛盾。其实这种情况在《圣经》中有很多。比如《圣经》明白地肯定和宣称神有嫉妒之心[⑤]，这是违背理性的。在这种情况下，我们该怎么做？是把它作为真的加以接受还是把它作为假的予以拒绝？根据阿尔帕哈的观点，我们仍然要认为它是真的。如果我们在《圣经》中某些段落看到神无嫉妒之心，就必须对它们作隐喻性

---

① *Spinoza Complete Works*, p.469.
② *Spinoza Complete Works*, p.470.
③ *Spinoza Complete Works*, p.470.
④ *Spinoza Complete Works*, p.520.
⑤ 参见《出埃及记》20:5,34,14,《申命记》4:24,5:9,等等。

的解释，以便它们看起来没有假定这种内容。同样，《圣经》明白地说神下到西奈山上(《出埃及记》19:20)，还说他有其他的位置移动(如《创世记》3:8)，但是却没有哪个地方明白地宣称神不运动。因此，每个人都必须承认这也是真的。至于所罗门所说的(《列王纪上》8:27)神并不居于任一地方，由于他没有明白地说神不运动，而只是从他的话推出神不运动，这必须以如下方式来解释：他似乎并没有否认神有位置移动。同样，我们必须把天空当成神的居所和宝座，因为《圣经》明白地肯定这一点。斯宾诺莎说，理性和哲学告诉我们，为适应先知和大众的观点而讲述的许多东西都是错误的，但是《圣经》没有说它们是错误的。根据阿尔帕哈的观点，所有这些东西都必须被认为是真的，因为这些事情不用诉诸理性。

简言之，“阿尔帕哈主张理性应当是《圣经》的奴婢，应当完全服从它；他认为《圣经》中的任何内容都不能仅仅因为其字面意思与理性相矛盾，就应作隐喻性的解释，只有当其与《圣经》自身即它的清楚信条相矛盾时，才应作这种解释”[①]。

斯宾诺莎赞同阿尔帕哈通过《圣经》解释《圣经》的原则和揭示经文的真实含义的做法，但批评他在揭示了经文的真实含义之后，放弃理性对之进行判断的权利。他说：“的确，只要我们只关注经文的含义和先知们的意图，我们确实应当根据《圣经》解释《圣经》。但是在我们揭示出真实含义之后，必须运用判断和理性来表示同意。如果无论理性怎样反对，它都必须完全服从《圣经》，那么我要问，这种服从是理性的还是盲目的无理性的行为？如果是后者，我们的做法当然是愚蠢的，毫无鉴别能力。如果是前者，那么我们就是只按照理性的支配来接受《圣经》，如果《圣经》与理性相矛盾，我们将不会接受它。”[②]这就是说，宗教信仰并不是相信《圣经》中所说的每一句话。在揭示出经文的字面含义之后，还需运用理性来判断它是不是真的。换言之，《圣经》中字面意思清楚的经文未必是真理，而且也未必就是《圣经》的教导。在我们揭示出经文的真实含义之后，我们必须运用理性的判断来表示同意。只有符合理性的才能为我们所接受；如果经文与理性相矛盾，我们就不能认为它是神的真正启示。怀疑论者认为完全不相信理性及其判断才是虔诚的，而如果怀疑将《圣经》传给我们的人的可靠性，则是不敬的。斯宾诺莎说这纯粹是愚蠢而不是虔诚。斯宾诺莎说：“解释《圣经》的最大权威是各个人的理性，解释的标准必定也是人所共有的自然之光，而不是什么超自然之光或外在的权威。”[③]“说宗教和虔诚想要理性成为其奴婢或者理性想要宗教成为其奴婢，或者说他们不能相安无事地各自保持自己的领域，这完全不是事实。”[④]

---

① *Spinoza Complete Works*, p. 520.

② *Spinoza Complete Works*, p. 521.

③ *Spinoza Complete Works*, p. 471.

④ *Spinoza Complete Works*, p. 521.

根据阿尔帕哈的观点,凡是《圣经》所肯定的,我们一定要信以为真;凡是《圣经》所否定的,我们一定要拒之为假。如果《圣经》中不同段落的经文相互冲突或矛盾,怎么办?阿尔帕哈认为,《圣经》以教条的方式教导的任何东西和以明确的词语肯定的任何东西,在《圣经》中都见不到任何别的教条直接与之相矛盾,只有在推理中才有某些与它相反的内容,因为《圣经》的说话方式似乎是经常假设某个与它明确的教导相反的东西;因此,只有这后者才应作隐喻性的解释。[①] 也就是说,他认为《圣经》从未以明确的语言肯定或否定它在另一段落中所肯定或否定的任何东西,一段经文不会直接与另一段经文相矛盾,只可能在推理中与之相矛盾。例如,根据阿尔帕哈的观点,《圣经》清楚地教导神是独一的(如《申命记》6:4),那么我们就不可能在别处发现任何一节经文直接断言有一个以上的神。尽管在许多节经文中,神在谈到他自己的时候以及先知们在谈到神的时候,确实都用了复数,这种说话方式似乎假定了有一个以上的神,但是它实际上并不是要表明真有许多神。因此,所有这些经文都应以隐喻的方式来解释——不是因为存在着一个以上的神与理性相矛盾,而是因为《圣经》本身直接肯定神是独一的。同样,根据阿尔帕哈的看法,因为《圣经》直接肯定神无形体(《申命记》4:15),所以单由这段经文的权威而不是理性的权威,我们就一定要相信神没有形体。因而,单由《圣经》的权威,我们一定要以隐喻的方式来解释所有那些说"神有手、脚"等等的段落。

斯宾诺莎认为,阿尔帕哈的这个观点也是十分轻率的,他没有注意到《圣经》包括不同的许多卷书,写于不同的时代,面向不同的人,是由不同的作者写出的,他的这些主张只是基于他自己的权威。斯宾诺莎通过《圣经》中的例证证明阿尔帕哈的观点是错误的。例如,摩西直接肯定神是火(《申命记》4:24),同时又否认神与可见的事物有任何相似(《申命记》4:12)。如果阿尔帕哈对此回答说,后一段并不是直接否认神是火,而只是在推理中否认神是火,因此后一段必须与前一段相一致,那么,我们就承认神是火。再如,撒母耳直接否认神曾为其判断后悔过(见《撒母耳记上》15:29),而耶利米则相反,他声称神确为其所决定的善或恶而后悔(见《耶利米书》18:8～10)。这些段落都是直接相互对立的。阿尔帕哈要把这两者中的哪一个作隐喻性的解释?每一个都是普遍的但它们又彼此对立。一个直接肯定的正是另一个直接否定的。因此,根据他自己的规则,阿尔帕哈一定既要把一个陈述当成真的加以接受又要把它当成假的加以拒绝。

再者,阿尔帕哈没有说明,如果一段经文不直接与另一段相矛盾,而只是在推理中与其矛盾,他如何能够根据语言的本性和经文的语境,以隐喻的方式对之进行合理的解释。如果推理的原则非常清楚而这段经文的语境和本质又不

---

① *Spinoza Complete Works*, p. 520.

允许对其作隐喻性的解释，这与上面的情况又有什么两样呢？《圣经》中有许多这样的段落。先知们有各种不同的和相反的观点，尤其是在历史叙述上存在着明显的矛盾。此外，他也没有说明《圣经》是完整无损地传到我们手中的。这些已经足以证明阿尔帕哈的这种解释《圣经》的观点和规则是荒谬的，足以证明它的错误和轻率。

由此，斯宾诺莎不仅推翻了阿尔帕哈的观点也推翻了迈蒙尼德的观点，并且无可辩驳地指出：神学不必是理性的奴婢，理性也不必是神学的奴婢，而是各有其领域。理性是真理和智慧的领域，而神学是虔诚和服从的领域。"理性的力量并不能决定：人们不用理解事物，仅仅通过服从就可以有福；而这正是神学的教导，神学并不命令服从之外的任何事情，它既不想也不能做任何反对理性的事。……神学确定的信条都只是足以让人服从的信条；而如何准确地理解它们的真理，它留给理性来决定。理性是真正的心灵之光，没有了它，心灵只能看到梦想和虚幻。"①

至此，我们可以准确地把握斯宾诺莎所说的神学的含义了。他说："准确地说，我这里所说的神学指启示，就其指明我们所说的《圣经》的目的（即服从的原则与方式，或真正虔诚与信仰的信条）即我们可以恰当地称之为神的道（它并不在于几卷书）而言。如果你从这个意义上来看待神学的规则或者它关于生活的教导，如果你考虑它的意图和目的，你会发现它与理性是一致的，不包含任何与理性矛盾的东西，因此它是对每一个人都有效的。"②而就整个《圣经》而言，它的意义只取决于它自己的历史，而不是一般的自然史，后者只是哲学的基础。"如果我们以这种方式找到了《圣经》经文的真实含义，但是发现其中有许多地方与理性相悖，我们不应因此而受阻。因为凡是我们在《圣经》中所见到的这种经文，或者人所不能认识但无损于他们的慈爱的经文，我们都可以确定地知道它们与神学或神的道毫无关系，因此，在这类经文上，任何人都可以随其所愿地持有自己的观点而丝毫无害。由此，我们可以无条件地得出结论：《圣经》不必迁就理性，理性也不必迁就《圣经》。"③

二、神学的合理性与必要性

斯宾诺莎论证了哲学与神学是两个不同的领域，它们的基础和目的各不相同。哲学的目的是真理，而信仰的目的是服从和虔诚，所以，哲学不必是神学的奴婢，神学也不必是哲学的奴婢。这种区分所造成的一个结果是，理性不能在神学的基础上证明宗教的基本原则即人们仅仅通过服从就能得救；而神学自身也不能证明它是真理，因为真理的证明并不属于神学的合法范围。斯宾诺莎清

① *Spinoza Complete Works*, p. 523.
② *Spinoza Complete Works*, p. 523.
③ *Spinoza Complete Works*, p. 523.

楚地意识到了这个问题:“既然理性不能证明神学的基本原则——人只通过服从就能得救——是真是假,别人会问:我们为什么要相信它呢?如果我们盲目地毫无理由地接受它,那么我们的做法是愚蠢的,毫无判断能力。另一方面,如果我们声称能够以理性的方式证明这个基础,那么神学就成了哲学的一部分,就与它不可分离了。”[①]我们从这里实际上可以得出这样一个看法,即斯宾诺莎在前面只是成功地论证了哲学不依赖于或独立于神学,他虽然指出了但并未证明神学能够独立于哲学,或者他没有论证如果神学不依赖于哲学,是否具有存在的合法性。

斯宾诺莎对此问题的回答是:“我绝对承认自然之光不能发现神学的这个基本信条,或者至少没有人曾经证明它。”[②]但是,斯宾诺莎没有因为自然之光不能发现或证明神学的基本原则而否定神学,相反,他认为正因为如此,神学才非常必要。因为如果自然之光能够发现或者证明神学的基本原则,如果哲学能够告诉人们“服从就能得救”,神学就没有存在的必要了。问题是,为什么这个理性不能认识的神学原则是必要的?斯宾诺莎提供了三个理由:其一,它是“理智较弱者获得安慰的主要源泉,同时也是对国家有许多益处的并且我们可以绝无危险和绝无危害地加以相信的东西”[③]。其二,我们的实践并不都以确定的知识为前提。如果我们对任何稍可怀疑的东西都不信其为真,我们能过一种明智的生活吗?我们的大多数行为不都是包含着不确定因素和危险吗?其三,斯宾诺莎认为,人们对神学的基本原则的相信并不是毫无理由的盲从,神学的基本原则具有道德的确定性,而且这种道德的确定性来自健全的判断。他说:“在接受至少具有道德确定性的启示之前,我们可以运用我们的判断。”[④]也就是说,斯宾诺莎为神学的基本原则提供了三个理由,即实际后果、实践的容许和道德的确定性。这三个理由也都是基于实践的理由。神学的主要目的在于指导生活,神学从本质上只关涉人的实践,而不涉及人对真理的认识。

斯宾诺莎的回答一方面肯定了神学对于哲学的独立性,另一方面也肯定了启示的有用性、适用性和确定性。但是它过于简略,容易使人心生疑惑:一方面他说我们不能通过理性证明发现它,同时又说我们能运用理性进行判断,这似乎自相矛盾。对于这不能进行理性证明的启示,我们如何运用理性进行判断和接受呢?它的确定性由何而来?斯宾诺莎没有直接回答这些问题,这使得一些学者认为,斯宾诺莎并不真正主张神学的基本原则可以被合理地接受。费尔贝克就认为:“斯宾诺莎这里使用‘道德确定性’的目的似乎是用来替代权威概

① *Spinoza Complete Works*, p. 524.
② *Spinoza Complete Works*, p. 524.
③ *Spinoza Complete Works*, p. 525.
④ *Spinoza Complete Works*, p. 524.

念"[1],即避免使人以为他主张神学的基本信条建立在权威之上。

托马斯·库克(J. Thomas Cook)认为,由于斯宾诺莎不能以数学式的理性证明来确立神学基本原则的真理性,他只好提出另外两种理由来支持这个原则,这就是实用效果和归纳论证。由于神学基本原则的实际效果与其真理性之间并没有必然联系,因此第一个理由是无效的。这样,就只剩下归纳论证一条路了。可是斯宾诺莎本人并未运用归纳方法论证神学基本原则的真理性,于是,库克就为斯宾诺莎构造了这样一个论证。他认为,斯宾诺莎把神学基本原则的真理性建立在先知见证的基础上,即人们通过归纳先知的别的道德说教与理性一致而相信先知,确立先知的权威和真诚,进而相信先知所称赞的宗教的基本原则。这样得出的结论,就像库克所说的,当然没有什么必然性,而只有或然性,因此也就不能证明神学基本原则的真理性和可接受性。

如果像库克所说的那样,宗教基础的合理性是通过归纳得到证明的,那么,最初实践这个原则的先知是没有经验可归纳的,他们关于启示的信念是建立在什么之上的呢?有什么合理性呢?是偶然的轻信和盲从吗?但是斯宾诺莎认为,先知对于普遍宗教的服从是以持久和恒常为标志的,并不是随意的偶然行为。因此,这里面必定包含着真正清楚的认识,因为在斯宾诺莎看来,持久与恒常的虔敬是来自清楚分明的知识的,否则人们的心灵就会在希望与恐惧之间摇摆不定。另一方面,如果人们的理性不是已经认识了先知的道德教导,怎么会知道它们与理性一致呢?因此,即使根据库克的论证,我们对神学基本原则的认识也不可能是建立在先知的见证之上的。

实际上,与库克用先知的权威证明宗教基本原则的真理性(即我们是因为先知的权威才相信宗教的基本原则)相反,斯宾诺莎认为人们是因为先知教导的普遍宗教原则而信任先知,他是用宗教基本原则的确定性来断定先知的虔诚和权威的,即恰恰因为先知教导真正的宗教原则,我们才相信先知。不是因为先知是虔诚的,才使得服从和得救成为可信的,而是因为他们教导服从和得救,他们才是虔诚的。库克颠倒了斯宾诺莎的论证,在斯宾诺莎那里作为前提起作用的原则对库克来说却成了要推出的结论。

如果对神的服从不是盲从,它必定已经包含着对于宗教基础的清楚认识了。如果宗教基本原则是断定先知的标准,那么它的确定性必定已预先为人所领会了。这正是斯宾诺莎所表明的观点,也是他与霍布斯的不同之处,霍布斯认为:"基督徒不是知道而只是相信《圣经》是上帝的话。"[2]斯宾诺莎认为,《圣经》教人服从的自然的神法是所有人都能领会的。但是它毕竟不是以数学的方式来证明的,而且即使它们能够以这样的方式得到理性证明,大众也既没有能

① Theo Verbeek, *Spinoza's Theologico-political Treatise*, p. 80.

② 霍布斯:《利维坦》,第477页。

力也没有时间在哲学的基础上对之进行证明,那么对它们的认识如何可能呢?这里的重要问题是,数学式的理性证明是否理性认识的唯一形式?如果不能进行数学式的理性证明是否就意味着不可认识?在它之外是否还有另外一种理性认识方式?

关于"可认识的事物",斯宾诺莎说:"我把可认识的事物理解为不仅指那些被合理地证明的事物,也指那些虽然不能以任何形式加以证明,但通常具有道德确定性的东西和听闻之后而不疑惑的事物。任何人在证明欧几里德的命题之前都认识它。所以,人类的信仰、法律、制度和习俗所及的将来与过去的事物,即使它们不能以数学的形式被证明,我也称之为可理解的和清晰的。"[①]就是说,斯宾诺莎并不认为只能以数学方式证明的才是可认识的。从我们前面所引用的一段话中也能推出这一点。他说:"我无条件地承认自然之光不能认识神学的这个基本信条……但是在接受至少具有道德确定性的启示之前,我们可以运用我们的判断。"[②]这里一方面断言我们不能运用数学式的理性方式发现神学的基本信条,但同时也肯定我们能够认识和接受这信条。这就表明我们认识和接受具有道德确定性的启示不一定需要数学式的理性证明,也就是说,在数学式的理性证明之外还有一种理性认识,它能够认识具有道德确定性的启示。

斯宾诺莎认为,人们不仅具有认识真正宗教的理性能力,而且真正宗教已由神刻在人们的心中。"无论理性自身还是先知与使徒的话都清楚地表明,神的永恒的道,他的圣约和真正的宗教,都由神刻在人类的心中即人类的心灵中,这是真正宗教的原本,他将自己的印章即他的观念作为他的神圣的形象盖在了它上面。"[③]人们以自己的理性能力认识神刻在自己心中的真正的宗教,是很自然的、没有什么困难的事情。再者,真正的宗教是普遍的,《圣经》不是只为智慧的人,而是为所有的人,包括各个年龄和种类的人而写的。因此,这些知识必定很简单,它们本质上就是可领会的,"就《圣经》中的道德教导而言,我们能够根据已有的《圣经》的历史,毫不费力地把握住它的意图,并且能够确定它的真正含义。因为真正虔诚的教导是以最为人熟悉的语言来表达的,它们非常平常,非常简单易懂"[④]。"所有为服从所必需的东西在任何语言中都能够很容易地为今天的人们所认识,尽管他们不知道其中的原因"[⑤],而且"无论多么迟钝的人都能认识"[⑥]。由此可知,每一个人都能认识宗教的基本原则。

这种并非数学式证明的认识,也是一种理性认识,我们可称之为理性的直

① *Spinoza Complete Works*, p. 466.
② *Spinoza Complete Works*, p. 524.
③ *Spinoza Complete Works*, p. 504.
④ *Spinoza Complete Works*, p. 467.
⑤ *Spinoza Complete Works*, p. 469.
⑥ *Spinoza Complete Works*, p. 510.

接领会[1]，它是一种前概念证明的获得清楚知识的方式。斯宾诺莎虽然没有明确地称呼但实际上提出了两种理性认识，即通过定义和概念所进行的数学式的理性证明和建立在天赋知识基础之上的理性的直接领会。前者将哲学与神学区别开来，而后者是斯宾诺莎的宗教得救学说得以立足的关键。神学的基础虽然并不建立在哲学的共同概念之上，但每个人都可通过自己的理性来认识。人们对于宗教基本原则的真正服从或虔诚并不是盲从和迷信，仍是建立在清楚的认识之上的。

由此我们知道，当斯宾诺莎说“人们不需理解任何事物，只通过服从就能得救”[2]时，我们应理解为，他实际上是说不需要数学式的理性证明。现在我们可以理解斯宾诺莎的这句话了：“即使我们不能以数学的方式证明神学和《圣经》的整个基础，我们仍然能够以健全的判断来接受。”因为人人都有理性，并且能够认识到为服从和得救所必需的知识，从而拥有判断的标准。

神学的基础虽然不能在《圣经》的基础上以数学的方式进行证明，但是也不与理性的教导相矛盾，而且神学所要教导的普遍律法是与理性一致的。它为大众指出了另一条得救之路，这条已经为实践普遍地证明了的道路是哲学不能提供的。所以，斯宾诺莎说：“即使整个神学和《圣经》的这个基础不能以数学证明的方式来证明，我们仍然能够以健全的判断来接受它。因为如果不愿意接受已为众多先知的见证所证实的并且是理智较弱者获得安慰的主要源泉，同时也是对国家有许多益处的并且我们可以绝无危险和绝无危害地加以相信的东西，那确实是无知。”[3]

综上所述，斯宾诺莎通过对《圣经》进行重新解释，论证了《圣经》的基础不同于哲学的基础，《圣经》的知识只能来自《圣经》的历史，而科学的基础是自然史；《圣经》的知识是以想象的方式获得的，而哲学知识的工具是理性；《圣经》的目的不是教导真理而是服从，哲学的目的才是教授真理。斯宾诺莎由此为人们提供了一个与传统神学不同的新的神学和宗教概念。正是在这个新的神学概念的基础上，斯宾诺莎说神学与哲学的基础、手段和目的皆不相同，但是又不与哲学相互冲突或矛盾，而且神学的教导是与理性完全一致的。神学与哲学各有自己的领域，相互独立，互不从属。

---

① 这种理性的直接领会不同于斯宾诺莎所说的“理智的直观”。

② *Spinoza Complete Works*, p. 523.

③ *Spinoza Complete Works*, p. 525.

第四章　康德:宗教的道德建构与理性诠释

在西方哲学的历史上,康德绝对是一位伟大的哲学家,同时也是一位谨小慎微的哲学家。这位哲学家居住在一座当时被叫作"哥尼斯贝格"[①]的小城,一生与世无争,宁静而淡泊,只是在思想领域中不断掀起狂风巨浪,勇敢而不留情面地与一切与自己的理性批判不相容的观念作毫不妥协的斗争。因此,我们在康德平静的生活史中所能发现的唯一一次波澜是这样一场思想冲突:1790 年,康德基本完成批判哲学工作,转入宗教哲学研究。"1792 年,他把自己的《论人性中的根本恶》送交柏林当局审查,被负责哲学部分的书报检查官批准发表。紧接着,他寄去的第二篇论文《论善的原则和恶的原则围绕对人类的统治权所进行的斗争》被负责《圣经》部分的书报检查官禁止发表。于是,康德决定绕过书报检查官,请拥有颁发科学著作许可证权力的大学审查。他索回了上述两篇论文,加上新写的两篇论文,汇总为《纯然理性界限内的宗教》,送交哥尼斯贝格大学神学院,请他们鉴定此书应当由神学院还是应当由哲学院审查。当神学院答复可以由哲学院审查时,康德立刻把它寄给了自由派的耶拿大学哲学院,并当即获准出版。"[②]《纯然理性界限内的宗教》是一本明显站在世俗理性立场上对基督教教理(教义)进行诠释的宗教哲学著作,它一经出版就引起了普鲁士的宗教事务大臣沃尔纳的强烈不满,这位力主从启蒙的宗教宽容立场退回宗教保守立场的官员,以国王弗里德里希·威廉二世的名义给康德发去一封私人信件,对哲学家提出严厉斥责,并要求哲学家对此作出解释。"康德迅速地、同样以私人信件的形式,按照国王的要求为自己作了辩解。他否认自己逾越了对宗教作哲学考察的界限,认为自己的作品只是学术界内部的一种商榷,各学科有自由根据自己的最佳知识和良知对商榷的内容公开地作出评判。"[③]同时向国王作出一个澄清以为自己辩护:自己评论的不是任何现实的启示宗教,而是建立在道德基础上的理性宗教。

---

① 哥尼斯贝格(Königsberg),又译"哥尼斯堡",即今俄罗斯加里宁格勒州首府加里宁格勒,位于桑比亚半岛南部,由条顿骑士团北方十字军于 1255 年建立,先后被条顿骑士团国、普鲁士公国和东普鲁士定为首都或首府。哥尼斯贝格曾是德国文化中心之一。

② 李秋零:《康德论哲学与神学的关系》,载《江苏行政学院学报》2008 年第 1 期。

③ 李秋零:《康德论哲学与神学的关系》,载《江苏行政学院学报》2008 年第 1 期。

尽管这次冲突令康德本人十分痛苦和辛酸，但康德本人依然按照自己的哲学原则采取了相应的世俗行动，他履行了自己作为一位臣民应当恪守的责任或义务：保证在自己的"这位君主"在世期间对宗教问题噤声，暂时放弃自己在宗教事务上的判断自由，但绝不是改变自己的立场，因为改变自己的立场显然与哲学家本人所信奉的理性自主原则（思想自由）相冲突，因此，此种情况下最好的选择就是暂时在宗教问题上保持沉默。研究或可继续进行，见解保持在自己的思想之中，但绝不以任何形式（讲演或著述）在宗教问题发表自己的观点。在有关宗教问题上缺乏思维自由的情况下，将自己有关宗教的批判哲学诠释沉潜在整体哲学脉络之中，等待合适的时机，可能是最为智慧的决定。一旦时机成熟，合乎理性且顺应时代的思想自然会勃兴而发。果然，"三年之后，亦即 1797 年，国王威廉二世离世，新国王威廉三世即位后，废除了书报检查制度，撤销了 1788 年的审查令①。康德也认为，自己已经是另一位陛下的臣民，因而也就不需要再信守自己的沉默诺言。于是，康德马上发表了他的《学科之争》一书，不仅利用前言公布了威廉二世对他的申斥和他的复信，而且又谈论起宗教问题，目标直指哲学与神学的关系"②。此时的康德不仅要狭义地处理被称为"高等学科"的神学与被称为"低等学科"的哲学之间的关系，坚定地为自己曾经发表的观点进行辩护，而且还要在更为广泛的意义上推进对神学（主要是基督教神学）或宗教（主要是基督教）进行理性化诠释的批判性思维，理性地处理自基督教神学（哲学）产生以来就成为西方思想史主题的问题，即理性地为宗教奠基以及理性地诠释宗教如何可能。这是一个倾向于在理性或者道德意义上理解宗教（把宗教理解为理性宗教或者自然宗教）而非在启示意义上理解宗教（把宗教理解为启示宗教）的思想家不能回避的问题，也是一个关乎能否将近代启蒙精神彻底贯穿到底的关键性问题。康德给予这个问题以理性主义的回答，成为主张"哲学高于宗教"一派的代表性哲学家。在潘能伯格与吉尔松看来，康德有关神学（哲学）与宗教关系的理性主义解释在思想史上占据一个非常重要的地位。康德的解释基本支配了现代思想对神学（宗教）与哲学关系的认知与探究。就此而言，康德有关神学（宗教）与哲学关系的思想论述就不仅是康德研究中的一个重要论题，而且是宗教与哲学关系史研究中的一个重要论题，更是一个与时代和现实有着密切关联的实践性论题。

---

① 1788 年，时任普鲁士宗教事务大臣的沃尔纳鼓动国王弗里德里希·威廉二世颁布了一道宗教敕谕，以保护每个人的信仰不受他人言论自由的干扰为借口，宣称对言论自由进行限制。随后，就颁布了更为严厉的书报审查敕令，限制在信仰及宗教问题上的思维自由，特别是出版自由。

② 李秋零：《康德论哲学与神学的关系》，载《江苏行政学院学报》2008 年第 1 期。

第一节　哲学与神学:学科差异与相互关系

对康德来说,谈论宗教与哲学的关系某种意义上就是谈论神学与哲学的关系。原因很简单。在康德那个时代,原本作为一切知识母体的哲学正经历着分离与解体的大蜕变。至少在康德看来,数学、以牛顿力学为代表的物理学(自然科学)以及在亚里士多德那里就已成型并延续下来的逻辑学已经成为独立的理性学科。但自中世纪以来就与哲学有着理不清扯不断关系的宗教尚未成为一门独立的学科。此种情况下,当康德"以一个哲学家的身份谈论宗教,免不了要处理与视宗教为自己的独有禁地的神学之间的关系"[①]。这是一个原因。而另一个原因则必须联系康德本人的宗教哲学来理解。康德本人把真正的宗教理解为一种道德宗教,与那种以神学(神启示学说的总和)形式出现的宗教相区别,把追求至善看作是宗教的本质性成分。康德对神学与哲学关系的诠释与批判,可以看作康德完成宗教道德化的前奏。就此而言,对康德关于宗教与哲学关系思想的讨论应该从讨论神学与哲学关系开始。

康德关于神学与哲学关系的论述,可以从两个角度进行分析:一是从学科差异角度,具体描述了神学学科与哲学学科在他那个时代知识系统中的存在论境遇,隐晦地阐述了康德本人对于神学与哲学在实用理性层面上建立的这种所谓高低关系的批判性观点;二是从作为一个整体的理性所表现出的旨趣角度,具体分析了神学与哲学在经由康德本人批判地建立起来的理性知识系统中的先验论境遇,明确地阐发了康德本人对于神学(宗教)与哲学在纯粹理性层面所建立起来的互动关系的建设性观点。在接下来的论述中,我们将分别对康德关于神学与哲学关系的两个角度进行讨论。

一、神学学科与哲学学科:"高"与"低"的关系

康德从学科差异角度论究神学与哲学关系,有两种不同的进路,我们把它们分别称为"外部视角"和"内部视角"。所谓"外部视角",就是从神学和哲学两个学科外部所显现出来的实用性差异的角度对其关系所作的批判分析。所谓"内部视角",就是从神学和哲学这样两个理性学科之于理性(还有真理)所表现出来的不同态度角度对其关系所作的批判分析。康德对神学和哲学之间关系所进行的这样两种视角的批判分析,主要体现《学科之争》一文中。我们先分析外部视角。

1. 外部视角

按照康德在《学科之争》中的观点,学科之间的划分类似现代工厂中的分

---

① 李秋零:《康德论哲学与神学的关系》,载《江苏行政学院学报》2008年第1期。

工。现代工厂为了更为精确、更有效率地生产一件产品，会将产品的生产过程分解为不同步骤，不同步骤由受过不同技能训练的工人担承，分工协作，共同生产出一件完整的产品。在这种分工协作的生产过程中，没有一个工人单独能够生产出一件完整的产品。不同过程的工人被固定在完整产品之特定部分的生产中，成为完整产品之某一特定部分熟练且高效率的生产者。在现代工业生产过程中，产品的技术性和精确性要求越来越高，复杂性亦越来越大，术有专攻成为生产中的一个必要要求。而每一个生产者由于自身必然遭遇到的限制（如知识、技能、体能等）不可能在生产的每一个环节都能够做到得心应手。在这种情况下，就需要分工协作。通过分工协作，每一个人专精某一技能，将自己不擅长的方面交给可能更为擅长的人去做，优势互补，协力精进，就可以更有效率、更加优质地做好本职工作，进而完成协同目标下的任务。学问的整体的情况与工厂分工生产产品并无二致。在现代性境遇中，学问整体也可以“按照工厂的样子通过分工来处理”，而且这种建议“并不是一个糟糕的念头”[①]。从事不同专业的学者由于学科划分就自然会“一同构成自治的学术共同体”[②]，在促进自己专业能力提升同时，也会促进人类知识在某一领域成为专门的知识，摆脱学问的自然状态而进入有着自己公共规范和规则的自主发展状态。

那么，在康德时代，学科是如何划分的？《学科之争》谈到了四个学科，分别是神学、法学、医学和哲学。前三个学科在那个时代被看成“高等学科”，而后一个学科“哲学”则被看成“低等学科”。依照康德的分析，所谓“高等学科”与“低等学科”的区分，既不缘于学科之间在知识旨趣和知识性质方面的差别，也不缘于知识范围和知识方法方面的差别，亦不能依据知识来源和知识目标等方面的差别来划分学科。实际上，按照当时通行的做法，学科划分为“高等学科”和“低等学科”，“显而易见，这种划分和称谓不是问之于学者的阶层，而是问之于政府。因为被归为高等学科的，只是那些其学说应具有如何性状或者是否公开宣讲为政府本身所关切的学科；与此相反，那个只应关照科学的利益的学科，则被称为低等学科，因为它尽可以坚持自己的命题，只要它认为好”[③]。可见，决定一门学科是高等的还是低等的，关键取决于这门学科能否满足政府的关切以及能否满足民众的私利追求。

从学科与政府关系看，那些被称为高等学科的学科，都是政府关切的学科。在政府眼里，被称为高等学科的神学、法学和医学都是一些有用的学科，这些学科所研究的对象以及它们生产出的知识或者观念必然会对民众产生出最强有

---

① 康德：《学科之争》，载《康德著作全集》第7卷，李秋零译，北京：中国人民大学出版社，2008年，第13页。

② 康德：《学科之争》，第13页。

③ 康德：《学科之争》，第14页。

力和最持久的影响力。[①] 这实际上就是决定政府将这些学科当作高等学科在理性方面的理由。显然,这个理由不是偶然经验地决定的,它至少是模糊地存在于理性之中。政府将某些学科视为高等学科而将另外学科视为低等学科,就是以这种存在于政府行为中的理性的原则为基础而计划出来的。所以,康德相信,一个大学系统规划自己的学科以及排列各个学科的位置,就像自己需要设置什么部门一样,绝不是偶然所为,而是在理性上有着自己充足的理由。就此而言,人们"不用颂扬政府有先见的智慧和学问,政府由于它自己被感受到的需要(凭借某些学说对民众发挥作用)就已经能够先天地想到一个划分原则"[②],而这个原则由于能够满足政府从实用理性角度对学科划分的要求,甚至"好像它是完美无缺的似的"[③]。这个"完美无缺的"划分原则,是按照如下理性原则处理学科分类的,康德如是说:

> 按照理性(亦即在客观上),政府为它自己的目的(对民众施加影响)而能够利用的动机处于如下的秩序中:首先是每一个人的**永恒的**福祉,其次是作为社会成员的**公民的**福祉,最后是**肉体的**福祉(长寿与健康)。通过**第一种**福祉方面的官方学说,政府自己能够对臣民的思想的内核和最隐秘的意志意见有极大影响,即衔是前者,驾驭后者;通过与**第二种**福祉相关的官方学说,它能够使臣民的外部行为处于公共法律的管束之下;通过第三种官方学说,强壮而又人数众多的民众的生存有了保障,它发现这样的民众可以用于它自己的意图。[④]

根据这个原则,"在高等学科中间就也许会出现通常所采用的那种等级秩序:也就是说,首先是**神学学科**,其次是**法学学科**,最后是**医学学科**"[⑤]。

从民众私人追求角度看,这些学科从实用角度与那些被称之为国民的普罗大众的自身利益密切相关,这决定了从私利出发的民众会与政府相一致,将这些学科看得更为重要,只不过民众更愿意从自然本能角度去理解这些学科的排列位序。康德指出:

> 按照**自然本能**,对于人来说医生就是最重要的人物,因为医生为他维持着他的**生命**;然后首先是法律专家,法律专家许诺为他保持他的偶然所得;尽管涉及永福,人也只是到了最后(几乎只是到了临终时)才去找神职

① 参见康德:《学科之争》,第 14 页。
② 康德:《学科之争》,第 17 页。
③ 康德:《学科之争》,第 17 页。
④ 康德:《学科之争》,第 17~18 页。
⑤ 康德:《学科之争》,第 18 页。

人员，因为就连神职人员自己，无论他怎样颂扬来世的幸福，也毕竟因为他眼前看不到这种幸福的任何东西，而热切地期望医生让他在这个尘世中再维持一段时间。[①]

也就是说，在关涉私人利益情况下，高等学科的排序可能会因为与私人利益的关切程度的近与远，会发生排序上的某种变化，首先是医学学科，其次是法学学科，最后是神学学科。但是，这三个学科是康德时代的高等学科这一点却毋庸置疑。

同样毋庸置疑的是，无论是从政府关切角度看，还是从民众私利角度看，哲学之所以被看作低等学科，就是因为哲学学科既无助于政府对民众施加影响，以强化政府意志对民众的控制，也无助于民众私利的获得，以便持续保护和维持民众的世俗幸福。就此种意义而言，哲学显然是一门"无用"的学问。康德本人把哲学学科与人类的本性(当然是理性地求知及追求智慧的本性)联系在一起，正因为哲学实际上与面包生产和精神支配没有关系，因此政府对于哲学这门学问并没有太多热情，政府把哲学这门学问毫不吝啬地托付给有学问的民众自己的理性，让哲学只是服从于自己的理性思维法则，只是服务于人类理性的自我进步。因此缘故，哲学思维是一种自由的理性思维，独立于政府的命令。正如康德所说："现在，人们把按照自律、亦即自由地(与一般思维原则相符合地)作出判断的能力称为理性。因此，哲学学科由于必须担保它应当接受或者哪怕只是承认的那些学说的**真理性**，就此而言必须被认为是自由的，仅仅服从理性的立法而不服从政府的立法。"[②]但是，需要注意的是，哲学的这种理性自由使用仅仅限制于思想领域，哲学并没有在现实中颁布命令的任何自由。也就是说，哲学与其他三个高等学科不同，其他三个高等学科虽然没有任意使用理性的自由，它们必须听命于政府。但是这三个学科也有一个让哲学无法比拟的优势，即它们对这些学科的从业人员有命令的权力。与它们不同，哲学学科在获得不听命于政府之自由的同时，也失去了支配和命令别人从事特定哲学思维的自由。哲学没有颁布命令的自由。就此而言，尽管哲学有着理性地自由运思之优越性，并以此从精神方面显示人类自身的高贵，但就其与政府和民众的福祉无任何关系，对世俗生活无实际的直接影响而言，哲学就只能被打入低等学科之列。康德直言：

这样一个学科虽然有这种巨大的优点(自由)，却仍被称为低等学科，其原因要到人的本性中去寻找，也就是说，能下命令者尽管是另一个人的

① 康德:《学科之争》,第17～18页。
② 康德:《学科之争》,第23页。

一个恭顺的仆人,却觉得自己毕竟比一个虽然自由但却无人可命令的人更高贵。[①]

对于倡导批判思维的理性主义者康德来说,学科的高与低的这种划分,并不会导致对哲学的贬损。相反,哲学学科反倒因为自身对理性的坚持以及对自由思维的守护,在学科比较中越发显示出自己的弥足珍贵。从人类本性上看,任何学科作为人类知识追求和智慧表现的理性系统,实用性固然重要,但更重要的是它与真理的亲近关系,以及它是否是理性公开而自由言说的合适场域。"因为没有这样一种自由的话,真理就不会大白于天下(这将对政府本身有害),但理性按其本性是自由的,不接受任何把某种东西视之为真的命令(不是 crede[你要信],而仅仅是一种自由的 credo[我信])。"[②]这种基于与理性关系的学科对比,才是从学科内部观察学科差异并进而思考哲学学科与神学学科之关系的内部视角。

2.内部视角

从学科作为人类知识追求和智慧表现的理性系统来看,任何学科都是一种理性的事业。理性成为内在地判别一个学科是否有根基意义上的存在价值的最终也是最高的尺度。一个学科在自身内部所建立的与理性之间的关系是否合乎理性,也是检测一个学科正当性之最终也是最高的尺度。从这一立场出发,从神学和哲学这样两个学科之于理性所表现出来的不同态度内在分析它们之间的差异,并基于差异分析重新解释两者之间的关系,就是理性地解决西方思想史上长期存在的哲学与宗教(理性与信仰)之间关系的最佳进路。

作为启蒙思想家,康德始终坚持哲学是一种理性的事业。依据康德在《逻辑学》一书中的观点,哲学作为一门理性的知识,一般有这两种理解。一种理解仅仅把哲学看作是出自原则的理性知识,哲学仅仅是一种理性知识的储备,一种系统化的书本知识系统,只关涉到理性的熟巧使用,是一种思维的绝好训练。这类哲学被康德称为"学院概念"的哲学。另一理解是把哲学看作是关乎人类理性最终目的的理性系统,这类哲学不仅仅是理性的概念和规则系统,而且是关于正确使用这些概念和规则的智慧,它关乎哲学的可用性。这类哲学被康德称之为"世间哲学"。康德主张"世间哲学",认为这种哲学才是能够满足人类理性内在需要的哲学。但是,这绝不意味着康德认为哲学的理性系统化不重要。单就知识的理性规定和起源分析来言,哲学就是一种"**出自概念的构思的理性知识**"。因而,要全面理解康德对哲学的理解,就必须把两者综合起来考量,这就是说,在康德那里,哲学不仅是"哲学知识或者出自概念的理性知识体系",哲

① 康德:《学科之争》,第 16 页。
② 康德:《学科之争》,第 16 页。

学还是"关于人类理性最终目的的科学"[①]，是一门为理性立法的实践智慧。

作为一门理性的思辨知识和立法的实践智慧，对理性的忠诚决定了哲学学科的基本特征，或者说决定了哲学思维的根本要求和终极目的。不可否认，从纯然知识角度看，哲学是一种理性的艺术，关涉于人类理性思维的技艺，哲学家实际上就是熟练使用理性思维技艺的艺术家。这种意义上的哲学和哲学家，在古希腊被苏格拉底称为"**爱意见者**，仅仅追求思辨的知识，并不关心知识对人类理性的最终目的有多少贡献"[②]。哲学和哲学家的主要任务是为理性用于各种各样随意的目的提供规则。如果哲学不能提供这些规则知识和使用理性的思维技艺，就不能称为哲学，如果哲学家没有哲学确认的规则知识和熟巧的思维技艺，就称不上是哲学家。"但仅仅有知识，如果不加上一切知识和熟巧合目的性结合为统一体，以及它们与人类理性的最高目的的协调一致的洞识，也不能造就哲学家。"[③]因此，哲学作为"**一门关于应用我们的理性的最高准则的科学**"[④]，必然还关涉于可用性，就此而言，"哲学则是**智慧**的学说，是理性的**立法者**，哲学就此而言不是**理性的艺术家**，而是**立法者**"[⑤]。哲学作为"一种完美智慧的理念，它给我们指出人类理性的最终目的"[⑥]。哲学自由地使用理性解决人类理性之最终目的问题，为了解答这个问题，康德提出："哲学必须能够规定：1. 人类知识的源泉；2. 一切知识的可能的有益的应用的范围；最后是 3. 理性的界限。"[⑦]哲学通过对理性正确使用的这种批判性考察，成为通达人类最高智慧的一种理性技艺，从而成为具有内在价值并能够使人类得到内在满足的科学。这样一种科学具有绝对价值，其他知识的价值来自于它。

与哲学学科不同，神学学科是信仰的领域。神学不是从理性出发建立自己的学说，而是将对自己学说或者教理的阐发建立在经书之上，因此，神学不仅接受一种外在权威（神圣的或世俗的权威，包括以文本形式出现的权威）的支配，而且还总是寄希望于一种超越经验与理性的启示真理，以便借助神恩得到信仰的真谛。因此，从根本上说，神学学科不是一门自足的学科，也不是一门具有内在自我满足特征以及内在的自身价值的学科。这个学科的价值取决于一个神圣的他者；同时也取决于它自身动员、维持信众的能力，以及它所提供的解放力量所拥有的最终实现人之救赎的可能性愿景的现实性。我们来看看康德的具体论述：

---

① 康德：《逻辑学》，李秋零译，载《康德著作全集》第 9 卷，北京：中国人民大学出版社，2010 年，第 21～25 页。

② 康德：《逻辑学》，第 23 页。

③ 康德：《逻辑学》，第 24 页。

④ 康德：《逻辑学》，第 23 页。

⑤ 康德：《逻辑学》，第 23 页。

⑥ 康德：《逻辑学》，第 23 页。

⑦ 康德：《逻辑学》，第 24 页。

所有这三个高等学科[①]都把政府托付给它们的学说建立在**经书**之上,在一个由学问引导民众状态中也不可能是别的样子,因为没有这种经书,就不会有任何持久的、对于每一个人来说都可以接近的、能够遵循的规范。至于这样一部经书(或者书籍)必然包含着**规章**,亦即从一个在上者的任性出发的(独自不能从理性中产生出来的)学说,这是不言而喻的,因为若不然,这种经书就不能作为由政府核准的,而绝对地要求服从了;而且就那些必须公开宣讲的学说而言,这也适用于法典本身;这些学说同时也能够从理性推导出来,但那法典却并不顾及**理性**的威望,而是以一个外部的立法者的命令为基础。[②]

又说:

因此,圣经神学家(作为属于高等学科的)并不是从理性,而是从《**圣经**》获得其学说的;法学家不是从自然法,而是从**国家法**获得其学说的;医学家不是从人体物理学,而是从**医学制度**获得其**深入大众的医疗方法**的。——只要这些学科中的某一个胆敢把某种东西作为从理性借用的而混杂进来,它就会损害通过它们而进行治理的政府的权威,并插手哲学学科的事务,哲学学科则毫不爱惜地拔光它所有从理性借来的耀眼的羽毛,按照平等和自由的尺度来对待它[③]。

有鉴于此,康德将人类理性所要解决的第三个问题即“我可以希望什么?”交给宗教来解决。神学学科作为宗教的意识形态基础及其思想基石,它作为一门学科的特征也因此而被规定。按照康德观点,可以把神学学科的特征归纳如下:第一,神学学科是基于信仰建立起来的学科,它对信仰对象(上帝)和基本教理的论证与辩护,完全建立在神学学者们对于宗教经典(如基督教的《圣经》)所拥有的那种不可证明或者不可解释的神圣的宗教情感之上。这种神圣情感源自对信仰对象的内心敬重,属于一种不可言说神秘情感,因此更不可能公开地讲述给民众,感化民众以坚定其信仰。神学家相信神圣权威,民众相信神学家,神学学科从事的是“信”的教诲,而非“知”的探究,只能诉诸情感,决不能掺杂半点理性成分,否则,根本不精通神学教理和信仰事务的民众,不仅不会因为追问“神圣教理的合理性”而纯洁自己的信仰,反倒“会卷入多管闲事的苦思冥想和

① 指神学、法学和医学三个学科。
② 康德:《学科之争》,第 18 页。
③ 康德:《学科之争》,第 19 页。

怀疑之中"①。由是之故,基于神圣情感的神学只要求民众信赖神学家或神学教师,而无须动用自己的理性。第二,然而,尽管神学家或者神学教师有着讲授或者公开讲述传授神学教义和宗教信仰的权利,但是他们绝没有根据自己的理性解释神学教义和信仰教理的权利,更不能理性地质疑教义,按照理性要求对神学教义作出诠释。他们可以拥有的权利就是基于信仰的至上原则阐述神学教义的道德意义,更确切说,就是在信仰的指导下赋予神学教义以道德意义。康德这样说:"圣经神学家也不可能有权利把一种表述不确切吻合的意义加给《圣经》的箴言,而只能有权利把一种道德意义加给它,而且既然没有一个由上帝授权的人间解经家,所以圣经神学家必须宁可指望通过一种导入一切真理的精神来超自然地开启理解,也不允许理性混杂其中,作出自己的(缺乏一切最高的权威的)解释。"②第三,神学学科将人之所以能够谨遵至上者的神意而将自己的意志置于神的诫命之下的原因,归结为人所领受到的神恩,而非人的本性及人的道德能力。神恩是一种超自然的道德恩惠,对于这种人所能够领会到的神的恩典,人不是依靠自己的纯粹的理论理性加以认知并进而分享到神恩,且因为这种分享而巩固了对神的信仰。对神的神圣恩典的领受"只能凭借一种内在地转变心灵"来实现。民众正因为这种心灵转变而感受到神恩,以至于可以虔诚地期待从神恩那里获得信仰的力量。综合以上三点,神学学科面对理性的态度昭然若揭,神学学科与哲学学科的区别不言而喻。之于信仰,理性是极度危险的东西,之于神学,哲学就是它之存在所不得不面对的最强劲的敌人,神学和哲学在启蒙之后的现代世界中如何相处才更利用人类精神的健康发展,遂成为一个时代性难题。康德总结指出:

> 如果圣经神学家就这些命题中的某一个而言掺杂了理性,假定这种理性也以极大的真诚和极大的认真追求着同样的目标,那么,他就(像罗慕路斯的兄弟那样)越过了唯一造福于人的教会信仰之墙,迷失在自己的评判和哲学的旷野之中,在这里他避开了教会的统治,遭受着无政府状态的一切危险。③

由此可见,一个宗教(神学)理性化的时代已经来临,势不可挡。正像康德在第一批判中所言,宗教不会因其神圣就可以逃避理性的批判。宗教与哲学之间关系的理性解释遂成为可能。

① 康德:《学科之争》,第20页。
② 康德:《学科之争》,第20页。
③ 康德:《学科之争》,第20页。

二、哲学与神学:基于理性的互动关系

从启蒙立场出发,在现代性的视野之内,研究者可以明确而清晰地解读出康德在《学科之争》中对哲学学科与神学学科(还包括法学学科和医学学科)所进行的概念及学科划分之分析的深意。康德作为一位有着启蒙情怀的理性主义者,对于科学或者知识在理性时代如何确认自身的地位及价值,坚持一种完全符合现代性要求的理性主义观点。这决定了康德对学科之间的关系的解释必然会采取另外一种视角(联系学问之本质性和第一位条件的理性主义视角),这种视角完全不同于流行的视角。当时为官方所肯定的视角(强调有用性的工具主义视角),采用的是一种工具主义立场。一门学科是否重要,关键要看这门学科是否切合政府需要,能否满足民众福祉,从而成为政府所需要的社会整合的知识工具,发挥着思想宰制以及教化人心的规训作用,让民众按照政府的期待采取私人行动或者社会行动。至于一门学科的知识系统是否按照理性追求真理的要求建构,或者说,一门学科是否具有真理性的性质,与这门学科是否重要并无直接关系。康德并没有公开反对这种带有强烈工具理性色彩的学科分析视角,但他却积极倡导为他所赞赏的理性主义视角。以此种视角进行学科分析,康德所坚持的一个基本的立场是,学科之间真正需要建立的是一种围绕真理而形成的理性关系。因为,任何一门以学科形态出现的知识系统或者思想信仰系统之能够被认作为一门学科,主要是因为它满足了人类的理性需要,成为人类接近真理的一种方式。毋庸置疑,真理是理性的事业,而理性的利益又是被哲学所照管。这意味着,真理只能被哲学托管与守护,而不会接受政府的托管与守护。从这意义上说,任何学科一旦声称自己从事着发现真理的工作,它就不可避免地要把自己置于哲学的无情拷问之下,在哲学的理性法庭上为自己辩护。只有经得起哲学这位理性法官的审问,一门学科才能当之无愧地被称为"真理之友"。就此而言,作为真理守护者的哲学不仅具有思维的自由,而且还应该具有另外一种更为重要的自由,既对其他一切学科包括高等学科进行理性论断的自由,而这种以对真理负责的态度建立的哲学学科与包括神学在内的其他学科之间的关系才是学科之间真正的理性关系。康德指出:

> 哲学学科可以要求一切学说,让它们的真理性接受审核。只要它的活动不违背政府的真正的、根本的意图,政府就不可以对它下达禁令,而且各高等学科也必须容忍它公开提出的异议和怀疑,尽管它们当然会认为这是讨厌的,因为如果没有这样的批评家,它们本来是能够不受干扰地安享自己不论以什么名义所占有的东西,并且专断地发号施令的。[①]

---

① 康德:《学科之争》,第24页。

在康德看来，哲学学科所拥有的这种对其他学科进行理性审查的权利，同时也是自身的一种义务。诚如康德本人所说："对于学术共同体来说，在大学里必须还有一个学科，它就自己的学说而言独立于政府的命令，它并没有颁布命令的自由，但毕竟有对一切学科的旨趣相关，亦即与真理相关的命令做出评判的自由。"[①]如果没有这种自由，真理就会被遮蔽。因此，在学科建制之内，"也必须建立这样一个部门，亦即必须有一个哲学学科。就三个高等学科而言，它可以用来监督它们，并且正是由此而对它们有用，因为一切都取决于**真理性**（这是一般学问的本质性的和第一位的条件），但高等学科为了政府而承诺的那种**有用性**，则只是一个二等的要素罢了"[②]。

对神学等其他学科来说，尽管它们有着服务于政府和服务于民众的现实福祉之义务，但就它们作为一门学科来说绝没有无视真理要求的权利，因为这是一门学科之成为一门学科的最本质性和第一位的条件。任何借口——无论是来自神圣者的绝对意志，还是来自世俗权威的威逼利诱，抑或来自神秘的启示或者维护社会及民众暂时性的利益要求——都不能赋予它们以逃避理性评判的自由和权利。由是观之，康德指出，神学等其他学科因此服务性质而被奉为高等学科，由此决定了这些学科有这样一种义务，即对民众宣讲经政府核准的学说内容，尽管这些内容"只能作为出自政府的任性的法规和作为并非不会出错的人类智慧而被接受和尊重"[③]。也就是说，在扮演政府托付角色的时候，这些学科的学者不能把自己当作哲学家，他们并没有思维自由和独立的理性判断力。他们不过是一些法师，他们的工作不是为了质疑或者推翻他们宣讲的学说，而仅仅是为了反驳公众的不信，动摇民众的理性自信，从而让民众消极地臣服于一些高明的领袖，在驯化中将自己的行动自觉地汇入政府关切的目标之中。然而，还必须清楚的是，神学等高等学科虽然在承担自身义务时不得不漠视理性，相信经书和接受政府的规训成为它们的不二选择。但是，它们毕竟是要向民众提供一套学说、思想观念，完全漠视理性提出的真理性要求是不可能的，并且，政府为了让民众自觉自愿地保持一种维护政府目标的行为期待，也会命令民众将这些学科的学说当作真理来接受。于是，这些学科的学者在某种情况下就不得不把自身置于哲学思维之下，接受来自哲学对自身的理性审查。这样，在近代理性主义视域内，哲学与神学（宗教）的关系有了一种新的表现形式。在《纯然理性界限内的宗教》第一版序言中，康德作出了这样的表述，他指出："在科学的领域里，与圣经神学相对的是一种哲理神学，它是另一个学科的受委托照管的财产。如果这个学科仅仅停留在纯粹理性的范围之内，为了证明和阐述自己的命题而利用所有民族的历史、语言、著作乃至《圣经》，但只是为了自己

① 康德：《学科之争》，第15～16页。
② 康德：《学科之争》，第24页。
③ 康德：《学科之争》，第28页。

而利用,并不把这些命题照搬到圣经神学中去,试图修改圣经神学的那些神职人员享有特权的公共学说,那么,它就必须有充分的自由去传播自己,直到自己的科学所达到的地方。”[①]但这种学科之间的分离,并不意味着学科之间毫不相干。恰恰相反,哲学离不开神学(宗教),宗教的许多历史性内容会成为哲学的思辨的素材,有助于哲学实现对真理的绝对性把握。神学(宗教)并不能背弃哲学理性,哲学的理性批判为神学信仰如何成为真理提供了判断标准。因此,神学不能缺少理性,亦即不能缺少哲学,它必须经常从哲学中借取东西。因此,“假如在神学家看来,只要有可能,在宗教事物中就不与理性发生任何关系,那么,人们很容易就能预见到哪一方将会有所损失;因为一种贸然向理性宣战的宗教,是不能长久地与理性对立的”[②]。

但是,这里需要特别指出来的是,按照康德的观点,在现代性视域中,以理性为背景,相对于中世纪“信仰的时代”,现代性的“理性时代”,神学和哲学的关系发生了彻底的反转性变化。哲学这个神学原先的婢女,不再必躬屈膝地跟随在神学之后,为神学这位原先高贵的夫人提着拖裙,而是在这位“仁慈的夫人”面前高举着火炬,昂首挺胸地引路前行。[③] 由此出发,决定了康德对哲学与神学(宗教)互动关系的理解,强调的是哲学占据互动关系的主动地位。就康德哲学体系而言,哲学对宗教的主动作用关系主要表现在两个方面:其一,真正的信仰只能在纯然理性界限内的宗教中实现,而纯然理性界限内的宗教只能奠基在道德(实践理性)之上;其二,真正的信仰不是历史性信仰(教会信仰),而是一种纯粹理性的信仰,基督教信仰必须理性地加以诠释才能成为真正的信仰,而真正的信仰是通达至善之希望的坦途。这样两个方面就构成了我们下面分析探究的重点。

第二节　宗教的道德奠基

在哲学与宗教关系问题上,康德有一个著名的观点,即建基在实践理性基础上的道德本身是自足的,道德绝对不需要宗教,相反,宗教不可避免地要从道德中导出。这就是说,道德为宗教奠基,“因此,康德的批判神学的主要目标就是为哲学地解释宗教奠定基础”[④]。

---

① 康德:《纯然理性界限内的宗教》,李秋零译,载《康德著作全集》第6卷,北京:中国人民大学出版社,2007年,第10页。

② 康德:《纯然理性界限内的宗教》,第11页。

③ 参见康德:《学科之争》,第24页。

④ Stephen R. Palmquist, *Kant's Critical Religion*, Burlington: Ashgate Publishing Company, 2000, p. 140.

一、从"应当"到"希望"

康德认为,哲学是"一切知识和理性应用于人类理性终极目的之关系的科学",人类理性的其他所有目的都从属于人类理性最高和最终的目的,并在其规制下联合为统一体。康德将这个体系中人类理性的全部旨趣(既有思辨的旨趣,也有实践的旨趣)归纳为以下四个方面:

1. 我能够知道什么?
2. 我应当做什么?
3. 我可以希望什么?
4. 人是什么?①

第一个问题是纯然思辨的,解决的是知识如何可能问题;第二个问题是纯然实践的,解决的是正确行动即道德如何可能问题;第三个问题既是实践的又是理论的,解决的是人类面向绝对与未来,在由恶迁善的历史进程中最终实现至善的可能性。第三个问题是康德全部哲学的最终关注的目的,也是理性批判所指向的核心关怀。第三个问题就是希望问题,它被康德更为清晰地表述为如下命题:"如果我如今做我应当作的,那么我在这种情况下可以希望什么?"②这个命题明确将第二个问题的"应当"与第三个问题的"希望"联系在一起,也就是说,在康德看来,你能够希望什么取决于你做了什么。著名的康德哲学研究学者艾伦·伍德(Allen W. Wood)指出:"康德据此将道德的人描述为这样一个人,在他关注获得道德完善理想同时也明白自己总是在朝向这个理想的'路途'中,他的行为与这种神圣的理想并不相称。如果道德的人要继续理性地追求其人格的道德完善,那么他必须维持这样一种希望,即以某种方式通过自己的不断进步以满足完善之理想。"③

康德之所以能够将"应当"与"希望"联系起来,一个主要原因是因为康德本人提出了自己对宗教的独特的道德化理解。康德本人这样说:

> 宗教不是某些作为神的启示的学说的总和(因为这种总和叫作神学),而是我们一切作为神的诫命的一般义务之总和(而且主观上是把这些义务当做诫命来遵循的准则之总和)。宗教并不是按照内容亦即客体而在某一部分上与道德有别,因为道德关涉一般的义务,相反,它与后者的区别是纯然形式的,也就是说,它是理性的一种立法,为的是通过由道德产生的上帝

① 康德:《逻辑学》,第 24 页。

② 康德:《纯粹理性批判》,李秋零译,北京:中国人民大学出版社,2004 年,第 592 页(B833)。

③ Allen W. Wood, *Kant's Moral Religion*, Ithaca and London: Cornell University Press, 1970, p. 177.

理念而给予道德以对人的意志的影响,去履行其所有的义务。[①]

一般来说,在康德哲学体系中,义务概念属于实践领域,与具有"应当"性质的道德行为直接相关。如何从"应当"问题走向"希望"问题,将道德与宗教联结起来了呢?这与康德在第三批判中特别强调的目的概念直接相关。按照康德的道德理论,道德是自由人的自由地遵守法则而采取的义务行动,自由人之所以能够道德地行动,既不需要对自己为什么能够道德地行动的原因有所认识(对支配自己行动的义务有所认识),也不需要在自己的善良动机之外找到一个促成道德行动的超越存在者,更不需要法则之外的另外的动机(不管这种动机来自行为者的主观意图还是行为后果的福利诱惑)。因此,实践理性的道德行为并不需要一个目的。"也就是说,无论是为了认识什么是义务,还是为了敦促人们去履行义务,都不需要一个目的;相反,既然问题取决于义务,那么,道德完全能够而且应该不考虑任何目的。"[②]但是,道德不需要先行于行为者意志而能规定行为的目的观念,并不能理解为道德与目的概念完全无关。道德不把目的观念看作是依据法则而规定行为之准则的根据,但却可以理解为行为的必然结果,由此就能够在道德与目的之间建立起一种必然的关系。能够被道德行为当作目的的东西,当然不能使与行为的偏好相联系的主观意图,也不能是行为的结果对行为者所显现出来的能够满足行为者利益需求的物性,亦不能是为满足行为者精神需求的主观欲求之对象。与作为道德行为必然结果的目的是一种客观的终极目的。"一个客观的目的(即我们应该具有的目的)就是由纯然的理性当作这样一个目的交给我们的目的。包含其他所有目的的不可避免的同时又是充足的条件的目的就是**终极目的**。"[③]

康德所说的这个终极目的就是用以最终调整道德行为者的至善理念。至善理念虽然只是一个客体的理念,但是,"这个客体理念既把我们所应有的所有那些目的的形式条件(义务),同时又把我们所拥有的一切目的的所有与此协调一致的有条件的东西(与对义务的那种遵守相适应的幸福),结合在一起并包括在自身之中。也就是说,它是一种尘世的至善的理念"[④]。至善理念将德性与幸福融为一体,并构成一个先天综合判断,"因为它是一个超出了尘世上的义务概念,并附加了义务的后果(一种效果)的命题,是一个不包含在道德法则之中因而不能以分析的方式从道德法则中引申出来的命题"。同时它也不能是一个综合命题,人类的经验没有能力造成幸福与道德的一致,或者造成幸福与配享幸福的一致。因此,"为使这种至善可能,我们必须假定一个更高、道德的、最圣洁

① 康德:《学科之争》,第 32 页。
② 康德:《纯然理性界限内的宗教》,第 4~5 页。
③ 康德:《纯然理性界限内的宗教》,第 7 页,页下注①。
④ 康德:《纯然理性界限内的宗教》,第 6 页(6:5)。

的和全能的存在者，唯有这个存在者才能把至善的两种因素结合起来"①。这样一来，人类理性就证明了必须在实践理性领域为自己的道德义务设想一个终极目的来作为义务的结果，而为了这个结果的实现，就必须假定一个全能的存在者来作为这个世界的统治者，使得德福一致的至善能够在这个至上者的关怀下得以实现。如此一来，人们必须承认：道德必然导致宗教。康德说：

如果道德是根据其法则的圣洁性来认识极大敬重的对象，那么，它在宗教的层次上就是根据最高的、实施那些法则的原因来想象崇拜的对象，并以崇拜的庄严性表现出来的。②

对人的灵魂能力的批判研究，其进一步的发展提出的自然而然的问题是：理性关于宇宙、因而我们自己以及道德法则的创造者的那个不可避免的、而且不可抑制的理念，既然任何理论根据就其本性而言都不适用于加固和保证那个理念，它或许也有一个有效的根据吗？由此产生上帝存在的那种如此美妙的道德证明，它对每个人来说，哪怕他不愿意、也必定私下里是清晰的和充分的证明。但是，从由它所建立起来的关于一个世界创造者的理念中，却最终产生出关于我们的一切义务的一位普遍的道德立法者的理念，这个立法者就是我们固有的道德法则的作者。这个理念给人呈现出一个全新的世界。人感到自己被创造是为了另一个王国，这个王国不同于感官和知性的王国，亦即人被创造是为了一个道德王国，为了上帝之国。他认识到自己的义务同时是神的诫命，而且在他里面产生一种新的知识、一种新的情感，亦即宗教。③

二、道德感情与理性宗教④

康德论证了从道德进入宗教的必然性。正如有的论者所指出的那样："实践哲学在实际被应用时为我们提供了一个关于正确行为的道德的、谨慎的争论，为了仲裁争论，康德批判方法背后的逻辑转变为理性的宗教信仰。"⑤在康德那里，这种转变是通过道德感情借助心灵改善途径完成的。

1. 道德情感

康德对理性的实践能力所进行的批判，作出了这样一个结论："行为全部道

① 康德：《纯然理性界限内的宗教》，第 8 页，页下注①。

② 康德：《纯然理性界限内的宗教》，第 9 页。

③ 康德：《学科之争》，第 72～73 页。

④ 本小节主要内容曾以《道德情感与心灵改善——兼论康德理性宗教的道德奠基》为题，发表在《山东大学学报》(哲学社会科学版)2012 年第 5 期。

⑤ Chris L. Firestone and Nathan Jacobs, *In Defense of Kant's Religion*, Bloomington/Indianapolis: Indiana University Press, 2008, p. 47.

德价值的本质性东西取决于如下一点:道德法则直接地决定意志。”[①]意志所开启的是理智世界自由行为者的行动的因果序列。由于这个序列依然是一个有着因果联结形式的意志与行为的关系序列,即使它没有自然世界因果序列所具有的那种铁的强制性,也应当具有服从规律所造就的那种必然性。这种必然性只能来自意志出于责任[②]而对道德法则的尊重,而一切依赖于其他动机的意志决定,行为可以是合乎责任的,但只是一种没有道德性的合法行为。这样,康德就将道德行为与纯粹善良的意志、出于责任的行为以及对道德法则的尊重等联系在一起,表现为一种无条件的绝对命令。道德的绝对命令所以可能的根据关键在于必须存在一个将行为者的主观准则与客观的道德法则“先验综合”于一体的“第三者”。这个“第三者”即自由概念,它也被解释为意志自律。康德说:“我们必须也把自由的理念赋予每一个具有意志的理性存在者,它仅仅按照这个理念去行动。”[③]又说:“如果我们设想我们自己是自由的,我们就把自己作为成员置入知性世界,并认识到意志的自律连同其结果,亦即道德性。”[④]由此可见,在康德那里,纯粹自由意志不是与感觉世界相联系的、具有认知性质的确定性意识,而是隶属于作为理智世界存在者的人的一种自律意志。这种意志决定了人的行为受制于作为自由因的绝对意识,由此决定人的实践行为既不受行为者主观偏好也不受行为欲求对象的福利支配,它完全出自绝对的善良意志。

在康德看来,在《道德形而上学的奠基》中所确立的这个道德形而上学原理,是对纯粹理性进行批判在实践领域的必然结果。正如理论理性通过现象界与本体界的划分使得对自然界的必然性因果联系成为可能,道德形而上学通过将世界区分为现象世界和理智世界,从而将人二分化为既属于感性世界又属于理智世界的双重存在者,使得关于意志的自由因成为可能。康德成功证明了自由是道德的存在根据,而道德是自由的认识根据,从而证成了这样一种理性推理关系:人必然能理性地存在,因此人本质上有自由,如果人没有这种理性自由,道德也就不存在。如此一来,康德以自由与道德的不可分离性既证成了自由的本体性地位,也通过道德法则这一纯粹实践理性的事实确证自由的实在性。由于康德确认了自由的实在性,人摆脱感性的束缚,克服主观偏好的支配和对象福利的诱惑而让自己的行为服从和遵守纯粹的理性道德法则就成为可能。当然,这种可能性不能只是停留在理性的应当上,它必须落实在现实的实践活动中,先天综合地将道德法则与经验的实践行为结合起来,即让理性的道德法则渗入经验,对感性世界施加影响,实现纯粹意志对行为所遵循准则的规

① 康德:《实践理性批判》,韩水法译,北京:商务印书馆,2000年,第77页。

② 责任,德文为“Pflicht”,英文一般翻译为“duty”,中文除了翻译为“责任”,其他常见的翻译还有“义务”(如李秋零、邓晓芒)、“职责”(如韩水法)等。本书采用“责任”译法。

③ 康德:《道德形而上学的奠基》,李秋零译,载李秋零主编:《康德全集》第4卷,北京:中国人民大学出版社,2005年,第456页。

④ 康德:《道德形而上学的奠基》,第461页。

则规定。在这一过程或者行动中，依照康德的观点，道德法则本身就是规则地规定行为的动力，因为在内在意识的绝对性被觉识到之后，意志绝对不能采纳其他的动机作为决定行为的准则，而只能是道德法则，但是，我们却需要"谨慎地决定，在什么方式之下，道德法则成为动力，以及因为动力是法则，那么什么东西将作为那种决定根据对人类欲求能力的作用发生于这种能力之前"[①]。康德这句话的意思是说，就如同我们无法理解我们觉识到的自由意志是如何可能的一样，我们同样无法理解道德法则这样的东西能够直接性地成为意志的决定根据，但是，我们却知道，这种东西对我们的心灵产生了某种影响，进而使得我们内心产生出一种对道德法则的敬重之情，由此而觉识到自由意志，为道德法则的存在及作用提供理性证明。因此，康德现在的任务就自然而然地转变为论说道德情感，解释道德法则如何对人的心灵施以作用。

何谓康德意义下的道德情感？康德的道德哲学是形式主义义务论的典范，他直接批判的对象是实质性的、经验的幸福论道德哲学。因此可以断定，康德所说的道德情感绝不是产生于人们的道德心理活动及其过程中的一般感性的或本能的情感。事实上，康德正是通过批判经验主义的道德情感，诠释对道德情感的纯粹理性理解。在《实践理性批判》第一卷第三章中，康德指出：一切以特殊禀好作为动机的行为都可以在人这里产生一种情感，但这种情感是实质性经验的，是以自爱的幸福作为行动准则的利己主义所共有的。他指出："一切禀好共同（它们能够归入尚可忍受的体系，而它们的满足便称作幸福）构成**利己主义**。这种利己主义或者是自爱的利己主义，这是一种对自己过度的**钟爱**(philautia)，或者是对自己**惬意**(arrogantia)的利己主义。前者特别称为自私，后者特别称为自负。"[②]与这种经验的道德情感相反对，一切通过道德法则的意志决定的行为的本质性特征，正在于行为本身无须任何感觉冲动的协作，甚至必须拒绝所有的这种冲动，因为受道德法则所支配的行为仅仅是出于责任的行为，它不以任何感性的要素作为依据。因此，行为者作为有限的理性存在者，为了成就德行，就必须从善良意志出发，出于责任而行动，由此势必要求行为者必须贬损或者抑制任何一种以特殊禀好作为动机行为所产生出来的感性情感（"因为一切禀好和每一种感觉冲动都是建立在情感之上的"[③]），将自己的意志置于道德法则规定之下，让意志所决定的行为依照道德法则而发出。这样的意志才是纯粹实践的理性意志，这样的行为才是充满道德感的行为，有限理性的个人也因此而现实地承担起理性存在者的职责。唯其如此，我们才能先天地洞见到作为意志决定根据的道德法则，并且同时在贬损和抑制感性情感及欲望过程中，先天地认识到道德情感，即从概念出发先天地规定认识与快乐或不快的

① 康德：《实践理性批判》，第78页。
② 康德：《实践理性批判》，第79页。
③ 康德：《实践理性批判》，第79页。

关系。[①] 当然,道德情感在纯粹理性基础上形成的过程,自然伴随着感性上因为平伏自爱、瓦解自负而产生出的痛苦情感,但更令人感到欣慰的是,由于实践理性的道德法则借助理性对意志的规定而进入经验,支配感性世界而渗入行为者的心灵之中,结果使得行为者在自己的心灵中产生出对道德法则的敬重之情。在康德看来,道德法则作为道德情感尊重的对象是一种自在的肯定性的东西,不仅能够能够平伏和瓦解感性情感,而且作为自由的因果性形式,能够帮助道德情感摆脱经验他律的约束。道德情感因此是一种尊重理性自律而产生的对道德法则敬重的情感,它服从并听命于理性,通过它,行为者能够真切地在心灵中体察到道德法则的威严和壮丽,因此,道德法则必定是最大的敬重对象,道德情感必然是最伟大的感情。

综上所述,我们至少可以从以下三个方面强化对康德相关思想的理解:第一,由于人事实性地以自爱作为意志决定的根据,我们的心灵主观上被一种情感占据着,现在由于唯一真正的客观法则在我们的判断中瓦解这些东西,它要使自爱不再参与最高的立法,因而就必定能对情感产生一种否定性的作用。第二,人们是在比较道德法则与自爱准则过程中,发现自爱以及自负等情感遭到道德法则的贬损,而贬损之所以得以完成恰恰借助了对道德法则本身的某种表象,因而那种关于道德法则的表象就是意志的决定性根据,就此而言,是表象本身唤起了对它自身的敬重,由此进一步推论,可以说,道德法则就是人主观上产生敬重的根据。第三,对道德法则本身而言,并没有任何情感发生。由于道德法则消除掉了人主观的反抗,依据理性的判断,这种消除障碍就等同于因果性的肯定式促进,因此,可以将这种理性的情感称为出于道德法则对自身产生的敬重情感,而在主体之中并无先行与道德相称的情感,因而,道德感情作为一种理性情感,是道德法则渗入理性存在者(人)之心灵之中而在心灵引发的对道德法则的敬重之情感,它虽然不是先行存在于道德主体之内,但却是能够被道德主体先天认识的唯一的理性情感,它臣服于理性,执行理性的绝对命令,以打动心灵的情感方式贬损和抑制行为者的种种禀好和感性欲望。

通过上述论证,康德断定,出于道德法则而对道德法则敬重的道德情感乃是在"主观"上被认定的、在时间中无限趋向于善的德性,因为实践理性本身乃是要展开于时间之中的,这种展开恰恰就是通过排除掉一切以自爱作为最高原则的意志决定,从而使得人走向无限趋近圣洁的道路。这一点是由人的根本有限性决定的。康德指出:"……敬重是施于理性存在者的情感之上的作用,从而是施于理性存在者的感性之上的作用,它以道德法则让其承担敬重的这种存在者的感性,从而以这种存在者的有限性为前提;于是,对道德法则的敬重不能赋

① 康德的原文如下:"我们可以先天地洞见到:作为意志决定根据的道德法则,由于抑制了我们一切禀好,必定导致一种情感,这种情感可以名之为痛苦,在这种情况下,我们能够从概念出发先天地规定认识(这里是纯粹实践理性的认识)与快乐或不快的关系。"(《实践理性批判》,第 79 页)

予一个至上的或脱离一切感性的存在者，感性对于他不可能成为实践理性的障碍。"[①]依照这种说法，我们就可以更好地理解道德情感。道德情感乃是人这样的理性存在者所特有的一种东西，由于这样的存在者本质性地有一个身体的规定，感性要素成为他不得不面对的一个方面；另一方面，他又是一个理性的存在者，因而他应该超出于一切必然性的规定而听从于纯粹的实践理性。因而，道德法则直接性地决定规定其意志的决定必定是要克服掉那个感性要素的规定，而后者乃是出于自爱满足后的一种快乐情感，因而，道德法则是通过对行为主体的感性情感加以影响而成为实践行为的主观规定根据的，这种根据行为基于准则形成从感性意义上影响意志的情感。这一切的论证都建立在康德对于人这样的有限存在者的深深理解之上的。因而，似乎粗略看起来，康德对于道德情感的界定充满了种种的矛盾，这里说道德情感本身不存在，那里又说产生了这样一种情感，其实这是由问题本身的性质决定的，换句话说，是由人的存在特征（双重存在）本身决定的。[②]

由此可见，"对于道德法则的敬重是唯一而同时无可置疑的道德动力，并且这种情感除了仅仅出于这个根据的客体之外就不能指向任何客体"[③]。因此，在对于道德法则的敬重之中，法则通过贬损自负而消除禀好障碍的影响而仅仅指向以法则为根据的客体，从而，敬重也必须被看作活动的主观根据，即被看作是人之遵守法则的动力及选择适合法则生活的根据。如此一来，"从动力概念中生发出了一个关切的概念，关切决不被授予具备理性的存在者之外的存在者，并且在动力是由理性表象出来的范围之内，关切意味着意志的一个动力"[④]。这就是说，关切从属于理性表象的范围之内，因而是一个纯粹的非感性的关切，与道德情感乃是与道德法则贬损感性动机相伴随相比，这个关切概念乃是与将道德法则纳为准则的意志相伴随，因而，如果一个行为在道德上是真的，我们还需要在这两个概念上建立准则的概念。"因此只有当这个准则依赖于人们对遵守道德法则的单纯关切时，它才在道德上是真的。"[⑤]到这里，康德要解决这个问题所需要的三个概念（动力、关切、准则）就全部给出来了。我们将这三个概念之间的关系作一个大致的梳理：因为作为以身体方式存在的理性存在者有感性的规定，康德将与之伴随的东西称为是本能，因而，恶作为一种事实性而存在；在绝对的内在意识得到觉识之后，与将道德法则作为意志决定的根据相比，以自爱的幸福作为准则的意志决定得到抑制，从而，道德法则本身就对自爱产生的

---

① 康德：《实践理性批判》，第 82 页。

② 康德的后继者不满足于康德的解决方式，要求采取彻底的理智直观解决这个问题，在逻辑上，这样处理肯定是没有问题的，但是人总归是人而不是纯粹的理性。而到了 20 世纪，海德格尔在某种程度上回应了康德，他从现象学角度对康德的道德情感说进行了分析。

③ 康德：《实践理性批判》，第 85 页。

④ 康德：《实践理性批判》，第 86 页。

⑤ 康德：《实践理性批判》，第 80 页。

快乐情感加以贬损,同时,在理性判断看来,贬损的同时道德法则自身产生出理性的敬重情感,因而,可以说,道德情感本身就可以作为人决断行为的主观根据,从而被看作遵守法则的**动力**;这个动力本身就会产生对于将道德法则纳为根据的意志的关切,因而,**关切**乃是作为意志的动力存在的,并且仅仅是道德的关切;由于在此基础上,意志的一切决定都是仅仅出于遵守法则的单纯关切,道德法则也就作为意志决定的唯一**准则**,只有在此基础之上,人之行为才会成为道德上的真。

我们再进一步分析这三个连贯一致的概念就会发现,康德之所以要给出这样三个概念来解决向善的问题,乃是在于人意愿的主观性质并不是自发性地符合实践理性的客观法则的,否则的话,这样的概念就会成为不必要。所以,"它们一概以存在者本性的局限性为先决条件"[①],因而,也是在这里,康德明明白白地说:"一种单纯理智的理念(道德——引者注)对于情感的这种影响是无法为思辨理性所解释的。"[②]对此我们不应该感到奇怪,因为这乃是由人这种存在者本身的局限性决定的。作为有限存在者,人不得不仅仅满足于只能先天地洞察到道德情感与道德法则之表象在自身中的联结,对于这样一种仅仅出自实践理性、非本能性的情感何以能够贬抑掉本能性的情感,以及何以产生如此巨大的动力作用,我们不得而知,而且我们也不应当试图去知,只能对之表示深深的敬畏,理解为意志对道德法则的单纯关切。否则的话,我们就会逾越我们所当处的位置。康德的后继者们最不满意康德的就是这一点。然而,那些不满者所提出的一系列解决方案,比如休谟诉诸一种道德情感(与康德的不同)、谢林诉诸理智直观、黑格尔诉诸绝对精神还有道德直觉等等,其在思想史上的命运并不比康德的好到哪里去。或许后续的思想家依然会对此争论不休,莫衷一是。这也从一个侧面显现出康德在思想史上的意义。

2."责任"与"神圣性"

按照康德的理论,道德情感作为一种并非先行就存在于道德主体之内的情感,主要体现为对道德法则的敬重。道德践行者通过贬损或者抑制自己作为感性存在物所必然具有的种种禀赋与好恶,内心油然而生对森严道德律令的敬畏之情感,让自己的意志接受道德法则的规定,做出出于责任的行动。可见,道德情感对道德法则的尊重也就是对责任的尊重,依据道德法则采取的行为就是责任行为。在康德看来,道德行为肯定是一种责任行为,但责任行为并不一定是道德行为。只有出于责任的行为才是康德所说的道德行为,合乎责任的行为则不属于道德行为。因为,合乎责任的行为,仅仅是偶然与道德法则相符合。做出合乎责任行为的根据不是意志的理性规定,而是满足行为者主观偏好及对象

① 康德:《实践理性批判》,第 86 页。
② 康德:《实践理性批判》,第 86 页。

欲求的感性规定。就此而言，合乎责任的行为无异受本能式感性情感的支配，无法摆脱来自感性利好所产生的必然诱使。出于责任的行为则通过实践理性而超越了人的本性及感性诱使，从而使人作为有限存在者能够将意志与法则联结在一起，贯通感性界和理智界，将人作为理智存在者所具有的伟大人格、绝对价值、崇高尊荣鲜明地彰显出来，成为自由的真正主体，拒斥感性规定，关切道德法则，发自内心地敬重出于自由意志的道德法则。由此可知，“义务概念在客观上要求行动与法则一致，但在主观上则要求行动的准则对法则的敬重，作为法则对意志的唯一规定方式”[①]。就第一点，责任排除掉了恶的行为；就第二点，责任排除掉了合法但却不合道德的行为，这一点对于康德尤其重要。因为在康德那里，趋向某个行为的“意向”是道德立法的核心所在。康德说：“这样，行为的一切道德性才被安置在行为出于职责和出于对法则的敬重必然性之中，而不是安置在行为出于对行为可能产生的东西的热爱和倾心的必然性之中。”[②]康德道德哲学对基督教伦理学说所构成的最大挑战亦在于此。

如此看来，康德是将自己有关行为道德性的论证落脚在“责任”概念上。所有道德的行为都出于责任，也只有出于责任的行为才是道德的，其余的一切行为统统不具有道德性。当然，只是对于人而言是这样，因为对于纯粹的理性存在者而言，道德法则同时就是客观根据而不存在面对感性要素的主观性根据这样的问题。因而康德说：“道德法则对于绝对完满的存在者的意志是一条神圣性的法则，但对于每一个有限的理性存在者的意志则是一条职责法则，一条道德强制性的法则，一条通过对法则的敬重以及出于对其职责的敬畏而决定有限的理性存在者的行为的法则。”[③]这是一位伟大的启蒙思想家对于理性保留的克制，尽管他彻底觉识到绝对意识的深邃性，觉识到自由的崇高价值之所在，但是在绝对面前，他还是保持了人性所特有以及应有的一种节制和谦卑，并且在一切准则之中记住并持守住这种节制和谦卑。后康德时代的很多思想家们就没有像康德一样守住这个底线，在卡西尔与海德格尔的争论中[④]，我们可以深深地领会到这一点。康德如是说：“唯有职责与本分是我们必须赋予我们与道德法则的关系的名称，我们虽是那个因自由而可能、因实践理性而向我们呈现为敬

① 康德：《实践理性批判》，李秋零译，载李秋零主编：《康德全集》第5卷，北京：中国人民大学出版社，2007年，第87页。韩水法的译文为：“职责概念对于行为要求它与法则的客观一致；对于行为的准则却要求对法则的主观敬重，作为由法则决定意志的唯一方式。”参见韩水法译《实践理性批判》，第88页。此处经比较，作者决定采用李秋零的翻译。

② 康德：《实践理性批判》，第88页。

③ 康德：《实践理性批判》，第89页。

④ 1929年，在瑞士达沃斯，海德格尔与卡西尔进行了一场论辩，对“无限性”与“有限性”的理解是其中一项重要的主题。其中，卡西尔谈到无限性不仅仅是作为对于有限性褫夺的规定性，而且它还是某种本己的领域，并且当有限性使自身得到充实完成之际，它也就迈进了无限性，这些说法是完全背离于康德的，对此，海德格尔给予了有力的批判。具体参见《康德与形而上学疑难》附录二，王庆节译，上海：上海译文出版社，2011年，第270—275页。

重的德性王国的立法成员,但同时也是其臣民,而非统治者;并且误解我们作为创造物的低下等级,由自负而否认神圣法则的威望,已经从精神上背叛了那个法则,即使这个法则的条文得到了实现。"[①]这番话是康德说给狂热的宗教徒以及在道德上狂妄的人们的,它表明,现实中的人绝无可能实现圣洁,圣洁只是人要无限趋近的过程,因为在这个自由的王国里面,人不过是作为造物存在的有限存在者,而绝非圣洁的绝对者。对于那些道德狂妄以及宗教热狂者而言,那种完全纯洁的圣洁性是不可能实现的,人所能做的不过是安守住自己的本分,出于责任来决断自己的行为。在这个层面上,康德展开了对于基督教爱的诫命和道德狂妄的批评。

基督教有两条最大的诫命:"第一要紧的,就是说'以色列啊,你要听,主我们的神,是独一的主,你要尽心、尽性、尽意、尽力爱主你的神"(《马可福音》12:29~30);"其次就是说'要爱人如己',再没有比这两条诫命更大的了"(《马可福音》12:31)。在康德看来,就其是"以爱命令人"而非随意对待别人而言,这两条诫命在形式上与法则一致;但是就其内容来看,因为上帝并非感觉对象,要我们对上帝爱(是禀好)是不可能的[②],但是另一方面,虽然爱施予人是可能的,但是爱却不可被命令,因为,我们无法理解一个人被命令去爱是怎么回事。因而,康德认为,我们只能从实践的层面理解这两条诫命。这样,康德就将基督教最核心的主题纳入到理性的层面来思考。在中世纪,奥古斯丁用恩典学说解决败坏的人如何向善,而恩典学说有着"信仰"和"爱"两个动力(因)。[③] 我们来看康德的分析。

既然只能从实践层面理解爱的命令,那么,"爱上帝在这个意义上意谓着**乐意**执行它的命令;爱邻人意谓着**乐意**对他履行所有责任"[④],由于"乐意"是奠定在主观的基础之上的,它是一个具有无限种阶梯的东西,它可能是一种强制性的乐意,也可能是完全的乐意。而在康德看来,"'喜欢'(即乐意——引者注)是一个理想,我们应该在一个经常而无止境接近它的过程中奋力去实现","因为一个人总是要求'自我强制,也就是说,他的内心受到驱使去做他并不乐意的事

---

① 康德:《实践理性批判》,第89~90页。

② "爱"是非常难的一个主题,就一般层面的爱,即世俗层面的爱来说,康德这样的界定是没有问题的,因为作为一个感性情感的爱只能施于一个感性的对象;但是,基督教真正要说的是一种远远超出于感性层面的"圣爱",这有点儿类似于康德界定的敬重概念,对于这种圣爱,数千年来,人们言说不断,但是却又总是好像什么都没有说。笔者认为,康德之所以在这里故意不谈圣爱是出于批判的要求,对于在思辨理性层面无法解释的基督教概念干脆就忽略,因为也实在没什么好谈的,也不可能在逻辑层面谈清楚。对于这个主题,20世纪的舍勒给予了极大的关注,他将这种神圣性的爱直接等同于人格性的存在,但这又何尝不是从人格的角度谈论神圣的东西呢?

③ 如此一来,基督教所有重要学说都被康德批判分析了。康德对基督教主要学说的分析、批判、吸收、改造在他的"批判哲学"以及后期由关于信仰、历史、法权(权利与义务)、人类学等哲学思考所构成的"希望哲学"中随处可见,康德哲学甚至可以看作是对基督教传统的启蒙理性式系统重构。这个问题不是本节论述重点,故仅仅指出这一点,存而不论。

④ 康德:《实践理性批判》,第90页。

情——但一个受造之物绝不可能达到那么高的道德水平’”①，而且，“如果一个理性的创造物某一天达到了能够完全乐意去执行一切道德法则的层次，这无非就意指：在他心中，甚至连存在着引诱他去偏离这些道德法则的欲望的可能性都没有”②，但是人却恰恰不是这样的存在者，就他总是要为了满足自己状况的需要而欲求着什么而言，他恰好是不自足的，因而，他绝无可能完全祛除掉欲望以及禀好。因而，在这样一种根本的有限性面前，所谓的“乐意”根本不是完全的乐意，而是带有一种强制性的乐意，因而这完全就是一种合乎责任的行为。另一方面，就命令本身而言，也是有问题的，由于遵循法则而做出合乎道德性的行为最核心的是要出于意向的，而意向恰恰是不能够被命令的，在此命令的含义就变成了人应该努力去追求它，而命令别人有乐意去做好事的意向本身就是矛盾的。因而，《福音书》中所描述的最完满的道德意向只是人在无限的过程之中逐渐接近的。③ 但是，在奥古斯丁之后的路德看来，因为这两条爱的命令“是上帝对人清楚明白的诫命”，它并非“作为一个我们必须要经常奋力去达到但永远达不到的目标来命令我们做的”，因为这与上帝的绝对性不相符合。“毋宁说它是作为我们就在此时此地应该做到的来命令我们做的。理想是可以等待的，但命令是不可以等待的”④，因而，上帝本来就是要我们现在来爱，即使我们没有一个人事实上做到了，但是这却毫不损害命令本身的真理性和神圣性。这里我们看到康德与路德的差异，他们都要求行为本身的纯洁性，但是康德看到了人这种理性存在者的有限性，而路德看到了上帝这样纯粹理性存在者的绝对性，从而，无论人事实上做到与否，这丝毫没有触及到上帝诫命的神圣性，至于事实上究竟有无人可以做到，这是一个值得认真争辩的问题。⑤ 康德根本性地否认了这种可能性，原因在于由于取消掉了上帝的恩典，对于这个问题的论证就只能诉诸人本身，但是人恰恰是具有根本的局限性。康德用简短的一句话揭示出了他论证的这种出发点以及最终落脚点，他指出：“……对于《福音书》中的道德学说，我们可以毫不虚伪、实事求是地照样说，它首先凭借道德原则的纯粹性，但同时凭借道德原则与有限存在者的局限相切合的性质，让人类的一切善行都

---

① 保罗·阿尔托依兹：《马丁·路德的神学》，段琦、孙善玲译，南京：译林出版社，1998年，第132页。

② 康德：《实践理性批判》，第91页。

③ 年轻时代的黑格尔对于康德如此分析基督教“爱”的学说表达了极大的不满意，在黑格尔看来，耶稣基督教导的爱根本就不是权利和义务性的东西，根本不是概念统一性的东西，而是超出于一切权利、义务、概念的精神、神性的统一性，因而爱是道德的补充，在爱之中，道德的一切片面性和相互冲突都被扬弃掉了；另一方面，把义务作为乐意去做的理想本身就是自相矛盾的，因为义务必定设定一种对立（理性与情欲），而乐意去做却不设定对立，康德虽然认为人之有限不能达到理想，但是这个矛盾却是无法化解的，等等。具体参见黑格尔：《基督教的精神及其命运》，载《黑格尔早期神学著作》，贺麟译，北京：商务印书馆，1988年，第308～313、341～345页。

④ 保罗·阿尔托依兹：《马丁·路德的神学》，第132页。

⑤ 奥古斯丁在致马色林的信中专门讨论了这个问题，具体参见奥古斯丁：《论圣灵与仪文》，载《论原罪与恩典》，周伟驰译，北京：商务印书馆，2012年，第1、3、64、65、66章。

委制于那放在他们眼前的职责的管教,这种职责不允许人们热衷于虚幻的道德完满性;它同时为喜欢无视自己界限的自负和自爱设立了一个谦卑的界限(亦即自知之明)。"①

从康德对基督教中道德诫命的解释中可以得出这样的结论,人"能够时时居于其中的道德状态,乃是德行,亦即处于斗争之中的道德意向,而不是在臆想拥有的意志意向的完全纯粹性之中的神圣性"②,因而,一切不是出于责任,只是将道德的完满作为纯粹的功业来期待的就是道德狂热;将《福音书》中爱的诫命作为人之本身就拥有的德性意向证明,从而可以完成爱的诫命的就是宗教热狂。我们应该根本性地弃绝这种东西,从而仅仅在实践理性所确立的界限之内做出于责任的行为,将行为的道德动力置于法则本身之中而非置于别处。这是康德对于宗教热狂和道德狂热的根本批判。

接受康德对宗教热狂和道德狂热的批判,就意味着承认人只能在实践理性所限定的道德领域实现弃恶从善的心灵转变。这是一个道德宗教问题而不是宗教道德问题,不是匍匐在信仰之下的理性依靠信念能够解决的问题,而是一个只能在纯然理性界限内联系道德信仰由实践理性解决的问题。康德如是说:

> 纯粹理性批判的真正动力就具有这样的性质;它无非就是纯粹道德法则自身,只要后者让我们觉察到我们自己的超感性存在的崇高性,并且从主观方面在人之中产生了对于人自己高级天职的敬重,而这些人同时意识到他们的感性的此在,意识到与之联结在一起的对于他们那易受本能刺激的本性的依赖性。③

综上所述,根据康德的观点,道德宗教作为根基于道德的信仰体系,首先要体认到的原则是,由于意志接受道德法则的规定而在人心中产生的对绝对律令的敬重,才是人在主观方面所具有的真正重要的道德情感,人拥有这种道德感情,就必然地只关切道德法则,从而拥有弃恶向善的动力,纯然理性的宗教就必然有理据地提出"善的原则"统治"地上王国"的世俗化要求,促使人走出伦理的"自然状态"而成为"伦理共同体"的一个成员。这样,如同康德对认识和道德问题的批判考察一样,康德在这里所完成的批判考察,终将宗教信仰问题纳入启蒙视域接受理性化洗礼,用道德化宗教方式,将宗教奠基在自然理性基础之上,理性地解决了宗教与哲学、信仰与理性之间的对立统一关系,为纯然理性界限内的宗教奠定了必要的理性基础。

---

① 康德:《实践理性批判》,第93~94页。
② 康德:《实践理性批判》,第92页。
③ 康德:《实践理性批判》,第96页。

第三节 信仰的理性诠释

神学家潘能伯格在谈到卡夫坦对康德宗教哲学的研究时指出:"卡夫坦很正确地说中了康德哲学对新教神学的吸引力的最重要根据,他指出,按照新教的理解,信仰不是'一种纯粹理论的功能',因而与对世界的理论知识不同,是'有别的内在根据'的。所以,宗教被理解为人的一种理解的道路,在卡夫坦看来,康德有助于使在宗教改革的信仰理解中已经奠定的基督教理解实现突破。"[①]卡夫坦正确指出了康德在宗教信仰诠释问题上的方法革新。康德将宗教信仰局限在纯然理性界限内进行诠释,他批判"教义性诠释",肯定"真理性诠释",从纯然理性出发,提出自己的哲学释经原理,主张对宗教信仰的诠释只能理性地进行而不能诉诸诠释者内在的主观情感,诠释的目的是为了培育和深化人们的道德情感,让人获取真正的信仰康德又确实对西方基督教信仰作出过独特的诠释,由此形成了别具特色的"哲学释经原理"。康德的这种"实践中的宗教诠释学",充满了理性色彩,迎合了启蒙时代对宗教合理性进行哲学重建的要求,反倒成为西方宗教诠释学中的一种特殊范式,深刻而直接地影响了在他之后西方宗教哲学的发展,值得研究者用心着力,给予高度重视。

一、理性的"哲学释经原则"[②]

1.信仰的理性化诠释及其可能

人对宗教信仰的认识,根本性的一点是认识宗教信仰的本性以及宗教信仰得以建立的基础。这两个问题实际上是一而二、二而一的问题,是从两个侧面看的同一个问题。传统的宗教神学坚持信仰主义立场,主张信仰高于理性,将宗教信仰奠基在神秘的超越性因素之上。康德则坚定地站在理性主义立场,主张以理性自由取代专断信仰。康德是以哲学家的身份而非神学家的身份,从哲学视域审视神学信仰,他关心的信仰问题是,从纯然理性看,宗教信仰何以可能?或者换句话说,理性何以能够成为宗教信仰的基础?

在康德看来,理性成为宗教信仰基础的可能性,根源于批判哲学对基督教宗教信仰的重新解释。康德在道德哲学中证明了"道德为了自身起见,(无论是在客观上就意愿而言,还是主观上就能够而言)绝对不需要宗教"[③],彻底颠倒了宗教与道德之关系。在批判哲学视域内,道德和理性位于第一位置,而宗教和

---

① 潘能伯格:《神学与哲学:从它们共同的历史看它们的关系》,李秋零译,香港:道风书社 2006 年,第 218 页。

② 本小节主要内容曾以《基督教信仰的理性诠释——康德"哲学释经原理"批判》为题发表在《武汉大学学报》(人文科学版)2012 年第 5 期。

③ 康德:《纯然理性界限内的宗教》,第 4 页。

信仰则处于第二位置。这样,康德不仅取消了上帝作为道德律的立法者、颁布者的地位,而且言之凿凿地宣告上帝存在、灵魂不朽等信仰元素作为具有假定性和辅助性的道德公设,是理性权衡的结果。[①] 如此一来,有关宗教信仰的叙说均须在理性界限内重新被思考,而首当其冲需纳入纯然理性界限内考虑的核心问题是,基督教的人性概念以及人性善恶问题。顺此逻辑,康德将批判的宗教哲学的问题意识理解为:道德上恶的人能否弃恶从善以及如何弃恶从善?

众所周知,在基督教信仰系统中,罪与恶是人性概念的核心。基督教以信仰的方式肯定了"人性恶"。根据基督教教义,上帝按照自己的形象创造了人,人之始祖亚当与夏娃因此具有善良本性。人堕落而成罪人,本性变恶,是人类始祖犯了"原罪"。人类始祖之所以获罪,表面上看是受到"蛇"的诱惑,而真正深层的根源仍在于人所具有的私欲。[②] 人有私欲,因而现实中本性是恶的,这是人与自己的创造者最根本的区别。按照基督教一般义理,人总有一个充满各种欲求的肉体且自我摆脱不了,人因此永远处于有限状态而与作为完满的"一"或上帝的观念不相称。即使人理智充盈,对恶的本性洞若观火,也不能将自身从恶的深渊中自我拯救出来。人只有不断地去克制欲望,借助神恩,培养意志,最终才能彻底戒除欲望而与作为有限者的身份相脱离,达到与无限的合一。可见,人之所以恭顺于恶之召唤,是人因原罪而招致自身的堕落,陷入肉欲的支配之中;而人之"获救"即从恶返回善之本身,则是诚心敬虔,凭借着对上帝的信仰和来自上帝的爱使人的意志彻底超出堕落本性而成为整全意志的结果。一句话,上帝的恩典是人们弃恶从善的根本原因。

在康德看来,基督教不仅对人本性之恶的起源作出了最不恰当的解释[③],而且基督教关于人之获救(弃恶从善)的主张也是错误的。对康德来说,所有的神恩、奥秘、奇迹以及其他各种邀恩手段(如敬拜、祈祷等)都不过是理性限度内的一种补遗而已,因而它们不过是"理性意识到自己无能满足自己的道德要求,就扩张自己,一直扩展到似乎能够弥补那种缺陷的超越性理念,但它并不能把这些理念当作扩展了的领土据为己有"[④]。就此而言,康德坚决反对从恩典角度说明人如何由恶重新走向善。在他看来,无论是基督教关于恶之起源的"原罪"说,还是基督教关于恶之消除的"恩典"说,都在理性界限之外,都是一些我们无

---

① 康德的这个论断今天看来不足为奇,而在当时可谓石破天惊之论,引起了当权者的不满。在《学科之争》这部书的前言中,康德引述了 1794 年 10 月 12 日来自普鲁士国王威廉二世的信。这封以国王名义发出的信函,措辞虽然谨慎但却严厉。信中指责康德滥用自己的哲学,不仅歪曲而且贬低了《圣经》和基督教的一些基本学说,"逾越一个青年导师的义务"。来函警告康德不要再做类似的事情。

② 《新约》中写道:"但各人被试探,乃是被自己的私欲牵引、诱惑的。私欲既怀了胎,就生出罪来。罪既长成,就生出死来。"参见《雅各书》(神本)1:14～15,南京:中国基督教协会印发,1989 年。

③ 康德指出:"无论人心中在道德上的恶的起源是什么性质,在关于恶通过我们族类的所有成员以及在所有的繁衍活动中传播和延续的种种表象方式中,最不适当的一种方式,就是把恶设想为是通过遗传从我们始祖传给我们的。"(《纯然理性界限内的宗教》,第 40 页)

④ 康德:《纯然理性界限内的宗教》,第 53 页。

法理解更不可能作为行为的准则与规范的神学式臆想，解决人的本性善恶问题和由恶迁善问题，必须回到纯然理性界限之内。这里同样需要批判性思维，执行理性考察之任务。也就是说，要追究善恶问题的根源，并回答由恶迁善之可能性，必须深入到意识内部，检视恶(包括善)的理性源泉以及弃恶顺善之理性的根据。

从纯然理性立场出发，康德在人性问题上坚持一种区别于基督教的立场，他提出人性中善恶共居概念。他既承认人具有向善的禀赋，可以去恶迁善，也承认人具有趋恶的倾向，具有作恶的主观根据。如此一来，从本性角度康德将人置于善和恶两个维度之间，善和恶成为人生存于无限境界或有限境遇这样两种状态的坐标和价值参照。这里需要特别指出的是，由于康德是在道德基础上阐释宗教，善作为人之禀赋，恶作为人之倾向，两者的根本对立在于意向，即它们对待道德法则的不同态度。依照康德的论述，人的本性出自自由，既可以在意志自由条件下弘扬向善之禀赋而让行为遵行道德法则而彰显德性，也可以在自由的任意驱使下使人的行为故意采纳非道德的准则以实现追求自利的倾向，显现出人性的根本恶。这样，在康德看来，所有人在本性上具有成善的自然禀赋，也具有趋恶的主观倾向和性情根据，现实的人并非现实的恶人。尽管所有人均具有成为恶人的主观根据，本性上有作恶的倾向，但，是否会现实地成为恶人，既不因为人的感性性好和自然欲望湮灭人的理性，也不因为人的理性自身的腐化从而不再理性地承担为道德立法之功能。人之所以会成为恶人，是人本身之自由意志的结果——人的行为有意去败坏一切行为应该遵守的道德法则而产生出非道德行动。所以，康德斩钉截铁地说："恶本来只能产生自道德上的恶(不是产生自我们的本性的限制)。"[①]

康德的这种解释不仅解决了恶在理性上存在的根据，同时也为具有恶之倾向的人去恶向善提供了一种现实路径。康德说：

> 在我们身上重建向善的禀赋，并不是获得一种丧失了向善的动机；因为这种存在于对道德法则的敬重之中的动机，我们永远也不会丧失。要是会丧失的话，我们也就永远不能重新获得它了。因此，这种重建，仅仅是建立道德法则作为我们所有准则的最高根据的纯粹性。按照这种纯粹性，道德法则不是仅仅与其他动机结合在一起，或者甚至把这些动机(偏好)当做条件来服从，而是应该以其全然的纯粹性，作为规定任性的自身充足的动机，而被纳入准则。原初的善也就是在遵守自己的义务方面准则的圣洁性，因而是纯然出自义务的。这使那把这种纯粹性纳入自己的准则的人，虽然自身并不由此就是圣洁的(因为在准则和行为之间还有很大距离)，但

① 康德:《纯然理性界限内的宗教》，第43页。

却是已经踏上了在无限的进步中接近圣洁性的道路。[①]

可见,依康德之见,人由恶迁善,只有一条路径即按照意志自由之要求去规范行为这样一种内在化路径。依据神恩或者依据性好欲求规制人们的行为以求得善行的实现,都是以不纯之动机决断行为,实际上是以性好欲求以及后果回报为行动的准则,以幸福为追求的最高价值目标。重建向善的禀赋就是要祛除掉这种依据,让"道德法则必须要直接性地决定意志"[②],确保"行为的客观决定根据必须始终同时就是行为唯一主观充分的决定根据"[③],实现对道德法则的真正敬重。这样,"在理性的判断中,道德法则完全客观地直接地决定意志,而弃绝掉一切世界因素的干扰。从而,人之自由决断,其因果性只能由法则决定,它将一切禀好,从而将对人本身的尊重完全限制在纯粹法则的条件上。在这个基础之上,绝无可能产生任何的恶。因而,正是凭借对道德法则敬重的道德情感,并且以此作为一切行动的唯一根据,即作为我们行为的出发点,我们就可以在人之心灵中重新唤起向善的禀赋,并进而弃绝掉恶,从而依据法则作为准则行出善"[④]。

总结上论,可以看出,康德是在启蒙语境下谈论宗教信仰的。将宗教的趋善诉求控制在理性范围之内而不得逾越是康德的使命。表面上看,康德在这里直接讨论的是人性的善恶及弃恶迁善等问题,而实际上,在这里实质上得到深入讨论的是道德命令的无条件性、普遍性和必然性。直接证成的是,不是信仰上帝就有美德,而是拥有美德才会信仰上帝,不是用启示或规章性教条来解释善,而是用善来解释为什么启示或规章性教条值得信仰。就此而言,康德是在理性基础上建筑自己的宗教体系的。作为一个理性主义者,康德不是用超越的神学信仰来保证道德实践理性的正当性,而是使用道德的实践理性去证成超越的神学信仰。恰如有的论者所言,康德从来没有反对基督教的信仰,他所致力抨击的,是建于妄用与误用理性上的宗教信仰。故只有在经过批判的理性之后,我们才可以对信仰产生真确与适当的了解。就此而言,《纯然理性界限内的宗教》一书的本义就是阐释将宗教限于理性之内的可能性,以便尝试提出人应如何在适当运用理性的情况下,产生对信仰的正确认识。[⑤]

2.经卷诠释的模式与原则

康德将宗教局限于纯然理性界限之内,用理性来诠释基督教信仰,形成批判哲学对宗教的道德化解释。康德希望将批判哲学对宗教信仰的理性诠释推

---

① 康德:《纯然理性界限内的宗教》,第46～47页。
② 康德:《实践理性批判》,第77页。
③ 康德:《实践理性批判》,第78页。
④ 尚文华、傅永军:《康德对奥古斯丁"恩典"概念的批判与颠覆》,载《东岳论丛》2011年第9期。
⑤ 参见陈佐人:《康德与基督教(三篇)》,载《豆瓣网》(http://www.douban.com/group/topic/3673287/)。

广至各种不同的信仰系统，基于道德对神的启示、表达这些启示的宗教文本（宗教法规、教义规章）作出符合启蒙要求的诠释，从而将“作为神的启示学说之总和的宗教”转变为“作为神的诫命的一般义务之总和的宗教”[①]。这是康德要在宗教哲学领域内完成的一场“哥白尼式革命”。为此，康德系统提出了“哲学释经原理”，借以推展信仰之理性诠释的普遍化实践。

如前所述，康德将道德建基在实践理性之上，而宗教又是道德的一个必然结果，因此，宗教完全可以以自然理性为基础建构起来，称之为“唯一真正的宗教”或“纯粹的宗教信仰”。“唯一真正的宗教”把义务认作上帝的诫命，并视之为一切宗教的本质。[②] 这就是说，真正的宗教是把道德义务当做上帝诫命勤勉遵行的宗教，真正的信仰是把善的生活方式视作侍奉上帝、让上帝喜悦的“纯粹的宗教信仰（无须规章而建立在纯然理性上）”[③]。康德说：

> 宗教不是某些作为神的启示的学说之总和（因为这种总和叫做神学），而是我们一切作为神的诫命的一般义务之总和（而且主观上是把这些义务当作诫命来遵循的准则之总和）。宗教并不是按照内容亦即客体而在某一部分上与道德有别，因为道德关涉到一般的义务，相反，它与后者的区别是纯然形式的，也就是说，它是理性的一种立法，为的是通过由道德产生的上帝理念而给予道德以对人的意志的影响，去履行其所有的义务。[④]

与“唯一真正的宗教”或“纯粹的宗教信仰”不同，那些在某时某地现实存在的宗教，除了包含“唯一真正的宗教”所主张的“纯粹信仰”外，还包含许多与道德无关的“历史性内容”，如“奇迹”等。由于宗教不是按照内容亦即客体而在某一部分上与道德有别，它与道德在形式方面的区别，并不妨碍它本身可以被看作是理性的一种立法，为的是通过由道德产生的上帝理念对人的意志施加道德影响，促使人担当自己的责任或义务。[⑤] 因此，在康德看来，这些与道德无关的“历史性内容”并不属于真正信仰的内容。真正的信仰是一种把善的生活方式视作侍奉上帝、让上帝喜悦的“纯粹的宗教信仰（无须规章而建立在纯然理性上）”[⑥]。与之相配适，真正的宗教是一种把道德义务当作上帝诫命勤勉遵行的宗教。那些以规章为依据的“教会信仰”的信仰方式，只有将自身从“事奉神灵的宗教”发展为“纯粹道德的宗教”，才能成为“建立在理性的基础之上的纯粹的

① 康德：《学科之争》，第 32 页。
② 参见康德：《纯然理性界限内的宗教》，第 111 页。
③ 康德：《学科之争》，第 32 页。
④ 康德：《学科之争》，第 32 页。
⑤ 参见康德：《学科之争》，第 32 页。
⑥ 康德：《学科之争》，第 33 页。

宗教信仰”[①],从而放弃遵从神秘启示的教会信仰,教会信仰须以“纯粹的宗教信仰为最高诠释者”[②]。

然而,在实际的宗教信仰诠释活动中,对信仰的诠释并非必然地以“纯粹的宗教信仰为最高诠释者”。人们至少能够看到另外一种诠释模式,即按照教会规章的要求诠释宗教信仰。这种诠释模式在基督教学界最为流行,它与康德所赞赏的理性诠释模式不同,对信仰本身的关注远胜过对真理的关注,其诠释重点是教会信仰而非宗教本质。按照康德的观点,教会信仰诠释方式如若使用不当,就会导致妄信和专断信仰。

为了区分这样两种不同的诠释模式,康德将主张从诠释者私人理性出发,将依据教会章程即依据“产生自他人的任性的法则”对信仰进行诠释的“圣经神学家”,称为“为了教会信仰的圣经学者”;而将主张从实践理性出发,依据“可以从每个人自己的理性发展出来的内在法则”对信仰进行诠释的“理性神学家”,称为“为了宗教信仰的理性学者”。[③] 康德指出,就基督教的信仰解释来说,无论是“圣经学者”还是“理性学者”都承认依据《圣经》进行的诠释尤为重要。因为,《圣经》作为上帝的启示,提出了信仰的最高标准:“‘《圣经》都是上帝所默示的,于教训、督责、使人归正等等,都是有益的’。而由于后者,即人在道德上的归正,构成了所有理性宗教的真正目的,所以,这种归正也包含着所有经书诠释的最高原则。这种宗教是‘上帝的灵,它引导我们进入一切真理。’”[④]因此,在《圣经》方面的博学对于正确诠释宗教信仰具有重要意义。一方面对《圣经》这部记载着上帝启示的经典,对其有着丰富的学识不仅有利于对《圣经》的考证,另一方面也有利于正确诠释《圣经》所包含上帝真理。“所以,哪怕是掌握了其基础语言的诠释者,也必须拥有广泛的历史知识和批判,以便从当时的状况、风俗和意见(民众信仰)中,获得能够用来向教会共同体解释其理解的手段。”[⑤]如此看来,相对于仅仅依据一种内在的情感来诠释《圣经》的真正意义及其神性起源的诠释方式,《圣经》的博学或者依据神性启示以及教会规章展开的诠释活动,“是一份神圣文献的真正的、有资格的诠释者和托管者”[⑥]。因为依据内在情感的诠释方式不仅远离对道德法则的敬重,而且“很少能够从一种情感推论和查出对法则的认识”,“更难凭借一种情感而推论和查出一种直接的神性的影响的可靠征兆”[⑦]。再进一步,依据情感的诠释极容易为“全部狂热敞开大门”,让道德情感丧失尊严,混同于任何一种幻想式情感。因此,“除了《圣经》之外,不存在教

① 康德:《纯然理性界限内的宗教》,第 116 页。
② 康德:《纯然理性界限内的宗教》,第 110 页。
③ 康德:《学科之争》,第 32 页。
④ 康德:《纯然理性界限内的宗教》,第 113 页。
⑤ 康德:《纯然理性界限内的宗教》,第 114 页。
⑥ 康德:《纯然理性界限内的宗教》,第 114 页。
⑦ 康德:《纯然理性界限内的宗教》,第 114 页。

会信仰的任何一种规范。除了纯粹的理性宗教和《圣经》的博学之外,也不存在教会信仰的其他任何诠释者"[①]。

但是,在康德看来,这样两种诠释模式意义也不尽相同。《圣经》的博学对宗教信仰的诠释是"教义性的","只是为了把教会信仰对于某个民族在某个时代转化为一个确定的、能够一直保存下来的体系"[②]。只有纯粹的理性宗教对宗教信仰的诠释,"才是确实可靠的,并且对整个世界都有效的"。因此,《圣经》博学式诠释在"教会信仰" 向"纯粹的宗教信仰"过渡过程中,"历史性的信仰没有最终成为一种纯然对圣经学者及其洞见的信仰"[③],从而没有特别给人性带来荣誉,更不能让信仰者更接近上帝的国,所以,《圣经》博学式诠释的守护者是神学。与之相反,纯粹的理性宗教的诠释是真正的以真理为目标的诠释,它"决不能让世俗的权力妨碍"自己公开地使用理性的洞见和发现,并将对信仰的理解从教条束缚中解放出来,所以,纯粹的理性宗教的诠释的守护者是哲学。这样,这两类诠释模式的对立就反映出神学与哲学的对立,并因为这种对立而势必发生冲突。康德指出:"前者……怀疑后者用哲学思维除去了一切作为真正的启示学说而必须一字不差地接受的学说,并随便强加给它们一种意义,而后者则……指责前者完全忽视了终极目的,而终极目的作为内在的宗教必然是道德的,并且是基于理性的。因此,以真理为目的的后者,从而也就是哲学,在关于一段经文的意义发生争执的情况下,就以为自己有规定这种意义的优先权。"[④]由此进一步推论,理性的哲学实为宗教的引路人,而纯粹的理性宗教诠释则为宗教的最高诠释。这样,在理性和信仰关系上,康德彻底导向了理性,尽管在他那个时代,神学学科还保持形式上的尊贵,甚至仍然骄横地要求哲学学科作为它的婢女,但是,正如康德所揶揄那样,哲学这个婢女不是在后面为神学这位仁慈的夫人提着托裙,而在其面前举着火炬。[⑤]

康德将哲学学科与神学学科的差异表述为,神学学科致力于人的永恒福祉,因此它用信仰式言说上帝,用心灵分享神恩并因神恩而复得人之善的本性;而哲学学科致力于追求真理,它诉诸理性,用理性审核一切学说的真理性,并宽容地接受一切批评与异议,因而哲学学科是自由的,它"仅仅服从理性的立法而不服从政府的立法"[⑥]。据此,可以推导出康德哲学释经原理的基本原则:依据康德,对宗教信仰的正确诠释,决不能盲目诉诸诠释者内在的主观情感,而是在理性指导下从两个角度诠释宗教信仰。一是把宗教信仰视为历史性的东西,通过对各宗教体现其教义教规的经卷作出学术性阐释,以加深对各特殊信仰形式

① 康德:《纯然理性界限内的宗教》,第 115 页。
② 康德:《纯然理性界限内的宗教》,第 115 页。
③ 康德:《纯然理性界限内的宗教》,第 115～116 页。
④ 康德:《学科之争》,第 34 页。
⑤ 参见康德:《学科之争》,第 24 页。
⑥ 康德:《学科之争》,第 23 页

及群体的理解,一是基于纯粹理性的立场,把宗教信仰与纯粹的道德信仰的规则和动机联系起来,使理性摆脱"一种总是听凭诠释者任意摆布的信仰的重负"[①],从实践理性出发,依据自律性道德培育和深化人们的道德情感,让人获取真正的信仰,进而在地上实现人人拥有真诚信仰的伦理联合体,即遵行善原则统治的地上的上帝王国。康德将对经卷(《圣经》一类宗教信仰的经卷)的学术阐释式诠释称之为"教义性诠释",而将道德化和理性化信仰阐释方式称之为"真理性诠释"。[②]

显然,这两种诠释方式的地位是不同的。"教义性诠释"是"真理性诠释"的基础,而"真理性诠释"则是"教义性诠释"所欲最终实现的目标。"教义性诠释"使得宗教信仰的历史性内涵得到有意义的阐发,而人的真正纯粹的道德信仰通过文本意义的释放而得到历史性的确认,这种对纯粹道德信仰的历史性确认在彰显道德理想之崇高的同时,亦将其真理性内涵展现在经卷意义解读中。康德的"哲学释经原理"因此要求对宗教经卷的诠释必须道德与历史并重,在对经卷的历史性的诠释中实现诠释者对文本意义的建构。之所以能够得出这个结论,是因为我们从康德在《纯粹理性批判》中的一段话中,可以体味出康德已经具有这样一种重要的诠释学意识:解读者比作者更了解作品的意义。[③] 由此可见,尽管康德本人并没有系统的诠释学探讨,也没有对诠释学的概念系统以及基本原则的建构作出过有哲学史记录意义的贡献,但他对诠释学意识以及基本精神却有着不同凡响的天才性直觉。

---

① 康德:《纯然理性界限内的宗教》,第 114 页。

② 之所以把道德化和理性化信仰阐释方式称为"真理性诠释",是因为康德在《纯然理性界限内的宗教》中主张这种诠释是"确实可靠的,并且对整个世界都有效的",是对宗教信仰中属于"真正的宗教东西"的诠释,而诠释的是以真理为目标,是理性的自由活动。参见康德:《纯然理性界限内的宗教》,第 110～139 页。

③ 康德在《纯粹理性批判》中,在论及对柏拉图哲学的理解与诠释时这样说:"我在这里不想卷入文字的研究,以便澄清这位杰出的哲学家联结在其术语之上的意义。我只是提请注意,无论是在日常谈话中还是在著作中,通过比较一位作者关于自己的对象所表达的思想,甚至比他理解自己好更好地理解他,这根本不是什么非同寻常的事情,因为他并没有充分地规定自己的概念,从而有时所言所思有悖于他自己的意图。"[康德:《纯粹理性批判》第 2 卷,李秋零译,北京:中国人民大学出版社,2004 年,第 241 页(B371)]

这就是康德的宗教诠释学理念[①]，也就是被他称为"哲学释经原理"的经卷解释的模式与原则，它直接透现出来的是启蒙时代的理性批判精神。据此，康德并不把"哲学释经原理"理解为是一种哲学的解释，以扩展哲学为目的，"而是仅仅想理解那解释的原理必须是如此形状的：因为一切原理，无论它们所涉及的是历史品牌的解释还是语法批判的解释，在任何时候都必须是直接从理性产生的、但在这里却特别是因为，凡是从经文中可以为了宗教（宗教只能是理性的一个对象）而查明的东西，也必须是从理性直接产生的"[②]。从这种基本立场出发，康德这样总结性地表达自己的"哲学释经原理"，他说：

> 一切释经如果涉及宗教，都必须按照在启示中引以为目的的道德性原则来进行，而且如果没有这种原则，就要么在实践上是空洞的，要么干脆就是善的障碍。——唯有在这种情况下，它们才真正说来是可靠的。也就是说，我们心中的上帝本身就是解释者。因为除了通过我们自己的知性和我们自己的理性同我们说话之外，我们不理解任何人，因此，就我们的理性的概念是纯粹道德的，因而是确实可靠的而言，除了通过它们，一种向我们颁布的学说的属神性，不能通过任何东西来认识。[③]

正是在这样的原理指导下，康德为理性地诠释信仰或者经典宗教文本具体制定了四条可以用于操作的经典诠释原则，兹引述如下：

---

① 康德的"哲学释经原理"有走向主观主义和相对主义的可能。这种具有强烈的单向度主体性的诠释活动，突出地表现出哲学理性对神学信仰的销蚀，是启蒙以来西方系统化和理性化基督教尝试的巅峰之作。经由康德诠释的基督教信仰的经卷《圣经》，实际上已不是宗教信仰文本，而成为进行哲学教化的道德读本。康德"哲学释经原理"最可能导致的结果是用以理性为主体的哲学取代或者消解以信仰为主体的宗教，最终将人变成没有情感诉求之类非理性品质的纯然理性"存在物"。这些纯然理性的存在物如果依照康德的要求，将神学信仰有关上帝存在之需求变成一种道德上的设定，引导人们走向之善的理性保证，这样，宗教的超越性就演变成纯粹理性思之问题和实践理性行之问题，宗教就化身成为人间产物，其取向不是神化超越物，而是绝对化有理性的人，从而将宗教的神圣救赎转变为人间的世俗救赎——在地上实现上帝的道德王国，即"每一个人的自由都能同其他每一个人的自由按照一个普遍的法则共存"（康德：《纯然理性界限内的宗教》，第99页）的伦理共同体（关于这方面的思想，将在下面的论述中具体展开）。就此而言，笔者也能体味到康德的善良用心和理智上的困顿。康德生活在启蒙昌明的年代，他本人又是一位纯而又纯的理性主义者，一方面他秉承启蒙旨意，要求用理性检视一切，连神圣的宗教和法律也不能例外；另一方面，他通过理性批判发现了理性的界限及误用理性的危害，但启蒙的召唤，还是促使他义无反顾却又小心翼翼地使用理性于超越性的宗教领域，力图将宗教信仰变成纯然理性范围内的事情，结果，他依然陷入理性与信仰争斗这样一个古老的陷阱，而脱身的方法无异于正统的神学家，只不过他让理性占据上风而已。理性与信仰关系并未得到良好处理，两者之间的紧张与对立照旧如此，现代人所面对的宗教信仰困境不但未得到纾解，反而有加深之嫌疑。但是，无论如何，笔者必须表达出自己对康德的尊重。尽管笔者不完全认同康德的宗教诠释学，但敬佩他的努力，况且，康德的诠释开辟出一条前人从未尝试过的理性化诠释基督教信仰的新路径，其诠释的典范意义怎样评价也不过分。

② 康德：《学科之争》，第23页。

③ 康德：《学科之争》，第44页。

第一，包含着某些理论的、被宣布为神圣的、但却超越一切理性概念（甚至超越道德的理性概念）的学说的经文，可以作出有利于实践理性的解释；但包含着与实践理性相矛盾的命题的经文，则必须作出有利于实践理性的解释。

第二，真正说来必须被启示出来的那些《圣经》学说，如果它们应当被认识的话，对它们的信仰自身就不是功德；而这种信仰的缺乏，甚至与它相对立的怀疑，就自身而言也就不是负罪；相反，在宗教中一切都取决于作为；而这种终极意图，从而还有一种与这种终极意图相符合的意义，必须被加给所有的《圣经》信理学说。

第三，行为必须被表现为从人自己对自己的道德力量的利用中产生的，不可以被表现为一个外部的、更高的、人被动地与之发生关系的作用因的影响的结果；因此，对在字面上显得包含着后者的经文的解释，就必须有意地以与前一条原理一致为基准。

第四，在自己的作为不足以使人在他自己的（严格地进行审判的）良知面前释罪的地方，理性当然有权虔诚地假定他的有缺陷的义有一种超自然的弥补。[①]

康德将这四条“哲学释经原则”具体应用到对基督教及其教义和教规的诠释活动中，对基督教的“三位一体”和“道成肉身”教义、保罗的“前定说”、神之恩典、灵魂救赎、永福的获得等进行了道德化诠释，从而为理性地诠释基督教提供了一个成功的范例。[②]

二、朝向至善的希望：“天上天国”的理性理解

康德通过道德诠释基督教信仰和理性解释基督教教义，从伦理神学成功过渡到道德宗教。康德关于“希望”如何可能的问题，主要是由道德宗教来提供答案的（广义地说，康德历史哲学作为其实践哲学的一个有机组成部分，也可以看做是对“希望”的回答，当然是在人类学意义上的回答）。从这个意义上说，康德道德哲学的终极问题就是，如何使至善被造就在这片大地上，即应该通过做些什么使上帝的国建立在大地之上，这就是所谓的至善的现实性[③]问题。因为就

---

① 康德：《纯然理性界限内的宗教》，第 34～35、38、39、40 页。

② 关于康德是如何具体地使用这四条释经原则对基督教及其教义、教规进行理性的道德化诠释，可参见《学科之争》“解决争执的哲学释经原理”部分的论述（康德：《学科之争》，第 34～40 页）；重要的参阅文献还有康德的《纯然理性界限内的宗教》一书。可以说，《纯然理性界限内的宗教》就是康德理性地道德化诠释基督教的典型文本。

③ 这里用“现实性”一词主要是按照康德在《纯粹理性批判》中的用法，它指的是“现实性的图式是在一确定的时间中的定在”（A145、B184），至于这一确定的时间在哪里，我们不知道，但是它终究存在于“那一时刻”，其实在含义上更接近“必然性”，但是为了保持康德概念的连贯性，本书还是用了“现实性”这一术语。

人而言,他不是孤零零的,而是有着一个世界,有着一群同样的理性存在者与他同在。因而,至善不仅仅是理性意志的纯形式,至善本身应该是能够在现实社会落实下来的内容,它需要面对这个世界,面对其他的理性存在者。因而,从至善的理念出发,我们需要构建一整套的形式机制来保障它的内容得以合乎理性地实行出来。在道德—宗教的幅度之内,康德要做的就是探讨如何构建一个**伦理—公民**状态。

在谈到人性的禀赋时,他认为"只有与其他人相比较,才能断定自己是幸福的还是不幸的,由这种自爱产生出这样一种偏好(Inclination),即在其他人的看法中获得一种价值,而且最初仅仅是平等的价值,即不允许任何人对自己占有优势,总是担忧其他人会追求这种优势,最终产生一种不正当(Unjust)的欲求,要为自己谋求对其他人的优势"①。在康德看来,并非由于人离群索居时的"粗野本性",而是因为处于关系和联系之中的人们,将恶嫁接在嫉贤妒能和争强好胜之上,并且这一点就是人性的禀赋进一步滥用的直接结果。另一方面,在我们实际生活的社会中,这一点也是很明显的,"一个人在为他的基本需求而操心时的心态,是有节制和平静的,只有当他处于人们中间时,忌妒、统治欲、占有欲以及与此相联系的怀有敌意的偏好,马上冲击他那易于知足的本性"②。因而,在人性和社会性的压力下,任何单个人想要摆脱恶的统治,都几乎是不可能的。因为强大的恶会不断地将他拉回到它的统治之下,因而,在康德看来,"如果找不到任何手段来建立一种目的完全是在人心中真正防止这种恶并促进善的联合体,即建立一个持久存在的、日益扩展的、纯粹为了维护道德性的、以联合起来的力量抵制恶的社会"③,那个善原则统治的时代就永远不会来临。

因而,为了实现至善原则的统治,即为了论证至善本身的实现,我们需要建立并扩展一个按照善原则、并完全以其为目的的社会。在这个社会中,出于理性的道德法则成为普遍的职责和义务,发展并完善人之内在道德禀赋成为每一个人的任务。只有这样,我们才能期待善原则对恶原则统治的最终胜利。相关于伦理—公民状态,就我们能力而言,我们按照什么样的原则构建这个社会呢?出于道德的宗教以何种姿态和方式面对传统的教会—信仰的宗教模式呢?毕竟,这样一个已成的教会形态存在在我们面前,启蒙之后的我们应该以何种态度面对这种教会形态呢?在出于理性自身论证了善的内在可能性之后,这些问题是康德必然面对的核心问题。

1. 基本概念界定:何谓真正教会

首先是何谓"自然状态"与"公民状态"。无论人处于何种状态,他总是要生活在"法"之下,他的行为不是混乱无序的,这是对人的理性状态的一种描述。

① 康德:《纯然理性界限内的宗教》,第26页。
② 康德:《纯然理性界限内的宗教》,第93页。
③ 康德:《纯然理性界限内的宗教》,第93页。

但问题是“法”依据什么。所谓的“**自然状态**”指每个人都给自己立法,因而,每个人都是自己的法官。但是“不存在任何一种公共的、具有权力的权威,来按照法则以具有法律效力的方式,规定每一个人在各种可能出现的场合里的义务,并使得义务得到普遍履行”①。这样一种原初的状态是需要克服掉的,我们看到在康德所生活的时代,几乎所有的政治哲学家都持有这种立场,因而,与之相对的“**公民状态**”就是人们相互之间应该有的一种关系,问题就在于以何者为依据构建这样一种摆脱“自然状态”的“公民状态”的关系。

在政治领域,这样一种“公民状态”就是一种“**律法—公民的(政治)状态**”,它指的是人们共同服从公共的律法法则,这种律法法则无论是出于什么,即无论它的最终依据建立在什么地方,它都是一种强制性的法则,即它是依赖于权力来推行的,因而,它必然只是规范人之行为的。但是,可被强制规范的行为只是人类生活的一部分,因为我们所希望实现的东西很大一部分是涉及德性意念的,而为了实现构建一个共同的生活共同体,在强制性的律法法则之外,我们必须要有一种在没有任何强制、而仅仅是纯粹性的德性法则,否则,就会出现一种权力之外的社会真空,即整个社会纵然一切都按照法律本身运行,但却“道德沦丧、人情冷漠”。因而,与“律法—公民状态”相对,我们还需要一种“**伦理—公民状态**”的东西,它指的是“这样一种状态,即人们是在无强制的、纯粹的德性法则之下联合起来的状态(be united under laws without being coerced, i. e. under laws of virtue alone)”②。我们可以得出“伦理—公民状态”具有几个特点:首先,它不能是强制性的,即个人有完全的自由选择是否与其他公民进入这样一种伦理性的联合。其次,它应该以律法—公民状态为前提,因为在共同体中,自由并非无限度的自由,它应该遵循一种不矛盾律,即自由应该限定在这样一个条件之下,每个人的自由都能够同其他人的自由按照一个普遍的法则共存,因而,无强制性必须以强制性为前提,这是政治—社会设计的根本原则。所以,伦理—公民状态的联合必须要容忍一些政治方面的限制。最后,因为它摆脱了一切防范性的强制,因而恰恰是出于“完全的”自由(与作为权利而拥有的“自由”相对)。它势必关涉到整个人类,康德说:“这样一个伦理共同体的概念,总是关系到一个所有人的整体的思想……它奋力迈向与所有人(甚至所有有限的理性存在者)的一致,以期建立一个绝对的伦理整体。”③

因而,就康德的任务是要为至善本身的现实性作论证而言,他必须要沿着“伦理—公民状态”向前走。因为,一方面善不可能在“自然状态”中实现;另一方面,“律法—公民状态”的联合本身不以关心道德上的善为目的。就善本身而言,它不应该仅仅是人对人的义务,而是人作为一个类对自身的义务,因为“有

① 康德:《纯然理性界限内的宗教》,第93页。
② 康德:《纯然理性界限内的宗教》,第95页。
③ 康德:《纯然理性界限内的宗教》,第96页。

理性的存在者的每个物种在客观上，在理性的理念中，都注定要趋向一个共同的目的，即促进作为共同的善的一种至善"①，而"伦理—公民状态"的联合恰是关涉这样一个类的共同善。这种道德上的至善必须要求每一个单个的人为了这同一个目的而联合成为一个整体，并成为这个整体中的一员，也只有依赖于这样一个整体的统一，道德上的至善才可能得以实现。"但是，关于这样一个整体，即一个**遵循德性法则的普遍共和国的理念**，是一个与所有的道德法则（这些道德法则涉及的是我们知道自己能够支配的东西）完全不同的理念"②。因为，我们的道德法则只是涉及到我们能够做到的东西，而对于超出于我们能够的能力之外的整体性的理念，我们是无法知晓的，而至善所要求的为了目的而联合成的整体，以及要求这一整体的统一，恰恰是这样一种超出于我们能够支配的范围之内的。所以，尽管对作为理性存在者的我们而言，这一整体的理念是我们的义务，但是这个义务完全不同于其他一切种类的义务，因而，我们可以预先猜测到，"这种义务将需要以另一个理念为前提条件，即一个更高的道德存在者的理念"③。

所以，我们看到作为伦理共同体的公共"立法者"必定不能是人类自身。另外，这一更高的立法者也不能被设想为"原初纯然从上峰的意志出发的（设想为若不是他事先发布命令就会没有约束力的法规），因为这样一来，它们就将不是伦理法则，与它们相符合的义务也将不是自由的德性，而会是强制性的律法义务了"④。我们必须这样来设想这个更高的立法者：首先，对于他来说，真正的义务必须同时被设想为是他的诫命，因而，他具有完满性的意向，即他应该是直接性地完成一切义务的，这与出于职责行为的人类具有根本差异；其次，他必定能够看透所有人的意念，因为一个伦理共同体的善无论完成与否，它都不是人类能够直观得到的，甚至他连自己的意念完善性都无法知晓，因而他必定是知人心的，即是全知的；最后，他能够使得每个人得到依据他的行为所配得到的，这一点是康德论证上帝的国实现的最核心的论证依据，对此，我会在下面进行细致的分析。因而，他是全能的，即他是上帝的国在大地上实现的最终根据。这样一个更高的立法者就是康德道德—宗教论证的最终依据，即作为理性—道德幅度之内的上帝概念。

与这一上帝概念紧密相连的就是"**上帝子民**"概念。在这样一个伦理共同体中，所有遵循真正的义务，即遵循上帝诫命的人，都被作为上帝的子民。与之相对，遵循规章性法则的那些人，他们的行为遵守的是按照规章的合法性，而非行为本身的道德性，康德称这样的人为"遵循规章法则（Statutory laws）的上帝

① 康德：《纯然理性界限内的宗教》，第 98 页。
② 康德：《纯然理性界限内的宗教》，第 98 页。
③ 康德：《纯然理性界限内的宗教》，第 98 页。
④ 康德：《纯然理性界限内的宗教》，第 99 页。

子民”[①]。在康德看来,他们并非从上帝那里接受诫命,而是从上帝所任命的祭司那里,所以,他们的统治是**神权政治**性的。康德说:“一个伦理共同体的崇高的、永不能完全实现的理念,在人们的手中大大地贬低了。即贬低为一个机构(Institution),它充其量也只能仅仅纯粹地表现这个伦理共同体的形式(Form)。”[②]因而,造就一种道德上的上帝子民是需要上帝来完成的,但是人也必须要做些什么,即“他必须这样行事,就好像所有的一切都取决于他;只有在这个条件下他才可以期望,更高的智慧将使他的善意的努力得到实现”[③]。那么,他究竟应该做些什么才能使得自己的愿望实现呢?答案是:建立真正的教会。

“**教会**”指遵循上帝诫命,即上帝的道德立法的伦理共同体。它可以作出两种区分,即“作为所有人在上帝的直接、道德上世界统治下联合体的纯粹理念,它是作为由人建立的世界统治的原型”[④],这就是“**不可见的教会**”,我称之为**教义学上的教会**;在现实世界中,人们现实性地联合为一个整体,它应该与上述理想一致,这就是“**可见的教会**”,我称之为**社会学上的教会**。按照理念本身,**真正的教会**应该具有以下特点:普遍性、纯粹性、自由原则下的关系、宪章的不变性。康德的任务就是要分析真正教会的可能性,即我们应该按照何种原则改变以及构建现实的教会。

2.真正教会的可能性条件

现在我们的任务就是要在逻辑上界定“不可见的教会”,或者说教义学上的教会,与“可见的教会”,或者说社会学上的教会,之间应该存在的关联,只有这样,我们才能确切地理解真正教会的可能性与现实性。就基督教本身而言,教义学上的教会的确切含义是一切神学思考的核心。康德认为,这一教会概念有着清晰的内涵,它应该是在上帝直接性的、道德性的统治下的伦理联合体的纯粹理念。在他的统治下,所有的上帝子民应该是遵守一切真正的义务同时就是遵循上帝的诫命,因而,人之完善的意念以及与之相关的道德上的、世俗上的幸福,统统是人能够实际获得到的。这样一种教义学上的教会作为一切教会的原型存在,现实意义上可见的教会偶然性地不是这个样子。在康德看来,它之所以不是这个样子,并非是作为原型的教会以及上帝本身的问题,只是人类自身的缺陷所导致。尽管如此,它却应该与教义学上的教会相一致,也正因为如此,即它应该关联于后者,它才可能被称为可见的**教会**,而不是其他的名称,否则,它就根本不是教会。也正是在这个意义上,如果一个强权国家的“教会”,它本身维系于一个世俗的权力统治者,而摆脱掉与上帝和教义学上的教会的关联,尽管它自称为某种有特色名称的教会,那它也不过是一种社会组织而已,而根

① 康德:《纯然理性界限内的宗教》,第100页。
② 康德:《纯然理性界限内的宗教》,第101页。
③ 康德:《纯然理性界限内的宗教》,第101页。
④ 康德:《纯然理性界限内的宗教》,第101页。

本不是什么教会。当然，这里面有很多细致的东西需要评估。

因而，无论是不可见的教会还是可见的教会，我们要想界定它的性质，首要的问题就是处理作为教会的会众与上帝之间的关系。正如在世俗政权中，臣民与君主的关系乃是以服从规定的，在君主看来，没有比他从臣民那里获得的崇敬和来自于臣服的颂扬更能使他感觉到服从了。因而，就人无法认识超感性的事物而言，人也总是通过这种崇敬与颂扬上帝表达对上帝的顺服，因此，“他们不愿去想，他们如果履行自己对人的义务，恰恰由此也就执行了上帝的诫命，从而也就在自己的所有的所作所为中——只要它们与道德有关——自始至终都处于对上帝的事奉中，并且绝对不可能以其他方式更近身地事奉上帝了”①，这样他们就完全偏离了纯粹道德的宗教概念，而仅仅走向一种事奉神灵的宗教概念。正是在这样一种偏离中，作为上帝的一种立法意志被解释为仅仅是规章性的法则。为了确立纯粹道德上的法则颁布命令的道德宗教的地位，与以规章性法则作为上帝立法意志的宗教的争辩成为康德下一步的任务。

首先，康德承认存在不是从自身出发，而只是作为上帝启示了的意志而具有约束力的规章性法则，它们“不仅仅一般地是所有真宗教的不可避免的条件，而且也是真正构成真宗教自身的东西，为此，规章性立法所包含的职能是促进和扩展纯粹道德立法的手段”②。另外，如我们上面所分析，就人的义务不仅仅是自己能够的，也包括作为尘世的神性国家中公民，即我们也应该实现一种神性的伦理共同体的理性理念而言，这不是单纯由人的理性能回答的，因而需要上帝的启示来立法，从而，我们也需要一种规章性的、历史性的教会信仰。其次，尽管我们有义务要实现这一神性的伦理共同体，即教义学上的教会，我们也不应该在某一教会的建立和形式上，把法则直接作为属神的、规章性的，尽管我们认为或者它就是来自上帝的启示，否则的话，我们就是对上帝的谵妄，而将所有人都捆绑在枷锁之上，免除了我们对这一形式作出改善的努力。因而，可以说，这是一种将宗教建立在任意性的基础之上。再次，这种教会信仰应该是有前提的。它应该是建立在最善的生活方式之上的，尽管这种最善的生活方式并不排斥存在加在理性上的理性所不能认识的，因而需要启示的上帝立法的因素，这就是真正教会的两点基本原则。因为对于“每一个**纯然作为人来看的**人来说”，人与上帝的直接关系应该得到普遍有效的回答，那么对于他而言，他的意志的立法就不再应该是规章性的，因为它是偶然任意的，而应该仅仅是道德性的，因而，“并非应该是通过赞颂上帝（或者赞颂他那具有神性血统的使者），而是通过善的生活方式——在这方面，每一个人都知道上帝的意志——来试图让上帝喜悦，才将是对上帝作出上帝所要求的真崇敬的人”③。因而，所有试图

① 康德：《纯然理性界限内的宗教》，第103～104页。
② 康德：《纯然理性界限内的宗教》，第105页。
③ 康德：《纯然理性界限内的宗教》，第105页。

以自然的方式,即通过隆重的庆典以及形式性的事奉,走到纯粹宗教信仰前面的人以及教会都是不可以被接受的。

因而,规章性的教会信仰既是不可跨越的。因为它与实现神性的伦理共同体的理性理念直接相连。但同时它又需要实践性的前提,因为若是离开善的生活方式,它就会沦为任意性的规章法则。这种状况是无法改变的。因而,如何寻求到一种既可以保留住高于理性自身而仅仅来自于上帝的启示,同时,又可以为实践性的善的生活方式保留空间,以杜绝仅仅以规章作为最高法则,这就成为康德的任务。“那么,我们就必须也承认,对教会信仰的不变的维持、对在它里面所接受的启示的普遍和千篇一律的传播乃至敬重,很难凭借传统,而是只有凭借《圣经》,才能得到足够的关照,而《圣经》自身作为对于同时代人和后代来说的启示,又必然是敬重的一个对象。”[①]在康德看来,这样一种东西不可能凭借传统来获得,而只能诉诸一部经书,即教会信仰的规范应该建立在《圣经》的基础之上,除此之外,其他一切都不能作为教会信仰的规范。这个思想来自路德新教的唯独信仰和唯独圣经的原则。在康德看来,这样一部《圣经》,即使从未读过它的人,也对其保持极大的敬重,而且就连经书中阐述一个小的信仰观点的地方,也被叫作箴言。在历史上,也没有任何一个建立在经书之上的宗教因为国家被铲除而被铲除。而且,就其能够为了道德本身的目的而宣讲,以及难以根据自然法则,解释人类靠它产生一种理性觉醒的起源[②],从而可以保持一种信仰的威望而言,它完全可以作为把一切人联合在一个教会之中的最有价值的工具,而其威望也足以构成教会信仰。但是,终究存在这样一个问题,《圣经》中所包含的作为信仰法则的规章,与作为纯粹道德上的宗教学说之间不是完美和谐的,否则的话,也就不会存在种种关于解释经书以及解释作为教会信仰根据的规章法则的差异了。因而,为了真正宗教的现实性,康德就必须要给出处理《圣经》以及现存教会的基本解释原则,从而在**人的能力范围内**,尽力代理在地上建构一种更接近不可见教会的真正教会这一上帝交托给我们的任务,即在教会信仰的幅度内,以何种原则做教会信仰的解释者。

另一方面,建立在启示信仰基础上的历史性教会一个最重要的缺陷就在于它缺乏真理的一个重要特征,那就是对于普遍性的合法追求。尽管它一方面借助《圣经》,但主要的它还是借助了历史遗留下来的经验性信仰,因而,它不可能是普遍的、唯一的和纯粹的。康德甚至将其称为“作为一种偶然性故意使之落

① 康德:《纯然理性界限内的宗教》,第 107 页。

② 康德在这里要表达出来的意思很含混,即究竟人之理性能否穷尽上帝的启示,康德并未明言。这同样也是莱辛的问题,即使承认一切都是上帝启示的结果,但是终究启示可以被人们所理解,而它一旦为人所理解,它也就不再具有神秘的价值,而成为理性自身之中的要素。这是要进行彻底的历史批判需要解决的首要问题,康德对此很含混,莱辛则作了较详尽的分析。参见莱辛:《论人类的教育》,朱雁冰译,北京:华夏出版社,2008 年,第 99~132 页。

入到我们手中的一种经验性信仰"[①]。这在理性看来是无法接受的,因而,我们需要对之加以解释。就理性自身以及人之实践本身的要求而言,它必须要与道德上的信仰基础相一致,这就要求把作为教会信仰基础的启示"解释为一种与纯粹的理性宗教的普遍的、实践的规则一致的意义。因为如果教会信仰的理论因素不是致力于履行所有作为上帝的诫命的人类义务(这构成一切宗教的本质)的话,我们也就不会在道德上对它感兴趣"[②]。这样一种状况也是历史上实际发生的,任何一个民族都一直在理性化他们所经历到的"来自上帝的启示",体现在经卷上,就是不断按照理性的方式解释他们的经书。而到了启蒙的时代,由于理性的彻底自主,康德完全站立在理性原则的制高点上,对作为教会信仰原则的启示进行彻底的理性批判。凡是不能经受住这种批判的东西都要被清除;而凡是理性本身无法触及到的要素,理性也无法将其祛除掉,比如我们上面提及的作为上帝直接在世界统治的联合体的理念,即作为不可见教会本身,就是理性无法触及到的,康德将其称为"启示"。[③] 这一最终的启示是无法祛除的,否则,我们谈论教会就完全没有意义。因而,在康德看来,纵然一部经书被认为是上帝的启示,但是作为启示,它也必须符合这样的标准:"《圣经》都是上帝所默示的,于教育(Doctrine)、督责(Reproof)、使人归正(Correction)等等,都是有益的……上帝的灵(the Spirit of God),它引导我们进入一切真理。"[④]在康德看来,即使上帝的启示,无非也是为了人之道德上的归正,为了理性宗教的所有目的;上帝的灵,无非也是教导我们,通过各种基本原则赋予我们生命的灵。因而,《圣经》中的一切,以及教会信仰所包含的一切,"都完全与纯粹的道德信仰的规则与动机联系起来,唯有纯粹的道德信仰,才在每一种教会信仰之中构成在它里面是真正宗教的东西"[⑤]。

除了按照道德信仰原则解释教会信仰以及《圣经》之外,那些圣经学者的解释也构成了《圣经》的另一种解释。因为作为教会信仰最有价值的工具的《圣经》承载了大量信众的信仰依据,如何在现实教会内安抚普通信众的灵性需要,就成为圣经学者的重要任务。他们需要通过起源的演绎来历史性地证明教会的威望,根

① 康德:《纯然理性界限内的宗教》,第 110 页。

② 康德:《纯然理性界限内的宗教》,第 111 页。

③ 这一"启示"意义远远不是作为理性理念本身设定的东西,因为就人的理性而言,他可以通过设定上帝存在、灵魂不朽以解决作为人的善之实现问题,我们将其称为"善的内在可能性"。但是对于作为共同体的善,即善原则本身的展开而言,却是不同于人之善,用康德的术语,这就是"超出于人的道德义务或能力之外"的,这依赖于一个上帝,并且此共同体作为不可见的教会本身就是来自于上帝对人的启示,这是一切教会的最终依据。康德在这里要处理的不是这一启示自身,而是当这一启示落实在人身上时,人应该做些什么。我们将康德保留的这一启示称为"最后的启示",在启蒙之后,我们能接受的启示也就仅仅止于此了,但是对于这一启示本身的处理是完全不同的另外一个问题,在我们看来,这是现代基督教神学面临的核心问题,其实也就是"道成肉身"的意义问题。

④ 康德:《纯然理性界限内的宗教》,第 113 页。

⑤ 康德:《纯然理性界限内的宗教》,第 113 页。

据历史的可信性来评价信众需要的各种信息,康德将完成如是任务所需要的东西称为**圣经博学**。他们就是要针对具体的历史状况来考证以及解释《圣经》以及与教会信仰相关的其他事务,以最终获得能够向作为共同体的教会提供其可理解性的手段。但是按照教会本身的原则,无论是按照道德信仰原则解释教会信仰,还是按照圣经博学的原则,它们都绝对不能允许世俗的权力妨碍它在这一伦理共同体领域内使用其自身原则的能力。针对强权社会可能出现的状况,在此引用康德的一段文字来阐明这一现代社会的基本原则:"只要国家只是关心不要缺少学者和就其道德性而言有好名声的、管理全部教会事务的人们,国家把这种管理托付给他们的良知,那么,国家就做到了自己的义务和权限所包括的一切。但是,把这些义务和权限引入学院,从事学院的争论,则是大众可能曾不无冒昧地向立法者提出的过分要求,因为这种要求有损于他是尊严。"①

对于那些试图依据内在的情感来解释教会信仰以及《圣经》的方案,康德保持着一种审慎的态度。尽管在阅读《圣经》以及进入教会的人会产生一种趋善的生存冲动,但这种内在的情感究竟是来自道德法则本身蕴含的一种情感,还是像一部分人那样认为是来自一种神性的直接影响,这本身就是晦暗不明的。因为产生某种效果本身就可能是多种因素造成的。但在康德看来,承认后者就可能为狂热打开大门;而认可前者,本身就是人之义务。因而,我们不应该将情感抬得过高,"因为它根本不说明任何东西,而是仅仅包含了主体在自己的愉快和不快方面被刺激(Affected)的方式而已,在上面不能建立起任何知识"②。就人之知识只是建立在感性—理性基础之上而言,我们不能有关于超越性情感的知识。但是我们毕竟有这样一种超出感觉经验之上的情感,究竟应该如何探讨这种情感呢?康德回避了这个问题,但是它却成为康德之后基督教神学家不得不面对的问题。

到此为止,康德给出了他解释教会信仰的几个基本原则,即一个真正教会得以落实的可能性条件。"除了《圣经》之外,不存在教会信仰(Ecclesiastical faith)的任何一种规范(norm)。除了纯粹的理性宗教(Religion of reason)和《圣经》的博学(Scholarship)之外,也不存在教会信仰的其他任何诠释者。而在纯粹的理性宗教和《圣经》的博学中,唯有前者才是确实可靠(authentic)的,并且对整个世界都有效;后者则是教义性(merely doctrinal)的,只是为了把教会信仰对于某个民族在某个时代转化为一个确定的、能够一直保存下来的体系。"③因而,作为不可见教会与可见教会核心因素的上帝与会众的关系应该是按照道德性的义务来规定的,任何将这种关系仅仅建立在规章法则以及启示之上的教会都应该按照道德宗教本身的原则来解释,即使作为关联到真正教会之

① 康德:《纯然理性界限内的宗教》,第 114 页。
② 康德:《纯然理性界限内的宗教》,第 115 页。
③ 康德:《纯然理性界限内的宗教》,第 115 页。

根本的启示与实践道德相联系的宗教信仰本身之关联的《圣经》本身，也应该按照道德宗教本身的原则来解释，即它应该是对人的善的生活方式有益的。这就是康德界定的真正宗教的可能性基础。在这个可能的基础上，我们才能谈论真正宗教的现实性，即将教会信仰过渡到纯粹的宗教信仰的统治，就是上帝的国在地上的最终落实。

3. 真正宗教教会的现实性

与真正教会相比，建立在经验性启示基础上的历史性信仰最大的缺陷在于它只对局部的人有效，而作为这一信仰基础的启示也只对局部人才有效。所以，对于启示的认识也就如同一般的经验认识一样不包含对内容的必然性知识，即它无法保证对所有人都必然如此。在这个意义上讲，它无法要求一种普遍性。而这种普遍性恰恰是真正教会最应该要求的。在康德看来，"只有完全建立在理性的基础之上的纯粹的宗教信仰，才能被视为必然的，从而被视为唯一标志着真正的教会(the true church)的信仰"[①]。这是思想本身的要求。人类理性已经完全独立自主，它势必要求与人之生活相关的一切都要建立在理性的绝对自主之上，这首要的要求就是普遍性、绝对性。无论现存的状况如何，它只能接受理性自身的规约。凡是不合乎理性的东西，理性凭其自身的绝对意志就要迫使它改变，这是思想本身的力度所在。因而，在思想看来，作为即成的历史性信仰只能作为引导性的手段而刺激真正的宗教，并最终不断地迫近纯粹的宗教信仰本身。尽管很多人不认可这一点，因而会引起纷争、迫害，比如奥利金、阿塔那修等无不受过迫害，但最终，思想还是接受了他们。

尽管在历史上，我们永远不能避免关于历史性教会的争论。但在思想看来，它最终会发展为普遍的、唯一的真正教会。因为，每一个拥有道德上的接受能力的人，都必然地要求道德上的善，因而，一个被造就出来的合目的的至善被深深地信仰，康德将这样的一种信仰称为是**造福于人的信仰**。在这种信仰看来，任何超出道德要求之外的敬奉性、奴性的信仰都不被看作是造福于人的，任何通过恐吓、强制产生的信仰都不是道德性的。在此，我们看到康德论证真正信仰的最终根基。在理性自身看来，与道德意念相关的最高的善相匹配的幸福是自由本身所必然要求的，但由于自由不是这个世界，即有一个外在的自然世界存在着，而理性要求的幸福又不得不与这个自然世界相关联，因而，幸福的获得只能依赖于全知全能的上帝。因而这种信仰也就是造福于人的信仰。由于这种信仰是出于自由本身的，因而必然地，一切不是出于自由的宗教都是要被批判的，它包括一切为了上帝以及人自身而进行的崇拜、仪式等邀恩手段，与神秘接触的神秘手段，以及一般意义上的启示、恩典。所有这些东西都关联到一个概念，那就是救赎概念。因为人的缺陷，他需要完满，因而他需要通过种种手

① 康德:《纯然理性界限内的宗教》,第116页。

段来获得完满,即通过上帝的手来达到自己的救赎。但是,若是谈论造福于人的信仰,还不得不处理救赎概念。因为尽管一方面,通过奉行一种善的生活方式,他摆脱了曾经事实性地陷入的恶,而产生一种让上帝喜悦的信仰;但另一方面,他并不能通过如此而勾销掉了他曾经做出的行动,这在律法上是需要救赎的,因为这不是他的能力之内的。由于这两者产生在同一个人生之中,加之出于自由的信仰无法接受一种救赎性的信仰,那么,这就是一个深深的矛盾。如果任由这个矛盾存在,那么,出于自由的信仰就不再可能,对于真正教会现实性的论证也就不会成立。我们该如何化解这个矛盾呢?

如上所述,由于这两方面产生于同样一个人生,因而它们应该属于同一个信仰,并且是紧紧关联在一起的。我们可以假设一方可以从另一方派生出来,那么,"要么是对赦免(Absolution)我们所负罪债抱有信仰而产生出善的生活方式,要么是对一种在任何时候都要奉行的生活方式的真实的、积极的意念,按照道德上的作用因的法则而产生出对那种赦免的信仰"[①]。这两种处理方案分别代表了历史性信仰与真正宗教信仰的基本原则。历史上的基督教会采取了前者的立场,正是对于人本身不足的洞察,他需要恩典来赦免人的罪,并且在对恩典的信仰之中,人才可能产生出善的生活方式。而如果像康德那样处理"人性",即将人格性的道德理解为人之本质规定,而将恶理解为事实性存在,那么,我们就完全可以在人本身的能力之内决断善的生活方式,尽管人偶然性地做了恶,但正是在道德上起作用的法则扬弃了恶,因而正是对道德本身的信仰而产生了对罪得赦免的信仰。无疑,在康德看来,后者乃是真正的宗教信仰。但是,面对基督教会的即成形态,康德又不得不面对它。因而,在处理完如何从纯粹宗教信仰方面解释《圣经》经文,解释其相关学说、教义及其历史因素之后,康德又把"救赎"的观念纳入到纯粹宗教信仰幅度之内。只有彻底理性化这一观念,康德所理性建构的真正宗教才能成立。下面我们分析康德对救赎观念的理性解释。

首先,就人的主观意念而言,如果有一种不需要自己的努力,而仅仅凭借一种毫无缘由的选定,他以前所做过的所有的恶事、所欠的罪债都被取消了,并且仅仅依赖于此,他以后所有的行为都能遵照一种善,那么,他会感恩戴德地接受。但问题是,只要稍稍考量一下,他怎能会认真地这样认为呢?他怎能会经过深思熟虑之后,还认真地这样认为呢?[②] 在康德看来,"他无论怎样敬重这样一种热切的救赎,无论怎样期望这样一种救赎也能够向他敞开,都不得不把这种救赎仅仅看做是有条件的,即他的生活方式必须首先做出力所能及的改善,

① 康德:《纯然理性界限内的宗教》,第 117 页。

② 康德这里谈论的是反思性的信仰,这样反思性的信仰只能建立在道德论证的基础之上。但是,在基督教看来,信仰恰恰不是反思性的,因为反思是在理性之中作出的,而信仰本身来自于上帝,恰好不在理性的范围之中,或者用路德的说法,自由意志本身就是被捆绑的。因而,就康德的论证而言,这样谈论反思性的信仰是没有问题的,因为他要在理性幅度中审视信仰,但是就信仰本身而言,康德这种谈论方式是不合基督教信仰原则的。

以便拿出哪怕极微小的理由,来希望这样一种更高的功德能够给他带来好处"[①]。因而,如果我们不是假设人凭其自身什么善都行不出来的话,只要我们反思自己的罪债以及我们所能够做到的东西,我们就不能认为这种救赎是白白的,至少它是通过我们的哪怕些许的努力换来的,至少是我们有理由配得的。这样,我们才有希望获得更高的功德来救赎我们超拔出自身的限度。因而,作为从属于纯粹道德信仰的善的生活方式应该是先行于这种更高的功德,即救赎的信仰。在这种情况下,我们提到的第一种解决方案本身就从属于第二种解决方案。两者的差异在于它并未诉诸人能够凭其自身的善的生活方式决断而产生对于以往罪债的救赎,而是承认某种更高的功德超出于人本身的局限,但是这种功德的获得乃是因为人配得它,即人具有一定的能力选择善的生活方式。

但是,倘若假定人天生就是堕落的,他无论做什么都无法摆脱他被给定了的恶,那么,他应该在哪里建立起使自己成为上帝喜悦即配得上上帝救赎的人呢?在这种情况下,救赎本身先行于善功。因为若离开救赎,一切的善功都不可能,因而这里没有自由的丝毫位置。在基督教思想史上,奥古斯丁、路德等人都是在这个幅度中处理"信仰"与"善工"的关系,这个救赎的概念完全是基督教式的。这种命题方式完全与上面的命题方式相冲突,在出发点的意义上,这是与理性[②]、与康德思想不相容的。所以,康德说:"这种争端是不能通过对人类本质的自由的因果规定,即对那些使一个人变善或变恶的原因的因果规定的洞见来达到平衡的,从而也就不能在理论上达到平衡,因为这个问题超越了我们理性的全部思辨能力。"[③]的确,在基督教的信仰方式下,只能被理性理解的超越者直接干预了经验之内的内容,康德恰恰认为这两个领域适用不同的原则,这也是自主理性的应有之义,它不可能理解超越者如何作用于经验之内的对象。尽管我们无法在理论的范围内解决这个问题,我们却可以在实践的领域内思考它。因而,康德如此发问:"什么在道德上是第一性的?即我们应该从哪里开始?"[④]毫无疑问,这就与为了配享更高的功德我们应该做些什么联系起来了。因而,对于信仰在先的救赎只是对理论的概念必要,但却是理论无法解决的。在纯粹道德层面,这根本就不是一个问题。我们完全可以出于纯粹道德的要求,只凭人自身遵循每一种义务而配得最终的幸福。这也是最高的善,即纯粹道德的意念所必然要求的。从而,以救赎的信仰开始的教会信仰就无法构成纯粹宗教信仰的本质,而只能作为载体刺激纯粹宗教信仰的完成。康德完全可以

---

① 康德:《纯然理性界限内的宗教》,第118～119页。

② 这里"理性"一词只是在康德的启蒙意义上用的,在这里,它更侧重于指实践理性。就"理性"概念本身而言,它的含义是极其含混、复杂的,基督教信仰的出发点是人本身的彻底败坏,因而,他的一切善行都是来源于上帝的恩典,而一切恶是由他本身做出的,因而,人的理性就是被恶捆绑的,因而没有自由。这样界定的理性就远远不同于康德界定的理性。

③ 康德:《纯然理性界限内的宗教》,第119页。

④ 康德:《纯然理性界限内的宗教》,第119页。

得出这样的结论:"教会信仰作为一种历史性的信仰(Historical),有理由以对救赎的信仰开始;但是,由于它仅仅包含着纯粹的宗教信仰的载体(在宗教信仰中蕴含着的真正目的),所以,在作为一种实践的信仰的宗教信仰中成为条件的东西,即行动(the maxim of action)的准则,必须造成开端;而认知或者理论信仰的准则只是起着一种加固和完成前者的作用。"[①]

尽管如此,那个理论问题还是无法解决的。笔者认为,无论思想如何发展,它终归是无法解决的,这乃是由人类存在的根本有限性决定的。不过,按照康德论述"道成肉身"理念的实在性所采取的方案,我们倒是可以将超越者直接作用于经验世界理解为人之理性理念对于超越性本身显象化的结果,即在神人合一者的显象中所展示的并非可被感知、可被经验化的东西,而是那蕴含于我们理性中的理念原型。此理念原型就是造福于人的信仰所依赖的最后客体。不过这样解释最终还是偏离了基督教思想本身,它不过是人类试图理解通过启示得来的东西的结果。在这种情况下,我们就是把理念原型归于上帝,并且人由上帝开始寻求善的生活方式的最终获得,而在纯粹由善的生活方式开始的纯粹理性信仰就是把理念原型归于人本身,我们从其自身出发获得至善本身。因而,在这种解决方案中,它们并不矛盾,而都是理性自身内部的事情。而如果如同历史上的基督教会那样,将神人合一者设想为现实存在过的经验性的东西,那么,这种思想与纯粹理性就会处于不断的纷争之中,而种种的宗教迫害、不宽容最终都是来源于此。这是真正的原则之争,而且是永远无法解决的。因为对于批判理性来说,这是对于人类理性的致命的跳跃。

到此为止,我们看到康德对哲学—宗教论证的最终根基。这个根基就是我们在研究开始时所处理的原初禀赋,这也是将康德与奥古斯丁进行比较的基本出发点。为了避免会造成的诠释性的偏差,兹引用康德本人的原话来说明:"因此,我们身上的自然禀赋(Physical predisposition)同时还有道德禀赋(Moral predisposition)——后者既是所有宗教的基础,又是它们的诠释者(Interpreter)——的一个必然结果是,宗教最终将逐渐地摆脱所有经验性的规定根基,摆脱所有以历史为基础的、借助于一种教会信仰暂时地为促进善而把人们联合起来的规章。这样,纯粹的宗教信仰最终将统治所有的人,'以便上帝就是一切中的一切'(so that God may be all in all)。"[②]因为在康德哲学中,人格性禀赋是人的本质性规定,或者说就是人之存在本身[③],因而,在他自身内部本身就蕴涵着走向纯粹宗教信仰的种子,那一切因为这种禀赋所蕴含内容尚未得到展开之时

① 康德:《纯然理性界限内的宗教》,第120页。

② 康德:《纯然理性界限内的宗教》,第123页。

③ 前面一句可以在康德的文本中找到依据,只是康德没用"本质性"这个词,而是用了"源始性",两者在含义上是相同的;后者是海德格尔对康德哲学体系阐释后达到的结论。具体参见海德格尔:《现象学之基本问题》,丁耘译,上海:上海译文出版社,2008年,第179~181页。

而产生的圣洁的附属物、规章的辖制都要被彻底铲除掉，这是人之存在本身决定的。但另一方面，尽管走向纯粹宗教信仰的种子蕴含在道德禀赋之中，但纯粹信仰的教会，即真正教会的建立却超出于人之能力本身，因为真正的教会要求每个人服从的为其自身的法则必须也是通过理性为其启示的世界统治者的普遍意志，而此普遍意志只能依赖于一个更高的存在者才能将意志实现在世界之上。因而，任何试图通过人发动的革命来建立一个真正教会的努力，最终都是对于自由本身的践踏。我们能做的就是不断培育我们内心之中那颗走向纯粹宗教信仰的种子，锻炼我们认识真和善根据的能力，这是除了超越者之外，人能够希望真正宗教在大地上建立的最终的根基。

因而，康德说："不过，即使只有教会信仰向普遍理性宗教，并进而向地上的一种（神性的）伦理国家的逐步过渡的原则，普遍地、在有些地方甚至在公众中扎下根，我们也仍然可以有根据地说：'上帝的国已经降临在我们这里了'（the Kingdom of God is come into us），尽管现实地建立上帝的国，对我们来说还是距离无限遥远的事情。"①因为，在此原则之中包含着有朝一日将照彻整个世界的不可见整体；在人的道德禀赋之中也蕴含着真和善的最终根据。因而，尽管我们无法在经验上预期真正教会的降临，但是这一切都会以道德的方式自然而然进行，因而，通过引入真正的普遍宗教造成道德上的、在信仰中可以预见的伦理共同体终将在某个时刻实现在大地上。《圣经》中说："神的国来到，不是眼所能见的。人也不得说，'看哪，在这里'，'看哪，在那里'；因为神的国就在你们心中。"②在基督教看来，神的国到来的那一时刻也是人类历史的终结，因而，神的国不在时间之中；而在康德看来，纵然那一时刻不为人支配，但是它包含着人之努力，因而，它必然在某个时间之中出现，这也是我将地上天国的实现称为"善的现实性"的原因。现实性在逻辑上就是指某物在某一确定时间中。在实践领域，尽管我们不知道这一时间，但是它终究就在那一个时间实现。这是康德论证宗教可能性，即至善的现实性所达到的最后的观点。而通过这种用实践理性证成人类最终希望的方式，宗教信仰成为一种"自由的实然信仰"，由此开辟出一条较为成熟的理性诠释宗教的道路。哲学在被用于建构宗教的同时，又被用作解构神学。

---

① 康德：《纯然理性界限内的宗教》，第 124～125 页。

② 《路加福音》17：21～22。

第五章 海德格尔:神学中的哲学和哲学中的神学

刘小枫在谈到海德格尔哲学与基督教神学关系的时候说:"……这一论题包含三个方面:一、海德格尔思想中的神学之维;二、海德格尔哲学与基督教神学的关系,即海德格尔哲学中隐匿的神学气质和背景;三、海德格尔哲学对现代神学思想已有和可能有的影响,乃至据海德格尔哲学提出的神学重建方案。"他还说:"就 20 世纪神学思想史的发展来看,海德格尔哲学对神学的影响,是现代基督教神学的重要思想事件之一。"[①]这一概括和评价是比较准确的。

关于海德格尔思想中的神学之维,亦即海德格尔自己的神学思想,虽然海德格尔本人始终没有成为专职的神学家,但神学因素也始终体现在他自己的哲学思想之中。从学生时代对神学的专心学习和独特思考,到早期弗赖堡时期的《宗教现象学导论》和《奥古斯丁与新柏拉图主义》,从《存在与时间》时期的《现象学与神学》,到 20 世纪 30 年代后期撰写并在去世后出版的《哲学献稿(从 Ereignis 而来)》,从对"存在—神—学"的批判,到对荷尔德林诗的神学阐释,等等,可以说,对神学及其相关问题的思考是伴随海德格尔一生的。更为重要的是,海德格尔不仅有其自己的神学,而且其神学对于传统基督教神学来说更是一场根本性的变革,正像其哲学是对西方传统哲学的根本性变革一样。这种根本性变革的"路线、方针、政策"是"解构—指引",其目标也是用"解构—指引"来代替理论化和体系化的传统神学。这种"解构—指引"特色本身就表明了海德格尔神学的独特性和革命性。另外,海德格尔自己也用"反转"、"转折"、"另一个开端"或"第二个开端"等来定位他的相关思想。[②]

关于第二个方面,刘小枫称之为"海德格尔哲学与基督教神学的关系"。这种说法,如果从上下文中孤立出来的话,很容易引起误解,亦即误解为海德格尔哲学与基督教神学的双向关系。其实它说的只是一种单向关系,即单纯从海德格尔哲学的角度看,它与基督教神学有什么关系。它不涉及基督教神学与海德

---

① 刘小枫选编:《海德格尔与有限性思想》,孙周兴等译,北京:华夏出版社,2002 年(注意,不是 2007 年版),"中译本导言"第 5 页。

② 对海德格尔神学更为详细的讨论,可参见李章印:《解构—指引:海德格尔现象学及其神学意蕴》,济南:山东大学出版社,2009 年,第 262～325 页。

格尔哲学的关系,亦即不涉及海德格尔哲学对基督教神学的影响(这是刘小枫所要讲的第三个方面)。关于这第二个方面的意思,从刘小枫下半句的解释(即海德格尔哲学中隐匿的神学气质和背景)中当然是很容易看出来的。但在这里,刘小枫没有把这个意思表述为"基督教神学对海德格尔哲学的影响"。之所以没有这样表述,可能是他已经意识到这种表述的问题。因为海德格尔所受基督教神学影响的问题是需要"三分三解"的。海德格尔哲学无疑具有基督教信仰的背景,并不可避免地带有基督教信仰的烙印,但基督教信仰对海德格尔哲学的影响不能简单地等同于基督教神学对海德格尔思想的影响。在海德格尔看来,自早期辩护学以来,基督教神学就渗透了源于希腊哲学的形而上学因素,并偏离了源始的基督教生活。另一方面,被希腊形而上学所渗透的基督教神学又反过来进一步支配后来的西方哲学,导致西方哲学的进一步退变。由于基督教神学和西方哲学的这种双重变奏,二者就都成为海德格尔所要"解构"的东西。海德格尔的"解构"当然不是要全部否定。就基督教神学而言,"解构"意味着拆解其神学的概念构架,并指引出其中所包含的源始信仰和源始思想。严格说来,对基督教神学的这种"解构"本身也同时意味着要受到基督教神学的影响。这种影响更多是深层的而不是表层的,而且只有跟随着海德格尔深入到对基督教神学的解构进程之中的时候,才能明晰这种影响。这也意味着,只有深刻理解了海德格尔的哲学并洞察到从基督教源始信仰到基督教神学的整个演进过程之后,才能言说基督教神学对海德格尔哲学的影响。否则,我们就会因海德格尔对基督教的批判而对海德格尔哲学中的基督教因素困惑不解。①

关于第三个方面,即海德格尔哲学对基督教神学的影响,刘小枫已经说得非常到位了。但这里还可以把事情说得更彻底一点:不仅海德格尔哲学已经对现代神学思想迅速产生了这样那样的影响,甚至已经有神学家依据海德格尔哲学提出了神学的重建方案,而且海德格尔哲学还会对神学继续产生其他可能的影响;不仅"就 20 世纪神学思想史的发展来看,海德格尔哲学对神学的影响,是现代基督教神学的重要思想事件之一",而且就 21 世纪的宗教思想来说,海德格尔的影响仍然有可能成为重要的思想事件之一。

海德格尔哲学对基督教神学的影响是迅速、直接和持久的。在《存在与时间》发表之前,海德格尔在马堡的教学和学术活动就已经影响了其同事布尔特曼的神学思想。后者虽然在二战之后才发生巨大影响,但它形成于 20 世纪 20 年代,是从海德格尔哲学中发展出来的一种神学。另外,尽管约纳斯后来反对

① 刘小枫就展示了这个困惑:"海德格尔追随尼采的见识,认为西方形而上学的问题恰恰在于与基督教的结合——'受基督教规定的近代以及迄今的形而上学、认识论、人类学和伦理学'(《形而上学导论》,熊伟、王庆节译,北京:商务印书馆,1996 年,第 176 页)支配了西方'对人的习常观念',正是这种观念必须加以摧毁。这样一来,海德格尔的'此在'现象学带有基督新教色彩就成了一个问题。"(刘小枫选编:《海德格尔与有限性思想》,孙周兴等译,北京:华夏出版社 2007 年版(注意,非 2002 年版),"编者前言"第 6 页)

神学对世俗哲学的借用[①],但这个时期他对诺斯替教派的研究同样也受到海德格尔的鼓舞和启发。约纳斯处理诺斯替派宗教遗产的方式"和布尔特曼处理基督教遗产的方式相同",他"也把海德格尔的人生此在分析看成一把锁,而宗教福音就像是一把可以打开这把锁的钥匙","约纳斯把诺斯替教派描写成历史上存在的,寻求海德格尔所理解的本真性的宗教运动"[②]。

《存在与时间》发表后,更是立即引起了新教和天主教神学家们的关注,关于海德格尔对基督教的态度以及运用其思想来解释基督启示和圣经的各种尝试等大量出现。海德格尔直接涉及宗教和神学的《现象学与神学》、《形而上学的存在—神—学机制》、《荷尔德林诗的阐释》以及去世后出版的《宗教生活现象学》[③]、《哲学献稿——从缘起而来》[④]等发表之后同样激起了大量的研究。虽然神学家们一度倾向于把海德格尔看作一位思考存在问题的纯粹哲学家,但很快地,他们不仅欣赏这种存在哲学,而且还被存在和此在等概念所激发,并迅速关注到这种哲学对基督教神学的可能贡献。虽然海德格尔也一度不想直接讨论上帝问题,但生存论—存在论的讨论是可以引申到个人信仰和拯救问题的。除了布尔特曼之外,保罗·蒂里希(Paul Tillich)、弗里德里希·戈加登(Friedrich Gogarten)、卡尔·拉纳(Karl Rahner)等也各自领导了借鉴海德格尔哲学的神学家队伍。蒂里希的系统神学研究受到海德格尔《存在与时间》的巨大影响,其神学著作和布道都带有浓厚的生存哲学色彩。他甚至激动地说,神学从生存哲学那里"收到了丰厚的礼物,五十年前甚至三十年前不曾梦想到的礼物"[⑤]。戈加登则认为,教会的官方神学只注重客观历史事件,误解了历史的性质,需要以一种克服主客二分的生存论方法来代替,海德格尔这样的世俗哲学家比神学家更好地理解了路德的见解。

我们将关注两个问题:第一,从个案分析角度探究海德格尔哲学对布尔特曼神学的影响;第二,揭示海德格尔哲学中隐匿的神学气质和背景,探究海德格尔哲学与基督教神学的关系。

---

① 参见约纳斯:《海德格尔与神学》,载刘小枫编《海德格尔与有限性思想》,孙周兴等译,北京:华夏出版社,2007年,第50～77页。

② 吕迪格尔·萨弗兰斯基:《海德格尔传——来自德国的大师》,靳希平译,北京:商务印书馆,1999年,第186～187页。

③ Martin Heidegger, *Phänomenologie des religiösen Lebens*, *Gesamtausgabe*, Vol. 60; *The Phenomenology of Religious Life*, Bloomington: Indiana University Press, 2004.

④ Martin Heidegger, *Beiträge zur Philosophie* [*Vom Ereignis*], Gesamtausgabe, Vol. 65; *Contributions to Philosophy—From Enowing*, Bloomington: Indiana University Press, 1999; 马丁·海德格尔:《哲学论稿(从本有而来)》,孙周兴译,北京:商务印书馆,2012年。

⑤ 转引自约翰·麦奎利:《二十世纪宗教思想》,高师宁、何光沪译,上海:上海人民出版社,1989年,第462页。

第一节　海德格尔哲学对布尔特曼神学的影响①

一、“去神话化”纲领：海德格尔哲学影响布尔特曼神学的最重要体现

鲁道夫·布尔特曼(Rudolf Karl Bultmann)最初的神学背景是自由神学，但他很快就批判和修正了自由神学的基本观点。尽管他仍然把宗教看作个体的和私人的事情，但他同时又认为这是用来帮助具体的个人找到一种可以为之献身并与之相遇、交流和融合的力量。这种对自由神学的反叛使得布尔特曼在与海德格尔相识之后，大有相见恨晚的感觉。1922～1928年间，两人共同任教于马堡大学。海德格尔的活跃思想和哲学创见深深地影响了布尔特曼，“他们20世纪20年代在马堡的合作给布尔特曼的所有神学著作都留下了永久的印记”②。也正是与海德格尔哲学的这种密切关联，造就了布尔特曼神学的历史地位及其在20世纪的巨大影响。他不仅被称为“现代新约研究之父”，而且在20世纪基督教神学的许多重要领域，都被看作一位灯塔式的人物。利文斯顿在《现代基督教思想》中说：“许多当代年轻神学家都认为，在20世纪的随后岁月里，定将成为神学讨论核心的那些关键问题都已经由这样一个人确定下来了，这个人就是鲁道夫·布尔特曼。”③

从布尔特曼的著作来看，1925年的《言说上帝意味着什么?》就已经体现出海德格尔的影响，他把对上帝话语的理解与人的生存结合在一起，认为神学不应该形而上学地思辨上帝，而应该关联于人的信仰性生存来言说活生生的上帝话语，对人的信仰性生存的理解和解释同时就是理解上帝的话语。在同年的《新约的神学解经问题》中，布尔特曼明确地提出解释上帝话语的生存论模式。在1926年的《耶稣》中，布尔特曼提出的“信仰中的本己生存”概念已经清楚地显示出海德格尔的概念模型，把上帝话语与生存信仰关联在一起的思路已经明显地显示出海德格尔的影响。到1941年，布尔特曼在《新约与神话学：新约宣道的去神话化问题》中提出其著名的“去神话化”神学纲领。在1951年的《耶稣基督与神话学》中，布尔特曼又进一步澄清了“去神话化”的含义。这两篇以海

---

① 本节主要讨论海德格尔哲学影响布尔特曼神学主要体现、布尔特曼“去神话化”纲领的主要内容、后人对布尔特曼神学的分析评论等，其中关于布尔特曼“去神化”纲领，作者在《从2012末日恐慌看布尔特曼“去神话化”的意义》(《中国诠释学》第11辑，济南：山东人民出版社，2014年)一文中有更为简明的介绍，这里的相关介绍可以看作一种扩展。

② David Fergusson, *Bultmann*, Collegeville, Minnesota: The Liturgical Press, 1992, p. 65.

③ James C. Livingston, *Modern Christian Thought*: *From the Enlightenment to Vatican* II, New York: Macmillan, 1971, p. 370.

德格尔哲学为基础的宏论成为其“去神话化”纲领的经典文献。[1]

海德格尔哲学对布尔特曼神学的影响体现在布尔特曼神学的方方面面,其中最重要的体现就是,把海德格尔的“解构—指引”方法运用于基督教神学,发展出其神学诠释学,并提出这种神学诠释学的“去神话化”纲领。布尔特曼不是把海德格尔哲学的现成内容直接引入基督教神学之中,而是把海德格尔哲学作为一种可供神学借用的方法,用来解决神学中急需解决的问题。海德格尔的方法和内容当然不是可以截然分开的,海德格尔哲学从其本质来说也没有什么现成的内容,但对海德格尔的东西的运用方式是可以不同的:可以把它作为现成内容来照搬,也可以把它作为方法来创造性地加以使用。当然,由于海德格尔的东西主要是世俗的哲学,作为神学家的布尔特曼也不可能把海德格尔的东西作为现成内容来照搬。当他在解决神学问题的过程中借用海德格尔的东西的时候,也必然是把海德格尔的东西作为方法来使用。

实际上,尽管人们往往会更多地注重海德格尔哲学的内容,但海德格尔自己却是把他的东西主要看作一种方法。他把这种方法叫作现象学,也叫作诠释学。当他叫作现象学的时候,这种现象学不同于胡塞尔的现象学,而是“诠释学的现象学”。当他叫作诠释学的时候,这种诠释学不同于施莱尔马赫和狄尔泰的诠释学,而是“现象学的诠释学”。由此,我们也不妨把海德格尔的东西叫作“现象学—诠释学”,以表示在海德格尔那里现象学与诠释学的统一。不过,这种叫法固然比较全面和完整,但也有其缺陷,可能会使人们一时有点“丈二和尚摸不着头脑”:现象学与诠释学怎么能掺和到一起呢?这到底是什么意思呢?为了更明确地描述海德格尔的东西,我们可以把它叫作“解构—指引”方法。“解构”和“指引”是海德格尔方法中的两个相互统一的基本要素。它首先是“解构”,即解构固化的东西,解构传统的凝固物。但解构不是目的,真正的目的是让原本的事情显示出来,让传统活起来。所以,解构的同时又要“指引”,以便显示出活生生的东西。[2]

海德格尔的“解构—指引”主要是针对存在问题的,但它首先要针对人的生存问题。在人的生存问题上,“解构—指引”所说的就是解构对人的生存的各种固化概念,指引出其本来的基本结构和基本状态。存在论层次的这种“解构—指引”可以涵盖存在者具体存在层次的各个方面,生存论层次的这种“解构—指引”可以适用于人的具体生存的各个方面。在这“各个方面”中,宗教信仰是人生的一个重要方面。所以,海德格尔的“解构—指引”方法也就可以运用于人的宗教信仰领域。在基督教那里,探讨人的宗教信仰问题的就是基督教神学。这

---

① 参见张旭:《上帝死了,神学何为?——20世纪基督教神学基本问题》,北京:中国人民大学出版社,2010年,第94～95页。

② 关于海德格尔“解构—指引”方法的详细讨论,参见李章印:《解构—指引:海德格尔现象学及其神学意蕴》,济南:山东大学出版社,2009年。

样,海德格尔的"解构—指引"方法就可以运用于基督教神学之中。

布尔特曼正是这样做的。在布尔特曼这里,神学的任务就是澄清神学和解经的概念方式,剔除其中的神话故事和神话用语,将《圣经》见证的十字架复活事件及其末世论信息等重新解释成现代人可以理解的生存语言,翻译成现代的非神话、非隐喻、非象征的、人格和生存的"类比"的语言。[①]这正是一种诠释学的或"解构—指引"的思路。尽管布尔特曼本人没有把他的这种思路叫作"解构—指引"方法,而是叫作"去神话化"(Entmythologisierung, demythologizing)纲领,但其"去神话化"纲领只不过是"解构—指引"方法或现象学—诠释学方法在基督教神学领域的另一种名称而已。在《关于"去神话化"问题》一文中,布尔特曼说:"我把'去神话化'理解为诠释学的一个步骤,它所探讨的就是神话陈述或文本所涉及的那种实在。"[②]

简单地说,"去神话化"纲领就是摒除客观化或准客观化之古代世界观的形式和内容,借助于海德格尔学说对"神话"和《新约》福音消息重新给予亲身的解释,以便《新约》能够更好地为现代人所理解。在这里,宗教生活不是被看作发生于现成过去或现成将来的客观化事件,《圣经》所记载的也不是客观意义上的拯救史。我们应该通过对《圣经》的诠释而展开对人的具体生存的分析,应该把个人亲身的前理解带入《圣经》文本,以便在读者或听众中激起生存的变化,并通过生存和信仰而使经文变成一种紧要关头的布道、召唤和慰藉。从这种意义上说,历史本身不是记录现成过去事件的历史,而是在生存上相遇的历史,是实现了的末世论历史。而所谓"实现了的末世论",不是客观意义上的世界末日,而是时间性的拯救事件,是本真生存的"当下即是"。

二、"去神话化"纲领的现代科学背景及其与现代世界观的关系

布尔特曼的"去神话化"是在现代科学背景下对圣经话语的反思、批判和超越。在他看来,基督教的核心内容——从道成肉身到为人赎罪,到死后复活,再到末日审判——以及贯穿其中的种种传奇和神迹等,都把人类世界和自然事件直接归诸于神明或魔鬼的神秘力量,都属于前科学时代的观念,现时代的人已不可能再接受这种神话式的说法了。所以,为了基督教的永续流传,必须对之加以去神话化。

早在1941年的《新约与神话学》中,布尔特曼就明确地说:"人们不可能在使用电灯、收音机,接受现代医学和临床医疗手段治病的同时,还信仰新约中的神灵世界和奇迹世界。而且,谁若认为他能为自己仍然信仰这些的话,他也必须清楚地认识到,当他宣称这样做是为了保持基督教信仰时,实际上他已经使

① 参见张旭:《上帝死了,神学何为?——20世纪基督教神学基本问题》,第100页。
② 布尔特曼:《关于"去神话化"问题》,李章印译,载《世界哲学》2012年第1期。

基督教的宣道在当代无人理解,不再可能。"①在1951年的《耶稣基督与神话学》中,布尔特曼更为系统地阐明了作为耶稣基督布道之中心话语的上帝之国及其相关概念的神话性质:

> 上帝之国并非内在于世界和历史,其形成也不是通过人的道德努力,而是仅仅通过上帝的超自然作用,突然地结束世界和历史,创造出一个新世界,一个具有永恒福祉的上帝之国。这时,人子将载云而来,死者复活,审判指日可待。对于正直的人,至福的时代将要开始;对于被诅咒的人,则被驱赶到地狱的苦境之中。与这种上帝之国相关的是这样一种神话式世界概念:世界由天堂、人间和地狱构成;超自然力干预事件进程;奇迹概念;超自然力干预灵魂内心生活;人受魔鬼诱惑,被邪念支配,导致邪恶、罪和疾病。另外,《新约》布道不仅宣告了耶稣基督关于上帝之国的训诫,而且宣告了他一开始就被神话化的位格。耶稣为了让我们赎罪而变成人,并蒙受痛苦,最后被钉死在十字架上,但作为人子,他将乘云而归,作为世界的审判者带来拯救和惩罚。但是,屡屡宣称的上帝之国一直未能实现,"上帝之国"概念、相关世界概念以及神话化耶稣位格概念等也截然不同于为现代人所广泛接受的概念。在现代概念中,因果关系是基本的,现代科学不相信超自然力能够干预或中断自然进程。现代历史研究同样也不考虑上帝或魔鬼对历史进程的干预,任何事情的发生都不可能没有人的精神力量和理性动机。总之,"上帝之国"及其相关概念都只是神话而已。②

既然对于现代人来说,神话的世界概念、末世论概念、赎罪概念、道成肉身概念、复活概念和三位一体概念等都已成为历史,科学家和历史学家都不再求助于神学假设来说明自然现象,那么,与现代概念不相容的上帝之国概念还有意义吗?作为一个整体的耶稣布道和《新约》告诫还有什么意义吗?不过,布尔特曼又反过来问到,末世论的告诫和种种神话言论作为一个整体是否在神话的外壳之下还保留了一种更深刻的含义?如果是这样的,那么我们就可以放弃神话概念,而保留其更深刻的意义,或者说,恢复神话概念后面所隐含的更深意义。这就是布尔特曼的"去神话化"纲领。③

许多保守的西方神学家批评布尔特曼的去神话化完全拘泥于颇成问题的现代世界观,仅仅以现代世界观作为解释《圣经》的准绳,并且不允许基督教的

---

① Rudolf Bultmann, *Neues Testament und Mythologie: Das Problem der Entmythologisierung der neutestamentlichen Verkündigung*, Hg. Eberhard Jüngel, München, Chr. Kaiser, 1988, S. 16. 转引自张旭:《上帝死了,神学何为?——20世纪基督教神学基本问题》,第96页。

② 布尔特曼:《耶稣基督与神话学》,载刘小枫选编:《海德格尔式的现代神学》,孙周兴等译,北京:华夏出版社,2008年,第1~4页。

③ 参见布尔特曼:《耶稣基督与神话学》,载刘小枫选编:《海德格尔式的现代神学》,第5页。

预言和《圣经》有与现代世界观不一致的地方。国内学者张旭也指责布尔特曼拘泥于19世纪的科学观，并认为20世纪下半叶以来对启蒙的批判从根本上摧毁了布尔特曼去神话化的思想基础。他说："布尔特曼尚未摆脱19世纪的科学观，因此他才会固执地坚持，在公元1世纪的世界观与20世纪的现代世界观之间有一个'神话与科学'之间的本质的断裂。在20世纪下半叶，现代科学的'启蒙辩证法'遭到严厉的批判，对启蒙主义'科学与神话'之争的重新评价，引发了'神话的复归'，这从根本上摧毁了布尔特曼的'解神话化'的思想基础。"①

这些指责恐怕都是误解。弗格森就这样来描述布尔特曼的真实观点："把基督教信仰与一种理智上接受的特定世界观捆绑在一起是对其品性的误读。这将只是相当于寻求一种错误的安全，以此来替代要求于信仰者的那种信任。"②布尔特曼坚持"神话与科学"的区别并不是因为他无法摆脱19世纪的科学观，他实际上从基督教信仰的角度既摆脱了神话世界观，也摆脱了科学世界观。所谓对启蒙和科学的批判，也无法摧毁布尔特曼去神话化的思想基础，因为布尔特曼的去神话化本身同时也包含了对科学和启蒙的批判。

重要的是，布尔特曼本人已经对类似的批评和指责作出了回答。他首先承认，他的"去神话化"的确"以现代世界观为准绳"，但这并非笼统地弃绝《圣经》和上帝的预言，而是放弃其过时的世界观，避免把《圣经》和教会信息限定在已被否定的古代世界观之中。"去神话化"首先是基于这样的思想和实事：一方面，基督教的布道是传达上帝的话语，是宣讲拯救，是针对作为个体的听众，是针对个人，而不是提供教理，不是针对理论和理性的。另一方面，尽管还残存着某些原始思维和迷信，但现代人在整体上已经受到自然科学方法的塑造，是不能接受神话世界观的，也不会认真考虑超验力量的直接干预。尽管今天的科学不同于19世纪的科学，昨天、今天和明天的世界观也不会是一样的，但关键不在于科学的具体成果和某种世界观的具体内容，关键在于世界观所遵循的思维方式。现代人的思维已由科学的世界观所塑造，现代人的日常生活以此为依据。现代人所理解的宇宙运动是一种服从宇宙法则的运动，而宇宙法则又能被人类理性所发现。由此，在宇宙合理秩序范围内可以理解的现象和事件才是现实，而奇迹是不符合这种秩序的。现代人在整体上是以科学的方式来思维的，但《圣经》的古代世界观所体现的却是与现代思维方式不同的神话思维方式。在这种情况下，如果基督教的布道仍然依赖和顺应那些残存的神话思维和迷信，置大多数人的科学思维方式而不顾，那就只会导致致命的错误。但如果实施去神话化，就可以避免这种致命的错误，就可以不仅消除基督教信仰的这种障碍，而且进一步彰显基督教布道针对个人的告诫功能和拯救功能。③

① 张旭：《上帝死了，神学何为？——20世纪基督教神学基本问题》，第102页。
② David Fergusson, *Bultmann*, p.110.
③ 参见布尔特曼：《耶稣基督与神话学》，载刘小枫选编：《海德格尔式的现代神学》，第15～16页。

再者,布尔特曼的去神话化尽管“以现代世界观为准绳”,但并不是拘泥于现代的科学世界观。他说:“认定《圣经》的古代世界观能被更新,这只是一种热切的期望而已。”[①]他的最终目的不是让现代世界观代替古代世界观,而是既批判和弃绝神话世界观,又批判现代世界观,并通过这种批判和弃绝而摆脱对人为稳靠感的依赖。科学世界观增强了人为稳靠感的幻相,认为人可以通过科学技术和自己的理性来控制自然界、人类社会和个人生活,但人是不能把握自己命运的,世间也没有真正的安全,人的计划和行动在本质上应该顺从上帝的规诫和真善爱。只有接受上帝话语的感召,人才能摆脱虚幻的安全,面对真实的自我。这就需要依赖上帝的召唤而超越可见世界、理性和科学思维,让《圣经》在个人的生存中与人对话,赋予人一种超尘拔俗的自由,摆脱对技术和世界的依赖。上帝的话语召唤我们进入真正的自由,进入“自由的顺从”,去神话化的任务正是“阐明这种召唤的意义”,“解释《圣经》,探究神话概念的深层含义,廓清既往的世界观对《圣经》的曲解”[②]。这样的去神话化绝不是要对基督福音加以理性化,使之变成理性思维的产物,也绝不是要消除上帝的奥秘,而恰恰是要阐明上帝奥秘的真正含义。去神话化要求真正地理解《圣经》,真正地理解上帝,真正地理解上帝的恩典,否则就不能真正地去信仰。但是,“理解并不意味着作出合乎理性的解释”,理解了的事情也仍然可以是一种奥秘,因为奥秘的不可理解性“并不是因为上帝以一种非理性的方式完成了中断事件的自然进程的某种事件”,它并不是对于“理论思想”而言的,而是“对于人的自然意志和欲望”而言的。[③]

在《耶稣基督与神话学》(1951)的最后一章即第九章,布尔特曼进一步撇清了他的去神话化与世界观的关系(大意):去神话化的最初动力来自于包含在《圣经》中的神话世界观与受到科学思想影响的现代世界观之间的冲突,但信仰本身需要摆脱人为构造的世界观,无论是神话的还是科学的世界观。因为人的全部世界观都使世界对象化,忽视和排除我们个人生存中际遇的意义。这一冲突表明,我们还没有为信仰找到适当的表达形式,还没有真正理解作为一种作用的上帝的超验和隐匿。我们的时代一次又一次地屈服于把上帝及其作用对象化的诱惑。有基于此,对《圣经》和教会布道的神话化世界观的批判是对信仰的真正效劳,能够促使信仰对其本身之本质作彻底的反思。去神话化除了迎接这种挑战之外,别无他求。上帝的不可见性排除了试图使上帝及其作用形象化的任何神话,只有无视经验才能信仰上帝,正如只有无视意识才能接受释罪。……去神话化消除所有对于稳靠的渴求,既包括基于德行努力的稳靠感,也包括建立在客观化知识上的稳靠感。……整个世界都是渎神之域,尽管世界仍然

---

① 刘小枫选编:《海德格尔式的现代神学》,孙周兴等译,北京:华夏出版社,2008年,第17页。

② 刘小枫选编:《海德格尔式的现代神学》,第19～20页。

③ 参见刘小枫选编:《海德格尔式的现代神学》,第20页。

是上帝的世界。……保罗在《哥林多前书》(7:29～31)中说:"让那有妻子的,要像没有妻子;让哀哭的,就像不哀哭;让快乐的,就像不快乐;让置买的,就像无有所得;让用世物的,要像不用世物。"我们在这里可以进一步地说:让有现代世界观的,要像没有这种世界观。①

总之,布尔特曼"去神话化"纲领不仅要求神学摆脱古代神话的客观化世界观,而且也要求神学摆脱现代科学的客观化世界观,从而切入人的生存本身之中。如果没有受到海德格尔生存论诠释学的熏陶,如果不接受海德格尔的生存论哲学,如果不运用海德格尔哲学的解构—指引方法,布尔特曼的这种思路就是不可能的。

三、"去神话化"的可能性

那么,去神话化是可能的吗?对耶稣的预言和早期基督教布道进行去神话化是如何可能的呢?

要搞清楚去神话化的可能性问题,就必须首先弄清对"实在"的不同理解。实际上,在说到"实在"这个词的时候,人们是在两种根本不同的含义上来使用的。如果我们不区分这两种不同意义上的实在概念,去神话化就是不可能的。但一旦我们区分了两种不同的实在概念,去神话化的可能性问题也就可以弄清楚了。

我们通常把实在理解为由客观化思维方式所表象的客观世界。对于这种世界,我们总是借助于自然科学和技术来计算其中的客观事件,以便认识和控制它,进而为人类自身的生命安全和生活需要服务。由于自然科学最充分地体现了对实在的这种理解,我们不妨把这种实在叫作自然科学意义上的实在。但布尔特曼认为,自然科学意义上的实在并不是唯一的实在,生存和信仰所涉及的实在是与自然科学意义上的实在完全不同的另一种实在。上帝的实在性就是完全不同的另一种实在性。

对于神话来说,它所涉及的实在尽管有可能是自然科学意义上的实在,但也有可能是另外一种意义上的实在。换句话说,尽管神话也可能通过探寻原因来说明世界,但它也可能具有另外的意义,也可能言说生存和信仰中的问题。那种探讨原因并说明世界的神话"试图说明令人吃惊的自然现象",是"某种出于惊奇、惊恐和质疑的东西",是"某种依据因果联系来思考的东西",是"原始科学的一种形式"②。在自然科学得到充分发展以后,这种用来探讨原因并说明世界的神话必然要退出历史的舞台,也就说,这样的神话必然要被去除掉。在这种意义上,自然科学的发展其本身就是一种去神话化。自然科学必然要去神话

① 参见布尔特曼:《耶稣基督与神话学》,载刘小枫选编:《海德格尔式的现代神学》,第44～45页。
② 布尔特曼:《关于"去神话化"问题》,李章印译,载《世界哲学》2012年第1期。

化。"因为它排除了神话所说的那种超自然力量的作用——不管是引起和维持自然过程的力量,还是打断这些自然过程的力量。一种彻底的自然科学一点也不需要一个'上帝假设'(拉普拉斯),因为它把主宰自然过程的力量理解为内在于自然过程的。同样,它也消除了神迹观念,不承认有打断世界过程之因果连续统的神迹。"①

但是,另外一种意义上的神话,亦即谈论生存和信仰问题的神话,并不会因自然科学的发展而消失,因为这种意义上的神话所谈论的是不同于自然科学的另外的问题。不过,由于诞生于古代的神话并没有与原始科学有效地分离开来,所以它往往采用初级客观化的方式来言说和思考。这就导致我们对神话的这另外一种意义发生误解。也就是说,神话所谈及的本来不应当是自然科学意义上的实在,但由于它不恰当的言说方式,同时也由于我们今天所习惯的自然科学思维方式的支配性,我们总是把神话所谈及的实在理解为自然科学意义上的客观实在,并因而理解不到神话所实际谈论的生存和信仰问题。对于这种意义上的神话而言,布尔特曼的去神话化并不是要彻底消除它本身,而是消除它的神话形式,亦即消除它的初级客观化的表达方式,并进而阐释出它本来要表达的意义。

在布尔特曼的心目中,这另外一种意义上的神话,亦即谈论生存和信仰问题的神话,主要是诞生于古代并延续到今天的宗教,更准确地说,主要是基督教。为了弄清对这种神话进行去神话化的可能性问题,亦即,为了弄清对基督教进行去神话化的可能性问题,布尔特曼首先分析了历史科学或人文社会科学的去神话化问题。因为自然科学的去神话化是比较简单的,亦即自然科学是把神话的形式和内容一同去掉,完全用近现代自然科学来代替用来寻找原因和说明世界的古代神话,但基督教的去神话化不是简单地消除掉基督教,而是把它的神话形式和它所要表达的生存和信仰方面的信息分离开来,进而去掉其神话形式,并阐释它所表达的生存和信仰意义。为了更好地做到这一步,就需要首先考察人文社会科学或历史科学的问题。

人文社会科学或历史科学当然也可以像自然科学那样,用客观化的方式来处理人,亦即把人自己也变成一种对象,把人的真实的和独特的实在降为客观实在。比如实证的历史学、心理学和社会学就是这样。许多历史学家就试图站在历史的对立面,作为主体而观察历史对象。但历史科学的复杂性就在于,历史学家不可能真正地把自己放在旁观者的位置上,不可能真正地在历史的演进过程中置身事外。历史性实在本身是以不同于客观化的方式而得以理解的,也就是说,是作为人之实在或历史性生存而得以理解的。人之存在在根本上截然不同于通过客观化方式而被知觉到的那种自然存在,它不能被置于自然过程的

① 布尔特曼:《关于"去神话化"问题》,李章印译,载《世界哲学》2012年第1期。

因果连续统之中。人自身必须承担其存在，并为之而负责。人生通过当前时刻的具体决断而步入将来，人的历史就是人类的决断之领域。只有当我们认识到在历史中起作用的是人类自我理解的可能性并且是只能与当前的自我理解统一起来的可能性的时候，我们才算理解了历史。只有这种或本真或非本真的可能性才属于历史性，才属于特定的人类实在。但是另一方面，无论是本真的还是非本真的可能性都是在具体境况中作出的选择。如果历史科学试图澄清人类自我理解的可能性，它就不得不展示出历史的具体境况。这就可能导致历史学家通过关于过去的客观化思维来通达这些境况，努力认识关于行为和事件的简单事实和理由，并用因果系列连接人类的行为。这就是客观化思维方式用来处理历史问题的方式。由此，虽然历史性实在只有一种，但历史学家可以从两个方面来看待它。他可以依照他可以处置的世界来理解其自身，并以客观化的方式来看待过去之历史；但他也可以依照他不能处置的将来来理解其自身，把过去之历史视为人生的事情。一方面，由于在决断中实现本真生存的人同时也是与肉体共同存在的，人因其自身的责任而需要一种对世界的客观化思维；另一方面，也恰恰由于客观化思维而诱使人们把这个"世界"看作真实的实在，并丧失掉其本真生存。但总体说来，对历史的生存论解释需要对过去的客观化思维，因为解释不是胡编乱造，有待解释的东西只能是客观化思维可以通达的"事实"。①

在认定历史科学的这种特点和复杂性之后，布尔特曼进一步讨论了历史学的去神话化问题。在他看来，只要历史学以客观化的方式看待历史过程，并把历史过程理解为一种封闭的因果连续统，它就必须去神话化。因为他不能允许历史事件被超自然力量所打断，也不能承认历史之外的任何神迹。作为历史学家，他也不能谈论干涉历史过程的上帝行为。他只能把信仰上帝的行为视为一种历史现象，但他不能确定所信仰的上帝是否是一种实在，因为上帝对于客观化思维来说是不可见的。历史学必须把在客观化世界中观察和确立超验力量的做法视作神话，必须把有关天堂和地狱这类超验领域的说法视作神话，并把这类超验领域视作在空间上附加到可见世界之上的幻相。但即便这样，历史学之为历史学，也不能像自然科学那样简单地消除神话，而必须解释神话。历史学家必须把神话看作一种历史现象，并进而提出神话的意义问题。也就是说，在历史学中，神话所涉及的实在超出可客观化的、可观察的和可控制的东西之外，但对人类生存来说又具有至关重要的意蕴，甚至可能意味着人的得救或受罚、恩典或愤怒，并要求人的虔敬和顺从。或者说，这样的神话虽然表面看来似乎也在说明世界，但它实际所要言说的可能是人本身和人的生存。这样的神话所要表达的可能正是对人类生存的一种特定理解，亦即：人发现自己处于一个

① 参见布尔特曼：《关于"去神话化"问题》，李章印译，载《世界哲学》2010年第1期。

充满困惑和神秘的世界之中,人自身的命运同样也是神秘和令人困惑的,人并不是自己的主人,人和世界的根据和限度也许就在于那种超出他所能计算和控制的超验力量。神话天真地把这种超验者客观化,去神话化则要澄清并阐释其表达人生的真实意图。[①]

对历史学之去神话化的这种分析有助于布尔特曼澄清基督教去神话化的可能性问题。对于许多人来说,人文社会科学或历史科学的去神话化是可能的,甚至也是必然的和必需的,但基督教的去神话化似乎是有问题的,或者说是不可能的,因为在他们看来基督教一旦去神话化,就不再是一种宗教了。他们已经事先认定基督教甚至所有宗教都必须是神话的。但是,布尔特曼对历史学去神话化的分析已经启发我们重新思考这种认定:既然历史学可以通过去神话化而把神话所要表达的生存意义解释出来,神学难道就不可能把基督教所要表达的生存意义从其神话形式中剥离出来吗?

布尔特曼认为,基督教的神话形式确实为其诗篇和仪式提供了意象和象征,但这些意象和象征同时也遮蔽了神学所要澄清的意义,而且这种意义已经不能再在神话语言中重新表达出来。另一方面,认定基督教不能免除神话的观点同时也意味着基督教神话不能从生存论上加以解释,基督教必须以客观化的神话形式来谈论超验者或上帝。这里的关键在于,关于上帝的谈论必须是神话的,还是也可以甚至必须从生存论上加以解释?迄今为止科学和哲学的工作可以表明,上帝是不可能在世界之内以客观化的方式加以证明的,上帝的行为也只有在关联于受其影响的我们自己的生存时才是可以言说的,并且受上帝行为影响的生存事件也是不能加以客观确立或证明的。在布尔特曼看来,言说上帝行为的方式不可能是近现代科学的客观化方式,也不能是原始科学的、神话的和象征性的客观化方式,但可以是"类比方式"。我们是以类比的方式,把人的存在的根源归于上帝,把人的生存遭遇归于上帝的行为和意志,并把受上帝影响的事件看作是"神迹"。在这里,上帝的行为、上帝的意志以及受上帝影响的"神迹"事件等都不能混同于客观化的因果性,都不能作为打断世界过程之因果链的客观化超自然力量。基督教信仰必须承认上帝是创造者和主,必须承认上帝行为对自然和历史的统治。对于一个基督徒来说,他是被上帝召唤到生命之中并且受到上帝力量的撑扶,他的生命在其中得以发生的自然和历史也是被上帝所统治的。但这只能作为表白和忏悔,而不能作为像自然科学那样的普遍真理。上帝是创造者和主这个陈述只在人的生存性自我理解中才有其合法基础。只有在生存信仰中才能看到自然和历史事件中的上帝行为。只有对信仰来说,上帝行为才是一种神迹,世俗事件的自然连续统才被超越。对于基督教信仰而言,"道成肉身"的基督事件作为末世论事件,是上帝就把一种目的给予世界及

① 参见布尔特曼:《关于"去神话化"问题》,李章印译,载《世界哲学》2012年第1期。

其历史,是可以理解为发生于独特人生之中的当前事件,而不能理解为一种过去的客观化事件,不能理解为被回忆起来的过去事件。基督事件不像其他的历史事件,不能通过"回忆"而成为当前的,而毋宁是在布道或传道中作为个人话语而成为当前的,作为在具体生存中影响我的事件而在这种布道中成为当前的,或者说,这种布道本身就是基督事件,就是在具体的当下瞬间中不断发生的末世论事件。①

布尔特曼之所以认为对基督教实施去神话化是可能的,这与他基于海德格尔哲学的基督教人生观也是分不开的。在《人文主义与基督教》中,布尔特曼曾这样阐释他对人生的基督教理解(大意):

> 作为"基于将来的生活",人的生活在本质上并非意味着关于人的一种观念的实现,而是意味着只有在决断时刻才能把握住的一种历史的生活。这种历史的生活,不仅意味着它交织于世界和精神的历史进程之中,而且首先并且最终意味着每一个人都有其自己的历史。这种个人人格性的历史发生于人生遭遇之中,发生于遭遇他人之中,发生于遭遇顺境和逆境的命运之中。通过这些遭遇,人自身永远都在当下时刻受到质疑,并要求决断。任何一个质疑我自己并要求我自己决断的时刻也都给我以可能性,即,在此时此地实现本真的自我。在决断中我可以在成为新自我中把握住它,也可以在维持旧自我中失去它。在决断中人就是他的整个所是,或者是一个新人,或者是一个旧人。此时此地他或者完全赢得自己,或者完全失去自己。基督教就是如此这般地把生活视作永远重新穿越决断时刻的过程。进一步地说,即使在决断中人成为一个新人,赢得了本真自我,他也没有牢牢地把这种本真自我据为己有。这种本真自我瞬间又再次处于我的面前,成为超越的和将来的。从客观化的观点来看,这种决断时刻的连续可以理解为人的品格的发展,但从信仰的观点来看,当下时刻不能理解为发展或进步的节点,因为每一个新的时刻都把我置于质疑之中,要求我作出决断。"基督的"这个形容词决不能限定为实体性的品格。只有每一个新的决断时刻才能称为"基督的"。在我从我的过去走到每一个时刻的时候,每一个时刻的每一个遭遇都是我的更新,都是把我从我自身解放出来。这里没有任何持续的安全。我永远不能回顾我的所得并把信仰称为拥有。我也永远不能把我的决断行为客观化为一件可定义为基督的作品,因为它不是规定着当下时刻的那种无时间的永恒观念,而是走近我的那种遭遇。作为一种永恒的将来,上帝之永恒剥夺了人的永远持续状态,剥夺了人的任何完全拥有和任何安全所成。因而根本就没有什么基督的文化

① 参见布尔特曼:《关于"去神话化"问题》,李章印译,载《世界哲学》2012年第1期。

或教化或教育方法或艺术等。“基督的”只是每一时刻的决断。具体到人的具体生存和经验自我,我们作为人是否真的在决断中成为新人并抓住了我们的超验自我,这是有赖于上帝之恩典的。人从来不能通过其道德努力和愿望而战胜他的有罪的过去,其过去黏附于他,根本无法摆脱。一个在与邻居的关系中招致罪行的人要想清算自己,是不能通过道德的纯化而实现的,而只能通过忏悔其罪行,通过乞求饶恕,通过接受饶恕。人与上帝的关系也只能以相同的方式加以重新确立,即人在上帝面前忏悔其罪恶,让自由地给予他的上帝之恩典饶恕他。基督教的生活就是基于上帝之饶恕的生活。这种上帝的饶恕在上帝的话语中赠与人,开脱人的罪责,这种上帝的话语在此时此地并且永远常新地把上帝之恩典赠与你与我。这种恩典话语在耶稣基督那里得以具体化,并在教会的布道中到场。在这里,上帝的饶恕话语既不是一种普遍的一般真理,也不是关于上帝恩典的信息碎片,也不是对耶稣基督之历史事实的报道或记录。只有在这种话语永新地当下说出之际,它才是上帝之话语。如此这般地说出来,它就把我置于恩典的光辉之中。饶恕之话语开脱我过去之负担,使我走向当下决断时刻。如此,上帝之饶恕性恩典就在决断时刻变成具体的现实。正是在这里,在恩典的光辉之中,我才能够把决断时刻的要求理解为上帝给予我的自由,理解为给予我之新自我的上帝之恩典。[①]

四、如何对基督教进行“去神话化”?

布尔特曼认为,神话把各种现象尤其是各种奇特和恐怖的事件归结于超自然的原因,这无论从科学上看还是从神学上看都是不适当的。但这只是神话的部分含义。神话实际上表达了这样一种思想,即人并非世界和生活的主宰,人的生命和世界充满着神秘,有一种我们不能预计和控制的力量。只是神话把这种力量描述为世俗的力量,因而对这种力量的论述既不准确也不透彻:神话以谈论人的方式来谈论被赋予超人力量的诸神及其行为,并赋予超验现实以一种世俗的客观性。《圣经》中的神话也是如此。比如,上帝在天上有他自己的居所,而使人类遭受磨难的罪恶则处于地狱之中,等等。布尔特曼说:“关于天堂和地狱的这些神话概念,现代人已经不再接受,因为对于科学思维而言,宇宙之中的‘上’和‘下’都已失去了全部意义,但是上帝和罪恶的超验观念仍然是有意义的。”[②]所以,去神话化的目的并不在于消除神话的陈述,而是努力地对其加以解释,亦即,试图把神话翻译为生存论话语,澄清神话的意图,揭示神话背后隐

---

① Rudolf Bultmann, “Humanism and Christianity,” *The Journal of Religion*, Vol. 32, No. 2 (Apr., 1952).

② 参见布尔特曼:《耶稣基督与神话学》,载刘小枫选编:《海德格尔式的现代神学》,第5-6页。

藏着的上帝话语的生存论意义,揭示人类生存之根植于并限定于客观化思维所无法视见的超验非世俗力量。去神话化的本意并不是消除神话,而是通过对神话的解释而保护神话,使之不被简单地抛弃。《新约》的宣告实际上就展示出一种对人类生存的新理解,以个人的方式而不是伪科学的方式去领会上帝,而"一旦这种宣告从生存论上加以解释,其真实品性也就明显起来"[①]。

比如,关于上帝问题,当我们谈论上帝时,绝不是说在这个世界之外或之上有另外一个时空(天堂或地狱),有另外一套因果关系(奇迹)。我们实际上是在个人的生存处境中谈论上帝对于我们生存的意义。当我们谈论全然相异的上帝时,绝不是在谈论一个与人无关的形而上学的超越者,而是谈论从我们具体的生活处境中涌现出来的并且赋予我的具体生活以方向和意义的谜一般的巨大力量。我们在上帝与信仰生存的相遇中谈论"与人相遇的上帝",聆听上帝的话语。上帝之国的来临就是上帝此时此地对我们每个人发出信仰决断的呼唤,它并不改变历史事实和自然的因果关系,但能改变人的生存状态。在对上帝话语的宣道中,上帝与我们的信仰生存相遇,使我们聆听到上帝的召唤。[②]

如何理解作为上帝话语的耶稣基督的问题是布尔特曼去神话化的一个核心问题。一方面,他认为我们关于客观历史上的耶稣的知识是可疑的。他说:"我确实认为,关于耶稣的生活和位格,我们几乎不能知道任何东西,因为早期基督教资源对此没有显示出任何兴趣,而且既零散又经常是传说性的;而关于耶稣的其他资源又是不存在的。"[③]但另一方面,布尔特曼又不是要摧毁基督教信仰。弗格森这样来表达布尔特曼的这种观点:"尽管福音书没有给我们提供耶稣生活传记或位格描述,它们又确实就耶稣的所言和所行告诉我们许多事情","关于客观历史上的耶稣,我们可以揭示大量的本真信息",更为重要的是,"对客观历史上的耶稣的追问对于基督教布道而言并不是本质性的,因为教会的任务并不是探查耶稣的心灵,而只是通过他的死亡和复活而把他宣告为拯救者"[④]。

进一步说,在布尔特曼看来,《新约》中的耶稣之所以未必是客观历史上的耶稣,是因为原始基督教在宣道中封杀了犹太人关于耶稣的记载,采用神话语言创造了耶稣基督的位格、十字架、人子、上帝之子等神话。通过这些神话而进行的宣道表达了对人与自由、世界与超越以及历史与救赎的崭新理解。在这里,客观历史上的耶稣并不是关键,关键是作为基督的耶稣,关键是上帝的话语。只有宣道中的基督才与我们的信仰生存相遇,才对我们的生存和救赎有意

---

① David Fergusson, *Bultmann*, p. 110.

② 参见张旭:《上帝死了,神学何为?——20世纪基督教神学基本问题》,第98页。

③ Rudolf Bultmann, *Jesus and the Word*, London, 1934, p. 8. Cited from David Fergusson, *Bultmann*, p. 73.

④ David Fergusson, *Bultmann*, pp. 73-74

义。保罗所关心的就是基督的救赎史意义,而不是客观历史的耶稣。在保罗书信中,对历史耶稣的记载很少,他的叙述方式是现在时的。保罗侧重于表达耶稣基督的当下性,并不是因为他没有亲眼见过耶稣,而是因为他把握了宣道的本质。保罗对身体、灵魂、精神、罪、世界、信仰、自由、公义和恩典的解释都是基于宣道的基督,而不是历史的耶稣。也正因为如此,保罗的宣道也成为福音,保罗的话成为上帝话语的见证。[①]

对于布尔特曼来说,隐藏在基督教神话中的东西实际上就是对人说出来的上帝话语。这些对人说出来的上帝话语给我们指示出人类生存的种种可能性,让我们去选择和决断。这些上帝话语在过去以神话的形式向我们说出来,但现在我们需要去除其神话的表述形式,让上帝的话语以我们这个时代的人类话语重新向我们说出来。这就是从我们自身的生存出发,重新理解和解释上帝的话语。为此,我们就需要使用海德格尔哲学所提供的生存论概念。比如保罗书信所使用的"罪"、"信"、"肉"、"灵"等含糊和陈旧的术语,如果从海德格尔的生存论概念出发,我们就可以理解其中的真实含义,亦即理解在本真生存和非本真生存之间如何做出抉择这种当代的生存大事,从而使之重新获得生命。而且布尔特曼认为,当保罗把洗礼理解为同基督一起死去又一起再生的时候,保罗实际上已经开了去神话化的先河。耶稣基督受难和复活的故事也被布尔特曼看作一种原始神话,通过把这个故事纳入自身生存之中,他同样把这个故事翻译成了生存论语言。由此,去神话化就不仅在于把以往的神话故事改造为生存话语,它更在于通过对上帝启示的理解和解释帮助有罪的人获得可能的本真生存。在此意义上,末世事件、受难和复活事件等都体现于每一次的宣道之中,体现于每一种圣事之中,体现于每一个信仰抉择之中。

在基督教中,末世论信念始终是一个基本信条,并界定着基督教的教理,所以去神话化的另一个核心问题就是挖掘出末世论神话背后的生存意义。

早在1921年的《对观福音传统史》中,布尔特曼就表明,在原始基督教将"历史的耶稣"转变为"复活的基督"中,上帝之国的降临或末世论事件是一个关键。那么,这个末世论事件究竟意味着什么?在1928年的《约翰福音的末世论》和1955年的《历史与末世论》中,布尔特曼指出,在保罗和约翰那里,末世论事件具有强烈的生存论意义。保罗书信和约翰福音的重点都不再是对观福音中具有超自然干预的那种世界末日,而是将基督复活和末日审判落实到每一个人的具体的信仰生存之中。他们强调,如果末日不是"现在"就进入我们的生存,那它就毫无意义。在1941年的《马堡布道》中,布尔特曼具体阐释了末世论的生存论含义:激起我们的生存决断。作为救赎事件的末世论事件是上帝在耶

① 关于布尔特曼如何看待耶稣基督的问题,亦可参见张旭:《上帝死了,神学何为?——20世纪基督教神学基本问题》,第111~114页。

稣基督中的行动,它已经在耶稣基督身上发生了。而一旦它在耶稣身上发生了,它就在信仰生存中成为当下发生的事件。每一个生存瞬间都具有发生末世论事件的可能性。①

在 1941 年的《新约与神话学》中,布尔特曼又从生存论末世论的角度解释十字架受难事件和复活事件,认为在新约中对十字架受难事件的宣告不能脱离对基督复活事件的宣告。必须把十字架与复活保持在一起,而不能把复活事件看作一个可分离开来的事件。由此,对受难事件需要去神话化,对复活事件同样也需要去神话化。我们对复活事件的理解不能拘泥于像"奇迹"这样的神话形式,只能从生存论的意义上把基督复活事件理解为生存论的救赎事件。比如,对于有关空洞墓穴的报道,我们必须看作一种传说。这种传说既不是必要的,也不是相关的,它不能见证基督教信仰的真理。作为末世论事件的复活其自身是信仰的对象,无法提供外在的支持,无法诉诸客观证实。我们只能在自身生存的末世论事件中见证基督的复活。这不是发生在彼岸世界的客观事件,而是发生在信仰生存中的宣道事件,它意味着人从非本真生存向本真生存的转变或重生,意味着人筹划和决断本真生存的自由。对于布尔特曼关于耶稣复活的解释,弗格森有着这样的述评:

> 布尔特曼对耶稣复活的解释给我们提供了一个其去神话化纲领的极好例证。他的历史怀疑主义和思想自由主义告诉我们,不能把复活从字面上理解为一个死去的人从其坟墓中站立起来。同时他的神学信念使之坚称信仰是不能以这种方式加以证实的。寻求对信仰的这种支持是对信仰的误解。必须把复活看作这样一种表达方式,即,把基督十字架的意义表达为末世论事件。当我在信仰中领受了十字架,基督就在我的生活中升起来。这是一种上帝的行为,但对历史学考察来说又不是显然的。只能在信仰的时刻从生存论上认识这种行为。
>
> ……信仰的见证不是通过历史学考察耶稣死而复活的特定情况就能证实的。要求证明就是逃避生存论的决断。理解这种宣告的唯一方式就是相信它。②

布尔特曼认为,对末世论的去神话化实际上并不是从他自己开始的,《新约》本身已经开始这种去神话化的过程,在第四福音书中,永生和审判就已经被带入此时此地的具体生存之中。所以,尽管耶稣的告诫被早期基督教社团以末世论神话的形式保留和继承下来,但不久就开始了去神话化的过程。当保罗宣

---

① 关于这个问题,可参见张旭:《上帝死了,神学何为?——20 世纪基督教神学基本问题》,第 114～116 页。

② David Fergusson, *Bultmann*, pp. 112-113.

布从旧世界到新世界的转折点并不是未来的事情,耶稣的到来就标志着这一转折时,去神话化就已经迈出了决定性的一步。尽管保罗仍然期待着作为一出宇宙戏剧的世界末日,即基督出现在天上云端,死而复活,最后的审判,但基督的复活已经成为决定性的事件,古代先知的期望和诺言此时就可以实现。保罗之后,约翰以更彻底的方式对末世论进行了去神话化。对约翰来说,耶稣的复活、圣灵降临日和耶稣的再现都是同一事件,而信教的人也已获得了永恒的生命。"复活在我,生命也在我,信我的人,虽然死了,也必复活。凡活着信我的人,必永远不死。"[①]这些例子可以表明,在《新约》本身中就已经开始了去神话化,去神话化纲领有其历史依据。[②]进一步地说,由于对传统末世论的去神话化在新约中总已开始了,所以我们也可以说,"《新约》自身就要求我们对其内容给予去神话化"[③]。

末世论神话是从犹太教借用过来的:由于超自然力量的干预,世界末日正在临近,人类将受到最后的审判,有的得福上天堂,有的则受罚下地狱。布尔特曼认为,尽管现时代的人类已经不再相信这样的事情了,但我们可以从自身生存出发去理解和解释这个神话的意义。正如天堂概念是通过空间范畴想象出来的上帝超验物,世界末日概念是通过时间范畴想象出来的关于上帝的超验观念。撇开其神话形式,末世论至少告诉我们以下几点:人在面对将来时具有一种不可知感和不安全感;人在本质上是一种暂时的和历史的存在者;人生活于其中并实施其计划的这个世俗世界不是唯一的世界;这个世俗的世界是暂时的、转瞬即逝的,面对着永恒,它最终是空虚的和不真实的;人已把这个世界变成了一个邪恶横行、由恶主宰一切的场所;最后的审判是不可避免的,人应该忏悔、节欲、谦恭和顺从;世界的末日不仅是最后的审判,而且也是得救和永恒至福时代的开端;面对上帝的超验力量,人和世界的有限性不仅是一种告诫,而且也是一种慰藉。[④]

进一步说,对于每一个个人,其末日不仅就是他的死亡,而且他的每一个时刻都可以是他的末日。"如果人站立在决断的紧要关头,并且如果这种紧要关头恰好是人性的本质特征,那么,任何一个时刻都会是最后的时刻。"[⑤]由此,末世论神话就可以转换为海德格尔"向死而在"的新版本:人可以在日常生存中失掉自己的本真存在,但也可以把握本真存在的可能性,也就是说,他可以在"向死而在"的末日面前作出自己的判决。

布尔特曼对末世论的去神话化以海德格尔本真历史(Geschichte)与客观历

① 《约翰福音》11:25~26。

② 参见布尔特曼:《耶稣基督与神话学》,载刘小枫选编:《海德格尔式的现代神学》,第13~15页。

③ David Fergusson, *Bultmann*, p. 112.

④ 参见布尔特曼:《耶稣基督与神话学》,载刘小枫选编:《海德格尔式的现代神学》,第7~13页。

⑤ Rudolf Bultmann, *Jesus and the Word*, London, 1934, p. 52. Cited from David Fergusson, *Bultmann*, p. 80.

史(Historie)的区分为前提,他认为,末世论是本真历史意义上的历史,是"将来"不断到来的本真"当前"。他以此把复活的基督作为末世论事件而去除宇宙末世论救赎神话,并否定复活的客观历史性和事实性,而强调其生存信仰性。复活的基督这一末世论事件是上帝的自我启示,在当下瞬间召唤我们通过信仰而回归本真生存。末世论事件不是基于客观历史上的耶稣,而是基于原始基督教的宣道,而原始基督教的宣道基于原初决断时刻的保证。在《新约神学》(1948～1951)的开篇,布尔特曼说:"耶稣的信息对于新约神学来说只是一个前提,而不是新约神学本身的一部分。新约神学在于展示基督教信仰借以确定自己对象、基础和结果的那些观念",但是,在基督教的宣道之前,在宣信耶稣基督乃上帝的宣道之前,在宣信在十字架受难和复活的那位乃上帝的末世论救赎行动的宣道出现之前,"并不存在基督教的信仰"。耶稣基督是在早期教会的宣道中,而不是在客观历史耶稣的信息中,第一次被宣信。①

五、如何能够完全以非神话的方式谈论上帝和上帝的作用?

布尔特曼的《新约与神话学》(1941)发表后,立即引起正反两个方面的激烈讨论。二战结束后,关于去神话化的争论更是蓄势而发,并且迅速越过德国而扩展到欧美的其他地区。其中,最主要的争论就在于,到底应该不应该消除神话?对于试图在宗教语言中保留神话因素的观点,布尔特曼是这样回答的:这些人没有严肃认真地充分考虑到,神话是对本质上不可客观化的东西加以客观化。上帝的实在性只能从生存论上加以领会,而不能塑造出关于上帝存在和上帝行为的客观图像。上帝的本质要求肃清神话概念。去神话化不是摧毁上帝的实在性,而是使之具有可信性。②

但布尔特曼的这种回答又立即引起进一步的问题。如果上帝不能以神话的方式言说,那又该如何言说呢?如果上帝和基督教信仰对于客观化思维而言是不可见的、无形无相的、超经验的和超意识的,那除了纯粹的否定论断外,我们还能如何谈论上帝和上帝的作用呢?

布尔特曼认为,去神话化是要把新约的神话概念翻译成生存论概念,并且把关于人类生存的信仰理解与非信仰理解区别开来。这就是说,"一个事件既可以有一种科学的说明,又可以有一种神学的意义",一个被科学加以说明了的事件也可以是"上帝启示的媒介"③。举例来说,对于拿撒勒的耶稣的受难事件,历史学家可以用科学的方式把它看作世俗世界中的事件,给予历史学的说明,但对于信仰者来说,它也可以是上帝的末世论行为——上帝的行为体现在耶稣基督身上,成为福音宣道的一个关键环节。"那么,作为拯救事件,基督的十字

---

① 参见张旭:《上帝死了,神学何为?——20世纪基督教神学基本问题》,第120页。
② David Fergusson, *Bultmann*, pp. 114-115.
③ David Fergusson, *Bultmann*, p. 111.

架就不是一个神话事件,而是一个本真历史的发生事件(ein geschichtliches Geschehen),但又在拿撒勒的耶稣的受难这个客观历史的缘起事件(dem historischen Ereignis)中有其根源。"①

由此,只要聆听和接受上帝的话语,并从中得到宽恕和自由;只要人类克服了从自身寻找基础和安全的幻想和困扰,并通过基督十字架的宣告而让上帝确立人类新生存的可能性,我们也就自然知道应该如何谈论上帝和上帝的作用。因为"上帝不是以科学或历史学观察者所可通达的方式被揭示出来的,而是只能在个体的人的生活中开展出来","上帝的启示行为也因而采取个人言语的形式"②。上帝的作用不是客观世界中自然事件之间的相互作用,而是体现在我们个人生存中的作用,超验的东西未必是纯粹否定性的东西。当然,如果从纯粹形式的角度进行分析,个人的存在确实是不能一般地谈论的,上帝也是不能一般地谈论的。但是,如果是针对人的具体生存,那么,上帝就是一种赐予我存在的力量,就是一种需要我个人作出决断的作用,我就可以描述和解释上帝及其作用的意义。我虽然不能用一般的论述谈及上帝的作用,但我可以谈论他此时此地对我的作为和教诲。③

不过,我们还可以进一步追问,去神话化能否在基督教中贯彻到底呢?比如说,关于上帝问题,即使我们不把上帝理解为像人一样的神,那至少也应该把上帝理解为一种"作用"。这是不是又回到了神话世界观呢?

布尔特曼认为,为了保留《新约》的信息,我们可以把上帝视为一种"作用",但把上帝视为一种"作用",这与去神话化并非是不可调和的。实际上,我们可以以非神话的方式把上帝视为一种作用。在神话思维中,上帝的作用被理解为对自然、历史和人的命运或灵魂生活的一种超自然干预,这种超凡的因果性作为一个环节被插入依据因果关系而互相联结的事件链环之中,被看作一种奇迹和神迹。这种神话思维是以世俗行为或自然事件的方式来设想上帝的作用,但上帝的作用是不能被看作一个世俗事件的。上帝的作用或神迹或奇迹是一种不可见的事件,是不能被客观地、科学地证明的。对于科学的、客观的观察者来说,上帝的作用是一个谜。布尔特曼说:"除了对信仰的眼睛,上帝对其他的眼睛都隐而不显";"只有所谓自然的世俗事件,才对每一个人都是可见的和可以证实的";"当我们谈到被看作一种作用的上帝时,我们并不是在对象化的意义上以神话的方式谈论的"④。

布尔特曼强调,我们可以在把上帝看作一种作用的同时又避免落入神话语言。首先,信仰的语言可以是一种神话语言,但神话语言在当作信仰语言使用

① David Fergusson, *Bultmann*, pp. 111-112.

② David Fergusson, *Bultmann*, p. 111.

③ 参见布尔特曼:《耶稣基督与神话学》,载刘小枫选编:《海德格尔式的现代神学》,第33页。

④ 刘小枫选编:《海德格尔式的现代神学》,第30页。

时，就失去了神话意义。谈论作为造物主的上帝时，就不再涉及传统神话意义上的造物主身份。神话语言的使用绝不是对去神话化的非议，而是郑重要求去神话化。其次，象征或形象在宗教语言中的含义不可能用神话概念予以表达，其含义能够而且必须在不求助于神话术语的情况下表达出来。第三，把上帝视为一种作用并不一定意味着用象征或形象的形式谈论。上帝的作用不是指一种现成的事件，它仅仅涉及个体生存事件。这种谈论不是象征和形象，而是类比。我们是把上帝的作用类比于人与人之间发生的行为，并把上帝与人之间的交流类比于人与人之间的交流。我们把上帝称为天父，我们谈论上帝的爱和对人的关怀，我们谈论上帝的要求、愤怒、许诺和仁慈，这些都是类比。在我们以类比的方式谈论这些时，神话的意义已经消失。①

布尔特曼在这里诉诸于类比学说，但类比语言以何种方式区别于神话语言的客观性？如何只是把上帝类比为父亲而又不涉及上帝的存在？布尔特曼对此没有给予进一步的思考，他只是强调，把上帝的作用视为宇宙事件是不合法的，作为创始者的上帝不是科学意义上的宇宙创造者，而是一种个人的告白，即，我把自己理解为一个将其存在归因于上帝的造物。这不是一种中性的陈述，而只能是一种感恩和虔诚。但是，这种告白、感恩和虔诚又是不是把上帝的作用简化为一种纯粹主观的心理体验呢？

布尔特曼认为，谈论上帝意味着谈论我们的个人生存，当我们这样说的时候，我们并不是从纯粹心理学的角度来说的。上帝不是在幻想中保护我们，信仰也不是一种纯粹的心理学事件。信仰的本质在于聆听，它产生于与圣言亦即《圣经》的相遇——在历史性生存中的相遇。《圣经》不是教理手册，不是见证人的记录。《圣经》是一种对我自己说的话，是一种对我自己的福音宣示和救恩宣告。我对《圣经》的理解是对一种召唤的响应。《圣经》作为上帝的声音，是不能得到客观证实的，它是发生在此时此地的一个事件，正如朋友之爱、妻子之爱、孩子之爱等只是发生在此时此地的一个事件一样。这些都是在具体生存中真正及于我的，都只能通过个人的经历才能感觉到，而不能通过客观方法观察到。通过外在的方式，通过心理学的观察，是不可能感受到的。信仰、信仰的对象或上帝以及与上帝的关系等都是不能得到客观证实的。如果能够像对象物那样能被证实，那上帝反而被置于与世界同等水平之上了。另外，即使人的得救也不能证实上帝，因为得救本身就是信仰的对象，也只有凭借信仰才能得到理解。人的得救不能像自然科学那样进行观察和实验，也不能通过数据加以说明。离开信仰，得救就是不可能的，也是不可能被感觉到的。在这里，信仰的基础和信仰的对象是同一的。②

① 参见布尔特曼:《耶稣基督与神话学》，载刘小枫选编:《海德格尔式的现代神学》，第34～35页。

② 参见布尔特曼:《耶稣基督与神话学》，载刘小枫选编:《海德格尔式的现代神学》，第[illegible]～[illegible]页。

如果上帝的作用和拯救都是不能证实的,如果我们之所以能够谈论上帝的存在是由于我们关注个人的存在,那么,信仰就是一种对个人存在的新理解。但这样一来,上帝的启示是不是就没有发生在实际生活之中呢?一旦自我理解得到更新之后,是不是就不再需要启示了呢?

不是的。因为这里对自身存在的理解是具体的,是具体生存中的自我理解,而不是存在论的理解。海德格尔关于生存论—存在论层次与具体生存层次的区分可以帮助我们认清这一点。这种不同于存在论的具体生存层次上的自我理解一般是不出现在意识层面上的,它无意识地支配和影响我们的欲望、意志和喜怒哀乐,并随着境遇的变化而不断地得到检验、质疑和更新。这种自我理解的更新不是孤立的心理活动,而是整个境界的变化,整个世界的更新,整个生存方式和思维方式的更新。它同时也不是一劳永逸的,而是天天更新的,在与上帝话语的相遇中,不断重新认识自己。①

在这里,我们必须从此时此地作用于我的意志的角度来谈论上帝的作用,对于上帝对整个世界的“一举而尽全功”式的作用,对于无所不在的和全能的上帝观念,我们也只能通过此时此地的圣言,通过此时此地的相遇,才能在个人生存中真实起来。因为我们所谈论的是活的上帝,是在其圣言中与我们相遇的上帝,是体现在耶稣基督布道之中的上帝。上帝的话语也只是在说出的那一时刻的话语,是一个机遇事件和历史事件,而不是一种永恒的陈述、理论或知识。上帝话语的不朽性不能设想为超时间的,而要视为此时此地所呈现的上帝的到场。上帝在耶稣基督身上所做的一切,或者说耶稣基督所进行的神圣的拯救工作,都不是能够加以证实的历史事实,都不能以历史学家的客观化方式来理解。历史学家不可能理解一个历史人物就是一个永恒的逻各斯。耶稣基督是一个末世论事件,他将要到来。但这个末世论事件不是宇宙末世论意义上的末世论事件。对保罗来说,真正信耶稣的人已经具有了一种新的生存,依凭信仰而生活就是以末世论的存在方式来生活,就是超然于尘世,就是已经出死入生。这种末世论存在不是一种世俗现象,而是在新的自我理解中得以实现的存在方式。由此,“一举而尽全功”就不是一种客观的历史事件,而是一种特别的历史事件,亦即末世论事件。这种事件发生于此时此地的布道之中,同时也既是早已发生的事件,又是将要发生的事件。②

由此,上帝未来的作用就不会被去神话化所取消。去神话化明确指出了将来的含义和上帝作用的将来性。海德格尔的哲学分析表明,坦诚地面向将来是人类存在的本质,如果人想要本己地存在,就必须直面将来。这种哲学分析不可能把这种对将来的坦诚赋予人的具体生存,但信仰能够把对将来的坦诚赋予

① 参见布尔特曼:《耶稣基督与神话学》,载刘小枫选编:《海德格尔式的现代神学》,第38～40页。
② 参见布尔特曼:《耶稣基督与神话学》,载刘小枫选编:《海德格尔式的现代神学》,第41～43页。

人的具体生存,并让人凭借信仰而获得解脱。在这里,面向将来的信仰就是脱离过去,摆脱过去的锁链,从旧我中得到解脱,获得救赎。这是为了新我而从旧我中获得的解脱,是对根植于罪的幻想的解脱,因而是对我自身生存的选择,是自由地面向将来的解脱。①

六、"去神话化"与泛神论和无神论问题

对于上帝及其作用的超验性,布尔特曼强调,上帝的作用不是发生在世俗行为和自然事件之间,而是发生在世俗行为和自然事件之中,并且只有信仰的眼睛才得以视见。但这样一来,如果认为上帝的神秘作用在世俗事件之中发挥作用,那这种信仰是不是一种泛神论呢?

布尔特曼认为,所谓在世俗行为之中发生作用并不是把上帝的作用与世俗事件直接看作是一回事。上帝的作用与世俗事件并没有直接的同一性,我可以把偶然遇到的事件理解为上帝的一种恩典、惩罚或警戒,同时又把同一事件理解为自然进程中的一个环节。我可以把一个决定看作神性的,同时也不排除这个决定的心理学动机。神性的东西的本质就在于它是具体生存的决定性的转折点,能促使具体生存的转变。上帝是造物主,但并不是把任何事件都同时理解为上帝的创造。只有信仰真切发生在我的存在中时,只有此时此地被感动时,我才把事情看作上帝的创造。因为信仰不是明确的知识,信仰的论断不是一般性的论断。对于泛神论来说,上帝之内在于世界是一种早已预定的信念,是一种普遍的世界观,它把每一事件都看作是上帝完成的,而不管它是否针对此时此地的具体生存。对于基督教信仰来说,上帝则是在此时此地作用于我,与我对话。这种信仰不是一劳永逸的知识,不是具有普遍意义的世界观。它只能在此时此地实现。信仰者只有在感受到的时候,才能断定上帝的作用,并且认为这种作用又是隐蔽的,是不可见的,而泛神论则不考虑个人因素,认为任何事件都是神性的作用。在信仰中,世俗事件不是封闭的,没有因果链条,不是一个关联整体。对于信仰而言,科学世界观不能理解世界和人生的全部真实,但信仰并不提出另一种具有普遍意义的世界观,信仰承认科学的世界观是一种必要的手段。信仰是在承认科学观察和日常生活中的因果关系的情况下,在承认世俗事件由因果关系联结在一起的情况下,在"尽管如此"的情况下,仍然把历史和自然事件看作上帝在此时此地的作用,并把这样的作用看作真正意义上的"神迹"。上帝以隐蔽的方式发挥作用,神迹是不可以客观地加以观察和证实的,是不能用科学来评判的。②

对于布尔特曼来说,如果把去神话化进行到底的话,所可能引起的另一个

① 参见布尔特曼:《耶稣基督与神话学》,载刘小枫选编:《海德格尔式的现代神学》,第40～41页。

② 参见布尔特曼:《耶稣基督与神话学》,载刘小枫选编:《海德格尔式的现代神学》,第30～33页。

更为根本的指责是:去神话化之后,基督教是不是已经不是基督教了?是不是已经变成无神论了?在《新教神学与无神论》中,布尔特曼通过辨析对上帝的不同理解和无神论的不同含义,为去神话化之后的新教神学作了有力的辩护。

布尔特曼开篇就基于海德格尔哲学而点出问题的要害:新教神学是否导致无神论的问题有赖于如何理解上帝问题。如果把上帝设想为存在者整体中的一个存在者,哪怕是最高的存在者,那么,不仅科学是无神论的,而且去神话化之后的新教神学也可以说是"无神论的",只是这种"无神论"恰恰真正属于基督教信仰,或者说,这种"无神论"从宗教信仰的角度说其实不应该叫作无神论。因为把上帝设想为存在者是客观化思维的结果,其本身与本真信仰是不一致的。对于真正的基督教信仰来说,上帝的实在性是超越存在者之实在性的,是不同于客观实在性的另一种超验实在性。[①]

结合对上帝的不同理解,布尔特曼具体区分了以下几种不同的无神论[②]:

首先是科学的无神论。在科学的无神论中,上帝是一种存在者,但又是一种不能被科学加以客观化处理和支配的存在者。那种可以被科学的客观化思维加以处理的上帝已经不再是上帝了。这种科学的无神论是一种方法论的无神论。科学研究只考虑以科学方法所能处理的现象,上帝不属于这种现象,所以不在科学的考虑范围之内。另一方面,虽然科学不考虑上帝问题,但这不等于科学完全否定上帝的实在性。科学只是既没有也不可能谈论有关上帝的任何事情,上帝不属于科学所能通达的实在领域。作为方法论的无神论,科学不但对宗教和神学无害,而且可以发挥有益的角色,因为它会迫使神学把上帝的实在性描述为超越存在者实在性的实在性。

其次是由误解科学所导致的一种有意识的无神论。这种无神论不仅不同于把存在者世界作为唯一对象的科学无神论,而且还是对科学无神论的误解,或者说,是基于对科学的误解而导致的一种无神论。因为它并不知道科学对上帝问题的否定态度仅仅是一种方法论态度,根本没有涉及上帝本身的实在性。这种无神论把科学在方法论上对上帝问题的否定态度理解为对上帝实在性的一种绝对否定。在这种无神论中,上帝首先是被理解为一种存在者的,但即使上帝没有被设想为存在者,它也会否定上帝。也就是说,这种无神论是一概反对任何意义上的上帝,一概反对任何意义上的上帝的实在性。所以,布尔特曼说:对于这种形式的无神论而言,上帝确实是"死了";信仰上帝成为一种幻象,关于上帝的一切谈论都纯粹是神话;这种无神论的后果就是虚无主义。

再次是无意识的世俗无神论。这种无神论是近现代文化世俗化的必然后

---

① Rudolf Bultmann, "Protestant Theology and Atheism," *The Journal of Religion*, Vol. 52, No. 4 (Oct., 1972).

② Rudolf Bultmann, "Protestant Theology and Atheism," *The Journal of Religion*, Vol. 52, No. 4 (Oct., 1972).

果，它总是习惯性地和简单化地忽视超验实在的问题。持这种无神论观点的人总是迷信人自身的能力，在有计划和有组织地处理存在者世界的时候，根本无视上帝问题。对这种无神论来说，上帝也确实"死了"，人们所谈论的"上帝之死"经常就是在这种意义上所说的。这是世俗化文化的一种现象和特征。布尔特曼认为，这种无意识的无神论实际上是一种幼稚的无神论。尽管20世纪的人在很大程度上已经屈从于世俗主义，就我们日常所作所为都由世俗主义近现代文化所规定而言，我们都参与了这种无神论，但是，就世俗生活的意义而言，就世俗生活的虚无感方面，或最终就对世界的所有计划和组织都将导致虚无这种可怕认识方面，难道我们的疑虑没有使得关于另一种超验实在的问题再次显示出来吗？难道在令人沮丧的虚无感方面，关于一种真实生活的问题没有显示出来吗？难道我们对自身有限性的意识实际上没有包括关于某种无限的概念吗？难道在这个世俗化的世界中没有什么东西在根本上与我相关这样一种意识没有促使我们追求绝对与我相关的东西吗？所以，这样一种无意识的无神论其实是一种相对的或暂时的无神论，或者说它其实并不是一种真正意义上的无神论。但就其作为世俗化世界中的人之幼稚态度而言，就这种人在其日常生活中忽视或者遗忘超验实在问题而言，这种无神论又确实是一种实实在在的无神论，并且是上帝信仰的现实敌人。

最后是一种特殊的有意识的无神论。尽管这种无神论确确实实地反对那种把上帝理解为存在者的教义，但仍然没有放弃超验实在观念。它确实坚持认为教会传统关于上帝的图像已经终结了，但它主张上帝只能以一种新的概念形式加以言说。这种无神论想要表达的意思是，我们不能把上帝描绘为世界之上或之外的一种存在者，上帝这种超验实在恰恰是让自身在世界之内被觉察到的，而且这种觉察，这种"上帝之启示"，总是一种历史性发生事件，其中上帝又总是显现为一种他者。布尔特曼认为，对于这最后一种无神论来说，人是一种历史的存在者，其生命就在于在具体境况中的决断，而且他并不是在关于上帝存在的永恒理论中拥有关于上帝的知识，而是仅当他依据超验实在而认识自己，并因而觉察到他在其自身生存中既蒙受这种实在之恩典，又被这种实在所呼求的时候，他才拥有关于超验实在的知识。这里已经假定了人是为其生存之本真性问题所推动的。当一切事物的无意义性弥漫人心，或者说当人觉悟到自身的有限性的时候，本真生存问题就作为关于某种无条件者的问题而涌现出来，就作为关于无条件关涉我的那种东西的问题而涌现出来。在这样的发问和自我理解中，一种关于超验实在的知识当前了，人把他自己理解为被这种实在所维护，同时也被这种实在所要求。这种自我理解并不超出世界并在世界之外去寻找上帝的实在性，而毋宁是在世界之中来寻找超验者。这种超验者不是无限远的东西，而是最为切近的东西。由此，即使这种无神论没有说在由基督消息所宣示的上帝话语中聆听到对生存问题的回答，即使它没有把无条件者作为上帝来言说,它也已经把捉到了基督教信仰的关键之处,因为只有来自于这种生存问题,基督教的上帝信仰才是真实的。由此,基督教信仰与这种有意识的无神论就不仅在关于超验实在的知识中统一起来,而且还可以进一步说,这种有意识的无神论其实不应当再叫作"无神论"。

布尔特曼承认,由于基督教信仰是在《新约》中聆听到上帝的话语,并且是对由基督教会所宣示出来的上帝话语的应答,所以,对无条件者之到场的信仰还不属于基督教的上帝信仰。但是,《新约》中的上帝话语,由基督教会所宣示出来的上帝话语,恰恰是对于这样的人才成为可理解的,这种人受到其生存问题的促动,也因而受到无条件者问题的促动,这种人由此也拥有关于超验实在的知识或预感,或至少拥有对超验实在的愿望。基督教的上帝话语要求人在到场的上帝面前忏悔自身的虚无性,并把这种虚无性看作为上帝所接受的其存在的预设。依据这种话语,我们的历史境况和遭遇本身就恰恰作为上帝话语而成为可理解的,而且在布道中所宣示出来的上帝话语并不是一种过去的神性言语,而总是永新的话语,每一个现在都能成为一种上帝话语,超验实在在其中既作为审判又作为恩典而向人召唤。由此,基督教关于上帝的观念就发生了变化。所谓上帝是全能的、是创造者、是大爱等,都不再是普遍有效的教条陈述,而毋宁是在具体历史境况中的个人告白,目的在于抗拒对世俗生活条件的依赖,对抗世俗生活的诱惑和困惑,对抗一切仇恨和争斗,对抗我的自私和妒忌,并让爱的恩典保护我。在这样的信仰中,世界以及我在其中的生活都成为新的,而且也总须重新占有这种信仰。这样的信仰从来不能像科学知识那样简单地予以拥有,或者说,从来不能是对教条陈述的理智认同。[①]

这样,通过对各种无神论的辨析,布尔特曼就从本真基督教信仰的角度为去神话化基督教神学作了辩护。也就是说,只有消除上帝的存在者化和客观化,从生存本身去理解和信仰上帝,才能是真正的基督教信仰。那种把去神话化指责为无神论的做法其实恰恰不是基督教的。

七、海德格尔哲学影响布尔特曼神学的其他主要表现

如果我们概括海德格尔哲学对布尔特曼神学的影响的话,那么,除了其"去神话化"纲领之外,还可以从以下几个方面体现出来。

第一,把海德格尔的一系列术语和概念运用于对《新约》的重新诠释,特别是对《保罗书信》和《约翰福音》的重新诠释,从而开展出《新约》中的生存信息及其作者的独特表达方式。

海德格尔《存在与时间》中的大量术语,如本真生存、非本真生存、良心的呼

---

① Rudolf Bultmann, "Protestant Theology and Atheism," *The Journal of Religion*, Vol. 52, No. 4 (Oct., 1972).

唤、决断、向将来而在、时间性、历史性、紧要关头、事件等术语，都被布尔特曼大量使用。在布尔特曼看来，尽管哲学并不关心神学的主题，但神学家需要一套哲学概念以表达基督教对生存的理解。实际上，以往的基督教神学家都借助了哲学概念，只是由于所借助的哲学概念不恰当，才导致了神学阐释的缺陷。所以，要想克服以往神学的缺陷，就必须反思和解构以往对哲学概念的使用，摆脱过时的哲学，并找到新的恰当的哲学概念。布尔特曼在海德格尔那里找到了恰当的哲学概念，在海德格尔的生存论分析中发现了截然不同于传统形而上学的非常适合于神学的概念。因为基督教在圣经和教会中所宣告出来的是一种崭新的生存理解，并且只能在信仰时刻才会真正地发生，也只有在《圣经》中真正聆听到上帝话语的人，才能真正通达这种生存理解。所以，要恰如其分地展示出基督教的这种生存理解，就必须到真正关注生存问题的哲学那里去寻找概念，而海德格尔哲学正是真正关注生存问题的哲学，所以，神学可以在海德格尔那里找到恰当的概念，用以表达基督教对人的生存的新理解。

第二，把海德格尔生存论—存在论分析所展示的此在生存的历史性和此在能在的可能性运用于神学之中。

在海德格尔那里，此在的生存是时间性的，也因而是历史性的，并且这种历史性的生存具有本真的和非本真的这两种基本可能性。海德格尔对人的存在的这种基本规定可以说成为布尔特曼神学解释的“公理”，使他一方面得出了人类生活的“两种神学上的可能性”，另一方面又提出了对末世论的生存论阐释，并进而从神学上解释了海德格尔的生存论概念。

布尔特曼所谓人类生活的“两种神学上的可能性”，是指“信仰之前的生存”(existence prior to faith)和“信仰之下的生存”(existence under faith)。[①]“信仰之前的生存”关联于海德格尔所说的非本真生存，是无信仰的和有罪的。“信仰之下的生存”关联于海德格尔所说的本真生存，是具有先行决心的有信仰的生存。麦奎利曾专门著书探讨海德格尔关于非本真生存和本真生存之哲学分析与布尔特曼关于无信仰生存和基督教生存之神学阐释之间的密切关系。[②]由此，在海德格尔那里此在趋向本真状态的将来性以及在世界中沉沦的非本真性，在布尔特曼那里就都可以通过信仰和罪责概念得到神学的阐明。伽达默尔对此评价说：“布尔特曼根据能在(Seinkönnen)的‘本真性’证明上帝问题对于人的存在具有普遍的重要意义，这是真正的诠释学收获。”[③]

关于历史性概念，布尔特曼在《历史和末世论》中曾这样描述基督教生存的

① David Fergusson, *Bultmann*, p. 66.

② John Macquarrie, *An Existentialist Theology: A Comparison of Heidegger and Bultmann*, Harmondsworth, Middlesex, England: Penguin Books Ltd., 1973.

③ 汉斯—格奥尔格·伽达默尔：《诠释学 II：真理与方法——补充和索引》(修订译本)，洪汉鼎译，北京：商务印书馆，2010年，第128页。

历史性:“基督教的存在既是一种来世的、非现世的存在,同时又是一种历史的存在。”[1]另外,布尔特曼还把海德格尔关于客观历史和本真历史的区分运用于神学之中。所谓客观历史,是指历史科学所研究的作为过去客观事件的历史;所谓本真历史,则是指人类的生存史本身。在布尔特曼的神学中,作为历史科学的研究对象,基督十字架是一种客观历史事件,但作为本真历史事件,基督十字架使得上帝面前的人类生存被重新置于全新的基础之上。布尔特曼对生存历史性的这种强调对神学来说具有突破性的意义。伽达默尔曾这样评价道:“历史性概念主要由于鲁道夫·布尔特曼才进入到神学之中。在他无数博学的、前后一贯的注释工作中,对人类此在历史性的洞察和决定性的瞬间恰好是主导概念。等待末日的问题在神秘的解释中代表告别辞,但在约翰福音中却通过注释被简化成末世的瞬间,它可以指任何一个瞬间,作为决定信仰的瞬间它表示对基督教福音的接受或拒绝。”[2]

第三,海德格尔对“生存论层次”(existenzial, existential)与“具体生存层次”(existenziell, existentiell)的区分也体现在布尔特曼的神学思想之中。

在海德格尔那里,生存论层次的分析是哲学家所从事的对此在基本存在状态和形式结构的存在论描述,而具体生存层次的理解是个人在实际生活中对其具体生存活动的具体理解。此在对自身具体生存的理解是此在生存的基本样式,只能通过个人而亲身地开展出来,不能仅仅通过哲学的生存分析来获得。

海德格尔对生存论层次与具体生存层次的这种区分,对布尔特曼神学来说是非常重要的,可以帮助他在借用海德格尔哲学从正面阐释基督教神学的同时,又用来保护神学和启示的自主性,并反驳保守神学家对布尔特曼借用海德格尔世俗哲学的指责。这也就是说,虽然布尔特曼使用了海德格尔的生存论分析,但这并没有排除对人类生存予以具体生存层次上的基督教理解,神学家可以在存在者具体存在的层次上继续讨论基督教对具体生存的理解。也可以说,由海德格尔所提供的概念之箱需要用具体生存层次上的基督教内容来充实。但这又不是说,世俗哲学本身包含了信仰或启示知识。海德格尔的分析仅仅是用作神学的形式概念框架,并不是一种支配神学家能做什么或不能做什么的形而上学体系。海德格尔哲学仅仅给神学家提供了一套适当的范畴,用来反思人类的生存,因而是为神学服务的。[3]

布尔特曼说:“像只有一种万能话语这样的信仰主张是存在论分析所不能讨论的,诸如这种话语就是上帝话语这样的断言对于存在论分析来说也是荒谬的,因为它只知道人,人之外的东西它一无所知。但另一方面,所宣告话语就是上帝话语并因此而从彼岸向人说出来,这种信仰主张并不意味着这种话语没有

---

① 转引自汉斯—格奥尔格·伽达默尔:《诠释学 II:真理与方法——补充和索引》(修订译本),第 514 页。
② 汉斯—格奥尔格·伽达默尔:《诠释学 II:真理与方法——补充和索引》(修订译本),第 168 页。
③ David Fergusson, *Bultmann*, p. 63, pp. 66 67.

同时作为人类生存现象而与我们相遇。我们不能看到而只能相信它是上帝话语,能够展示这种说法之意谓,也因而能够展示‘道(话语)成肉身’之意谓,这恰恰是生存论分析的一种间接结果。”①

第四,海德格尔的生存论哲学使布尔特曼的信仰阐释成为可能。

在布尔特曼的神学中,“信仰”是一个基本概念,并决定着对上帝、话语、圣事、基督位格等的理解。但如果没有海德格尔生存论哲学,布尔特曼的“信仰”概念就是不可能的。实际上,正是由于海德格尔生存论哲学把“理解”从先验自我和理性认识的层面推进到此在存在的源始开展状态,对信仰的理解才具有了可能性。伽达默尔就认为,海德格尔的《存在与时间》使得生存论的自我理解概念“有能力承担起表述信仰之自我理解这一神学要求,因为并不是自我意识的独立的自身媒介,而是一个人身上所发生的,特别是从神学角度看在呼唤启示时所发生的对于自我的体验,才能够去掉信仰之自我理解中的错误的诺斯替派自我确信要求”②。由此,布尔特曼才能够从海德格尔的生存论哲学出发,使信仰的自我理解得到生存论—存在论的阐释,并进而使信仰的自我理解成为其神学的基本概念。布尔特曼对“信仰”概念的阐释主要从神学和具体的信仰性生存这两个角度来进行。

从神学的角度看,真正的信仰既不是相信一种超自然的原因,也不是相信神圣之人,同时也不是认同某种说明性的、通过外在虚假安全而逃避人类自身生存责任的世界观;信仰行为是从信仰内容中派生出来的,相信者是通过上帝话语而亲身卷入到信仰行为之中的;信仰知识不同于关于可感事物的科学知识和数学知识,只能在亲身体验中才能获得;信仰对象不是科学家和历史学家所能研究和支配的存在者,只能在自身的相遇中才能理解,只能通过信仰对象自身的启示才能加以认识。之所以如此,是因为被信仰的上帝截然区别于自然实在和历史实在,信仰本身更不是一种“客观化的行动”。“客观化”是以超然的态度和外在的方式去设置主题,从而认识和支配特定的对象,以便获得人自己的创造性的成就。而信仰则不是人的主动行为,它要求对被信仰者保持忠诚和顺从。再者,信仰的对象作为呼唤者,既是一种不能以外在方式来谈论的实在,也是一种人类心智所不能认识和控制的他者。因而,神学必须展示信仰的这种亲身性和生存性。神学不能超然于外,而必须自身成为信仰行为的一部分。如果神学采用客观化的模式,它就会歪曲信仰。“作为与我们相遇的主题,上帝从不能被人类理性的客观化构造所包装”,“只有通过把信仰从人类理性的客观化行

---

① Rudolf Bultmann, “The Historicity of Man and Faith,” in *Existence and Faith* (*Shorter Writings of Rudolf Bultmann*), ed. S. Ogden, London: Fontana Library, 1964, p. 129. Cited from David Fergusson, *Bultmann*, p. 66.

② 汉斯—格奥尔格·伽达默尔,《诠释学II:真理与方法 补充和索引》(修订译本),第155页。

动中解救出来,上帝的实在性才能在神学中得到保护”[1]。

从具体的信仰性生存来看,信仰是无法期待又突然进入人的生活之中并能彻底转化人的生活的一种事件。它导致对上帝和自身的新理解,重新规定人类的经验,并构成人的新的生存样式。但它并不构成人的内在生存品质,而是需要不断占有的。信仰是启示的结果,是在聆听上帝的时刻创造出来的。但能否聆听到上帝的话语,能否与上帝相遇,这又是由上帝控制着的,人只能恰如其分地回应和顺从。具体地说,上帝的启示话语虽然已经包含在新约之中,但新约并没有给出现成的客观信息。只有在上帝的行为作用于人并规定着人的具体生存的时候,上帝的话语才真正地被启示出来,既暴露出生存的有罪性,又给予宽恕和恩典。所以,对于人的具体生存来说,确证福音真理的唯一方式就是在布道和聆听中,在私人的圣经阅读中,在沉默的见证中,在接受圣事中,让基督的受难和复活变成对我而言的拯救事件,让基督的十字架变成上帝对我的启示。信仰之奇迹发生在个人的具体生存之中,并转变相信者的存在和日常生活。

第五,海德格尔的前理解概念成为布尔特曼神学的一个重要概念。

对于布尔特曼来说,任何解释都是由解释者带入文本并规定解释形态的“前理解”所推动的,所有的解经者都不是没有任何前提地去解释的,即使是正统的教义和客观主义的历史主义也是有前提的。前者的前提是把《圣经》视为永不错误的启示作品,后者的前提是把《圣经》看作一本关于客观历史的文献。但是,客观主义的历史主义向客观历史事实的还原是不可能的。另外,对新约的理解也不能从普遍的理性概念出发,因为理解者对文本的先行关系是一种存在关系,而不是概念关系。这种先行的存在关系就是“与人的存在相联系的不断运动着的‘前理解’”[2]。所以,对《圣经》的解释必须从个体的具体生存出发,从生存游戏出发,解释《圣经》的前提必须来自于信仰性生存的意义。只有在信仰性的生存相遇中,才能揭示出上帝话语的生存意义。布尔特曼说:

> (对《圣经》的解经活动)基于解经者与《圣经》所表达的实事的生活关系,并以此为他的前理解。认为我们解经而没有那种前理解,可以直接从中拿过来概念,将新约的每个陈述都理解为上帝话语,这种想法是个幻象。尤其是当解经者试图让《圣经》自己说话并作为对我们的生存进行言说的力量时,他必须反思他所使用的概念。他不能将《圣经》当作教义手册,也不能将其视为重建过去的历史、研究某种特殊的宗教现象、研究宗教普遍的本质或研究宗教经验的心理发展和对象化的资料。如果解释的客观性

① David Fergusson, *Bultmann*, p. 29.

② 汉斯—格奥尔格·伽达默尔:《诠释学 II:真理与方法——补充和索引》(修订译本),第 542 页。

> 在于追问上帝或上帝的启示，那么这意味着追问人的生存的本真。因此，解释必须关系到对人的生存进行生存论理解的概念。①

这正是海德格尔此在诠释学的前理解概念在基督教神学中的运用。海德格尔的此在诠释学把生存本身看作理解，看作根据此在自身可能性的自我突开，看作此在自身的前结构，并由此而把理解从认识论—方法论的层面返回到生存论—存在论的层面之上。在这里，"理解"不再是用方法归类并归入到科学过程中去，"而是构成人的此在的基本运动性"②。理解是此在的生存在理性思维和理智活动之前就已经有的存在理解，是理智之前的生存理解，属于生存样式，而不属于大脑的活动。对这种前理解的展示是哲学的任务，但由哲学所展示的这种前理解也可以应用到神学之中。布尔特曼正是从海德格尔所展示的这种前理解出发，去分析神学中的重要问题，开展新约的诠释工作，并因而强调所有理解都预先假定了解释者和文本之间的生活联系，亦即解释者与他从文本中得到的东西之间有一种先行的关联，从而使得上帝问题成为个人的深层遭遇问题，成为活生生的问题，而不再是一种纯粹的宇宙论假设。

当然，布尔特曼对前理解的强调并不是承认人的自我支配。在他看来，人能不能放弃自我支配的意图，这意味着人是否具有本真生存的可能性。所以，对前理解的强调不是要突出人的主体性，而是意味着敞开理解视域的重要性。唯有通过这种理解视域的敞开，人才能够与上帝话语相遇，并在这种相遇中不断修正自己的视域，使自己的前理解本身通过文本而得到转变。"由此，关键就不是去消除前理解，而是大胆发挥它，把它提升到意识的层面，并在对文本的理解中批评性地检验它。"③这种作为理解视域之敞开并可以不断得到修正的前理解既是对海德格尔前理解概念的运用，同时也可以看作对海德格尔前理解概念的发展。

第六，对海德格尔"诠释学循环"的运用和发展。

海德格尔的"诠释学循环"主要是生存论—存在论层面的循环，而且主要是由海德格尔的前理解概念或前结构分析来体现的，亦即，此在在解释和陈述层面说出的东西是对生存层面源始理解的展开和发展。海德格尔没有突出狭义文本处理中的诠释学循环问题。但早于海德格尔的施莱尔马赫在首先提出诠释学循环问题的时候，主要是针对文本处理问题的。在施莱尔马赫那里，解释者需要把握作者的原意，其诠释学循环主要是指整体与部分之间的循环，亦即，

---

① Rudolf Bultmann, "Das Problem der Hermeneutik," *Glauben und Verstehen* II, Tübingen, Mohr Siebeck, 1952. S.225. 转引自张旭：《上帝死了，神学何为？——20世纪基督教神学基本问题》，第100页。

② 汉斯—格奥尔格·伽达默尔：《诠释学II：真理与方法——补充和索引》(修订译本)，第129页。

③ Rudolf Bultmann, "The Problem of Hermeneutics," in *New Testament and Mythology and Other Basic Writings*, ed. Schubert Ogden, Minneapolis: Fortress Press, 1984, p.84.

对文本诸部分的把握需要依赖于对文本整体的把握,而对文本整体的把握又依赖于对文本诸部分的把握。狄尔泰在把诠释学扩展为人文科学的方法论之后,则从整个生活经验出发强调对文本的先行理解,但仍然没有彻底克服施莱尔马赫诠释学的缺陷。布尔特曼一方面接受了海德格尔生存论—存在论层面的诠释学循环,另一方面又继承了施莱尔马赫和狄尔泰关于文本处理的诠释学传统,从而把海德格尔的生存论—存在论诠释学循环运用到圣经文本的处理之中。由此,布尔特曼就既克服了施莱尔马赫和狄尔泰诠释学循环的缺陷,同时又发展和运用了海德格尔的生存论—存在论诠释学循环:一方面,解释工作可以无关乎作者的心理状态,而由解释者的旨趣所决定,不同解释者带着不同的问题进入文本,就对相同的文本作出不同的解释。另一方面,而且更为关键的是,文本在根本上体现着对人生基本可能性的理解,对文本的理解和解释必须深入到生存论的层面上。只有亲身涉入生存的基本问题,从生存上与文本相遇,理解和解释才是可能的。这种理解和解释因而也不能是中立的、冷淡的和超然的,并且也不可能最终完成,而必须一次又一次地从解释者的生存处境中重新赢得。

布尔特曼发展海德格尔诠释学循环并完善施莱尔马赫诠释学概念的另一个表现是提出"实情批评"概念。解释者关于文本主题之整体本性的概念,亦即关于文本主要意义的概念,支配着他对文本各部分的理解和解释,所以,解释者必须首先确定文本的整个意思是什么,并依照文本"所意味的"来确定文本"所说的"。但是,如果在理解和解释过程中,有太多的部分与整体概念相冲突,那就需要修改整体概念,并由此暴露和重塑有缺陷的前理解。布尔特曼用 Sachkritik(实情批评)来表示这项工作。[①]

第七,运用海德格尔的"在世界之中存在"来理解和解读《圣经》的 σῶμα(身体)概念。

保罗的 σῶμα(身体)一词是新约少数存在论概念之一,对于理解保罗神学乃至整个基督教神学都具有首要的意义。布尔特曼借助于海德格尔的"在世界之中存在"概念从生存论—存在论上来理解和解读这个概念。海德格尔认为,人总是在世界之中存在的,其生存关联着自身,或者是本真的或者是非本真的。布尔特曼由此出发,认为 σῶμα 不是一种现成的实体或事物,而表示人在世界之中存在的一种存在方式,亦即,人的存在总是有身体的。这种存在方式首先意味着有罪是人的现世存在的一种可能性;其次意味着人即使在来生也是有身体的,即使世俗之肉身消失之后,信仰者的生存仍然是有身体的;再次意味着人的存在有一种与自身的关系,人或者滥用自己的身体,或者主宰自己的身体,或者把自己的身体交托给罪恶,或者把自己的身体提供给上帝;这同时也意味着

① David Fergusson, *Bultmann*, pp. 55-56.

人可以守住自身，也可以疏远自身。这是一种与希腊—西方哲学完全不同的身体观。按照希腊—西方哲学，身体是不同于精神的另一种物质实体。按照这种身体来理解和解读《新约》，特别是耶稣复活，将导致严重的问题。但布尔特曼以海德格尔生存论—存在论为基础的身体观就可以使我们很好地理解耶稣复活问题。当我们把身体理解为人的存在方式的时候，物质身体与精神身体就成为人的两种存在方式。物质身体是人在俗世的存在方式，精神身体则是信耶稣的人在来世的存在方式。在两种情况下人的存在都是有身体的，都在世界中生存。但在具体存在层次上，俗世的存在疏远自身，来世的存在保持住自身。布尔特曼对身体的生存论解释不仅使得保罗的难懂文本成为可理解的，而且把它从思辨领域带到人类生存的实际问题之中。[①]

第八，运用海德格尔《存在与时间》中的"世界"和 das Man(常人)来理解和解释《圣经》的 κτίσις(被造者)和 κόσμος(世界)。

《新约》用来表示世界的术语是 κτίσις(被造者)和 κόσμος(宇宙、世界)，两者都不是作为科学研究对象的世界，都不是自足的理性宇宙意义上的希腊世界概念。在海德格尔的《存在与时间》中，世界概念主要有两层含义：(1)世界是一个器物整体，关联于人的操劳照管。(2)世界威胁着人的本真生存，人可能在其中丧失自身，丧失其本己存在，而成为世界内的存在。布尔特曼首先从这两个方面来解释《新约》中的 κτίσις(被造者)：(1)被造者是上帝的作品，被造出来让人使用和享用。(2)这样的被造者是好的，但也可以是坏的，它会沉沦到邪恶力量的支配之下。对于这种邪恶力量，布尔特曼也不是以诺斯替的方式来理解，而是从生存哲学的方式来理解，亦即，被造者本身不是属于外在于人的邪恶力量，是人给予被造者以邪恶的可能性。由于人膜拜和全身投入的是被造者而不是创造者，被造者就在人的手里堕落了，不再是人的使用之物，而成为人生的威胁。人的沉沦就在于，人为了被造者而决断而不是为了上帝而决断，人把自己的生活建立在被造者之上而不是建立在上帝之上，被造的世界因而就成为人在其中丧失自身的异己存在。[②]

对于《新约》中的 κόσμος(宇宙、世界)，布尔特曼同样也不是从希腊理性秩序宇宙的意义上去解释，而是结合着海德格尔的 das Man(常人)，从生存论上加以理解和解释，即，把它解释为人的一种非本真的存在方式。无论是约翰的"这个世界(κόσμος)是由他创造出来的，但这个世界不认识他"[③]，还是上帝将"审判这个世界"、罪恶已"进入这个世界"、这个世界憎恶基督的门徒等，这些都是

---

① John Macquarrie, *An Existentialist Theology*: *A Comparison of Heidegger and Bultmann*, pp. 37-45.

② John Macquarrie, *An Existentialist Theology*: *A Comparison of Heidegger and Bultmann*, pp. 49-50.

③ 《约翰福音》1:10。

有关生存的说法,都是指与上帝对立的人的某种生存状态,或与上帝对立的某种人类群体(das Man,常人)。这样的κόσμος(世界)是在现实宗教经验中遇到的具体存在层次上的现象,但关联着人的存在的总体结构,是 das Man 这种可能生存的呈现和具体化。因而,这样的κόσμος不是一个处所或实体,而是在其中丧失真实自己的一种人的存在方式。[①]

八、布尔特曼把海德格尔哲学运用于基督教神学的正当性

布尔特曼把海德格尔生存哲学看作一种"好的"哲学,而所谓"好的"哲学就是"以合适的概念"去竭力理解人之生存的那种哲学,这同时也意味着这种"好的"哲学就是"适合于神学研究的那种哲学见解"[②]。由此,布尔特曼就坚定地把海德格尔哲学看作对自己神学的哲学支持与解说,并强调神学不能忽视启示的生存本性,不能把启示看作是纯粹过去的事实。通过把海德格尔生存论—存在论的此在诠释学运用于神学之中,布尔特曼同时也发展出一种新型的神学诠释学,亦即生存论—存在论的神学诠释学。

那么,布尔特曼运用海德格尔生存哲学来解经的正当性何在呢?

其实,从基督教神学的历史来看,它是经常受到世俗哲学影响的,这种影响甚至是始终伴随着基督教神学的,即使《新约》本身也显示出诺斯替派的某种影响。从某种意义上甚至可以说,没有世俗哲学的影响,就没有基督教神学。在直至文艺复兴时期的1500年中,基督教神学一直处于希腊哲学的影子之下,先是被柏拉图哲学的影子所笼罩,后是被亚里士多德哲学的影子所笼罩。具体来说,从查士丁到奥古斯丁的早期神学家总是把柏拉图哲学运用到他们的神学著作中。后来的托马斯·阿奎那则运用亚里士多德哲学来阐释基督教信仰。从文艺复兴到20世纪初的基督教神学虽然试图有所变革,但总是不能与这个时期的世俗哲学割断联系。巴特勒神学显示出18世纪唯理论的影响,19世纪神学则深受黑格尔唯心主义的影响,之后又受到科学主义和自由主义观念的影响。

这种情况也是容易理解的。基督教神学家既是虔诚的基督徒,同时也生活在世俗世界之中,不可能不食人间烟火,不可能不接触世俗的哲学观念,他们的头脑中不可能一点也没有世俗哲学的因素。更为重要的是,他们要想向世人展示他们的基督教信仰,就必须使用世人容易理解的时代话语,其中最重要的是同时代世俗哲学的概念。另外,运用世俗哲学甚至还会有助于他们对基督教信仰的理解。当然,这其中也是有紧张和张力的。有些神学家也会有意识地抵制

① John Macquarrie, *An Existentialist Theology*: *A Comparison of Heidegger and Bultmann*, pp. 92-94.

② Rudolf Bultmann, *Kerygma und Mythos*, Vol. II, Hamburg, p. 192. Cited from John Macquarrie, *An Existentialist Theology*: *A Comparison of Heidegger and Bultmann*, p. 9.

世俗哲学的影响。一些原教旨主义神学家则可能会把运用世俗哲学看作对基督教教义的误导和歪曲，甚至会看作异端。

那么，深受海德格尔生存哲学影响的布尔特曼神学属于异端吗？"异端"的帽子可能太大，也太简单化了。那么，布尔特曼是不是误导和歪曲了基督教神学呢？一方面，布尔特曼熟悉海德格尔生存哲学，并借助于这种生存哲学而加深了对基督教信仰的理解。另一方面，生存哲学属于20世纪的时代话语，这种哲学话语和概念是20世纪的人们所易于理解的话语和概念，布尔特曼运用这种话语和概念确实有助于20世纪的人对基督教信仰的理解和接受。由此，布尔特曼就为基督教神学提供了一条通达时代心灵的道路，并向20世纪的人表明了基督教的可理解性以及与其生活本身的密切相关性。

蒂里希曾为基督教神学提出两个基本要求：一是陈述关于基督消息的真理，亦即陈述"基本的永恒真理"；二是为后人解释这种真理，亦即针对"接受永恒真理的当时处境"来解释基督教真理。①单就第二个基本要求来看，布尔特曼确实做了出色的工作。但是他满足了第一个要求吗？他陈述了基督教的基本真理吗？他是不是为了迁就时代特点而误导和歪曲了基督教神学呢？麦奎利通过对布尔特曼神学和解经学的考察，为布尔特曼作了相当有力的辩护。在麦奎利看来，布尔特曼主要关心的还不是如何运用一种人们易于接受的语言和概念来阐释基督教思想，而是要表明生存哲学与神学的特殊关系。在这个方面，生存哲学对布尔特曼神学的影响与过去希腊哲学和其他西方哲学对神学的影响是不一样的，也就是说，这种影响不是一种外在的影响，而是有密切的内在联系。②

麦奎利具体从以下几个方面表明了布尔特曼生存论神学的正当性。

首先，从神学的基本预设来看布尔特曼工作的正当性。麦奎利按照海德格尔《存在与时间》所揭示的实情，认为任何神学探索如同任何其他探索，都有其预设。这种预设影响着探索过程，也影响探索的结果。神学的这种预设是前神学的，其自身不是神学的，而毋宁是哲学的，或更准确地说，是存在论的。神学探索属于对存在者具体存在的探索，但在对存在者具体存在进行探索之前，总已有一种存在论的探索。比如，当神学家追问人的问题的时候，总会涉及对人的存在的理解。保罗以人性三分法代替希腊哲学的二元论，认为人由肉体、灵魂和精神所构成。如果从实体的角度来理解人的存在，那么人就是由三个部分或要素构成的；但如果从生存的角度来理解人的存在，那么，人就是一个统一整体，其存在具有三种不同的可能方式。对人的所有实体理解都是隔靴搔痒式的理解，只有对人的生存理解才是鞭辟入里的。以前的基督教神学往往以实体观

① Paul Tillich, *Systematic Theology*, Vol. I, Chicago: The University of Chicago Press, 1973, p. 3.

② John Macquarrie, *An Existentialist Theology: A Comparison of Heidegger and Bultmann*, p. 5.

为前提,它们所依赖的基础不是生存信仰,其基本概念是不恰当的,同时也遮蔽和歪曲了神学问题。布尔特曼在海德格尔生存哲学的引导下,纠正了不恰当的神学预设,而代之以生存预设。所以,误导和歪曲基督教神学的是受希腊哲学和其他西方哲学影响的基督教神学家,而不是受海德格尔哲学影响的布尔特曼。麦奎利的结论是:生存哲学对布尔特曼的影响是合法的,因为这种影响来自于对神学所预设的存在观念所做的前神学的一存在论的探索。如果要求神学家完全摆脱世俗哲学的影响,那就意味着不让他检查其神学赖以开始并伴随整个探索过程的存在论预设。[①]

其次,从布尔特曼生存论神学进路的两个基本特征来为其辩护。第一个基本特征体现在其发问方式上。发问方式在某种意义上决定着回答。一个绝望的人自问有没有上帝,与一个形而上学家追问有没有一个作为自然界根据的上帝,二者是完全不同的。前者探问的东西与其生存密切相关,而后者探问的则是一个学术问题或思辨问题。二者的结论可能都是有上帝,但其上帝概念是如此的不同,以至于我们可以说他们所说的是完全不同的存在者。由于神学的发问是有关人类生存的,对上帝的发问也是由于上帝与人的生存性命攸关,所以与人生无关的东西并不是神学所关注的。在神学的生存论进路中,人及其存在是所有神学问题的核心,《新约》陈述将被解释为与我的生存性命攸关的陈述。这样的发问方式并不事先决定对《圣经》的解释,它不仅不会损害神学的回答,而且还打开了指向文本内容的眼界。布尔特曼生存论神学进路的第二个基本特征体现在其基本概念上。任何探索都有一套基本概念体系,神学也必须有一套合适的基本概念体系。生存哲学特别地澄清了神学家所特别感兴趣的基本概念,否定了不适合于人类生存现象的西方传统哲学的概念体系,而代之以用来表述生存关系的一套崭新概念体系,如"在世界之中存在"等等,这就使得我们能够真正地理解人的存在。总之,在发问方式上,生存论神学进路把神学问题看作与上帝有关的人之生存问题,把圣经解释为有关人生的话语;在概念体系上,其基本概念来自于生存哲学,是分析生存意蕴的概念。这两个方面都可以表明布尔特曼神学的正当性。[②]

第三,通过与《圣经》思想相对照来表明布尔特曼生存论神学的正确性。麦奎利认为,神学家的任务不是构造一种宗教哲学,而是为他的时代展示基督教信仰的真实内容,即解释《新约》思想。但《新约》作者也一定有其预设和先行的存在理解,如果生存哲学有助于神学家阐明《新约》教义,那么生存哲学所阐释的存在概念与内含于《新约》思想中的存在概念就应该是一致的。否则,神学的

① John Macquarrie, *An Existentialist Theology*: *A Comparison of Heidegger and Bultmann*, pp. 6-8.

② John Macquarrie, *An Existentialist Theology*: *A Comparison of Heidegger and Bultmann*, pp. 10-13.

生存论进路就会曲解基督教本来的教义，布尔特曼神学就将不再是新约神学。那么，《新约》作者是从生存上来理解其文本的吗？《新约》作者的思想预设和存在理解主要来自于希伯来思想，而与希腊—西方哲学基本概念之间有一条巨大的鸿沟。在希腊和西方思想中，知识是能够用普遍陈述来表述的，但《圣经》不是这样的，它给出的是一种不同的知识，是关于人在上帝面前之个体生存方面的知识，是拒绝分类和普遍化的知识。希伯来思想所把握的是西方思想所无法把握的东西。《圣经》作者没有作出普遍的陈述，而是让读者在具体生存处境中面对个体之人。由此，《圣经》所蕴含的哲学本来就是生存哲学。生存哲学并不只是现时代的一种现象，它是思想史上一再出现的基本思想类型之一，尤其以其希伯来来源和对人的个体生存的强调而与源于希腊哲学的普遍化思想相区别。如此一来，也就只有通过生存论的进路，才能真正理解《圣经》思想。现代生存哲学家只不过是延续了《圣经》作者的思路。所以，生存哲学所阐释的对人的存在的理解与内在于《圣经》作者思想中的理解具有一致性。生存哲学强调人的生存与现成存在的根本区别，这与《圣经》对人的理解是契合的。因为在《圣经》中，人并不简单地是自然界的一部分，而人是按照上帝的影像创造出来的，人的存在与自然物的存在完全不同。生存哲学和《圣经》的这种理解与希腊的和西方的理解相距万里。希腊人在现成宇宙的统一性中规定和安置人的位置，比如把人理解为理性**动物**；笛卡儿的 res cogitans（能思之物）不管与 res extensa（广延之物）如何不同，也仍然是 res（物），仍然是现成的对象。但生存哲学没有把人现成化和对象化。在个人责任、沉沦和拯救、罪责感、对决断的呼求、人的时间性生存的短暂性、人的有死性等问题上，生存哲学与《圣经》教义中的说法都非常类似。如果《圣经》作者与生存哲学家都聚焦于这些共同的人生特征，他们对人的存在的理解又没有密切关系，那就真的奇怪了。另外，《圣经》的上帝概念也完全不同于希腊和西方哲学的上帝概念。《圣经》中的上帝不是不动的推动者，不是第一因，不是无时间的绝对，不是实体性范畴之下的上帝，而是生存性概念之下的上帝。这种上帝概念与生存哲学更加亲近，因为如果生存哲学家要言说上帝，他必定要联系人的生存。总之，《圣经》所包含的存在理解与生存哲学所阐明的存在理解之间的密切关系和一致性足以表明，布尔特曼神学的存在论预设并不异于来自于《旧约》传统的《新约》作者的存在论预设。布尔特曼研究《新约》学说的生存论进路没有把异于《新约》作者的观念强加到《新约》之中，而是如《新约》作者所理解的那样揭示出《新约》的本真意义。①

第四，通过与耶稣教义相对照来表明布尔特曼工作的正当性。耶稣适当地区分了律法与信仰，反对形式地遵守律法，要求个体的本真服从。生存主义同

① John Macquarrie, *An Existentialist Theology: A Comparison of Heidegger and Bultmann*, pp. 14-20.

样也反对盲目接受常人的习惯和传统,而坚持个人必须理解自身和决断自身。耶稣说,最糟糕的是人失去自身,把自己的心放在世界上,失去自己的灵魂,但当他走向自身并退出世界的时候,他就得到拯救并找到他的真实存在。[①] 生存哲学则说,人在本真生存的基本可能性中发现自己,在非本真生存中则丧失自己并散落在对世界的操劳照管中。对于耶稣来说,人必须作出彻底的决断,必须在上帝和世界之间作出选择,或者在服从造物主的生活中成为真实的自己,或者在为造物所役的生活中丧失自己。耶稣的整个末世论教义就是强调决断的急需性。而生存哲学也强调彻底的决断,这就是使生存成为本真统一整体的先行决心。就此而言,生存哲学与耶稣教义之间具有密切关系,布尔特曼的哲学预设也因而并不是异于《新约》的。[②]

当然,麦奎利也承认,由于布尔特曼的生存主义,他过分强调了与其哲学旨趣一致的基督教教义,往往忽略了与其哲学旨趣没有密切关系的部分,这也导致了对教义整体的扭曲。但总体说来,布尔特曼是可以用生存哲学来护教的,生存哲学的人生学说与《圣经》对人生的理解具有一致性,以生存哲学来研究《圣经》的这位神学家确实是以《圣经》作者的思路来解释《圣经》教义。[③]麦奎利这样评价布尔特曼的总体工作:

> 我们在这里已经尝试指出了布尔特曼对基督教人类学或对人之基督教理解的贡献。他使这种理解坚实地根植于其存在论基础之中,并表明信仰生活只不过是**在具体生存层次上**人之本真生存的可能性。他一方面使得对人的基督教理解成为当代哲学思想可理解的东西,同时在另一方面又保持了对其《新约》源头的忠实。对我来说,这看来就是布尔特曼工作中最有价值的部分。正如我曾经说过的,如果神学的进步就在于对其基本概念和预设的澄清和更完满理解,那么我们看来就在这里有了真正的神学进展。[④]

如果我们认可海德格尔哲学以及麦奎利对布尔特曼的辩护,那么就完全可以说,以往希腊—西方哲学对基督教神学的影响大多是以客观化的思想来误导和歪曲基督教信仰,只有海德格尔哲学对布尔特曼神学工作的影响才完全避免了那种客观化的误导和歪曲,真正以非客观化的生存思路来推动基督教神学的进展。之所以会是这种情况,其中一个重要的原因就在于,海德格尔自己的著

---

① 参见《马克福音》8:36,《路加福音》15:17,《马太福音》10:39。

② John Macquarrie, *An Existentialist Theology: A Comparison of Heidegger and Bultmann*, pp. 20-21.

③ John Macquarrie, *An Existentialist Theology: A Comparison of Heidegger and Bultmann*, pp. 22-23.

④ John Macquarrie, *An Existentialist Theology: A Comparison of Heidegger and Bultmann*, p. 226.

作本来就受到从保罗到祁克果等基督教思想家的很大影响，其哲学本来就受到《圣经》思想模式的决定性影响，本来就拥有内在的神学品性，本来就不是完全异于基督教信仰的东西。①

布尔特曼自己则主要把他的工作看作神学诠释学，把他对海德格尔哲学的运用主要看作一种方法。也就是说，在他这里，海德格尔哲学主要被用作神学和《圣经》注释的解构—指引方法。他不是要把基督教信仰变为哲学，而是把生存哲学用作解释基督教的一种诠释学方法，亦即用作一种解释和解经的方法和艺术。在1951年的《耶稣基督与神话学》中，布尔特曼从诠释学方法的角度为他的做法作了如下的辩护（大意）：

> 任何解释和解经都必然有其用以引导解释和解经的概念和原理，对于《圣经》的解释和解经也不例外。比如，对于《新约》中的"精神"概念，受到康德和黑格尔深刻影响的神学家把它理解为唯心主义意义上的精神，即，一种理性的力量，一种存在于个人之外又可以留驻于人的灵魂之中并体现绝对精神的力量，一种可以引导人过一种真正生活的力量；受心理学概念支配的神学家则强调"精神"不属于人的灵魂和理性，强调其超自然性和令人惊诧性，强调人的热忱、崇拜和虔敬的重要性，并承认神秘的直觉或想象。所以，每位阐释者都带有某些特定的概念，并以此作为他解释的前提。如果对心理学有兴趣，他就会在阅读《圣经》时提出有关心理学现象的问题。如果事先把《圣经》看作历史文献，他就会以历史学的方式来解释它。如果对文本没有任何的设问，那他就一点也不能理解它。他不可能不带任何前提的解释，也不可能把文本中那些有待解释的概念作为前提。接下来，既然所有的解释都必然要有预设的概念，那就导致一个哪些概念合适、哪些概念不合适的问题。由此，应该如何去理解和解释《圣经》的问题，就变成一个应该从哪个角度去理解和解释《圣经》的问题。而应该从哪一个角度去理解和解释《圣经》的问题，最终还是应该由《圣经》究竟是干什么的这个问题来决定。那么，《圣经》究竟是干什么的呢？对于基督教来说，《圣经》显然体现着上帝的话语，是用来拯救人的，而拯救人就是让人从非本真生存转入本真生存。所以，《圣经》应该是针对人类的生活现状来说的，应该是关于人类生命和灵魂真理的，应该是关于人的生存问题的，应该是向每一个个人发出的召唤并与每一个个人进行交流。由此，理解和解释《圣经》的角度必须涉及对人的生存的理解，也就是说，理解和解释《圣经》的前概念必须是用来理解人的生存的。而发现这些概念显然就是哲学的任务。解释者不可避免地要依赖于某种哲学，那种想让解经和神学完全独立于世

① David Fergusson, *Bultmann*, p. 67.

俗哲学的看法只是一种幻想。如此说来,如何理解和解释《圣经》的问题就成为使用哪一种哲学概念的问题。当然,世上不可能有绝对完善的哲学,也不可能有一种能给出一切生存谜底的哲学。但比较一下迄今为止的哲学就会发现,海德格尔的生存哲学能够给我们提供一种理解生存问题的适当概念,它直接关注人的生存问题。当然,生存哲学不会提出生存的理想模式,它只是说,人是一种历史的存在者,他的现在源于他的过去,并发展到他的将来,如果他意识到每一个"现在"都应该是自由决断的时刻,他就理解了他的存在。但是,虽然生存哲学不会为人的具体生存问题提供答案,却可以使个人的生存成为自己的责任,却可以使人从自身生存出发,郑重对待《圣经》话语。生存哲学因而能够为理解和解释《圣经》提供恰当的概念。另外,存在论的生存分析不能告诉我此时此刻应该如何去爱但能向我指明只有通过爱才能理解爱,不能考虑在具体生活中人与上帝的关系但能表明一个中立的领域,能表明人仅凭自身不能找到上帝这种处境,存在论生存分析的这种中立性也使之避免了各种主观倾向,从而可以为解经学和神学所用。[①]

九、布尔特曼主义者从生存论和诠释学角度对布尔特曼神学的继续推进

布尔特曼在他的《新约神学》中这样来表述他对宣道(kerygma)的基本看法:

> ……信仰不过是对宣道的应答,而宣道又不过是说给人的作为发问和允诺、宣判和宽恕的上帝话语。作为这种话语,它不是提供给批判思维的,而是说给人的具体生存的。除非总已给予某种神学解说,这种宣道绝不会出现,因为除了在人类语言中并被人类思想所塑成,它绝不能被言说出来。这恰恰确证了它的传道性质;因为这表明宣道的陈述并不是普遍真理,而是只说给个人之具体处境的。它们因而只能以个人之生存理解(或对这种理解的解释)所塑造的形式出现。相应地,也只能对于能把宣道理解为在他的处境中说给他的话语的人来说,它们才是可理解的——也开始把这话语理解为发问和要求。换句话说,只有在所唤醒的自我理解被理解为人的自我理解的一般可能性,并因而成为决断之呼求的时候,宣道才作为宣道而成为可理解的。[②]

---

① 参见刘小枫选编:《海德格尔式的现代神学》,第21～29页。

② Rudolf Bultmann, *Theology of the New Testament*, Vol. 2, translated by Kendrick Grobel, Waco, Texas: Baylor University Press, 2007, pp. 240-241.

由此,宣道就必须与处境结合在一起,它所召唤的信仰生活就必须展示为生存论视域内的一种具体生存上的可能性,而基督教神学也必须借助于生存分析来解说信仰的内容,必须成为对基督教生存这种具体生存可能性的解说。但是,布尔特曼的这种生存论神学进路并没有使他的基督教神学完全转变成世俗哲学,因为他的生存神学并没有割断与其宗教基础的关系,并没有割断与十字架和基督复活的关系。据此,布尔特曼并没有不加分辨地对海德格尔的所有说法都悉数照搬。比如,在良知问题上,布尔特曼一方面接受了海德格尔的良知学说,另一方面也觉察到它与基督教的差别。他认为生存哲学最终在良知中寻求拯救,这与希腊智慧乃至整个西方世俗哲学和科学一样,仍然是对人类能力本身的依赖。哲学家总是相信,如果把善指示给人,如果人理解了善而且把善视作善,那么,只要他有意愿,他就能追随善,并得到善。但宗教拥有更深刻的洞见,它能够明白,人可能知道善,甚至也追求善,但仍然会背离善,而且无能得到善。所以,布尔特曼坚持人的得救必须来自于人自身之外,在促使人从沉沦向本真生存转变的过程中,良知可以发挥其作用,但这种作用只是次要的和准备性的。①

但是,从另一方面看,布尔特曼既坚持纯粹的生存论进路又照顾基督教的基本教义,既要求彻底的去神话化,又相信上帝的行为。从生存论进路和去神话化纲领的角度看,他具有不彻底性和不一致性。他的一些弟子正是在其不彻底和不一致的地方继续贯彻他的观念,有的甚至走出了基督教神学的范围。

弗里茨·布里(Fritz Buri)就认为布尔特曼没有把生存解释和去神话化工作进行到底。在他看来,布尔特曼留下了两个难题没有解决:首先是在对《新约》的生存解释方面没有在逻辑上贯彻到底,亦即,布尔特曼没有对宣道给予彻底的生存解释,留下了最后的神话残余;其次是布尔特曼神学含有自大的成分,以为只有基督教才能使人进入本真生存之中。布里给自己提出的任务就是把他老师没有进行到底的这项工作贯彻到极端。②

为了解决这两个难题,布里在布尔特曼"去神话化"的基础上,进一步提出"去宣道化"。他把基督教的宣道仍然看作一种神话。宣道尽管是对人生理解的非常深刻的神话,尽管是伟大的和独特的神话,但仍然不能在阐释人生中占据绝对的和独断的地位。神学家不能把上帝和信仰作为出发点和前提。在人的生存之外,并没有特殊的恩典和启示,并没有上帝借以向人传达其话语的特殊行动。如果我们能够放弃宣道概念,那么,我们就可以既摆脱布尔特曼逻辑上的不彻底性,也摆脱其自大成分。

当然,一旦实施这种"去宣道化",基督教神学就在某种意义上消失了,或者

① John Macquarrie, *An Existentialist Theology: A Comparison of Heidegger and Bultmann*, p. 143.
② 参见约翰·麦奎利,《二十世纪宗教思想》,第 460 页。

说被合并到哲学之中了。布里认为,他的生存神学与同样奠基于生存概念的哲学"原则上"没有任何区别,但从非原则性的方面来说,哲学和神学又可以有所区别:哲学研究整个人类生存,而神学则在基督教范围内活动,展示基督教神话中那些具有生存意义的财富。[①]在基督教神话中,最具生存意义的财富就是把生存看作神恩的那种强烈意识。布里说:"在浩如烟海的神话的观念和形象之中,只有很少几个像关于末世的基督的故事那样真正伟大的救世主神话。"[②]

与布里相近的是布尔特曼的另一个学生布劳恩(Herbert Braun)。布劳恩认为必须对上帝也去神话化,在《新约》里没有"上帝",只有基督耶稣,我们应该把焦点集中在耶稣关注社会底层的政治和伦理之上。[③]

如果说布里和布劳恩是朝着极端世俗化的方向发展布尔特曼神学的话,那么布尔特曼的另两个学生富克斯和埃贝林则是在温和世俗化的背景下从神学诠释学的角度来推进布尔特曼神学,并在温和世俗化的立场下保留基督宣道,甚至把神学诠释学转向基督宣道。富克斯和埃贝林之所以不同于布里和布劳恩,一个重要的原因就是,他们没有仅仅局限于海德格尔前期的生存哲学,而是从后期海德格尔的语言概念出发,通过信仰的"语言缘起事件"(Sprachereignis),来阻止客观主义神话思维参与圣经的福音意义,并进一步使新教宣道因去神话化而获得再生。富克斯和埃贝林以海德格尔看待诗歌的方式来看待《新约》启示文本,把末世论宣道转变为"诠释学神学"或"话语神学"。他们既以话语事件的历史性克服生存论的历史性,同时又继续把生存论分析看作阅读或聆听文本的起点、处所和目标,以便让注经活动获得生命。

恩斯特·富克斯(Ernst Fuchs)主张对布尔特曼所强调的"复活的基督"的末世论信仰再加以"去神话化",以便回到耶稣的布道和行动之上,因为"历史的耶稣"不仅仅是耶稣的话语和布道,而且还有耶稣的行动,教会宣道的根源就在于耶稣的话语和行动。[④] 但另一方面,富克斯又强调神学诠释学应该成为关于信仰语言的诠释学,因为信仰语言就是上帝话语,而人又总是与上帝话语相联系。卡尔·布拉滕(Carl Braaten)这样来总结富克斯的这项工作:"布尔特曼对新约文本的考察是要表达非本真的和本真的生存,富克斯则在其中发现了对非本真或本真语言的言说。人在本性上就是一种语言存在者,以回答存在的呼唤。这种呼唤通过历史而达乎我们,因为历史在根本上就是语言的历史,就是通过语言而达乎表达的历史。上帝话语的到达被理解为真正语言的到达。"[⑤]

---

① 参见何光沪:《多元化的上帝观:20世纪西方宗教哲学概览》,北京:中国人民大学出版社,2010年,第99页。

② F. Buri, *Theologie der Existenz*, Paul Haupt, 1954, p. 85. 转引自约翰·麦奎利:《二十世纪宗教思想》,第459页。

③ 参见张旭:《布尔特曼的解释学神学》,载《维真学刊》2006年第1期。

④ 参见张旭:《上帝死了,神学何为?——20世纪基督教神学基本问题》,第125页。

⑤ Carl Braaten, *History and Hermeneutics*, Philadelphia: Fortress, 1966, p. 139.

关于海德格尔哲学与基督教神学的关系，富克斯主张与海德格尔思想进行平静的对话。他认为，应该在平静的对话中把握海德格尔的真正意图，并努力揭示其语言的内在特征。他把海德格尔哲学的关键总结为三点：第一，把语言看作存在的澄明；第二，展示所有形而上学的限度和衰退；第三，揭示主—客二分模式的局限性。至于海德格尔哲学在神学中的地位，他认为应该从以下四个方面看：第一，上帝问题的产生乃是由于前历史曾在话语的历史性失败，而海德格尔哲学在本质上就是对这种话语失败的悲叹，并进而在这种悲叹中走向本真语言或上帝话语。第二，海德格尔在悲叹着走向圣言的途中，为我们准备好了术语和概念，但他毕竟还只是行进在通向语言的途中，而在耶稣身上，这种本真语言已经历史性地开启出来。第三，尽管海德格尔的语言还只是在途中，但它在神学上并不是中立的，它在行进途中已经蕴含着关于上帝的问题，它是一种准备，即准备成为爱的语言、恩典语言和本真语言。第四，通过本真语言的开启，存在之降临通过爱的召唤而自行澄明，从而把悲叹转变为谢恩(Dank)，谢恩语言就是真诚的语言。[①]

格哈德·埃贝林(Gerhard Ebeling)在基督复活问题上同样批评了布尔特曼。在1959年的《基督教信仰的本质》中，埃贝林指出，基督教信仰的本质在于对复活信仰的见证，而复活信仰的宣道也正是耶稣本人的布道和行动。宣道不是一件随意套在耶稣身上的外套，而是基于隐含在耶稣的人格、行为和传道之中上帝话语的启示。耶稣本身的位格、行动和话语是宣道的基督的基础。因此，宣道神学必须以“历史的耶稣”为基础。布尔特曼只是思考了“话语与信仰”之间的关系或“生存的语言性”问题，但没有深究为什么恰恰是“这些”话语作为教会的宣道被流传下来。也就是说，关于宣道，布尔特曼只回答了“这样”(Dass)的问题，而没有回答“什么”(Was)和“怎样”(Wie)的问题。[②]

埃贝林强调，“神学没有宣道是空洞的，宣道没有神学是盲目的”[③]，所以神学应该在《新约》中寻求作为宣道的生存论事件。但另一方面，神学又应该在当下生存中向上帝和信仰敞开自己，在当下生存中倾听并应答上帝的话语，并在当下生存中更新话语事件，使已经发生的宣道成为现在发生的宣道，把已经传下来的东西改造为必须传下去的东西。卡斯培这样来表述埃贝林的这一看法：当我们不考虑人的时候，我们不能谈论上帝；我们只能为了我和我们而谈论上帝，或者只能就上帝与人的关系来谈论上帝；如果我们从这种关系中抽离出来，抽象地谈论上帝的存在本身，我们便会面临一种危险，即，把上帝客体化，从而

① 参见弗兰茨：《海德格尔之思与神学之当前》，载刘小枫选编：《海德格尔式的现代神学》，第179～181页。

② 参见张旭：《上帝死了，神学何为？——20世纪基督教神学基本问题》，第125页。

③ 转引自张旭：《上帝死了，神学何为？——20世纪基督教神学基本问题》，第113页。

剥夺其神圣性。[①]

通过吸收后期海德格尔和伽达默尔的思想,埃贝林把布尔特曼的神学诠释学推进到“新诠释学”阶段,使神学诠释学成为关于上帝话语或信仰语言的学说。在埃贝林看来,语言是信仰事件与世界经验相互交会的地域,人与上帝的相遇和相应都是在语言事件中发生的,所以,神学诠释学所要讨论的就是人如何重新进入语言,如何进行来自于上帝的谈话。在这里,语言既具有神圣性,又具有世俗性。一方面,人的话语在根本上就是对上帝话语的应答,或者说,上帝的话语在本质上包含着人的生存,当人进入与上帝对话之中的时候,对上帝的应答就是人的话语。另一方面,人的语言又展示着人的生存,话语事件都是在世界中发生的,上帝的话语也是在世界之中得到见证的。[②]

语言的世俗性决定了对上帝话语的倾听和理解必须关联于人的生存状况,必须关注人的社会环境和时代背景。由于今天的人类已经进入世俗化的时代,由于今天的话语事件是发生于世俗化的世界之中的,所以,今天的“宗教性”必定不同于以往的“宗教性”。过去的宗教语言无法保证我们在今天以正确的方式谈论上帝,我们不能再通过“希望”、“自由”、“全能”等问题来谈论上帝,而应该从当今这个世界本身出发去谈论上帝。由此,为了让基督教与人类的完整理智相结合并尊重公认的道德和责任,埃贝林接受了他的老师朋霍费尔的主张,即,寻找一种对《圣经》概念的“非宗教的”解释。[③] 所谓“非宗教的”解释,并不是要祛除基督教因素,而是要祛除神学的墨守成规性,祛除旧的“宗教性”。另一方面,这种“非宗教的”解释也正是为了保持上帝的奥秘性,因为人的语言性并不意味着人是自己的主人,人生的根据和目标都是那种并不属于人自己的话语力量,在上帝话语到达人之前,人不能认识作为奥秘的上帝。[④]

十、伽达默尔对布尔特曼神学诠释学的接受和超越

伽达默尔哲学诠释学的代表作《真理与方法》是1960年出版的,而布尔特曼的诠释学思想早在20世纪三四十年代就已经成熟。虽然伽达默尔着眼的是整个哲学诠释学,而布尔特曼重点关注的是神学诠释学,虽然两人的诠释学思想都是来自于海德格尔,但伽达默尔的诠释学思想无疑也受到布尔特曼的很大影响。“这一点往往为人所忽略。”[⑤]布尔特曼对伽达默尔的影响不是偶然的,而是缘于伽达默尔对布尔特曼神学的深入研究。

伽达默尔虽然把他的诠释学叫作哲学诠释学,但他并没有完全局限在纯粹

---

① 参见卡斯培:《现代语境中的上帝观念》,罗选民译,上海:华东师范大学出版社,2008年,第106页。
② 参见卓新平:《当代西方新教神学》,上海:上海三联书店,1998年,第344～346页。
③ 参见约翰·麦奎利:《二十世纪宗教思想》,第495页。
④ 参见卡斯培:《现代语境中的上帝观念》,第105页。
⑤ 张旭:《上帝死了,神学何为?——20世纪基督教神学基本问题》,第99页。

哲学的范围之内。他深知诠释学的神学根源以及诠释学与神学的密切关系，并积极主动地跟踪、吸收和评估神学诠释学的最新进展，深入探讨神学诠释学与哲学诠释学的关系。在他看来，诠释学自古以来就是神学的"组成成分"①，"当代诠释学问题讨论最活跃的莫过于新教神学领域"②，而神学的这种诠释学因素又恰好是哲学为神学作贡献的具体体现。

伽达默尔把布尔特曼的"去神话化"纲领看作影响最大的神学诠释学成果。在1961年的《自我理解的疑难性——关于去神话化问题的诠释学讨论》中，伽达默尔开篇就说："鲁道夫·布尔特曼关于《新约》去神话化的纲领性论文的发表在当时曾引起了极大的轰动，如果谁耳闻目睹了这一事实，并考虑到这篇论文的影响一直持续到今天，那他就不会自欺欺人地说这里所涉及的仅仅是一个神学问题，是专门的教义学问题。对于熟悉布尔特曼神学工作的专家来说，这篇文章绝非是什么耸人听闻的东西。布尔特曼只是阐述了长期以来在神学家的注释工作中所发生的事实。但这一点却正是哲学思考能对神学讨论作出贡献之处。去神话化的问题无疑也具有一种普遍的诠释学因素。"③

伽达默尔通过历史的回顾来说明诠释学对神学的意义。他说，从最初的意义来说，诠释学的工作本来就是"从一个世界到另一个世界的转换，从神的世界转换到人的世界，从一个陌生的语言世界转换到另一个自己的语言世界"④。但这种转换和理解并非单纯的复制和重复，也不是纯粹的接受，尤其是当"人们突然意识到自己与面临的传承物处于陌生的关系中"或者"传统再也不能毫无疑问地占有他"⑤的时候。诠释学把"所要理解的内容的陌生性"设为前提，"并因而把通过学会理解而克服这种陌生性变成一种任务"⑥。这种陌生性在古代就是存在的，但随着近代自然科学和启蒙运动的发展，我们通过理论理性所能够理解的《圣经》内容越发少见，如果说在此之前《圣经》的陌生性还不是十分突出的话，那么近代以来，《圣经》已经从总体上对理性成为陌生的。另一方面，受近代自然科学影响的历史学研究漠视历史对象的客观主义异化，进一步导致"希腊—基督教传统的最后的教义残余之消融"⑦。在此情况下，诠释学的动机之一就是由于传统的根源受到掩盖、破坏和变形而"需要重新理解传承物"，"试图通过对原始根源的追溯来对那些由于曲解、变形或误用而被破坏了的东西获得一种新的理解"，"让典范重新在其本意上发挥作用，就如福音的布道、预言的解释

① 汉斯—格奥尔格·伽达默尔：《诠释学 II：真理与方法——补充和索引》(修订译本)，第541页。
② 汉斯—格奥尔格·伽达默尔：《诠释学 II：真理与方法——补充和索引》(修订译本)，第508页。
③ 汉斯—格奥尔格·伽达默尔：《诠释学 II：真理与方法——补充和索引》(修订译本)，第150页。
④ 汉斯—格奥尔格·伽达默尔：《诠释学 II：真理与方法——补充和索引》(修订译本)，第114～115页。
⑤ 汉斯—格奥尔格·伽达默尔：《诠释学 II：真理与方法——补充和索引》(修订译本)，第151页。
⑥ 汉斯—格奥尔格·伽达默尔：《诠释学 II：真理与方法——补充和索引》(修订译本)，第153页。
⑦ 汉斯—格奥尔格·伽达默尔：《诠释学 II：真理与方法——补充和索引》(修订译本)，第154页。

或对强制规定的神律的解释等等"[①]。不过,施莱尔马赫和狄尔泰的诠释学还不能很好地胜任这一任务,直至20世纪20年代,海德格尔还在说,"寻找一个能唤起人们信仰并保持这种信仰的词是神学的真正任务"[②]。

但当海德格尔说这句话的时候,他正在进行着一场划时代的诠释学革命,这就是把诠释学从认识论—方法论转变为生存论—存在论。这项工作的第一步就是海德格尔在《存在与时间》中推出来的此在诠释学。当然,海德格尔自己所做的主要还是纯哲学层面的事情,寻找"能唤起人们信仰并保持这种信仰的词"的事情主要还是神学家的事情,而不是他自己的事情。毋宁说,海德格尔是在呼吁神学家做这个事情。实际上,以"去神话化"为纲领的布尔特曼新教神学正是要完成海德格尔所呼吁的"找""词"任务的。这也就是说,布尔特曼要建立一种生存论—存在论诠释学的神学。

但伽达默尔认为,在海德格尔"转折"之后,布尔特曼就不再与其后期思想密切相联系了,他没有跟上海德格尔的思想步伐。在伽达默尔看来,海德格尔后期关于语言问题的讨论不仅驱逐了意识概念在自我理解中的中心地位,而且也进一步驱逐了自我性概念的中心地位。在这里,理解着的我和被理解的东西之间的"**关系**"具有优先性,亦即,理解者和被理解者之间的"**关系**"优先于理解者和被理解者,理解过程"不可能在关系的任何一方成员中具有坚固的基础"[③]。就此而言,基督教神学家与《圣经》的关系在根本上与希腊人与希腊神话的关系是一致的。希腊神话是开放的,希腊人在其民族神话面前具有极大的自由,布尔特曼的"神话世界观"和圣经同样也应该是开放的。布尔特曼虽然把圣经中的"神话世界观"与"科学世界观"相对比,但其去神话化工作与近代以来"启蒙"的去神话化工作是不同的。不过,这种不同一方面使得他克服了近代启蒙的客观主义弊端,另一方面又使他在圣经传承物中寻找基督新教的启示和福音的承担者,寻找召唤新教信仰的东西。由此,布尔特曼去神话化概念所涉及的就是"一种实际的诠释问题",其诠释学意义就在于,"人们不能教条地固守某种确定的神话概念",不能"从近代科学出发"来确定哪些《圣经》文献是纯粹的神话,而必须"从接受福音宣道出发,从信仰的内在要求出发来确定哪些是纯粹的神话",但他的这种做法并没有"触及一切诠释的诠释学原则"[④]。

具体地说,布尔特曼并没有避免自我性的中心地位,其"前理解"还只是基督新教这个"自我"的前理解,而不能囊括天主教和犹太教的"前理解"。在1960年出版的《真理与方法》中,伽达默尔质疑了布尔特曼"前理解"的普遍性:

① 汉斯—格奥尔格·伽达默尔:《诠释学 II:真理与方法——补充和索引》(修订译本),第118页。
② 汉斯—格奥尔格·伽达默尔:《哲学解释学》,夏镇平等译,上海:上海译文出版社,2004年,第198页。
③ 汉斯—格奥尔格·伽达默尔:《诠释学 II:真理与方法——补充和索引》(修订译本),第156页。
④ 汉斯—格奥尔格·伽达默尔:《诠释学 II:真理与方法——补充和索引》(修订译本),第158页。

但是我们可以问一下,这里是什么样的一种"前提"。这种前提是否与人的存在一起被给予的呢?在每一个人那里是否因为人被上帝问题所困缠而存在着一种与上帝启示真理的先行的实际关联呢?或者我们是否必须说,只有首先从上帝出发,也就是说,从信仰出发,人的存在才知道自身是被上帝问题所支配?但是这样一来,前理解所包含的前提的意义就成为有问题的了。因为这种前提显然就不是普遍有效的,而只是从真信仰观点来看才是有效的。

就《旧约圣经》而言,这是一个古老的诠释学问题。基督教从《新约圣经》出发对《旧约》的解释是正确的解释,还是犹太教对《旧约》的解释是正确的解释呢?或者,它们两者都是正确的解释,在它们之间存在着某种共同性呢?这是否就是解释所真正理解的东西呢?犹太人尽管对《旧约圣经》文本的理解不同于基督教徒的理解,但他与基督教徒分享同一个前提,即他也是被上帝问题所支配。虽然如此,犹太人对于基督教神学家的陈述仍保持这样一种看法,即如果基督教神学家是从《新约圣经》出发限制《旧约圣经》的真理,那么,他们就不能正确理解《旧约圣经》。所以,我们被上帝问题所支配这一前提其实就已经包含认识真上帝及其启示的要求。甚至所谓非信仰也是由我们所要求的信仰规定的。生存论的前理解——这是布尔特曼的出发点——本身只能是一种基督教的理解。[①]

伽达默尔自己则把信仰与理解之间的关系确立为游戏关系。他认为,在游戏中究竟把什么东西带入其中,这并不取决于任何一个做游戏的人,而是取决于"游戏的关系","构成游戏的并不是彼此相对的两者的主观行为,而是运动本身的形态","这里真正其决定作用的不是两者中的任何一方,而是包括了各个人的运动行为在内的整个运动之统一形式。从理论概括的角度来说就是个人的自我,他们的行为以及他们对自身的理解都同时融化到一个更高的规定中,这个规定才是真正的决定者"[②]。由此,虽然"一切理解归根结底都是自我理解",但是"并非是一种事先具有的或最终达到自我占有的方式的自我理解","因为这种自我理解总是仅仅在对某件事的理解中实现并且不具有自由地自我实现的性质"[③]。

在伽达默尔看来,由海德格尔所开启出来的这种诠释学的理解概念既颠覆了现代科学把一切自我理解都看作自我占有的理解概念,同时也克服了布尔特曼"前理解"的缺陷。从这种诠释学的理解概念出发,我们可以更好地理解基督

① 汉斯—格奥尔格·伽达默尔:《诠释学 I:真理与方法——哲学诠释学的基本特征》(修订译本),第 469 页。

② 汉斯—格奥尔格·伽达默尔:《诠释学 II:真理与方法——补充和索引》(修订译本),第 160 页。

③ 汉斯—格奥尔格·伽达默尔:《诠释学 II:真理与方法——补充和索引》(修订译本),第 161 页。

教的一些基本说法,比如,信仰并不是人的可能性,而是上帝在信仰中显现出来的对信仰者的恩赐。因为自我并不能占有自身,一个人的信仰的确立同时就意味着一个新人的产生。进一步说,在这里,不仅信仰者和理解者不是固定不变的现成自我,而且被信仰者和被理解者也不是固定不变的现成对象。上帝即话语,但这话语体现在《圣经》文本中,而《圣经》文本作为这种话语的体现,同时也意味着它是福音的媒介,所以总已是对福音的解释。这种作为对福音的解释的《圣经》文本"并非是以无生命的僵死状态说着它的话,始终说着相同的话,相反它总是给向它提问的人以新的回答并向回答它的人提出新的疑问"①。

就人而言,只有文本话语能够以人自己的语言解释出来的时候,人才能理解和接受文本。基督教的布道就是为了让人们接受和理解福音启示,而以人们自己的语言向人们传达上帝话语,亦即使得人们理解和接受《圣经》文本。所以,"正是布道,而不是神学家们解释性的评论和诠释工作才直接服务于福音启示"②。但在布道中,"通过谈话就有一些东西变成了其他的东西"③。在这里,召唤我们皈依的上帝话语不是现成的语词,理解着的一方也不是现成的自我。

伽达默尔的最后结论是:"诠释过程的真正实现在我看来既在于解释者的自我理解又在于被解释者的自我理解。因此,'去神话化'不仅发生在神学家的声音中,它也发生在《圣经》文本本身之中。但是无论在神学家的声音中还是在圣经文本中,'去神话化'并不是正确理解的确切保证。真正的理解成果远远超越了可以通过方法的努力和批判的自我控制而达到对他者之言语的理解。确实,它远远超越了我们可以意识到的东西。"④

至此,伽达默尔不仅发展了布尔特曼的"去神话化"纲领,而且也指出了这种"去神话化"纲领的限度,亦即,真正的理解和诠释不能完全依赖于神学的任何方法,而应该寄望于更加灵活和切身的布道本身。

十一、利科对布尔特曼去神话化神学诠释学的分析和评介

与伽达默尔一样,利科(Paul Ricoeur)也是从一种更加宽阔和更加深远的视域出发来看待布尔特曼的去神话化的。他认为,基督教一直存在着三种形式的诠释学问题:首先,基督事件总已是对《旧约》的阐释,基督教的福音宣讲就是对《旧约》的重新解读,即在《旧约》内部转变意义,其中耶稣本人成为《圣经》的诠释和注解,他本身就是逻各斯,就是基督。其次,自圣保罗开始,《圣经》释义就与人生释义相互关联,从人生现实出发去解释《圣经》。最后,不仅《旧约》和人生现实需要解释,用来解释《旧约》和人生现实的《新约》同样也需要解释,亦

① 汉斯—格奥尔格·伽达默尔:《诠释学 II:真理与方法——补充和索引》(修订译本),第 163 页。
② 汉斯—格奥尔格·伽达默尔:《诠释学 II:真理与方法——补充和索引》(修订译本),第 164 页。
③ 汉斯—格奥尔格·伽达默尔:《诠释学 II:真理与方法——补充和索引》(修订译本),第 165 页。
④ 汉斯—格奥尔格·伽达默尔:《诠释学 II:真理与方法——补充和索引》(修订译本),第 164~165 页。

即,《新约》也是有待解释的文本。布尔特曼的"去神话化"就属于第三种形式的诠释学问题。[①]

利科认为,要想正确地理解布尔特曼第三种形式的诠释学问题,首先必须把其"去神话化"与"诠释学循环"关联起来。去神话化确实是一种否定和解构,是去神秘性,去掉包裹在福音宣道上的神话外衣。但去神话化与去神秘性又有所不同,去神话化是为了更好地理解"文本",本身并不与福音宣道相对立,恰恰是福音宣道的第一步,即首先返回到最初的情境,以便消除现代人的误解和拒斥。为此,去神话化就必须进入诠释学循环之中:为了理解"文本",必须相信它所宣告的内容;但为了相信和信仰,又必须理解"文本"。也只有运行于诠释学循环之中,去神话化的福音宣道功能才能体现出来。否则,去神话化只能发挥其否定性的去神秘性功能,而难以发挥其福音宣道的正面功能。[②]

其次,要想正确理解布尔特曼的神学诠释学必须区分其去神话化的三个不同层面:**第一个层面**是作为现代科学人所进行的去神话化,即要去掉原始布道的神话世界观:世界由天、地和地狱所构成,由天上下降到此世的超自然力量遍布其间。这种神话世界观在现代社会已经过时,并失去效力。现代人已经不再相信对宇宙秩序和末世论秩序所做的这种前科学解释。在这个层面上,布尔特曼毫无保留、毫无例外地施行他的去神神化,这是确信无疑的。**第二个层面**是作为哲学家所实施的去神话化。由于神话不仅可以是对客观世界的解释,也可以是对生存世界的解释,也可以是对人类生存基础和局限性的自身理解,所以,去神话化可以是对神话的生存论阐释,以便揭示其客观表述与隐匿在其中的自我理解之间的关系。在这里,神话不再是把人类力量投射到虚构的将来,而是要把握人类的来源和归宿。它所意指的是它所讲的内容以外的东西。神话与科学并不对立。这种去神话化的实质就在于,与其客观化运作相反,而恢复其本来旨意。这是布尔特曼借助于海德格尔所提供的批判神话的哲学准备而从科学之外所实施的生存论解释。**第三个层面**是作为神学家和布道者所进行的去神话化。对于基督教神学诠释学来说,第二个层面的去神话化不是最具决定性的去神话化,最具决定性的去神话化是宣讲福音本身所要求的去神话化。在这里,去神话化者不再是科学人,也不再是哲学家,而是福音宣道本身。实际上,早在《旧约》中,创世说已经对巴比伦的神秘世界观实施了生气勃勃的去神话化运作,对"耶和华之名"的布道也已经腐蚀了太阳神及其偶像。《新约》在继

---

① 这里以及以下有关利科对布尔特曼的评介都属于间接引用,亦即只是援用利科的主要意思。其中有的说法可能不同于所使用的中文文献,原因有二:一是为了保持术语在本文中的前后一致性;二是可能中文翻译不准确,甚至错误。所参考的两种中文版本分别是:利科:《论布尔特曼》,载刘小枫选编:《海德格尔式的现代神学》,第47~54页;利科:《解释的冲突——解释学文集》,莫伟民译,北京:商务印书馆,2008年,第466~474页。

② 参见利科:《论布尔特曼》,载刘小枫选编:《海德格尔式的现代神学》,第54~56页;利科:《解释的冲突——解释学文集》,第474~477页。

续借助于犹太教末世论和神秘表象的同时,进一步在表达方式上减少各种神话形象,在对无信仰者描述"世界"、"肉身"、"罪恶"和基督事件时,实施了人类学的解释方式。在这个意义上,开启去神话化运动的是保罗,在末世论上进一步走向去神话化的是约翰。将来在耶稣基督那里已经开始,新世纪根植于基督的当下。①

在利科看来,区分去神话化的各个层面是正确解读布尔特曼的关键,否则,人们就会认为布尔特曼前后不一,就会认为他粗暴地对待文本,就会认为他在去神话化之后又想拯救宣教和神话的残余。布尔特曼对现代科学世界观有透彻的把握,对海德格尔有深刻的把握,同时他又是圣言的聆听者。当他占有最后这种身份的时候,他就是布道者,他是要让福音书为世间所听到。但这个时候他就需要把"因信称义"与"事功"对立起来。无论在神话中,还是在科学和哲学中,人类往往都是以自己的事功来使自己释罪和荣耀,往往都是人类自己决定自己生存的意义。但在基督教信仰中,人类必须放弃这种自我决定的权利。如果哲学家声明,他不仅要描述本真存在,而且知道如何实现本真存在,他可以决定自己,那么,他就要受到谴责。这正是哲学和生存论解释的局限性之所在。所以,布尔特曼的去神话化除了科学层面的含义和哲学层面的含义之外,还必须具有第三个层面即信仰层面的含义。这样,布尔特曼的去神话化首先是科学活动,然后是哲学活动,最后是信仰活动,其整个注经和神学著作"都旨在建立这一大循环",科学的解经学、生存论的解释和保罗—路德式的布道在其中依次当令。②

但是,对于其中的一个关键问题,亦即《圣经》、神学甚至神话陈述所特有的非神话核心究竟是什么,在利科看来,布尔特曼还没有给予透彻的思考。布尔特曼认为,"神话陈述"所意指的东西不再是神话的,我们可以用非神话的术语来谈论人的有限性和世界末日,像"上帝的行为"、"上帝作为行为"、"上帝的话语"以及"上帝话语的呼唤"等说法都可以不是神话概念,在召唤和决断的时刻它们是非神话因素,或者说是神话的非神话意指。但这种非神话的东西究竟是什么呢?是只能思考而不能以客观化方式加以表象的康德意义上的超验者、他者、自在之物吗?如果是这样的话,那就与布尔特曼的基本想法相矛盾了。因为对于布尔特曼来说,这些都是纯信仰的说法,只有在我们放弃支配自身的意志时才获得意义。在这里,我所信仰的东西本身就是我据以信仰的根据,也是召唤我去信仰的力量。布尔特曼的这种非神话核心最终是由因信称义这种"福音中的福音"所构成的,他在这里避开了他者、超验者、彼岸、行为、上帝话语和

① 参见刘小枫选编:《海德格尔式的现代神学》,第56～58页;利科:《解释的冲突——解释学文集》,第477～479页。

② 参见刘小枫选编:《海德格尔式的现代神学》,第58～59页;利科:《解释的冲突——解释学文集》,第479～481页。

事件等说法的意义问题。布尔特曼质疑神话语言，却不苛求信仰语言。只要语言从“表象”中脱离出来，不再“客观化”，对超越现成对象(“什么”，Was)之后的“这一个”(Dass)的意义就不必再质疑了。这样一来，布尔特曼就不再对语言进行一般性的思考，就不再设想用来代替神话语言的另一种语言。他轻易地在信仰语言中接纳象征形式的神话，并诉诸于类比和人格—位格主义的表达方式而不加深思，似乎类比和人格—位格论的新教神学可以避免天主教宇宙论自然神学的困难。也就是说，一旦有了信仰，就不再需要思想和言说了，就不再需要理解和理智了。但是，如果宣讲福音不能触发思想，不能深化对信仰的理解，不能同时包含事件和意义，不能接纳不同于神话语言的另一种语言，那么，这种宣讲福音就不会再导致去神话化。①

与伽达默尔相似，利科也批评布尔特曼没有能够跟随海德格尔走向海氏后期思想。在这里，利科对布尔特曼容忍象征、类比和人格—位格主义等表达方式的指责有助于我们思考在解经学和神学领域如何彻底实施海德格尔解构—指引方法问题，也有助于我们思考如何把去神话化纲领贯彻到底的问题。但是，利科在这里所说的不同于神话语言的“另一种语言”其实并不是海德格尔意义上的“语言”，他把这“另一种语言”理解为另一种客观语言，从而又滑向了作为现成对象的语言。与此相关，利科的理解、思想、理智等也有偏离海德格尔并滑向客观化的倾向。布尔特曼的“去神话化”纲领是把神话定位为初步客观化，但利科侧重于这里的“初步”，并因而想在某种程度上挽救“客观化”，似乎完全没有客观化就不可能再“去神话化”。这样一来，利科的“去神话化”更像自然科学的“去神话化”，亦即，在去掉神话客观化之初步性的意义上消除神话的神秘性，他由此也弱化了布尔特曼“去神话化”的生存论因素。利科接下来的分析进一步表明了这一点(大意)：

> 语言或文本的客观性问题是后布尔特曼神学诠释学和解经学所面临的核心问题。如果想完整地把握有关信仰的理解和语言问题，如果想更充分地考虑布尔特曼未曾思考过的问题，那么，我们就不能局限于来自于狄尔泰的说明与理解的对立以及来自于海德格尔的客观化与生存论解读的对立。布尔特曼阐释新约的诠释学—哲学基础并不充分，注经工作不能一开始就仓促地径直趋达决断要素，文本的客观性是意义的承载者，客观的语义要素必须位于个人决断的生存论要素之前。因为文本的“观念意义”或者说意义的客观性，是向我们传达上帝话语的必要工具，是上帝的行为

① 参见刘小枫选编：《海德格尔式的现代神学》，第59～62页；利科：《解释的冲突——解释学文集》，第481～484页。

亲临我们的必要方式。[①]

利科在这里试图超越海德格尔的客观化与生存论解读的对立,他所强调的客观性也既不是海德格尔前期的东西,也不是海德格尔后期的东西。在后期,海德格尔确实不像前期那样强调此在,但并没有忽视此在。另外,如果非要在后期海德格尔那里寻找利科在这里所强调的因素的话,那也不是利科所谓的客观性,而是与“世界”相关联的“大地”,或者与既解蔽又遮蔽之澄明相关的原初奥秘。也许,利科所谓的客观性不是现成的客观性,不是海德格尔所批判的客观性。如果是这样的话,利科对前期海德格尔的超越,在某种意义上就是走向后期海德格尔。他所谓的来自于海德格尔的客观化与生存论解读的对立,就应该是来自于前期海德格尔的客观化与生存论的对立。确实如此,利科接下来就走向了后期海德格尔:

> 上帝之话语对人的要求是走向人而不是出自于人,我们必须对整个语言给予存在论的沉思。对此,布尔特曼求助于海德格尔的前理解本来无可指责,但他没有完全按海德格尔的路走下去。他没有去绕存在问题的漫长弯路,而是为了利用海德格尔的“生存”而走捷径。在海德格尔那里,生存论的描述所关涉的是存在问题,即存在的处所——此在。这里没有突出的人类学、人本主义或人格—位格主义的倾向。只有从存在出发,从作为存在言说的语言出发,才能彻底更新我们的语言。只有这样,神学才是追随海德格尔。在这里,神学家不能急切地断言海德格尔的存在究竟是不是《圣经》的上帝。他应该首先从存在的真理出发思考神圣的本质,然后从神圣的本质出发去思考神性的本质,再后按照神性的本质去思考“上帝”之所指。神学家必须在真正思考“上帝”之所指之后,再来重新思考“上帝的行为”、“上帝作为行为”、“上帝的话语”以及“上帝话语的呼唤”等说法,并在此基础上找到布尔特曼工作的基础。[②]

利科在这里所说的从存在的真理到神圣的本质,再到神性的本质,再到上帝之所指,其实是海德格尔自己的说法,同时也是海德格尔后期对基督教信仰深思之后所得到的精辟见解。我们可以循此思路来探索圣父—圣灵—圣子三位一体的去神话化问题。但这个问题不仅布尔特曼没有去尝试,而且利科在这里也只是稍微提了一下,并没有展开讨论。

---

① 刘小枫选编:《海德格尔式的现代神学》,第62～64页;利科:《解释的冲突——解释学文集》,第484～487页。

② 刘小枫选编:《海德格尔式的现代神学》,第64～67页;利科:《解释的冲突——解释学文集》,第487～490页。

十二、其他几个相关问题

1."神话"究竟是什么"话"?

无论是作为布尔特曼弟子的富克斯和埃贝林,还是伽达默尔和利科,他们都指责布尔特曼对后期海德格尔语言思想的忽视。但如何从海德格尔后期的语言思想出发,来实施基督教的去神话化,他们的想法和做法也并不是没有问题的。除了伽达默尔对神话保持开放态度之外,富克斯、埃贝林、利科以及布尔特曼本人等可能都在某种程度上误解了所谓的"神话语言"。也许,《圣经》的所谓"神话语言"本来不具有客观化的含义,哪怕是初步客观化的含义。也许,只是他们从客观化或初步客观化的角度来理解圣经的所谓"神话语言"。也许,需要解构和去除的不应该是圣经的所谓"神话语言",而应该是他们对圣经所谓"神话语言"的误解。也许,正是他们的误解导致了他们意欲消除"神话语言"的企图。

卡尔·雅斯贝尔斯就不同意对神话的消除。不过,雅斯贝尔斯的理由是:在基督教中,耶稣复活和道成肉身的神话是本质性的,而且对于任何宗教来说,神话和启示都是不可分割的;人类经验的先验维度只能通过神话中介而逐步表达出来;尽管神话有其限度和危险,但不能被抛弃,为了激起对人类经验深层实在的觉察,它们是必要的。他自己的主张是,真正的任务不是去神话化,而是揭示并占有神话思想,以便在道德上完善我们,并间接地把我们带进超验者。①

麦奎利也不同意完全消除神话,认为对于上帝及其行为这样的超验存在,由于"缺乏范畴",我们"只能以象征的或神话的形式来表达"②。他论证说:布尔特曼为什么非要摆脱神话呢?如果他说神话不足以表达它想要表达的,那么他无疑是对的。由此,我们关于上帝的知识就永远不是完美的。如果那种知识只能用神话形式来表达,那么神话的不充分性并不意味着我们必须放弃它,因为它是表达这种知识的唯一方式。另一方面,如果布尔特曼说,神话必须与生存相联系,那么他也是对的。神话和象征的意义若不联系生存就被误解了,但这不是说我们因而可以把它们毫无遗漏地全部翻译为生存陈述,因为宗教神话自身可能包含一种超验因素,这种超验因素关联着人类生存,但从不能还原为人类生存。布尔特曼对神话的强烈反对似乎是因为在他看来神话是现代世界接受基督教福音的主要绊脚石。但20世纪的人已经准备忍受比《圣经》神话更不可能的神话了。施赖(Heinz-Horst Schrey)已经注意到海德格尔思想中的神话因素,比如"无"的观念,而且施赖还把这种"无"与佛教的涅槃(Nirvana)相比较。实际上施赖还漏掉了明显的例证,即海德格尔用希吉努斯神话来阐释"照

---

① David Fergusson, *Bultmann*, pp. 114-115.

② John Macquarrie, *An Existentialist Theology: A Comparison of Heidegger and Bultmann*, p. 229.

料”(care)这个概念。无论如何,布尔特曼对神话的反对是过分的,他过于注重神话的负面作用。①

不过,这些“保神话派”与“反神话派”在这样一个问题上是一致的,即他们大都默认神话具有某种客观化的含义。但问题是,原初的神话到底有没有客观化的含义?我们今天的人总是首先从客观化意义上来理解神话,但原初的神话是不是本来就没有这种客观化的含义呢?如果是这样的话,那么,就不是神话本身有问题,而是我们对神话的理解有问题。由此,去神话化就不是消除神话本身的客观化含义,而是消除我们后人给它添加上的客观化含义。在这种意义上,去神话化恰恰是对神话的保真,恰恰是保神话。

2.弱化基督教性是不是一件更有意义的事情?

不少神学家对布尔特曼把神学变成解说基督教生存这种具体生存可能性的做法持有疑虑,认为这可能会使基督教神学被生存哲学所吞没,将导致基督教神学的消失。即使在布尔特曼那里没有发生这种危险,他们也担心在他的弟子那里会发生这种事情。麦奎利就表示过这种担心②,而且麦奎利的这种担心也确实在布里等人那里发生了。与此相关的一个问题是“前理解”的不确定性。按照诠释学的原理,《圣经》解释者要把最基本的人类生存问题带入文本,亦即要把前理解带入对《圣经》文本的理解和解释之中。弗格森由此怀疑通过世俗哲学而展示出来的这种前理解如何能够与上帝话语相连接。他认为这里还需要一个具有神学品性的前理解,否则就无法聆听上帝的话语,无法给出对《新约》的真实而恰当的解释。③

这些担心和怀疑从某种意义上说都是有道理的,但这种对非基督教性的担心和怀疑同时也都是从纯粹基督教信仰的角度提出来的。确实,如果基督教的上帝问题可以活生生地包含在人类生存的最深层问题之中,如果基督教的前理解可以独立于新约神学而被生存哲学家独立地展示出来,那么,其他宗教的基本问题也可以活生生地包含在人类生存的最深层问题之中,其他宗教的前理解也可以独立于它们的经典而被生存哲学家独立地展示出来。如果是这样的话,那么,无论是基督教的前理解和上帝问题,还是其他宗教的前理解和基本问题,也就都可以回溯到探讨最深层生存问题并与最深层信仰相融通的生存哲学。也就是说,我们就可以为各种宗教找到一种共同的基础性的东西。这样一来,虽然布尔特曼主义的做法会弱化甚至消除基督教性质,但同时也具有了更加一般的意义。如果跳出狭隘的基督教视野,这不是一件更有意义的事情吗?

---

① John Macquarrie, *An Existentialist Theology*: *A Comparison of Heidegger and Bultmann*, pp. 230-231.

② John Macquarrie, *An Existentialist Theology*: *A Comparison of Heidegger and Bultmann*, pp. 228-229.

③ David Fergusson, *Bultmann*, pp. 68-69.

3. 如何超越布尔特曼?

布尔特曼的去神话化纲领影响巨大,但自提出以来,无论是布尔特曼主义者还是后布尔特曼主义者,也都想超越布尔特曼。这些超越思路各有其道理,也各有其问题。在所有这些"超越"中,最值得重视的还应该是英年早逝的朋霍费尔的想法。①

朋霍费尔(Dietrich Bonhoeffer)一方面同情和理解布尔特曼的"去神话化"方案,认为布尔特曼说出了别人心里想说却又不敢说出来的东西,从而可以弥补巴特启示神学对现代性的不适,另一方面又从以下两个方面对其进行了批评:第一,布尔特曼重犯了自由神学的老毛病,亦即延续了个体灵魂救赎的传统,加剧了信仰的个人主义和内倾性,割裂了个人生活与团契生活以及整个世界的关系,结果在以退守到"内心城堡"方式赢得灵魂的同时,却失去了整个世界和完整生活。第二,布尔特曼的"去神话化"做得还不够,不仅奇迹、天堂、复活之类的概念需要"去神话化",而且宗教概念和上帝概念也需要重新给予彻底的"非宗教解释",从而在"上帝之死"和"宗教终结"的时代,重新认识基督,重新确立教会和基督徒的基督信仰方式,因为在无宗教的时代,人们不再需要宗教的上帝和形而上学的上帝,而需要重新返回受难的基督。

为了克服布尔特曼神学这两方面的缺陷,朋霍费尔提出一个大致相当于海德格尔"在世界之中存在"的"此世性"(die weltlichkeit)概念,以突出"共在"(Mitsein)和"世界"的重要性。首先,他强调"与他人共在"和"为他人而在"的优先性,认为信仰性生存不是在个体极限情境中通过信仰决断而获得新生,而是在"与他人共在"并"为他人而在"中得到称义。一个基督徒需要为他人负责,需要分担世人的苦难。上帝启示的社会性和普世性超越了个体信仰的决断行动,是原初人性的基础,也是新的人性的基础。我们不妨把朋霍费尔的这一点叫作"共在称义"。其次,他坚持此世与末世、世界与上帝的统一性。一方面,没有此世的生活就没有末世的生活,没有末世的生活就没有此世的生活。另一方面,在完整的生活中,越是爱上帝就越是爱世界,越是爱世界就越是爱上帝。因为上帝并不轻蔑人性和此世,道成肉身的基督要求人过一种完整的此世生活。所以一个基督徒首先是一个完整地生活在此世的人,而不是在极端生存处境中寻求安慰和依赖的人。我们不妨把朋霍费尔的这一点叫作"天国在人间"。

朋霍费尔在20世纪60年代被英语世界视为"世俗化时代的先知"和"上帝之死神学之父"。从海德格尔哲学的角度看,朋霍费尔的"共在称义"思想可以看作对海德格尔《存在与时间》中"共在"概念的发挥和运用,海德格尔的这一概念几乎被所有的布尔特曼主义者和后布尔特曼主义者所忽视;他的"天国在人

① 关于朋霍费尔的详细情况,亦可参见张旭:《上帝死了,神学何为?——20世纪基督教神学基本问题》,第143~218页。

间”思想又与海德格尔后期所阐述的世界概念及诗意生存概念具有很大的相似性,尽管他只是研读了《存在与时间》,而没有机会研读海德格尔的后期著作。从佛教的角度看,朋霍费尔的“基督此世性”类似于大乘佛教和人间佛教。他从个体决断向“共在称义”的推进类似于从注重个人解脱的小乘佛教向注重普度众生的大乘佛教的演进,而他的“天国在人间”主张又类似于人间佛教之旨趣。

第二节　海德格尔的形而上学解构与神学的三重关系①

海德格尔与形而上学的关系在他终其一生的存在之思中具有重要地位,并且这种关系基本可以通过“解构”来刻画。② 而讨论海德格尔的形而上学之解构③,不能回避此一解构与神学之间的关系问题。诚然,从内容上看,“神学问题在海德格尔的整体思想中似乎并不具有一种优先地位。他很少公开地言说信仰和神学,除了他那些仅仅构成直接贡献于本质上完全不同问题的评论或论文之部分的有关信仰和神学的反思”④,以至于海德格尔的神学问题经常“被处理为一种补遗,一种悬挂在他的研究工作经纬之边缘的丝线”⑤,但是,伴随着海德格尔思想研究的深入和扩展,人们越来越明确地感受到,自始至终,海德格尔的思想与宗教和神学问题都是深深地纠缠在一起的。从形而上学之解构这一视野来看,海德格尔与神学的关系主要表现为三大方面:形而上学之解构的神学来源、形而上学之解构的神学向度和形而上学之解构的神学意义。

---

① 本节文字初稿曾提交并宣读于山东大学佛教研究中心主办的“儒佛关系与佛教中国化”学术研讨会(山东济南,2010 年 10 月 15～18 日),修订稿发表于《山东大学学报》(社会科学版)2012 年第 5 期,并转载于中国人民大学复印报刊资料《外国哲学》2013 年第 2 期。本次出版作了进一步的修订、补充和完善。

② 参见陈治国:《作为方法的解构——海德格尔与形而上学之解构“导论”(二)》,载洪汉鼎、傅永军主编:《中国诠释学》第 7 辑,济南:山东人民出版社,2010 年,第 155～171 页。

③ 所谓海德格尔的形而上学解构是指,在“现象学的十年”(1917～1927),他一方面坚决与传统的尤其是流俗的形而上学区分开来,一方面致力于通过基础存在论或者说“此在的形而上学”为恰当言说着的(一般)形而上学明确根基;在“形而上学的十年”(1927～1937),他力图通过后存在论的研究而为存在的追问提供存在者层次的基础;在“克服形而上学阶段”(1937～1976),他致力于通过拆解形而上学积淀下来的历史土层,重构或显示它们隐蔽的本质即存在论—神学的二重性结构,努力揭示对这个共有的结构负有责任的那种“决定性经验”,从而想象超越存在论—神学的一条道路,也就是为存在历史的“另一开端”的到来做好准备。关于这一观点的具体论述,参见笔者宣读于山东大学文史哲研究院主办的“诠释学与中西经典文化传统”——第七届诠释学与中国经典诠释学术研讨会(山东济南,2010 年 8 月 13～17 日)的会议论文《从海德格尔与形而上学的关系再论其思想分期问题》,该文后刊于《天津社会科学》2013 年第 5 期。

④ Joseph Kockelmans, “Heidegger on Theology,” in *Thinking about Being: Aspects of Heidegger's Thought*, eds. Robert W. Shahar and J. N. Mohanty, Norman and London: University of Oklahoma, 1984, pp. 104-105.

⑤ Laurence Paul Hemming, “Heidegger's God,” *The Thomist*, Vol. 62, 1998, p. 373.

一、形而上学之解构的神学来源

提到形而上学之解构的神学来源这一论题,人们通常首先会想到海德格尔那传奇性的个体神学经历。根据海德格尔20世纪二三十年代的犹太裔学生卡尔·勒维特(Karl Löwith)那种入木三分的勾画,这种经历就是:

> 论出身,他是一个单纯的教会雇员之子,但由于职业,他成了一整个阶层的激昂代言人,而这个阶层却又被他所否定。由于养成教育,他本是耶稣会信徒,但由于愤恨,而成为新教教徒。训练上,他是经院哲学的教义论者;他事实上是个否定传统的人,却又穿着研究此传统的历史家袍服。[①]

这种个体性的传记资料对于推进我们的论题固然重要,但是,我们更倾向于瞄准海德格尔本人相关的言论和文本。[②]

根据记载,在高中阶段到大学教职资格论文《邓·司各脱的范畴和意义学说》(1916)期间,海德格尔一直从事的都是新经院主义方面的训练和研究。但是,到了1917年前后,伴随着他在内心信仰上的改宗,海德格尔的学术志趣也发生了明显的变化,亦即中断了新经院主义的研究——在这种研究中,基于对现代逻辑的基础和胡塞尔的心理主义批判的钻研,海德格尔聚焦于崭新而充满希望的中世纪经院哲学的评估方面[③]——从思想的逻辑形式及其基础转向作为历史现象的实际性生活经验,从胡塞尔的纯粹现象学转向实际性的诠释学。关于这种转向的内在机缘,海德格尔在1919年写给年轻的天主教神父克雷伯斯(Engelbert Krebs)的一封信中这样写道:"对我而言,伴随着历史知识的增长延

---

① 卡尔·洛维特:《一九九三:一个犹太哲学家的德国回忆》,区立远译,台北:行人出版社,2007,第77页。

② 海德格尔向来反对以传记的方式解读哲学之路的惯常态度。根据他的观点,哲学著作和思想道路并非个人的财产,不可能通过传记而被解密。他在《以莱布尼茨为起点的逻辑学的形而上学基础》里曾写道:"注意,我们不得不提及与经院主义的形而上学联系,不过当然不是为了贬低莱布尼茨的原创性。询问他从中获得了什么,乃是源出于一种小商贩的心态。或者,同样肤浅的是,去询问哪一种心理情绪引发了发生于他身上的那种观念。创造性工作的卓越在于它以一种原创而重要的方式是独立的,正如模仿者不能做到这一点一样,因为模仿者并不想成为独立的,使其自身专注于原创性。"(Heidegger, *The Metaphysical Foundations of Logic*, trans. Michael Heim, Bloomington: Indiana University Press, 1984, pp. 43-44)在1959年4月14日同佩策特(Heinrich Wiegand Petzet)的对话中,他更是清楚无误地讲道:"六个月前,这个家伙即许纳菲尔德(Paul Hünerfeld)代表柏林的一家优秀出版社——它出版了有关'20世纪的心灵'如斯特拉夫斯基(Stravinsky)、毕加索(Picasso)等人的专著——写信给我。他想知道我是否要与他会面并送给他一些我的传记资料。我回应说,按照我的意见,要较少地向读者报道生平趣事,更多地关注通过困扰了我四十年的那个问题而进行的最终思考,该是这样做的时候了。我的生活总体上是无趣的。"[Heinrich Wiegand Petzet, *Encounters and Dialogues with Martin Heidegger (1929—1976)*, trans. Parvis Emad and Kenneth Maly, Chicago and London: The University of Chicago Press, 1993, p. 84]

③ John D. Caputo, "Heidegger and Theology," in *The Cambridge Companion to Heidegger*, ed. Charles B. Guignon, Cambridge: Cambridge University Press, 1993, pp. 270-288, at 271.

展而来的认识上的洞见,天主教体系而非基督教和形而上学[后者在一种新的意义上仍是真实的]成为有问题的、不可接受的。"①根据这种自我解释,正是基于对体系性的中世纪经院主义神学的不满,他转向了对早期基督教团契生活经验的关注。② 这种转向的过程及其成果主要体现在被称作"宗教课程"的一系列讲稿中,即《宗教现象学导论》(1920/1921 冬季学期)、《奥古斯丁和新柏拉图主义》(1921 年夏季学期)以及未能如期公开讲授的《中世纪神秘主义的哲学基础》(1919/1920 年冬季学期)。

面对这样一种突如其来——在天主教会的悉心哺育之下,海德格尔向来对于天主教的经院主义神学可谓是乐于其中并为之尽心竭力——的转向,首当其冲的一个问题是,作为体系的天主教神学的何种缺失或弊病引起了青年哲学家的失望和不满?海德格尔在《中世纪神秘主义的哲学基础》的补充笔记中写道:

> 在强大的自然—科学的、自然主义的理论化亚里士多德之存在的形而上学以及它对柏拉图那里价值问题的彻底消除和误识——这在中世纪的经院主义中被更新——中,理论的主导性已经潜在地出现了,以至于在中世纪基督教经验世界的总体性中,经院主义严重威胁到宗教生活的直接性,支持神学和教义而忘却了宗教。并且在基督教早期,这些教义对教会法的组织和教令发挥着一种理论化、教理宣传的影响。诸如神秘主义之类东西的涌现要被理解为一种基本的反向运动。③

这就是说,宗教生活作为一种典型的一般生活,并不是一种理论的姿态,也不能作为理论化主体的客体而被充分地把握。而中世纪的经院主义恰恰是大肆利用来自于希腊的概念来规范或钳制活生生的早期基督教生活经验。与此同时,从这段引文中,我们也不难发现海德格尔对于与这种基督教生活经验密切相关的中世纪神秘主义之定位的细微转换。在《邓·司各脱的范畴和意义学说》的结束部分,海德格尔已经多少注意到与中世纪传统中的逻辑的、逻辑中心主义

① John D. Caputo, "Heidegger and Theology," in *The Cambridge Companion to Heidegger*, p. 272.

② 现在,海德格尔明确把实际性生活而非意识看作哲学的起点和终点。他写道:"哲学恰恰源起于实际的生活经验,并且在一种彻底重要的反转中返回之。"(Martin Heidegger, *The Phenomenology of Religious Life*, trans. Matthias Fritsch and Jennifer Anna Gosetti-Ferencei, Bloomington and Indianapolis: Indiana University Press, 2004, p. 11)至于海德格尔为何独独关注原始基督教生活经验,根据他的一贯主张,乃是因为,"任务是获得对于历史一种真实而原初的联系,这种联系出自于我们自身的历史性处境和实际性而被阐明"(Martin Heidegger, *The Phenomenology of Religious Life*, trans. Matthias Fritsch and Jennifer Anna Gosetti-Ferencei, Bloomington and Indianapolis: Indiana University Press, 2004, p. 89)。他在 1921 年 8 月 19 日致勒维特的一封书信中更是确认,基督教就是他自己的实际性生活处境:"我以一种具体而实际的方式工作,从我的'我存在'出发,即从我的精神的、根本上实际的遗产/氛围/生活关联出发,从因而我可以接近的、我生活于其中的活生生经验出发。"(Karl Löwith, *Martin Heidegger and European Nihilism*, New York: Columbia University Press, 1995, p. 236)

③ Martin Heidegger, *The Phenomenology of Religious Life*, p. 238.

的方面相对的活生生的一面，即中世纪的生活经验(譬如灵魂对上帝的那种丰富而不可把握的关系)，并且把中世纪的道德神学和神秘主义(譬如埃克哈特大师的神秘主义)看作中世纪经院主义的另一侧面，但是现在海德格尔认识到，这种倾向并不仅仅是一个若有若无或漫不经心的"侧面"，而恰恰是反对以亚里士多德为代表的古代科学或哲学的异质入侵、恢复真正的原始基督教之立足点的革新力量。[①]

基于这种崭新的认识，海德格尔在1920/1921年冬季学期讲稿《宗教现象学导论》第一部分一般性地探讨了存在论和方法论的问题，第二部分集则中讨论了保罗致迦拉太人的书信、致科林斯人的书信以及致贴撒罗尼迦人的两封书信，力图揭示原始基督教的个体"自我世界"和"契机性"(kairological)时间的源始经验，进而在现象学的存在论中探讨这些现象的普遍意义——究极而言，对早期基督教生活经验的分析，并不在于恢复到这种过去了的生活，而是通过现象学的先验分析，为这种经验的可能性揭示形式条件。因为，对海德格尔来说，从根本上看，这种可能性也能够在非基督的经验模式(例如古希腊的伦理生活)中实现出来。

在"自我世界"问题上，海德格尔认为，哲学——在这里就是宗教现象学——作为对实际性生活的反思和描述，目标不在于从已经深深卷入世界的主观性中反思自我从而竭力成为客观性的——这是科学的模式，而是要把自我从日常世间生活的平庸性中惊醒过来，并充分认识到它的困难和挑战。而那种试图对抗这种历史性生存之不安的努力，正是诉诸或追求科学的客观性之内在动力，然而，这种诉求的代价就是不可避免地堵塞了接近事物本身即实际性生活的路径。在"契机性"时间问题上，海德格尔详细分析了瞬间时刻(Augenblick)内的基督再临概念，阐述了信徒/上帝的意向性关系如何引发了本真的时刻性时间，并且比较了本真的契机性时间与编年体时间即推理性时间、计算性时间。根据海德格尔的观点，编年体时间仅仅是那些预先通过将其客观化、表象化并计算为一种已经可达及、可把握、可确定的年代的事件而等待或期望上帝再临的人的时间。这种时间尤其发生于对最后日子之再临的末世学的、千禧年主义的与天启性的推算、想象和预言之中。人们在这样的编年体时间中寻求的乃是规避畏惧、不安，进入由可以观察和指望的客观现成在手之实在而来的某种安宁与欣慰状态。海德格尔表明，保罗的基督再临概念及其所植根于其中的契机性时间观念深刻区分于这样一种大行其道的流俗时间观。为此，海德格尔指向保罗的陈述：

① Sean J. McGrath, "The Facticity of Being God-forsaken: The Young Heidegger and Luther's Theology of the Cross," *American Catholic Philosophical Quarterly*, Vol. 79, No. 2, 2005.

> 弟兄们,论到时候、日期,不用写信给你们,因为你们自己明明晓得,主的日子来到,好像夜间的贼一样。人正说平安稳妥的时候,灾祸忽然临到他们,如同产难临到怀胎的妇人一样,他们绝不能逃脱。弟兄们,你们却不在黑暗里,叫那日子临到你们像贼一样。你们都是光明之子,都是白昼之子;我们不是属黑夜的,也不是属幽暗的。所以,我们不要睡觉,像别人一样,总要警醒谨守。因为睡了的人是在夜间睡,醉了的人是在夜间醉。但我们既然属乎白昼,就应当谨守,把信和爱当作护心镜遮胸,把得救的盼望当作头盔戴上。因为,上帝不是预定我们受刑,乃是预定我们藉着我们主耶稣基督得救。他替我们死,叫我们无论醒着、睡着,都与他同活。[①]

从使徒保罗这段语重心长的论述中,年轻的哲学家读到的是,悬在生活之上的东西乃是那种攸关性命而又不可支配的忽然性和突发性,具有此一根本特征的"契机"把实际性生活置于一种未来的威胁之中,或者说它本身属于生命不能被客观化的实行历史。面对这样一种处境,一种实际性的生活必须保持警醒,或者说就是一种警醒,要在每一"瞬间"都保持朝向上帝的开放。对此,珀格勒写道:"原始基督教的信仰经历了在现实性中的生活。如早期海德格尔所说,它在于实际的生活经验,是这种生活经验本身。但是,实际的生活经验是'历史的';它历史地理解生活。它不仅生活在时间中,而且经历时间本身。"[②]

对于原始基督教的实际生活经验以及植根于其中的契机性时间的本真理解,虽然在奥古斯丁、中世纪的神秘主义者、路德和祈克果等思想家那里一再被唤醒,但是一种来自于希腊的形而上学概念仍然以不适当的方式掩盖或者说入侵了这种理解,例如奥古斯丁对新柏拉图主义的援用。有鉴于此,在1921年夏季学期讲稿《奥古斯丁和新柏拉图主义》中,海德格尔一方面努力把奥古斯丁的主观性——对作为操心、磨炼和困扰的艰难困苦生活之理解的实行——从诸如特洛尔奇(Ernst Troeltsch)、哈纳克(Adofl von Harnack)和狄尔泰(Wilhelm Dilthey)这样的现代思想家们的历史客观主义那里拯救出来,另一方面则对奥古斯丁的新柏拉图主义运用大加批判。在海德格尔看来,奥古斯丁的《忏悔录》第10卷表明他是从实行而非内容的角度来思考实际的生活经验,并且恰当地澄清"'生活'不是阔步舞蹈,而正是最不适宜采取趾高气扬之姿态的时刻"[③],实际性生活是"在上帝面前的彻底之自我操心"[④]。但是,从另一方面看,奥古斯丁在向希腊思想之入侵保持开放的过程中也严重损伤了他对作为历史性生存之不安的实际生活的理解。这就是奥古斯丁不仅承认渴望那种幸福的生活,而且

---

① 《贴撒罗尼迦前书》5:1~10,引自中英对照和合本(新标准修订版)。

② 奥托·珀格勒:《海德格尔的思想之路》,宋祖良译,台北:仰哲出版社,1994年,第35页。

③ Martin Heidegger, *The Phenomenology of Religious Life*, p.151.

④ Martin Heidegger, *The Phenomenology of Religious Life*, p.181.

援用了新柏拉图主义在沉思中"享有上帝"——与一般的"使用事物"相区分——的概念，进而把上帝等同于最高的真、善、美，使其堕入一种人为的价值秩序中去。其中最关键的一点就是对保罗致罗马人书信中"自从造天地以来，神的永能和神性是明明可知的，虽是眼不能见，但藉着所藉之物就可以晓得，叫人无可推诿"[1]之哲学神学观的屈服和解读。海德格尔写道：

> (此一章节)对于整个教父"哲学"、对于基督教学说在希腊哲学中之形成的定向乃是根本性的。从此一章节中，朝向基督教教义之希腊的潜在结构和重构的动机已经提取出来。然而，这种前—结构[Vor-bau]进而被构造入基督教教义思想的基本模式之中。有鉴于此，我们不能简单地忽视奥古斯丁那里的柏拉图主义，并且相信在向奥古斯丁的追溯中能够达至本真性的基督教，这是一种误解。[2]

通过对希腊概念框架的这种最初援用，奥古斯丁和另外一些教父思想家为强化后来亚里士多德主义的经院主义接纳新柏拉图主义和亚里士多德开辟了道路。在1922年论文《对亚里士多德的现象学解释——诠释学处境的显示》中，海德格尔写道：

> 后期经院主义有关上帝、三位一体、人的原始状态、罪和恩典的学说，根据托马斯·阿奎那和波纳文图拉(Bonaventure)为神学提供的概念来源而运作。但这意味着最初起始于所有这些神学问题领域的有关人和生活此在的观念，都是奠基于亚里士多德的"物理学"、"心理学"、"伦理学"和"存在论"之上……奥古斯丁在此也决定性地发挥作用，并且是经由奥古斯丁、新柏拉图主义……[3]

有鉴于此，海德格尔密切追随16世纪的宗教改革家路德早期关于《罗马书》的评论(1515～1516)和关于《迦拉太书》的评论(1519)的反经院主义论争以及《海德堡论辩》(1519)年中荣耀神学和十字架神学的区分，对综合希腊哲学和

---

① 《罗马书》1:20。

② Martin Heidegger, *The Phenomenology of Religious Life*, p. 212.

③ Martin Heidegger, "Phenomenological Interpretations in Connection with Aristotle: An Indication of Hermeneutical Situation," in *Supplement—From the Earliest Essays to Being and Time and Beyond*, ed. John van Buren, Albany: State University of New York Press, 2002, p. 125.

荣耀福音的神学进路展开了激烈批判。[①]

行文至此,"形而上学之解构的神学来源"这一论题的意蕴基本上就自行凸显出来。根据海德格尔的观点,奥古斯丁之后的基督教神学家,几乎无一例外地把他的格言"信仰寻求理解"奉为他们神学反思之指导原理,或者说,"中世纪神学奠基于奥古斯丁之上"[②]。这样一来,古典形而上学就成了基督教神学的构成性部分。正如科克尔曼斯(Joseph Kockelmans)所言:"这在中世纪著名的《神学大全》里可以得到最为清楚的证实,在那里,甚至训练有素的专家也极其难于区分什么是形而上学的沉思,什么是神学的反思,尽管一切主要作家的宣称都涉及到哲学和神学之间的深刻差异。"[③]因而,对基督教神学的批判也就预设了要对形而上学进行不断的批判或解构。也就是说,海德格尔对基于奥古斯丁所提出的神学范式而发展出来的几乎一切神学形式的激进批判,对称于他对从柏拉图到尼采的西方所发展出来的一切形而上学同样激进之批判。他在1922年关于亚里士多德的论文中说:"致力于现象学之解构的这些研究把它们的视点建基于后期经院主义和路德早期神学。"[④]对此,卡普托评论说:"《存在与时间》中的'存在论历史的解构'或者后来所谓的'克服形而上学'最为贴近的原型便是1919年的这种神学课题,在其中,海德格尔已着手展开恢复实际性的基督教生活的源始范畴。"[⑤]

当然,海德格尔形而上学之解构的神学来源并不仅仅局限于"宗教课程"中的神学课题研究。实际上,略微熟悉基督教传统的人都不难注意到典型的神学主题同《存在与时间》中操心、罪恶、沉沦、先行的决断、本真性与非本真性、畏、死亡、良心的呼唤等等一些中心概念之间清楚的血缘关系——《存在与时间》本身就直接援引了大量基督教作家,尤其是奥古斯丁。[⑥] 对此,海德格尔的著名弟子之一约纳斯(Hans Jonas)直言不讳地讲道:

---

① 关于20世纪20年代早期青年海德格尔紧张阅读青年路德的资料证据,参见范·布伦的详细研究(John van Buren, "Martin Heidegger, Martin Luther," in *Reading Heidegger from the Start: Essays in His Earliest Thought*, eds. Theodore Kisiel and John van Buren, New York: State University of New York Press, 1994, p. 159);海德格尔"宗教课程"中对路德关于基督教传统神学即综合希腊哲学和上帝福音的荣耀神学之批判的提示和援用也屡见不鲜,参见 Martin Heidegger, *The Phenomenology of Religious Life*, pp. 47, 213, 234-235.

② Martin Heidegger, *The Phenomenology of Religious Life*, p. 115.

③ Joseph Kockelmans, "Heidegger on Theology," in *Thinking about Being: Aspects of Heidegger's Thought*, p. 106. 此外,笔者2008年3月24日至5月16日应邀参加辅仁大学士林哲学研究中心举办的"第五届士林哲学教学讲习会"期间,台湾学者邬昆如在一次课堂讲演中,根据他自身阅读和翻译阿奎那《神学大全》的经历和感受明确表示,这部作品适当的名称不是"神学大全",而是"哲学大全"。

④ Martin Heidegger, "Phenomenological Interpretations in Connection with Aristotle: An Indication of Hermeneutical Situation," p. 126.

⑤ John D. Caputo, "Heidegger and Theology," p. 273.

⑥ 关于海德格尔在《存在与时间》中对奥古斯丁之援用现象的全面研究,参见 Craig J. N. de Paulo, "The Augustinian Constitution of Heidegger's *Being and Time*," *American Catholic Philosophical Quarterly*, Vol. 77, No. 4, 2003.

海德格尔的思想中具有一种世俗化的基督教。这从一开始、从《存在与时间》起就是显而易见的；虽然海德格尔以及代表其观点的一些人奋力声称，诸如罪责、操心、畏、良知的呼唤、决心、沉沦、本真性—非本真性都具有其纯粹的存在论意义，而没有丝毫的存在者层次的(例如心理学的)内涵，并且也根本不是有关道德的，但是合理的观察者——没有进入主观上的诚实问题——将不会让这些拒绝免于传统的馈赠。[①]

至于后期作为解构或克服形而上学之背景的存在历史概念，更是回荡着基督教的余音。对此，卡普托鞭辟入里地分析说：

海德格尔其时正在阅读早期希腊思想家，令人不能相信的是，这不是把基督教的范畴转译到早期希腊的文本中。他以准先知的口吻呼唤类似于一种转化的“另一开端”以及这个新天地或第二临现的到来。他以布道的方式观瞻巴门尼德与赫拉克利特那里思想与存在的关系问题，他认为这些早期希腊思想家把给予人以呼唤的存在派送给人并且把人的存在设想为对此呼唤的回应和应答。海德格尔继续说，他的深远的历史性的、甚至包括一种“末世学的”“存在历史”观念在内的存在概念之灵感基本是希腊的。不过，对于海德格尔的狂热信徒之外的任何人而言都清楚的是，海德格尔明显地是在对《圣经》的根本性概念拯救历史进行希腊化和世俗化的处理。他以一种最为原本的方式建构了一个与他在《新约》研究中发现的“拯救历史”相对等的东西。[②]

二、形而上学之解构的神学向度

有些时候，海德格尔并不讳言其哲学之思的神学来源。例如，在1937～1938年自传式的告白中，他这样写道：

谁会不愿认识到这一点，即，同基督教的遭遇伴随着我迄今为止的整个道路，这种遭遇过去不是、现在也不是需要“从事”处理的“难题”，而是对其本己来源的保藏——儿时的家庭、故乡和少年时光——并且**同时**从这来源中痛苦地剥离。只有如此植根于这样一种实际地生活过的基督教世界之中的人，才能些许感知到在我迄今为止的探寻之途中犹如地表下的震动

① Hans Jonas, “Heidegger and Theology,” in *The Phenomenon of Life: Toward A Philosophical Biology*, Chicago and London: University of Chicago Press, 1982, p. 241.

② John D. Caputo, “Heidegger and Theology,” p. 280.

发挥影响一般的那些迫切需要。①

那么,具有如此来源的形而上学之解构或者说存在之思是否具有一种神学的或宗教的向度呢?在海德格尔于1953～1954年间拟写的与日本学者手冢富雄(Tezuka)的对话中,他语焉不详地说道:“倘若没有这一神学背景,我就永远不会踏上思想的道路。而来源总是在未来与我们相遇。”②这是否意味着,作为来源的神学仍然内在于形而上学之解构的未来指向之中?在一种公开的意义上,海德格尔总是竭力否认这一点。例如,在整个20世纪20年代,他不断强调哲学的无神论特征:

> 如果哲学着意于洞察并且概念性地把握基于其决定性的存在之可能性的实际性生活,亦即,依靠它自身的来源而不顾视世界观方面的忙碌活动,它已然彻底而清晰地决定把实际性生活抛回自身——犹如这在实际性生活本身是可能的——并且让实际性生活根据它自身的实际可能性照料自身,也就是说,如果哲学**原则上是无神论的**,并且如此理解自身,那么哲学已经决定性地按照此一生活的实际性选择了实际性生活,并且在使得这种生活成为自身一个对象的过程中已经把它保藏在它的实际性之中。③

除此之外,他还在类似的意义上简明扼要地多次讲道,“哲学家并不信仰”④;“哲学研究是并且仍然是无神论。这就是为何哲学容许自身是‘思想的傲慢’。它将不仅仅是如此容许自身;这种傲慢是哲学的内在之必需,也是它的真正力量。恰恰是在这种无神论中,哲学成为一个伟人曾经称作‘快乐的科学’的东西”⑤;

---

① Martin Heidegger, *Mindfulness*, trans. Parvis Emad and Thomas Kalary, London: Continuum, 2006, p. 368.

② Martin Heidegger, *On the Way to Language*, trans. Peter D. Hertz, New York: Harper & Row Publishers, p. 10.

③ Martin Heidegger, “Phenomenological Interpretations in Connection with Aristotle: An Indication of Hermeneutical Situation,” p. 121. 对于这里出现的“无神论”一词,海德格尔特别注解说:“‘无神论的’并非一种作为无神论或诸如此类的理论的意义上的东西。任何在其所是中理解自身的哲学,亦即,作为生活之解释的实际性如何,必须知道——并且恰恰当它具有一种对上帝的‘暗示’必须知道——这种把在哲学中获得实现的生活抛回自身,就是在宗教上归于举手反对上帝的东西。但是因而哲学才能忠实于自身并且持守这一点,亦即,它正在通过适合站在上帝面前的唯一可能——可以接近上帝本身的可能——的那种方式协调自身。并且,在这里,‘无神论的’意味着:从那种仅仅对宗教性夸夸其谈的操心和理解之诱惑中解放出来。是否一种宗教哲学的观念——尤其是如果它并没有考虑人类存在的实际性——乃是纯粹的荒唐?”(Martin Heidegger, “Phenomenological Interpretations in Connection with Aristotle: An Indication of Hermeneutical Situation,” pp. 193-194)

④ Martin Heidegger, *The Concept of Time*, trans. William McNeill, Oxford: Blackwell Publishers, 1992, p. 1E.

⑤ Martin Heidegger, *History of the Concept of Time: Prolegomena*, trans. Theodore Kisiel, Bloomington and Indianapolis: Indiana University Press, 1985, p. 80.

"基础存在论之生存上的卷入使其呈现出一种极端个人主义的、无神论的外观——这至少是值得探索的解释,当基础存在论被带向一种世界观的时候"①;如此等等。

实际上,即使到了1951年,他仍然不忘明确告诫他的瑞士苏黎世研究班的参与者们:

> 存在和上帝不是同一的,并且我从未致力于经由存在思考上帝。你们中间的一些人也许知道,我从神学而来,我仍旧守护着对神学的旧有之爱,并且如果没有对神学的一种确定理解,我将不会存在。如果我要写一种神学——我时常感受到这种倾向——那么**存在**一词将不会出现于其中。信仰并不需要存在之思。一旦信仰诉诸于这种思想,它就不再是信仰。这就是路德所理解的东西。即使在它自己的教会内,这看起来已被忘却。在试图利用存在从神学上以上帝是其所是的那种方式进行思考之每一努力面前,没有人比我更持保留态度了。②

尽管海德格尔明确否认对其形而上学之解构的神学向度的解读,但是,自从勒维特1953年在《贫乏时代的思想家》中断然宣称海德格尔的存在概念乃是对传统基督教的上帝概念的重新构思或取代以来③,关于海德格尔形而上之解构的神学向度问题的争论几乎就从未中辍。确实,无论就言行方面来看,还是从文本方面审查,海德格尔的哲学很难避免对其神学向度的关注和解读。

首先,1917年前的海德格尔,无论是作为耶稣会神甫候选人的有力竞争者,还是作为致力于弘扬和更新中世纪经院主义神学的忠诚追随者,其思想的神学志向和宗教关切可谓不言自明。而1917年之后,尤其是自1919年正式开启大学教学生涯之后,他虽然脱离了"天主教体系",并且也没有正式加入基督教新教教会,但是通过对胡塞尔、施莱尔马赫、狄尔泰、保罗、奥古斯丁、中世纪神秘主义作家、波纳文图拉、路德、帕斯卡、陀思妥耶夫斯基、祈克果等人的作品的密切阅读,在弗赖堡早期的一系列"宗教课程"上,以路德神学为范型对基督教尤其是上帝问题展开了现象学的分析,以至于他1921年8月19日写信给勒维特说:"适合于我自身的这种实际性就是——简略而言——我是一位'基督教神**学家**'(theo*logian*)。"④当然,对于这种自我表白,也许我们不能过于认真,例如,研究海德格尔哲学与神学关系用力甚勤的韦斯特法尔(Merold Westphal),就认

① Martin Heidegger, *The Metaphysical Foundations of Logic*, trans. Michael Heim, Bloomington: Indiana University Press, 1984, p. 140.

② Martin Heidegger, *Seminare*, Frankfurt: V. Klostermann, 1986, SS. 436-437.

③ Karl Löwith, "Heidegger: Thinker in a Destitute Time," in *Martin Heidegger and European Nihilism*, New York: Columbia University Press, 1995, pp. 1-95.

④ Karl Löwith, *Martin Heidegger and European Nihilism*, p. 236.

为这一宣称是高度可疑的,原因在于:

> 第一,恰恰在两个月之后,他写信给勒维特说,根据胡塞尔的眼睛,“我自身甚至不再被看作一个‘哲学家’,我‘实际上仍然是一个神学家’”。第二,当他在第一次宗教课程中从方法论的考虑转向对保罗书信的紧张研究,他警告他的学生们不要以或者教义的(亦即系统的)或者解经的神学误解他的现象学事业。第三,当我们阅读讲课稿的时候,我们发现一种压倒一切的关注,不是关注神学的适切本性,而是与《全集》第56/57卷《朝向哲学的定义》、第58卷《现象学的基本问题》、第59卷《直观和表达的现象学:哲学的概念形成的理论》保持一致,与哲学的意义保持一致。就像定音鼓敲响了勃拉姆斯(Brahms)第一交响曲的开幕一样,确定了《宗教现象学导论》开篇讲稿的主题不是“神学不是关于上帝的沉思性知识”,而是“哲学不是一门科学”。①

诚如斯言,但是我们至少仍然能够从这种宣称中看到哲学与神学在海德格尔那里一开始就又即又离的复杂性。因为,如前所述,在宗教课程中,海德格尔批判希腊哲学的入侵所提供的乃是一种有关活生生的宗教生活的虚假阅读,那么冲突似乎就并非存在于信仰与哲学之间,而是存在于信仰和特殊类型的哲学之间。可能正是基于这样一种预设,海德格尔才有理由寻找一种没有预先设定一个上帝的无神论哲学,并且这种哲学潜在地亲和于本真的、有生命的信仰。

“宗教课程”之后,海德格尔——实际上是在路德那种奇特的指引之下——更多地转向了对亚里士多德著作中希腊伦理生活的现象学解释。但是,即使在1923年转入马堡大学之后,他的神学关切也未中断。海德格尔不仅展开了与基督新教《新约》神学家布尔特曼的亲密友情,而且在学术上也多有合作:海德格尔数次参加了布尔特曼的研讨班,甚至1927年出版的杰作《存在与时间》的形成也有后者参与其中的身影。② 根据卡普托的观点,《存在与时间》这部著作“彻头彻尾地同神学问题交错综合在一起——由双重性的重演构成,一方面是亚里士多德的,另一方面是《新约》的圣经生活”③。那么对生存性此在的存在论分析对于神学是否提供了一种指示作用呢?根据这种基础存在论的分析,此在的存

---

① Merold Westphal, *Overcoming Onto-theology—Toward a Postmodern Christian Faith*, New York: Fordham University Press, 2001, pp. 31-32.

② 伽达默尔(Hans-Georg Gadamer)不仅认为1922年草就的“那托普报告”即《对亚里士多德的现象学解释——诠释学处境的显示》乃是海德格尔“神学的”早期著作,而且认为,“《存在与时间》的原型就是1924年海德格尔对马堡神学家团体所做的一篇演讲”(Hans-Georg Gadamer, *Heidegger's Ways*, trans. John W. Stanley, New York: State University of New York Press, 1994, p. 30)。而这篇演讲实际上就是现在被纳入《海德格尔全集》第64卷的《时间概念》。

③ John D. Caputo, “Heidegger and Theology,” pp. 273-274.

在方式，必须被理解为此在自我解释和自我展开的方式，通过这种方式，此在达及自身以及它的世界，并且通过生存回答它自己的生存向它自身提出的问题。而信仰作为此在存在的一种方式，那么信仰性此在就是上帝得以揭示并且必须被揭示的视域，就是上帝之启示的接收器和处所。不过，虽然任何对启示（如上帝的爱）的回应都要奋勇向前，但是从不能达到它的对象或目标——如果曾经做到了这一点，它将知道那不是它的目标，毋宁说是偶像。①

1928 年，海德格尔的最后一次马堡讲演，即《现象学与神学》，在作为普遍的存在论的现象学科学与作为存在者层次科学的神学之间的对比区分中，明确表达了对信仰和神学的见解。在他看来，神学作为存在者层次的科学——因为它涉及到对信仰的主题化和分门别类，绝对地不同于研究存在本身的哲学。信仰本身并不需要哲学，也不需要神学——作为一门科学的神学仅仅从信仰中创造出来并且是为了信仰，但是，作为一项把由信仰而来的生存论的再生导向概念化形式的工作，神学就需要哲学的“调校”，这种调校“**作为对基本神学概念的存在者层次的尤其是前基督教的内容的一种调校而发挥作用**”②。例如，基督教的“罪”概念只有在信仰中才是有生命的，但是只有借力于哲学才能被概念化。因为信仰是从罪中的再生，而罪是《存在与时间》制定出来的有关罪恶的存在论结构的存在者层次—生存状态的决断。这就是说，罪的基督教概念依赖于“前—基督教”的（即普遍的存在论的）罪恶概念的充分阐明。如此一来，神学的罪之概念虽然起源于信仰的经验，但是它达及概念的形式则是仅仅藉由哲学之助。在此，相对于神学，哲学似乎获得了一种优先的地位。不过，海德格尔仍然强调说，哲学是信仰的“天敌”，但是信仰必须与敌人相伴而生，如果它要具备概念性的神学形式。

伴随着海德格尔作为胡塞尔的继任者回到弗赖堡，海德格尔与神学的关系更趋复杂。在起始阶段，他仍然常常徘徊于家乡梅斯基尔希附近博伊隆的本尼迪克特修道院。但是，好景不长，根据卡普托的说法，海德格尔“总体上对天主教尤其是弗赖堡的天主教主义充满了敌意，并且显示出个人无神论的迹象”③。例如，在个人行为方面，他表现出对天主教徒的厌恶，不愿意接受赶来弗赖堡的年轻耶稣会会士作为博士生，他对待其他一些像穆勒（Max Müller）这样的天主教学生也极为恶劣。在文本方面，海德格尔也对基督教哲学的概念和功能提出了明确的批判。在 1935 年夏季学期的讲稿《形而上学导论》中，他宣称：

对于那些认为《圣经》是神圣的启示和真理的人来说，甚至在询问“究

① Laurence Paul Hemming, *Heidegger's Atheism: The Refusal of Theological Voice*, Notre Dame, Indiana: University of Notre Dame Press, 2002, pp. 271-278.

② Martin Heidegger, “Phenomenology and Theology,” p. 53.

③ John D. Caputo, “Heidegger and Theology,” p. 277.

竟为什么存在者存在而无反倒不存在"这个问题之前就已经有了答案:存在者,只要它不是上帝自身,就是为上帝所造。上帝自身作为非被造的造物主而"存在"。秉持这种信仰的人,虽然能够以某种方式参与到对我们的问题的追问之中,但他不能够本真地追问,而又不放弃自身作为一个信仰者并且承担由此一步骤带来的一切后果。他只能用"好像是"如何如何的方式行动。[①]

一门"基督教哲学"是一个圆的方,是一套误解。[②]

在1940年讲稿《欧洲虚无主义》中,海德格尔再次讲道:"一种'基督教的哲学'比一个关于正方形的圆的想法还要荒谬。正方形与圆形至少还有一点共性:它们都是几何形;而基督教信仰与哲学却是鸿沟相隔,根本不同的。尽管人们会说,两者都是传授真理的,但两者所讲的真理却是风马牛不相及的。"[③]这里,海德格尔虽然沿袭了信仰与哲学、神学与哲学的区分,但是仅仅在一种最低的程度上接受信仰,并且看起来以良好方式保持信仰和哲学之间关系的可能性面临一种终结的命运。我们知道,在"现象学的十年"中,海德格尔虽然一直强调哲学的无神论特征,但是这种无神论作为一种方法的无神论,在是否有神的问题上是中立的,并非那种"积极的无神论",即直接地否定上帝的存在,倒是最终有可能导向真正的宗教决断。1922年他曾经写道:"探究能力是非宗教的,但是它可以真正地导向宗教决断的情境。我的哲学研究都是非宗教的,即使我作为哲学家又能成为一个宗教徒。'但是这里有一种艺术':从事哲学并因而进入真正的宗教,也就是说,在哲学、行为、行为世界中而不是在宗教意识形态和幻想中实际性地承担世界性的、历史性的任务。"[④]然而,现在风云突起:信仰(不仅是天主教的体系性信仰,而且包括基督新教的一般个体性信仰)的开放性与探究能力受到了深刻的质疑,信仰不仅无助于哲学探究,而且哲学探究必须从这种信仰的束缚中摆脱出来。

在对基督教哲学进行猛烈批判之余,海德格尔在《哲学文献》(1936～1938)中提出了"最后的上帝"。根据他的相关描述,无论这个"最后的上帝"是什么,显然都不是基督教的上帝,因为基督教范式对于最后的上帝之显现乃是一种绊脚石——基督教特别地遗忘了存在,基督教范畴使人们不能经验作为本有的存在。按照海德格尔的观点,最后的上帝并非超验的,而是存在历史的一部分,即"如果一种历史仍然被赠予我们,即一种此一在的样态,那么这只能是**深远之寂**

---

① Martin Heidegger, *An Introduction to Metaphysics*, trans. Ralph Mannheim, New Haven: Yale University Press, pp. 6-7.

② Martin Heidegger, *An Introduction to Metaphysics*, p. 7.

③ 海德格尔:《尼采》下卷,孙周兴译,北京:商务印书馆,2002年,第764～765页。

④ Martin Heidegger, *Phänomenologische Interpretationen zu Aristotele*, Frankfurt a. M.: Vittorio Klostermann, 1985, S. 197.

静的蔽藏历史,在这一历史中以及作为此一历史,最后之神的主宰打开并型塑诸存在者"[①],并且最后的上帝总是一种掠过,不能在其在场中被把握。为了对这种最后的上帝之掠过保持开放,必须对可能性保持开放。不过,海德格尔提醒说,这种保持开放不是活跃性的,反而是具有"让行"和抑持的特征。他说:"朝向最后的上帝的切近是沉默。此沉默必于抑持之样态中安置于作品和言词"[②];"抑持,惊惧之惊愕与深度之敬畏之间调谐着的中点——基本情调的基本**推力**,在这种抑持中,此一在(Da-sein)调整自身进入最后的上帝之掠过的寂静。创造性地置身于这种此一在的基本情调之中,人成为此一寂静的**守卫者和看护者**"[③];"在此一在中并且作为此一在,存一在(be-ing)自行居有(en-own)真理,此真理展现为非赠予,展现为隐匿和撤退的——寂静的——领域,在此领域之中,最后的上帝之来临和逝去首次获得决断。对此,人什么都做不了——尤其当他被赋予为此一在之建基做好准备的任务,那么这一任务将再次开端性地规定人最本己的东西"[④]。

更重要的是,海德格尔认为,诗人——例如黑格尔的同时代人荷尔德林(J. C. F. Hölderlin)——为推进存在之真理的追问、本真性地思想和表达这种明显具有异教性的"最后之神"提供了空间乃至范例。对此,他写道:"追问存在就是朝向存在(be-ing)的那个跳跃,人作为存在(be-ing)之追寻者而实行的那个跳跃,只要人是在**思想**中进行创造的人。存在(be-ing)的追寻者在其最本己的追寻之力的充溢中乃是'建立'存在(be-ing)的诗人"[⑤];"对于存在(be-ing)的思想性言说愈有必要,沿着追问之**路径**的存在(be-ing)真理之沉默就愈发不可避免","诗人就愈加比其他人更易在图像中掩藏真理并因而为了我们葆藏的一瞥而赠予真理"[⑥];"思想将如何成功达至早前从诗人[荷尔德林]那里隐藏着的东西?或者我们必须从它的掩埋之中夺取他的道路与作品从而前往存在(be-ing)之真理的方向?我们已经为此准备妥当了吗?"[⑦]实际上,从20世纪30年代中期到五六十年代,海德格尔深深地卷入了对荷尔德林——以及里尔克(Rainer Maria Rilke)和特拉克尔(Georg Trakl)等德语诗人——的诗作的阐释之中,其中重要的,例如1934/1935年冬季学期讲稿《荷尔德林的赞美诗〈日耳曼人〉和〈莱茵河〉》、1941年荷尔德林逝世百年纪念讲演《还乡——致亲人》、1941/1942年冬季学期讲稿《荷尔德林的赞美诗〈追忆〉》、1942年夏季学期讲稿《荷尔德林

---

① Martin Heidegger, *Contributions to Philosophy: From Enowning*, trans. Parvis Emad and Kenneth Maly, Bloomington: Indiana University Press, 1999, p. 25.

② Martin Heidegger, *Contributions to Philosophy*, p. 9.

③ Martin Heidegger, *Contributions to Philosophy*, p. 13.

④ Martin Heidegger, *Contributions to Philosophy*, p. 15.

⑤ Martin Heidegger, *Contributions to Philosophy*, p. 9.

⑥ Martin Heidegger, *Contributions to Philosophy*, p. 9.

⑦ Martin Heidegger, *Contributions to Philosophy*, pp. 9-10.

的赞美诗〈伊斯特河〉》等等,以至于克罗威(Benjamin D. Crowe)论证说,在海德格尔从事的众多主题中,"密切相关于他自己未成形的哲学神学的东西贯穿于荷尔德林作品的研究:上帝的'缺席'、宗教经验的现象学、历史性生活中神圣者捉摸不定的显现以及对哲学一神论神学的批判。海德格尔在荷尔德林那里发现了一种能够表达这些主题之更加灵活的语汇"①。

1946年,在其最早的二战后哲学立场的表述(即《关于人道主义的书信》)中,海德格尔力图澄清人们对他的形而上学之解构或存在之思与神学关系的错误理解。在那里,海德格尔要求远离任何传统意义上的无神论或有神论,如一神论、多神论、泛神论、万有在神论等等。他说:"凭着对人之本质的生存论上的规定,根本没有对'上帝存在'或者上帝'不存在'作出决定,同样也没有对诸神之可能性或者不可能性做出决定。所以,如果声称根据人之本质与存在之真理的关联对人之本质的解释是无神论,那就不仅失之仓促,而且大错特错。"②根据他的辩解,存在并不是对上帝的取代从而导向一种无神论——萨特的《存在与虚无》正是秉持这样一种理解的范例,但是存在也绝不等同于上帝。同时,他还进一步认为,上帝本身并不"需要"存在,然而上帝在与人的关系中需要存在或存在之真理。因为:

> 唯从存在之真理而来才能思神圣者(the Holy[das Heilige])之本质。唯从神圣者之本质而来才能思神性(divinity [Gottheit])之本质。唯在神性之本质的光亮中才能思或者说"上帝"(God [Gott])一词所要命名的东西……而如果存在之敞开领域没有被澄明而且在其澄明中切近于人,那么,这个神圣者的维度作为维度甚至就依然闭锁着。也许这个世界时代的特征就在于美妙者(the hale [des Heilen])之维度的闭锁状态中。也许这是唯一的不妙(malignancy [Unheil])。③

上帝在其与人的关系中同存在或者存在之真理仍然具有些许关联,但是,这种关联方式绝不等同于作为存在论—神学的形而上学之中那种经由哲学推理导出上帝的方式。事实上,从1937年前后以来,海德格尔在提出"最后的上帝"(实际上是指"最遥远的上帝")之际,也已经不断在存在历史的背景中批判作为存在论—神学的形而上学中的上帝观念。这种批判最为典型地体现于1957年的论文《形而上学的存在—神—逻辑学机制》之中。根据海德格尔的分

① Benjamin D. Crowe, "On the Track of Fugitive Gods: Heidegger, Luther, Hölderlin," *The Journal of Religion*, Vol. 87, No. 2, 2007.

② Martin Heidegger, "Letter on 'Humanism'," in *Pathmarks*, ed. William McNeill, Cambridge: Cambridge University Press, 1998, p. 266.

③ Martin Heidegger, "Letter on 'Humanism'," p. 267.

析，基督教神学的颓败不仅仅在于希腊哲学对基督教的入侵，更重要的是，在希腊时期，也就是在西方形而上学的诞生阶段，上帝已然悄悄地进入了哲学，当这种上帝以存在论—神学的方式被构成，"当且仅当哲学自发地并根据其本性要求并规定着上帝进入它之中以及如何进入它之中"[①]。在海德格尔看来，作为存在论—神学的形而上学致力于使得实在整体成为可理解的、使得一切都显现给理性之光，在此过程中，它使上帝成为最高存在者从而成为实现此一目的的一种手段。这种形而上学的帝国主义之成就只是一种人为的建构，而毁坏了真正的宗教经验："人面对这个上帝既不能祈祷也不能献祭。人不能在这个自因面前于敬畏中跪拜，也不能在这个上帝面前歌之舞之。"[②]按照这种认识，就不难理解海德格尔为何 30 年代中后期以后时常强调，要由作为自因和充足理由律之根基的上帝转向活生生的、既非存在者又非存在的上帝，亦即"最后的上帝"。不过，对于这最后的上帝，在形而上学之内是无缘经验的，相反，只有在诗人那里，才能走向一种非形而上学的上帝。因为诗人被认为能够为我们准备面向神圣者的新开放，正如海德格尔所言："我们所理解的诗是对诸神和物之本质的有所创建的命名。'诗意地栖居'意思是说：置身于诸神的当前之中，并且受到物之本质切近的震颤。"[③]诗人正是在四重体（das Geviert）即大地、天空、神圣者和有死者的神秘统一——不同于存在论—神学的进路——中诗意地栖居着，并且因此聚焦于神圣者。换言之，诗人期待着成为能够活出追问的虔敬性的探寻者。如此一来，海德格尔也就把他所厌恶的"宗教哲学"过渡到一种由诗人并追随诗人来期待、命名和思想存在、诸神乃至上帝的"宗教诗学"。

三、形而上学之解构的神学意义

从总体上看，海德格尔哲学对于 20 世纪西方神学那种深远而广泛的影响，几乎是一个不言而喻的事实。许多基督教神学家都以一种无忌无畏的热情和大浪淘沙的决心，在海德格尔那里挖掘对于神学来说可能是弥足珍贵的东西，诸如人类此在的历史性和有限性、作为此在之可能性的本真性和非本真性、操心、决断、良知的呼唤、作为袭来和隐匿的存在的领会、存在历史的恩宠、作为存在之处所的此在的思念等等。其中，尤其具有指标性意义的要数德国《新约》神学家布尔特曼以及后布尔特曼时代的瑞士神学家奥特（Heinrich Ott）。

作为海德格尔马堡时期的挚友和学术上的合作者，布尔特曼在《存在与时间》所发现的正是宗教性的和基督教的生存之结构，而这对他于 20 世纪二三十

① Martin Heidegger, *Identity and Difference*, trans. by Joan Stambaugh, New York: Harper & Row, 1969, p. 56.

② Martin Heidegger, *Identity and Difference*, p. 72.

③ Martin Heidegger, *Elucidation of Hölderlin's Poetry*, trans. Keith Hoeller, Amherts, NY: Humanity, 2000, p. 60.

年代开始针对《新约》所展开的解神话化工作可谓是一种难得的帮助。解神话化的任务,就是要在整体上将宗教性生存的普遍的一生存论的结构,从关于天堂"居上"、地狱"处下"、大地"置中"的神话以及天国的信使在这些不同区域来回穿梭往返的神话中离析或拣选出来。他写道:"新约中耶稣布道时假定的世界概念在总体上是神话式的","末世论的教诫和种种神话言论作为一个整体是否保留了隐含在神话外壳之下的一种更深刻的含义?如果是这样,我们就放弃神话的概念,因为我们力求保留它们的更深刻的意义。这种试图恢复在神话的概念后面隐含的更深的意义的方法是解释新约的一种方法,我称之为**解神话化**"[①]。解神话化虽然是一种神学解经方法,但是,海德格尔的生存论分析被认为提供了从事这项工作最为适宜的概念框架。布尔特曼在1956年的《自传性反思》一文中明确讲道:"我从它那里发现了概念框架,在这种概念框架中,充分地言说人的生存以及进而也言说信仰者的生存是可能的。"[②]在他看来,诸如天堂、地狱、死而复生、末世论等等一些《圣经》神话,已经不适于现代科学世界的人类生存理解,迫切需要借助海德格尔的生存分析所提供的哲学人类学对《圣经》的宇宙哲学和神话表达进行解构和解神话化,以便恢复福音真义、恢复生存论的基督教信息,真实地面对我们的有限和罪恶,从而实现一种生存论上的转化。[③]

如果说布尔特曼对于海德格尔哲学的利用主要着重于早期的生存论分析,并且明显地具有存在主义的色彩——这是海德格尔所反对的,那么后布尔特曼时代的奥特——他既是巴特(Karl Barth)的门生,也一度广泛地跟随布尔特曼

---

① 布尔特曼:《耶稣基督与神话学》,载布尔特曼等:《生存神学与末世论》,上海:上海三联书店,1995年,第5、7页。

② Rudolf Bultmann, "Autobiographical Reflections," in *Existence and Faith: Shorter Writings of Rudolf Bultmann*, ed. and trans. Schubert M. Ogden, London: Fontana Library, 1964, p. 341.

③ 布尔特曼与海德格尔马堡期间的学术合作以及后者的《存在与时间》可以说为布尔特曼后来所有神学作品都刻上了持久的烙印。1954年出版的布尔特曼的巨著《信仰与理解》第1卷(第2版)就是题献给海德格尔的:"这部著作仍然敬献给马丁·海德格尔,以感念我们在马堡的共同时光。"关于布尔特曼的解神话化工作与海德格尔的生存论分析之间的密切关系,参见 John Macquarrie, *An Existentialist Theology: A Comparison of Heidegger and Bultmann*, Harmondswarth, Middlesex: Penguin Books, Ltd. ,1955; David Fergusson, *Bultmann*, pp. 64-72. 当然,布尔特曼借力海德格尔的生存论分析来展开解神话化的策略也受到了奥特、云格尔、利科等人的质疑,例如,利科在"为布尔特曼著作法文版所作的序言"中就认为:"布尔特曼就不具前提的解释的不可能性所说的一切,在我看来似乎是令人信服的。但是我会责备布尔特曼没有充分地遵循海德格尔的'道路',指责他为了夺取海德格尔的'生存'而走捷径,没有走存在问题这条漫长道路,而如果没有这条漫长道路,那么,境遇、筹划、遗弃、关切、为死而在等,这些生存就都不过是生活经验以及我所说的形式化生存的抽象而已。我们不要忘记在海德格尔那里,生存论描述所涉及到的并不是人,而是关于存在问题的处所:此在;这个目标首先并不是人类学的,所以,以后就只能思考和奠基有关人和人格的有意义的陈述,尤其是思考和奠基涉及把上帝当作人的那些类比。对存在的这种询问,被插入这个我们所是的存在之中并使我们成为存在的'此',可以说在布尔特曼那里发生短路了。同时,他也缺乏与这个询问相联系的思想的劳作。"(保罗·利科:《解释的冲突——解释学文集》,第488页)与这种质疑针锋相对的辩解,参见 Andreé Malet, *The Thought of Rudolf Bultmann*, Shannon, New York: Irish University Press, 1969, pp. 298-336.

从事共同研究——则致力于更为全面地借鉴海德格尔的存在之思尤其是后期海德格尔著作来开辟一种系统神学的思考。在1959年出版的力作《思想与存在——海德格尔之路与神学之路》之中，奥特论证说，20世纪30年代中期之后海德格尔所使用的宗教性话语，如给予与接纳、恩赐与蒙恩、拯救与危险、拜访与回应、贫乏与开放、终末时间与崭新开端、神秘与隐匿以及一个真正的神性上帝等等，确凿无疑地为神学打开了新的可能性。这证实了卡尔·巴特长久以来对布尔特曼以及海德格尔的《存在与时间》的反对立场，表明巴特的上帝优先神学实际上为海德格尔的存在转向所应和。在此，奥特深信一种比例类比，即正如当存在向思想言说之际，哲学的思想相关于存在，当上帝在其话语中启示出来之际，信仰的思想相关于上帝。奥特还坚决认为，与海德格尔哲学相适应的这种神学有望成为海德格尔所期待的那种本质性思想或原生性、源始性思想。原因在于，正如思想的言说出自思之经验、出自思想的存在之经验，神学源出于信仰的经验，而非科学的神学之表象化——思想和神学具有类似的经验本性，而且共同反对形而上学的亦即客观化的思想和言说的惯常方式。此外，相对于海德格尔那种存在历史的观念，奥特将拯救的历史同样解释为展开的历史；他还用海德格尔的语言概念"呼唤"来解释《圣经》语言。例如，《新约》有关复活的叙述就不能理解为一个事实性的宣称断言，而是对新的存在方式的呼唤。[①]

所以，在奥特看来，虽然在某些具体问题上海德格尔的哲学并不完全满足于神学的上帝理解（如上帝在海德格尔那里既非存在者也非存在、非虚无）但其神学整体与海德格尔哲学之间有着结构上的一致性。[②] 这最终促使地信心满怀地认为，"尽管海德格尔哲学具有一种准'无神论的'特征，或者也许恰恰是由于具有这种特征[这是迪姆提醒我们注意的]，这种哲学却可望为一种与神学的卓有成效的对照提供特别多的东西"[③]，乃至海德格尔的思想本身可能就处于通向一种名副其实的神学之途，他说，"海德格尔看到了本真地**思想**的神学的可能性，即一种超越形而上学的神学"[④]。

海德格尔哲学固然在布尔特曼的解神话化神学和奥特的系统神学或教会教义学那里发生了一种几乎无可匹敌的影响，但这也并不意味着他们是在独享这位哲学家的非凡才思。事实上，纵观整个20世纪西方神学界的风云变幻，布

---

① 对于奥特在《思想与存在》中从存在与上帝、思想与神学、语言与诠释学、世界与救恩事件四个维度全面探索海德格尔哲学在神学中的具体作用方式之状况的有益介绍，参见 James M. Robinson, "The German Discussion of the Later Heidegger," in *The Later Heidegger and Theology*, eds. James M. Robinson and John B. Cobb, Jr., Westport, Connecticut: Greenwood Press, Inc., 1963, pp. 3-76.

② 参见奥特：《从神学与哲学相遇的背景看海德格尔思想的基本特征》，载刘小枫选编：《海德格尔与有限性思想》，北京：华夏出版社，2002年，第135～137页。

③ 奥特：《从神学与哲学相遇的背景看海德格尔思想的基本特征》，载刘小枫选编：《海德格尔与有限性思想》，第120页。

④ Heinrich Ott, "What Is Systematic?" p. 106.

尔特曼学派的戈加藤(Friedrich Gogarten)、福克斯(Ernst Fuchs)、埃柏林(Gerhard Ebeling),巴特学派的云格尔(Eberhard Jüngel)、迪姆(Hermann Diem)、诺勒尔(Gerhard Nöller),天主教神学方面德国的维尔特(Bernhard Welte)、穆勒(Max Müller)、洛兹(Johnnes B. Lotz)、拉纳(Karl Rahner)、巴尔塔萨(H. U. von Balthasar)、席尔维特(Gustav Siewerth),这些来自于德国的天主教神学家大多都是海德格尔的终生挚友或20世纪30年代的学生[①];法国方面的马里昂(J.-L. Marion)、维尔古雷(R. Virgoulay)、拉封(Gh. Lafont)、居巴尔(Fr. Guibal)等,都或多说少从不同角度受益于海德格尔哲学本身以及与海德格尔哲学的争执。[②] 这种现象如此普遍,以至于当代德国天主教神学家汉斯·昆(Hans Küng)在1978年的巨著《上帝存在吗?——面向今日的回答》中抱怨说:

> 自大战结束以来,太多的人受到生存与存在的撩人之音的诱惑,伴随着海德格尔的乐调起舞。哲学的追随者积累到一个程度,就成了神学的海德格尔的信众和海德格尔的教派(Heidegger congregations)。在一个贫乏的时代,存在的思者一直被[基督新教教徒]视为深奥的存在主义神学的大祭司,被[天主教徒]视为更新的托马斯主义的秘密守护神。[③]

海德格尔哲学在20世纪众多出色的神学家那里获得了持续不衰而强有力的影响乃是一种实情,不过就我们的论题"形而上学之解构的神学意义"而言,我们更倾向于关注海德格尔哲学对于神学以及这些热衷于运用海德格尔哲学

---

① 例如,维尔特不仅和海德格尔保持着长达三十余年(1945～1976年)的通信联系,而且是海德格尔与之商讨其天主教葬礼事宜并且要求诵读悼词的神甫,当然海德格尔也非常看重他的神学智识。(Parvis Emad, "Martin Heidegger-Bernhard Welte Correspondence Seen in the Context of Heidegger's Thought," *Heidegger Studies*, Vol. 22, 2006)又如,拉纳20世纪30年代中期在弗赖堡大学的博士论文导师是哈纳克(Martin Honecker),但是也明显受过海德格尔的教诲。后来拉纳虽然认为他从秉持"先验托马斯主义"的比利时哲学家兼耶稣会士马雷夏(Joseph Maréchal)那里获得最基本的、决定性的哲学洞见,并且提醒人们不要过高估计海德格尔对他的思想的重要性,但是在回答教会之外人士对他的影响力之问题的时候,他仍然坦诚地说道:"当然,应该首先提及的是马丁·海德格尔。"(Karl Rahner, "Living into Mystery: Karl Rahner's Reflections at 75," Interview with Leo O'Donovan, in *America*, Vol. 140, March 10, 1979)实际上,在第二部主要作品《圣言的倾听者》(1941)中,拉纳明显挪用了海德格尔在阅读早期古希腊过程中首度阐发的一些概念如言说与倾听、呼唤与被呼唤作为研究主题,论辩说信仰者在存在论上是被安置于启示面前的,此在有其存在论的结构,并且海德格尔的哲学著述所揭櫫的存在论结构清楚地阐明了蒙受父神昭告于人类的道言之呼唤的可能条件。参见K·拉纳:《圣言的倾听者——论一种宗教哲学的基础》,J.B.默茨修订,朱雁冰译,北京:三联书店,1996年。

② 关于1959年出版的奥特的《思想与存在——海德格尔之路与神学之路》在德、美新教神学界引起的激烈回应和争论,参见 *The Later Heidegger and Theology*, eds. James M. Robinson and John B. Cobb, Westport, Connecticut: Greenwood Press, Inc., 1963. 关于天主教神学对于海德格尔哲学的接纳过程和方向,参见布里托:《天主教神学对海德格尔思想的接纳问题》,第235～255页。

③ Hans Küng, *Does God Exist? —An Answer for Today*, trans. Edward Quinn, New York: Doubleday & Company, Inc., 1980, p.497.

的神学努力所带来的那种深刻挑战。我们将看到，这种挑战是深刻而多重的。

第一，海德格尔的形而上学之解构在某种意义上也是对传统神学的一种解构。当他断言形而上学乃是一种存在论—神学的进路之际，神学家不应该窃喜或感到欣慰。因为，这种论断所提供的批评——形而上学遗忘了存在，而且确立了一尊代替真实上帝的偶像——不仅适用于形而上学，也适用于两千多年来的传统神学。众所周知，在使徒时期以来的每一个世纪，基督教牧师和教士们在言说、宣导上帝在耶稣那里的启示之际，都不可避免地借用了基督教之外的范畴和概念，赋予《圣经》话语、基督事件和教会布道以新的表达形式：保罗不遗余力地在与希腊哲学的争执中向异教徒鼓吹基督事件的意义，公元四五世纪的基督教普世会议明确通过那个时代的哲学范畴来表达呈现在基督中的神圣奥秘，奥古斯丁借助新柏拉图主义的力量来述说他的信仰之道，阿奎那则把天主教传统置于同亚里士多德思想的亲密对话之中。所有这些都表明，两千多年的西方基督教神学已然深深地卷入了形而上学之中。这样一来，两千多年来的基督教神学都是走在一条错误的道路上吗？海德格尔在20世纪20年代早期的"宗教课程"之后基本上就没有对基督教神学的具体内容公开发表过多少见解，也没有对此一问题给出明确的答案，但是根据传统神学与形而上学内在的相关性，我们必然能够推导出这样的结论：两千多年来的基督教神学掉进了形而上学的泥潭而错失了真正神性的上帝。这是可能的吗？或者说，这是一种实情吗？试想一下，如果没有希腊及其之后的近代哲学，奥古斯丁、阿奎那乃至近代的改革派及其继承者当会如何？如果没有对于形而上学的这种借力，一般的基督教信仰生活及其传统能否延续至今而不衰减？如果没有神学与哲学的传统合作，今日神学家们所讨论的教会教义学、系统神学、基础神学等等又如何着力？

所以，当海德格尔哲学的光辉熠熠闪烁的时候，神学家首要的任务不是匆匆忙忙热衷于运用海德格尔的哲学进行某种新型神学的争辩和建构，而是必须检讨海德格尔对神学的那种间接批评具有多大程度上的合法性。当然，这并不是鼓吹神学上的保守主义，而是主张，在有效处置一种哲学之前，必须在对它进行详细而深入的审查和检讨中来进行取舍。

第二，海德格尔的形而上学之解构所标明的那种哲学与神学的分离关系的复杂性是不容忽视的。在一些神学家看来，海德格尔对哲学与神学分离关系的持续强调，似乎暗示神学家应该和可以自由地追求他们关于上帝的本真研究，而不受种种不适当的哲学范畴的阻碍和滞塞，并且这条道路也是清楚无误的。但是，完全独立于哲学之外——某种意义上就是放弃了理性和论证——的神学是可能的吗？一种完全不再追求任何可理解性的神学是有生命的吗？或者说，正如汉斯·昆所担忧的："神学的科学或牧师的实践在禁止哲学言说上帝的口实下究竟能为神学带来什么样的益处？"[①]未来我们无法预测，但是宗教的发展史和传播史告诉我们，作为地方性的、秘密性的宗教信仰——无论是道教还是基督教，无论是佛教还是伊斯兰教——在大浪淘沙的历史长河中逐渐成长、扩展起来的经历，无一不曾借助理性活动的洗礼或协助。

而在另外一些神学家看来，海德格尔的形而上学之解构所指明的哲学与神学的分离关系，仅仅是表面上的或者说方法上的，实际上并没有排除在内容或终极目标上的契合性。这种观点自有其道理。但是，方法与内容及其目标能够是截然分离的吗？我们知道，海德格尔一直声称他把现象学作为一种方法来看待，并且这种方法来自于胡塞尔，但是当海德格尔要探讨存在问题（不同于胡塞尔的认识问题）之际，他的首要步骤就是对于来自于胡塞尔的现象学方法的改造。又如，有学者认为，海德格尔在"现象学的十年"中对此在的生存论分析，使用的是他改造了的现象学即诠释学的现象学，但是当他后期转向存在本身的问题之际，起作用的已经不是现象学了，而是沉思，因为现在的课题乃是对思想的事情的规定。所以，方法并不完全是中立性的，而是经常会受到内容与目标的牵引。这样一来，方法的无神论究竟如何能够导向一种实质的有神论，仍然是需要澄清的重大问题。

第三，海德格尔的形而上学之解构对于他的哲学之神学运用也构成了挑战。如上所述，海德格尔坚决（至少在表面上）反对哲学与神学的混淆，但这仅仅是反对传统哲学即形而上学与神学的关联，还是同样反对他自身的哲学对于神学的可能意义？这在海德格尔那里是一个并不清楚的问题，从而引起了不少争议。德国神学家弗兰茨认为，海德格尔实际上把自己的哲学也视为（相对于基督教信仰的）一种愚拙[②]，而奥特则反对说：

> 我充分意识到，海德格尔在其作品中关于基督教信仰和神学的立场并非一目了然。然而，尽管当人们考察海德格尔的全部工作之际会发现他在这一点上含混不清，我仍然坚持认为，我们能够从海德格尔的作品中清楚无误地证实我寻求建立的清晰关联之线索，一种海德格尔的思想和教义学的自我理解之间的一致性。无可否认，对我而言，这一重要方面在海德格尔自己的作品中已经确立了它的基本路线。[③]

---

① Hans Küng, *Does God Exist? —An Answer for Today*, p. 498.

② James M. Robinson, "The German Discussion of the Later Heidegger," in *The Later Heidegger and Theology*, pp. 70-76. 也可参见弗兰茨的《海德格尔之思与神学之当前》中的说法："如果我们现在来追问，按照我们的所有论述，什么是神学能够从海德格尔思想中得到的收获，那么我们必须老实说，当我们放弃把海德格尔的具体观点基督教化时，收益是相当少的。"（弗兰茨：《海德格尔之思与神学之当前》，第 202 页）

③ Heinrich Ott, "What Is Systematic?" p. 106, note 13.

奥特的这种观点并非全无根据。1970 年首次以德文版形式公开发表的海德格尔 1928 年最后一份马堡讲演《现象学与神学》以及随同后者一起发表的写于 1964 年 3 月 11 日的有关"今日神学中一种非客观化的思语言问题"的一封书信,就多少透露了这方面的线索。在《现象学与神学》讲演中,海德格尔否认了信仰与哲学的关系之后,指出作为信仰之概念化表达的神学需要哲学的"调校",他说,哲学必然具有这样一种功能,即"**作为对基本神学概念的存在者层次的尤其是前基督教的内容的一种调校而发挥作用**"①。那么这是否也就意味着刚刚出版的《存在与时间》的此在之生存论分析对于神学必然具有某种应用的可能性?有关"今日神学中一种非客观化的思语言问题"的书信似乎更加明确地确认了这种可能性。

我们知道,从 1937 年前后以来,海德格尔就致力于发展一种非客观化的思想和言说的形式,因为,一种非形而上学的哲学必须成为一种非客观化的思想和言说,而现在他进一步认为,神学作一种非客观化的思想和言说既是必需的,也是可能的。他写道:"神学将最终明了到它的必需之主要任务,并非借助于哲学和科学去获得它的思之范畴和它的言之方式,而是忠实于它的主体事情从信仰而来,为了信仰而去思和言。如果这种信仰按其本己的信念与在其本性中的人之为人相关涉,那么,真正的神学之思和言,为了切中人并在人那里得到支持,也就不需要任何特殊的准备。"②神学为了实现自身本己的任务,毋须借助于"哲学和科学",这里的"哲学"显然不是指海德格尔自身的哲学,而是指以客观化进行思想和言说并且构成科学之基础的传统哲学,即形而上学。既然真正的哲学和真正的神学都必须并且有望成为一种非客观化的思想和言说,那么它们之间的亲和性就是不言而喻的了。这样一来,借助于海德格尔的哲学来展开本真意义上的神学研究似乎也就顺理成章或至少是无可厚非的。

不过,即使我们暂时接受这一点,即海德格尔本身为他的哲学在神学上的可能应用提供了某种线索,但是也并不意味着神学家在此可以高枕无忧。理由在于,确实正如布尔特曼、奥特等神学家已经认识到的那样,海德格尔的哲学有着深厚的神学渊源,然而,我们要问,这种渊源关系是否足以保证神学家们,能够轻而易举地从海德格尔的哲学那里取回适合于或者说更加适合于神学自身的东西?对此,作为海德格尔三位出色的犹太裔弟子之一(另两位是勒维特和阿伦特),约纳斯直言不讳地表示出深刻的疑虑:

> 在再次引入他自己的原生产品之前,神学家必须询问:你对我们的小产品做了些什么?你把它们带入了什么样的组织(company)?它们仍然是

① Martin Heidegger, "Phenomenology and Theology," p. 53.

② Martin Heidegger, "Phenomenology and Theology," p, 53,

我们天真无邪的孩子吗?我能够把从你那里把它们领回吗?如果我把它们领回,我将**一起**带回些什么?

神学家没有理由对于一个颇有影响的思想家对他的珍贵传家宝的认可感到喜悦……他必须询问能够不用歪曲整体而阐述他的故事——正如他将不得不及时倒过来追问,海德格尔的哲学是否能够被部分地吸收而无须采纳其整体。①

另外一位长期致力于解读海德格尔与基督教关系的英国神学家麦奎利(他是得到广泛认可的《存在与时间》英译本译者之一)也对海德格尔哲学的神学运用的可行性保持一种谨慎的态度,因为,海德格尔对本真性的神学更新的表面上支持或者说容忍,表现为是通过摇摆于厌恶和施恩之间的某种神学评论而调和出来的,他写道:“海德格尔似乎正在说……神学次于哲学,因为它言说信仰,并且不能回答甚至不能享受深刻的哲学之存在问题。神学不能达到概念上的清晰性,尤其是仍然停留于存在者层次的水平上,以至于它更接近于化学或历史而非哲学。”②由此,麦奎利警告说,神学家们应该对允许海德格尔决定神学更新的方法和内容或者单方面地决定在何处划分哲学和神学的界限保持警觉。③

当然,我们在此指出这样一些困难和挑战,并不是彻底否认海德格尔哲学在神学中的任何应用之可能性和可行性,而是提醒其中无法忽视的障碍或冲突所在。也许,利科的一席语重心长的告诫多少适合用来表达我们的主要关切和论点。他说:

我并不是说神学**必须**经由海德格尔,我是说,**假如**神学经由海德格尔,那么正是由此并且就此才必须追随他。这条道路较为漫长。这是需要耐心走过的道路,而不是匆忙仓促冒进的道路。在这条道路上,神学家不应急于想知道海德格尔的存在是否是圣经的上帝。正是通过延迟这个问题,神学家往后才有可能重新思考他所说的“上帝的行动”、“上帝在其言语中的行为”。思考“上帝的言语”,也就是同意行进在这条可能会迷失方向的道路上。④

① Hans Jonas, “Heidegger and Theology,” pp. 243, 244.

② J. Macquarrie, “Being and Giving: Heidegger and Concept of God,” in *God: The Contemporary Discussion*, eds. F. Sontag and M. Darrol Bryant, New York: Rose of Sharon Press, 1982, p. 157.

③ J. Macquarrie, “Being and Giving: Heidegger and Concept of God,” p. 159.

④ 保罗·利科,《解释的冲突——解释学文集》,第489页。

第六章　哈贝马斯：理性与信仰的互动[①]

当代许多典型的世俗哲学家在其思想发展历程中体现了某种“宗教回归”的倾向，著名德国哲学大师哈贝马斯(Jürgen Habermas)就是其中的一位。当然，哈贝马斯的“宗教回归”或“神学转向”绝不是信仰宗教或成为神学家，而是放弃了世俗哲学家的极端世俗主义立场，不再坚决地反对、排斥宗教，在某种程度上肯定宗教与哲学的密切关系，承认理性与信仰的互动性，阐释宗教在现代社会中的重要性。

第一节　交往理性与宗教话语

理性主义在现代西方社会占据无可置疑的统治地位的时候，以霍克海默和阿多诺为首的社会批判理论家却对现代社会及其理性给予了激烈的批判。他们批判了传统的理性，痛斥了现代社会的各种弊病，从而深刻地揭示了启蒙的辩证法。然而，社会批判理论家的批判陷入了自相矛盾之中，因为他们用来进行理性批判的理性与他们所批判的理性并无实质的不同，并且仍然用那种理性来构想和描述未来的充满正义的美好社会。所以，霍克海默和阿多诺虽然提出了批判现代理性社会的批判理论，但没有为批判理论奠定可靠的理性基础。

作为新一代社会批判理论的核心代表，哈贝马斯敏锐地意识到了老一代社会批判理论的这个致命缺陷，致力于重建社会批判理论。为此，哈贝马斯从理性概念入手，力图阐释一种新的理性，解决社会批判理论的基础问题。哈贝马斯所阐释的这种理性就是交往理性，因此，他给自己规定的任务是“在日常实践自身中，在交往理性被压制、被扭曲和被摧毁之处，发现这种理性的顽强声音”[②]。正是从交往理性出发，哈贝马斯厘定了宗教话语类型，论证了宗教话语的合理性和合法性。

---

① 本章中有些问题在《哈贝马斯宗教哲学思想研究》(济南：山东大学出版社，2009 年)中有更详细的论述。

② 转引自得特勒夫·霍尔斯特：《哈贝马斯传》，章国锋译，上海：东方出版中心，2000 年，第 101 页。

一、合理性概念

哈贝马斯的交往理性概念以他所阐述的合理性概念为基础，要了解哈贝马斯的交往理性概念，必须首先了解他的合理性概念。哈贝马斯正是从界定合理性概念出发，推导出他的交往理性概念来。

在哈贝马斯那里，合理性与知识之间存在着不可分割的联系。他说：

> 无论何时，我们一旦使用“合理的”(rational)这样一种说法，也就在合理性和知识之间建立起了一种紧密的联系。[①]

虽然并不是哈贝马斯首次注意到了合理性与知识之间的联系，但在哈贝马斯那里，合理性与知识之间的关系不是体现为对知识的占有，而是知识的获得和使用，即具有语言和行为能力的主体如何才能获得和使用知识。从合理性与知识的这种密切联系可以得出，一种表达的合理性取决于它所表达的知识的可信性；换言之，如果一种表达所体现的知识是可信的，它就是合理的，否则就是不合理的。因为知识是否可信可以得到客观的检验，所以表达的合理性可以还原为可批判性和可论证性。

根据哈贝马斯的观点，一个人既可以为了交往和表达意见而作出一个断言，也可以为实现一定的目的而采取一种行为。前者是一种交往行为，而后者是一种目的行为。无论是交往行为还是目的行为，它们所体现出来的知识都是可错的，都可以加以批判的检验。听众可以对断言的真实性提出疑义，观众可以对行为的结果提出疑问。因此，交往行为和目的行为都体现出了各自的合理性，哈贝马斯解释说：

> 一方面，表达的实际关系和论证能力足以促使交往参与者就世界中的存在达成沟通。言语者为了陈述“p”而提出一种可以批判检验的有效性要求，对此听众可以接受，也可以予以拒绝，从而构成了表达的合理性。另一方面，行为规则的实际关系和论证能力为成功的介入世界提供了可能。行为者为他的所作所为作出了一种内部具有“p”真实性的规划，从而使得具体情境下的既定目标能够得以实现；而这一点构成了行为的合理性。如果言语者满足了达到以言行事目的所必须具备的条件，并且至少和一位其他的交往参与者就世界中的存在达到共识，那么，论断才称得上是合理的；同样，如果行为者满足了为了成功介入世界的目的所必须具备的条件，那么，

---

① 哈贝马斯：《交往行为理论》第1卷，曹卫东译，上海：上海人民出版社，2004年，第8页。

> 目的行为就是合理的。[①]

这并不是说,只有达成了共识和实现了目的才表现了交往行为和目的行为的合理性,实际上,即使没有达到共识或实现目的,也可以表现它们的合理性。因为即使没有达到共识或没有实现目的,即交往行为和目的行为失败了,仍然可以证明表达的合理性,即解释清楚失败的原因。

哈贝马斯的理性观突破了包括老一代法兰克福学派在内的传统理论关于"理性"的狭隘概念。在他看来,交往理性与认知—工具理性是理性的两种基本类型,虽然两者表现为不同的内容和形态,但并不存在绝对的对立。交往理性和认知—工具理性相互补充、相互配合,共同体现整体的合理性:

> 理性的两个领域,工具合理性与交往合理性都包含在每一言语行为中,而言语行为支撑着社会化的人的交往理解。[②]

如果将工具理性与交往理性割裂开来,要么就像实证主义者那样只看到工具理性,看不到交往理性,唯工具理性独尊,造成人和社会的单面化;要么就像早期法兰克福学派那样只是从工具理性的立场来批判工具理性,并不能解决理性带来的严重的社会问题和人的问题。

总之,哈贝马斯的"合理性"说的是表达以及具有语言能力和行为能力的主体的合理性。作为具有语言能力和行为能力的主体所具有的一种素质,合理性总是表现在能够得到充分证明的行为方式中,所以,合理性可以得到客观的批判和验证。鉴于在现代社会中理性在理论上和实践上片面地表现为工具理性,哈贝马斯的理论旨趣在于揭示人类实践中的交往理性,建构一种交往理性理论。

二、有效性要求

哈贝马斯通过有效性要求的分析区分了不同的类型的话语,为提出特殊的宗教话语做好了理论准备。

所谓有效性要求,就是言说者为证明他们的言行而作出的承诺。在哈贝马斯看来,主体的话语多种多样,可以区分为理论话语、实践话语、审美话语等等。不同的话语表达了不同的问题,提出了不同的有效性要求。比如,理论话语表达了认知—工具性的问题,提出了真实性和现实性的有效性要求;实践话语表达了道德—实践性的问题,提出了正确性的有效性要求;审美判断话语表达了

① 哈贝马斯:《交往行为理论》第1卷,第11页。

② Rudolf J. Siebert, *The Critical Theory of Religion, The Frankfurt School: From Universal Pragmatic to Political Theology*, Berlin: Mouton Publishers, 1985, p. 7.

评价性的问题,提出了恰当性的有效性要求。因为有效性要求超越了话语主体自身,对于任何一个话语的参与者或观察者都有同等的意义,所以可以得到主体间共认的批判检验或论证,由之满足其合理性前提。哈贝马斯说:

> 在交往关系中,我们说不仅那些提出断言,并且在面对批评的时候能够通过指出相应的自明性而对其断言加以证明的人是合乎理性的,我们也称那些遵守现有规范,并且在面对批评的时候能够通过合法的行为期待对具体的情境加以解释,而对其行为进行辩解的人是合乎理性的。此外,我们甚至还把那些坦率地表达出愿望、情感或情绪,并且放弃秘密、供认行为等的人叫做合乎理性之人,他们在面对批评的时候,会对诸如此类的体验加以明确,为此,他们从中吸取实践经验,以便日后在行为举止中加以捍卫。[①]

不同的话语或言语行为以不同的方式关联着世界,理论话语关联着客观世界,实践话语关联着社会世界,审美话语关联着主观世界。显而易见,理论话语描述了世界的事实,表达了可以证伪的知识,所以提出了真实性的要求,并且在必要时为其真实性提供论证,可以得到批判检验。从言语行为的角度讲,理论话语执行了断言性的言语行为,实践话语执行了规范调节的言语行为,审美话语执行了自我表达的言语行为。不仅断言性语言行为提出了有效性要求,规范调节行为和自我表达行为也提出了各自的有效性要求,并且是可以批判检验的。规范调节行为和自我表达行为面对的不是实际存在的事态,而是规范的或然有效性,或表现出来的主观体验。规范调节行为表达了社会共认的合法规范,自我表达行为表达了自我特有的体验,这两种行为和断言行为一样都可能出错,都可以批判地检验其主体间相互承认的有效性,所以都是合理的。哈贝马斯指出:

> 和其他行为要求命题真实性和有效性一样,表达也要求规范具有正确性(Richtigkeit)和主体具有真诚性(Wahrhaftigkeit);果真如此,这样的表达已经满足了合理性的核心前提,即可以论证和可以检验。[②]

在哈贝马斯那里,基本的言语行为有三类,即断言性行为、规范调节行为、具有表现力的自我陈述行为和评价性的表达行为。这三类言语行为使言语成为一种交往实践,其目的是在主体相互之间对可以批判检验的有效性要求认可

---

① 哈贝马斯:《交往行为理论》第1卷,第15页。
② 哈贝马斯:《交往行为理论》第1卷,第16页。

的基础上达到共识,其特征表现为共识的达成、维护与更新。作为一种交往实践,它的内在合理性在于,通过交往所达到的共识是否具有充分理由,衡量交往参与者的合理性标准在于他们是否能在适当的情况下对其表达加以证明。

一个有效性要求可以由言语者向听众提出来,听众可以采取赞成或反对的立场。他说:

> 描述命题普遍都是用来陈述事实,因而可以从命题真实性的角度来加以肯定或否定;规范命题(应然命题)(Sollsätze)是用来证明行为的,因而可以从行为方式的正确性(或"公正性")的角度加以肯定或否定;评价命题(或价值判断)是用来估价事物的,因而可以从价值标准(或"善")的适当性的角度加以肯定或否定;解释命题主要是用来澄清诸如言说、分类、计算、演绎、判断等具体活动的,因而可以从符号表达的可理解性或全面性的角度来加以肯定或否定。①

不同的命题有着不同的证明方式,比如,对描述性命题的论证就是对实际事态的证明,对规范性命题的论证就是对行为规范的可接受性的证明。

哈贝马斯认为,命题的真实性、道德行为的规范性和符号表达的可理解性才是普遍有效性的要求。后来,哈贝马斯更明确地将真实性、正确性和真诚性看成是言语行为有效性要求的三个维度。每一种言语行为在具体的语境中都提出了一种具体的有效性要求,可以对此予以肯定或否定,但这种言语行为同时也蕴含着其他的有效性要求,也可以从其他方面予以肯定或否定:

> 每一种言语行为都可以在如下三个方面遭到批判,而被认为是无效的:从人为的陈述(以及陈述内容的实际前提)的角度来批判它是不真实的;从现有的规范语境(或先验规范的合法性)的角度来批判它是不正确的;从言语者的意图角度来批判它是不真诚的。②

通过有效性要求的论证,"哈贝马斯在认知、伦理学和美学领域的特殊价值内容与普遍的、形式的标准之间作了区别,这些特殊的内容依据普遍的形式标准判定它们论证的有效性要求。特殊的价值不能借助其内在的内容来提出它们的有效性要求,而只能借助满足有效性要求得到断定的逻辑标准来提出它们的有效性要求"③。因此,特殊价值内容的合理化并非来自于其内容的合理性,

---

① 哈贝马斯:《交往行为理论》第1卷,第39页。

② 哈贝马斯:《后形而上学思想》,曹卫东、付德根译,南京:译林出版社,2001年,第67页。

③ Garth Gillan, "Communicative Action Theory and the Possibility of Theology," in Lewis Edwin Hahn ed., *Perspectives on Habermas*, Chicago: Open Court, 2000, p. 114.

而是来自于其获得的逻辑论证形式。沿着这个理路,自然可以得出,如果存在着类似的宗教话语的话,那么它必然也是可论证和可批判的,必然有其自身的有效性要求,从而与其他三种典型的话语类型并无实质的不同。因此之故,哈贝马斯坚决主张,宗教信仰必须从内在的私人经验中解放出来,转换成可论证和批判的话语,从而不仅获得其合理性形式,而且也参与到合理性的交往之中,成为交往理性的一方。

三、宗教信仰的私人化与公共领域的兴起

早在20世纪60年代初,哈贝马斯就指出,随着资本主义制度的建立,宗教发生了前所未有的转型。这个转型表现在,宗教信仰私人化了。哈贝马斯指出:

> 由于宗教改革,教会地位有了变化;教会所代表的对神权的义务,亦即宗教变成了私人的事情。所谓宗教自由在历史上是第一个私人自律领域;教会本身是作为众多公共权力载体之一而继续存在了下来。①

这就是说,虽然教会继续作为公共权力机构而存在,但宗教信仰成了私人的事情,它是个人自由的内心信仰,不听命于包括教会在内的任何权威。宗教信仰私人化的重大意义在于,它为资产阶级公共领域的兴起铺平了道路。

在17、18世纪的欧洲社会中,一个现代资产阶级的公共领域兴起了。何谓资产阶级的公共领域?哈贝马斯说:

> 资产阶级公共领域首先可以理解为一个由私人集合而成的公众的领域;但私人随即就要求这一受上层控制的公共领域反对公共权力机关本身,以便就基本上已经属于私人,但仍然具有公共性质的商品交换和社会劳动领域中的一般交换规则等问题同公共权力机关展开讨论。②

从理论上来说,作为一种基本的社会现象,公共领域不是一种建制,而是一种交往结构。哈贝马斯说:

> 公共领域最好被描述为一个关于内容、观点、也就是意见的交往网络;在那里,交往之流被以一种特定的方式加以过滤和综合,从而成为根据特

① 哈贝马斯:《公共领域的结构转型》,曹卫东等译,上海:学林出版社,1999年,第11页。
② 哈贝马斯:《公共领域的结构转型》,第32页。

定议题集束而成的公共意见或舆论。[①]

公共领域的本质特征在于其开放性，“以开放的、可渗透的、移动着的视域为特征”[②]，它容许不同的个人、不同的团体参与到公共讨论中来，就共同关心的一般问题或公共问题达到理性的共识。所以，一个公共的领域就是一个共享的理性空间，所有的参与者，不管其特殊的差异，都可以会聚到这个空间来讨论可理性兑现的任何要求。[③] 在公共领域中，公共领域的主体和参与者就是“公众”：“所谓‘公共领域’，我们首先意指我们的社会生活的一个领域，在这个领域中，像公共意见这样的事物能够形成。公共领域原则上向所有公民开放。公共领域的一部分由各种对话构成，在这些对话中，作为私人的人们来到一起，形成了公众。”[④]组成公共领域的公众的核心是市民阶级。市民阶级包括了广泛的群体，其中就有宗教信徒和教会人士。哈贝马斯说：

> 随着现代国家机器的形成，出现了一个新的阶层，即市民阶级，他们在“公众”范围内占据核心地位。他们主要由政府官员，特别是法官组成(起码在欧洲大陆是这样，这里，从罗马法那里接受过来的技能被当成社会交往合理化的工具)。此外还有医生、牧师、军官和教授、“学者”等——他们处于最顶层，通过教师和撰稿人而和“民众”发生联系。[⑤]

公共领域的实质表明，公共领域排除了权力和权威的干扰，公共领域中的公众都是平等的主体，平等的主体通过理性交往达成共识。因此，宗教信仰的私人化是宗教的结构性转换，而非否定宗教。宗教信仰私人化之后，教会人士和宗教信徒完全可以参加到公共领域中来，作为理性讨论的一方，讨论公共问题，通过更好的论证话语，在理性的基础上达成共识。

总之，哈贝马斯在论述资产阶级公共领域的产生、形成和发展时，并没有一概排斥宗教，没有让宗教完全退到幕后去，销声匿迹，而是让宗教自始至终地在场，发挥作用。许多西方的宗教神学家不仅赞同哈贝马斯的这一观点，而且还更为详细地说明了在哈贝马斯所论述的自由主义公共领域模型产生期间，宗教

---

① 哈贝马斯：《在事实与规范之间：关于法律和民主法治国的商谈理论》，童世骏译，北京：三联书店，2003年，第446页。

② 哈贝马斯：《在事实与规范之间：关于法律和民主法治国的商谈理论》，第446页。

③ David Tracy, “Theology, Critical Social Theory, and the Public Realm,” in Don S. Browning and Francis Schüssler Fiorenza eds., *Habermas, Modernity, and Public Theology*, New York: Crossroad, p. 19.

④ 哈贝马斯：《公共领域》，载汪晖、陈燕谷主编：《文化与公共性》，北京：三联书店，1998年，第125页。

⑤ 哈贝马斯：《公共领域的结构转型》，第21页。

信仰在欧洲各国公共领域的形成中所起的至关重要的作用。[①]

四、宗教话语

宗教在公共领域中发挥作用的前提之一,就是将个体特有的宗教经验和宗教信仰转换成可以公共讨论的宗教话语。宗教话语和理论话语、实践话语及审美话语一样,都属于可批判、检验的论证话语。哈贝马斯的这一立场也得到了一些神学家的积极响应,神学家普可特就说:

> 无论是神学规划,还是启蒙规划,都需要彼此进行公共对话以便继续下去。只要宗教规划以可理解和合理的说话方式作出断言,这一点是再明显不过了。而且,对我来说,如果这种断言对神学有所助益,那么它必须运用论证话语。[②]

西方历史表明,从宗教改革运动和启蒙运动以来,西方文化中宗教意识为了应对宗教传统所面临的多元主义、现代科学和实证法律与世俗道德的挑战,已经开始了世俗化的转变。这个世俗化转变是"是以翻译的模式完成的"[③]。几个世纪以来宗教思想体系和神学超越纯粹循环和纯粹辩护,不断批判地反思自身,将信仰的内容翻译为适合于广大公众话语的表达:

> 从经验和历史上来说,似乎十分明显,几个世纪以来,至少自发生翻天覆地变化的17世纪以来,而非单纯启蒙时期之后特别近的时期,西方的宗教团体一直致力于将信仰的内容转译为适合于广大公众话语的表达。路德将《圣经》转译成德国本土语言,只是西方历史上这种宗教转译的实践和进程的最典型的范例之一。在这方面,似乎有理由认为,从宗教到世俗,既没有任何确定的分水岭,亦不是任何单一的逐步进展,而是在不同时间和地方,从或多或少宗教的东西转译为或多或少的世俗的、或多或少的后宗教的东西,这样一种一系列不同行为、片断和过程。同样,似乎有理由认为,至少自中世纪以来——在康德的哥白尼革命之前,而且确实远远早于20世纪早期逻辑实证主义运动的兴起,虽然取得的成就不同,但哲学家和神学家从自我超越的角度,依据自然科学和历史批评与学识中的经验认知视野,一直不断地寻求超越现存的形而上学思想视野。在这个意义上,人

---

① Don S. Browning and Francis Schüssler Fiorenza eds., *Habermas, Modernity, and Public Theology*; Nigel Biggar and Linda Hogan eds., *Religious Voices in Public Places*, Oxford: Oxford University Press, 2009.

② Helmut Peukert, "Enlightenment and Theology as Unfinished Projects," in Don S. Browning and Francis Schüssler Fiorenza eds., *Habermas, Modernity, and Public Theology*, p.45.

③ 哈贝马斯:《后民族结构》,曹卫东译,上海:上海人民出版社,2002年,第171页。

们可能说，历史哲学的特征在于，不断地、一再地试图超越僵硬的形而上学结构，但同时又陷入形而上学的教条之中。①

一些社会学家将这一转变描绘为“宗教意识的现代化”，而哈贝马斯称之为宗教和神学的“学习过程”。②

宗教的翻译模式典型地表现了宗教与哲学的互动。一方面，在这个学习过程中，宗教经验经过翻译之后进入到哲学的领地，成了哲学的财富。哈贝马斯说：

宗教话语中所谈论的东西，只把它当作宗教经验，哲学则不能据为己有；如果哲学运用描述来确定宗教经验，而且这种描述不再依靠某个具体宗教传统的语言，而是归属于摆脱了启示事件，纯粹建立在论证基础上的言语世界，那么，只有在哲学自身的经验基础得到落实之后，宗教经验方可成为哲学的经验财富。一旦这种中立化翻译不再坚持下去，那么，哲学必须自认失败；从隐喻角度运用诸如拯救、弥赛亚之光、补偿、自然等辞藻，使宗教经验成为纯粹的引语。宗教经验失效之际，处于宗教和科学彼岸的论证言语便转变到了文学中；也就是说，转变成一种表现模式，从而不再正面检验其真值要求。据此类推，如果神学仅仅抄录宗教经验，而不再通过描述宗教话语承认宗教经验是其特有的基础，那么，神学同样也失去了其身份。③

因此：

谁今天在后形而上学思想前提下提出真值诉求，那就必须把宗教话语中占一席之地的经验转译成专家文化的科学语言，并据此再回复转译到实践中。④

另一方面，在这个学习过程中，为了自身的生存和持久，宗教需要适应日益世俗化的环境，必须积极主动地翻译它们的语言。在现实中，宗教共同体的成员为了说明他们的观点，使多数人认同他们的论据，必须将其宗教语言翻译成世俗语言。比如，今天许多基督教徒从《圣经》的立场出发，坚持主张体外受精

① Austin Harrington, “Habermas's Theological Turn?” *Journal for the Theory of Social Behaviour*, 37(1), 2007.

② Jürgen Habermas, “Religion in the Public Sphere,” in Jürgen Habermas, *Between Naturalism and Religion*, Cambridge: Polity, 2008.

③ 哈贝马斯:《哈贝马斯精粹》，曹卫东编选，南京：南京大学出版社，2004 年，第 446～447 页。

④ 哈贝马斯:《哈贝马斯精粹》，第 447 页。

的卵子应当享有人的基本权利,这就是把宗教语言中关于上帝造物的语言翻译成了世俗的宪法语言。因此,只有把宗教语言翻译成世俗语言,宗教共同体才能进入公共领域之中,与其他共同体平等共处,讨论共同的问题,彼此达到规范共识。

总之,在这个过程中,世俗与宗教应当相互理解,相互接纳,相互合作,彼此接受对方的视角。哈贝马斯指出:

> 只有在世俗社会对宗教语言的表述方式保持同情的时候,对能被普遍接受的理由的追求才不致将宗教不公平地排挤出公共领域,世俗社会也才不会割断与自己重要的思想源泉之间的联系。世俗理由与宗教理由之间的界限本来就是模糊的。因此,划定这个有争议的界限,应当被看作是一种合作,在合作过程中,应当呼吁双方同时接受对方的视角。①

虽然哈贝马斯在讨论世界观的进化时认为作为世界观的宗教是过时的,但他认为"在理性的话语中,宗教的真实性要求可以重新得到科学的讨论,以便通过充分的理由认可或拒斥它。这确实是一个进步!甚至当哈贝马斯断言宗教世界观已经过时时,我们可以请他给出这种论断的理由"②。

第二节 理性的谱系

作为当代著名的理性主义哲学家,哈贝马斯继承了西方的理性主义传统,强调理性的首要性,但他不再像传统的理性主义哲学家那样,仅仅把理性看成是绝对理性,而是更重视理性的形成和发展过程,即理性化或合理化过程。在这个过程中,宗教现象不只是"理性的他者",而是理性化过程的一个不可缺少的阶段,是理性的一个重要的来源:

> 在一些地方,哈贝马斯强调理解"理性的宗教来源"的重要性。他声称,哲学应当反对"从理性的谱系中排除宗教教义"。从康德那里,我们领悟到"宗教哲学将理性溯及宗教来源也具有建设性的意义,由此哲学获得一个动力,并可以学到东西"。宗教的理性批判因而必须理解理性在谱系学上依赖于宗教来源:"如果后形而上学思想不在它自己的谱系中包含与形而上学密切相联的宗教传统,就不能理解其自身。根据这个前提,把这些'强大的'传统只是作为过去了的古代遗迹扔在一边,将是错误的",因为

① 哈贝马斯:《后民族结构》,第 169 页。

② Rudolf Siebert, *The Critical Theory of Religion, The Frankfurt School: From Universal Pragmatic to Political Theology*, p. 15.

"宗教传统今天传递给我们的是我们缺乏的一种意识。"[①]

一、世界观的合理化与解神秘化

哈贝马斯是具有深厚的历史感的哲学家,他常常将问题追溯到其历史根源并详述其发展过程。哈贝马斯从多角度、多层面论述了理性的宗教谱系,尤其是从世界观的合理化与解神秘化方面论证了理性的宗教谱系。

在哈贝马斯看来,在生活世界的结构中,文化解释系统或世界观是一个重要的构成因素:

> 文化解释系统或曰世界观,构成了社会群体的背景知识,并且确保其各种行为取向之间能有一种内在的联系。[②]

世界观不是永恒的、固定不变的,而是经历了一个发展过程,这个发展过程表现了从神话世界观到宗教—形而上学世界观再到现代世界观的进步。世界观的发展说明了现代世界观来源于宗教世界观,因而,宗教世界观不只是一种"过了时的世界观",也不只是与现代世界观截然对立。缺少了宗教世界观,现代世界观也就成了无源之水、无根之木。

哈贝马斯借助韦伯的宗教社会学说明了世界观的合理化。韦伯认为,世界观的发展或进化表现为一个合理化的过程,特别是对神话世界观和宗教世界观来说,世界观的发展就是解除其神秘化。可以说,在韦伯那里,合理化和解神秘化是同一个过程的两个方面,是"一枚硬币的两面"[③]。从正面来看,西方文明的演化过程是合理化;而从反面来看,它就是世界的解神秘化,即消除神秘的巫术思想和实践。[④]

在韦伯看来,西方文明的核心是理性主义,理性主义塑造了西方现代资本主义文明的一切成就,而理性主义的来源则是宗教世界观:

> 只有在合理性的行为方式和思维方式的支配下,才会产生出经过推理证明的数学和通过理性试验的实证的自然科学,才会相应地产生出合理性的法律、社会管理体制以及合理性的社会劳动组织——资本主义。作为一种合理性的社会劳动组织,资本主义的产生除了有其他因素的配合以外,

---

① Austin Harrington, "Habermas's Theological Turn?" *Journal for the Theory of Social Behaviour*, 37(1),2007.

② 参见哈贝马斯:《交往行为理论》第1卷,第44页。

③ 迈克尔·H·莱斯诺夫:《二十世纪的政治哲学家》,冯克利译,北京:商务印书馆,2001年,第13页。

④ Anthony Giddens, *Capitalism and Modern Social Theory: An Analysis of the Writings of Marx, Durkheim and Max Weber*, Cambridge: Cambridge University Press, 1971, p. 183.

> 与一种特殊的社会精神气质即资本主义精神具有因果关系;而资本主义精神实际上又是来源于一种潜在的入世禁欲宗教的价值观,亦即经过宗教改革以后的新教伦理。[①]

据此,哈贝马斯指出,"**宗教历史的解神秘化过程**是西方理性主义出现的一个必要的内在条件"[②]。

在哈贝马斯看来,韦伯合理化理论的核心在于世界观的合理化。在韦伯那里,所谓合理化就是符号解释系统——特别是宗教解释系统以及法律观念和道德观念在形式上日趋完善。换言之,合理化就是从形式的角度对符号解释系统进行加工完善,比如,确立命题、明确意义、解释概念、系统化知识等。韦伯世界观的合理化体现了两方面的重要作用:

> 一方面,合理化的世界观在更高层面上满足了**形式操作思想的要求**。就此而言,韦伯主要探讨的是(最初是在职业实践中使用的)法学专业知识的形式化、科学的系统化以及职业的专门化;但另一方面,合理化的世界观也在更高层次上满足了**现代世界观的要求**,而现代世界观作为一个范畴,其前提是**世界的解神秘化**。[③]

因而,根据韦伯的观点,世界上的各大宗教都是一步一步地向着世界观的合理化前进,它们在合理化方面的贡献就在于超越了早期世界观的神秘性,去除了神秘的信仰,促进了世界观的合理性,在范畴上向解神秘化的现代世界观迈出了关键的一步。

二、文化价值领域的合理化

世界观合理化的一大成就就是导致了文化价值领域(认知领域、规范领域和表现领域)的分化,为现代意识结构的形成奠定了基础。哈贝马斯说:

> 世界观的合理化导致了文化的认知领域、规范领域以及表现领域相互之间的分化,也就是说,带来了一种现代世界观;同样,世界观的合理化也满足了严格意义上的文化合理化的发生条件。[④]

从知识的角度来说,文化价值领域涵盖了三大方面:关于外在自然的经

---

① 王威海编著:《韦伯:摆脱现代社会两难困境》,沈阳:辽海出版社,1999年,第3页。
② 哈贝马斯:《交往行为理论》第1卷,第142页。
③ 哈贝马斯:《交往行为理论》第1卷,第169页。
④ 哈贝马斯:《交往行为理论》第1卷,第170页。

验—理论知识、社会成员关于社会的道德—实践知识以及个人关于自身主体性或内在自然的审美—表现知识。因此，文化价值领域的合理化也就是经验—理论知识、道德—实践知识和审美—表现知识这三种知识的分化、进步和提高。世界观的合理化导致了价值领域分化为认知、审美表现以及宗教传统的道德评价三个部分，在合理化的文化中，不同的价值领域遵循着自身的规律和逻辑。

一旦科学、道德和艺术根据一个抽象的价值标准或一种普遍有效性要求，不管它是真实性、规范正确性或是本真性和审美性，分化成为单个的价值领域，也就有可能出现客观意义上的进步、完善以及特殊意义上的提高。①

科学和技术、艺术和文学、法律和道德是文化价值领域中的要素，它们原来蕴藏在传统宗教—形而上学的世界观中。随着它们从传统的世界观特别是犹太教和基督教传统中解放出来，便发生了文化价值的合理化。这个文化价值合理化的过程就是宗教世界观的解神秘化过程：

> 价值领域自身是世界观层面上解神秘化过程的产物。宗教合理化是西方理性主义的前提。经过深入考察，韦伯认为，神话解释系统的解神秘化过程也可以用合理化概念来理解。②

因此，在哈贝马斯看来，韦伯在他的社会合理化学说中，主要关注两个方面的内容：一方面是世界观的合理化，"就此而言，他必须解释清楚去神秘化的结构以及认知问题、规范问题和表现问题彻底分化开来并能够按照自己的逻辑展开所依据的前提"；另一方面是现代意识结构的制度体现，"现代意识结构是沿着宗教合理化的道路逐步形成的，换言之，韦伯关注的是文化合理化向社会合理化的转换"③。

总之，韦伯把合理化问题的起点放到了意识结构的层面上，意识结构源于文化合理化，而文化合理化的核心环节则是现代科学、后传统主义的法律意识和道德以及自主的艺术。所以，"韦伯所从事的这种研究要求宗教—形而上学世界观的解神秘化"④。

在韦伯看来，文化价值领域的分化是解释西方理性主义的一个契机，而文化价值领域的分化本身反过来又是内在历史的产物，而且是世界观合理化历史的产物⑤，所以解神秘化的普遍历史过程才是韦伯的真正主题。韦伯赋予了宗教世界观的内在有效性要求及其自身逻辑的发展过程以经验意义，并且认为一

---

① 参见哈贝马斯：《交往行为理论》第1卷，第171页。
② 哈贝马斯：《交往行为理论》第1卷，第162页。
③ 哈贝马斯：《交往行为理论》第1卷，第162页。
④ 哈贝马斯：《交往行为理论》第1卷，第180页。
⑤ 参见哈贝马斯：《交往行为理论》第1卷，第179页。

切世界宗教都表现出了相似的合理化趋势。[①] 因而,研究解神秘化的合理化必须从世界历史的经验角度入手,发掘解神秘化的合理化的现实过程。

三、世界观合理化的内涵

为了揭示世界观合理化的内涵,哈贝马斯确定了两个视角。第一个视角是伦理化视角,通过伦理化视角,"韦伯追溯了建立在宗教基础上的信念伦理的形成过程,也就是后传统法律观念和道德观念的形成过程"[②]。由此可以看出,韦伯虽然把所有三个领域的价值分化看作是文化合理化的内容,但他分析的着重点不是现代科学和自主艺术,而是道德—实践。而由于西方的道德—实践领域与宗教密不可分,所以韦伯的研究触角必然深入到宗教的合理化中,进行宗教社会学的分析。因此自然有了韦伯的第二个研究视角,"韦伯从具体的历史角度研究了宗教世界观的解神秘化的过程"[③]。

韦伯确定的这两个视角相互支持,密不可分。韦伯把世界观的合理化发展看作是一个过程,世界观的解神秘化过程在所有世界宗教中的发展方向是一致的,最终都导向现代化的世界观。哈贝马斯认为韦伯分析世界宗教的贡献在于说明了现代意识结构来源于世界观合理化的普遍历史过程,也就是说,来源于宗教—形而上学世界观解神秘化的普遍历史过程。[④]

哈贝马斯从韦伯对于世界宗教的合理化过程的研究中解读出两个问题:

其一,从世界观发展的内容来看,尽管在不同的宗教中,合理化过程呈现出不同的发展路线,但是从最初的神话到现代世界观的发展一直都是围绕着同一个问题,这就是神正论(theodicy)问题。神正论的主题通过调和上帝的全在、全知、全能与世界上恶的产生来解决恶的问题。根据神正论,肯定上帝的全在、全知与全能并不和现实生活中产生恶相矛盾。在现实生活中,人们往往遭受种种苦难,这些苦难经常被人们解释为是受到不公正的待遇所致,而宗教则以公正的面目出现,给遭受苦难的人们带来了希望和安慰,他们可以得到上帝的拯救,从一切苦难、疾病、磨难、贫穷甚至死亡中解脱出来。神正论是一切世界宗教的基础问题,任何宗教如果不包含神正论,就难以得到人们的信仰,更难普遍地传播开来。神正论不但为人们提供了幸福的平等分配问题,赋予了人们新的希望,给予了人们精神寄托,而且还上升到世界总体的角度赋予了整个宇宙以意义,成为一种世界观。所以,"论证明显不公的问题不是一个纯粹的伦理问题,而是把握整个世界的神学问题、宇宙问题以及形而上学问题的一个部分"[⑤]。按

① 参见哈贝马斯:《交往行为理论》第1卷,第188页。
② 哈贝马斯:《交往行为理论》第1卷,第190页。
③ 哈贝马斯:《交往行为理论》第1卷,第191页。
④ 参见哈贝马斯:《交往行为理论》第1卷,第212页。
⑤ 哈贝马斯:《交往行为理论》第1卷,第195页。

照韦伯的理解，世界上的不同宗教都是对同一个基本问题的解决，而拯救只能发生在世界观的范围之内。

其二，从世界观的发展方向来看，世界观的合理化就是摆脱巫术观念的解神秘化过程。世界观早已存在，但在世界上的大宗教出现之前，构成世界观要素的是巫术和迷信。整体而言，巫术和迷信的非理性成分要多于合理性成分，它们宣扬神秘主义和蒙味主义。早期的神话、巫术和迷信并非停滞不前，而是随着社会历史的发展，一步一步摆脱其地域性局限和神秘性成分，日益条理化、理性化、严谨化，形成高度合理化的世界性宗教。

世界观的合理化是一个过程，因此，在不同的历史阶段，它的合理化程度是不同的。如何衡量世界观合理化的程度呢？为了明确世界观的合理化的程度，韦伯提出了两个具体的衡量世界观合理化的标准：

> 考察一种宗教所达到的合理化程度，主要有两种在许多方面有着内在联系的标准。一方面要看它在何种程度上脱离了巫术，另一方面要看其系统同一性的程度，这里主要是指上帝与世界的关系以及它自身与世界的伦理关系在何种程度上达到了同一性。[①]

在此，韦伯提出的两个衡量世界观合理化程度的标准，一个是解神秘化，另一个是教条化。解神秘化是指它与巫术思想的分离程度，而教条化则是指它的系统的结构完善程度。

在世界宗教的发展过程中，世界观的解神秘化的合理化主要涉及到两个层面：伦理层面和认知层面。我们可以把合理化的伦理层面归入救赎宗教，而把合理化的认知层面归入宇宙论—形而上学世界观。在合理化的伦理层面上，主要问题是信徒与上帝之间互动关系的解神秘化。在救赎宗教中，信徒与上帝之间的关系逐步发展为越来越纯粹的人与人、需要救赎的个体与提供救赎的超越之间的关系，个体由此可以从抽象的道德的角度把他的内在的世俗关系严格的系统化。在合理化的认知层面上，操纵事物的解神秘化与认识事物的非神话化是一致的。在宇宙论—形而上学世界观中，人们越是用工具的手段介入，越是从理论的角度进行解释，就越是可以把他们生活世界的关系加以严格的系统化。

在宗教—形而上学的世界观中，"合理化的世界观要么在神学意义上涉及到创世，要么在形而上学意义上涉及到所有存在者，它们的同一性建立在一些概念（诸如上帝、存在、自然），也就是最高的原则或最初的'开端'当中，而这些

---

① 哈贝马斯：《交往行为理论》第1卷，第198页。

概念或原则是一切论据的基础,但它们自身不容怀疑"[1]。虽然描述内涵、规范内涵和表现内涵在宗教—形而上学世界观中已经分离开来,但它们在这些基本概念中还是聚合在一起的。只有把宗教—形而上学世界观的概念所达到的学习水平普及化,也就是说,"坚持把通过伦理合理化和认知合理化而获得的思维方式应用到世俗的生活领域和经验领域"[2],才能破除宗教—形而上学世界观的限制,把文化合理化转化为社会合理化,使宗教—形而上学的世界观转化为现代世界观。

把在宗教的合理化中所形成的伦理合理化和认知合理化应用到世俗生活中就是世界观的解中心化:

> 解中心化的世界观一方面为我们从认知的角度对待事实的世界以及从法律和道德的角度对待人际关系的世界提供了可能;另一方面也为摆脱了具体化命令的主体应对个体化的需求本性提供了可能。[3]

从宗教—形而上学世界观到现代世界观的合理化,在制度层面上的表现就是资本主义政治组织和经济结构,正是宗教改革生成的新教伦理,培育了资本主义的精神,促成了资本主义的产生和发展。

四、新教伦理与资本主义精神

韦伯在研究中发现,新教徒表现了积极的进取精神,对于资本主义的发展起了极大的推动作用,而新教徒身上所展现的那种积极进取的精神正是典型的资本主义精神。韦伯认为,资本主义经济的本质在于获利,但资本主义的精神的本质不在于获利,而在于遵守某种伦理规范,这就决定了资本家总是以一种理性的态度去获利。理性的计算构成了资本主义的最重要的标志,从而成了资本主义企业家的优秀品质。毫无疑问,资本主义精神是合理性的:

> 资本主义精神完全可以理解为理性主义整体发展的一部分,而且可以从理性主义对于生活基本问题的根本立场中演绎出来。[4]

那么,资本主义精神的合理性是一种什么样的合理性呢?

在韦伯看来,资本主义以经济利益为最大目标,它的合理性体现在追逐利益目的之中,因此它的合理性主要是一种目的合理性,它表现在两个方面:首

---

① 哈贝马斯:《交往行为理论》第1卷,第207页。
② 哈贝马斯:《交往行为理论》第1卷,第207页。
③ 哈贝马斯:《交往行为理论》第1卷,第209页。
④ 马克斯·韦伯:《新教伦理与资本主义精神》,于晓、陈维纲等译,北京:三联书店,1987年,第56页。

先,表现在企业家和官员、工人和雇员都遵循着目的理性,做出目的理性行为;其次,表现在资本主义的经济组织和国家机构都以目的理性行为为取向。目的理性行为也是一种规范化力量,它不但渗透到了资本主义社会生活的各个方面,而且把资本主义作为一个整体统一起来。作为一种将整个社会统一为一个整体的东西,目的理性在理论上就需要一种辩护它的机制,这种机制落在新教伦理身上:新教伦理是"一种囊括一切领域的信念伦理,它使目的理性行为取向在个性系统中具有了价值合理性(新教伦理)"①。精于计算的目的理性加上新教伦理的价值合理性构成了完整的资本主义精神的合理性。

由此可见,韦伯是用观念因素而非物质因素来解释资本主义经济制度的合理性。这种解释与马克思的解释正好相反。马克思用劳动价值论来解释资本主义经济制度的合理性,而韦伯则用新教职业文化来解释资本主义经济制度的合理性。也就是说,在韦伯那里,宗教文化即"观念兴趣"而非物质因素即"物质兴趣"对于社会的经济、制度和文化的转变起了决定性的作用。因此,关于宗教与资本主义的关系,根据马克思的观点,资本主义的经济基础决定了宗教这种意识形态形式,而韦伯主张宗教意识决定了资本主义经济的产生。

新教伦理的辩护对资本主义的经济活动具有重要的意义。由于新教伦理的辩护,资本主义的逐利行动就获得了高尚的动机和理由。在这种高尚的动机和理由的支配下,资本主义迅速地发展起来。

> 韦伯把现代职业文化不仅看作是现代意识结构的后裔,而且看作是信念伦理的实现,有了这种信念伦理,企业家行为的目的合理性在动机上就可以得到保障,而且在资本主义企业中可以取得丰硕的成果。②

韦伯认为,新教伦理根源于宗教改革以来的宗教观念。在他看来,培养资本主义精神的新教伦理源自于入世禁欲的宗教观念。虽然新教改革的目的本身并不在于确立资本主义的职业观念,但新教徒的理性计算、精明能干、生活节制、讲究信用等观念确是在宗教改革之后产生的,是宗教改革的文化结果。"伴随着宗教改革,一切都改变了。禁欲主义的宗教,以及它所代表的理性主义特征,深深地渗入尘世世界之中。"③新教伦理肯定了人们的日常世俗活动,赋予人们的日常世俗活动以宗教伦理意义,使人们在一种强大的精神力量指导和规范下从事世俗活动。因而,新教的宗教改革并非使宗教对社会生活的控制减弱,

---

① 哈贝马斯:《交往行为理论》第1卷,第212页。

② 哈贝马斯:《交往行为理论》第1卷,第214页。

③ Jeffrey C. Alexander, "The Dialectic of Individuation and Domination: Weber's Rationalization Theory and Beyond," in Scott Lash and Sam Whimster eds., *Max Weber, Rationality and Modernity*, London: Allen & Unwin Ltd., 1987, p. 190.

事实上,新教之前的天主教对人们日常生活的监管相当松散,相反新教改革迫使人们接受了更加严格的宗教戒规,在日常生活、工作乃至休闲娱乐方面遵循宗教的伦理。[①]

具体来说,由新教伦理塑造出来的新教职业观念对人们世俗活动有两大影响:一是对人们的入世禁欲生活方式的影响:

> 在生活上,新教的职业观念要求其信徒过一种有系统的、讲究方法的理性生活,以克服"自然状态"的混乱和无序,摆脱非理性的感官冲动的诱惑,服从某种有计划的意志的支配,使人进入上帝的"恩宠状态",从而在行动中一直保持着自我控制并冷静地考虑行动的后果。[②]

二是对人们入世禁欲思想方式的影响:

> 新教徒入世禁欲的职业观念在思想上的影响意义重大,因为在我看来新教徒的职业观念与现代资本主义精神之间存在着密切的契合,在一定的意义上讲,资本主义精神就是新教职业伦理的产物。……可以毫无疑问地说,新教的入世禁欲的职业观对现代资本主义社会的劳动分工起到了积极的推动作用,新教职业观对勤勉、刻苦、节俭、营利所赋予的积极的宗教伦理内涵肯定了人们世俗生活的存在价值,而这一切也对资本主义的生活方式的形成起到了决定性的影响。[③]

新教的入世禁欲赋予世俗的经济活动以积极的伦理意义,这种新教伦理必然促使资本主义精神进一步理性化。

显而易见,新教伦理促进了资本主义的理性化。在哈贝马斯看来,韦伯想要说明的是,资本主义合理性精神是如何可能的?也就是说,从偶然的经济牟利行为发展成为一种经济系统,从经济冒险的浪漫主义发展成为理性的经济生活方式,是如何可能的。[④] 韦伯从新教的宗教观念中发现了实现这种可能性的动机因素,正是加尔文教"促使信徒放弃其日常生活的无系统性,也就是说,促使信徒在把个体的拯救努力付诸实践的时候,让信念伦理和道德原理**渗透到一切**生活领域和**一切**生活阶段当中"[⑤],从而既阐明了新教伦理如何能够实现世俗的禁欲主义,也阐明了以目的理性活动为核心的资本主义的产生。信徒生活方

---

① Anthony Giddens, *Capitalism and Modern Social Theory: An Analysis of the Writings of Marx, Durkheim and Max Weber*, p. 125.

② 王威海编著:《韦伯:摆脱现代社会两难困境》,第 84 页。

③ 王威海编著:《韦伯:摆脱现代社会两难困境》,第 84～85 页。

④ 参见哈贝马斯:《交往行为理论》第 1 卷,第 215 页。

⑤ 哈贝马斯:《交往行为理论》第 1 卷,第 216 页。

式的系统性在于，普通信徒可以不借助于神职人员的神圣恩典，不借助于教会的权威机关，根据后传统道德自主地调节自己的生活，遵循目的理性原则追逐自己的利益。加尔文的新教把信徒的职业与他们的拯救紧密地结合起来，使得职业活动整个地具有了伦理意义。因此，新教伦理对资本主义的意义就在于，它为逐利的目的理性行为奠定了神圣的道德基础。

不过，新教职业伦理用价值理性来补充目的理性，仅仅为目的理性行为动机在社会劳动领域的发生提供了辩护，只是满足了资本主义社会的发生条件。它揭开了资本主义的序幕，使资本主义走上了快车道，但无法为资本主义提供稳定的条件。[①] 根据韦伯合理化思想的出发点和内在要求，他更应当做的是，证明为什么一种具有原则性的道德意识只有在宗教语境中才能保存下来，为什么伦理原则必须扎根于救赎宗教，为什么必须把道德意识和救赎兴趣结合起来才能捍卫道德意识。但令人遗憾的是，韦伯没有做到这一点。他既没有提供令人信服的经验论证，也没有给出充分的系统论据。[②]

虽然韦伯的学说存在着诸多的缺陷，但在哈贝马斯看来，韦伯确实通过揭示新教伦理与资本主义的关系，论证了宗教与理性的密切关联，展现了理性的宗教谱系。

第三节　神圣者的语言化

哈贝马斯的"神圣者的语言化"这个命题旨在说明，人们的行为或思想不再受着对神圣的东西恐惧的约束，而是由可批判检验的有效性要求所指导。他认为这是社会历史的一个进步：神圣者升华为有效性要求。从根本上来说，人们不再按照无可质疑的神圣权威保证的规范来行动，而是将理性的交往行动潜能发挥出来。哈贝马斯利用语言概念将这一过程称为"神圣者的语言化"。

如果由此得出哈贝马斯排斥、否定宗教，那就大错特错了。尽管哈贝马斯肯定神圣者的语言化是一个进步，但我们同时还要看到，无论这个进步有多大，它毕竟是神圣者的语言化；离开**神圣者**，就失去了进步的起点和内核，何谈进步？

一、神圣者与道德的权威

众所周知，西方道德与宗教有着密切的关系，因此，通过追溯道德权威的根源可以揭示出宗教对道德的重要意义。为此，哈贝马斯借助著名法国社会学家涂尔干(Emile Durkheim)的宗教社会学思想论证了这一点。

---

① 参见哈贝马斯：《交往行为理论》第1卷，第220页。

② 参见哈贝马斯：《交往行为理论》第1卷，第221页。

在涂尔干那里,宗教既包含信仰,也包含实践(教规),是信仰与实践的统一体,这个统一体同时表现为道德统一体。涂尔干宗教社会学的最基本概念是"神圣者"或"神圣的东西"。在涂尔干看来,宗教以神圣的东西为核心。那么,什么是神圣的东西呢?涂尔干说:"所谓神圣的东西,即被隔离和禁止的东西。"①

涂尔干认为,这个被隔离和被禁止的神圣者是通过将社会的道德力量转变为宗教象征的仪式创造出来的东西,因为宗教象征将个体连接为集体。通过在神圣的东西和世俗的东西之间划定界限,社会借助个体创造了宗教。在整个社会中,一部分社会实在构成了神圣的东西,这种神圣的东西区别于日常的东西,它们构成了宗教的本质;而另一部分社会实在则属于世俗的东西,它们是生活的日常的、功利的和平凡的方面。一方面,神圣者产生了尊崇、敬畏和义务的态度;另一方面,这种态度又把世俗者转变为神圣者。

对于宗教的发展来说,有两点是必要的:首先,区分神圣的东西和世俗的东西;其次,把社会生活的某些方面转化为神圣的方面。除了以上两种必要条件外,宗教发展还需要其他的一些条件。其一,必须有一组宗教信仰。这些信仰表现了神圣的东西的本质,厘定了神圣的东西相互之间或神圣的东西与世俗的东西之间的关系。其二,必须有一组宗教的仪式。这些仪式蕴含着一系列的行为的规则,它们规定人们在神圣的对象面前如何行事。其三,一种宗教需要有一个教会。这个教会实际上是一个涵盖广泛的道德共同体。正是基于以上条件,涂尔干才得出了他的独特的关于宗教的定义。②

涂尔干的神圣者概念给予了哈贝马斯极为重要的启示,哈贝马斯从神圣者概念中解读出三个方面的内容:其一,神圣者是动机与尊奉共同体价值的源泉;其二,神圣者是获得客观"真理"的源泉;其三,神圣者是后来高级发展的最初形式。③

涂尔干着重阐述了社会规范的道德权威的神圣根源。他首先肯定了道德规则的权威性,认为道德规则之所以被遵循,是因为它所具有的权威。

> 我们将表明,道德规则带有一种特殊的权威,就是因为它们的权威性,才能借助这种权威遵循道德规则。④

---

① Emile Durkheim, *The Elementary Forms of the Religious Life*, London: Geo Allen and Unwin, 1915, p. 47.

② George Ritzer and Douglas J. Goodman, *Classical Sociological Theory*, New York: McGraw-Hill, 2004, Fourth edition, p. 181.

③ Nicholas Adams, *Habermas and Theology*, p. 67.

④ E. Durkheim, "The Determination of Moral Facts," in E. Durkheim, *Sociology and Philosophy*, New York, 1974, pp. 35-36. Cf. Jürgen Habermas, *The Theory of Communicative Action*, Vol. II, trans. Thomas McCarthy, Cambridge: Polity, p. 47.

通过比较道德规则和技术规则可以看出道德规则的特点。道德规则与技术规则不同,技术规则规定了达到目的的可行手段,违反了技术规则就会导致行动的失败,从而达不到意欲的目标;而道德规则决定了活动的参与者意见一致的行动,具有一种义务的力量,如果违反了道德规则,那么行动就会得不到认可,并且遭受相应的惩罚。

从现实存在的道德事实出发,涂尔干提出了道德权威的两个特征:其一,道德权威具有非个人的性质。这就是说,道德不是根据个人的喜好,满足私人利益,"道德行为个体的大公无私性是与道德上规范化的行为期待的普遍性相适应的,因为这种普遍性是针对一个共同体的所有成员的"①;有了共同体的存在,才会有道德的存在。其二,道德权威具有强制的性质。道德命令是对个人的一种特殊强制,一个道德行动的主体必须服从道德的强制性。但是,根据康德的观点,道德权威的强制力并非是外在的强制力,而是内在的强制力。一方面,人们必须服从道德的权威;另一方面,这个权威必须化作自己的事情,因此,道德的强制具有自我克服的性质。道德权威的强制性会引起人们既爱又怕的矛盾情感。

正是道德权威的这两个特征体现了道德规则与神圣者(神圣的东西)之间的结构相似性。就第一点而言,虽然神圣的生活领域与世俗的生活领域有着严格的区别,但是对待神圣的东西的态度类似于对待道德权威的态度。对待神圣者的态度和对待道德权威的态度都具有非个人性。就第二点而言,神圣的东西唤起了与道德权威一样的矛盾态度。神圣的东西既吸引人,令人尊敬,又远离人,令人恐惧;神圣的东西既是善的、可爱的、人们所欲求的,又是恐怖的、禁止人们接近的。这种双重情感虽然看起来矛盾,但却是实在的。

神圣的东西与道德的东西的结构相似性,说明了道德的东西以神圣的东西为基础。在涂尔干看来,道德所具有的权威,道德规则所具有的约束力,来自于神圣的东西的领域。人们服从道德,就是服从神圣者。因此,"如果道德不包含宗教的要素,它就不再是道德"②。

二、宗教象征与集体意识

信仰是宗教的核心要素之一,涂尔干从信仰的角度把宗教理解成为一种集体的、超越个人的意识。在涂尔干的眼中,宗教绝非是一种虚幻的意识,因为正如现象学家所说,意识并非空无所有,意识具有某种意向性,意识始终是对某物的意识。既然宗教是一种意识,那么宗教意识必定有它的意向对象。虽然宗教

---

① Jürgen Habermas, *The Theory of Communicative Action*, Vol. II, p. 48.

② E. Durkheim, *Sociology and Philosophy*, p. 69. Cf. Jürgen Habermas, *The Theory of Communicative Action*, Vol. II, p. 50.

神学家已经将神的存在、神秘的世界秩序、神圣的权力等等规定为宗教的意识对象，但这些还不是宗教意识所意向的终极实在，在这些东西背后还隐藏着更深刻的东西。这些神圣的东西中隐藏着的终极实在究竟是什么呢？涂尔干认为，在神圣的东西之后，隐藏着的是社会，即“变化了的和象征性表象的”社会。

> 我们已经看到，尽管宗教信仰并不基于事实，但它们确实表现了社会实在，即使是通过象征和隐喻的方式。①

这种社会就是那个表达集体意识的主体，是各个人密切联系起来的联合体或集合体，涂尔干也把它叫作“集体的个人”。因此，宗教之所以是一个社会的事实，是因为宗教象征包含着社会的集体表象。因为这种集体是隐藏在神圣的东西后面的实在，所以“首先应该只是依照神圣的方面来考察和认识这种实在，这种社会”②。

涂尔干依据经验材料，进一步研究了神圣的东西的象征性结构，对集体意识作出了一种非实证主义的解释。在原始社会的动物图腾和植物图腾那里，就直接表现了象征性的性质。涂尔干认为，图腾崇拜本身就是一种最初级的宗教形式，表现了最简单的社会组织。除了图腾之外，“所有神圣的对象——旗子、徽章、装饰物、文身、装潢品、图像、偶像，或自然的对象和事件——都具有这种象征的状况。它们作为带有一种习惯意义的符号发挥作用，它们都具有同样的语义学核心：它们代表着神圣者的权力；它们是‘集体的理想，这些理想将自身固定在物质对象上’”③。据此，涂尔干赋予他的集体意识的理论以一种象征理论的形式：

> 只有当集体表象体现在物质的对象、事物，或任何种类的存在物——物体、运动、声音、语词等等——之中时，它们才能产生，也就是只有以某种外在的表现象征和描绘它们时，它们才能产生。因为只有通过表达它们的感情，通过把它们翻译为符号，通过外在地象征它们，在本性上彼此紧密联系的个体意识才能感觉到他们相互交往并且相互一致。体现集体表象的事物就像它们所表现——或在某种意义上物质化——的心灵状态一样，唤起相同的感情。和帮助的力量一样，它们也被尊敬、畏惧，以及追寻。④

---

① Emile Durkheim, *Professional Ethics and Civic Morals*, London: Routledge & Kegan Paul, 1957, p. 172.

② Jürgen Habermas, *The Theory of Communicative Action*, Vol. II, p. 50.

③ Jürgen Habermas, *The Theory of Communicative Action*, Vol. II, p. 51.

④ E. Durkheim, "The Dualism of Human Nature and Its Social Conditions," in Kurt Wolff, ed., *Essays on Sociology and Philosophy*, New York, 1960, pp. 335-336. Cf. Jürgen Habermas, *The Theory of Communicative Action*, Vol. II, pp. 51-52.

涂尔干将宗教社会学看成是社会学的重中之重，对他来说，宗教是"打开如果不是全部也是绝大部分社会学之门的遗失了钥匙"[①]。哈贝马斯也认为，涂尔干的宗教象征主义为解答社会化问题提供了钥匙："宗教象征对于同一集体的成员具有同样的意义；在这种统一的神圣的语义学基础上，宗教象征使一种主体间性成为可能，这种主体间性仍然是发挥着第一人称，第二人称和第三人称的交往作用。"[②]宗教信仰总是一种集体的信仰，这种集体的信仰一定要通过某种信仰的实践来实现；反过来说，宗教的崇拜、祭祀等教规活动总是体现着集体的信仰。因此，涂尔干把宗教的教规实践活动不仅看成是一种行为方式，而且还描述为一种思想方式。

除了信仰之外，教规活动也是宗教的核心要素。正是在实践信仰的教规活动中表现了(宗教或信仰)共同体的意见一致，因为宗教仪式的不断重复的过程就是意见一致的过程。"因为表现在交往行为中的规范的基本意见一致确立和维持着集体的同一性，所以成功达到的共识的事实同时也就是它的本质内涵。"[③]涂尔干认为，一种规范的意见一致，即在一种信仰团体的教规实践中形成和发挥作用的规范的意见一致，构成了集体意识的核心。集体的成员运用宗教的象征，用神圣的概念来表达集体的统一性。"这种集体的同一性决定了那些把自身理解为同一社会集体的成员，以及能够以第一人称多数[④]谈论自己的范围。"[⑤]所以，集体的同一性最初就来自于神圣的教规实践。神圣的东西造成的规范意见一致，在形式上不仅塑造了一种集体，而且还维持了这种集体的继续存在。总之，"集体的同一性具有一种规范共识的形式，这种规范共识是通过宗教象征的媒介确立起来的，并且是通过神圣的东西的语义学而被解释的"[⑥]。在涂尔干的宗教社会学中，教会和教规之所以重要，不仅在于它们把个体统一为一个集体，而且在于它们把社会的表象与个体的实践联系起来，通过个体的实践活动使个体本身成为集体的一员。个体在教会的共同体中和在教规的仪式活动中，既认识到了神圣的东西，也认识到了与此相关的信仰。

哈贝马斯指出，涂尔干所说的集体的意识就是一种意见一致(共识)，通过这种意见一致，集体的同一性才得以形成。在文化尚未分化发展的部落社会中，集体的意见一致构成了部落社会世界观的主体部分。在高度发展的文化社会中，世界观起着使统治合法化的作用，它除了论证政治秩序，还辩护社会机制

---

① William Pickering, *Durkheim's Sociology of Religion: Themes and Theories*, London: Routledge, 1984, p. 74.

② Jürgen Habermas, *The Theory of Communicative Action*, Vol. II, p. 52.

③ Jürgen Habermas, *The Theory of Communicative Action*, Vol. II, p. 53.

④ 此处"第一人称多数"即"我们"。

⑤ Jürgen Habermas, *The Theory of Communicative Action*, Vol. II, p. 60.

⑥ Jürgen Habermas, *The Theory of Communicative Action*, Vol. II, p. 53.

的基础,维护道德的权威和社会的基础规范。但在部落社会中,世界观还只是作为潜在的力量,不是直接地论证统治的合法性。

> 这些世界观在人、自然和社会之间确立了一种类似的联系,这种联系在神秘权力的基本概念中表现为一个整体。因为这些世界观设定了一个整体,在这个整体中,任何事物都与其他事物相符合,因此它们在主观上将群体或部落的集体同一性比附于宇宙秩序,或借助社会机制系统把它整合起来。在有限的情况下,世界观作为一种驱动带发生作用,它们把基本的宗教共识改造为社会团结的力量,然后把它传送到社会机制那里,从而赋予社会机制以道德权威。①

世界观与机制系统之间的关系是通过语言的媒介来联系的,所以涂尔干在分析规范的意见一致时从没有忽视语言的作用。在涂尔干的宗教社会学的认识论部分,通过教规形成的规范意见一致与通过语言形成的知识,从属于同一集体意识概念。

总之,从涂尔干的以神圣者为内核的宗教中,我们可以解读出两方面的内涵:第一,宗教是社会的原型和母体,社会机制和社会关系是从宗教的母体中发展而来;第二,宗教是集体价值的象征表现,因而也是道德共同体的集体同一性的象征表现。简言之,宗教是社会联合的要素和社会联合本身的集体表象。②

哈贝马斯认为,涂尔干从宗教象征的规范中挖掘出社会同一性的规范,将同一性的规范归结为宗教象征的规范,在某种意义上强调了语言的媒介作用。无论是语言行动还是非语言行动都与语言密不可分,都具有语言表达一样的命题结构,因此都可以从语言的角度来分析。因为在作为媒介的语言的基础上,交往除了理解的职能之外,还执行着使行动者行动合作化和社会化的职能,即"通过生活世界的象征性再生产,语言行动可以执行传统的职能,社会统一的职能和使个人社会化的职能"③,所以涂尔干关于神圣东西的基本观点完全可以从普遍语用学的角度得到重建。从普遍语用学的角度来看,语言行动内含着命题真实性、规范正确性或者主观真实性的要求,一个有效的沟通理解必须满足这三项有效性要求。在语言交往的层面上,规范的意见一致必须采取通过交往达到意见一致的形式,必须批判地兑现有效性的要求。

---

① Jürgen Habermas, *The Theory of Communicative Action*, Vol. II, p. 56.

② Massimo Rosati, "The Making and Representing of Society: Religion, the Sacred and Solidarity among Strangers in a Durkheimian Perspective," *Journal of Classical Sociology*, Vol. 3(2), 2003.

③ 哈贝马斯:《交往行动理论》第2卷,洪佩郁、蔺菁译,重庆:重庆出版社,1994年,第83-84页。

三、神圣者语言化的逻辑

哈贝马斯不仅考察了道德权威的神圣的基础，从种系发生史方面揭示了从象征性中介的内部活动导向规范指导的内部活动，而且还在神圣根源的规范运用中发现了为从象征性中介的内部活动向语言发展的逻辑线索。[①]

哈贝马斯从进化论的立场出发，重建了涂尔干的神圣者的发展逻辑。在原初的社会中，宗教共同体象征着社会，执行着集体和个体的同一性功能，使社会成为一个整体；而到了现代社会，原先由教规所体现的职能过渡到交往行为，神圣的权威保证的意见一致由为论证所支持的意见一致所继承和代替。哈贝马斯说：

> 这意味着交往行为从被神圣者保护的规范语境中解脱出来。神圣者领域的解神秘化和丧失权力是借助教规保证的基本的规范意见一致的语言化而发生的；与此相伴的是交往行为中合理性潜能的释放。从神圣的东西中放射出来的迷人的和恐惧的光芒，神圣者的**魔咒约束**力量，升华为可批判的有效性要求的**约束**力，而且同时也转变成了一种日常的事件。[②]

哈贝马斯借助阐述神圣者发展的逻辑，希望指明现代思想不仅不同于古代思想，而且是古代思想的更高级的发展形式。[③]

涂尔干所的以神圣者为核心的宗教表达了丰富的内容：神圣者既是宗教的核心，也是社会的核心；神圣者既代表着集体的观念，也是社会规范的生成源泉[④]；神圣者既造就和巩固了集体的同一性，也进一步抑制了各种各样的利益冲突。宗教作为一种团结或联合的机制，把所有的社会成员按照一定的规范统一起来，对规范的脱离即意味着对神灵的亵渎。世界观的结构、价值的结构和个性的结构在宗教中还没有真正地区分开来，在宗教的集体意识中融为一体；而当社会进一步发展时，这三者就摆脱了宗教的象征形式，分别走上了更加合理化的道路。

在哈贝马斯看来，只有当取向于达到理解的行为结构发生作用时，神圣的东西的才可能发生，即涂尔干所描述的社会整合的形式转变的逻辑学所规定的神圣的东西的语言化。[⑤] 世界观的抽象化、价值的普遍化以及个人的个人化都可以理解为这种语言化的发展。

---

① 参见哈贝马斯：《交往行动理论》第2卷，第99页。

② Jürgen Habermas, *The Theory of Communicative Action*, Vol. II, p. 77.

③ Nicholas Adams, *Habermas and Theology*, p. 68.

④ Massimo Rosati, "The Making and Representing of Society: Religion, the Sacred and Solidarity among Strangers in a Durkheimian Perspective," *Journal of Classical Sociology*, Vol. 3(2), 2003.

⑤ Habermas, *The Theory of Communicative Action*, Vol. II, p. 88.

哈贝马斯认为,在语法语言中,命题的组成部分,与以言行事的组成部分以及表达的组成部分是十分密切地联系在一起的。在这三者之间,其语义学内涵是可以变动的。也就是说,可以说出的一切,都可以以论断的形式表达出来。因为“从由教规保证的集体同一性中产生出来的经验的规范内涵和表达内涵,可以通过命题形式表达出来,并且作为**文化知识**储存起来”[①],所以借助于文化知识的形式,道德实践的内涵和表达的内涵与认识—工具性内涵连接在一起;借助语言的媒介,神圣来源的和世俗来源的语义学内容自由流动,融合成一种新的意义。这样一来,传统的社会统一基础,就从教规的行动领域转移到了交往行为领域;集体的信念或意见一致就越来越少地依赖神圣的东西的约束力,而越来越多地依赖交往行为。哈贝马斯说:

> 一旦每一通过交往中介的共识都依据理性,行为规范的有效性基础就会发生变化。隐藏在机制后面的神圣者的权威本身也不再是有效的。神圣的权威化将转而依赖于宗教世界观的论证成就。一旦文化知识进入了交往参与者的解释境地,文化知识就执行了协调行为的职能。[②]

哈贝马斯指出,为形式语用学所澄清的、为理解所进行的行为结构,可以用来揭示通过语言中介的规范所调节的行为。因为规范调节的行为扎根于日常交往的实践之中,所以交往的共同体是建立在日常交往基础之上的:

> 规范指导的相互作用改变了它的结构,从而使得文化再生产、社会整合和社会化的功能从神圣者的领域转移到了日常交往实践的领域。在这个过程中,首先使社会合作成为可能的宗教共同体转变为一种承载着合作压力的交往共同体。[③]

虽然涂尔干强调了神圣的东西的语言化观念,但他并没有澄清他所辩护的社会统一的形式转变,就是一种向合理性的发展。一方面,涂尔干通过劳动的区分,通过机械联合向有机联合的发展,事实上描述了社会从低级向高级的合理化发展;但另一方面,他又怀疑这个发展方向的确定性。尽管他肯定了现代工业社会超越了古代的初级社会,为人们提供了更大的幸福,但他否认社会的进一步发展必定向着更高级的、更合理的方向发展。[④] 在这方面,米德比涂尔干要明确得多。米德坚决地把社会的发展理解为一种合理化,他的“理想的”社会

---

① Jürgen Habermas, *The Theory of Communicative Action*, Vol. II, p. 88.

② Jürgen Habermas, *The Theory of Communicative Action*, Vol. II, p. 89.

③ Jürgen Habermas, *The Theory of Communicative Action*, Vol. II, p. 91.

④ Barry Smart, *Modern Conditions, Postmodern Controversies*, New York: Routledge, 1992, p. 16.

纲要把社会的神圣基础完全转移到了通过交往所达到的意见一致。哈贝马斯指出：

> 涂尔干也信赖只有普遍化的道德才有力量把一种世俗化的社会凝聚在一起，并且能够将基本的、教规保证的规范意见一致转而置于一种高度抽象的层面上。但是只有米德才通过这种方式为普遍化的道德奠定基础，从而可以将其作为一种交往合理化的结果，一种内在于交往行为中的合理性潜能释放的结果，来理解。在其康德伦理学批判的粗略构架中，米德试图从发生史方面来为这样一种话语伦理学辩护。①

哈贝马斯肯定了米德借助康德所阐发的道德普遍性的观点。在康德和米德看来，道德必须具有普遍性，道德的普遍性也就是关注一切相关的人的利益（即普遍利益或共同利益），道德必须成为一切参与者遵循的通用规范。在康德那里，"提出了绝对命令作为一条公理，根据这条公理，每个人都可以检验，一个给予的或推荐的规范是否应该得到普遍的赞同，也就是说，是否作为一条法则"②；而在米德那里，则引入了社会理论的因素，"只有当它意味着普遍规范通过一种合理的方式表达所有参与者的共同意志的时候，一个道德规范的普遍性才能成为其有效性的一个标准"③。米德从社会理论的角度设想了一种理想的交往共同体作为一切道德参与者共同活动的场所，这种理想的交往共同体是一种普遍讨论的理想化条件。"具有道德判断能力的主体，不能自己单独地检验每一条规范：一个已经确立的或推荐的规范是否符号普遍的利益并且应当具有社会力量，而只能在共同体中与一切其他的参与者一起进行检验。"④尽管米德的这种理想的交往共同体带有空想的性质，但他却由此阐发了一种交往的伦理学。"米德从系统的观点和进化的观点两个方面，阐发了一种交往的伦理学的基本假定。在系统方面，他想要指明一种普遍主义的道德最好以这种方式奠定其基础。但他试图用进化论来解释这个事实。"⑤

米德的交往伦理学启发了哈贝马斯的思考。同米德一样，哈贝马斯也试图发展一种交往伦理学。因为"只要神圣的领域构成社会，科学和艺术都不能继承宗教的遗产。只有一种道德，借助相互交往，并且发展为一种话语伦理学，这种道德才能在这个方面取代神圣者的权威。在这种道德中，我们发现瓦解了的古代规范内核，我们看到发展了的规范有效性的合理意义"⑥。当然，哈贝马斯

① Jürgen Habermas, *The Theory of Communicative Action*, Vol. II, p. 92.
② Jürgen Habermas, *The Theory of Communicative Action*, Vol. II, p. 93.
③ Jürgen Habermas, *The Theory of Communicative Action*, Vol. II, p. 94.
④ Jürgen Habermas, *The Theory of Communicative Action*, Vol. II, p. 95.
⑤ Jürgen Habermas, *The Theory of Communicative Action*, Vol. II, p. 96.
⑥ Jürgen Habermas, *The Theory of Communicative Action*, Vol. II, p. 92.

的交往伦理学不同于米德的交往伦理学,因为米德的交往伦理学还仅限于从进化论的角度来考察问题,而哈贝马斯的交往伦理学则明确地把交往伦理学等同于话语伦理学。哈贝马斯指出:"交往伦理学的基本理论概念就是'普遍的话语',它是语言中相互理解的形式理想。"[①]只有交往伦理学才彻底地发展和取代了作为约束力量的神圣权威:

> 因为趋向一种由合理性驱动的相互理解的观念可以在语言的现实结构中发现,它不只是实践理性的要求,而且还渗透进社会生活的再生产中。交往行为越是从宗教那里接受过来社会整合的重担,一种未受限制的和未被歪曲的交往共同体的理想就越会在真实的交往共同体中获得经验的影响。[②]

第四节　方法论的无神论

当代著名宗教社会学家彼得·伯格(Peter Berger)将"方法论的无神论"这个术语引入宗教研究中来,以表明一种研究立场。在伯格看来,宗教研究者在研究宗教时,只须把宗教作为一种人类的创造物,而无须公开申明自己的宗教信仰,无须断定个人的宗教信仰为真。[③]

哈贝马斯肯定了宗教研究的方法论无神论立场,在强调交往行为理论是犹太教—基督教传统的世俗替代物的基础上,既认可宗教的本质内涵是现代性的一项重要资源,又承认在后形而上学时代哲学与宗教可以平等共处。

一、现代性的规范内涵与宗教的本质内涵

现代性问题是哈贝马斯哲学的核心问题之一,在哈贝马斯哲学思想发展中占有极为重要的地位。他自己就说过,他要解决的中心问题是"如何建立一种现代化的理论,一种现代化病理学的理论,即一种使理性在历史中变为现实的理论"[④]。因此,与后现代思潮相反,哈贝马斯坚定地捍卫现代性,将现代性看成一项包含着解放潜能的未竟事业。所以,我们可以把哈贝马斯的全部著作都视作是对现代性和它的发展轨迹、它的贡献、症结以及其解放潜能的反思。[⑤] 哈贝

---

① Jürgen Habermas, *The Theory of Communicative Action*, Vol. II, p. 96.

② Jürgen Habermas, *The Theory of Communicative Action*, Vol. II, p. 96.

③ Peter Berger, *The Sacred Canopy: Elements of a Sociological Theory of Religion*, Garden City, New York: Anchor Books, 1967.

④ 哈贝马斯:《我和法兰克福学派》,载曹卫东选译:《哈贝马斯精粹》,第 490 页。

⑤ 参见道格拉斯·凯尔纳、斯蒂文·贝斯特:《后现代理论——批判性的质疑》,张志斌译,北京:中央编译出版社,1999 年,第 302 页。

马斯为之辩护的现代性的规范内涵，其重要来源之一就是宗教的本质内涵。

毫无疑问，我们生活在现代之中，我们是现代性的当然传人。一般而言，尽管学者们对现代性的理解千差万别，但大多围绕着理性、启蒙和解放来界定现代性：

> 关于现代性的话语很多……现代性一词指涉各种经济的、政治的、社会的以及文化的转型。正如马克思、韦伯及其他思想家所阐释的那样，现代性是一个历史断代术语，指涉紧随"中世纪"或封建主义时代而来的那个时代。在一些人看来，现代性与传统社会相对立，它具有革新、新奇和不断变动的特点。从笛卡儿起，贯穿着整个启蒙运动及其后继者，所有关于现代性理论话语者推崇理性，把它视为知识与社会进步的源泉，视为真理之所在和系统性知识之基础。人们深信理性有能力发现适当的理论与实践规范，依据这些规范，思想体系和行动体系就会建立，社会就会得到重建。这种启蒙运动的设计也在美国、法国以及其他一些国家的民主革命中发挥了作用，这些革命旨在推翻封建社会，建立一种体现理性和社会进步的、公正平等的社会秩序。①

但在哈贝马斯看来，早已确立起来的现代性概念是一种古典的现代性概念，古典的现代性概念是由黑格尔给予明确的定义的。马克思、马克斯·韦伯、早期的卢卡奇以及老一代法兰克福学派继承了古典的现代性概念，在这个概念的基础上阐述了现代性问题。然而，在当代，这个古典的现代性概念传统已经走进了死胡同，为后现代主义者极力克服现代性的规范自我理解打开了大门。在哈贝马斯看来，虽然古典的现代性概念已无路可走，但后现代主义克服现代性的规范理解也并非最佳选择。实际上，20 世纪发生了语言学转向之后，理性体现于语言之中，形成了具体的理性，所以可以从主体间性的角度对发生歧义的古典现代性概念加以转化。② 正是通过这个转化，产生了现代的现代性概念，这就是哈贝马斯的所谓交往理性的现代性概念。

从历史渊源上来看，"现代"这个词的产生本身就与宗教密切相关，它是基督教世界的产物：

> "现代"(modernus)一词最早出现在公元 5 世纪，意思是要把已经皈依"基督教"的现代社会与仍然属于"异教"的罗马社会区别开来。打那儿以后，现代一词在内涵上就有意地强调古今之间的断裂。③

---

① 道格拉斯·贝尔纳、斯蒂文·贝斯特：《后现代理论——批判性质疑》，第 2～3 页。

② 参见哈贝马斯：《后民族结构》，第 177 页。

③ 哈贝马斯：《后民族结构》，第 178 页。

在基督教世界中,基督教的《圣经》规定了“现代”一词的基本用法。在基督教经典文本的语义中,现代或新的时代是指即将来临的时代,而这个时代直到世界末日才会出现。自此以后,“‘现代’一词在欧洲被反复使用,尽管内容总是有所差异,但都是用来表达一种新的时间意识”①。中世纪之后,人们的现代性意识更加强烈,他们普遍把现代理解为中世纪之后的时代。新大陆的发现、文艺复兴和宗教改革——这些 16 世纪前后发生的重大历史事件构成了现代与中世纪之间的时代分水岭,现代以崭新的面目出现在人们的面前。

近代至黑格尔止,现代性的意识主要表现为历史意识。黑格尔迈出了决定性的一步,将现代性的意识逐步提升到哲学的高度。黑格尔则把现代性的意识提升到哲学的高度,使现代性的历史意识成为现代性的自我意识。从哲学上对现代性的自我反思就是为现代性奠定规范基础,而这个规范基础存在于理性之中,因此现代性必然在理性中寻找自己的立足点,巩固自己的地位。黑格尔指出,自笛卡儿以来,现代哲学集中关注主体性和自我意识,把理性等同于主体性(自我意识),所以主体性原则是古典现代性的标志。主体性是理解古典现代性的一个基本概念,同时也是一个基础概念。主体性概念不但保证了主体的认知的肯定性和自明性,还保证了主体的平等意识。

> 因此,现代性的自我理解不仅表现为理论的“自我意识”,表现为针对一切传统的自我批判立场,而且也表现为“自我决定”和“自我实现”的道德观念和伦理观念。②

黑格尔的现代性反思表明,现代性的这种自我理解扎根于理性自身的结构之中,而理性本身表现为知情意三重结构,康德的三大批判正是根据理性的这种结构区分和研究的。康德在理论上明确地区分了理性的三重结构,到 18 世纪末,理性的这些领域也在制度上彼此分化开来。在制度上,理性由科学、道德和艺术进行分门别类的研究,科学、道德和艺术分别探讨真实性问题、真诚性问题和趣味问题。

哈贝马斯意识到了现代性与宗教的密切关系,在他看来,现代性与宗教的关系主要体现在文化价值方面。如果对西方的现代化进行细分,那么可以区分为社会现代化和文化现代化两个方面。因此,“根据犹太教—基督教传统获得

---

① 哈贝马斯:《后民族结构》,第 178 页。
② 哈贝马斯:《后民族结构》,第 181 页。

解释的，不是西方的社会现代化，而是西方的文化现代化”[①]。宗教对现代化的形成发挥了至关重要的作用：

> 从社会学的角度来看，离开了希腊化的基督教的组织形式、罗马教会、大学、寺院以及主教座堂等，现代意识形式（诸如抽象的法律、现代科学、自主艺术等）就无法产生出来。这点同样也适用于心性结构。[②]

因此，从某种意义上说，现代性乃是宗教的产物和继承者。当然，面对宗教这份丰厚的遗产，现代化并不是仅仅把它直接继承过来，而是将其进行结构性转换，即将宗教所确立的上帝的立场转换为具有认知能力和道德判断能力的主体的立场。哈贝马斯说：

> 相对于原初的神话叙事而言，上帝思想（也就是一种创世上帝和救赎上帝的观念），已经是一种突破了，因为它形成了一种完全不同的视角。换言之，**自从有了上帝思想，终极精神就获得了一个超越一切内在事物的立场**。不过，只有到了现代，具有认知能力和道德判断能力的主体才掌握了上帝的立场，而且主要是通过两种理想化：一方面，他们把外在自然客观化为一切合乎规律的状态和事件的总体性；另一方面，他们把社会世界扩展成为包容一切有行为能力的主体的共同体。这样就在两个方向上为理性渗透到不透明的世界当中撕开了方便的大门：一方面是通过认知把在整体上已经对象化的自然合理化，另一方面则是通过社会认知把一切由道德调节的人际关系合理化。[③]

由上述可知，所谓“方法论的无神论”，其实就是完成现代性这项未竟的方案，必须以正确的态度对待宗教的传统和遗产，占有宗教的本质内涵，促进文化现代化，完善社会现代化。哈贝马斯明确断言：

> 在西方，基督教不仅满足了现代意识结构的认知前提，而且也极大地促进了马克斯·韦伯所研究的经济伦理动机的兴起。**对于现代性的规范**

---

① Jürgen Habermas, “A Conversation about God and the World,” in Jürgen Habermas, *Religion and Rationality: Essays on Reason, God, and Modernity*, Cambridge, Mass.: The MIT Press, 2002, p. 147.（译文参见哈贝马斯：《关于上帝与世界的对话》，曹卫东译，载文化研究网[http://www.culstudies.com]。下同）

② Jürgen Habermas, “A Conversation about God and the World,” in Jürgen Habermas, *Religion and Rationality: Essays on Reason, God, and Modernity*, p. 147.

③ Jürgen Habermas, “A Conversation about God and the World,” in Jürgen Habermas, *Religion and Rationality: Essays on Reason, God, and Modernity*, p. 147.

的自我理解而言,基督教不仅仅是一种先导形态,也不仅仅是一种催化剂,强调平等的普遍主义是自由、团结、自主生活方式和解放、个体的道德良知、人权和民主等观念的源头。而强调平等的普遍主义本身却是犹太教正义伦理和基督教博爱伦理的遗产。这份遗产在历史上不断地被批判继承,又不断地被重新阐释,但其本质一直没有改变。直到今天,我们还没有找到任何可以替代它的东西。即使是在面对后民族结构挑战的时候,我们依然还在依靠这份遗产。舍此之外,一切都是后现代式的胡言乱语。[①]

二、德国古典哲学家的方法论的无神论

在哈贝马斯看来,德国古典唯心主义哲学不仅经历了基督教的洗礼,受到了新教的塑造,而且吸收了犹太教的传统,融入了卡巴拉(Kabbalah)的神秘主义经验。[②] 哈贝马斯认为,从康德到黑格尔的德国古典哲学家都站在方法论的无神论的立场上对待宗教,因为他们都从哲学上对宗教进行了重建。

> 如果说犹太教和基督教的神秘论传统,用绝对概念代替作为创世主和爱者的上帝,那么,德国唯心论则想运用逻辑重建整个世界进程,以求从理论上追寻救恩史的足迹。[③]

德国古典哲学的创始人康德开了方法论无神论的先河,所以哈贝马斯指出,不了解康德的这一动机,"我们恐怕也就无法理解康德为何如此领会基督教传统的本质实践内涵,以便它们在理性大殿面前尚能保留地盘"[④]。德国古典哲学的集大成者黑格尔更是充分地体现了这种立场:

> 黑格尔无疑是唯心主义传统的最后一位传人。唯心主义传统要求变相地维持形而上学,并在形而上学思想允许的前提下,尽可能地吸收犹太教—基督教传统。黑格尔哲学乃是这种在希伯来信仰和希腊精神之间进行综合的伟大试验的结果;这种试验对于欧洲精神史而言性命攸关,它所从事的综合,一方面把基督教希腊化,另一方面又含含糊糊地把希腊的形而上学基督教化。哲学家所信奉的辩证上帝,使对他者自我的祈祷变成了

---

① Jürgen Habermas, "A Conversation about God and the World," in Jürgen Habermas, *Religion and Rationality: Essays on Reason, God, and Modernity*, pp. 148-149.

② Jürgen Habermas, "The German Idealism of the Jewish Philosophers," in Jürgen Habermas, *Religion and Rationality: Essays on Reason, God, and Modernity*, pp. 37-38.

③ 哈贝马斯:《哈贝马斯精粹》,第 439 页。

④ 哈贝马斯:《哈贝马斯精粹》,第 439 页。

一种莫名其妙的绝对思想。[①]

因此,黑格尔哲学在方法论上的无神论,说到底就是他从哲学角度占有宗教的本质内涵。[②]

哈贝马斯认为,虽然在黑格尔之前现代早已开始了,黑格尔也不是第一位确立现代性原则的哲学家,但他是第一位从哲学高度意识到现代性问题的哲学家。由于现代已经意识到自身,所以黑格尔把现代性要求确证自己的问题当作哲学问题,甚至当作他自己哲学的基本问题来探讨。自从笛卡儿以来,现代哲学家就致力于探讨自我、意识,把自我意识作为其哲学的核心内容和原则,从自我意识的角度确立主体性。因此,自笛卡儿以来的现代哲学就是主体哲学。黑格尔承袭了这一哲学传统,把现代性的基本原则规定为主体性原则,而主体乃是自我结构,它以自由和反思为特征。

> 贯穿主体性原则的主要历史事件是宗教改革、启蒙运动和法国大革命。自马丁·路德开始,宗教信仰变成了一种反思;在孤独的主体性中,神的世界成了由我们所设定的东西。新教反对信仰福音和传统的权威,坚持认知主体的宰制:"圣饼"不过是面粉所做,"圣骸"只是死人的骨头。[③]

现代性的主体原则不仅解放了宗教,而且解放了国家和社会,解放了科学、道德和艺术,因此,"在现代,宗教生活、国家和社会,以及科学、道德和艺术等都体现了主体性原则"[④]。

在德国古典哲学内部,早在黑格尔之前,康德就确立了科学、道德和艺术的不同领域,而且认为主体性原则乃是科学、道德和艺术等不同领域的基础;但康德并没有把理性的分化看成是一个问题,或者说没有把现代价值领域的分化看成是现代性分裂的根源。[⑤] 因而,黑格尔问道,现代性的主体性原则及其内在自我意识的结构能否能够作为确定规范的源泉?或者说,能否为科学、道德和艺术奠定基础呢?康德的片面性的主体性原则无法为分化的科学、道德和艺术提供一个统一的基础,从而造成了现代性的分裂,因此黑格尔便试图提出一个综合统一的理性来重建社会生活的整体性和统一性,克服现代性的分裂性。在哈贝马斯看来,黑格尔早期神学著作的主要目的就是探索这种理性的统一性和综

---

① 哈贝马斯:《哈贝马斯精粹》,第 445 页。

② 参见哈贝马斯:《哈贝马斯精粹》,第 440 页。

③ 哈贝马斯:《现代性的哲学话语》,曹卫东译,南京:译林出版社,2004 年,第 21 页。

④ 哈贝马斯:《现代性的哲学话语》,第 22 页。

⑤ Maurizio Passerin d'Entreves, "Introduction," in Maurizio Passerin d'Entreves and Seyla Benhabib eds., *Habermas and the Unfinished Project of Modernity: Critical Essays on the Philosophical Discourse of Modernity*, Cambridge: Polity Press, 1996, p. 5.

合性。黑格尔最初和“荷尔德林以及谢林一道主张从神话诗意的角度去调和现代性。他们的这种观点无疑还坚信早期基督教和古代的历史示范性。只是在耶拿期间,黑格尔才用自己的绝对知识概念提出自己的看法,从而使他能够摆脱陌生的样本,超越启蒙的结果,即超越浪漫艺术、理性宗教和市民社会”①。

早在青年时代,黑格尔就受到了宗教启蒙的影响,开始了他的从哲学上占有宗教本质内涵的征程。他在哲学上把康德的道德哲学和宗教哲学作为榜样,积极反对新正统派神学、神学院的规定,以及为它们提供保护的国家宪法,坚决主张把道德引入民众的宗教生活,倡导民众宗教。②

青年黑格尔竭力倡导民众宗教,力图从理性的角度来理解和改造宗教。在黑格尔看来,宗教是我们生活里最重要的事务之一,我们从一出生起,就沐浴在宗教的哺育之中,宗教渗入我们的精神生活和感性生活。黑格尔心目中的民众宗教是这样:“其教义必须基于普遍理性;必须保持想象力、心灵和感性的鲜活;必须如此构成,以便生活的一切要求和国家的公共行为都与之关联。”③由此可见,黑格尔所谓的民众宗教有三个基本特征:以普遍理性为基础,体现为鲜活的感性,与社会生活具有密切的关系。正因为民众宗教的这些特点,才使它与道德不可分。黑格尔说:

> 宗教的概念本身内即包含宗教不仅仅是关于神的知识,关于神的特性的知识,以及关于人与神的关系、世界与神的关系和人的灵魂不灭等等的知识,这类的知识总是或者通过单纯的理性可以得到,或者也可以在别的方式下为我们所知悉,换言之,宗教不仅只是历史性的或者理性化的知识,而乃是一种令我们的心灵感兴趣,并深深地影响我们的情感,和决定我们意志的东西。一方面因为我们的道德义务和规律从宗教那里获得一强有力的敬畏之情,从而被我们看作神圣的义务和规律;另一方面因为上帝的崇高性和至善的观念使我们内心充满仰慕之意以及卑谦和感恩的情感。④

黑格尔赋予民众宗教以极高的地位,他认为,民众宗教不仅可以构成一个民族的信仰并影响一个民族的行为和思想方式,而且可以唤醒沉睡着的民族情感和尊严,提升民族精神使之高尚化,还可以赋予民族以自信心,给它提供前进的动力。哈贝马斯据此指出,黑格尔和康德一样,把宗教看作是一种“实现和确证由理性赋予的权利的力量”:

---

① 哈贝马斯:《现代性的哲学话语》,第26页。

② Hegel, *Jenaer Systementwurfe*, I, II, III, Hambug: Felix Meiner, 1976, 1971, 1976; Hegel, *Jenaer Schriften 1901—1807*, Frankfurt: Suhrkamp, 1970.

③ 转引自哈贝马斯,《现代性的哲学话语》,第30页。

④ 黑格尔:《黑格尔早期神学著作》,贺麟译,北京:商务印书馆,1988年,第3页。

> 但是,只有当宗教侵入个体的灵魂和民族的道德之中,只有当宗教存在于国家机构和社会实践当中,只有当宗教使得人们的思维模式和行为动机感受到实践理性的律令并将之牢记在心,上帝的观念才能获得这样一种力量。宗教只有作为公众生活的一部分,才能赋予理性以实践力量。①

从康德开始的德国古典哲学,已经把知识和信仰的对立纳入了哲学自身之中。黑格尔正是由此出发,抛弃了认为实证化宗教和理性可以通过原始基督教精神的革新而得到和解的观点,转而从耶拿时期开始从主体哲学的角度抛弃古代基督教的模式,发展哲学的绝对概念。黑格尔的目的是明确的:黑格尔"用哲学概念扬弃宗教观念世界,只是为了拯救其本质内涵"②。

在对宗教具体问题的探索上,虽然青年黑格尔与成熟黑格尔表现了很大的不同,但其宗旨却始终如一,这就是从理性上来理解和改造宗教。③ 黑格尔的绝对就是绝对理性,即主体的绝对的自我关系。这种主体的绝对的自我关系既将自己的力量加之于他者之上,又努力消除自身的实证性。黑格尔通过建立绝对概念,用消解宗教的方式告别了基督教,达到了他的哲学上的方法论的无神论。哈贝马斯点明了这一点:

> 哲学通过破坏宗教形式,将信仰的内容从这种无神论中解救出来。哲学的内容与宗教没有什么区别,但由于哲学将其内容转变成抽象的知识,"因此,不会再有什么要由信仰来加以证明的了"。④

对于作为哲学家的黑格尔来说,哲学扬弃了宗教,宗教的本质内涵保留在哲学的认识中,哲学实际上是没有神的精致宗教。

黑格尔的方法论的无神论具有革命性意义,但黑格尔本人在世时却并没有公开申明他的这种方法论的无神论。"而且,只是在黑格尔死后,'绝对精神瓦解过程'(马克思语)开始之际,方法论上的无神论才公诸于世,引起轰动。"⑤然而,无论保守的老年黑格尔派,还是激进的青年黑格尔派,都没有把黑格尔的方法论的无神论继承下来。

> 右翼黑格尔派对这场轰动,至今仍然避而不谈,始终没有作出明确答

① 哈贝马斯:《现代性的哲学话语》,第29～30页。

② 哈贝马斯:《哈贝马斯精粹》,第439页。

③ Fred Dallmayr, "The Discourse of Modernity: Hegel, Nietzsche, Heidegger and Habermas," in Maurizio Passerin d'Entreves and Seyla Benhabib eds., *Habermas and the Unfinished Project of Modernity: Critical Essays on The Philosophical Discourse of Modernity*, p. 66.

④ 哈贝马斯:《现代性的哲学话语》,第42页。

⑤ 哈贝马斯:《哈贝马斯精粹》,第440页。

> 复;因为在后形而上学思想的前提下,绝对概念已不足为据。虽然绝对概念无法摆脱黑格尔的"逻辑学"概念,但如果没有今天我们的哲学话语对之所作的明智的重建,要想为之辩护,也是实属不可能。青年黑格尔派显然未能同样清楚地认识到,有了形而上学的基本概念,形而上学所坚持的无神论再也无法站得住脚;不管唯物主义以何种形式出现,在难免有错的科学思想的视界中,它也只是一种至多能够提出或然性要求的假设,只是其或然性比较普遍罢了。[①]

可贵的是,今天,黑格尔的这份遗产正在被哈贝马斯继承和发扬光大。

三、后形而上学时代的哲学与宗教

如前所述,哈贝马斯使用"方法论的无神论"这个词,并不是以此来申明自己的无神论信仰,而是想表明一种理性地对待宗教神学的态度和方法,将哲学与神学关联起来。

> 我只想说,一旦人们认识到话语的方法论差别,也就是说,一旦哲学话语遵从证明言语的特殊要求,就不会怀疑我与神学遗产关系的证据。在我看来,一种超越方法论无神论界限的哲学丧失了它的哲学严肃性。[②]

虽然哈贝马斯肯定犹太教—基督教的传统是现代性文化价值的根源,而且主张实现现代性的规范潜能必须占有宗教的本质内涵,并且他自认为自己的交往行为理论从许多方面已经或正在占有着宗教的本质内涵,但这并不是说,在后形而上学时代,宗教已经完全被现代文化所继承,宗教的本质内涵已经完全被现代性所吸纳。相反,在后形而上学时代,和在此前的时代一样,宗教作为一种意识形式仍然具有独立性,宗教的本质内涵远没有被完全占有。

在哈贝马斯看来,哲学的历史发展是从形而上学步入后形而上学,现代哲学的主题就是后形而上学思想,"我们在后形而上学思想面前已经别无选择"[③]。从形而上学走向后形而上学的主要标志是:第一,程序合理性取代了实质合理性;第二,绝对理性让位于交往理性;第三,意识哲学转向了语言哲学;第四,颠覆了理论对于实践的传统优势。

既然历史发展已经从形而上学时代进入了后形而上学时代,因此必须重新思考宗教的价值。

首先,哈贝马斯认为在后形而上学时代,我们必须明确地认识到,作为与形

① 哈贝马斯:《哈贝马斯精粹》,第440页。
② Jürgen Habermas, *Religion and Rationality: Essays on Reason, God, and Modernity*, p. 160.
③ 哈贝马斯:《后形而上学思想》,第28页。

而上学具有同样性质的宗教世界观，随着形而上学世界观的解体，也已经退出了历史的舞台，失去了原有的价值和功效。哈贝马斯说：

> 紧紧围绕着“我”和“我们”、此时和此地而直接建立起来的生活世界（其统一性难免会具有假定色彩），直到那时还表现为神话故事、宗教教义和形而上学解释所构成的统一整体。但是，形而上学的解释形式在现代失去了其价值，并发生了变化，尽管它们还替理论保存着原始神话所具有的统一力量：宗教和形而上学的基本概念所依赖的整个价值体系，随着科学、道德和法律等专家文化的兴起以及艺术走向自律而崩溃了。①

在后形而上学时代，谁如果继续将宗教作为一种世界观，用宗教来统一社会、集体，用宗教来辩护政治制度，他无疑是开历史倒车，也不会有任何成效。

其次，哈贝马斯强调，在后形而上学时代，虽然作为世界观的宗教与形而上学一起无可挽回地衰落了，但宗教的语义内涵还在，“宗教传统的规范内涵依然是我们的精神源泉”②。西方文明思想的许多核心因素，比如道德、自由、平等、解放等等这些概念，都有宗教的来源。后形而上学思想通过反思自己的历史就可以知道，它不仅继承了西方哲学的形而上学遗产，而且还割不断自己与世界宗教的内在联系。

和古希腊哲学的起源一样，世界宗教的起源也可以追溯到基督诞生之前的第一个千禧年，即雅斯贝尔斯所说的“轴心时代”(Axial Age)。在那个轴心时代，世界宗教以与希腊哲学同样的方式完成了从神话叙述结构到区分现象与本质的逻各斯的认知跃变。宗教与哲学在发展中相互靠近、相互渗透，共同塑造着西方的思想、文化、文明。基督教走向了希腊化，将理性包含于自身之中，而哲学则吸收了宗教的概念和思想，丰富了自己的内容。源于希腊的“自主”和“个体性”概念与源于罗马的“解放”和“团结”概念，都得自于世界宗教，都是从犹太教和基督教那里获得了其最初含义。③

所以，哈贝马斯断言，一方面，宗教的语义内涵已经深深地渗透到我们现代人血肉之中，不了解它们，我们就不了解自身；不了解宗教的救世史，就不了解现代的思想和观念。

> 因此，我并不认为我们欧洲人无须领会犹太教—基督教起源的救世史实质，就能完全理解道德和习俗、人格和个体、自由和解放等概念——尽管它们或许比柏拉图思想中围绕秩序和理念直观所形成的众多概念更为我

① 哈贝马斯：《后形而上学思想》，第 17～18 页。

② 哈贝马斯：《后民族结构》，第 168 页。

③ Jürgen Habermas, *Between Naturalism and Religion: Philosophical Essays*, p. 142.

们所关注。[①]

在哈贝马斯的眼中,就某些思想观念而言,犹太教—基督教传统对现代的重要性甚至超过了古希腊以来的哲学传统。

另一方面,宗教包含着丰富的语义内涵,虽然我们进入了后形而上学时代,但宗教的语义内涵远没有被我们完全把握和领会,因此,挖掘宗教的语义潜能仍然需要每一代人作出努力。挖掘宗教的语义潜能正是当代人特别是当代哲学的使命:

> 如果没有社会化的中介,对世界上任何一种伟大的宗教不从哲学的角度加以转化,那么,这种语义学潜能总有一天会变得无从识得;每一代人都必须对这种语义学潜能重新加以阐释,才能保证留下来的主体间共享的自我理解不会衰变。有了这种自我理解,人与人之间才能交流。捍卫和阐明这样一种人性——不是通过直接的介入,而是通过间接的理论努力——无疑是哲学家所肩负的一项义不容辞的使命,他们这样做,当然不会被扣上"意义传递者"(Sinnvermittler)这样一顶不太雅观的帽子。[②]

所以,虽然"后形而上学的"即是"后基督教的"(post-Christian),但并非就是"非基督教的"(un-Christian)[③]或"反基督教的"(anti-Christian)。

总之,在后形而上学时代,正如后形而上学是形而上学的替代物一样,哲学也是宗教的替代物。然而,哲学并不是以简单地抛弃的方式取代宗教,而是在发掘、吸取和占有宗教的语义内涵的基础上取代宗教。"就此而言,哲学思想的使命始终都在于对传统作出回应,也就是说,要通过对尚能使现代性的子女们深信不疑的东西的不断深入细致的观察,来掌握高级文化中发展起来的宗教学神圣知识和宇宙学世俗知识。"[④]不仅如此,"在康德之后'形而上学'是否还有可能这种口舌之争背后,隐藏着的实际上是围绕通过批判能够领会的那些古老真理的存在时间和有效范围所展开的争论,以及有关古老真理在被批判领会过程中发生意义转化的方式方法的争论"[⑤]。

如何占有宗教的本质内涵?在哈贝马斯看来,要占有宗教的本质内涵,既需要宗教经验和信仰转变成带有有效性要求的可论证的宗教话语,又需要哲学改变其原有形态,放弃其特权地位,专注于自己的特殊领域和功能。

---

① 哈贝马斯:《后形而上学思想》,第15页。
② 哈贝马斯:《后形而上学思想》,第15～16页。
③ Jürgen Habermas, *Between Naturalism and Religion: Philosophical Essays*, p. 210.
④ 哈贝马斯:《后形而上学思想》,第15页。
⑤ 哈贝马斯:《后形而上学思想》,第15页。

对于哲学来说，自柏拉图以来，哲学一直继续着以往的概念分析的方法，因此它今天仍然努力用重建前理论常识的手段，以阐明认知、语言和行为的理性基础。[①] 近代以来，文化价值已经分化为科学、道德和艺术等不同的领域，康德的“三大批判”乃是对已经分化的并且彼此独立的不同理性领域所作出的哲学反应。

> 针对客观知识、道德实践认识以及审美判断的论证形式，在18世纪就已经分道扬镳，并且在无疑能够自行确定其有效性标准的机制范围内各行其是。如今，哲学可以用谱系学、回忆、存在的澄明、哲学信仰、解构等名义建立起特有的有效性标准，但它得付出代价，把自己限制在已经达到的分化和论证水平上，换言之，哲学必须放弃其信仰地位。哲学所剩下的以及力所能及的就是通过解释把专家知识和需要探讨的日常实践沟通起来。哲学剩下的就是通过阐释来推动生活世界的自我理解进程。[②]

理性的分化使得哲学不再拥有至高无上的地位，成为解释者：

> 相对于科学、道德和艺术而言，作为解释者的哲学不可能再具有认识本质的特权，拥有的最多只是可能会出错的知识。哲学必须放弃其传统形式，即作为一种干预社会化过程的学说，而保留其纯理论。最终，哲学也无法再根据价值的高低，把不同生活方式的复合总体性加以等级化；哲学只能把握生活世界的一般结构。从上述三个意义上说，康德之后，不可能还有什么“终极性”和“整合性”的形而上学思想。[③]

因为不仅康德所谓的理性的三个部分在后形而上学思想中“不再具有形而上学的性质，而与构成一切交往行为、一切陈述的基础的三种有效性要求（真实性、正确性、真诚性）相对应”[④]，而且“随着形而上学和宗教世界观的瓦解，具有多方面价值的文化解释系统中所分化出来的一切，只有在生活世界的实践的经验语境中还能组合起来，并恢复原有秩序”[⑤]，所以，作为沟通专家知识和日常生活实践之间关系并充当解释者的哲学，恰好可以发挥其把握宗教本质内涵的作用。对此，英国学者安德鲁·埃德加（Andrew Edgar）认为，以严肃的态度对待宗教信仰进行解释，目的是为了推进解神话化的进程。这一进程发现，宗教信

---

① 参见中国社会科学院哲学研究所编：《哈贝马斯在华讲演集》，北京：人民出版社，2002年，第147页。
② 哈贝马斯：《后形而上学思想》，第18页。
③ 哈贝马斯：《后形而上学思想》，第18页。
④ 得特勒夫·霍尔斯特：《哈贝马斯传》，第92页。
⑤ 哈贝马斯：《后形而上学思想》，第49页。

仰直接表达了现实的苦难和异化,表达了解决紧迫的社会问题和道德问题的思想资源,这表明,在哈贝马斯哲学的表面的乐观主义之下隐藏着神秘的无神论的上帝。[①]

如前所述,哈贝马斯并不认为当今时代我们已经从方法论无神论的立场完全占有宗教的本质内涵,实际上,占有宗教本质内涵的工作仍在进行之中,还需要我们继续不懈地努力。之所以出现这种情况,根本原因在于完全地吸纳宗教的本质内涵需要把宗教经验和信仰转换成公共的可以论证的宗教话语,而实际上这一步工作并未完成。因此,"在我们替宗教话语中所保存的经验和内涵找到一种合适的语言之前,其修辞力量还有存在的理由"[②]。而且,虽然哈贝马斯一开始对哲学充满信心,认为哲学有能力将一种语言转换为另一种语言的能力:"通过研究关于正义和审美等问题的逻辑,通过认识道德情感与审美体验的任意性,哲学保持了从一种讨论转入另一种讨论,把一种专业语言翻译为另一种专业语言的特殊能力。"[③]但是后来,他则意识到在宗教语言转换的问题上并不那么简单。是否能够找到一种完全可以替代宗教语言的世俗语言,也是一个问题。哈贝马斯说:

> 世俗语言如果只是消除了一些传统的观念,就会引起误导。原罪一旦转变成罪责,就失去了一些内涵。因为我们总是希望得到宽恕,并和祝愿别人免于受难联系在一起。苦难一去不返,因此我们才会觉得惴惴不安。[④]

迄今为止,很多道德情感只有在宗教语言中才能获得准确的表达。[⑤]

> 不仅如此,虽然现代社会科学蓬勃发展,哲学也采纳了新的形式和内容,但它们无法承担起原来宗教所具有的世界观的功能,"鉴于个体生命存在所面临的风险,当然还无法想象有一种能够解释清楚孤独感和罪恶感、疾病和死亡的理论"。[⑥]

鉴于以上诸种情况,预言宗教消亡还为时过早。在当代,宗教仍然充满活力,宗教仍有独立存在的理由,哲学既不能取代宗教,也不能排斥宗教,哲学与宗教可以和平相处,平等共存。

---

① Andrew Edgar, *The Philosophy of Habermas*, Chesham: Acumen, 2005, pp. 271-272.

② 哈贝马斯:《后形而上学思想》,第 25 页。

③ 中国社会科学院哲学研究所编:《哈贝马斯在华讲演集》,第 147 页。

④ 哈贝马斯:《后民族结构》,第 170 页。

⑤ 参见哈贝马斯:《后民族结构》,第 171 页。

⑥ 哈贝马斯:《合法化危机》,刘北成、曹卫东译,上海:上海人民出版社,2000 年,第 158-159 页。

从外部看,尽管宗教建构世界观的功能还在被削弱,但它对于日常生活中和超常事物打交道仍然具有不可代替的规范作用。因此,后形而上学思想和宗教实践也可以平等共存——而且不只是在非共时物的共同性的意义上。这种持续的共存只要宗教语言仍然具有启示作用和必不可少的语义学内涵——而且这些内涵是哲学语言(暂时?)所无法表达的——并继续拒绝转化成论证话语,那么,哲学哪怕是以后形而上学形态出现,同样既不能取代宗教,也不能排挤宗教。①

第五节　包容他者

哈贝马斯认为,具有现代性规范内涵的现实社会则是一个后世俗社会或后传统社会。后世俗社会一方面不再把宗教的神圣权威看成是社会和个人同一性的力量,另一方面又把宗教看成是理性对话和社会合作的参与者。因此,后世俗社会是一个宗教包容的社会。显然,哈贝马斯不是单纯地视宗教为理性的他者,而是把宗教视为当代社会中进行理性对话的一个参加者。一种具有交往理性的后传统社会不是排斥他者,而是包容他者。

一、后世俗社会与交往共同体

哈贝马斯之所以提出"后世俗社会"概念,是因为他不满于通常对"世俗化"的理解。"世俗化"这个概念最初包含着法学上的含义,即指国家权力机构强行没收教会的财产。后来人们将这个意思转用于社会和思想发展中,把"世俗化"等同于"现代化"和"理性化"。自此以后,就出现了两种截然相反的评价:赞成这种世俗化的人把世俗化理解为世俗权力成功地约束了教会权威,反对这种世俗化的人把世俗化理解为世俗权力的非法占有。前者认为,"宗教的思维方式和生活方式被更加优越的理性的思维方式和生活方式取而代之",而后者则认为,"现代的思维方式和生活方式是非法盗窃来的"②。

对世俗化的这两种理解所犯的错误却是一致的。一方是资本主义社会中的脱缰的科技生产力,另一方则是宗教与教会的保守势力。这幅图景和后世俗社会之间格格不入。在后世俗社会当中,宗教共同体依然存在,而存在的前提恰恰在于一种不断世俗化的社会氛围。③

① 哈贝马斯:《后形而上学思想》,第 50 页。
② 哈贝马斯:《后民族结构》,第 164 页。
③ 哈贝马斯:《后民族结构》,第 164 页。

由此可见,哈贝马斯所理解的后世俗社会并非是世俗化社会之后的一个新社会,也不是一个自相矛盾的术语,而是一个真正的辩证概念。[①] 后世俗社会是抛弃了原先的好斗的世俗主义、承认宗教在公共领域中的作用的当代社会。后世俗社会意味着:宗教是会持续存在于世俗社会的,应肯定宗教对现代意识的贡献。应肯定宗教在世俗社会的功能,要对宗教的真理存开放性。[②] 后世俗社会表明,一方面是世俗化的持续进行;另一方面是宗教团体和宗教力量的继续存在,甚至还有进一步扩大规模和影响的趋势。[③]

后世俗社会的突出特点之一是多元主义。传统社会之所以需要包容他者,乃是由于它的多元主义特点。哈贝马斯认为,多元主义取向本身最初就是在宗教的发展过程中由教派的分裂而促成的。[④] 根据约翰·莫雷(John Courtney Murry)的界定,多元主义是"在就人的本性和命运等终极问题持有不同观点的政治共同体内的共在(co-existence)"[⑤]。查尔斯·戴维斯(Charles Davis)认为,多元主义是当代政治学的根本问题。他说:

> 多元主义意味着在政治共同体之内的意见分歧和异议。但是,除非存在着一个共同体,否则人们不能谈论多元主义。因而,多元主义也意味着统一、某种共识或意见一致。多样的团体形成一个共同体;他们同意生活在一起,为了共同的目标而相互协作。多元主义不是单纯的多元性。它意味着宗教和价值冲突之间的协调。[⑥]

因此,尽管后世俗社会是一个多元主义的社会,有着不同的民族成分、不同的文化和不同的传统,但它并非趋向一个分散、冲突的社会,而是趋向一个团结与和谐的理性社会。为此目标,就需要在后传统社会中构建一个新型的共同体,这个共同体平等地对待每一个人、每一种文化。哈贝马斯解释说:

> 平等地尊重每一个人,并非仅仅针对同类,而且也包括他者的人格或他者的他性。携起手来,对作为我们中间一员的他者负责,这样做涉及到共同体中变化不定的"我们"范畴。而这个共同体没有任何本质规定,处于

---

① Austin Harrington, "Habermas and the 'Post-Secular Society'," *European Journal of Social Theory*, 10(4), 2007.

② 参见关启文:《宗教在公共领域的角色》,载《安徽大学学报》2011 年第 3 期。

③ 参见童世骏:《"后世俗社会"的批判理论——哈贝马斯与宗教》,载《社会科学》2008 年第 1 期。

④ Jürgen Habermas, *The New Conservatism: Cultural Criticism and the Historians' Debate*, Cambridge, Mass.: The MIT Press, 1989, p. 42.

⑤ John Courtney Murray, "The Problem of Pluralism in America," *Thought*, 29, 1954.

⑥ Charles Davis, "Pluralism, Privacy, and Interior Self," in Don S. Browning and Francis Schüssler Fiorenza eds., *Habermas, Modernity, and Public Theology*, p. 160.

透明和开放状态,并且还在不断扩大。这种道德共同体的结构原则就是消除一切歧视和苦难,包容一切边缘群体,并且相互尊重。这样建构起来的共同体不是一个迫使一切成员用各自的方式都彻底趋于同化的集体。这里所谓的包容(Einbeziehung),不是把他者囊括(Einschlieβen)到自身当中,也不是把他者拒绝到自身之外。所谓"包容他者",实际上是说:共同体对所有的人都是开放的,包括那些陌生的人或想保持陌生的人。①

既然在后世俗社会中包容他者,并不是消除他者的他性,而是在保留多元的文化和传统的前提下,构建一个交往的共同体,所以参与交往共同体的成员必须相互承认他们的主体性,对他们的意见提出充足的理由,通过理性论证进行沟通,达到共识。交往共同体时也是一个公共领域:"所有当事人组成了公共领域并都得到了包容,参与者享有同等的交往权利。"②

交往共同体的典型代表是道德共同体和政治共同体,哈贝马斯的话语(discourse)伦理学和话语政治学分别阐释的道德共同体和政治共同体。哈贝马斯之所以将话语引入伦理学和政治学并作为伦理学和政治学的基本概念,是因为他要在关于道德与政治信念的终极基础崩溃之后,为其提供一个新的基础,以便捍卫社会与政治实践的合法性。哈贝马斯转向话语为基础的伦理学和政治学的根本动机,在于追求一种理想的交往共同体,这种交往共同体的规范和实践完全为参与这一共同体的人所接受,由此所建立的社会则基于自由平等的人的意见一致,而非外在强迫。③

二、道德共同体

在后世俗社会,随着传统文化的解体和单一信仰的崩溃,行为关系的调节规范不再依赖特殊地域和文化共同体历史形成的人的信念和行为方式。盲目地接受一种规范已经成为不可能的了,规范已经变得反思化了,由此道德义务的性质也发生了变化,人在接受某一规范之前,首先必须对规范进行反思的自我证明。在此情况下,就需要一种规范人的证明实践的规范理论,话语伦理学即承担着这一任务。④ 其实,在一个没有上帝权威的后传统时代,没有了对道德规范的绝对保证,人们的行为规范和原则通过依靠理性的自我反思和理性的对话来获得,所以只能过渡到话语伦理学,为人们的道德共识提供证明逻辑。如果哈贝马斯是对的,那么道德完全应该既是包容性的(inclusive),又是公开性的(public)。⑤

---

① 哈贝马斯:《包容他者》,曹卫东译,上海:上海人民出版社,2002 年,"前言"第 1～2 页。

② 哈贝马斯:《包容他者》,第 47 页。

③ J. Donald Moon, "Practical Discourse and Communicative Ethics," in Stephen X. White ed., *The Cambridge Companion to Habermas*, p. 143。

④ 参见汪行福:《通向话语民主之路——与哈贝马斯对话》,成都:四川人民出版社,2002 年,第 162 页。

⑤ 参见莱斯利·A·豪:《哈贝马斯》,北京:中华书局,2002 年,第 48 页。

在宗教信仰占统治地位的时代里,神学本体论和救世神学从创世秩序和救赎历史两个方面为道德律令的可信性提供了理由。其一,神学本体论的论证立足于创世主所建立的世界结构上。睿智的创世主创造了一个具有目的的世界秩序,人是这个世界秩序的一个部分。人从这个世界秩序中可以了解自己,认识自己,弄清自己在这个世界中是什么和应当是什么。“这样,道德法则的合理内涵便从作为一个整体的一切存在者的理性秩序那里获得了本体论的公证。”[①]其二,救世神学的论证立足于救世主的公正和善良。当世界末日来临时,救世主就会莅临人间,兑现他的救赎诺言。上帝根据他的神圣律令,对每个人的行为都会作出恰当的评判。“道德律令通过两种方式获得了合理意义,一方面,它们指明了个人的救赎道路,另一方面,它们又得到了不偏不倚的应用。”[②]神学本体论和救世神学的意义就在于,它从知识的层面上说明了神圣的律令为何不是盲目的,而是合理的和“真实的”。

除了宗教为道德律令确立了可信性之外,犹太教—基督教传统确立了具有道德信念的交往共同体。这种由上帝所决定的交往共同体具有团结和正义两个方面,表明了这种交往结构的两种相互联系的属性:

> 每个人与上帝都有着双重交往关系,他既是信徒团契的一员,与上帝之间建立起盟约关系,又是一个具有自身生活历史的个体,在上帝面前具有不可替代性。这样一种交往结构决定了以上帝为中介的道德关系主要表现为**团结**(Solidarität)与(严格意义上的)**正义**(Gerechtigkeit)。作为一般信徒团契的成员,我与其他同志一样都是“我们中的一员”,相互之间有着团结关系;作为不可替代的个体,我有义务平等地尊重其他所有人,把他们都当作不可替代的个体加以对待。[③]

但是,哈贝马斯指出,随着多元主义世界观的出现,在现代社会里,上帝的至上的和绝对的权威失去了,宗教及神学不再是一种被所有人认可的道德有效性基础;随着形而上学概念及其解释范畴的贬值,认知权威也从宗教神学领域转移到了经验科学的领域之中。因此,“宗教的有效性基础崩塌之后,道德语言游戏的认知内涵就只能依靠其参与者的意志和理性加以重建”[④]。

重建不是否定和抛弃,而是在新的基础上继承和发扬。在后世俗社会中,道德规范的参与者一起构成了一个道德的共同体。道德共同体的参与者对共同体有着明确的意识:“道德意识受制于道德个体的自我理解:道德个体知道自

① 哈贝马斯:《包容他者》,第9页。
② 哈贝马斯:《包容他者》,第10页。
③ 哈贝马斯:《包容他者》,第10页。
④ 哈贝马斯:《包容他者》,第13页。

己属于道德共同体。凡是在一种交往生活方式当中得到社会化的人，都属于这个道德共同体。"[①]因为道德共同体的成员明确地知道自己属于这个共同体，所以他们才能相互承认，避免相互敌对。道德共同体内在地包含着平等对待："作为这个共同体的成员，个体彼此之间期待着得到平等对待，但前提在于，每个人都把其他人当作是'我们中间的一员'。"[②]

哈贝马斯认为，道德的规范共识就是在这个道德共同体内达成的。"当共同道德的传统有效性基础丧失之后，参与者们就必须一同思考，他们应当就何种道德规范达到共识。他们在这样做的时候，没有哪个人可以拥有比其他人更多的权威性；一切进入道德真理的特权视角都是不被允许的。"[③]近代学者提出的社会契约论在形式上似乎与这种道德共同体类似，但契约社会中的参与者即订立契约的各方是以利益为主导，他们受到的是外在的约束，因而不能形成共同的和普遍主义的善的观念。"一个道德共同体的成员追问的不是从外在对社会行为加以约束，对所有人都同等有利，而且可以取代道德。他们要革除的不是道德的语言游戏，而只是其宗教的有效性基础。"[④]在哈贝马斯看来，这样一种追问方式导致了对沟通条件的反思。在宗教和形而上学之后，沟通条件成了论证同等尊重每一个人的道德的唯一资源。

在后世俗社会的道德共同体中，既没有凌驾于每个人之上的上帝的权威，也没有外在的先验原则，所有的只是参与者的生活方式和道德实践。"由于参与者进入了合作的交往实践，因此，他们实际上已经悄悄地接受了平等尊重每一个人的利益的前提条件。"[⑤]参与者平等相处，相互尊重，既让人信服，也信服别人，这样交往实践的目的才能达到，从而形成规范的意见一致性。因此，在宗教和形而上学的范畴失效之后，规范有效性的基础必然是一个可普遍化的原则。哈贝马斯说："理性道德的有效性基础是一个普遍化原则，它不能用符合各自自身利益的视角或自身的善的概念来加证明。我们只能通过对公正判断形成的必要条件加以反思，才能把这个普遍化的原则确定下来。"[⑥]道德的普遍化原则(the principle of universalizability)(U)规定：

> 只有道德规范满足**一切人**的利益，所有参与者都能够接受它的结果和副作用(并且这些结果为那些知道规则选择可能性的人所偏爱)，它才能期望得到普遍遵守。[⑦]

---

① 哈贝马斯:《包容他者》,第 31 页。
② 哈贝马斯:《包容他者》,第 31 页。
③ 哈贝马斯:《包容他者》,第 25 页。
④ 哈贝马斯:《包容他者》,第 25 页。
⑤ 哈贝马斯:《包容他者》,第 26 页。
⑥ 哈贝马斯:《包容他者》,第 26 页。
⑦ Jürgen Habermas, *Moral Consciousness and Communicative Action*, p. 65.

仅有普遍化原则还是不够的,话语伦理学认为道德视角表现在现实的世界观多元化的社会中,体现在主体间的论证程序中,并且尽量保持道德视角的开放性。

> 而事实上,普遍化尝试的反思过程需要一个话语的语境,在这样一个语境里,每个人都必须接受所有他者的视角,以便检查一个规范从任何一个人的角度来看是否得到了所有人的接受。①

因此,在主体之间的不同的道德视角只能依靠交往的前提来保证,取代绝对命令的只能是话语原则。哈贝马斯说:

> 自由而平等的参与者要想进入一种包容性的自由话语当中,就必须满足一定的交往前提,在这些交往前提下,每一个人都必须接受所有其他人的视角和自我观以及世界观;对视角的这种限制,最终导致的实际上是一种理想的"我们的视角"(Wir-Perspektive)。②

哈贝马斯的话语原则(the principle of discourse)(D)规定:

> 仅当那些规范得到(或能够得到)所有受影响的人,并且有能力作为实践话语参与者的同意,它们才能要求为有效的。③

根据话语原则"D",只有那些得到话语实践参与者认可的规范才能具有有效性。当然,话语原则取代神圣律令,话语伦理学取代本体论神学,必然要付出一定的代价:既不能完全保有宗教直觉的一切道德内涵,也不能捍卫道德规范的实在论意义。但是,话语伦理学不仅使道德视角从上帝的视角转换为人的视角,而且可以克服以自我为中心的视角。"克服了这样的视角,就可以为所有人都提供一种建立在相互信服基础上的论证实践。"④

哈贝马斯认为,"话语伦理学对一种平等尊重和团结所有人的道德的内涵作出了证明"⑤,而"话语伦理学论证的途径主要在于:对其宗教的有效性基础已被动摇的道德传统合理地加以重建"⑥。任何一个道德共同体的成员,在从传统

---

① 哈贝马斯:《包容他者》,第 36 页。

② 哈贝马斯:《包容他者》,第 69 页。

③ Jürgen Habermas, *Moral Consciousness and Communicative Action*, p. 66.

④ 哈贝马斯:《包容他者》,第 37 页。

⑤ 哈贝马斯:《包容他者》,第 42 页。

⑥ 哈贝马斯:《包容他者》,第 42 页。

社会迈向后世俗的世界观多元主义社会时，必然遇到这样的情况：“尽管他们关于基本道德规范的背景共识已经不复存在，但他们还是一如既往地用理由来争论道德判断和道德立场，那么，他们就会卷入一种尴尬的处境。”[①]话语原则正是对这一尴尬处境的回应。

虽然话语伦理学并不否认原来的道德冲突，并且认可原来的公认的解决冲突的权威已经丧失，但是它自信，在现代多元的社会中，可以通过论证的方式来解决这种冲突。“我的出发点在于：参与者并不想用暴力或妥协，而是想用沟通来解决他们之间的冲突。因此，他们首先就要尝试进入话语状态，并在世俗基础上建立起一种共同的伦理观念。”[②]通常，共同体的参与者一旦对道德规范产生疑问，就会诉诸他们共同参与的通过语言沟通而建立起来的交往生活方式。由于交往过程和生活方式所具有的共同结构隐藏着共同的规范，参与者通过交往最终会达成共识。“但是，仅仅依靠交往生活方式的特征，还不足以说明，一个历史共同体的成员为何一定要超越他们的特殊主义的价值取向，又为何一定要进入一种对等和包容的普遍主义承认关系当中。”[③]正是话语伦理学解决了这一问题。

首先，话语原则“D”要求平等对待。

> 所谓平等对待，就是指平等对待这样的人，他们虽然有所不同，但都意识到了他们的共同属性。个人与其他个人之间是平等的，但不能因此而否定他们作为个体与其他个体之间的绝对差异。对差异十分敏感的普遍主义要求每个人相互之间都平等尊重，这种尊重就是对他者的包容，而且是对他者的他性的包容，在包容过程中既不同化他者，也不利用他者。[④]

其次，普遍化原则“U”要求超越家庭、团体、部族甚至国家的范围。

> 义务扎根在交往行为当中，并且具有传统特征，自身并没有逾越家庭、部族、城市或国家的范围。交往行为的反思形式则不是这样：论证自身超越了一切特殊的生活方式。因为，在理性话语的实用前提当中，交往行为所设定的规范内涵获得了普遍化、抽象化和无限化，也就是说，扩展到了整个包容性的共同体，只要主体具有言语和行为能力，并且可以作出自己应有的贡献，就不能把他们排挤在共同体之外。这种观念为我们摆脱如下处境提供了出路：参与者已经失去了其本体论神学的支持，只能自力更生，为

① 哈贝马斯：《包容他者》，第 42 页。
② 哈贝马斯：《包容他者》，第 42 页。
③ 哈贝马斯：《包容他者》，第 43 页。
④ 哈贝马斯：《包容他者》，第 43 页。

> 自己建立规范的取向。如前所说,参与者唯一所能依靠的就是他们实际上已经拥有的共同性。在遭受最后一次挫折之后,这些共同性凝聚成了话语的形式特征。这样,所有人最终都进入了实践话语和合作关系当中。①

哈贝马斯承认话语伦理学所提供的还只是一个十分脆弱的基础,尚待进一步完善。但是,在后世俗的现代社会,面对各种各样的流行的多元世界观,话语伦理学毕竟为我们提供了一种希望。因为,如果共同实践过程中的交往形式自身能够促使所有参与者对道德规范作出令人信服的论证,那么,话语伦理学不仅能够从谱系学上为规范共识的传统论证内容提供一种等价物,用话语实践中的"内在性"来补偿失去的"先验的善",而且还能够为来自不同世界观(包括宗教)的人或者团体确立一种超越他们各自局限性的交往共同体,以便于在这个交往共同体中通过沟通和论证达到规范共识。

三、政治共同体

众所周知,自近代以来,西方政治制度的发展表现为一个世俗化的过程。在这个过程中,西方的政治制度确立了政教分离的原则,宗教成为公民的私有经验和信仰,似乎宗教与政治互不相涉。

> 依据世俗主义的主流学说,政治体制是在不依赖于宗教的基础上建立起来的。这种制度安排通过世俗的或公共的理性运用得到证明:目的是组织一个中立的政治领域,它能够基于共有的理性作出公平的决策,宗教信仰必须转换成共同的政治语言。宗教与政治的分离是为了宽容、公平性、中立性和普遍性,以及自由和平等。②

然而,世俗化并没有导致宗教的消亡,不仅大多数世俗公民仍然保有虔诚的宗教信仰,宗教教会也作为一个公共建制保存下来,并有所发展。因而,以教会为代表的信仰一方从未真正退出公共舞台,从未对公共事务保持沉默。尤其是宗教与世俗的紧张和冲突时有发生,甚至在某些地方愈演愈烈。如何解决宗教与世俗的冲突,如何建立一个真正包容性现代民主法治的政治共同体,正是哈贝马斯面临的任务。

从 20 世纪后半期开始,一些世俗的政治和哲学思想家基于西方社会的现实状况,开始重新思考宗教与政治的关系,特别是站在新的立场上重新肯定宗教在政治争论和政治生活中所发挥的合法的积极作用。一些学者指出作为国

---

① 哈贝马斯:《包容他者》,第 43～44 页。

② Anders Berg-Sørensen, "Politicising Religions," *Political Theory*, Vol. 34, No. 6, Sage Publications, 2006, p. 800.

家的政治共同体的宗教资源，另一些学者则强调作为宗教信徒的公民与非宗教信徒公民政治参与和表达的平等权利。[①] 哈贝马斯虽然反对毫无原则地接受宗教资源，但他却极力主张宗教信徒和宗教共同体参与政治共同体的平等权利，反对极端世俗主义者将宗教共同体排除在政治共同体之外。他说：

> 在后世俗社会中，人们逐渐取得共识，"公共意识的现代化"包含宗教精神与世俗精神的同化和反思转换。如果双方同意把社会的世俗化理解为一个互补的学习过程，那么它们也将有认知理由认真地对待双方对于公共领域争议问题的贡献。[②]

哈贝马斯通过现代民族国家的形成说明了政治共同体的包容性。现代意义上的政治共同体既是一个公民共同体，也是一个民主共同体。开始，公民及其民主意志的形成是随着民族国家的产生而产生的。哈贝马斯说：

> 并不是说一切民族国家都是民主的，也就是说，是由自由而平等的公民组成的自治联合体。但是，民主政体一旦出现，它们就会表现为民族国家。民族国家显然满足了社会民主自治的主要的现实条件。[③]

在政治和法律的层面上，现代国家在空间上拥有明确的领土范围，对内对外代表着具有主权的国家权力；在社会成员的层面上，国家包括从属于它的全体国民。现代国家主要是一个法学概念，国家都有成文法典，国家根据成文法行使统治，而国民则遵守国家的法律。在政治学中，"国家"和"民族"具有同样的外延，所以现代国家也被称为"民族国家"。但"民族"这个概念还有法律界定之外的含义，即民族还是一个具有共同的起源、共同的语言、文化和历史的政治共同体。从历史渊源来看，国家和民族是分别产生的，但到了 18 世纪晚期，两者开始融合为一体，形成了现代的民族国家。哈贝马斯解释说：

> 只有当国家转变成为一个由公民组成的民族，并把政治命运掌握在自己手里的时候，才会有一种民主的自决权。但是，对"臣民"的政治动员要

---

① 参见约翰·罗尔斯：《政治自由主义》，万俊人译，南京：译林出版社，2000 年；罗尔斯等：《政治自由主义：批评与辩护》，万俊人等译，广州：广东人民出版社，2003 年；Lucas Swaine, *The Liberal Conscience: Politics and Principle in a World of Religious Pluralism*, New York: Columbia University Press, 2006; Paul J. Weithman, *Religion and the Obligations of Citizenship*, Cambridge: Cambridge University Press, 2002.

② Jürgen Habermas and Joseph Ratzinger, *The Dialectics of Secularization: On Reason and Religion*, San Francisco: Ignatius Press, pp. 46-47.

③ 哈贝马斯：《后民族结构》，第 74 页。

求混杂在一起的人民在文化上实现一体化。这一点是必不可少的,有了它,民族观念也就付诸了实现;而借助于民族观念,国家成员超越了对于村落和家庭、地域和王朝的天生的忠诚,建立起了一种新型的集体认同。一个"民族"可以从他们共同的出生、语言和历史当中找到其自身的特征,这就是"民族精神";而一个民族的文化符号体系建立了一种多少带有想象特点的同一性,并由此而让居住在一定国土范围内的民众意识到他们的共同属性,尽管这种属性一直都是抽象的,只有通过法律才能传达出来。正是一个"民族"的符号结构使得现代国家成为了民族国家。①

民族在现代国家中具有重要的意义。一个民族的自我意识使得具有共同起源和文化的居民有了认同感,而民族认同感则使原来彼此陌生疏远的人们团结在一起。在民族国家的形成中,原来的王国的臣民逐步演变了现代的国家的积极公民。"因此,民族国家的成就在于,它同时解决了这样两个问题:在一个新的合法化形态(Legitimationsmodus)的基础上,提供了一种更加抽象的新的一体化形式(soziale Integration)。"②

哈贝马斯之所以提出合法化问题,根本原因在于,对上帝的单一信仰崩溃之后,出现了多元化的世界观,从而逐渐地消除了政治统治的宗教基础。在世俗化的背景下,现代民族国家急需一种新的合法化源泉和基础。如果没有新的合法化基础,就不能保证现代民族国家的稳定,社会一体化就会分崩离析。那么,这种新的合法化源泉和社会一体化基础是什么样的呢?哈贝马斯回答说:

社会一体化问题是与都市化,经济现代化,商品交换,人员交往以及信息交流的不断扩大和加速联系在一起的。现代初期的社会等级组织已经解体,民众的流动性和个体化在加强。民族国家通过把公民在政治上动员起来,来回应这两种新的发展要求。已经形成的民族意识,能够把抽象的社会一体化形式与变化了的政治决策结构联结在一起。这种逐渐盛行的民主参与和公民资格,创造了一种新的法律团结基础,同时也为国家找到了世俗化的合法源泉。当然,现代国家并不总是通过公民资格来进行社会控制,而公民资格也不再仅仅意味着从属于一种国家权力。这种入籍成员身份随着向民主法治国家的过渡,才转变为(至少通过内部同意)而赢得的有参与政治统治权利的国家公民身份。随着入籍成员向国家公民的转变,成员身份的意义越来越重大,当然,我们必须把其中的政治法律因素与原来的文化因素区别开来。③

---

① 哈贝马斯:《后民族结构》,第76～77页。
② 哈贝马斯:《包容他者》,第131页。
③ 哈贝马斯:《包容他者》,第131～132页。

民族本身就具有原始的同质性，所以由民族组成的国家比较容易地实现了社会的一体化，为民族国家的合法化提供了资源。

现代民族国家确立了人民主权，人民主权成了现代民族国家的合法性依据。在现代民族国家中，臣民的原有权利转变为人权和公民权，公民获得了政治自由的权利，公民据此参与到政治生活之中。根据卢梭和康德的看法，人民主权表明，公民不仅是权利的拥有者，也是权利的授予者。哈贝马斯指出，从理想意义上说，这种形式的国家就是民主法治国家。“民主法治国家就其理念而言，是根据民众自己的意愿和自由意志确立的合法化秩序。”[①]换言之，“民主法治国家，就其观念而言，是一个符合人民要求的制度，并经过人民的意见和意志而实现了合法化；在这个制度当中，法律的接受者同时也是法律的制定者”[②]。当然，哈贝马斯并没有把理想和观念当成现实，他清醒地认识到现实的民族国家远没有达到它的理想状态。民主法治国家的民众必须是具有自我意识的公民，而“民族”正好填补了这个空缺。

> 它[民族]使一国领土范围内的居民有了一种通过政治和法律而表现出来的新型归属感。这种民族意识是共同的起源、语言和历史的结晶，这种属于“同一”民族的意识把臣民变成了一个政治共同体中的公民——作为共同体的一员，他们会相互负责。民族或民族精神是最初的现代集体认同形式，为法治国家形式奠定了文化基础。[③]

总之，一方面由公民组成的民族是民族国家民主合法化的源泉，另一方面由民众组成的天生的民族则致力于促使社会一体化；一方面公民靠自身的力量建立自由而平等的政治共同体，另一方面天生同源同宗的人们则置身于由共同的语言和历史而模铸的共同体中。

虽然在现代民族国家的产生和形成阶段，同根、同文化的民族为国家的合法化和社会的一体化提供了助力，但当代国家却逐渐地远离理想的民族国家。尤其是民主意志的形成需要的功能性前提条件，民族国家是无法充分地提供的。造成这种情况的主要原因是当代社会的发展从内外两个方面冲击着民族国家：内部是社会的多元化，外部则是全球化。

一方面，哈贝马斯指出，当代的现实是“文化生活方式、民族群体、宗教信仰和世界观等越来越多元化”[④]。在多元化越来越成为世界和国家的主流的情况

---

① 哈贝马斯：《包容他者》，第132页。
② 哈贝马斯：《后民族结构》，第77页。
③ 哈贝马斯：《包容他者》，第133页。
④ 哈贝马斯：《包容他者》，第137页。

下,民主扮演了一个极其重要的角色。从规范的意义上来说,没有民主,也就没有法治国家。因此,民主化过程承担着既促使社会日益分化也保证社会一体化的任务。

> 在一个文化和世界观多元化的社会里,不允许把这种政治所承担的重任由政治意志形成和公共交往的层面上推卸到似乎已经一体化的民族的自发基础上去。因为在这样一种表象背后隐藏的是主流社会的文化霸权。由于历史原因,在许多国家都出现了主流文化与政治文化的合流。政治文化要求得到来自不同文化、民族、宗教信仰所带来的生活方式能够共生并存,这种合流就必须予以消除。但共同的政治文化必须同亚文化及其前政治认同分离开来。[①]

在多元化后民族时代,政治共同体如何得以继续?民主法治国家表现为一种什么样的形式?有没有一种社会一体化的民族主义的替代物?在哈贝马斯看来,民族国家已经完成了它的历史使命,我们应该突破民族国家的界限,走向后民族国家,也就是走向比民族国家更大的政治共同体,在一个更大的范围内实现一体化。

> 贯穿人权和民主的民族国家框架超越了部族和方言,这样就会出现一种新的社会一体化形式。我们今天的任务就在于把这个过程沿着抽象的途径再向前推进一步。一个超越了边界的意志形成过程需要一个合适的语境。为此,就必须形成一个涉及整个欧洲的政治公共领域和一种共同的政治文化。在这样一个超越了民族社会的交往关系当中,由于各种利益长期以来一直都纠缠在一起,因此也一定会形成一种集体的认同意识。[②]

欧洲正在进行的一体化过程让哈贝马斯看到了现实的希望,而且似乎正在印证着他的思想。

另一方面,从 20 世纪 60 年代末开始,民族国家的制度化形式越来越受到全球化的冲击。哈贝马斯详细地描绘了这一冲击:

> 我所说的"全球化",主要是一个过程,而不是一种终结状态。它表明,交往关系和交换关系超越了国家的界限,变得更加紧密。在 19 世纪,铁路、蒸汽机船和电报加快了人流、物流和信息的交换;今天,卫星技术、航天

① 哈贝马斯:《包容他者》,第 137～138 页。
② 哈贝马斯:《后民族结构》,第 22 页。

技术以及数字通信等进一步扩大和加强了网络。“网络”成了一个关键词，不管这里说的是货物和人员的运输途径，还是商品、资本和货币的流通途径，或是信息的电子传输和加工，人、技术以及自然之间的循环关系。不同的时序表明，全球化趋势已经出现在了不同的层面上。这个名词同样也被用于形容国际间的通讯联络、大众旅游或大众文化，以及技术和武器贸易所带来的全球风险、生态系统失去平衡而带来的全球性负面影响或政治组织和非政府组织之间的跨国合作等。[①]

虽然全球化在各个层面上展开，但其中最重要的还是经济的全球化。国家之间的贸易有了扩大和加强，跨国公司的数量急剧上升，资本加快了其运行速度。这一切都表明经济全球化对经济以及政治产生了巨大的影响。

就其自身而言，这些发展趋势并没有说明，民主过程自身的功能条件和合法化条件受到了影响。但是，对于民族国家的制度化形式而言，它们构成了一种危险。民族国家着眼于一定的地域，相反，“全球化”一词表达的是一种动态的图景，它们会不断挑战边界，直到摧毁民族大厦。新的动态结构的意义在于动摇了空间和时间层面上的限制。把“一定领域范围内的统治者”转变为“掌握速度的大师”，这就使得民族国家失去了其权力。[②]

哈贝马斯认为，全球化不仅对于管理国家的法律安全和管理效率、地域国家的主权产生了重要影响，也对民族国家的集体认同[③]、民族国家的民主合法性产生了重要影响。

总之，今天民族国家遇到的现实是，对内面临着多元文化的冲突，对外面临着全球化的挑战。在这种情况下，就出现了这样的问题，即是否存在着一种替代物，在功能上与有关由公民组成的民族和由民众组成的民族的一揽子方案旗鼓相当。[④] 哈贝马斯提出的解决方案是“宪法爱国主义”。哈贝马斯说：“的确，宽容其他人的信仰而不接受他们的真理，宽容他人的生活方式但同时并不认可它们自身有比我们自己的生活方式更优越的价值，这需要一个基于共享价值的标准。然而，在一个民主共同体的情境中，这种基于共享价值的标准蕴含在宪法的正义原则中。”[⑤]

---

① 哈贝马斯：《后民族结构》，第 78 页。

② 哈贝马斯：《后民族结构》，第 79 页。

③ 有的学者认为，根据哈贝马斯的观点，宗教在全球化浪潮中起着重大的作用，它不仅抵抗着工具理性的蚕食，而且为民族的集体认同和个人认同提供了资源。Richard Wolin, “Jürgen Habermas and Post-Secular Societies,” *Chronicle of Higher Education*, 52 (5), 2005.

④ 参见哈贝马斯：《包容他者》，第 137 页。

⑤ Jürgen Habermas, *The Divided West*, Cambridge: Polity Press, 2006, p. 22.

“宪法爱国主义”是德国政治科学家多尔夫·施特恩伯格(Dolf Sternberger)提出来的一个概念,意思是公民对现代国家普遍确立的关于自由平等权利的宪法原则的认同和忠诚。在哈贝马斯看来,之所以确立宪法爱国主义原则,理由有三。其一,不同的民族、不同的文化、不同的世界观、不同的信仰体系,不同的亚共同体,都只能在有效的宪法原则的基础上平等共存。“现代宪法得益于这样一种理性法的观念,即公民有权利自己决定组成一个共同体,而且,在这个共同体里面,所有公民都是自由而平等的权利伙伴。尽管公民希望通过实在法对其共同生活加以合法的规整,但他们相互之间必须相互承认的权利还是要依靠宪法才能生效。”[①]其二,有效的宪法是一个国家政治文化的结晶,不同的民族在其历史发展过程中对于人民主权和人权的理解集中反映在宪法原则中。“一部宪法可以说就是一件历史设计。公民代代相传,但永远都必须遵守宪法。”[②]其三,宪法为法律平等和事实平等之间的辩证关系提供了制度框架,同时也增强了公民的私人自律和公共自律。“公民的一体化确保了他们对于共同政治文化能够忠诚不渝。而共同的政治文化依靠的则是对宪法原则的解释。”[③]民主法治国家之所以能够保全其共同体的认同,之所以保证社会不会陷入四分五裂的危险境地,是因为它所依靠的不是“本土主流文化生活方式的基本伦理价值取向”,而是“政治文化中的宪法原则”[④]。“如果政治文化成功地脱离了主流文化,那么,公民团结也就转移到了‘宪法爱国主义’这个更加抽象的基础之上。”[⑤]“因此,‘宪法爱国主义’可以取代原始的民族主义。”[⑥]简言之,在一个由宪法原则所组成的政治共同体中,每个成员,每个亚共同体都能相互认同,彼此尊重,平等共处。

作为一个德国人,德国的历史和现实促成了哈贝马斯形成宪法爱国主义观念。不仅自第二次世界大战以来德国文化的、语言的和历史的生活方式的集体同一性没有与有组织的国家形式重合,而且德国本身从未成为一个传统意义上的民族国家。与一千多年的德国历史相比,七十五年的俾斯麦统治只是一个短暂的瞬间,其后建立的德意志帝国包含着奥地利,直到1938年奥地利才从德国分出去,更不用说在德国境内还存在着许许多多的少数民族了。哈贝马斯认为,在这种情况下,对于联邦德国的公民来说,宪法爱国主义是唯一可能的爱国主义形式。“对我们来说,在联邦德国,宪法爱国主义意味着,它的优越之处在于,我们已经成功地永远克服了法西斯主义,建立了一种基于法律统治的秩序,

① 哈贝马斯:《包容他者》,第237页。
② 哈贝马斯:《包容他者》,第237页。
③ 哈贝马斯:《包容他者》,第260页。
④ 哈贝马斯:《包容他者》,第264页。
⑤ 哈贝马斯:《后民族结构》,第87页。
⑥ 哈贝马斯:《包容他者》,第138页。

以及将其置于一种合理的自由主义政治文化之中。”[①]美国学者博拉朵莉指出，哈贝马斯尤其是在德国民族身份的语境中，捍卫了宪法爱国主义的观念。“这种爱国主义是建立在每一个个体公民自由地忠诚于宪法的基础之上的，只有这种爱国主义才能镕铸出进步的民族国联盟。对哈贝马斯而言，从本质上来看，德国人把他们自己看作是一个民族，只是基于他们对共和国宪法的忠诚，而丝毫也不依附于他所说的‘民族性和命运共同体这样的前政治的精神支柱。”[②]

宪法爱国主义保证了现代国家的民主基石，使得政治共同体成为一个开放包容的共同体。他认为，民主在一定意义上就是一种共同的实践。不同的公民，不同的亚共同体，通过主体间性在平等的基础上彼此沟通、交往。因此，民主过程可以填补社会一体化的空白，在多元文化社会中提供一种共同的政治文化。这种共同的政治文化对所有的传统开放，即能够包容不同的民族、文化、生活方式及其成员。

> 从规范角度来看，民主过程深入到一种共同的政治文化当中，所具有的不是一种排斥意义，不是要突出民族的特性，而是一种包容的意义，这是一种自我立法的实践，它把所有民众都平等地包容了进去。[③]

究其实质，政治共同体不是一个同质的要素组成的共同体，而是一个异质要素组成的共同体。所以，

> 包容意味着，这样一种政治秩序对于一切受到歧视的人都敞开大门，并且容纳一切边缘人，而不把他们纳入一种单调而同质的人民共同体当中。[④]

现代社会的政治共同体总是区分为不同的亚共同体，总是存在着多种不同的民族和文化，解决差异的方式就是包容。现代社会的发展只会产生新的少数民族，而不会使少数民族绝迹。解决少数民族问题绝不能采取不顾一切政治—道德代价的法西斯主义手段——种族大清洗。而一个受到歧视的少数民族要想得到平等的对待，也不能依靠民族独立，而只能依靠包容。哈贝马斯说：

> 包容对于个体或群体的不同文化背景十分敏感。所有多元社会中都

① Jürgen Habermas, *Autonomy and Solidarity*, p. 239.

② 博拉朵莉:《恐怖时代的哲学——与哈贝马斯和德里达对话》，王志宏译，北京:华夏出版社，2005年，第10页。

③ 哈贝马斯:《后民族结构》，第86页。

④ 哈贝马斯:《包容他者》，第161页。

有可能会出现“土著”少数民族问题,在多元文化社会中,这个问题会更加突出。但是,如果多元文化是一个民主法治国家,就会有不同的途径来实现“承认差异”的包容这一艰难的目标:联邦制的权力分配、国家职能的转换与分解,特别是要保障文化自主性、特殊集体的权利、平等政治以及为了有效保护少数民族而采取的其他措施等。这样在一些特殊区域或特殊政治领域里,也就改变了参与民主过程的民众的基本结构,而又不会破坏民主的原则。①

因此,在多元文化的社会中,不是排斥他者,而是包容他者。哈贝马斯说:

在多元文化社会中,各种生活方式的平等共存意味着每个公民及其子女都享有同样的机会在其传统文化世界中健康地成长;意味着每个公民都享有同样的机会深入了解该文化(以及其他任何一种文化),以便确定是坚持还是超越它们;也意味着每个公民都可以毫无顾忌地置其命令于不顾,或者通过自我批判宣布与它脱离关系,以便今天彻底告别传统,乃至告别支离破碎的认同而奋发生活。现代社会的快速转型打破了一切凝固的生活方式。文化要想富有生气,就必须从批判和断裂中获取自我转化的力量。法律保障仅仅立足于这样一种事实,即每个人在其文化氛围中都能得到再生的力量。但是,这种再生力量不仅源于同他者划清界限,而且至少在同等水平上也来自与他者的交往。②

不仅如此,“民主意志形成过程的功能要求应当在于政治公共领域的交往过程当中,而政治公共领域的基础是市民共同体,中介是大众传媒。这样,同样的议题在同一时间内就会引起广大公众的普遍关注,并激发起他们从四面八方展开热烈讨论。进而形成一种公众舆论,使各种议题和立场产生政治影响”③。所以,一个现代政治共同体就是一个包容不同民族、不同语言群体、不同宗教群体和生活方式,并使之平等共存的共同体。

总之,哈贝马斯的话语政治要求在多元主义的后世俗社会中建立一个包容性的政治共同体,在这个政治共同体中,每个参与者都是自由和平等的,都能够表达自己的意见,在理性论证基础上进行沟通,并进而达成共识。从这种立场出发,哈贝马斯认为,宗教共同体在现代社会仍有一席之地,可以把它看成是民主法治国家这个大的政治共同体中的一个亚共同体。宗教共同体不仅是民主法治国家政治共同体的一员,而且它与其他的共同体平等共处,用理性的语言

① 哈贝马斯:《包容他者》,第 167 页。
② 哈贝马斯:《包容他者》,第 258 页。
③ 哈贝马斯:《包容他者》,第 176 页。

对公共问题发表意见，表达看法，形成共识。因此：

> 在多元文化社会中，法治国家的宪法容许那些非原教旨主义传统的生活方式继续存在，因为这些生活方式的平等共存要求不同文化成员之间应当相互承认：即每个人都必须被承认是围绕着各自的善的观念而组织起来的伦理共同体的成员。①

自文艺复兴之后，西方国家经历了一波又一波与理性化和现代化结合在一起的世俗化浪潮，世俗化已经成为现代世界不可阻挡的潮流。然而，世俗化并不意味着消灭宗教信仰与宗教传统。现实情况是，宗教传统仍然是世俗化社会中的活的传统，宗教共同体仍然在现实生活中发挥着重要作用，宗教信仰仍然是许多当代人的精神信念。就世界范围来看，今天宗教信徒仍然在世界人口中占有较大比例。据《大不列颠百科年鉴(2003)》的不完全统计，一些主要宗教的信徒人数及其占世界人口的比例如下：基督教——超过20亿人，占世界总人口的32.9%；伊斯兰教——超过12亿人，占世界总人口的19.8%；印度教——超过8亿人，占世界总人口的13.3%；佛教——超过3.6亿人，占世界总人口的5.9%；犹太教——超过1400万人，占世界总人口的0.2%。②

虽然美国在世俗化和全球化的浪潮中处于领头羊的地位，其世俗化迅猛发展，世俗化最为彻底，但在过去的六十年里，占据美国人口较大比例的信教人数并没有发生实质性的变化③，宗教象征和语言游戏广泛地渗透到非宗教的领域，电影、电视、戏剧、文学甚至广告都借用了宗教的传统和符号。④ 可以说，宗教在新时期得到了复兴，获得了一种新的因而出人意料的政治重要性。⑤ 神学家费伦扎(F. S. Fiorenza)就说：

> 作为规范传统的解释共同体，教会近些年积极参与公共政策的讨论和制定。它们对如核战争、经济和死刑等这些存在激烈争议的问题发表公开的意见。它们用行政当局排斥的道德语言谴责种族主义和穷兵黩武。它们关注有关不同的社会善的性质和优先性问题。⑥

---

① 哈贝马斯：《包容他者》，第259页。

② Charles Taliaferro, *Evidence and Faith: Philosophy and Religion Since the Seventeenth Century*, Cambridge: Cambridge University Press, 2005, p. 2, note 1.

③ Jürgen Habermas, *Between Naturalism and Religion*, p. 116.

④ Jürgen Habermas et al., *An Awareness of What is Missing: Faith and Reason in a Post-Secular Age*, Cambridge: Polity Press, 2010, p. 1.

⑤ Jürgen Habermas, *Between Naturalism and Religion*, p. 114.

⑥ Francis Schüssler Fiorenza, "The Church as a Community of Interpretation: Political Theology Between Discourse Ethics and Hermeneutical Reconstruction," in Don S. Browning and Francis Schüssler Fiorenza eds., *Habermas, Modernity, and Public Theology*, p. 83.

因此,哈贝马斯认为,在当代,宗教的作用在政治论争之中表现出来,在政治公共领域中发挥着重要的作用,影响和塑造着公民自身的政治观念和意志形成,成为多元政治中的一种强有力的声音。

虽然在历史上,世俗与宗教、理性与信仰的斗争从未停止过,甚至势不两立,但自古以来,二者就开始交会、融合,共同塑造着西方文明。所以,在哈贝马斯看来,两者不是也不应该截然的对立,而应平等相处,相互吸取,相互促进。

从理性一方来说,由希腊的逻各斯发展起来的理性,从对宇宙的知性直观,经由认识主体的自我反思,最后转化为体现在语言中的理性。但是西方文化的传统并不完全表现为柏拉图主义的纯粹理性主义,而是在其历史进程中吸收了犹太教—基督教精神的本质内涵。哈贝马斯说:

> 诚然,从奥古斯丁经由托马斯到黑格尔,哲学唯心主义建立了这样一种综合,它将约伯所遭遇的上帝转换成哲学的上帝概念。但是哲学的历史不只是柏拉图主义的历史,它同时也是对柏拉图主义提出抗议的历史。这一抗议曾经以唯名论和经验主义名义、以个人主义和存在主义的名义、以否定主义和历史唯物主义的名义出现。它们可以被理解为将拯救史观念的语义潜能引入论证性话语空间的不断尝试。[①]

这就是说,理性的发展是融合、吸纳宗教思想的过程。所以,

> 没有源自犹太教和基督教的原创性思想对希腊形而上学的这种渗透,我们便不能形成专门的现代性概念之网,这些概念在交往的同时也在历史定位的理性中彼此融合。[②]

比如,现代性的一些核心概念,无论是主体自由的概念,还是对每一个个体同等尊重的要求,都可以找到它的宗教源头。当代鼎鼎大名的理性派哲学家伽达默尔、德里达、罗蒂等人与哈贝马斯遥相呼应,从不同的方面来吸纳宗教的内涵。[③]

从宗教一方来说,除了个别的极端纯信仰主义之外,宗教的主流也一直力图将理性包含在自身之内,用理性工具去论证和解释信仰的合理性和可信性。在宗教信仰占绝对统治地位的中世纪是如此(例如中世纪的神学的最大代表托

---

① Jürgen Habermas, *Religion and Rationality*, p. 131.

② 哈贝马斯:《以色列或雅典:记忆的理性归于谁?》,载《作为未来的过去》,章国锋译,杭州:浙江人民出版社,2001年,第139页。

③ Derrida and Vattimo eds., *Religion*, Stanford: Stanford University Press, 1998; Rorty and Vattimo, *The Future of Religion*, New York: Columbia University Press, 2005.

马斯·阿奎那的思想),现代也是如此。

> 在当代神学讨论(潘能伯格、默尔特曼、索勒、默茨)中,我们可以看到有一种将圣经遗产再政治化的倾向,与此同时还有一种消除此岸世界和彼岸世界区分的倾向。但这并不意味着彻底消除上帝观念的无神论,尽管在这种思想批判迷雾中似乎很难完整保留住上帝位格的观念。上帝的观念被转化成一种逻各斯的观念,这种逻各斯的观念支配着信徒团契以及正在自我解释的社会的实际生活语境。上帝变成了一种交往结构的名称。这种交往结构迫使人们在由于人性的丧失而遭受惩罚时去超越他们偶然的经验本性,为此,他们通过并非他们本人的客观事物而间接相互遭遇,彼此邂逅。[①]

总之,在后世俗社会中,宗教放弃了其作为一种世界观或"综合学说"试图支配整个生活方式的要求,而理性则进行了自我批判,反思了启蒙的界限,两者在民主法治社会中可以平等相处,相互学习,相互促进。

虽然哈贝马斯是一位理性主义的哲学家,他以改造理性为己任,以实现未完成的现代性为目标,以解神秘化的人类解放为旨归,仍然坚持知识与信仰的界限,坚持理性与信仰的区别,但他从后世俗社会的角度,重新界定了理性与信仰、世俗与神圣的关系,为宗教研究开拓了新的领域和空间。不仅如此,哈贝马斯不仅肯定了宗教资源的现代价值,而且也为现代社会包容(或改造)宗教,宗教与交往理性和平相处、平等对话,提供了可能和契机,为现代化进程中恰当地对待宗教展现了新的视域。

---

① 哈贝马斯:《合法化危机》,第160页。

参考文献

导 言

M. Peterson, W. Hasker, B. Reichenbach, D. Basinger, *Reason and Religious Belief: An Introduction to the Philosophy of Religion*, New York/Oxford: Oxford University Press, 2003.

Nicolas Mertens, *An Essay on Faith, Reason, and Human Nature*, New York: Nova Science Publishers, Inc., 2000.

Max Charlesworth, *Philosophy and Religion: From Plato to Postmodernism*, Oxford: Oneworld Publications, 2002.

James M. Byrne, *Religion and the Enlightenment: From Descartes to Kant*, Louisville: Westminster John Knox Press, 1997.

William Desmond, Ernst Ottonnasch, Paul Cruysberghs, eds. *Philosophy and Religion in German Idealism*, Dordrecht: Kluwer Academic Publishers, 2004.

G. R. Evans, *Philosophy and Theology in the Middle Ages*, London: Routledge, 1993.

普兰丁格:《基督教信念的知识地位》,邢滔滔、徐向东、张国栋、梁骏译,北京:北京大学出版社,2004 年。

雅克·福柯、基阿尼·瓦蒂莫主编:《宗教》,杜小真译,北京:商务印书馆,2006 年。

康德:《学科之争》,载《康德著作全集》第 7 卷,李秋零译,北京:中国人民大学出版社,2008 年。

黑格尔:《小逻辑》,贺麟译,北京:商务印书馆,1980 年。

罗伯特·所罗门:《大问题:简明哲学导论》,张卜天译,桂林:广西师范大学出版社,2004 年。

艾柏林:《神学研究:一种百科全书式的定位》,李秋零译,北京:中国人民大学出版社,2003 年。

潘能伯格:《神学与哲学:从它们共同的历史看它们的关系》,李秋零译,香港:道风书社,2006 年。

张灏:《时代的探索》,台北:"中央研究院",2004 年。

爱迪安·吉尔松:《神与哲学》,陈俊辉译,台北:台湾商务印书馆,2007 年。

威廉·詹姆斯:《宗教经验之种种:人性之研究》,蔡怡佳、刘宏信译,桂林:广西师范大学出版社,2008 年。

包尔丹:《宗教的七种理论》,陶飞亚、刘义、钮圣妮译,上海:上海古籍出版社,2005 年。

张宪:《启示的真理——欧洲哲学与基督教思想》,成都:巴蜀书社,2006 年。

杨庆球:《神学的哲学基础》,香港:天道书楼有限公司,2004 年。

第一章

Aristotle, *Metaphysics*, translated by W. D. Ross, London: Oxford University Press, 1928.

J. Beckman, *The Religious Dimension of Socrates' Thought*, Waterloo: Wilfrid Laurier University Press. 1979.

Hugh H. Benson, *A Companion to Plato*, London: Blackwell Publishing, 2006.

Richard Bett, "Socratic Ignorance," in *The Cambridge Companion to Socrates*, edited by Donald R. Morrison, London: Cambridge University Press, 2011.

T. C. Brickhouse, and N. D. Smith, *Socrates on Trial*, Princeton: Princeton University Press, 1989.

John Burnet, *Early Greek Philosophy*, London: A & C Black, 1920.

John Bussanich, "Socrates and Religious Experience," in *A Companion to Socrates*, edited by Sara Ahbel-Rappe, Rachana Kamtekar, London: Blackwell Publishing, 2006.

F. M. Cornford, *From Religion to Philosophy: A Study in the Origins of Western Speculation*, New York: Harper & Row, 1957.

F. M. Cornford, *Before and after Socrates*, London: Cambridge University Press, 1964.

David G. Rice and John E. Stambaugh, *Sources for the Study of Greek Religion*, corrected edition, The Society of Biblical Literature, 2009.

Adam Drozdek, *Greek Philosophers as Theologians: The Divine Arche*, Burlington, VT: Ashgate, 2007.

L. R. M. A. Farnell, *Outline—History of Greek Religion*, London: Duckworth & Co., 1921.

Marsilio Ficino, *Platonic Theology*, Cambridge, MA: Harvard University Press, 2001.

Gail Fine, *Plato 2: Ethics, Politics, Religion, and the Soul*, Oxford: Oxford University Press, 1999.

L. P. Gerson, *God and Greek Philosophy*, London: Routledge, 1990.

Theodor Gomperz, *Greek Thinkers: A History of Ancient Philosophy*, Vol. 1, translated by Laurie Magnus, London: Vagdalen College, 1920.

W. K. C. Guthrie, *In the Beginning: Some Greek Views on the Origins of Life and the Early State of Man*, Ithaca, NY: Cornell University Press, 1965.

W. K. C. Guthrie, *A History of Greek Philosophy*, London: Cambridge University Press, 1969.

W. K. C. Guthrie, *The Greek Philosophers: From Thales to Aristotle*, New York and Evanston: Happer & Row Publishers, 1960.

Roy Kenneth Hack and B. Lot, *God in Greek Philosophy*, Princeton: Princeton University Press, 1969.

Werner Wilhelm Jaeger, *Paideia: The Ideals of Greek Culture*, New York: Oxford University Press, 1945.

Werner Wilhelm Jaeger, *The Theology of the Early Greek Philosophers*, London: Oxford University Press, 1936.

P. Kingsley, *Ancient Philosophy, Mystery and Magic*, Oxford: Oxford University Press, 1995.

Gareth B. Matthews, "Socratic Ignorance," in *A Companion to Plato*, edited by Hugh H. Benson, London: Blackwell Publishing, 2006.

M. L. McPherran, *The Religion of Socrates*, University Park, Pa.: Pennsylvania State University Press, 1996.

M. L. McPherran, "Platonic Religion," in *A Companion to Plato*, edited by Hugh H. Benson, London: Blackwell Publishing, 2006.

Jon D. Mikalson, *Greek Popular Religion in Greek Philosophy*, New York: Oxford University Press, 2010.

Donald R. Morrison, *The Cambridge Companion to Socrates*, Cambridge:Cambridge University Press, 2011.

Kathryn A. Morgan, *Myth and Philosophy from the Presocratics to Plato*, New York: Cambridge University Press, 2006.

Martin P. Nilsson, *A History of Greek Religion*, translated by F. J. Fielden, London: Clarendon Press, 1949.

Potter John Philips, *The Religion of Socrates: Dedicated to Sceptics and Sceptic-Makers*, London: B. Fellowes, 1831.

D. N. Sedley, *The Cambridge Companion to Greek and Roman Philosophy*, Cambridge, New York: Cambridge University Press, 2003.

A. E. Taylor, and J. Tate, "Socrates and the Myths," *The Classical Quarterly*, Vol. 27, No. 3/4 (Jul. -Oct., 1933).

G. Vlastos, *Socrates: Ironist and Moral Philosopher*, Ithaca, Cambridge: Cambridge University Press, 1991.

柏拉图:《柏拉图著作集》(英文影印本),本杰明·乔伊特英译/评注,桂林:广西师范大学出版社,2008 年。

柏拉图:《柏拉图全集》,王晓朝译,北京:人民出版社,2007 年。

亚里士多德:《形而上学》,吴寿彭译,北京:商务印书馆,1996 年。

亚里士多德:《亚里士多德全集》第 8 卷,苗力田译,北京:中国人民大学出版社,1996 年。

北京大学哲学系外国哲学史教研室编译:《古希腊罗马哲学》,北京:商务印书馆,1982 年。

爱德华·策勒尔:《古希腊哲学史纲》,翁绍军译,上海:上海人民出版社,2007 年。

第欧根尼·拉尔修:《名哲言行录》,徐开来、溥林译,桂林:广西师范大学出版社,2010 年。

斯东:《苏格拉底的审判》,董乐山译,北京:三联书店,1998 年。

约翰·布克主编:《剑桥插图宗教史》,王立新、石梅芳、刘佳译,济南:山东画报出版社,2003 年。

杜普瑞:《人的宗教向度》,傅佩荣译,台北:幼狮文化事业公司,1986 年。

简·艾伦·赫丽生:《希腊宗教研究导论》,谢世坚译,桂林:广西师范大学出版社,2006 年。

赫西俄德:《工作与时日·神谱》,张竹明、蒋平译,北京:商务印书馆,2009 年。

杰弗里·帕林德尔:《世界宗教中的神秘主义》,舒晓炜、徐钧尧译,北京:今日中国出版社,1992 年。

卡西尔:《神话思维》,黄龙保、周振选译,北京:中国社会科学出版社,1992 年。

康福德:《苏格拉底前后》,孙艳萍、石冬梅译,上海:格致出版社,2009 年。

柯费尔德:《智者运动》,刘开会、徐名驹译,兰州:兰州大学出版社,1996 年。

让—皮埃尔·韦尔南:《古希腊的神话与宗教》,杜小真译,北京:三联书店,1990 年。

让—皮埃尔·韦尔南:《希腊思想的起源》,秦海鹰译,北京:三联书店,1996 年。

苗力田主编:《古希腊哲学》,北京:中国人民大学出版社,1989 年。

色诺芬:《回忆苏格拉底》,吴永泉译,北京:商务印书馆,1986 年。

泰勒主编:《从开端到柏拉图》,韩东晖、聂敏里、冯俊、程鑫译,北京:中国人民大学出版社,2003 年。

汪子嵩等:《希腊哲学史》(四卷本),北京:人民出版社,2004 年。

王晓朝:《希腊宗教概论》,上海:上海人民出版社,1997 年。

吴晓群:《古希腊仪式文化研究》,上海:上海社会科学院出版社,2000 年。

叶秀山:《前苏格拉底哲学研究》,北京:三联书店,1982 年。

叶秀山:《苏格拉底及其哲学思想》,北京:人民出版社,1986 年。

伊迪丝·汉密尔顿:《希腊方式——通向西方文明的源流》,徐启平译,杭州:浙江人民出版社,1988 年。

依迪丝·汉密尔顿:《神话》,刘一南译,北京:华夏出版社,2010 年。

赵广明:《理念与神》,南京:江苏人民出版社,2008 年。

第二章

Kenneth Barker, *The NIV Study Bible*, Grand Rapids, Michigan: Zondervan Bible Publishers, 1985.

Alfred Marshall D. Litt., *The Greek-English New Testament*, Washington, D. C.: Christian Today, 1975.

封志理、马健源:《原文编号新约全书》, Bible Publishers Inc., 308 Poplar Ave., Santa Cruz, CA95062, 1989.

Thomas Aguinas, *Summa Theologica*, translated by Fathers of the English Dominican Province, New York: Benziger Brothers, Inc., 1981.

Thomas Aguinas, *Summa Theologica* (Vol. 3), literally translated by Fathers of the English Dominican Province, New York: Benziger Brothers, Inc., 1948.

Thomas Aguinas, *Summa Contra Gentiles* (Book One), translated by Anton C. Pegis, Notre Dame: University of Notre Dame Press, 1975.

Thomas Aguinas, *Summa Contra Gentiles* (Book Two), translated by James F. Anderson, Notre Dame: University of Notre Dame Press, 1975.

Thomas Aguinas, *Summa Contra Gentiles* (Book Three), translated by Vernon J. Bourke, Notre Dame: University of Notre Dame Press, 1975.

Thomas Aguinas, *Summa Contra Gentiles* (Book Four), Translated by Charles J. O'Neil, Notre Dame: University of Notre Dame Press, 1975.

Thomas Aguinas, *On Being and Essence*, translated by Armand Maurer, Toronto: The Pontifical Institute of Mediaeval Studies, 1968.

Thomas Aguinas, *Commentary on the Metaphysics of Aristotle* (Vol. I), translated by John P. Rowan, 台北:先知出版社,1974年。

Thomas Aguinas, *Commentary on the Metaphysics of Aristotle* (Vol. II), translated by John P. Rowan, 台北:先知出版社,1974年。

The Aquinas Catechism, Foreword by Ralph Mclnerny, Manchester, NH: Sophia Institute Press, 2000.

Walter Farrell, *A Companion to the Summa* (Vol. I), New York: Sheed & Ward, 1948.

Walter Farrell, *A Companion to the Summa* (Vol. IV), New York: Sheed & Ward, 1948.

M. Deanesly, *A History of the Medieval Church 590—1500*, London: Methuen & Co. Ltd., 1951.

Battisa Mondin, *A History of Mediaeval Philosophy*, Bangalore: Theological Publications in India, 1991.

Brian Davies, *Aquinas*, London/New York: Continuum, 2002.

Arvin Vos, *Aquinas, Calvin and Contemporary Protestant Thought*, Washington, D. C.: Christian University Press, 1986.

Eleonore Stump, *Aquinas*, London and New York: Routledge, 2003.

Joseph Bobik, *Aquinas on Being and Essence*, Notre Dame: University of Notre Dame Press, 1965.

Thomas Weinandy and Daniel Keating, *Aquinas on Scripture*, London and New York: T&T Clark International, 2005.

Abraham Edel, *Aristotle and His Philosophy*, Chapel Hill: The University of North Carolina Press, 1982.

Fernand van Steenberghen, *Aristotle in the West*, translated by Leonard Johnston, Louvain, Belgium: E. Nauwelaerts Publisher, 1955.

Martin Luther, *Basic Theological Writings*, edited by Timothy F. Lull, reprinted from the English Edition by Fortress Press, Beijing: China Social Sciences Publishing House, 1999.

Colin E. Gunton, *Becoming and Being*, Oxford: Oxford University Press, 1978.

Rev. John F. O'Grady, *Catholic Beliefs and Traditions*, New York: Paulist Press, 2001.

Peter Kreeft, *Catholic Christianity*, San Francisco: Ignatius Press, 2001.

R. C. Sproul, John Gerstinger, Arthur Lindsley, *Classical Apologetics*, Grand Rapids, Michigan: Zondervan Publishing House, 1984.

Saint Augustine, *Confessions*, translated by F. J. Sheed, reprinted from the English Edition by Hackett Publishing Co., Inc., Beijing: China Social Sciences Publishing House, 1999.

Aidan Nichols, *Discovering Aquinas*, Grand Rapids, Michigan: William B. Eerdmans Publishing Company, 2002.

Thomas P. Flint, *Divine Providence*, Ithaca and London: Cornell University Press, 2006.

John Marenbon, *Early Medieval Philosophy (480—1150)*, London and New York: Routledge, 1988.

William R. Crockett, *Eucharist: Symbol of Transformation*, New York: Pueblo Publishing Company, 1989.

W. Norris Clarke, *Explorations in Metaphysics*, Notre Dame: University of Notre Dame Press, 1994.

John D. Woodbridge, *Great Leaders of the Christian Church*, Chicago: Moody Press, 1988.

Theodor Gomperz, *Greek Thinkers* (Vol. IV), translated by G. G. Berry, London and Beccles: William Clowes and Sons Limited, 1962.

Josef Pieper, *Guide to Thomas Aquinas*, translated from the German by Richard and Clara Winston, San Francisco: Ignatius Press, 1991.

Etienne Gilson, *History of Christian Philosophy in the Middle Ages* (I), New York: Random House, 1954.

Etienne Gilson, *History of Christian Philosophy in the Middle Ages* (II), New York: Random House, 1954.

John Wild, *Introduction to Realistic Philosophy*, Lanham, MD: University Press of America, 1984.

John Marenbon, *Later Medieval Philosophy*, London and New York: Routledge & Kegan Paul, 1987.

David Luscombe, *Medieval Thought*, Oxford: Oxford University Press, 1997.

B. B. Price, *Medieval Thought: An Introduction*, Cambridge, MA: Blackwell Publishers, 1992.

W. Norris Clarke, *Person and Being*, Milwaukee: Marquette University Press, 1998.

Thomas V. Morris, *Philosophy and the Christian Faith*, Notre Dame: University of Notre Dame Press, 1988.

Francis John Selman, *Saint Thomas Aquinas*, Edinburgh: T&T Clark, 1994.

Stefan Swiezawski, *St. Thomas Revisited*, translated by Theresa Sandok, New York: Peter Lang Publishing, Inc., 1995.

Anton Charles Pegis, *St. Thomas and the Problem of the Soul in the Thirteenth Century*, Toronto: St. Michael's College, 1984.

Michael G. Lawler, *Symbol and Sacrament*, Omaha, Nebraska: Creighton University Press, 1995.

Steven Ozment, *The Age of Reform 1250—1550*, New Haven: Yale Uinversity Press, 1980.

Norman Kretzmann and Eleonore Stump, *The Cambridge Companion to Aquinas*, Cambridge: Cambridge University Press, 1998.

Norman Kretzmann, Anthony Kenny, Jan Pinborg, *The Cambridge History of Later Medieval Philosophy*, Cambridge: Cambridge University Press, 1982.

Charles G. Herbermann, *The Catholic Encyclopedia*, New York: Robert Appleton Company, 1909.

Etienne Gilson, *The Christian Philosophy of Saint Augustine*, translated by L. E. M. Lynch, New York: Random House, 1960.

Etienne Gilson, *The Christian Philosophy of St. Bonaventure*, Paterson, NJ: St. Anthony Guild Press, 1965.

Celestine N. Bittle, *The Domain of Being*, Milwaukee: The Bruce Publishing Company, 1950.

Jaroslav Pelican, *The Emergence of the Catholic Tradition (100—600)*, Chicago: The University of Chicago Press, 1971.

Raymond Moloney, *The Eucharist*, Collegeville, Minnesota: The Liturgical Press, 1995.

Willy Rordorf et al., *The Eucharist of the Early Christians*, trans. Matthew J. O'Connell, New York: Pueblo Publishing Company, 1978.

David N. Power, *The Eucharistic Mystery*, New York: The Crossroad Publishing Company, 1992.

Jaroslav Pelikan, *The Growth of Medieval Theology (600—1300)*, Chicago: The University of Chicago Press, 1978.

Reinhold Seeberg, *The History of Doctrines* (Vol. I), trans. Charles E. Hay, Grand Rapids, Michigan: Baker Book House, 1961.

Steven Runciman, *The Medieval Manichee*, New York: The Viking Press, 1961.

John F. Wippel, *The Metaphysical Thought of Thomas Aquinas*, Washington, D. C.: The Catholic University of America Press, 2000.

Liam G. Walsh, *The Sacrament of Initiation*, London: Geoffrey Chapman, 1988.

Beryl Smalley, *The Study of the Bible in Middle Ages*, Notre Dame: University of Notre Dame Press, 1978.

George D. Smith, *The Teaching of the Catholic Church* (I), New York: The Macmillan Company, 1949.

George D. Smith, *The Teaching of the Catholic Church* (II), New York: The Macmillan Company, 1949.

Edmund Hill, *The Trinity* (*The Works of Saint Augustine*), New York: New City Press, 1996.

Edmund J. Fortman, *The Triune God*, Grand Rapids, Michigan: Baker Book House, 1982.

Monsignor Walshe, Kegan Paul Trench, *The Quest of Reality*, London: Trubner Co. Ltd., 1933.

Joseph P. Wawrykow, *The Westminster Handbook to Thomas Aquinas*, Louisville, Kentucky: Westminster John Knox Press, 2005.

Norman L. Geisler, *Thomas Aquinas*, Grand Rapids, Michigan: Baker Book House, 1991.

Brian Davies, *Thomas Aquinas*, *Contemporary Philosophical Perspectives*, Oxford: Oxford University Press, 2002.

Nicholas M. Healy, *Thomas Aquinas*, Aldershot, England: Ashgate, 2003.

John L. Farhing, *Thomas Aquinas and Gabriel Biel*, Durham: Duke University Press, 1988.

John Gilland Brunini, *What Catholic Believe... and Why*, New York: Garden City Books, 1952.

St. Justin Martyr, *The First and Second Apologies*, translated by Lieslie William Barnard, New York: Paulist Press, 1997.

D. F. Wright, *Calvin's Old Testament Commentaries* (Vol. 18), translated by D. Foxgrover and D. Martin, Grand Rapids, Michigan: William B. Eerdmans Publishing Company, 1994.

William J. Duiker and Jackson J. Spielvogel, *World History*, St. Paul: West Publishing Company, 1994.

David Luscombe, *Medieval Thought*, Oxford: Oxford University Press, 1997.

Robert Maynard Hutchins, *Great Books of the Western World* (16. Ptolemy/ Copernicus/ Kepler), Chicago: Encyclopedia Britannica, Inc., 1990.

Robert Maynard Hutchins, *Great Books of the Western World* (18. Augustine), Chicago: Encyclopedia Britannica, Inc., 1990.

G. W. Leibniz, *Philosophical Texts*, translated by Richard Francks and R. S. Woodlhouse, Oxford: Oxford University Press, 1998.

Anthony Kenny, *Descartes Philosophical Letters*, Minneapolis: University of Minnesota Press, 1981.

Saint Augustine, *The City of God*, a new translation by Henry Bettenson, reprinted from the English Edition by Penguin Books Ltd., Beijing: China Social Sciences Publishing House, 1999.

Peter Kreeft and Ronald K. Tacelli, *Handbook of Christian Apologetics*, Downers Grove, Illinois: Inter Varsity Press, 1994.

Everett Ferguson, *Backgrounds of Early Christianity*, Grand Rapids, Michigan: William B. Eerdmans Publishing Company, 2003.

Howard Jones, *The Epicurean Tradition*, London and New York: Routledge, 1992.

Daniel L. Migliore, *Faith Seeking Understanding*, Grand Rapids, Michigan: William B. Eerdmans Publishing Company, 1991.

Herman Bavinck, *The Doctrine of God*, translated by William Hendriksen, Edinburg: The Banner of Truth Trust, 1977.

Robert B. Eno, *The Rise of the Papacy*, Welmington, Delaware: Michael Glazier, Inc., 1990.

Kenneth O. Gangel and Warren S. Benson, *Christian Education: Its History and Philosophy*, Chicago: Moody Press, 1983.

Lewis W. Spitz, *The Protestant Reformation*, New York: Harper & Row, 1985.

Hubert Jedin, *History of the Church* (Vol. V), New York: The Seabury Press, 1980.

Andre Vauchez, *Sainthood in the Later Middle Ages*, translated by Jean Birrell, Cambridge: Cambridge University Press, 1997.

Johan Huizinca, *Erasmus and the Age of Reformation*, New York: Harper & Row, 1957.

Vivian Green, *A New History of Christianity*, New York: Continuum, 2003.

Laurence Hull Stookey, *Eucharist: Christ's Feast with the Church*, Nashville, TN: Abingdon Press, 1993.

Julia M. H. Smith, *Early Medieval Rome and the Christian West*, Leiden, the Netherlands: Brill, 2000.

Raymond Moloney, *The Eucharist*, London: Geoffrey Chapman, 1995.

Aristotle, *Aristotle's Metaphysics*, translated with Commentaries and Glossary by Hippocrates G. Apostle, Bloomington and London: Indiana University Press, 1996.

Plotinus, *The Enneads*, translated by Stephen MacKenna, London: Peguin Books, 1991.

李震:《多玛斯哲学中“存在”的意义和重要性》,载《哲学与文化》2004 年第 3 期。

李震:《基本哲学探讨》,台北:辅仁大学出版社,2005 年。

潘小慧:《伦理的理论与实践》,台北:文史哲出版社,2005年。

潘小慧:《德行与伦理——多玛斯的德行伦理学》,台北:哲学与文化月刊杂志社,2003年。

杨庆球:《神学的哲学基础》,香港:天道书楼有限公司,2004年。

雷立柏(Leopold Leeb):《圣经的语言和思想》,北京:宗教文化出版社,2002年。

赵敦华:《基督教哲学1500年》,北京:人民出版社,1995年。

汪子嵩:《亚里士多德关于本体的学说》,上海:三联书店,1982年。

杨寿堪:《亚里士多德范畴学说简论》,福州:福建人民出版社,1982年。

苗力田主编:《古希腊哲学》,北京:中国人民大学出版社,1989年。

周行义、黄得恩:《标注原文希腊字的新约圣经经文汇编》,南京:江苏省基督教三自爱国运动委员会/协会,1993年。

托马斯·阿奎那:《论存在者与本质》,段德智译,载《世界哲学》2007年第1期。

罗素:《西方哲学史》上卷,何兆武、李约瑟译,北京:商务印书馆,1976年。

罗素:《西方哲学史》下卷,马元德译,北京:商务印书馆,1981年。

詹姆斯·C·利文斯顿:《现代基督教思想》上卷,何光沪译,成都:四川人民出版社,1999年。

詹姆斯·C·利文斯顿:《现代基督教思想》下卷,何光沪译,成都:四川人民出版社,1999年。

潘能伯格:《神学与哲学》,李秋零译,香港:道风书社,2006年版。

亚里士多德:《物理学》,张竹明译,北京:商务印书馆,1982年。

亚里士多德:《形而上学》,吴寿鹏译,北京:商务印书馆,1981年。

亚里士多德:《灵魂论及其他》,吴寿鹏译,北京:商务印书馆,1999年。

奥·符·特拉赫坦贝尔:《西欧中世纪哲学史纲》,于汤山译,北京:中国对外翻译出版公司,1985年。

奥古斯丁:《论三位一体》,周伟驰译,上海:世纪出版集团,2005年。

安东尼·肯尼:《阿奎那》,黄勇译,北京:中国社会科学出版社,1987年。

柏拉图:《柏拉图著作集》(2),乔伊特译评,桂林:广西师范大学出版社,2008年。

柏拉图:《柏拉图著作集》(4),乔伊特译评,桂林:广西师范大学出版社,2008年。

柏拉图:《柏拉图著作集》(5),乔伊特译评,桂林:广西师范大学出版社,2008年。

迈尔威利·斯图沃德:《当代西方宗教哲学》,周伟驰、胡自信、吴增定译,北京:北京大学出版社,1996年。

Citta del Vaticano:《天主教教理》,周国祥等译,香港:公教真理学会,1997年。

普罗提诺:《论自然、凝思和太一》,石敏敏译,北京:中国社会科学出版社,2004年。

海姆伦:《西方认识论简史》,夏甄陶等译,北京:中国人民大学出版社,1987年。

乔纳逊·伯内斯:《亚里士多德》,余纪元译,北京:中国社会科学出版社,1989年。

弗朗西斯·费里埃:《圣奥古斯丁》,户思社译,北京:商务印书馆,1998年。

让·布兰:《柏拉图及其学园》,杨国政译,北京:商务印书馆,1999年。

汉斯·昆:《基督教大思想家》,包利民译,北京:社会科学文献出版社,2001年。

亚里士多德:《亚里士多德全集》第4卷,徐开来译,北京:中国人民大学出版社,1991年。

亚里士多德:《亚里士多德全集》第7卷,颜一译,北京:中国人民大学出版社,1993年。

亚里士多德:《灵魂论及其他》,吴寿彭译,北京:商务印书馆,1999年。

亚里士多德:《范畴篇　解释篇》,方书春译,北京:商务印书馆,2003年。

穆尔:《基督教简史》,郭舜平等译,北京:商务印书馆,2000年。

麦奎利:《基督教神学原理》,何光沪译,香港:汉语基督教文化研究所,1998年。

布鲁斯·雪莱:《基督教会史》,刘平译,北京:北京大学出版社,2004年。

安瑟伦:《信仰寻求理解》,溥林译,北京:中国人民大学出版社,2005年。

施密特:《基督教对文明的影响》,汪晓丹、赵巍译,北京:北京大学出版社,2004年。

安德鲁·洛思:《神学的灵泉》,游冠辉译,北京:中国致公出版社,2001年。

第三章

Yirmiyahu Yovel, *Spinoza and Other Heretics* (Vol. 2), Princeton: Princeton University Press, 1989.

Leo Strauss, *Persecution and the Art of Writing*, Chicago: The University of Chicago Press, 1988.

Brief Lives, *Chiefly of Contemporaries*, set down by John Aubrey between the Years 1669 and 1696(Vol. I), Andrew Clark, Oxford: Clarendon Press, 1898.

Antonio R. Damasio, *Looking for Spinoza*, London: William Heinemann, 2003.

Spinoza Complete Works, translated by Samuel Shirley and others, ed. Michael L. Morgan, Indianapolis/Cambridge: Hackett Publishing Company, Inc., 2002.

Theo Verbeek, *Spinoza's Theologico-political Treatise: Exploring "The Will of God,"* Hampshire: Ashgate Publishing Limited, 2003.

Steven B. Smith, *Spinoza, Liberalism, and the Question of Jewish Identity*, New Haven: Yale University Press, 1997.

The Collected Works of Spinoza (Vol. 1), ed. and trans. Edwin Curley, Princeton: Princeton University Press, 1985.

Spinoza, *Theological Political Treatise*, trans. Samuel Shirley, Indianapolis: Hackett Publishing Company, Inc., 1998.

Nancy K. Levene, *Spinoza's Revelation: Religion, Democracy, and Reason*, Cambridge: Cambridge University, 2004.

Avi Beker, *The Chosen*, New York: Palgrave Macmillan, 2008.

Moses Maimonides, *The Guide for the Perplexed*, translated by M. Friedländer, New York: E. P. Dutton & Co., 1904.

斯宾诺莎:《神、人及其幸福简论》“沃尔夫英译本导言”,洪汉鼎、孙祖培译,商务印书馆,1987 年。

《斯宾诺莎书信集》,洪汉鼎译,北京:商务印书馆,1996 年。

罗素:《西方哲学史》下卷,马元德译,北京:商务印书馆,1982 年。

迈蒙尼德:《迷途指津》,傅有德、郭鹏、张志平译,济南:山东大学出版社,1998 年。

亚伯拉罕·海舍尔:《觅人的上帝》,郭鹏、吴正选译,济南:山东大学出版社,2003 年。

霍布斯:《利维坦》,黎思复、黎廷弼译,北京:商务印书馆,1985 年。

弗洛伊德:《摩西与一神教》,李展开译,北京:三联书店,1989 年。

埃德温·柯利:《我可不敢如此肆意著述》,王承教译,载刘小枫、陈少明主编:《阅读的德性》,北京:华夏出版社,2006 年。

《圣经》(中英对照),和合本·新国际版,2004 年。

第四章

Immanuel Kant, *Critique of Pure Reason*, translated by Werner S. Pluhar, Indianapolis: Hackett Publishing Company, 1996.

Immanuel Kant, *Practical Philosophy*, general ed. Paul Guyer and Allen W. Wood, Cambridge: Cambridge University Press, 1996.

Immanuel Kant, *Critique of Judgment*, translated by Werner S. Pluhar, Indianapolis: Hackett Publishing Company, 1987.

Immanuel Kant, *Religion within the Boundaries of Mere Reason and Other Writings*, edited and translated by Allen Wood and George di Giovanni, Cambridge: Cambridge University Press, 1998.

Immanuel Kant, *Groundwork for the Metaphysics of Morals*, edited and translated by

Allen W. Wood, New Haven/London: Yale University Press, 2002.

Immanuel Kant, *The Metaphysics of Ethics*, translated by J. W. Semple, Edingurgh: Thomas Clark, 1836.

Immanuel Kant, *The Metaphysics of Morals*, translated by Mary Gregor, Cambridge: Cambridge University Press, 1991.

Immanuel Kant, *Theoretical Philosophy after* 1781. edited by Henry Allison and Peter Heath, Cambridge: Cambridge University Press, 2002.

Immanuel Kant, *Religion and Rational Theology*, translated by Allen W. Wood, Cambridge: Cambridge University Press, 1996.

Immanuel Kant, *Lectures on Ethics*, edited by Peter Heath and J. B. Schneewind, Cambridge: Cambridge University Press, 1997.

Sharon Anderson-Gold and Pablo Muchnik, *Kant's Anatomy of Evil*, Cambridge: Cambridge University Press, 2010.

Pamela Sue Anderson and Jordan Bell, *Kant and Theology*, London/New York: T & T Clark International, 2010.

Allen W. Wood, *Kant's Rational Theology*, Ithaca/London: Cornell University Press, 1978.

Allen W. Wood, *Kant's Moral Religion*, Ithaca/London: Cornell University Press, 1970.

Philip J. Rossi and Michael Wreen, *Kant's Philosophy of Religion Reconsidered*, Bloomington/Indianapolis: Indiana University Press, 1991.

Clement C. J. Webb, *Kant's Philosophy of Religion*, London: Oxford University Press, 1926.

Chris L. Firestone, *Kant and Theology at the Boundaries of Reason*, Hampshire/Burlington: Ashgate Publishing Limited, 2009.

Bernard M. G. Reardon, *Kant as Philosophical Theologian*, London: The Macmillan Press, 1988.

Chris L. Firestone and Stephen R. Palmquist, *Kant and the New Philosophy of Religion*, Bloomington/Indianapolis: Indiana University Press, 2006.

Chris L. Firestone and Nathan Jacobs, *In Defense of Kant's Religion*, Bloomington/Indianaplis: Indiana University Press, 2008.

F. E. England, *Kant's Conception of God*, New York: Humanities Press, 1968.

George di Giovanni, *Freedom and Religion in Kant and his Immediate Successors*, Cambridge: Cambridge University Press, 2005.

Peter Byrne, *Kant on God*, Hampshire/Burlington: Ashgate Publishing Limited, 2007.

Michel Despland, *Kant on History and Religion*, Montreal: McGill-Queen's University Press, 1973.

Matthew Alum Ray, *Subjectivity and Irreligion*, Hampshire/Burlington: Ashgate Publishing Lit, 2003.

S. Prasad, *The Concept of God in the Philosophy of Kant*, New Delhi: Classical

Publishing Company, 2005.

D. Z. Phillips and Timothy Tessin, ed., *Kant and Kierkegaard on Religion*, New York: Macmillan Press Ltd. and St. Martin's Press, 2000.

Stephen R. Palmquist, *Kant's Critical Religion*, Hampshire/Burlington: Ashgate Publishing Ltd., 2000.

康德:《纯粹理性批判》,邓晓芒译,北京:人民出版社,2009 年。

康德:《实践理性批判》,韩水法译,北京:商务印书馆,2003 年。

康德:《判断力批判》,邓晓芒译,北京:人民出版社,2010 年。

康德:《纯粹理性界限内的宗教》,李秋零译,载《康德著作全集》第 6 卷,北京:中国人民大学出版社,2010 年。

康德:《道德形而上学原理》,苗力田译,上海:上海人民出版社,1986 年。

康德:《道德形而上学》,李秋零译,载《康德著作全集》第 6 卷,北京:中国人民大学出版社,2010 年。

康德:《学科之争》,李秋零译,载《康德著作全集》第 7 卷,北京:中国人民大学出版社,2008 年。

海德格尔:《物的追问——康德关于先验原理的学说》,赵卫国译,上海:上海译文出版社,2010 年。

海德格尔:《现象学之基本问题》,丁耘译,上海:上海译文出版社,2008 年。

海德格尔:《康德与形而上学疑难》,王庆节译,上海:上海译文出版社,2011 年。

海德格尔:《尼采》,孙周兴译,北京:商务印书馆,2010 年。

海德格尔:《同一与差异》,孙周兴等译,北京:商务印书馆,2011 年。

海德格尔等:《海德格尔与有限性思想》,孙周兴等译,北京:华夏出版社,2007 年。

海德格尔:《谢林论人类自由的本质》,薛华译,沈阳:辽宁教育出版社,1998 年。

黑格尔:《哲学史讲演录》(1833 年版),贺麟、王太庆译,北京:商务印书馆,1997 年。

黑格尔:《基督教的精神及其命运》,载《黑格尔早期神学著作》,贺麟译,北京:商务印书馆,1988 年。

黑格尔:《精神现象学》,贺麟、王玖兴译,北京:商务印书馆,1997 年。

黑格尔:《法哲学原理》,范扬、张企泰译,北京:商务印书馆,2010 年。

谢林:《对人类自由的本质及其相关对象的哲学研究》,邓安庆译,北京:商务印书馆,2008 年。

胡塞尔:《内在时间意识现象学》,杨富斌译,北京:华夏出版社,2000 年。

胡塞尔:《生活世界现象学》,倪梁康、张廷国译,上海:上海译文出版社,2005 年。

奥古斯丁:《奥古斯丁反佩拉纠主义文选》,周伟驰译,未出版。

奥古斯丁:《忏悔录》,周士良译,北京:商务印书馆,2010年。

奥古斯丁:《恩典与自由》,奥古斯丁著作翻译小组译,南京:江苏人民出版社,2008年。

马丁·路德:《路德文集》第2卷,《路德文集》中文版编辑委员会编,上海:上海三联书店,2005年。

卡尔·巴特:《罗马书释义》,魏育青译,上海:华东师范大学出版社,2010年。

布尔特曼等:《生存神学与末世论》,李哲汇、朱雁冰等译,上海:上海三联书店,1995年。

保罗·阿尔托依兹:《马丁·路德的神学》,段琦、孙善玲译,南京:译林出版社,1998年。

黑尔德:《时间现象学的基本概念》,靳西平等译,上海:上海译文出版社,2008年。

奥特弗里德·赫费:《现代哲学的基石——康德的〈纯粹理性批判〉》,北京:人民出版社,2008年。

亨利·E·阿利森:《康德的自由理论》,陈虎平译,沈阳:辽宁教育出版社,2001年。

卡斯培:《现代语境中的上帝——耶稣基督的上帝》,罗选民译,上海:华东师范大学出版社,2011年。

维塞尔:《启蒙运动的内在问题》,贺志刚译,北京:华夏出版社,2007年。

黄裕生:《真理与自由——康德哲学的存在论阐释》,南京:江苏人民出版社,2002年。

黄裕生:《宗教与哲学的相遇——奥古斯丁与托马斯·阿奎那的基督教哲学研究》,南京:江苏人民出版社,2008年。

叶秀山:《科学·宗教·哲学——西方哲学中科学与宗教两种思维方式研究》,北京:社会科学文献出版社,2009年。

赵广明:《康德的信仰:康德的自由、自然和上帝理念批判》,南京:江苏人民出版社,2008年。

李艳辉:《康德的上帝观》,北京:北京师范大学出版社,2010年。

第五章

Martin Heidegger, *The Phenomenology of Religious Life*, trans. Matthias Fritsch and Jennifer Anna Gosetti-Ferencei, Bloomington and Indianapolis: Indiana University Press, 2004.

Martin Heidegger, *The Concept of Time*, trans. William McNeill, Oxford: Blackwell

Publishers, 1992.

Martin Heidegger, *History of the Concept of Time: Prolegomena*, trans. Theodore Kisiel, Bloomington and Indianapolis: Indiana University Press, 1985.

Martin Heidegger, *The Metaphysical Foundations of Logic*, trans. Michael Heim, Bloomington: Indiana University Press, 1984.

Martin Heidegger, *Contributions to Philosophy—From Enowning*, trans. Parvis Emad and Kenneth Maly, Bloomington: Indiana University Press, 1999.

Martin Heidegger, *Pathmarks*, ed. William McNeill, Cambridge: Cambridge University Press, 1998.

Martin Heidegger, *An Introduction to Metaphysics*, trans. Ralph Mannheim, New Haven: Yale University Press.

Martin Heidegger, *Mindfulness*, trans. Parvis Emad and Thomas Kalary, London: Continuum, 2006.

Martin Heidegger, *On the Way to Language*, trans. Peter D. Hertz, New York: Harper & Row Publishers, 1971.

Martin Heidegger, *Identity and Difference*, trans. by Stambaugh, New York: Harper & Row, 1969.

Martin Heidegger, *Seminare*, Frankfurt: V. Klostermann, 1986.

Martin Heidegger, *Phänomenologische Interpretationen zu Aristotele*, Frankfurt a. M.: Vittorio Klostermann, 1985.

Heinrich Wiegand Petzet, *Encounters and Dialogues with Martin Heidegger (1929—1976)*, trans. Parvis Emad and Kenneth Maly, Chicago and London: The University of Chicago Press, 1993.

Karl Löwith, *Martin Heidegger and European Nihilism*, New York: Columbia University Press, 1995.

Hans Jonas, *The Phenomenon of Life: Toward a Philosophical Biology*, Chicago and London: University of Chicago Press, 1982.

Merold Westphal, *Overcoming Onto-theology—Toward a Postmodern Christian Faith*, New York: Fordham University Press, 2001.

Laurence Paul Hemming, *Heidegger's Atheism: The Refusal of Theological Voice*, Notre Dame, Indiana: University of Notre Dame Press, 2002.

Rudolf Bultmann, *Existence and Faith: Shorter Writings of Rudolf Bultmann*, ed. and trans. Schubert M. Ogden, London: Fontana Library, 1964.

John Macquarrie, *An Existentialist Theology: A Comparison of Heidegger and Bultmann*, Harmondsworth, Middlesex: Penguin Books Ltd., 1955.

David Fergusson, *Bultmann*, Collegeville, Minnesota: The Liturgical Press, 1992.

Andreé Malet, *The Thought of Rudolf Bultmann*, Shannon, New York: Irish University Press, 1969.

Hans Küng, *Does God Exist? —An Answer for Today*, trans. Edward Quinn, New York: Doubleday & Company, Inc., 1980.

John van Buren, ed., *Supplement—From the Earliest Essays to Being and Time and Beyond*, Albany: State University of New York Press, 2002.

Charles B. Guignon, ed., *The Cambridge Companion to Heidegger*, Cambridge: Cambridge University Press, 1993.

Robert W. Shahar and J. N. Mohanty, eds., *Thinking about Being: Aspects of Heidegger's Thought*, Norman and London: University of Oklahoma Press, 1984.

James M. Robinson and John B. Cobb, Jr., eds., *The Later Heidegger and Theology*, Westport, Connecticut: Greenwood press, Inc., 1963.

F. Sontag and M. Darrol BrPeyant, eds., *God: The Contemporary Discussion*, New York: Rose of Sharon Press, 1982.

Laurence Paul Hemming, "Heidegger's God," *The Thomist*, Vol. 62, 1998.

Sean J. McGrath, "The Facticity of Being God-forsaken: The Young Heidegger and Luther's Theology of the Cross," *American Catholic Philosophical Quarterly*, Vol. 79, No. 2, 2005.

Craig J. N. de Paulo, "The Augustinian Constitution of Heidegger's *Being and Time*," *American Catholic Philosophical Quarterly*, Vol. 77, No. 4, 2003.

Benjamin D. Crowe, "On the Track of Fugitive Gods: Heidegger, Luther, Hölderlin," *The Journal of Religion*, Vol. 87, No. 2, 2007.

Parvis Emad, "Martin Heidegger-Bernhard Welte Correspondence Seen in the Context of Heidegger's Thought," *Heidegger Studies*, Vol. 22, 2006.

Karl Rahner, "Living into Mystery: Karl Rahner's Reflections at 75," Interview with Leo O'Donovan, *America*, Vol. 140, March 10, 1979.

James C. Livingston, *Modern Christian Thought: From the Enlightenment to Vatican II*, New York: Macmillan, 1971.

Rudolf Bultmann, "On the Problem of Demythologizing," *The Journal of Religion*, Vol. 42, No. 2, 1962.

Rudolf Bultmann, *Neues Testament und Mythologie: Das Problem der Entmythologisierung der neutestamentlichen Verkündigung*, Hg. Eberhard Jüngel, München: Chr. Kaiser, 1988.

Rudolf Bultmann, "Humanism and Christianity," *The Journal of Religion*, Vol. 32, No. 2, Apr., 1952.

Rudolf Bultmann, *Jesus and the Word*, trans. L. Smith and E. Lantero, London: Charles Scribner's Sons, 1958.

Rudolf Bultmann, *New Testament and Mythology and Other Basic Writings*, ed. Schubert Ogden, Minneapolis: Fortress Press, 1984.

Rudolf Bultmann, *Theology of the New Testament* (Vol. 2), trans. by Kendrick Grobel, Waco, Texas: Baylor University Press, 2007.

Rudolf Bultmann, *Theologie des Neuen Testaments*, Tübingen: Mohr Siebeck, 1948, 1953.

Rudolf Bultmann, "Protestant Theology and Atheism," *The Journal of Religion*,

Vol. 52, No. 4. 1972.

John Macquarrie, *An Existentialist Theology: A Comparison of Heidegger and Bultmann*, Harmondsworth, Middlesex: Penguin Books Ltd., 1973.

Rudolf Bultmann, “The Historicity of Man and Faith,” in *Existence and Faith* (*Shorter Writings of Rudolf Bultmann*), ed. S. Ogden, London: Fontana Library, 1964.

Rudolf Bultmann, “The Problem of Hermeneutics,” in *New Testament and Mythology and Other Basic Writings*, ed. Schubert Ogden, Minneapolis: Fortress Press, 1984.

Paul Tillich, *Systematic Theology* (Vol. I), Chicago: The University of Chicago Press, 1973.

Carl Braaten, *History and Hermeneutics*, Philadelphia: Fortress, 1966.

刘小枫选编,海德格尔等著:《海德格尔与有限性思想》,孙周兴等译,北京:华夏出版社,2002 年。

刘小枫选编:《海德格尔式的现代神学》,孙周兴等译,北京:华夏出版社,2008 年。

李章印:《解构—指引:海德格尔现象学及其神学意蕴》,济南:山东大学出版社,2009 年。

海德格尔:《形而上学导论》,熊伟、王庆节译,北京:商务印书馆,1996 年。

吕迪格尔·萨弗兰斯基:《海德格尔传——来自德国的大师》,靳希平译,北京:商务印书馆,1999 年。

海德格尔:《哲学论稿(从本有而来)》,孙周兴译,北京:商务印书馆,2012 年。

约翰·麦奎利:《二十世纪宗教思想》,高师宁、何光沪译,上海:上海人民出版社,1989 年。

阿尔弗雷德·登克尔、汉斯—赫尔穆特·甘德和霍尔格·察博罗夫斯基主编:《海德格尔与其思想的开端》(《海德格尔年鉴》第 1 卷),靳希平等译,北京:商务印书馆,2009 年。

张旭:《上帝死了,神学何为?——20 世纪基督教神学基本问题》,北京:中国人民大学出版社,2010 年。

布尔特曼等:《生存神学与末世论》,上海:上海三联书店,1995 年。

布尔特曼:《关于“去神话化”问题》,李章印译,载《世界哲学》2012 年第 1 期。

汉斯—格奥尔格·伽达默尔:《诠释学 II:真理与方法——补充和索引》(修订译本),洪汉鼎译,北京:商务印书馆,2010 年。

何光沪:《多元化的上帝观:20 世纪西方宗教哲学概览》,北京:中国人民大学出版社,2010 年。

张旭:《布尔特曼的解释学神学》,载《维真学刊》2006 年第 1 期。

卡斯培:《现代语境中的上帝观念》,罗选民译,上海:华东师范大学出版社,2008 年。

卓新平:《当代西方新教神学》,上海:上海三联书店,1998 年。

汉斯—格奥尔格·伽达默尔:《哲学解释学》,夏镇平等译,上海:上海译文出版社,2004 年。

汉斯—格奥尔格·伽达默尔:《诠释学 I:真理与方法——哲学诠释学的基本特征》(修订译本),洪汉鼎译,北京:商务印书馆,2010 年。

利科:《解释的冲突——解释学文集》,莫伟民译,北京:商务印书馆,2008 年。

海德格尔:《尼采》下卷,孙周兴译,北京:商务印书馆,2002 年。

奥托·珀格勒:《海德格尔的思想之路》,宋祖良译,台北:仰哲出版社,1994 年。

卡尔·洛维特:《一九九三:一个犹太哲学家的德国回忆》,区立远译,台北:行人出版社,2007 年。

K·拉纳:《圣言的倾听者——论一种宗教哲学的基础》,J. B. 默茨修订,朱雁冰译,北京:三联书店,1996 年。

《圣经》(中英对照),和合本·新标准修订版。

陈治国:《作为方法的解构——海德格尔与形而上学之解构"导论"(二)》,载洪汉鼎、傅永军主编:《中国诠释学》第 7 辑,济南:山东人民出版社,2010 年。

第六章

Nicholas Adams, *Habermas and Theology*, Cambridge: Cambridge University Press, 2006.

Edmund Arens, *Theology after Habermas: An Intuoduction*, New York: Union Theological Seminary Library, 1992.

Samantha Ashenden and David Owen eds., *Foucault contra Habermas*, London: Sage, 1999.

Seyla Behabib and Fred Dallmayr, eds., *The Communitive Ethics Controversy*, Cambridge, MA: MIT Press, 1990.

Richard J Bernstein ed., *Habermas and Modernity*, Cambridge: Polity Press, 1985.

Arie Brand, *The Force of Reason: An Introduction to Habermas' Theory of Communicative Action*, Sydney: Allen & Unwin, 1990.

Don S. Browning and Francis Schüssler Fiorenza eds., *Habermas, Modernity, and Public Theology*, New York: Crossroad, 1992.

Butler et al., *The Power of Religion in the Public Sphere*, New York: Columbia University Press, 2011.

Craig Cahoun, ed., *Habermas and the Public Sphere*, Cambridge, MA: MIT Press, 1992.

Margaret M. Campbell, *Critical Theory and Liberation Theology: A Comparision of the Initial Work of Jürgen Habermas and Gustavo Gutierrez*, New York: Peter Lang, 1999.

Simone Chambers, *Reasonable Democracy*: *Jürgen Habermas and the Politics of Discourse*, Ithaca, NY and London: Cornell University Press, 1996.

Nick Crossley and John Michael Roberts, eds., *After Habermas*: *New Perspectives on the Public Sphere*, Oxford: Blackwell, 2004.

Peter Dews, ed., *Habermas*: *A Critical Reader*, Oxford: Blackwell, 1998.

Andrew Edgar, *The Philosophy of Habermas*, Chesham: Acumen, 2005.

Drik Oddvar Eriksen, *Understanding Habermas*: *Communicative Action and Deliberative Democracy*, London: Continuum, 2003.

Siobhan Garrigan, *Beyond Ritual*: *Sacramental Theology after Habermas*, Aldershot: Ashgate, 2004.

Jürgen Habermas, *Philosophical-Political Profiles*, trans. F. G. Lawrence, London: Heinemann, 1983.

Jürgen Habermas, *The Theory of Communicative Action* (Vol. 1): Reason and the Rationalisation of Society, trans. Thomas McCarthy, Cambridge: Polity Press, 1984.

Jürgen Habermas, *The Theory of Communicative Action* (Vol. 2): Lifeworld and System: A Critique of Functionalist Reason, trans. Thomas McCarthy, Cambridge: Polity Press, 1987 (1981).

Jürgen Habermas, *The New Conservatism*: *Cultural Criticism and the Historians' Debate*, trans. Shierry Weber Nicholsen, Cambridgde, MA: MIT Press, 1989.

Jürgen Habermas, *Moral Consciousness and Communicative Action*, trans. Christian Lenhardt and Shierry Weber Nicholsen, Cambridgde, MA: The MIT Press, 1990.

Jürgen Habermas, *Autonomy and Solidarity*: *Interviews with Jürgen Habermas*, ed. Peter Dews, London: Verso, 1992.

Jürgen Habermas, *Justification and Application*: *Remarks on Dicourse Ethics*, trans. C. Cronin, Cambridge: Polity Press, 1993.

Jürgen Habermas, *The Liberating Power of Symbols*: *Philosophical Essays*, trans. Peter Dews, Cambridge: Polity Press, 2001.

Jürgen Habermas, *Religion and Rationality*, ed. Eduardo Mendieta, Cambridge: Polity Press, 2002.

Jürgen Habermas, *The Future of Human Natrue*, trans. Hella Beister, Cambridge: Polity Press, 2003.

Jürgen Habermas, and Joseph Ratzinger, *The Dialectics of Secularization*: *On Reason and Religion*, San Francisco: Ignatius Press, 2006.

Jürgen Habermas, *Between Naturalism and Religion*, Cambridge: Polity Press, 2008.

Jürgen Habermas, *An Awareness of What Is Missing*: *Faith and Reason in a Post-Secular Age*, Cambridge: Polity Press, 2010.

Lewis Edwin Hahn ed., *Perspectives on Habermas*, Chicago, IL: Open Court, 2000.

Robert C. Holub, *Jürgen Habermas*: *Critic in the Public Sphere*, London: Routledge, 1991.

David Ingram, *Habermas and the Dialectic Reason*, New Haven, CT and London: Yale

University Press, 1987.

Maureen Junker-Kenny, *Habermas and Theology*, London:T & T Clark, 2011.

P. Lakeland, *Theology and Critical Theory*: *The Discourse of the Church*, Nashville: Abingdon Press, 1990.

P. Lalonde. Marc, *Critical Theology and the Challenge of Jürgen Habermas*: *Toward a Critical Theory of Religious Insight*, New York: Peter Lang, 1999.

Martin J. Matustik, *Jürgen Habermas*: *A Philosophical-Political Profile*, Lanham, MD: Rowman & Littlefield, 2001.

Thomas McCarthy, *The Critical Theory of Jürgen Habermas*, London: Hutchinson, 1978.

Maurizio Passerin d'Entreves, and Seyla Benhabib eds., *Habermas and the Unfinished Project of Modernity*: *Critical Essays on The Philosophical Discourse of Modernity*, Cambridge: Polity Press, 1996.

Helmut Peukert, *Science*, *Action*, *and Fundamental Theology*, Cambridge, Mass: The MIT Press, 1984.

D. Z. Phillips, and T. Tessin, *Philosophy of Religion in the 21st Century*, New York: Palgrave, 2001.

David M. Rasmussen, and James Swindal, eds., *Jürgen Habermas*, London: Sage, 2002.

William Rehg, *Insight and Solidarity*: *A Study in the Discourse Ethics of Jürgen Habermas*, Berkeley and London: University of California Press, 1994.

Rudolf J. Siebert, *The Critical Theory of Religion*: *The Frankfurt School—From Universal Pragmatic to Political Theology*, Berlin: Mouton, 1985.

Stephen K. White ed., *Cambridge Companion to Habermas*, Cambridge: Cambridge University Press, 1995.

Rolf Wiggershaus, *The Frankfurt School*: *Its History*, *Theories and Political Significance*, Cambridge: Polity Press, 1994.

哈贝马斯:《交往与社会进化》,张博树译,重庆:重庆出版社,1989 年。

哈贝马斯:《交往行动理论》(两卷),洪佩郁、蔺青译,重庆:重庆出版社,1994 年。

哈贝马斯:《现代性的地平线——哈贝马斯谈录》,李安东、段怀清译,上海:上海人民出版社,1997 年。

哈贝马斯:《公共领域的结构转型》,曹卫东等译,上海:学林出版社,1999 年。

哈贝马斯:《认识与兴趣》,郭官义、李黎译,上海:学林出版社,1999 年。

哈贝马斯:《科学和技术作为意识形态》,郭官义、李黎译,北京:学林出版社,1999 年。

哈贝马斯:《合法化危机》,刘北成、曹卫东译,上海:上海人民出版社,2000 年。

哈贝马斯:《重建历史唯物主义》,郭官义译,北京:社会科学文献出版社,2000 年。

哈贝马斯:《后形而上学思想》,曹卫东译,南京:译林出版社,2000 年。

哈贝马斯:《作为未来的过去》,章国锋译,杭州:浙江人民出版社,2001 年。

哈贝马斯:《后民族结构》,曹卫东译,上海:上海人民出版社,2002 年。

哈贝马斯:《包容他者》,曹卫东译,上海:上海人民出版社,2002 年。

哈贝马斯:《在事实与规范之间——关于法律和民主法治国的商谈理论》,童世骏译,北京:三联书店,2003 年。

哈贝马斯:《理论与实践》,郭官义、李黎译,北京:社会科学文献出版社,2004 年。

哈贝马斯:《哈贝马斯精粹》,曹卫东选译,南京:南京大学出版社,2004 年。

哈贝马斯:《交往行为理论》第 1 卷,曹卫东译,上海:上海人民出版社,2004 年。

哈贝马斯:《现代性的哲学话语》,曹卫东等译,南京:译林出版社,2004 年。

博拉朵莉:《恐怖时代的哲学——与哈贝马斯与德里达对话》,王志宏译,北京:华夏出版社,2005 年。

得特勒夫·霍尔斯特:《哈贝马斯传》,章国锋译,上海:东方出版中心,2000 年。

曹卫东:《交往理性与诗学话语》,天津:天津社会科学院出版社,2001 年。

曹卫东:《曹卫东讲哈贝马斯》,北京:北京大学出版社,2005 年。

汪行福:《走出时代的困境——哈贝马斯对现代性的反思》,上海:上海社会科学院出版社,2000 年。

汪行福:《通向话语民主之路——与哈贝马斯对话》,成都:四川人民出版社,2002 年。

傅永军:《法兰克福学派的现代性理论》,北京:中国社会科学出版社,2007 年。

欧力同:《哈贝马斯的“批判理论”》,重庆:重庆出版社,1997 年。

薛华:《哈贝马斯的商谈伦理学》,沈阳:辽宁教育出版社,1988 年。

艾四林:《哈贝马斯》,长沙:湖南教育出版社,1999 年。

郑召利:《哈贝马斯的交往行为理论》,上海:复旦大学出版社,2002 年。

张庆熊、林子淳:《哈贝马斯的宗教观及其反思》,上海:上海三联书店,2011 年。

战扬等:《批判理论与汉语神学》,香港:道风书社,2007 年。

霍克海默、阿多诺:《启蒙辩证法》,渠敬东、曹卫东译,上海:上海人民出版社,2003 年。

马丁·杰伊:《法兰克福学派史》,单世联译,广州:广东人民出版社,1996 年。

尼格尔·多德:《社会理论与现代性》,陶传进译,北京:社会科学文献出版社,2002 年。

詹姆斯·施密特编:《启蒙运动与现代性》,徐向东、卢华萍译,上海:上海人民出版社,2005 年。

周宪主编:《文化与现代性》,北京:中国人民大学出版社,2006 年。

道格拉斯·凯尔纳、斯蒂文·贝斯特:《后现代理论》,张志斌译,北京:中央编译出版社,1999 年。

马克斯·韦伯:《新教伦理与资本主义精神》,于晓、陈维纲等译,北京:三联书店,1987 年。

王威海编著:《韦伯:摆脱现代社会两难困境》,沈阳:辽海出版社,1999 年。

黑格尔:《黑格尔早期神学著作》,贺麟译,北京:商务印书馆,1988 年。

江怡主编:《理性与启蒙——后现代经典文选》,北京:东方出版社,2004 年。

张志刚:《宗教哲学研究——当代观念、关键环节及其方法论批判》,北京:中国人民大学出版社,2003 年。

伊安·G·巴伯:《科学与宗教》,阮伟等译,成都:四川人民出版社,1993 年。

孔汉思、库舍尔编:《全球伦理——世界宗教议会宣言》,何光沪译,成都:四川人民出版社,1997 年。

刘小枫主编:《二十世纪西方宗教哲学文选》(三卷本),杨德友等译,上海:上海三联书店,1991 年。

斯图沃德编:《当代西方宗教哲学》,周伟弛等译,北京:北京大学出版社,2001 年。

何光沪:《多元化的上帝观——20 世纪西方宗教哲学概览》,贵阳:贵州人民出版社,1991 年。

潘尼卡:《宗教内对话》,王志成、思竹译,北京:宗教文化出版社,2001 年。

王志成:《解释与拯救——宗教哲学多元论》,上海:学林出版社,1996 年。

希克:《宗教哲学》,何光沪译,上海:上海三联书店,1988 年。

后　记

本书是教育部人文社会科学重点研究基地重大项目"宗教与哲学互动关系研究"(07JJD730052)结项成果。这项成果之所以能够完成，是参与课题研究的所有学者通力合作的结果。作为项目负责人，我衷心感谢他们，没有他们的辛勤笔耕，这部著作绝不可能完成。

本书各部分的撰写情况如下：

导言：傅永军

第一章：蔡祥元

第二章：濮荣建

第三章：黄启祥

第四章：傅永军(第一节，第二节第一部分、第二部分，第三节第一部分)、尚文华(第二节第二部分，第三节第二部分)

第五章：李章印(第一节)、陈治国(第二节)

第六章：铁省林

傅永军负责组织全书的撰写、统稿。

本项目的研究和本书的出版得到了教育部人文社会科学重点研究基地"山东大学犹太教与跨宗教研究中心"的大力支持，我的学生杨东东博士和山东大学哲学与社会发展学院副教授卞绍斌先生为本书的写作复印了部分英文资料，在此一并表示诚挚的谢意。最后需要说明的是，本书的部分内容，或作为项目研究的阶段性成果，或作为项目研究者参与其他研究时完成的成果，在有关学术期刊和出版社出版发表，特此向这些学术期刊和出版社表示感谢。

由于研究盲点和研究视域的局限，加之研究能力与水平的不足，本书在哲学家和章节内容的选择等方面一定有诸多遗憾，文中疏漏和错误之处也在所难免，恳请方家和读者批评指正。

傅永军

2014 年 5 月于山东大学

图书在版编目(CIP)数据

宗教与哲学:西方视域中的互动关系研究/傅永军等著.
—济南:山东大学出版社,2014.8
ISBN 978-7-5607-5110-8

Ⅰ.①宗… Ⅱ.①傅… Ⅲ.①宗教哲学—研究 Ⅳ.①B920

中国版本图书馆 CIP 数据核字(2014)第 197968 号

责任策划:黄福武
责任编辑:黄福武
封面设计:牛　钧

出版发行:山东大学出版社
　　社　址　山东省济南市山大南路 20 号
　　邮　编　250100
　　电　话　市场部(0531)88364466
经　　销:山东省新华书店
印　　刷:济南铁路印刷厂
规　　格:720 毫米×1000 毫米　1/16
　　　　30 印张　588 千字
版　　次:2014 年 8 月第 1 版
印　　次:2014 年 8 月第 1 次印刷
定　　价:66.00 元